교과서 속 인물로 완성하는 세특 플러스 Plus⁺

한승배 | 하희 | 최희원 | 강서희 | 곽우은

1

인문 사회 예술 교육 문학 역사

진로엔

교과서 속 인물로 완성하는

세특 플러스 1

초판 1쇄 발행 2026년 01월 02일

저   자 한승배·하희·최희원·강서희·곽우은

출판기획 진로엔
펴 낸 곳 나이스에듀
디 자 인 나이스에듀
출판등록 제2024-000001호
주   소 인천 부평구 부평대로 283, A동 115호
전   화 1660 - 0848
이 메 일 jinronedu@daum.net
홈페이지 www.jinron.kr

ISBN   979-11-988086-4-6

교과서 속 인물로 완성하는 세특 플러스

Plus+

● 교과서 인물 탐구로 세특·수능·교과 역량을 동시에 완성하는 통합 전략서

철학 교과서에서나 등장하던 '칸트(Kant)'라는 이름이 2026학년도 대학수학능력시험(수능)의 난이도와 출제 경향을 상징하는 핵심 인물로 등장했습니다. 국어·영어 영역에 이어, 사회탐구 영역에서도 칸트와 연관된 문제가 등장하며, 철학자의 사상과 견해를 완벽히 이해해야 풀 수 있는 지식을 요구했기 때문입니다.

대학이 학생에게 어떠한 방향의 지식을 요구하는지를 명확히 보여준 예시이자, 세특에 필요한 핵심 역량을 제시한 사례였습니다. 이는 **단순한 암기를 넘어, 깊이 있는 탐구 능력을 동반한 지식을 평가하는 시대**가 왔음을 의미합니다. **2022 개정 교육과정과 2028 대입 개편에서 탐구 역량을 강조**하는 이유도 바로 이 때문입니다.

이러한 흐름 속에서 학생, 학부모, 교사는 이런 고민과 마주하게 됩니다.
"수능과 학생부를 동시에 아우를 탐구 역량을 키우려면 어떻게 해야 할까?"
"대학이 요구하는 인물 기반 탐구는 어떤 구조로 이루어질까?"
"교과서 속 인물을 어떻게 탐구해야 세특 기록을 빛나게 할 수 있을까?

<교과서 속 인물로 완성하는 세특 플러스>는 바로 이러한 고민에서부터 출발했습니다. 헨델·공자·김소월 등 교과서에 등장하는 주요 인물의 생애, 사상, 시대적 배경은 물론, 교과 연계, 탐구 확장, 세특 기재 예시까지, 탐구 활동에 필요한 모든 과정을 학생 스스로 완성할 수 있도록 정교하게 구성했습니다.

기존 인물 정보집의 틀에서 벗어나, **각 인물을 중심으로 '탐구의 출발 → 사고의 확장 → 세특 기재 가능성 → 수능형 사고력 강화'**라는 종합적 구조를 기반으로, **학생 개개인의 사고력을 한층 더 성장시키는 '교과 세특 전략서'로서의 강점을 모두 갖춘 책**입니다.

앞으로 대학은 철학·역사·문학·예술·과학 등의 분야를 대표하는 인물의 사상과 맥락을 제대로 이해하는 학생을 선발하고자 할 것입니다. 또한 수능에서도 다양한 인물과 철학사상을 기반으로 한 제시문이 꾸준히 등장할 것입니다.

<교과서 속 인물로 완성하는 세특 플러스>는 학생에게는 세특·수능·교과 역량을 동시에 강화하는 '완벽한 전략서', 학부모에게는 자녀의 독서·탐구 방향을 정확히 잡아주는 '최고의 지침서', 교사에게는 탐구 중심의 수업과 세특 기록 완성을 지원하는 '든든한 교육 안내서'가 될 것입니다.

이 책이 학생들의 '진로 및 학업 성장'을 이끌고, 대학이 요구하는 '깊이 있는 학문적 사고력'을 완성하는 데 필요한 동반자가 되기를 바랍니다.

저자 일동

활용방법 How to use it

● 이 책을 소개합니다.

01 교과서 속 40명의 인물로 완성하는 진로 연계 세특 완성 가이드!

02 인물의 철학과 사상을 현대적으로 재해석한 융합 탐구 활동서!

03 독서-탐구-기록까지, 인물 기반 세특 작성의 모든 것을 담은 실전서!

04 교과 연계·독서 연계·NIE 활동까지, 수업 시간에 바로 활용 가능한 세특 바이블!

● 이렇게 활용하세요.

✔ 학생은 이렇게!

1. 인물로 시작하는 진로 탐구

자신의 진로 관심사와 연결되는 인물을 찾아 심화 탐구의 출발점으로 삼을 수 있습니다.

2. 철학 사상으로 깊이 있는 탐구하기

각 인물의 핵심 철학과 사상을 분석하여 교과목과 연계한 깊이 있는 탐구 주제를 설정할 수 있습니다.

3. 융합적 사고력 키우기

교과 연계·독서 연계·NIE 활동을 통해 한 인물을 다각도로 탐구하며 융합적 사고력을 기를 수 있습니다.

4. 차별화된 세특 작성하기

제시된 탐구 설계 예시를 참고하여 자신만의 관점을 담은 창의적이고 구체적인 세특을 완성할 수 있습니다.

✔ 교사는 이렇게!

1. 인물 중심 수업 설계

40명의 인물별 탐구 활동을 활용하여 교과 수업을 역사적 맥락과 인문학적 깊이로 설계할 수 있습니다.

2. 융합 수업 아이디어 확보

한 인물을 다양한 교과와 연계한 융합 수업 모델을 구축할 수 있습니다.

3. 맞춤형 탐구 주제 제시

학생의 진로와 흥미에 맞는 인물을 선정하여 개별화된 탐구 주제와 활동을 안내할 수 있습니다.

4. 체계적 세특 지도

탐구 설계 예시와 토론 주제를 바탕으로 학생들의 탐구 과정을 단계적으로 지도하고 세특을 작성할 수 있습니다.

5. 독서·NIE 연계 활동 운영

각 인물별 추천 도서와 신문 기사를 활용하여 독서 토론, NIE 활동, 프로젝트 수업을 효과적으로 운영할 수 있습니다.

✔ 학부모는 이렇게!

1. 자녀의 진로와 인물 연결하기

40명의 인물 중 자녀의 진로 관심사와 맞는 인물을 함께 찾아보며 구체적인 진로 대화를 나눌 수 있습니다.

2. 가정에서의 인문학 탐구 지원

제시된 독서 목록과 탐구 주제를 참고하여 자녀의 자기주도적 인문학 탐구를 지원할 수 있습니다.

3. 세특의 방향 이해하기

인물 기반 탐구 활동과 세특 작성 예시를 통해 대학이 원하는 학생부 기록의 방향을 이해할 수 있습니다.

목차 Contents

● 한승배

이름	한승배		
재직학교	청운고등학교	담당	진로전담교사

도서 집필 교과서 및 단행본

◆ 2022 개정 교육과정 중학교, 고등학교 <진로와 직업> 교과서 집필

◆ 2015 개정 교육과정 중학교, 고등학교 <진로와 직업>, <성공적인 직업생활>, <기술가정>, <정보> 교과서 집필(삼양미디어)

◆ 2009 개정 중학교, 고등학교 <진로와 직업> 교과서 집필(삼양미디어)

◆ 2007 개정 교육과정 중학교 정보 교과서 집필(삼양미디어)

◆ 7차 시기 고등학교 정보사회와 컴퓨터 교과서 집필(삼양미디어)

◆ <10대를 위한 직업백과>, <미리 알려주는 미래 유망직업>, <직업 바이블>, <유 노 직업퀴즈 활동북>, <10대를 위한 홀랜드 유망 직업 사전>, <학습만화 직업을 찾아라>, <교사 어떻게 되었을까>, <의사 어떻게 되었을까>, <기술선생님이 알려주는 궁금한 정보 통신 기술의 세계> 집필

◆ <세특 프리패스>, <토론중심 탐구활동 올인원>, <전공탐구활동 올인원>, <학과 바이블>, <나만의 진로 가이드북(의약계열편, 공학계열편, 자연계열편)>, <학생부 바이블>, <교과세특 주제 탐구활동 마스터(정보교과군)>, <교과세특 주제 탐구활동 마스터(기술가정 교과군)>, <고교학점제 바이블>, <교과세특 탐구주제 바이블>, <교과세특 추천도서 300>, <학과연계 독서탐구 바이블>, <성공적인 대입을 위한 면접 바이블>, <특성화고 학생을 위한 진학 바이블>, <직업계고 학생을 위한 취업 바이블>, <미디어 진로탐색 바이블>, <교과세특 탐구활동 솔루션 기초편>, <교과세특 탐구활동 솔루션 심화편>, <교과세특 탐구주제 기재예시 바이블>, <통합사회로 세상열기>, <통합과학으로 세상열기> 등 집필

프로그램 및 교구 개발

◆ <청소년을 위한 학과카드>, <청소년을 위한 직업카드> 개발

◆ <드림온 스토리텔링 보드게임>, <원하는 진로를 잡아라> 보드게임 개발

활동 내용

◆ 전> 청소년 사이버범죄예방 교과 연구회 회장, 정보통신윤리교육 교과 연구회 회장, 선플 전국 교사협의회 회장, 경찰청 누리캅스 위원

◆ 전> 저작권 교육강사, 미디어 교육강사, 정보통신윤리 교육강사, 인터넷중독예방 교육강사

◆ 교육부 오늘의 으뜸교사 선정(근정포장 수상), 대교 눈높이 교육상, 정보문화대상 대통령상, 청소년 푸른성장 대상, 교육부 장관상, 환경부 장관상, 정보통신부 장관상 등 다수의 장관상 수상

◆ 네이버 카페 <꿈샘 진로수업 나눔방(https://cafe.naver.com/jinro77) 운영자

이름	하희		
재직학교	안양서중학교	담당	진로전담교사
도서 집필 교과서 및 단행본	◆ 2022 개정 교육과정 중학교 <진로와 직업> 교과서 집필 ◆ <학과바이블> <나만의 진로가이드북> <학생부 바이블> <직업바이블> <교과세특탐구주제 바이블> <교과세특 추천도서 300>, <중3을 위한 진로활동워크북 드림페스티벌> <중학생을 위한 고교학점제 워크북>, <두근두근 미래직업 체험 워크북> <전공탐구활동 올인원> <세특프리패스> 등 집필		
프로그램 및 교구 개발	◆ <2022 개정 교육과정 반영 학과카드>, <미래유망 직업카드>, <직업가치관 직업카드> 개발 ◆ 한국교원연수원 진로교육 콘텐츠 개발 ◆ 경기도 Gseek사이트 진로교육 콘텐츠 개발		
활동 내용	◆ 전> 경기도중등진로교육연구회 연구위원 ◆ 전> 구리남양주 진로거점학교 운영 ◆ 전> 구리남양주 진로지원단 ◆ 경기도진로진학상담연구회 연구위원		

● 강서희

이름	강서희		
재직학교	안양문화고등학교	담당	진로전담교사
도서 집필 교과서 및 단행본	◆ 2022개정 교육과정 성공적인 직업생활(삼양미디어) ◆ 2022개정 교육과정 학생부 바이블 사회계열(캠퍼스 멘토) ◆ 2022개정 교육과정 교과세특 탐구주제 바이블(캠퍼스 멘토) ◆ 2022개정 교육과정 취준진담 직업계고 진로워크북(삼양문화) ◆ 중학교 창체 진로활동 워크북(제일에듀스) ◆ <교과세특 추천도서 300> 등 다수 집필 ◆ 교과세특 기재예시 바이블(생활·교양 교과군_캠퍼스멘토) ◆ 교과세특 탐구주제 바이블(생활·교양 교과군_캠퍼스멘토) ◆ 학생부 바이블(캠퍼스 멘토) ◆ 2015개정 교육과정 교과세특 탐구주제 바이블(캠퍼스 멘토) ◆ 10대를 위한 홀랜드 유형별 유망 직업 사전(삼양 미디어) 등 다수 집필		
프로그램 및 교구 개발	◆ MBTI 롤모델 카드 ◆ 고교학점제 학과카드 ◆ 미래 유망 신직업 카드 ◆ <원하는 직업을 JOB아라 보드게임> ◆ <드림온 스토리텔링 보드게임> 등 다수 개발		
활동 내용	◆ 전> 가톨릭대학교-수도권 특성화고·마이스터고 협의체 교사자문단 ◆ 전> 안양과천 별구름 연구회(교육학) ◆ 전> 안양시 채움 상담지원단 ◆ 전> 안양과천 대입 진학지도 지역리더교사 ◆ 전> 안양시 자소서 및 대학 모의면접 컨설팅 컨설턴트 ◆ 2015 개정 교육과정 진로와직업 인정도서 심의위원 ◆ 네이버 카페 '꿈샘 진로 수업 나눔방' 미디어 활동지 제작 참여		

저자 소개 Introduction of the author

● 최희원

이름	최희원		
재직학교	서울세종고등학교	담당	진로전담교사
도서 집필 교과서 및 단행본	◆ <계열별 합격 끝판왕> - 인문, 사회, 자연, 공학, 의생명, 교육 6권 공동 집필 ◆ 2022 개정 교육과정 고등학교 <진로와 직업> 교과서(이오미디어) 집필		
프로그램 및 교구 개발	◆ <중학교 진로연계교육 지원 자료-사회> 개발		
활동 내용	◆ 2021~현재 서울세종고등학교 진로진학부장 ◆ 2024~현재 전국진로진학상담교사협의회 사무총장 ◆ 2024~2025.10. 리로스쿨 1기 입시칼럼 집필위원		

● 곽우은

이름	곽우은		
재직학교	대구보건고등학교	담당	진로전담교사
프로그램 및 교구 개발	◆ 2025년 대구교육청 '대면으로 막힌 대화의 단절, 사랑의 메신저 사업으로 골든타임을 지킨다(학생 자살예방)' 정책 제안 및 채택 ◆ 2024년 서울시 강남구 '봉사시간 부여와 연관된 생활 속 환경실천 플립러닝 학습' 정책 제안 및 채택 ◆ 2023년 대구시교육청 '대구교육시티투어 프로그램' 정책 제안 및 채택 ◆ 2021년 대구광역시 '청소년 대상 걷기&탄소중립 봉사활동 프로그램' 정책 제안 및 채택 ◆ 2020년 대구 중구청 '골목투어와 연계한 관광, 봉사 융합형 청소년, 가족단위 봉사프로그램' 정책 제안 및 채택 ◆ 2018년 교육부 '4차산업대비 창의수업 모듈개발을 위한 교사와 벤처CEO와의 공동협력 수업 연구회 운영' 정책 제안 및 채택 ◆ 2018년 교육부 '그린쿠폰 활성화' 정책 제안 및 채택 ◆ 2016년 대구광역시 '특성화고 학생들을 위한 중소기업CEO 비전투어 프로그램 운영' 정책 제안 및 채택 ◆ 2013년 대구광역시 '우리집 앞 청소하기, 청소년, 가족단위 봉사활동 프로그램 운영을 통한 마을공동체 조성' 정책 제안 및 채택 ◆ 2011년 대구교육청 대구학생 글로벌인재육성전략 학습플래닝 개발 참여 ◆ 2011년 경북교육청 '고졸취업박람회' 정책 제안 및 채택		
활동 내용	◆ 2015년, 2018년~2020년, 2024년~현재 중소벤처기업부 청소년 비즈쿨 사업 운영(6년) ◆ 2012년, 2018년, 2021년~현재 교육부 행복한 교육 명예기자(7년) ◆ 2021년~2022년 행정안전부 정부혁신국민포럼 운영위원 ◆ 2018년~2019년 한국청소년활동진흥원 청소년활동 혁신 국민참여단 ◆ 2018년~2019년 대구교육청 근로권익 청소년 인권특강 강사 ◆ 2017년 독도의용수비대 지도교사 ◆ 2016년~2017년 중소벤처기업부 기업가정신 연구학교 운영(총괄) ◆ 2015년~2022년 행정안전부 생활공감정책 모니터단(8년) ◆ 2013년 보건복지부 금연서포터즈 활동 지도교사 ◆ 2010년 대구교육청 글로벌 인재육성지원 학습코칭 강사		

이제
교과서 속 인물과의 만남이
시작됩니다.

게오르크 프리드리히 헨델
(Georg Friedrich Händel, 1685~1759)

1. 현장의 승리와 대중의 감동을 이끈 바로크의 사업가형 거장

● 어린 시절, 금지된 꿈을 지키다

1685년 독일 할레에서 태어난 헨델은 어려서부터 음악을 사랑했지만, 아버지는 단호했다.

"음악가는 굶는다. 법관이 되어라."

아버지는 음악을 철저히 금지했고, 헨델은 밤마다 바람 빠지는 숨을 죽이며 몰래 클라비어를 연습했다. 그러다 우연히 방문한 귀족 앞에서 그의 연주가 드러나자 상황은 뒤집혔다.

"이 아이는 음악을 해야 합니다."

재능을 인정받은 헨델은 결국 정식으로 음악 교육을 받게 되었고, 이때 그는 깨달았다.

● 이탈리아로 떠난 젊은 모험가

20대 초, 헨델은 "현장에서 배우자"는 결심 하나로 이탈리아로 향했다. 그곳은 당시 음악의 수도였다. 그는 오페라, 칸타타, 오라토리오 등 다양한 장르를 몸으로 부딪치며 익혔고, 로마와 베네치아에서 작품을 발표하며 빠르게 이름을 알렸다.

"이탈리아는 음악의 열기로 가득 찬 거대한 실험실 같았다."

여기서 익힌 유려한 선율과 공연 감각은 훗날 그의 작품에 강력한 무기가 된다. 젊은 헨델은 무대 앞줄과 객석 뒤편을 오가며, '관객이 진짜 원하는 음악이 무엇인지' 직접 보고 듣고 배웠다.

● 영국 정착, 왕실의 음악가가 되다

헨델은 1712년 영국으로 건너와 새로운 무대를 개척했다. 그의 음악은 곧바로 영국 귀족들의 마음을 사로잡았고, 조지 1세와 2세 국왕은 그의 가장 든든한 후원자가 되었다.수상식에서 연주된 <수상 음악>, 대관식에서 울려 퍼진 <제사장 사독>은 왕실과 국가의 위엄을 음악으로 증폭시켰다.

"왕이 지켜준다면, 나는 음악으로 제국을 울릴 수 있다."

왕실의 지지는 헨델에게 런던 음악계를 장악할 발판이 되었고, 그는 점차 거장의 위치를 향해 올라가는 전략가형 예술가로 성장했다.

● 오라토리오의 개척, 그리고 〈메시아〉

한때 유럽을 휩쓴 이탈리아 오페라는 시간이 지나며 시들기 시작했다. 헨델은 누구보다 먼저 이를 알아차렸다. "관객은 새로운 걸 원하고 있다!"

그는 화려한 장치가 필요 없는 새로운 장르, 오라토리오를 앞장서 개척했다. 영어 가사, 웅장한 합창, 단순하지만 가슴을 울리는 선율, 이 모든 요소가 결합된 대표작이 바로 <메시아>이다. 초연 당시 관객은 '할렐루야'를 듣고 모두 자리에서 벌떡 일어났다고 한다. 헨델은 예술가인 동시에 트렌드를 읽고 시장을 움직이는 놀라운 감각을 가진 인물이었다.

● 고난 속에서도 음악으로 사람을 품다

말년의 헨델은 뇌졸중과 시력 상실이라는 혹독한 시련을 겪었다. 오른손은 마비되고, 결국 거의 앞을 보지 못하게 되었다. 그러나 그는 후퇴하지 않았다. 왼손만으로 연주를 배우고, 기억력만으로 작품을 완성했다.

"아직 해야 할 음악이 남아 있다." 그는 <메시아> 연례 자선 공연을 지속하며 런던 고아원을 도왔다. 헨델의 음악은 단순한 예술이 아니라 누군가를 살리는 손길이자 사랑의 실천이었다. 고통 속에서도 꺼지지 않는 그의 불꽃은 오늘날까지 전해진다.

● 오늘날로 이어지는 메시지

지금 우리는 빠르게 변하는 환경 속에서 성과와 효율을 먼저 요구받는 시대를 살고 있다. 하지만 변화에 잘 적응하는 능력만큼 중요한 것은, 그 성과를 어떤 가치와 연결하느냐이다. 헨델은 시대의 흐름을 읽고 새로운 음악 시장을 개척한 인물이었지만, 그 성공에 안주하지 않고 자신의 예술을 사회적 책임으로 확장했다. 그에게 음악은 개인의 영광이 아니라, 공동체를 위로하고 연결하는 수단이었다.

오늘날 학생에게 헨델의 삶은 말해준다.

능력은 경쟁을 위해서만 쓰이는 것이 아니라, 사회와 연결될 때 더 큰 의미를 갖는다는 것이다.

▶ 나는 지금 나의 재능을 어디에 쓰고 있는가?

▶ 나의 성취는 다른 사람에게 어떤 영향을 줄 수 있을까?

이 질문은 예술뿐 아니라 모든 진로 탐색과 세특 주제 탐구의 출발점이 된다.

● 주요 예술 사상

1) 혁신과 실천적 지혜 (Innovationsgeist & Praktische Weisheit)

헨델은 절대왕정의 후원을 받는 궁정 음악가였으나, 급변하는 현장의 니즈를 읽는 데 게을리하지 않았다. 그는 런던에서 유행이 지난 이탈리아 오페라에 안주하지 않고, 오라토리오라는 새로운 장르를 개척해 대중의 마음을 사로잡았다. 이는 경영자로서의 실천적 지혜로 시장의 위기를 기회로 바꾼 사례이다. 즉, 이론에 머무르지 않고 변화에 민감하게 반응하며 예술을 경영하는 혁신적 적응력이 중요함을 보여준다. 이것이 바로 성공 비결이다.

2) 인류애와 봉사 정신 (Menschlichkeit & Dienstbereitschaft)

헨델에게 예술적 성공은 개인의 영광을 넘어 따뜻한 공동체를 향한 봉사의 수단이었다. 그는 자신의 최고 걸작인 <메시아>의 공연 수익 대부분을 런던의 고아원을 비롯한 자선단체에 기부하는 데 평생을 바쳤다. 이는 말뿐이 아닌 행동(기부)으로 사회적 책임을 다하는 실천적 사랑의 리더십을 보여주었다. 음악을 통해 계층을 초월한 대중에게 위로와 희망을 주었으며, 개인의 성공을 공동체의 이익과 연결시키는 숭고한 정신을 실현했다. 바로 진정한 노블리스 오블리주다.

3) 불굴의 소명의식 (Unbeugsamer Wille & Sendungsbewusstsein)

헨델은 50대 초반 뇌졸중으로 오른팔이 마비되고 말년에는 시력까지 완전히 잃는 치명적인 역경을 맞았다. 그러나 그는 좌절하지 않았다. "서의 사명이 완성되지 않는 한, 서는 이 방을 떠날 수 없습니다" 라고 선언하며, 마비된 팔을 왼손만으로 재활하고, 시력을 잃은 후에는 놀라운 기억력으로 작곡을 계속했다. 그는 고통을 정면으로 마주하고, 자신의 사명을 완수하려는 강력한 의지와 투혼을 발휘하여 인간 의지의 위대한 승리를 증명했다.

4) 전략적 실용주의 (Strategischer Pragmatismus)

헨델은 절대왕정 군주(조지 1, 2세)의 후원이라는 현실을 영리하게 활용한 실속파였다. 독일 출신이었던 그는 더 큰 기회를 찾아 영국으로 귀화하여 활동 기반을 다졌고, 국왕을 위한 <수상 음악>을 제작하며 궁정 문화의 정점에서 활동했다. 이는 예술적 이상만을 고집하지 않고, 주어진 환경(왕실 후원)과 권력 구조를 전략적으로 활용하여 자신의 예술적 비전(바로크 음악의 웅장함)을 효과적으로 펼치는 영리하고 현실적인 사고방식을 보여준다.

헨델은 급변하는 시장에서 오페라를 오라토리오로 전환하는 혁신적인 적응력을 보여주었고, 현실(절대왕정 후원)을 영리하게 활용하며 예술을 성공적으로 경영하는 실천적 지혜의 가치를 확립했다. 그는 예술적 성공에 머물지 않고 <메시아>의 수익금을 고아원에 기부하며 따뜻한 인류애를 몸소 실천함으로써, 예술가가 지향해야 할 사회적 책임과 봉사 정신을 최고의 덕목으로 제시했다. 나아가, 뇌졸중과 시력 상실이라는 치명적 고난 속에서도 "사명이 완성될 때까지 떠날 수 없다" 는 불굴의 소명의식으로, 굳건한 인간 의지의 값진 승리를 웅장한 음악으로 증명했다.

그의 이러한 정신과 대중을 향한 실용적인 접근은 이후 영국 음악의 눈부신 발전을 이끄는 기반이 되었으며, 혁신, 책임감, 그리고 현장 중심의 지혜라는 불멸의 유산을 시대를 초월하여 현대 사회에 전하고 있다. 더불어 이방인의 한계를 넘어 주류 사회를 포용하며 경계를 허무는 글로벌 리더십의 전형을 보여주었고, 예술적 이상과 대중적 수요의 균형을 통해 문화 산업의 지속 가능한 모델을 선구적으로 제시했다. 결국 냉철한 이성과 따뜻한 인류애를 겸비한 헨델의 통합적 사고는 오늘날 혼란한 시대를 사는 우리에게 진정한 성취의 의미를 가슴 깊이 각인시키고 있다.

● 예술 사상 연계 탐구 주제

혁신과 실천적 지혜	▶ 헨델의 실천적 지혜가 현대 예술 경영에 던지는 의미 고찰 ▶ **헨델의 오라토리오 개발과 현대 시장의 블루오션 전략 비교 분석** ▶ 쇠퇴한 오페라 시장 위기 극복과 현대 기업의 비즈니스 모델 혁신 비교 탐구
인류애와 봉사 정신	▶ 헨델의 지속적인 자선 활동이 현대 ESG 경영의 가치에 미치는 영향 고찰 ▶ 헨델의 행동하는 인류애가 개인주의 시대의 봉사 정신에 미치는 영향 탐구 ▶ 예술가 헨델의 사회적 책임 실천과 현대 유명인의 윤리적 기부 활동 비교 분석
불굴의 소명의식	▶ 헨델의 마비 극복 서사가 현대 재활 의학에 던지는 영감 분석 ▶ 시력 상실 후 창작 활동 지속이 번아웃 세대에게 주는 소명의식 탐구 ▶ 헨델이 고난 속에서 지킨 예술 사명이 삶의 목표 설정에 미치는 영향 고찰
전략적 실용주의	▶ 헨델의 영국 귀화 결정과 현대 인재의 글로벌 커리어 전략 분석 ▶ 절대왕정 후원 활용과 현대 예술가의 스폰서십 유치 전략 비교 탐구 ▶ 비전 실현을 위한 헨델의 권력 활용이 현대 정치 실용주의에 주는 시사점 고찰

● 탐구 설계 예시

주제	헨델의 오라토리오 개발과 현대 시장의 블루오션 전략 비교 분석
탐구 목표	헨델이 쇠퇴한 오페라 시장을 오라토리오로 돌파한 사례를 바탕으로, 현대 기업이 블루오션 혁신 전략에 적용할 실천적 지혜를 탐구한다.
선정 이유	오늘날 많은 기업과 예술 분야는 레드오션 속에서 생존을 위해 몸부림치고 있다. 반면, 헨델은 주력 장르인 이탈리아 오페라의 인기가 떨어지자, 재빨리 성경 기반의 영어 오라토리오라는 새로운 장르를 만들어 대성공을 거두었다. 이러한 헨델의 선구적인 시장 통찰력과 실천적 지혜는 현대 기업들에게 새로운 가치를 창출하고 시장을 혁신하는 방법론에 대한 귀중한 통찰을 제공한다고 판단 했다.
서론	현대 사회는 기술 발전과 소비 패턴의 급변으로 인해 모든 산업이 치열한 레드오션 경쟁에 노출되어 있다. 18세기 런던 음악 시장의 위기를 정면 돌파하여 오라토리오라는 블루오션을 창출한 헨델의 전략적 성공에 주목한다. 헨델이 보여준 실천적 지혜가 현대 기업들이 직면한 혁신의 딜레마를 해결하고, 경쟁 없는 새로운 가치 시장을 창출하는 데 어떤 의미 있는 대안을 제시할 수 있는지 그 원리를 고찰한다.
본론	▶ 18세기 런던 우페라 시장 쇠퇴의 원인 및 헨델의 위기 진단 분석 ▶ 헨델의 오라토리오(메시아)가 창출한 새로운 가치(영어 사용, 종교적 드라마) 분석 ▶ 오라토리오 개발 전략과 현대 경영학의 블루오션 전략 원칙(가치 혁신) 비교 ▶ 헨델의 실천적 지혜를 적용한 현대 예술 및 비즈니스 분야 혁신 사례 탐색 ▶ 헨델의 혁신 정신을 통한 예술성과 상업성 균형 달성 방안 연구
결론	헨델은 시장 흐름을 읽고 대중의 수요에 맞춘 새 가치를 창출해 경쟁을 피하고 독자적 성공을 이끈 예술 경영인이었다. 현대 기업 또한 이상에 머무르지 않고 실천적 지혜와 혁신적 적응력을 발휘해 시장을 개척하고 지속 가능한 성장을 모색해야 한다.
심화 탐구 주제	▶ 헨델의 성공 사례를 통한 예술 경영인의 역할과 역량 탐구 ▶ 헨델의 음악적 가치 혁신과 애플(Apple)의 시상 파괴 전략 비교 분석 ▶ 블루오션 전략의 관점에서 본 한국 전통 예술의 현대적 재해석 가능성 연구
토론 주제	▶ 헨델의 시대와 달리, 현대 사회 새로운 시장 창출 핵심 요소는 무엇인가? ▶ 예술가는 이상을 고수해야 하는가, 헨델처럼 시장의 변화를 따라야 하는가? ▶ 블루오션 전략이 일시적 유행이 아닌 지속 가능한 경영 철학이 될 수 있는가?
교내 후속 활동	▶ 통합사회: 헨델의 사례를 바탕으로 한 '가치 곡선' 작성 및 비즈니스 모델 발표 ▶ 공통국어: 헨델이 오라토리오<메시아>로 대중을 사로잡은 소구 기법과 설득 전략 분석 ▶ 진로활동: 창업가의 정신을 주제로 한 진로 에세이 또는 모의 사업 계획서 작성

● 음악

성취기준	[12음02-03] 다양한 시대·사회·문화권의 음악을 듣고 맥락, 기능, 기여의 관점에서 비평한다.
주요내용	헨델은 바로크 음악의 웅장함을 계승했으나, 쇠퇴하는 런던 오페라 시장과 뇌졸중 및 시력 상실이라는 고난을 겪었다. 이를 계기로 그는 음악을 형식의 완성이 아닌 실천적 지혜와 시장 혁신의 도구로 전환했으며, <메시아>와 궁정 음악에 사회적 책임, 전략적 실용주의, 불굴의 소명의식을 상징적으로 담았다. 학생들은 음악이 시장 경제 및 윤리적 책임과 결합해 위대한 예술 경영 유산이 되는 과정을 탐구할 수 있다.
교과연계 탐구주제	▶ <메시아> 자선 모델을 통한 헨델의 예술 유산 영속성 확보 전략 탐구 ▶ 헨델의 다문화적 장르 전환 전략과 글로벌 콘텐츠의 현지화 성공 사례 비교 분석 ▶ 헨델의 후원 시스템 탈피 노력과 현대 예술가의 크라우드 펀딩 전략 비교 연구

● 세계사

성취기준	[12세사03-02] 미국 혁명, 프랑스 혁명을 시민 사회 형성과 관련지어 파악한다.
주요내용	헨델은 18세기 계몽주의의 중심지 영국에서 활동하며, 음악을 귀족 전유물에서 시민 사회의 공유물로 확산하는 데 기여 했다. 공개 공연을 통해 자유로운 전문 예술가로 자립한 행위는 계몽사상의 개인 능력 기반 자유 시민 이상을 실현한 것이다. 특히 오라토리오 <메시아> 수익금을 자선 기부한 것은 계몽주의적 윤리가 시민 사회의 사회적 책임 정신으로 이어진 중요한 사례임을 이해하게 된다.
교과연계 탐구주제	▶ 헨델의 자유 예술가 자립이 시민 계급의 성장과 연관되는 양상 탐구 ▶ <메시아> 수익금 기부가 계몽주의 인류애적 실천을 보여주는 방식 고찰 ▶ 헨델의 영어 오라토리오를 통한 귀족 문화의 대중 시민 문화 확대 과정 분석

3. 독서 연계 탐구활동

● 추천 도서 목록

추천 도서 목록	
▶ 헨델 (임만규, 청음사, 2024)	▶ 런던의 헨델 (제인 글로버(한기정 역), 뮤진트리, 2020)
▶ 헨델 메시아 (헨델(백정진 역, 와이즈성가, 2021)	▶ 헨델 음악의 거장(씨익북스 편집부 3팀, 퀘스트북, 2025)
▶ 난처한 클래식 수업 4 (민은기, 사회평론, 2020)	▶ 클래식 바로크 시대와의 만남 (클라이브 웅거 해밀턴(김형수 역) 포노, 2012)

● 독서 연계 탐구 활동

독서 연계 탐구 활동	
도서명	런던의 헨델(제인 글로버 (한기정 역)), 뮤진트리, 2020년 3월
	이 책은 헨델이 단순한 음악가를 넘어 진정으로 역경과 투쟁 속에서도 굴하지 않는 거인이었는지 탐구하는 예술 평전이다. 저자는 헨델을 바로크 음악사뿐 아니라 강인한 정신력, 대중과의 소통 능력, 만인을 위한 예술 실천 측면에서 분석하며, 그의 진정한 가치를 밝힌다. 그의 음악이 당대 엘리트 취향의 오페라를 넘어 오라토리오(메시아)라는 위대한 예술로 나아간 과정을 조명한다.
핵심 키워드	음악의 세계인, 영웅적 기질, 대중과의 소통, 역경 극복, 고결한 예술 정신
탐구 주제	▶ 헨델이 걸작을 내놓은 보편적 천재성이 예술사에 미친 영향 분석 ▶ 헨델의 고난 서사가 인간의 의지와 회복 탄력성에 던지는 메시지 탐구 ▶ **헨델의 오페라 실패와 오라토리오 전환이 보여주는 창조적 돌파 과정 탐구** ▶ 헨델의 화려한 음악과 단순한 삶의 대비가 현대인에게 주는 삶의 가치 고찰 ▶ 메시아의 숭고함이 민족과 시대를 초월하여 인류애에 미친 정신적 영향력 분석
토론 쟁점	▶ 헨델 성공은 음악의 힘인가, 정치적 요인인가? ▶ 헨델은 엘리트 오페라 거장인가, 대중 오라토리오 거장인가? ▶ 뇌졸중과 시력 상실이 헨델 후기 창작에 긍정적인 영향을 미쳤는가?
후속 활동	▶ 공통국어: 헨델 고난 극복 과정의 회복 탄력성을 분석하는 논설문 작성 ▶ 통합사회: 헨델 오라토리오 개발 사례로 블루오션 비즈니스 모델 기획안 작성 ▶ 동아리활동: 블루오션 시장 개척 전략을 주제로 비즈니스 모델 기획안 작성

● 독서 연계 탐구활동 예시

탐구 주제	**헨델의 오페라 실패와 오라토리오 전환이 보여주는 창조적 돌파 과정 탐구**	
탐구 자료	▶ 18세기 런던 시장 연구: 오페라 쇠퇴, 오라토리오 성공 배경 사료 ▶ 헨델, 삶과 예술을 경영하다: 사업가적 통찰력과 전략적 결정 분석 자료 ▶ 블루오션 전략 및 린 스타트업: 비즈니스 피보팅 이론과 현대 성공 사례 자료	
탐구 개요	서론	헨델을 바로크 음악의 거장이자 시장 변화에 성공적으로 적응한 전략적 예술 경영인으로 탐구함. 그의 음악은 쇠퇴한 이탈리아 오페라 시장 속에서 오라토리오라는 가치를 창출하며 돌파구를 찾았음. 헨델의 전환 전략이 급변하는 현대 기업 피보팅 성공 사례에 주는 시사점을 탐구하고자 함.
	본론	▶ 헨델의 전략적 전환과 현대 기업의 피보팅 사례를 비교 탐구함 ▶ 바로크 경영인 리스크 관리가 현대 CEO에게 주는 시사점 분석함 ▶ 이탈리아 오페라 포기 과정에서 드러난 헨델의 시장 통찰력 고찰함 ▶ 헨델의 성공적인 피보팅이 예술성과 상업성 균형에 미친 영향 고찰함 ▶ 오라토리오(메시아)가 창출한 새로운 가치(저비용, 영어 대본)를 탐구함

탐구 개요	결론	오라토리오 개발은 실천적 지혜 기반의 위대한 경영 사례임을 증명함. 그의 전략은 실패를 두려워하지 않고 시장의 요구에 맞추어 비즈니스 모델을 과감히 전환하는 피보팅의 고전을 제시함. 학생들은 이 탐구를 통해 혁신이 외부 환경에 대한 전략적 적응에서 비롯됨을 깨달을 수 있음.
후속 활동		▶ 윤리와 사상: 예술가의 책임·이타성·공동선에 대해 성찰하는 윤리 토론 활동 ▶ 통합사회: 헨델 오라토리오 개발 사례로 블루오션 비즈니스 모델 기획안 작성 활동 ▶ 자율·자치활동: 다문화 적응 분석을 통한 글로벌 커리어 전략 보고서 작성 활동 ▶ 진로활동: <메시아>의 자선 활동을 통해 기업의 사회적 책임(CSR) 토론 활동

4. NIE 연계 활동

• 신문 읽기 & 연결 사유 찾기

귀족 전유물 음악을 대중에 전파 '헨델은 혁명적인 음악가'(서울경제, 2010.06.02.)

이 기사는 시력 상실과 뇌졸중(손 마비)이라는 초인적인 고난에 맞서 싸웠던 헨델은 "오, 음악이여! 네가 나를 붙잡아 주었구나" 라는 고백처럼 예술을 통해 삶을 포기하지 않았다. 이는 운명에 맞선 불굴의 의지와 회복 탄력성을 보여주며, 절망을 딛고 완성한 오라토리오(메시아)의 숭고함과 자선 활동은 그의 높은 정신적 승리를 상징한다. 이 기사는 헨델의 고통 극복 과정을 강인한 정신력과 인류애의 관점에서 조명한다.

손가락 마비에 失明… 헨델은 고난 속에 완성한 '메시아'를 세상과 나눴다(조선일보, 2021.12.06.)

이 기사는 헨델이 혼신의 힘을 다해 오라토리오 <메시아>를 완성한 배경을 조명한다. 뇌졸중(손 마비)과 시력 상실의 역경 속에서도 음악가로서의 사명감을 잃지 않았음을 보여준다. <메시아>의 자선 활동은 고난 극복의 최종 목적지가 개인의 성공을 넘어선 대중과 인류애에 있었음을 실천적으로 증명한다. 이는 절망적인 개인적 고통을 희망과 평등의 메시지로 승화시킨 그의 숭고한 정신을 부각한다.

독일인 헨델, 영어 오라토리오 만들어 영국 영웅 됐다(중앙SUNDAY, 2023.01.21.)

헨델이 이탈리아 오페라의 인기가 쇠퇴하고 재정적 위기를 겪었을 때, 과감히 장르를 전환해 영어 오라토리오를 개척한 과정을 다룬다. 이는 단순한 생존 전략을 넘어, 대중의 언어와 종교적 정서에 맞는 새로운 음악을 창조한 돌파 정신을 보여준다. 오라토리오는 무대 장치와 화려한 의상이 필요 없어 제작 비용을 절감했고, 성경 이야기를 소재로 영국 대중의 공감을 얻는 데 성공했다.

• 시사 이슈

▶ 급변하는 사회에서 교육은 피보팅(Pivoting) 능력을 어떻게 육성해야 하는가?

▶ 순수 예술은 디지털 시대에 대중성을 확보하고 가치를 창출하기 위한 전략이 필요한가?

▶ CSR 활동의 진정성을 판단하는 기준은 무엇이며, 대중은 이를 어떻게 수용해야 하는가?

● 관점의 분석과 비교

귀족 전유물 음악을 대중에 전파 '헨델은 혁명적인 음악가' (서울경제, 2010.06.02.)
- 헨델의 예술 대중화 정신이 현대 예술계의 엘리트주의를 극복할 대안인가에 대한 입장 토론 -

찬성	반대
헨델이 귀족 예술에서 벗어나 대중의 언어와 정서에 맞는 영어 오라토리오로 성공했듯이, 현대 예술 역시 적극적이고 다양한 방식으로 대중의 접근성을 높이는 것이 지속 가능한 가치를 창출하고 생존할 수 있는 유일한 대안이다.	헨델의 오라토리오 성공은 18세기 특수 상황의 결과로 현대에 일반화하기 어렵고, 대중화는 예술의 본질을 훼손하며 상업적 흥미로 변질시킬 위험이 크므로, 국가와 기관이 순수 예술을 적극적으로 보호해야 한다.

손가락 마비에 失明... 헨델은 고난 속에 완성한 '메시아'를 세상과 나눴다 (조선일보, 2021.12.06.)
- 고난과 역경을 극복한 헨델의 불굴의 의지와 인류애 분석 -

≫ 불굴의 의지	≫ 인류애
헨델은 극심한 손가락 마비와 시력 상실 고통에도 불구하고 창작을 결코 포기하지 않고 <메시아>를 완성했다. 이는 그의 강인한 정신력과 경이로운 회복 탄력성이 고난을 예술적 승화의 에너지로 전환시킨 대표 사례이다.	헨델은 <메시아> 공연 수익금 대부분을 수많은 자선 단체에 적극 기부했다. 이는 개인적 명예를 넘어, 자신이 극심한 고난 속에서 얻은 정신적 승리와 희망을 실질적인 나눔과 봉사로 사회에 숭고하게 환원한 위대한 실천이다.

● 사고의 확장

▶ 헨델의 오라토리오 전환처럼, 실패 후 수익성을 잡는 피보팅 전략은?

▶ 헨델의 대중화 전략과 순수 예술의 깊이를 지키는 접근성은 무엇인가?

▶ 헨델처럼 현대 예술은 엘리트주의를 벗어나 대중 소통을 확대해야 하는가?

▶ 헨델의 자선 활동은 CSR이 진정성과 마케팅 사이에서 균형을 잡아야 하는가?

▶ 헨델의 고난 극복과 나눔은 개인 고통을 사회적 가치로 승화시키는 모델인가?

5. 세특 예시

독서 활동을 통해 헨델의 삶과 예술 경영에 대한 깊은 통찰력을 드러냄. '헨델의 예술 대중화 정신이 현대 예술계의 엘리트주의를 극복할 대안인가' 라는 토론에서 오라토리오 성공 사례를 근거로 대중 접근성 확대의 필요성을 주장함. 나아가 뇌졸중과 시력 상실 고난 속에서도 <메시아> 수익금을 자선에 기부한 행위를 인류애적 실천으로 해석하며 논점을 확장함. 예술 경영과 윤리 의식을 융합하는 뛰어난 사고력 및 사회적 책임에 대한 깊이 있는 통찰을 보여준 학생임.

02

공자
(孔子, B.C. 551~479)

1. 공자, 혼란의 시대에 유학의 시작을 열다.

● 혼란의 시대, 선비의 깨달음

기원전 551년, 춘추시대의 혼란 속에 한 아이가 태어났다. 그의 이름은 공자(孔子), 자는 중니(仲尼). 노나라의 하급 귀족 집안에서 태어났지만 세 살에 아버지를 여의고, 가난 속에서 어머니와 함께 살았다. 그럼에도 예(禮)와 음악을 익히며 학문에 뜻을 세웠다.

"가난하더라도 배우기를 부끄러워하지 말라."

청년 공자는 관리로 일하며 나라를 바로 세우려 했지만, 부패한 권세가들의 벽에 부딪혔다. 예와 도덕이 무너진 세상에서 그는 인간다움의 길을 찾고자 했다.

"사람이 바르지 않으면, 제도가 바로 설 수 없다." 그는 인(仁)과 예(禮)를 통해 세상을 바로잡고자 했으며, 혼란의 시대일수록 인간의 마음과 품성이 바로 서야 공동체가 회복된다고 믿었다.

● 배움과 가르침의 시작

공자는 스승 없이 배우고, 스스로 깨달은 것을 제자들과 나누었다. 신분에 관계없이 배우려는 자에게 문을 열어 누구에게나 배움의 길을 연 교육자였다.

"배우고 때로 익히면 또한 기쁘지 아니한가?"

그의 학문은 사람답게 사는 법을 배우는 과정이었다. 예(禮)를 통해 질서를, 인(仁)을 통해 사람다움을, 중용(中庸)을 통해 조화를 가르쳤다. 공자는 배움이 지식을 채우는 것이 아니라 사람을 변화시키는 힘이라고 믿었고, 성찰과 실천을 통해 성장하는 삶을 강조했다.

● 길 위의 선생, 외면받은 이상

공자는 노나라에서 개혁을 시도했지만 귀족들의 반발로 뜻을 이루지 못했다. 결국 조국을 떠나 위(衛), 진(陳), 초(楚) 등 여러 나라를 떠돌며 인의 가르침을 전했다. 그 과정에서 수많은 오해와 좌절을 겪었으며, 삶의 여정은 때로 위험하고 외로운 길이었다. 그의 이상은 군주들에게는 외면받고, 세속에서는 비웃음을 사기도 했다.

여러 나라에서 개혁의 뜻을 펼치려 했으나 현실의 벽은 높아졌고, 오랜 여정 속에서 행색이 남루해졌다. 그 모습을 본 이가 비웃으며 말했다.

"공자는 마치 상가집의 개 같구나." 그 말을 들은 제자 자공이 전하자, 공자는 웃으며 담담히 말했다.

"그래, 그래 보일 수도 있겠지." 외면받는 상황에서도 그는 인의 도를 굽히지 않았다.

● 좌절 속에서 선택한 길, '사람을 기르는 일'

정치적 실패는 공자에게 끝이 아니라 전환점이었다. 그는 권력을 통해 사회를 바꾸는 길을 내려놓고, 사람을 길러 사회를 바꾸는 길을 선택했다. 공자에게 교육은 지식을 전달하는 일이 아니라, 인간의 태도와 삶의 기준을 세우는 일이었다.

그는 신분을 묻지 않고 제자를 받아들였다. 배우고자 하는 마음이 있다면 누구에게나 문을 열었다. 이는 당시 신분 질서가 엄격했던 사회에서 매우 파격적인 선택이었다.

● 노년의 귀향과 가르침의 완성

노나라로 돌아온 공자는 제자들과 함께 고전을 정리하며 <시경>, <서경>, <춘추> 등을 전승했다. 그는 "군자는 자신을 닦고 세상을 밝힌다."라고 가르치며, 스스로의 삶으로 인(仁)의 뜻을 보여주었다. 공자의 가르침은 순간의 성공보다 평생의 성찰과 실천을 강조하는 철학이었다. 또한 변화의 힘은 제도나 권력이 아니라, 한 사람의 진정한 마음과 실천에서 시작된다고 보았다.

그의 제자들은 전국으로 흩어져 유가(儒家)의 씨앗을 뿌렸고, 그 사상은 시대를 넘어 동아시아 사상의 문화·윤리·정치 전반의 근간이 되었다.

● 오늘날로 이어지는 메시지

불확실성과 갈등이 반복되는 사회 속에서 우리는 종종 외적인 성과와 비교에 흔들리며 방향을 잃곤 한다. 공자는 사회를 바꾸는 힘이 제도나 권력이 아니라, 한 사람의 태도와 실천에서 시작된다고 보았다. 그에게 배움은 지식을 쌓는 일이 아니라, 사람답게 살아가기 위한 과정이었다.

오늘날 학생에게 공자의 메시지는 분명하다.

성적보다 먼저 다져야 할 것은, 어떤 사람으로 성장할 것인가에 대한 기준이다.

▶ 나는 배움을 통해 무엇을 바꾸고 싶은가?

▶ 나의 태도는 공동체에 어떤 영향을 주고 있는가?

이 질문은 인성·리더십·사회 참여와 연결되는 세특 탐구로 확장될 수 있다.

● 주요 철학 사상

1) 인(仁)의 사상

공자는 인간다운 삶의 근본을 '인(仁)'에서 찾았다. 인은 감정적 사랑만이 아니라, 타인을 존중하고 스스로를 절제하는 도덕적 실천의 중심 가치였다. 그는 인을 사람 사이의 관계 속에서 실현되는 덕목으로 보았으며, '사람을 사랑하는 것'이 인의 본질이라 했다. 인은 군자의 근본이자 사회 질서의 바탕이며, 타인을 배려하고 자신을 성찰함으로써 완성되는 인간다움의 표현이라 보았다. 또한 인의 실천은 개인의 수양을 넘어 사회 전체의 도덕적 기반을 이루는 길이라 여겼다.

2) 예(禮)의 질서

공자는 사회의 조화와 안정이 예(禮)를 지키는 데서 비롯된다고 보았다. 예는 단순한 의식이나 형식이 아니라, 사람과 사람 사이의 도리를 지키는 생활 규범이었다. 그는 예가 인간의 욕망을 절제하고 공동체의 질서를 세우는 기준이라 여겼다. 인이 내면의 덕이라면 예는 그것을 외적으로 드러내는 형태로, 개인의 노력이 사회적 조화로 확장되는 과정이라 설명하였다. 공자는 예를 통해 인간이 서로의 역할과 관계를 존중함으로써 진정한 질서와 조화를 실현할 수 있다고 보았다.

3) 군자(君子)의 인간상

공자는 인과 예의 덕을 실천하는 사람을 '군자(君子)'라 불렀다. 군자는 외적 지위보다 내적 품격을 중시하며, 도덕적 성찰을 통해 자신을 완성하는 존재였다. 그는 군자가 사사로움보다 공공의 이익을 우선하며, 말보다 행동으로 모범을 보여야 한다고 강조했다. 군자는 단순한 이상형이 아니라, 끊임없는 자기 수양을 통해 누구나 도달할 수 있는 인간의 목표로 제시되었다. 공자는 군자의 삶을 통해 사회 전체가 도덕적 모범을 배우고 따르게 된다고 보았다.

4) 정명(正名)의 정치관

공자는 사회 혼란의 원인을 이름과 실상이 어긋난 데서 찾았다. 그는 안정된 사회를 위해 정명(正名), 즉 이름과 책임의 조화를 중요하게 보았다. 군주는 군주답고 신하는 신하다우며, 부모와 자식도 각자의 역할을 지켜야 한다고 강조했다. "이름이 바르지 않으면 말이 순조롭지 못하고, 일이 이루어지지 않는다." 정명은 각자가 역할을 성실히 수행할 때 사회가 안정된다는 원리로, 공자는 이를 통해 신뢰받는 질서를 세우고자 했다.

공자는 동양 윤리사상과 인문정신의 토대를 세운 사상가로, 동아시아 사상 전통의 형성에 결정적 역할을 하였다. 그는 인간의 도덕적 수양과 인격 형성을 철학의 중심 주제로 삼아 도덕적 주체로서의 인간상을 정립하였다. 그의 사상은 <논어>에 집약되어 인간의 도리와 사회 질서를 중시하는 윤리 철학으로 전개되었다. '인(仁)'을 인간의 근본 덕목으로, '예(禮)'를 사회 질서의 규범으로 제시하여 도덕과 정치의 일치를 추구하였다. 더불어 철학을 삶 속에서 실천되는 지혜로 자리매김하며, 인간다움의 회복과 공동체 조화라는 동양 철학의 기초를 확립한 성과로 평가된다.

공자의 사상은 동아시아 정치·사회·교육 체계를 형성하는 핵심 사상적 기반이 되었다. 한대에 국교로 채택된 이후 국가 운영의 원리가 되었고, 과거제의 기반을 마련하여 사회 제도의 정착에 기여하였다. 그의 윤리관은 맹자와 순자에 의해 계승·발전되며 인간 본성론과 현실 윤리로 확장되었다. 유학은 중국·한국·일본 문화권 전반의 지적 전통과 생활 규범 속에 깊이 뿌리내리며, 20세기 이후에는 공동체 윤리와 인간 책임의 철학으로 재조명되었다. 이러한 흐름은 공자의 철학이 시대와 문화를 넘어 인간 삶의 방식과 사회적 가치 형성에 영향을 미치고 있음을 보여준다.

● 철학 사상 연계 탐구 주제

주제	내용
인(仁)의 사상	▶ 타인 존중과 자기 성찰을 통해 형성되는 인간다움의 본질 분석 ▶ **현대 사회의 이기주의 확산과 인(仁) 실천이 지닌 윤리적 가치 고찰** ▶ 인(仁)의 개념을 중심으로 한 인간관계의 도덕적 책임과 공감의 의미 탐구
예(禮)의 질서	▶ 예(禮)를 통한 사회적 조화와 질서의 형성 원리 탐구 ▶ 디지털 시대의 예절 변화가 공동체 의식에 미치는 영향 고찰 ▶ 예(禮)의 정신을 기반으로 한 인간관계의 존중과 균형의 의미 분석
군자(君子)의 인간상	▶ 군자와 소인의 차이를 통해 본 도덕적 인간형의 기준 탐구 ▶ 군자의 자기 수양과 사회적 책임이 조화되는 삶의 방식 고찰 ▶ 공자의 군자 이상이 현대 시민 윤리에 주는 실천적 함의 분석
정명(正名)의 정치관	▶ 정명(正名)의 원리를 통해 본 언행 일치와 사회 신뢰의 관계 탐구 ▶ 리더의 역할과 책임을 중심으로 본 정명 사상의 현대적 의의 분석 ▶ 정명(正名) 개념이 정의로운 통치와 조직 질서에 주는 시사점 고찰

● 탐구 설계 예시

주제	현대 사회의 이기주의 확산과 인(仁) 실천이 지닌 윤리적 가치 고찰
탐구 목표	공자의 인(仁) 사상을 바탕으로 현대 사회에서 확산되는 개인주의와 이기주의적 가치관을 비판적으로 분석하고, 인간다움의 회복과 공동체적 윤리의 중요성을 탐구한다.
선정 이유	오늘날 사회는 경쟁과 효율을 중시하는 분위기 속에서 타인에 대한 배려와 연대의 가치가 약화되고 있다. SNS와 경제 중심의 사고방식은 개인의 이익을 우선시하게 하며, 타인과의 관계에서 공감과 존중이 사라지고 있다. 공자의 인 사상은 이러한 이기주의를 넘어선 도덕적 관계의 회복과 사회적 조화의 가능성을 제시한다. 이에 인의 의미를 통해 인간다움과 공동체 윤리의 본질적 가치를 탐구하고자 한다.
서론	현대 사회는 개인의 자유와 경쟁을 중시하는 가운데, 타인에 대한 관심과 연대의식이 점점 약화되고 있다. 그러나 이러한 이기주의적 경향은 인간관계의 단절과 도덕적 무관심을 초래한다. 공자는 인을 '사람을 사랑하는 마음'으로 정의하며, 인간다운 삶의 근본으로 제시하였다. 인의 사상은 타인에 대한 공감과 도덕적 책임을 통해 개인과 사회가 조화를 이루는 윤리적 방향을 제시한다.
본론	▶ <논어>를 중심으로 한 공자의 인(仁) 개념과 도덕적 실천의 의미 정리 ▶ 인과 예(禮)의 관계를 통한 사회적 조화의 원리 분석 ▶ 현대 사회의 이기주의와 인간관계 단절 사례 제시(무관심, 혐오 문화 등) ▶ 공자의 인 사상을 적용한 공동체 윤리의 회복 방안 탐색 ▶ 인(仁)의 실천이 가져오는 인간 존중과 사회 신뢰의 가치 분석
결론	공자의 인 사상은 개인의 내적 수양을 넘어 타인에 대한 배려와 사회적 조화를 강조한다. 이를 통해 현대 사회의 이기주의를 극복하고, 서로에 대한 존중과 공감을 바탕으로 한 윤리적 공동세의 필요성을 일깨운다. 인의 실천은 단순한 덕목이 아니라 인간 존재의 근본적 가치임을 시사한다.
심와 탐구 주제	▶ 공자의 인(仁) 사상을 적용한 윤리 교육의 현대적 방향 고찰 ▶ 타인에 대한 공감 결여가 공동체 신뢰에 미치는 영향 분석 ▶ 현대 사회의 경쟁 문화와 인(仁) 사상에 기반한 공동체 의식 강화 방안 탐구
토론 주제	▶ 과학기술의 발전은 '인(仁)'의 가시를 악화시키는가? ▶ 현대 사회의 경쟁 구조 속에서 '이익'보다 '인(仁)'이 우선될 수 있는가? ▶ 인(仁)의 실천은 개인의 덕목을 넘어 사회 시스템으로 확장될 수 있는가?
교내 후속 활동	▶ 현대사회와 윤리: 공자의 인(仁) 사상에 대한 공동체 윤리 탐구 활동 ▶ 진로활동: 인(仁)의 실천이 조직과 사회에 미치는 긍정적 영향을 발표하는 활동 ▶ 자율·자치활동: 이기주의 현상을 주제로 한 인터뷰 기반 인식 개선 프로젝트 활동

2. 교과 연계 탐구활동 (통합사회1, 윤리와 사상)

● 통합사회1

성취기준	[10통사1-02-01] 시대와 지역에 따라 다르게 나타나는 행복의 기준을 사례를 통해 비교하여 평가하고, 삶의 목적으로서 행복의 의미를 성찰한다.
주요내용	공자는 행복을 욕망의 충족이 아닌 인의 실천을 통한 도덕적 완성으로 보았다. 그는 타인에 대한 배려와 예(禮)의 조화를 통해 인간다운 삶을 실현하고자 했다. 이러한 행복관은 물질적 풍요보다 도덕적 성숙과 조화로운 인간 관계를 중시하는 동양적 가치관의 대표적 예로 평가된다. 공자의 행복관은 현대 사회의 경쟁적 가치 속에서 타인과 함께 성장하는 행복의 의미를 성찰하게 한다.
교과연계 탐구주제	▶ 공자의 인(仁) 사상을 중심으로 한 도덕적 행복의 의미 고찰 ▶ 공자와 아리스토텔레스의 행복관 비교를 통한 공동체 중심 행복의 가치 분석 ▶ 현대 사회의 경쟁 구조 속에서 인(仁) 실천이 추구하는 참된 행복의 의미 탐구

● 윤리와 사상

성취기준	[12윤사01-01] 공자사상에 바탕하여 맹자와 순자, 주희와 왕수인의 인성론을 비교하고, 인간 본성의 입장에 따른 윤리적 삶의 목표 및 방법론의 차이와 그 의의를 파악할 수 있다.
주요내용	공자의 인 사상은 인간이 도덕적 가능성을 지닌 존재라는 관점에서 수양과 조화를 중시하였다. 맹자는 성선설을 바탕으로 인간의 선한 본성을 기르는 것을 강조하였고, 순자는 성악설의 입장에서 예를 통해 욕망을 교화하고 질서를 세울 수 있다고 하였다. 주희는 본성을 우주적 이치로, 왕수인은 마음을 도덕의 근원으로 보았다. 이들은 인간 본성의 이해를 통해 윤리적 삶의 근거를 모색하였다.
교과연계 탐구주제	▶ 성선설과 성악설의 대립 속에서 본 인간 본성의 윤리적 의미 비교 ▶ 주희의 성즉리와 왕수인의 심즉리 비교를 통한 도덕 실천 방법 탐구 ▶ 공자에서 왕수인에 이르는 인성론의 전개와 윤리적 인간상 변화 분석

3. 독서 연계 탐구활동

● 추천 도서 목록

추천 도서 목록	
▶ 진짜 공자(이수정, 소명출판, 2025)	▶ 나는 논어를 만나 행복해졌다(판덩 저(이서연 역), 미디어숲, 2023)
▶ 공자가 AI 시대를 산다면(김준태, 한겨레출판, 2025)	▶ 논어(공자(소준섭 역), 현대지성, 2018)
▶ 공자 평전(쾅야밍(장세후 역), 연암서가, 2022)	▶ 공자 사상의 현대적 의미(장기윤(이동방, 정선웅 역), 박이정출판사, 2018)

  교과서 속 인물로 완성하는

● 독서 연계 탐구 활동

	독서 연계 탐구 활동
도서명	논어(공자(소준섭 역), 현대지성, 2018)
	이 책은 공자의 문답과 철학을 제자들이 기록한 고전으로, 인간관계와 사회 질서의 근본을 탐구한다. 저자는 공자의 핵심 사상인 인(仁)·예(禮)·군자(君子)의 의미를 현대적으로 풀어낸다. 도덕적 수양과 실천의 중요성을 강조하며 개인의 인격 완성과 사회적 조화의 관계를 제시한다. 이를 바탕으로 공자의 사상이 다양한 현대 사회의 윤리 문제에 주는 함의를 짚어내며, 고전의 가치를 드러낸다.
핵심 키워드	인(仁), 예(禮), 군자(君子), 도덕, 실천
탐구 주제	▶ 군자(君子)의 인격적 특성이 현대 리더십에 주는 시사점 분석 ▶ **예(禮) 개념을 통해 본 공동체 질서와 사회적 조화의 의미 탐구** ▶ 공자의 인(仁) 사상을 중심으로 한 인간관계의 윤리적 원리 분석 ▶ 공자의 교육관을 통해 본 도덕적 성장과 사회적 책임의 관계 고찰 ▶ 공자의 도덕 실천론이 현대 사회의 가치 혼란을 극복하는 데 주는 교훈 고찰
토론 쟁점	▶ 도덕적 덕목은 타고나는가, 길러지는가? ▶ 인(仁)과 예(禮)는 충돌 없이 조화를 이룰 수 있는가? ▶ 공자의 덕치 사상은 오늘날 민주 사회에 적용될 수 있는가?
후속 활동	▶ 독서와 작문: 인과 예의 윤리적 표현 태도를 주제로 한 비판적 글쓰기 활동 ▶ 자율·자치활동: 학급 내 갈등 상황에 대한 합의점을 찾는 토의·실천 활동 ▶ 진로활동: 정명 사상을 바탕으로 직업 윤리의 중요성을 탐구하는 활동

● 독서 연계 탐구활동 예시

탐구 주제	예(禮) 개념을 통해 본 공동체 질서와 사회적 조화의 의미 탐구
탐구 자료	▶ <논어>: '예'의 본래 의미와 공동체 질서 형성 원리를 원전을 탐색 ▶ 예절 문화, 공공장소 질서, 시민의식 등 공동체 규범에 관한 시사 칼럼 분석 ▶ 학교·가정·사회 내 협력 사례를 바탕으로 '예' 사상의 사회적 조화 의미를 탐색
탐구 개요 — 서론	공자는 '예'를 인간관계와 사회 질서를 유지하는 근본 규범으로 보았음. 예는 타인에 대한 존중과 공동체적 조화를 이루는 내면적 태도를 의미함. 공자의 예 사상을 바탕으로 공동체 질서의 형성과 사회적 조화의 의미를 탐구하고, 현대 사회의 관계 윤리에 주는 시사점을 고찰하고자 함.
탐구 개요 — 본론	▶ <논어>의 주요 구절을 중심으로 예(禮)의 개념과 윤리적 기능 정리 ▶ 예가 공동체 질서를 유지하는 도덕적 장치로 작용함을 분석 ▶ 신문기사를 통해 현대 사회의 예절 문화와 공공 질서 문제 조사 ▶ 공자의 '예'와 현대 사회의 규범 의식(법·도덕·관습)의 연계성 분석 ▶ 예의 실천이 개인의 품성과 사회적 신뢰 형성에 미치는 영향 도출

탐구 개요	결론	공자의 예 사상은 인간관계의 질서를 바로잡고 공동체 조화를 이루는 실천적 덕목임. 개인의 내면 수양을 바탕으로 사회의 화합을 실현하게 하며, 공동체 윤리 회복에 중요한 시사점을 제공함. 또한 예의 실천은 상호 존중과 책임 의식을 기반으로 성숙한 시민 문화를 형성하는 데 기여함.
후속 활동		▶ 통합사회: 문화적·세대적 차이를 존중하고 구성원 간의 조화를 모색하는 탐구 활동 ▶ 인문학과 윤리: 공동체적 갈등 해결을 위한 민주적 의사소통 기반 토론하는 활동 ▶ 동아리활동: <논어> 관련 시사 칼럼을 분석하여 실천 방안을 탐구하는 활동 ▶ 자율·자치활동: 학교 공동체 내 배려와 질서에 대한 영상 콘텐츠 제작 활동

4. NIE 연계 활동

● 신문 읽기 & 연결 사유 찾기

'내가 평가한 기업'에 '내가 재취업'...무너진 공직윤리(서울신문, 2025.10.24.)

이 기사는 공직자가 재직 중 평가하거나 감독하던 기관에 퇴직 후 재취업하는 사례를 다루고 있다. 이해충돌 방지 제도의 미비와 윤리적 해이를 통해 공직자의 행위가 사회적 신뢰를 훼손하는 현실을 보여준다. 투명한 절차와 공정한 제도 확립의 필요성을 제기하며, 공직자의 책임 의식의 회복을 강조한다. 공직 사회의 도덕 기준이 흔들릴 때 공동체의 정의와 신뢰가 함께 무너진다는 점을 일깨운다.

직업윤리가 실종된 대한민국, 국회의원은 왜 예외인가?(우리뉴스, 2025.10.15.)

이 기사는 정치인의 직업윤리 부재와 책임 회피를 비판하며 공직의 도덕적 위기를 조명하고 있다. 국민의 대표로서 모범을 보여야 할 국회의원이 권한을 남용하고 특권에 안주하는 현실을 지적한다. 직업윤리는 사회 정의와 공적 책임의 근간임을 강조하며, 정치인의 윤리적 성찰이 필요함을 제시한다. 윤리 의식의 부재가 국민의 신뢰 상실로 직결됨을 경고한다.

공부자의 정명 사상(제주일보, 2025.02.11.)

이 기사는 공자의 정명 사상을 '이름과 역할이 일치해야 사회 질서가 바로 선다'는 윤리 원리로 해석하고 있다. 각자가 맡은 직분과 책임을 성실히 수행할 때 사회의 조화와 신뢰가 유지된다고 보았다. 정명은 개인의 말과 행동, 역할이 조화를 이루는 사회 윤리의 기준으로 제시된다. 혼란한 시대일수록 직분의 윤리와 책임 의식을 바로 세우는 실천이 필요함을 강조하고 있다.

● 시사 이슈

▶ 역할이 모호해지는 현대 사회에서, 공자의 정명 사상이 제시하는 직분 윤리의 의미는 무엇일까?

▶ 도덕 기준이 모호한 시대에, 권한과 책임을 가진 사람들은 어떤 원칙으로 윤리를 실천해야 할까?

▶ 공직자의 이해충돌이 잦은 사회에서, 직분과 책임의 일치를 통해 신뢰를 회복할 방법은 무엇일까?

● 관점의 분석과 비교

'내가 평가한 기업'에 '내가 재취업'...무너진 공직윤리(서울신문, 2025.10.24.)
- 공직자의 재취업은 공적 신뢰를 훼손하는 행위일까? -

찬성	반대
공직자의 재취업은 개인의 경력과 전문성을 사회에 환원하는 긍정적 기회로 볼 수 있다. 퇴직 후에도 경험과 지식을 민간에 활용함으로써 행정 효율성과 정책 연속성을 높일 수 있다. 제도적 투명성이 확보된다면 사회 자원의 순환으로 기능할 수 있다.	공직자가 평가나 감독 업무를 맡았던 기관에 재취업할 경우, 공정성과 청렴성이 훼손된다. 이해충돌과 특혜 의혹은 국민의 신뢰와 공직사회의 도덕 기준을 무너뜨린다. 공직자의 재취업은 윤리 기준 속에서 제한될 필요가 있다.

직업윤리가 실종된 대한민국, 국회의원은 왜 예외인가?(우리뉴스, 2025.10.15.)
- 국회의원에게 더 엄격한 직업윤리가 요구되는가, 보편 기준만으로 가능한가? -

≫ 공직 윤리 강화	≫ 보편 기준 준수
정치인은 국민의 대표로서 공공 자원을 사용하며 법과 제도를 설계하는 권한을 가진다. 이러한 권한은 높은 수준의 도덕성과 책임을 요구하며, 정치인의 윤리가 무너지면 사회 전체의 신뢰 기반이 흔들릴 수 있다.	직업윤리는 모든 직업에 공통 적용되어야 한다. 국회의원에게만 엄격한 기준을 요구하면 정치 참여의 장벽이 될 수 있다는 우려도 제기된다. 보편적 기준이 성실히 지켜질 때 직업윤리의 기본적 기능은 유지될 수 있다.

● 사고의 확장

▶ 권한과 책임의 불균형 속에서, 윤리적 판단은 제도의 한계를 넘어설 수 있을까?

▶ 공직 업무에 인공지능이 확산될수록, 윤리 기준은 어떤 방식으로 재정립되어야 할까?

▶ 기술 발전이 가속화된 시대에, 약화된 직업윤리를 대체할 새로운 윤리 체계는 무엇일까?

▶ 이해충돌이 만연한 사회에서, 공직자의 재취업은 개인의 자유보다 공공의 신뢰를 우선해야 할까?

▶ 신뢰가 흔들리는 사회에서, 직분의 성실한 수행은 공동체 정의를 회복하는 열쇠가 될 수 있을까?

5. 세특 예시

춘추전국시대의 혼란 속에서 공자가 제시한 인, 예, 정명 사상이 현대 사회의 위기에도 적용될 수 있음을 탐구함. 과학기술의 발전으로 인간관계가 단절되어 공동체 의식이 약화되는 현실을 비판적으로 분석하고, 신문 기사를 바탕으로 풍자적 영상 자료로 재구성하여 이해를 높임. 탐구 과정에서 개인의 도덕성과 성실한 역할 수행이 신뢰 회복의 핵심임을 도출하고, 고전 철학의 통찰이 현대 사회 공동체 회복과 윤리 실천에 여전히 유효함을 성찰함.

03

김소월
(金素月, 1902~1934)

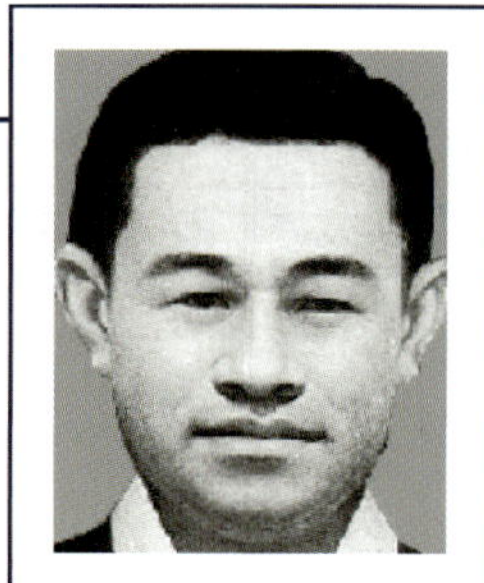

1. 식민지 시대 한국인의 슬픔을 노래한 민족 시인

● 평안도 시골에서 태어난 '민족의 노래꾼'

"아버지는 언제쯤 나를 안아줄까?" 1902년, 평안북도 구성군에서 태어난 김소월(본명 김정식)은 깊은 슬픔의 그림자를 안고 살았다. 광산업을 하던 그의 아버지가 소월이 2세 때 일본인에게 폭행당해 정신 이상을 겪게 되었기 때문입니다. 가장의 부재 속에서 그는 외할아버지와 계모의 손에서 자랐다. 그의 영혼에 깊이 새겨진 상실감과 고독은 훗날 그의 시에서 반복되는 이별과 슬픔의 정서로 이어지는 원천이 되었다. 어린 소월은 외할아버지에게 의지했고, 그에게 한학(漢學)과 민요를 가르쳐 주었다. 이 경험은 소월의 시에 흐르는 전통적인 가락과 운율의 기반이 됐다.

● '소월'이라는 이름의 탄생: "달처럼 외롭고 시린 마음을 담네"

1915년 오산학교에 입학한 소월은 평생의 정신적 스승이자 시인인 김억(金億, 안서)을 만난다. 김억은 소월의 천재성을 한눈에 알아보았고, 그에게 1920년 종합 잡지 <창조>에 시를 발표할 것을 권했다.

"자네의 시에는 민요의 가락과 한국의 정서가 고스란히 살아있네. 이 재능을 썩히지 말게!"

이때부터 그는 자신의 호인 '소월(素月)'을 사용하기 시작했다. 소월은 '깨끗한 달'이라는 뜻처럼, 밝으면서도 고독하고 시린 감성을 담고 있다.

이후 1920년부터 <창조>와 <개벽> 등에 <낭인의 봄>, <먼 후일> 등 주옥같은 시를 발표하며 한국 문단에 혜성처럼 등장했다.

● 도피와 방황: "떠나도 잊을 수 없는 그곳"

소월은 1923년 일본 도쿄로 유학을 떠난다. 하지만 유학 생활은 순탄치 않았다. 그해 9월 관동대지진이 발생하고, 일본의 잔혹한 조선인 학살 사건을 직접 목격한 그는 큰 충격을 받았다. 이 사건은 소월에게 식민지 지식인으로서의 민족적 슬픔과 무력감을 깊이 새겼다. 그는 결국 학업을 제대로 마치지 못하고 귀국하여 고향으로 돌아왔다.

"나는 어디로 가야 하는가? 학문을 계속해야 할까, 잃어버린 나라의 슬픔을 노래해야 할까?"

<진달래꽃>에 나타나는 체념적 이별의 정서는 단순한 연인 간의 이별을 넘어, 빼앗긴 조국과 떠나야만 했던 고향에 대한 식민지 지식인의 무력감과 방황을 상징적으로 담고 있다.

● 절정의 순간: "〈진달래꽃〉과 한국인의 정한"

소월의 시는 3음보(세 마디)의 운율을 바탕으로 '이별', '고향', '사랑', '그리움'이라는 보편적인 정서를 노래했다. 그가 1925년 발간한 유일한 시집 <진달래꽃>은 한국 현대시의 기념비적인 작품으로 평가받는다. 특히 "나 보기가 역겨워 가실 때에는 / 말없이 고이 보내 드리우리다"와 같은 역설적 체념의 미학을 통해 한국인의 전통적인 정서인 '정한(情恨)'을 가장 아름답게 표현했다는 찬사를 받았다.

"소월의 시는 한국의 심장 박동 소리다. 슬픔 속에서도 숭고한 아름다움을 잃지 않는 민족의 노래다!"

● 불우한 만년: 시대의 고독 속에 스러지다

귀국 후 소월은 고향에서 동아일보 지국을 운영했지만, 사업은 순탄치 않았다. 그는 시인으로서의 예술적 고뇌와 생활인으로서의 무거운 짐, 식민지 현실의 절망감을 동시에 짊어져야 했다.

"이번 달 지국 운영이 너무 힘듭니다. 본사에서는 계몽적인 기사를 많이 실으라고 하는데요."

"나는 나의 마음속에서 진정으로 울리는 소리를 글로 쓸 뿐이네."

결국 그는 서른셋의 젊은 나이에 비극적으로 세상을 떠난다. 그의 짧고 강렬했던 삶은 '천재 시인의 비극'으로 한국 문학사에 기록되었다.

● 오늘날로 이어지는 메시지

빠른 소통과 즉각적인 반응이 당연해진 시대 속에서 우리는 감정을 충분히 느끼고 마주할 시간을 점점 잃어가고 있다. 마음의 흔들림은 숨겨야 할 약점처럼 여겨지기도 한다. 김소월은 슬픔과 상실의 감정을 서두르지 않고 바라보며, 그 감정을 시로 남겼다. 그의 작품은 감정을 숨기기보다 차분히 이해하고 존중하는 태도의 중요성을 보여준다.

오늘날 학생에게 김소월의 시는 이렇게 말한다. 감정은 약점이 아니라, 자신을 이해하는 중요한 단서라는 것이다.

▶ 나는 내 감정을 어떻게 받아들이고 있는가?

▶ 문학은 개인의 경험을 어떻게 사회적 의미로 확장할 수 있을까?

이는 문학 감상에서 나아가 자기 이해형 세특 활동으로 이어질 수 있다.

● 작품 속 핵심 사상

1) 민요적 율격과 전통적 정한(情恨) (Folk Rhythmic Style and Traditional Sentiment)

소월의 시는 3음보의 반복적인 민요적 율격을 현대 시에 이식하여, 한국 시의 음악성을 확립했다. 이러한 전통적 가락은 <진달래꽃>, <초혼> 등의 시에 깊이 스며들어, 체념과 그리움이 응축된 한국 고유의 정인 '정한(情恨)'을 아름답게 형상화했다. 직접적인 슬픔이 표현보다는 절제와 역설을 사용하여 정한의 미학을 완성했다. 이는 식민지 시대의 민족적 상실감을 개인의 보편적인 이별의 슬픔으로 치환하여 모든 한국인의 마음을 위로하는 힘이 되었다.

2) 상실감과 이별의 보편성 (Universality of Loss and Separation)

소월은 이별과 그로 인한 상실감을 노래했다. 어린 시절 아버지를 잃은 경험에서 출발하지만, 개인사를 넘어 인간이라면 누구나 겪는 존재론적 슬픔으로 확장된다. 그의 시에서 이별은 연인 간의 이별뿐 아니라, 고향, 조국, 돌아갈 수 없는 과거에 대한 그리움 등 다양한 형태로 나타난다. 시간이 흘러도 잊히지 않는 그리움의 감정을 노래하며, 시공간의 제약을 초월하는 인간 본연의 고독을 건드렸다. 부편적인 상실의 정서는 시대를 초월하여 독자들의 깊은 공감을 얻는 이유이기도 하다.

3) 여성적 화자의 미학적 거리 두기 (Aesthetic Distance through Female Voice)

소월 시의 독특한 특징 중 하나는 여성적 화자이다. 이는 당시 남성 중심적이고 계몽적인 시대 문학의 흐름에서 벗어나, 섬세하고 수동적인 감정을 표현하는 데 효과적이있다. 여성 화자는 이별의 상황에서 격렬한 분노나 저항 대신 체념과 인내, 숭고한 희생의 태도를 보인다. 이러한 미학적 거리 두기는 시인의 주관적인 슬픔을 객관적이고 정제된 아름다움으로 승화시기는 장치이다. 화자를 통해 감정을 절제함으로써, 독자들은 슬픔의 감정에 매몰되지 않고 시적 숭고미를 느낄 수 있다.

4) 자연과 고향에 대한 원초적 회귀 (Primal Return to Nature and Homeland)

소월 시에 나타나는 산, 꽃, 물가 등은 단순 배경이 아니라, 상실된 고향이자 회복의 공간을 상징한다. 고향을 떠나 방황하는 화자에게 자연은 잃어버린 정서적 안정감을 투영하는 대상이며, <산유화>에서처럼 존재의 고독을 자연의 순환(피고 지는 꽃) 속에서 발견하기도 한다. 이는 급격한 근대화와 식민지 현실 속에서 뿌리를 잃고 방황했던 당대 민중들의 원초적 고향 회귀 욕구를 대변한다. 자연은 소월에게 영원히 변치 않는 모태이자, 파괴된 현실을 위로하는 근원적 생명력이었다.

김소월은 격동의 일제강점기에 한국 현대 시의 민족적 정체성을 굳건히 확립하고 한국인의 보편적 정서를 예술적으로 승화시킨 독보적인 거장이다. 그의 문학사적 성취 중 가장 핵심적인 것은 당시 서구식 자유시의 무분별한 유입 속에서 전통 민요의 율격인 3음보를 현대 시의 기본 형식으로 성공적으로 정착시킨 혁신이다. 소월은 이 3음보를 통해 한국어의 고유한 리듬과 음악성을 시에 부여하여, 한국 시를 세계 문학 속에서도 독자적인 영역으로 자리매김하게 하는 결정적인 토대를 마련했다. 이는 잃어버린 민족혼을 문학적으로 회복하려는 강한 의지의 발현이기도 했다.

이러한 형식적 완성도 위에서, 그의 유일한 시집 <진달래꽃>은 한국인의 감성적 원형인 '정한(情恨)'의 미학을 가장 섬세하게 표현한 걸작이다. 정한은 체념과 숙명적인 그리움이 응축된 정서로, 소월은 특히 여성적 화자를 전면에 내세워 이별의 고통과 슬픔을 단순한 토로가 아닌 숭고한 절제와 승화의 경지로 끌어올렸다. 그의 시는 식민지 시대의 민족적 상실감이라는 거대하고 무거운 비극을 개인의 보편적인 이별의 슬픔으로 치환함으로써, 시대를 뛰어넘는 보편적 공감을 얻어냈다. 김소월의 작품은 한국 시의 서정성을 최고 수준으로 끌어올린 영원한 서정시의 고전으로 남아있다.

● 핵심 사상 연계 탐구 주제

민요적 율격과 전통적 정한(情恨)	▶ **김소월 시의 3음보 율격이 한국 현대 가요(K-POP)에 미친 영향 연구** ▶ <진달래꽃>의 정한(情恨)과 판소리 속 이별의 미학을 비교하여 탐색 ▶ 절제와 역설을 통한 슬픔의 승화가 현대인에게 주는 심리적 위로 고찰
상실감과 이별의 보편성	▶ 소월의 시와 세계 문학에 나타난 이별의 보편성 비교 연구 ▶ 김소월의 시와 현대 소셜 미디어 속 '관계 상실'의 정서 비교 분석 ▶ <초혼>에 나타난 그리움이 현대인의 트라우마 극복에 주는 의미 고찰
여성적 화자의 미학적 거리 두기	▶ 김소월과 윤동주 시에 나타난 화자의 태도의 공통점과 차이점 비교 ▶ 소월 시의 여성 화자가 식민지 시대 여성의 주체성에 미친 영향 분석 ▶ 여성 화자의 체념적 목소리가 감정의 절제와 숭고미를 얻는 과정 탐구
자연과 고향에 대한 원초적 회귀	▶ <산유화>의 순환적 자연관이 현대 생태 윤리에 주는 시사점 고찰 ▶ 소월 시에 나타난 자연물(꽃, 산, 강)이 가지는 의미와 기능 탐색 ▶ 소월 시에 나타난 고향 상실의 정서와 현대 도시인의 향수병 비교 분석

● 탐구 설계 예시

주제	김소월 시의 3음보 율격이 한국 현대 가요(K-POP)에 미친 영향 연구
탐구 목표	김소월 시의 3음보에서 비롯된 민요적 리듬과 정서가 K-POP의 멜로디, 가사 전개, 감성적 표현에 미친 영향을 분석하고 그 계승 양상을 밝힌다.
선정 이유	김소월은 전통 민요를 현대 시로 성공적으로 전환시켜 한국 시의 정체성을 확립했다. 그의 3음보 율격은 한국인이 가장 편안하게 느끼는 보편적 리듬을 형성했다. 본 탐구는 문학과 대중음악이라는 다른 장르 속에서 민족 고유의 정서와 형식이 어떻게 계승되고 변주되었는지 연구함으로써, 한국 문화 콘텐츠의 원형에 대한 이해를 높이기 위해 선정되었다.
서론	한국 현대 시의 시작과 함께 등장한 김소월의 민요적 율격은 한국인의 감정 표현 방식에 깊이 관여한다. 서론에서는 김소월 시의 3음보와 분절된 슬픔의 정서가 갖는 형식적 특징을 정의한다. 이후, 이러한 특징이 현대 대중음악에서 '한국적 발라드'의 감성이나 K-POP의 특정 구간 멜로디에 어떻게 잠재적으로 영향을 미쳤는지 탐구할 필요성을 제시하며 논의를 전개한다.
본론	▶ 3음보 율격 분석: 대표작에서 반복과 변주를 통한 3음보의 구조적 특징을 분석함. ▶ 현대가요 리듬 탐색: 2000년대 이후 히트 발라드 곡의 호흡과 멜로디 탐색함. ▶ '정한(情恨)'의 연계 연구: 체념적 정서가 K-POP에서의 표현 방법 연구함. ▶ 소월-민요-가요의 계보: 계속적으로 이어지는 한국적 가락의 계보를 정립함. ▶ 현대적 변용 양상 분석: 3음보가 현대에 어떻게 변형되고 활용되었는지 분석함.
결론	김소월 시의 3음보와 체념적 정한은 한국 현대 가요의 리듬적 원형이자 감정적 핵심이다. 이 전통 율격은 K-POP이 세계화 속에서 한국 고유의 감성을 전달하며, 전통 형식의 창의적 계승이 한국 문화 콘텐츠의 힘임을 제시한다.
심화 탐구 주제	▶ 이별 노래의 가사 구조에서 3음보와 서구 시의 운율 비교 ▶ 김소월이 시를 활용한 AI 작곡 시 3음부의 활용 가능성 연구 ▶ 민요적 율격이 랩(Rap)이나 힙합 리듬에 미친 잠재적 영향 탐색
토론 주제	▶ 현대 시가 대중음악에 예술적 영감을 줄 의무가 있는가? ▶ 산업적 대중음악이 민족적 정서를 소비하는 방식은 정당한가? ▶ 전통적 정한(情恨)이 K-POP의 세계적 공감을 얻는 핵심 동력으로 작용하는가?
교내 후속 활동	▶ 음악: 김소월 시를 가사로 한 3음보 율격의 노래 작곡 후 발표 활동 ▶ 공통국어: <진달래꽃>을 현대 자유시로 재창작 후 비평문 작성 활동 ▶ 자율·자치활동: 김소월 감성을 담은 K-POP 커버 영상 제작 활동 ▶ 동아리활동: 소월 시와 유명 발라드 곡을 감상 후 한국적 정서 토론 활동

2. 교과 연계 탐구활동 (문학, 한국사2)

● 문학

성취기준	[12문학01-03] 주요 작품을 중심으로 한국 문학의 범위와 갈래, 변화 양상을 탐구한다.
주요내용	김소월의 대표적인 시를 중심으로 한국 현대시의 성립 과정을 탐구한다. 특히 소월 시에서 공통적으로 보이는 민요적 율격의 3음보의 도입이 한국 시의 갈래와 형식적 변화에 미친 영향을 분석한다. 또한, 식민지 시대라는 시대적 배경 속에서 전통적 정한(情恨)이 어떻게 현대적 서정시로 변모했는지 고찰하고, 이후 한국 문학의 서정성 계보에 미친 영향을 파악한다.
교과연계 탐구주제	▶ 김소월의 3음보 율격이 현대 한국 시의 갈래 형성에 미친 영향 연구 ▶ 김소월 시의 체념적 정서가 이후 일제 강점기 저항 시에 미친 영향 분석 ▶ <진달래꽃>을 통해 본 한국 서정시의 전통적 정서와 현대적 변화 양상 탐구

● 한국사2

성취기준	[10한사2-01-03] 국내외에서 전개된 민족 운동의 흐름을 이해한다.
주요내용	김소월의 시를 1920년대 식민지 현실 속에서 전개된 민족 운동의 한 흐름으로 탐구한다. <진달래꽃> 등에 담긴 체념적 정한(情恨)이 무단 통치와 문화 통치 시기에 민족 구성원의 내면을 대변하며 수행했던 심리적·정서적 저항의 역할을 분석한다. 또한, 직접적인 독립운동 및 계몽주의적 문학과는 다른, 서정시를 통한 민족 정신의 보존이라는 독특한 민족 운동의 양상을 고찰한다.
교과연계 탐구주제	▶ 소월의 고독한 삶을 통해 문화 통치 시기 지식인의 고뇌 고찰 ▶ 직접적인 저항 시와 소월의 서정시가 민족 운동에 미친 영향 비교 분석 ▶ 소월 시의 체념적 슬픔이 1920년대 민족의 심리적 저항이었는지에 대한 연구

3. 독서 연계 탐구활동

● 추천 도서 목록

추천 도서 목록	
▶ 김소월(남기혁, 북페리타, 2014)	▶ 눈물이 수르르 흘러납니다(김소월, 니케북스, 2025)
▶ 진달래꽃(김소월, 더스토리, 2025)	▶ 김소월을 읽다(전국국어교사모임, 휴머니스트, 2020)
▶ 김소월 시집(김소월, 리플레이, 2025)	▶ 김소월 시집, 예전엔 미처 몰랐어요(김소월, 스타북스, 2024)

● 독서 연계 탐구 활동

	독서 연계 탐구 활동
도서명	김소월을 읽다(전국국어교사모임, 휴머니스트, 2020)
	이 책은 <진달래꽃>, <초혼> 등 김소월의 대표작들을 통해 민족적 상실감과 보편적 이별의 정한을 섬세하게 분석하며, 3음보 율격과 여성적 화자의 미학적 특성을 쉽게 설명한다. 또한, 시인의 고독한 생애와 당시의 식민지 현실을 연계하여 그의 시가 현대인에게 전하는 위로와 공감의 메시지를 탐구한다. 독자들이 김소월 시를 능동적이고 입체적으로 감상하도록 돕는 가이드 역할을 한다.
핵심 키워드	정한의 공감, 민요적 율격, 여성적 어조, 식민지 현실, 능동적 감상
탐구 주제	▶ <김소월을 읽다>의 해설을 바탕으로 한 이별의 정한 고찰 ▶ 교사들의 시 해석을 통해 본 작가의 시대적 무력감 분석 ▶ **김소월 시의 3음보 율격과 현대 대중가요의 리듬 비교 탐색** ▶ 여성 화자의 체념적 목소리가 민족의 슬픔을 대변하는 방식 연구 ▶ 시인의 생애와 작품의 상실감을 연결하여 김소월 시의 통합적 탐구
토론 쟁점	▶ 김소월의 민요적 율격이 시의 주제를 단순화한다고 할 수 있을까? ▶ 교과서적인 시의 해설이 작품 감상의 다양성을 방해하는 측면이 있을까? ▶ 개인의 슬픔만으로 식민지 시대의 민족 현실을 완전히 대변할 수 있을까?
후속 활동	▶ 공통국어: 책의 해설을 참고하여 <진달래꽃>을 현대적 관점으로 재비평 활동 ▶ 미술: 체념과 희생을 상징하는 진달래꽃을 활용한 포스터 제작활동 ▶ 자율·자치활동: 소월 시로 3음보 리듬을 체험하는 시 낭송 팟캐스트 제작활동 ▶ 동아리활동: '슬픔의 미학'을 바탕으로 현대인의 감정 소비 행태 토론회 개최

● 독서 연계 탐구활동 예시

탐구 주제	김소월 시의 3음보 율격과 현대 대중가요의 리듬 비교 탐색	
탐구 자료	▶ 3음보의 특징이 명확한 <진달래꽃>, <산유화> 등의 시 원문 및 해설 ▶ 김소월 시의 율격적 특성에 대한 국어 교사들의 심층적인 분석 및 해석 자료 ▶ 한국 발라드나 K-POP의 멜로디 및 가사 호흡에 대한 리듬 분석 자료	
탐구 개요	서론	소월 시의 3음보 율격은 한국인이 가장 편안하게 느끼는 민속 고유의 가락임. 본 탐구는 이 율격이 현대 대중가요, 특히 발라드 장르에서 어떻게 계승되고 변용되있는지 밝히고자 함. 장르를 넘어선 한국적 리듬의 연속성을 확인하고, 문화 콘텐츠의 원형으로서 김소월 시의 가치를 재조명하고자 함.
	본론	▶ 김소월 시의 3음보 리듬 구조를 명확히 정의함. ▶ 히트 발라드 곡의 가사 호흡과 쉼표를 3음보와 비교함. ▶ 발라드 멜로디의 3박자와 3음보의 유사성을 탐색함. ▶ 체념적 정한이 시와 가요에서 어떻게 다르게 표현되는지 분석함 ▶ 3음보가 현대적으로 재해석된 변용 사례를 제시함.

탐구 개요	결론	김소월 시의 3음보 율격은 현대 발라드의 서정적 멜로디와 가사 호흡에 깊은 영향을 미쳤음을 확인함. 특히 3음보의 안정감과 분절된 슬픔의 정서가 한국 대중음악의 보편적인 감성으로 자리 잡았음. 이는 전통적인 문학 형식이 대중 예술 속에서 창의적으로 생명력을 얻는 중요한 사례임.
후속 활동		▶ 공통수학: 김소월 시에 사용된 핵심 시어의 빈도수와 분포 분석 활동 ▶ 미술: '이별의 정한'을 표현하는 3음보 율격의 시각화 작품 제작 활동 ▶ 자율·자치활동: '한국인의 슬픔 코드' 주제의 유튜브 콘텐츠 기획 및 제작 활동 ▶ 동아리활동: '한국 리듬의 변천사'를 주제로 한 음악회 기획 및 공연 활동

4. NIE 연계 활동

● 신문 읽기 & 연결 사유 찾기

'나보기가 역겨워'.. 싫다는 뜻이 아니다(오마이뉴스, 2018.07.27.)

이 기사는 우리가 김소월 시를 지나치게 서정성에만 치중하여 읽고 소비해 온 관습적 사고를 비판한다. 저자는 "나 보기가 역겨워"라는 구절처럼 쉽게 읽어왔던 시들을 시인이 처했던 환경, 즉 식민지 현실과 연계하여 실증적으로 재해석할 것을 권한다. '진달래꽃'의 체념적 이별 이면에 숨겨진 간절한 애정 고백과 현실 저항성에 주목하며, 독자들이 시를 더욱 깊이 있게 읽도록 이끌고 있다.

가을, 소월의 시 '진달래꽃'에서 '이별'을 읽다(ABC뉴스, 2025.10.29.)

이 기사는 계절의 변화(가을) 속에서 <진달래꽃>이 주는 이별의 정서를 재조명한다. 시에 담긴 체념적 슬픔과 역설적인 숭고함이 계절적 쓸쓸함과 만나 현대인의 감성에 깊이 공명함을 다룬다. 특히 쉽게 잊히지 않는 그리움을 절제된 언어로 표현하여, 순간적이고 격렬한 감정 소비에 익숙한 현대인들에게 고전적인 위로와 성찰의 시간을 제공한다는 점에서 시의 시대 초월성을 강조한다.

'진달래꽃' 100년(경향신문, 2025.06.17.)

이 기사는 김소월의 대표 시집 <진달래꽃> 발간 100주년을 기념하며 시의 역사적 의미와 예술적 가치를 되새긴다. 시집이 발표된 1925년을 기점으로 한국 현대 서정시가 확립되었음을 강조하며, 시에 담긴 민요적 율격과 민족적 정한(情恨)이 한국 문화의 원형으로서 갖는 중요성을 분석한다. 100년이 지난 지금도 <진달래꽃>이 한국인의 정서를 담는 가장 순수한 매체임을 재확인한다.

● 시사 이슈

▶ '정한(情恨)'을 담은 대중문화 콘텐츠가 현대 글로벌 시장에서 공감받는 이유는?

▶ 문학에 대한 획일적 해석과 해설이 현대 독자의 창의적 감상을 저해하는 원인인가?

▶ <진달래꽃>의 체념적 슬픔을 현대 미디어에서 재창조할 때 주의해야 할 점은 무엇일까?

● 관점의 분석과 비교

'나보기가 역겨워'.. 싫다는 뜻이 아니다(오마이뉴스, 2018.07.27.)
- 학교 교육에서의 획일적 감상이 고전 문학의 깊은 의미를 훼손하는가? -

찬성

학교는 시험과 해설 중심으로 시를 분석하게 만들어, 시에 담긴 다층적 정서나 창의적 해석의 여지를 막는다. '진달래꽃'을 이별의 슬픔이라는 틀에 가둠으로써, 식민지 현실 저항성과 같은 숨겨진 의미를 발견할 기회를 앗아간다.

반대

학교 교육은 문학의 기초 지식과 보편적 해석을 전달하는 필수 과정이다. 획일적 해석은 수능이라는 평가 시스템의 문제일 뿐, 교과서 해설은 오히려 학생들이 시를 깊이 있게 이해할 수 있는 역할을 하며 작품의 생명력을 이어준다.

'진달래꽃' 100년 (경향신문, 2025.06.17.)
- 김소월의 민요적 율격이 K-POP 등 대중문화의 글로벌 성공에 기여했는가? -

≫ 한국적 서정발라드의 원형

3음보 율격은 한국인에게 가장 익숙한 리듬을 형성했고, 이는 멜로디와 가사 호흡에 자연스레 스며들어 한국적 서정 발라드의 원형이 되었다. '한국적 가락이야말로 K-POP이 서구 음악과 차별화되며 세계적 공감을 얻는 중요한 바탕이다.

≫ 글로벌 트렌드와 세련된 프로듀싱

K-POP의 성공은 글로벌 트렌드와 세련된 프로듀싱에 의존한다. 김소월의 느린 율격은 템포가 빠른 현대 음악에서는 변형되어 원형을 찾기 어렵다. 직접적인 기여보다는 한국인의 감성을 자극하는 보편성에만 기여했다고 봐야 한다.

● 사고의 확장

▶ 민요적 율격에 담긴 한국적 감성이 K-POP의 세계화에 얼마나 기여했을까?

▶ 학교의 시 교육이 획일적 해석을 넘어 창의적 감상을 어떻게 유도해야 할까?

▶ 개인의 이별을 민족의 상실로 해석하는 방식이 문학의 정서적 역할을 강화할까?

▶ 여성 화자의 체념적 목소리가 현대 여성의 주체성과 어떻게 조화될 수 있을까?

▶ 슬픔의 승화를 강조하는 소월의 미학이 현대인의 감정 소비에 어떤 대안을 제시할까?

5. 세특 예시

김소월의 시를 바탕으로 '민요적 율격과 현대 가요의 리듬 비교' 탐구를 수행함. 3음보의 구조적 특징이 K-POP 발라드의 멜로디와 감성에 미친 영향을 분석하고, 수학 교과를 연계하여 음수율을 수학적 패턴으로 고찰함. 관련된 신문 기사를 바탕으로 '김소월 시의 슬픔 소비'에 대한 미디어 윤리적 기준을 토론함. 특히 개인의 슬픔이 민족적 현실을 대변하는 방식에 대해 논하며 고전의 다층적 해석 필요성을 인식하고, 시에 담긴 공감과 치유의 메시지를 창의적으로 수용하는 태도를 보임.

04 노자
(老子, B.C. 571~471)

1. 노자, 자연과 조화의 철학

● 혼란한 시대, 길 위의 철학을 남긴 사상가

춘추전국시대, 나라가 끊임없이 싸우던 혼란의 시대에 노자(老子)는 세속의 욕망보다 조용한 진리를 추구했다. 주나라 왕실의 도서관장이었던 그는 나라의 질서가 무너지고 세상이 혼탁해지자 벼슬을 내려놓고 길을 떠났다고 전해진다.

그가 말을 타고 서쪽으로 향했을 때, 관문을 지키던 인물이 노자의 지혜를 듣고 감동하여 간청했고, 노자는 잠시 멈춰 자신의 생각을 적어 내려가게 했다. 그렇게 남겨진 것이 바로 <도덕경(道德經)>이다. 오천 자 남짓한 글이지만 자연의 이치와 인간의 삶, 그리고 세상을 다스리는 도와 덕의 원리가 담겨 있어 오늘날까지 삶의 지혜를 일깨우는 철학서로 전해지고 있다.

● '도(道)'와 '덕(德)', 세상을 움직이는 근원

노자는 세상에 있는 모든 것이 '도'에서 비롯된다고 보았다.

'도(道)'는 눈에 보이지 않지만, 세상 만물을 만들고 자라게 하는 힘이다. 그리고 그 도의 마음이 인간의 삶 속에서 드러나는 것이 '덕(德)'이다. 덕은 도의 조화를 따라 살아가려는 마음이자, 억지로 꾸미지 않는 자연스러움의 미덕을 뜻한다. 노자는 도와 덕을 따르는 삶이 갈등과 경쟁을 넘어 조화와 평온으로 이어진다고 믿었으며, 가장 지혜로운 삶은 자연의 흐름에 따르는 삶이라고 강조했다.

● 물처럼 살아가라: 상선약수(上善若水)의 가르침

노자는 "가장 좋은 것은 물과 같다."라고 했다.

물은 낮은 곳으로 흐르며 모든 것을 이롭게 하지만, 결코 다투지 않는다. 겉보기에는 부드럽지만 바위를 깎고 땅의 모양을 바꾸는 강한 힘을 지녔다. 그에게 상선약수는 겸손 속에 담긴 강인함, 비움과 낮춤으로 완성되는 진정한 힘을 상징했다. 물은 형태가 없기에 어떤 그릇에도 담기며, 상황에 따라 흐르고 머물며 스스로 길을 만든다. 세상과 맞서기보다 물처럼 흘러가며 어울리는 삶이 더 큰 지혜라는 뜻이다. 노자는 고집과 경쟁보다 유연함과 조화가 진정한 승리라고 보았다.

● 공자와의 만남: 노자의 용처럼 깊은 지혜를 배우다

전해지는 이야기 속에서 공자는 젊은 시절 예(禮)의 근본을 묻기 위해 노자를 찾아갔다.

노자는 "교만과 욕심을 버리고, 지혜를 드러내지 말라."고 충고했다.

공자는 돌아와 제자들에게 말했다.

"새는 날고, 짐승은 달리며, 물고기는 헤엄친다. 그러나 용은 바람을 타고 구름 속으로 오른다. 나는 오늘 노자를 보고 마치 용을 본 것 같았다."

공자는 노자의 가르침이 세상의 명예와 논쟁을 넘어서 본질을 꿰뚫는 통찰에서 나온 것임을 느꼈다. 많은 이들이 지식과 명성을 좇던 시대에, 노자는 말보다 침묵과 비움의 가치를 강조했다. 공자는 이러한 지혜가 자신이 알던 세계를 넘어서는 깊이를 지녔다고 말했다. 후대는 이 만남을 두 사상가가 서로의 사유를 확인한 상징적 사건으로 기억한다.

● 무위자연과 소국과민: 조화와 평화의 다스림

노자는 인간이 만든 제도와 욕망이 세상의 혼란을 키운다고 보았고, 자연의 흐름 속에서 스스로를 비우는 삶이 진정한 지혜라 생각했다. 또한 '무위(無爲)'를 자연의 이치를 거스르지 않고 스스로 그러한 상태를 지키는 것이라 했다.

그는 법과 명령으로 백성을 억누르기보다, 사람들이 자연스럽게 조화를 이루며 살아가도록 이끄는 '무위의 정치'를 강조했다.

또한 <도덕경>에서 '소국과민(小國寡民)'을 언급하며, 작은 나라와 소박한 백성이 서로 간섭하지 않고 자족하며 살아가는 세상을 이상으로 그렸다. 이는 힘으로 다스리는 정치가 아닌, 평화와 겸허로 이루는 세상을 꿈꾼 사상의 표현이었다.

● 오늘날로 이어지는 메시지

경쟁과 비교가 일상이 된 사회에서 우리는 더 빨리, 더 많이 가져야 한다는 압박 속에 살아간다. 앞서지 않으면 뒤처진다는 불안은 선택의 방향을 쉽게 흐리게 만든다. 노자는 이런 시대일수록 억지로 앞서려 하기보다 흐름을 읽고 자신을 다스리는 지혜가 필요하다고 보았다. 그는 힘으로 밀어붙이는 변화보다, 자연의 이치에 따르는 부드러운 변화가 오히려 더 오래 지속된다고 말했다.

오늘날 학생에게 노자의 메시지는 분명하다.

모두와 같은 길이 아니라, 나에게 맞는 길을 찾는 용기가 중요하다는 것이다.

▶ 나는 왜 이 선택을 하고 있는가?

▶ 나만의 기준은 무엇인가?

이 질문은 진로 탐색과 가치관 중심의 세특 주제로 자연스럽게 확장된다.

● 주요 철학 사상

1) 도(道)와 덕(德)

노자는 세상 만물이 생겨나고 돌아가는 근원을 '도(道)'라 했다. 도는 눈에 보이지 않지만, 모든 존재를 낳고 기르는 자연의 질서이자 우주의 근본 원리이며 인간 삶의 바탕이다. 그 작용이 현실 속 인간의 삶 속에서 구체적으로 드러나는 모습을 '덕(德)'이라 하여, 도에 따라 사는 삶이 곧 덕을 실천하는 길이라 보았다. 노자는 도를 따르는 사람은 인위적으로 세상을 바꾸려 하지 않고, 스스로 그러함에 맡길 때 존재들이 본래의 질서를 회복할 수 있다고 보았다.

2) 무위자연(無爲自然)

노자는 인위적인 행동보다 자연의 흐름에 따르는 '무위(無爲)'의 삶을 강조했다. 이는 아무것도 하지 않는 것이 아니라, 억지로 꾸미지 않고 자연의 이치에 맡기는 태도이다. 그는 '무위'를 가장 근본되는 덕으로 보아, 인간이 욕망과 경쟁을 내려놓고 본래의 순리 속에서 조화를 찾을 수 있다고 했다. 이러한 사상은 정치에도 적용되어, 통치자는 법과 명령보다 도의 흐름에 따라 백성이 자연스럽게 조화를 이루며 살아가도록 해야 한다고 강조했다.

3) 상선약수(上善若水)

노자는 "가장 선한 것은 물과 같다"고 하며, 물의 성질을 삶의 본보기로 삼았다. 물은 낮은 곳으로 흐르며 모든 것을 이롭게 하지만 다투지 않는다. 겉보기에는 부드럽지만 바위를 깎는 힘을 지녔듯, 겸손과 포용 속에 진정한 강함이 있다고 보았다. 그는 물처럼 낮은 자리에서 이익을 베풀며 다투지 않는 겸허와 부쟁의 태도를 삶의 지혜로 보았다. 이처럼 물의 덕을 본받아, 부드러움이 강함을 이긴다는 역설적 진리를 통해 조화롭게 어울리는 삶을 참된 지혜로 제시했다.

4) 소국과민(小國寡民)

노자는 <도덕경>에서 작은 나라와 적은 백성이 사는 '소국과민'의 세상을 이상으로 그렸다. 이는 권력과 부를 좇는 사회가 아니라, 사람들이 욕심을 줄이고 서로 간섭하지 않으며 자족하는 삶의 모습이다. 그는 인위적 제도나 법률에 의존한 정치가 사람의 본성을 왜곡시킨다고 비판하며, 자연의 이치에 따라 스스로 다스리는 소박한 공동체를 하나의 이상적 모델로 제시하였다. 소국과민의 사상은 자연과 인간이 균형을 이루는 사회를 꿈꾸며, 힘보다 덕으로 다스리는 조화의 철학을 보여준다.

노자는 제자백가 중 도가(道家)의 창시자로, 인간과 자연의 근본 질서를 탐구하며 새로운 사유 체계를 확립하였다. 그는 '도(道)'를 만물의 존재와 질서를 규정하는 근원적 원리로 제시하고, '무위자연(無爲自然)'으로 인위적 지배와 과도한 욕망을 비판하였다. 인간이 본래 지닌 자연성과 순리를 회복할 때 진정한 평화와 조화에 도달할 수 있다고 보며 새로운 윤리적 지향을 제시하였다. <도덕경>에서 철학을 삶의 실천적 지혜로 제시하고 통치 원리를 근본적으로 재해석하였다. 이러한 사상적 성과는 인간 존재와 사회의 본질을 탐구하는 독자적 철학 체계를 확립한 것으로 평가된다.

노자의 사상은 후대 도가 전통과 도교 철학의 근간이 되어 사상적 영향력을 지속적으로 확대하였다. 장자는 '자유'와 '무위'의 개념을 심화하여 노자의 사상을 인간 해방과 자유 정신의 철학으로 확장하였다. 또한 유가의 예치(禮治)와 대비되며 동아시아 사상 전반에 비판적 성찰의 틀을 제공하였다. 그의 사상은 인위보다 자연을, 권력보다 덕을 중시하는 가치관의 형성에 기여하여 지적 전통의 방향을 제시하였다. 또한 생태철학·환경윤리·평화사상 등 현대 담론에서 노자의 사상은 새롭게 조명되며 인간의 삶과 사회적 가치 형성에 지속적 영향을 미치고 있다.

● 철학 사상 연계 탐구 주제

도(道)와 덕(德)	▶ 도(道)와 덕(德) 개념을 통해 본 인간과 자연의 조화로운 관계 탐구 ▶ '도법자연(道法自然)' 사상이 제시하는 삶의 질서와 윤리적 의미 탐구 ▶ **노자의 도(道) 사상이 현대 사회의 인위적 가치관에 주는 철학적 시사점 탐구**
무위자연	▶ 인위적 통치와 무위의 정치가 제시하는 리더십의 방향 탐구 ▶ 무위자연 사상을 통해 본 자율적 삶과 자기 조절의 철학적 의미 탐구 ▶ 무위자연의 원리가 현대 사회의 경쟁 구조를 완화할 수 있는 가능성 탐구
상선약수	▶ 상선약수의 '부드러움 속의 강함'이 제시하는 인간관계의 윤리 탐구 ▶ 물의 덕(德)에 담긴 겸허와 부쟁의 가치가 현대 사회에 주는 교훈 탐구 ▶ 상선약수 사상의 조화와 겸허의 가치가 지속 가능한 삶에 미치는 의미 탐구
소국과민	▶ 소국과민 사상이 제시하는 자연 친화적 공동체의 이상적 모델 탐구 ▶ 법과 제도 중심의 사회를 비판한 노자의 정치관의 현대적 의미 탐구 ▶ 소국과민 사상에 담긴 단순함과 자족의 철학이 현대 사회에 주는 시사점 탐구

주제	노자의 도(道) 사상이 현대 사회의 인위적 가치관에 주는 철학적 시사점 탐구
탐구 목표	노자의 도(道)와 덕(德) 사상을 중심으로 자연의 질서와 조화를 중시하는 철학이 현대 사회의 경쟁 중심 가치관을 비판하고, 삶의 방향을 제시하는지를 탐구한다.
선정 이유	현대 사회는 효율과 성과, 경쟁을 중심으로 한 인위적 가치관이 개인의 행복보다 성취를 우선시하게 만든다. 노자는 만물이 도의 자연스러운 흐름 속에서 존재한다고 보았으며, 억지로 세상을 바꾸기보다 도와 덕을 따라 조화롭게 사는 삶을 이상으로 삼았다. 이를 통해 인간의 욕망과 사회의 과도한 규범화를 비판하고, 균형과 절제를 중시하는 철학이 현대의 윤리적 대안이 될 수 있음을 탐구한다.
서론	현대 사회는 발전과 경쟁을 미덕으로 여기며 인위적 제도와 규범으로 효율을 추구한다. 그러나 이런 질서 속에서 인간의 자연성과 내면의 평화는 간과될 수 있다. 노자는 도를 만물의 근원으로 보고 그 흐름을 따를 때 조화가 이루어진다고 보았다. 도가 삶 속에 드러나는 덕은 인위적 행동이 아닌 자연스러운 실천의 가치로 이해된다. 또한 존재의 조화를 강조하며 현대 사회의 경쟁 논리에 문제를 제기한다.
본론	▶ <도덕경>에 나타난 도와 덕의 개념과 상호 관계 정리 ▶ 도가 철학에서 '자연의 질서'가 가지는 윤리적 의미 분석 ▶ 인위적 규범과 사회 제도에 대한 노자의 비판 고찰 ▶ 도와 덕의 조화가 개인의 삶과 공동체 윤리에 주는 시사점 탐색 ▶ 도의 순리에 따르는 삶이 현대 사회의 불균형 가치관을 비추는 방식 분석
결론	노자의 도와 덕 사상은 인위적 질서의 한계를 드러내며 자연의 흐름 속에서 조화로운 삶의 가치를 제시한다. 경쟁보다 공존을, 효율보다 절제를 중시하는 인문학적 성찰로 현대 사회가 균형과 겸허의 가치를 회복할 수 있도록 안내한다.
심화 탐구 주제	▶ 노자의 덕 사상이 제시하는 겸허와 절제의 철학적 의미 탐구 ▶ 도와 덕의 조화가 인간 중심 가치관의 한계를 비판하는 방식 탐구 ▶ 도의 순리에 따르는 삶이 현대 사회의 조화와 공동체적 평화에 미치는 영향 탐구
토론 주제	▶ 경쟁 사회에서 도와 덕의 철학은 실천 가능한가? ▶ 인위적 제도보다 자연의 질서를 따르는 것이 더 적합한 도덕인가? ▶ 현대 사회의 발전은 도의 순리와 조화를 함께 이룰 수 있는가?
교내 후속 활동	▶ 윤리와 사상: 노장사상의 철학을 인문학적 성찰로 고찰하는 탐구 활동 ▶ 동아리활동: 노장사상의 조화 철학을 영상으로 표현하는 콘텐츠 제작 활동 ▶ 자율·자치활동: 노자의 절제와 조화의 정신을 바탕으로 리사이클링 창업 활동

● 현대 사회와 윤리

성취기준	[12현윤01-02] 동양 및 서양의 윤리사상, 사회사상의 접근들을 비교 분석하고, 이를 현대사회의 다양한 윤리 문제와 쟁점에 적용하여 윤리적 해결 방안을 도출할 수 있다.
주요내용	노자는 인위적 규범보다 자연의 도에 따르는 삶을 중시하며, 인위적 가치 판단과 분별이 갈등을 낳는다고 보았다. 장자는 심재와 좌망의 수행을 통해 분별과 집착을 비우고 자연과 합일하려는 태도를 제시하며, 만물의 평등성을 강조하였다. 이러한 사상은 인간 중심의 위계적 질서를 비판하고, 무위의 실천을 통해 평등하고 조화로운 삶을 모색하게 한다.
교과연계 탐구주제	▶ 도가 사상이 현대 사회의 경쟁과 위계 질서에 주는 통찰 탐구 ▶ 노자의 무위 사상이 지향하는 상대적 평등의 윤리적 의미 탐구 ▶ 장자의 심재·좌망 개념이 제시하는 내면적 자유와 도덕적 자율성 탐구

● 윤리와 사상

성취기준	[12윤사01-02] 노자의 유무상생·무위자연 사상과 장자의 소요유·제물론의 의의를 이해하고, 서로 다른 것들 간의 어울림을 통한 진정한 평화에 대해 성찰할 수 있다.
주요내용	노자는 인위적 가치 판단을 버리고 자연의 도에 따르는 유무상생과 무위자연의 삶을 강조하였다. 그는 존재와 비존재가 서로 의존한다는 통찰을 통해 조화와 평화의 가능성을 모색하였다. 장자는 소요유와 제물론을 통해 인간의 분별을 초월한 자유로운 경지를 제시하며, 모든 존재의 평등한 본성을 강조하였다. 이 사상은 차별과 경쟁을 넘어, 타자와 조화를 이루는 내면적 평화의 가능성을 제시한다.
교과연계 탐구주제	▶ 장자의 제물론이 드러내는 타자 수용과 조화의 철학적 가치 탐구 ▶ 노자의 유무상생 사상이 제시하는 공존과 평화의 윤리적 의미 탐구 ▶ 무위자연의 관점에서 본 도덕적 자율과 내면의 평화 실현 방안 탐구

3. 독서 연계 탐구활동

● 추천 도서 목록

추천 도서 목록
▶ 도덕경(노자(소준섭 역), 현대지성, 2019)   ▶ 나 홀로 읽는 도덕경(최진석, 시공사, 2021) ▶ 삶의 실력, 장자(최진석, 위즈덤하우스, 2025)   ▶ 노자가 옳았다(김용옥, 통나무, 2020) ▶ 장자(장자(김원중 역), 휴머니스트, 2023)   ▶ 노자 도덕경(노자(김원중 역), 휴머니스트, 2018)

● 독서 연계 탐구 활동

<table>
<tr><td colspan="2" align="center">독서 연계 탐구 활동</td></tr>
<tr><td>도서명</td><td>도덕경(노자(소준섭 역), 현대지성, 2019)</td></tr>
<tr><td></td><td>이 책은 중국 춘추전국시대 사상가 노자의 철학을 담은 고전 <도덕경>을 현대 한국어로 완역한 책이다. 노자는 혼란한 시대의 인위적 질서를 비판하고, 자연의 도에 따르는 삶의 지혜를 통해 조화와 평화를 모색한 철학적 맥락을 제시한다. 권력, 욕망, 경쟁을 넘어선 인간의 내면적 자유를 성찰하게 하고, 공동체의 균형을 회복하려는 도가 사상의 통찰을 일깨운다.</td></tr>
<tr><td>핵심 키워드</td><td>도(道), 무위자연, 자족, 겸허, 조화로운 질서</td></tr>
<tr><td>탐구 주제</td><td>▶ 춘추전국시대의 사상적 맥락 속에서 노자 철학이 지닌 의미 분석
▶ 무위자연 사상이 제시하는 정치철학적 의의 탐구
▶ 공자의 대동사상과 노자의 소국과민 사상의 정치철학 비교 분석
▶ 유위(有爲)와 무위(無爲)의 대비를 통해 본 노자의 정치철학적 의미 탐구
▶ 경쟁과 욕망을 비판한 노자의 사상이 공동체 의식 형성에 미치는 영향 탐구</td></tr>
<tr><td>토론 쟁점</td><td>▶ 노자의 사상은 경쟁 중심 사회에서도 실질적 가치로 적용될 수 있는가?
▶ 기술과 성장 중심의 현대 사회에서 무위자연의 철학은 실현될 수 있는가?
▶ 노자의 덕(德)은 현대 사회의 관계 윤리와 신뢰 회복의 대안이 될 수 있는가?</td></tr>
<tr><td>후속 활동</td><td>▶ 정치: 공자와 노자의 정치 사상 비교를 통한 동양 정치 철학 탐구 활동
▶ 인간과 철학: 노자의 사상을 시대상과 연계하여 철학의 가치를 토론하는 활동
▶ 진로활동: 노자의 '조화' 사상을 노사관계와 직업윤리에 적용하는 탐구 활동</td></tr>
</table>

● 독서 연계 탐구활동 예시

<table>
<tr><td>탐구 주제</td><td colspan="2">춘추전국시대의 사상적 맥락 속에서 노자 철학이 지닌 의미 분석</td></tr>
<tr><td>탐구 자료</td><td colspan="2">▶ <도덕경>(노자(소준섭 역), 현대지성, 2019)
▶ 최진석, <나 홀로 읽는 도덕경>: 노자의 사상을 현대적 시각에서 재해석한 철학서
▶ 춘추전국시대 사상가들의 사상 전개 및 사회 변화 관련 신문·칼럼 자료</td></tr>
<tr><td rowspan="2">탐구 개요</td><td>서론</td><td>춘추전국시대는 제후국 간 전쟁과 정치적 혼란이 이어지며 기존 권력 질서가 흔들리고 사상적 경쟁이 심화된 시기인. 노자는 인위적 통치의 한계를 비판하고, 도(道)에 따르는 순리의 철학을 제시하며, 사회적 혼란을 극복하려는 시도로서 새로운 윤리적 패러다임의 방향을 보여줌.</td></tr>
<tr><td>본론</td><td>▶ 춘추전국시대의 사회·정치적 혼란과 사상적 배경 정리
▶ 노자가 제시한 '도(道)'와 '덕(德)'의 개념을 중심으로 사상 구조 분석
▶ 유가의 '예(禮)-유위(有爲)'를 대비하여 인위와 자연의 철학적 차이 탐색
▶ '무위자연'의 철학이 제시한 통치관과 인간관의 윤리적 함의 고찰
▶ 현대 사회의 경쟁·성장 중심 가치에 적용하여 조화와 절제의 의미 재해석</td></tr>
</table>

탐구 개요	결론	노자의 사상은 인위적 질서 대신 자연의 순리에 따르는 삶의 지혜를 제시하며, 인간과 사회가 조화를 이루는 철학적 토대를 마련함. 무위자연 사상은 권력과 경쟁의 논리를 넘어 절제와 조화의 가치를 일깨우며, 지속가능한 삶의 방향을 제시하는 철학적 통찰로 이해될 수 있음.
후속 활동		▶ 세계사: 춘추전국시대의 제자백가가 등장한 배경과 형성 과정에 대한 탐구 활동 ▶ 윤리와 사상: 유무상생으로 사회 갈등 해소의 철학적 가능성을 탐구하는 활동 ▶ 동아리활동: 환경문제 해결을 위한 생활 속 실천 방안을 기획하는 활동 ▶ 자율·자치활동: 교내 협력문화 조성을 위한 행동 지침을 기획·실천하는 활동

4. NIE 연계 활동

● 신문 읽기 & 연결 사유 찾기

세계는 경각심 높이는데, 한국은 20년 만에 '환경위기 뒷걸음'(더 나은 미래, 2025.09.11.)

이 기사는 환경재단과 일본 아사히글라스재단이 발표한 '2025 환경위기시계' 결과를 통해 한국의 환경위기 인식이 20년 만에 '매우 위험' 단계에서 '위험' 단계로 낮아졌음을 전한다. 세계는 기후위기를 심각하게 인식하지만 한국은 사회 전반의 '기후 무감각증'을 보이며, 이는 실제 개선이 아닌 위기의식 저하로 나타난 결과로 평가된다. 전문가들은 정부와 시민의 실천적 대응이 필요하다고 강조한다.

규제 완화·정치권 관심이 재자원화 확대 동력 될 것(산업일보, 2025.07.05.)

이 기사는 재자원화 기업들이 폐플라스틱 열분해와 폐목재 재활용 등 다양한 기술을 보유하고 있음에도, 발생지 책임 원칙과 인허가 절차 등 규제로 인해 시장 확대에 어려움을 겪고 있음을 전한다. 기업들은 정책 변화가 필요하다고 지적하며, 재자원화 산업의 활성화를 위해 정부의 규제 완화와 정치권의 지속적인 관심이 핵심 동력이 될 것이라고 강조한다.

기후변화 풀 열쇠는 '순환경제'... AI·바이오차로 해법을 찾자(서울신문, 2024.09.02.)

이 기사는 기후변화 대응의 새로운 해법으로 순환경제의 중요성을 강조하며, 인공지능(AI)과 바이오차 기술이 핵심 대안이 될 수 있음을 제시한다. 기존의 대체재나 탄소 상쇄 정책은 실질적 효과가 미미하다고 지적하고, 자원 재사용과 재활용을 통한 순환경제로의 전환이 가장 현실적인 감축 전략임을 강조한다. 또한 바이오차를 활용한 탄소 저장이 장기적 환경 개선에 기여할 수 있다고 설명한다.

● 시사 이슈

▶ 한국 사회의 환경위기 인식 저하는 어떤 사회적·문화적 요인에서 비롯되는가?

▶ 순환경제가 기후위기 대응의 실질적 대안으로 자리 잡기 위해 어떤 구조적 변화가 필요한가?

▶ 지속 가능한 발전을 위해 기술과 자연의 조화는 어떻게 이루어져야 하는가?

● 관점의 분석과 비교

규제 완화·정치권 관심이 재자원화 확대 동력 될 것(산업일보, 2025.07.05.)
- 순환경제 활성화를 위해 정부 규제 완화가 필요한가? -

찬성

과도한 규제는 재자원화 산업의 성장과 기술 혁신을 지연시킨다. 정부의 인허가 절차를 완화한다면, 폐기물 재활용과 재제조 산업이 빠르게 확산될 수 있다. 산업 현장의 유연한 정책이 지속 가능한 순환경제의 기반이 된다.

반대

규제 완화로 환경 보호의 효과가 약화될 수 있다. 정부의 감독이 줄어들면 불법 폐기물 처리나 환경오염 사례가 증가할 위험이 크다. 안정적인 순환경제를 위해서는 공공성 강화와 감시체계 확립이 우선되어야 한다.

기후변화 풀 열쇠는 '순환경제'... AI·바이오차로 해법을 찾자(서울신문, 2024.09.02.)
- 순환경제는 기후위기를 해결하는가, 기술 의존 접근에는 한계가 있는가? -

≫ 기술 혁신 중심의 전환

이산화탄소 감축을 위해서는 자원 재사용과 재활용을 중심으로 한 순환경제로의 전환이 필요하다. 인공지능(AI) 기반 기술과 바이오차 활용은 효율적 에너지 관리와 탄소 저장을 가능하게 해 환경 문제 해결에 실질적 기여를 한다.

≫ 지속 가능성의 한계

기술 의존적 접근은 비용과 자원 부담이 크며, 구조적 소비 패턴의 변화 없이는 근본적 해결이 어렵다. 순환경제가 효과를 내기 위해서는 제품의 재사용, 자원 효율화, 정부와 전문가의 협력 같은 대안이 병행되어야 한다.

● 사고의 확장

▶ 기술과 산업의 발전이 인간의 행복을 보장하지 못하는 이유는 무엇인가?

▶ 무위자연의 사상이 오늘날 환경문제 해결에 어떤 통찰을 줄 수 있는가?

▶ 순환경제와 생태공동체는 노자의 '빔(虛)' 철학과 어떤 점에서 닮이 있는가?

▶ 도시의 물질적 풍요 속에서 인간과 자연의 관계는 이떻게 재정의되이야 하는가?

▶ 인간 중심의 발전 논리에서 벗어나 모든 생명의 조화를 이루기 위해 필요한 변화는 무엇인가?

5. 세특 예시

　춘추와 전국이 전환되는 시기의 사상적 혼란 속에서 노자의 도 중심 사상을 시대적 배경과 연결해 통찰하며 철학적 가치와 시대적 의미에 대해 깊이 고찰함. 유위와 무위의 개념 비교를 통해 무위자연 사상이 지닌 정치철학적 함의를 탐구하고, 인간과 자연의 조화와 지속 가능성의 관점에서 환경문제 해결 방안을 모색하며 탐구의 폭과 깊이를 확장함. 철학적 사유를 통해 생태 윤리의 중요성을 자각하고 이를 실천적 가치로 연결하며 우수한 성찰의 면모를 드러냄.

다비드 에밀 뒤르켐
(David-Émile Durkheim, 1858~1917)

1. 뒤르켐, 사회를 과학으로 바라본 사상가

● '질서에 대한 질문'의 출발

어린 시절의 뒤르켐은 전통과 규범 속에서 성장했지만, 동시에 질문하는 아이였다. 유대교 성직자 집안에서 자란 그는 공동체가 개인의 삶을 강하게 규정하는 모습을 가까이에서 보았다. 신앙은 사람들을 하나로 묶었지만, 때로는 개인의 선택을 제한하기도 했다. 그는 일찍부터 이런 물음을 품었다.

"사람을 묶는 힘은 신앙일까, 아니면 사회 자체일까?"

이 질문은 훗날 그가 종교를 믿음의 문제가 아니라 사회가 만들어낸 집단적 질서로 분석하게 되는 출발점이 되었다. 뒤르켐에게 종교와 도덕은 초월적 진리가 아니라, 혼란한 사회를 유지하기 위해 인간이 만들어낸 사회적 장치였다.

● 철학에서 사회학으로

뒤르켐은 파리의 고등사범학교에서 철학을 전공했다. 그러나 그는 인간의 본성보다 사회가 인간에게 미치는 영향에 주목하였다. 철학의 추상적 사유가 아닌 경험적·통계적 연구를 도입해 '사회학(Sociologie)'을 과학으로 정립했다.

이러한 시도를 통해 그는 독일의 막스 베버(Max Weber)와 함께 근대 사회학의 2대 거장으로 평가받는다. 두 사람은 방법론에서 차이를 보였지만, 사회를 과학적으로 탐구하며 인간과 집단의 관계를 밝힌 사회학의 창시자들로 꼽힌다.

● 사회적 사실의 발견

뒤르켐은 사회를 단순히 개인들의 합으로 보지 않았다. 그는 사회를 개인 외부에 존재하며 개인의 행동을 제약하는 '사회적 사실(social fact)'로 규정했다. 법, 도덕, 종교, 관습은 모두 사회가 구성원에게 강제하는 객관적 실체이며, 사회학자는 이를 사물처럼 다루어야 한다고 주장했다. 이것이 바로 사회학을 철학에서 독립시킨 그의 위대한 업적이었다.

● '아노미를 발견하다'

19세기 말 프랑스 사회는 급격한 산업화와 도시화로 격변하고 있었다. 전통 공동체는 해체되고, 개인은 자유로워졌지만 동시에 고립되었다. 뒤르켐은 이 변화 속에서 사람들의 불안, 고독, 극단적 선택이 늘어나는 현상에 주목했다.

그는 이를 단순한 개인의 약함으로 보지 않았다. 사회가 더 이상 사람들에게 공통의 기준과 방향을 제시하지 못할 때, 개인은 길을 잃는다고 보았다. 그는 이 상태를 '아노미', 즉 규범의 붕괴라 이름 붙였다.

<자살론>은 이러한 문제의식을 통계로 증명한 작업이었다. 자살이라는 극히 개인적인 행위조차 사회적 조건에 따라 달라진다는 그의 분석은 사회를 바라보는 시선을 근본적으로 바꾸어 놓았다.

● 연대와 도덕, 사회를 지탱하는 힘

뒤르켐은 건강한 사회를 유지하려면 사람들을 하나로 묶는 도덕적 통합(moral integration) 이 필요하다고 보았다. 그는 사회를 유지하는 힘을 '연대(solidarité)'로 설명했다.

전통 사회에서는 혈연과 종교 중심의 기계적 연대가 지배했지만, 근대 사회에서는 역할 분화와 분업에 따른 유기적 연대가 나타난다고 했다. 즉, 사람들은 서로 다르지만 각자의 기능을 통해 하나로 연결된 존재라는 것이다.

● 오늘날로 이어지는 메시지

개인의 자유가 강조되는 사회일수록 사람들은 오히려 고립과 불안을 경험하기 쉽다. 뒤르켐은 개인의 고통이 단순한 개인 문제에 그치지 않고 사회 구조와 깊이 연결되어 있다는 점을 밝혀냈다. 그는 사회를 이해하는 시선이 개인을 이해하는 출발점이 된다고 보았다. 사회적 연대와 규범은 개인을 억압하는 장치가 아니라, 개인이 건강하게 살아가기 위한 기반이었다.

오늘날 학생에게 그의 메시지는 분명하다.

개인의 선택과 사회의 구조를 함께 바라보는 시선이 필요하다는 것이다.

▶ 나의 고민은 개인의 문제일까, 사회적 문제일까?

▶ 학교와 사회는 개인에게 어떤 역할을 요구하고 있는가?

이는 사회과(통합사회 포함) 영역의 탐구 세특으로 확장 가능하다.

● 주요 철학 사상

1) 사회적 사실

뒤르켐 철학의 핵심은 '사회적 사실(social fact)' 개념에 있다. 그는 사회를 단순히 개인들의 합으로 보지 않고, 개인 외부에 존재하면서 개인의 행동을 제약하는 독립적 실체로 보았다. 법, 도덕, 종교, 언어와 같은 사회적 규범은 개인의 의지와 무관하게 사회 전체가 부여한 힘을 가진다. 따라서 사회학자는 사회적 사실을 주관적 해석이 아닌 객관적 현상, 즉 사물처럼 다루어야 한다고 주장했다. 이 개념은 사회를 과학적으로 탐구할 수 있다는 사회학의 토대를 마련하였다.

2) 아노미 이론

뒤르켐은 급격한 사회 변화 속에서 사람들이 공유하던 가치와 규범이 붕괴되는 현상에 주목했다. 그는 이러한 상태를 '아노미(anomie)', 즉 규범 약화로 인한 사회적 혼란으로 규정했다. 이때 개인은 사회와의 유대를 잃고 방향감을 상실하며 고립과 불안 속에서 방황한다. 또한 <자살론>에서 아노미를 자살률 증가의 주요 원인으로 분석하며 사회적 통합의 중요성을 강조했다. 이 이론은 근대화·도시화 과정에서 나타나는 사회 병리 현상을 설명하는 핵심 개념으로 자리 잡았다.

3) 사회적 연대

뒤르켐은 사회를 유지시키는 힘을 '연대', 즉 구성원 간의 결속으로 보았다. 전통 사회에서는 유사한 생활양식과 신념에 기반한 기계적 연대가 지배했다. 반면 근대 사회에서는 역할 분화와 분업을 통해 서로 다른 사람들이 상호 의존하는 유기적 연대가 형성된다고 보았다. 그는 분업이 단순한 경제적 필요가 아니라 사회 통합을 이루는 도덕적 기능을 수행한다고 보았다. 이 개념은 다양성이 공존하는 사회에서 협력과 조화를 유지하는 원리를 설명한다.

4) 도덕 교육론

뒤르켐은 건강한 사회를 위해 개인이 사회의 규범과 도덕을 내면화해야 한다고 보았다. 그는 <도덕교육론>에서 도덕을 개인의 양심이 아닌 사회가 형성한 집단적 의식으로 규정했다. 교육의 목적은 개인을 사회 속에 통합시키고, 사회적 가치와 규범을 스스로 실천하도록 만드는 데 있다고 강조했다. 즉, 도덕 교육은 사회의 연대를 강화하고 시민으로서의 책임 의식을 길러주는 과정이다. 그의 사상은 오늘날 공교육의 사회적 역할과 공동체적 가치 교육의 철학적 토대가 되었다.

뒤르켐은 막스 베버와 함께 근대 사회학의 토대를 마련한 사상가로, 사회를 과학적으로 탐구하는 학문적 체계를 확립하였다. 그는 <사회학적 방법의 규칙>에서 사회 현상을 '사회적 사실'로 규정하고 실증적 연구 방법을 제시하였다. <자살론>에서는 아노미를 분석하여 규범 붕괴가 사회 연대에 미치는 영향을, <도덕교육론>에서는 도덕과 교육이 사회 결속을 강화하는 기능을 수행함을 밝혔다. 그는 사회를 개인들의 집합이 아닌 도덕적 실체로 바라보며, 사회 구조가 개인의 행동을 형성한다고 보았다. 이러한 연구는 사회를 객관적 분석 대상인 독립 학문으로 정립한 성과로 평가된다.

뒤르켐의 사상은 사회 현상을 구조적 관점에서 이해하여 사회학을 독립된 학문으로 자리잡게 하였다. 그의 이론은 파슨스와 머튼 등의 구조기능주의로 계승되어 사회 통합과 기능 분석의 근거가 되었다. 교육의 사회적 기능에 대한 해석은 교육사회학 발전의 토대가 되었으며, 아노미 개념은 고립·소외·공동체 붕괴 등 현대 사회 문제를 분석하는 핵심 개념으로 재조명되고 있다. 그의 관점은 사회적 연대를 중심으로 인간과 사회의 관계를 설명하는 사유 틀을 형성하였다. 뒤르켐의 이론은 오늘날 사회 분석과 정책 담론 속에서도 유효한 학문적 영향력을 행사하고 있다.

● 철학 사상 연계 탐구 주제

사회적 사실	▶ 개인주의 확산 속에서도 작동하는 집단적 규범의 지속 요인 탐색 ▶ 법·도덕·관습이 개인의 선택보다 우위에 서는 이유와 사회적 실체 분석 ▶ **사회적 규범이 개인의 행동을 제약하는 사례와 '사회적 사실'의 개념 탐구**
아노미 이론	▶ 뒤르켐의 아노미 개념을 통한 개인과 사회의 관계 고찰 ▶ 정보 격차와 사회적 단절 현상을 '규범 해체'의 관점에서 탐구 ▶ 규범 약화가 초래하는 사회 병리 현상과 개인적 불안의 연관성 분석
사회적 연대	▶ 사회적 연대가 공동체 유지를 가능하게 하는 근거 탐구 ▶ 분업이 사회 구성원 간 협력과 통합에 미치는 영향 분석 ▶ 기계적 연대와 유기적 연대의 차이를 통해 현대 사회의 협력 구조 탐구
도덕 교육론	▶ 도덕을 사회적 의식으로 보는 관점을 통해 공교육의 역할 탐구 ▶ 도덕 교육을 통한 공동체 의식 형성이 사회 안정에 미치는 영향 탐색 ▶ 개인이 사회 규범을 내면화하는 과정에서 교육이 갖는 사회적 기능 분석

● 탐구 설계 예시

다비드 에밀 뒤르켐
(David-Émile Durkheim, 1858~1917)

주제	사회적 규범이 개인의 행동을 제약하는 사례와 '사회적 사실'의 개념 탐구
탐구 목표	뒤르켐의 사회적 사실 개념을 바탕으로 사회 규범이 개인의 행동과 가치 판단에 미치는 영향을 이해하고, 사회가 개인보다 상위의 실체로 작용하는 이유를 탐구한다.
선정 이유	현대 사회에서 개인의 자유와 자율성이 중시되지만, 여전히 사람들의 행동은 사회의 규범과 제도 속에서 형성된다. 법과 도덕, 관습은 개인의 의지와 무관하게 작동하며 사회 질서를 유지하게 한다. 뒤르켐의 사회적 사실 개념은 이러한 현상을 이해할 수 있는 학문적 틀을 제공하며, 개인의 선택이 사회 구조 속에서 어떻게 제한되고 조정되는지를 탐구할 수 있게 한다.
서론	오늘날 개인의 자유가 강조되는 사회에서도 사람들은 여전히 사회적 규범과 제도의 영향을 받는다. 가령, 학교의 규칙, 직장의 조직 문화, 온라인 여론 등은 개인의 행동 방식을 일정 부분 통제한다. 뒤르켐은 사회를 개인 외부에 존재하면서 그 행동을 제약하는 실체로 보았다. 이러한 관점은 자유와 규범의 관계를 새롭게 바라보게 하며, 사회가 개인의 삶에 미치는 구조적 힘을 성찰하게 한다.
본론	▶ <사회학적 방법의 규칙>에 나타난 사회적 사실 개념 정리 ▶ 법·도덕·관습 등 사회 규범의 외부성과 강제성 분석 ▶ 사회적 규범이 개인의 선택과 행동을 제약하는 사례 제시(학교, 조직, 온라인 등) ▶ 개인의 자율성과 사회 규범의 조화 조건 탐색 ▶ 사회적 사실 개념을 적용한 개인주의 사회의 한계 비판
결론	뒤르켐의 사회적 사실 개념을 통해 사회는 개인을 넘어선 도덕적 실체이며, 규범은 공동체 질서를 유지하는 필수 요소임을 알 수 있다. 자유를 존중하면서도 사회의 규범을 이해하고 수용하는 태도가 건강한 사회 구성원의 자질임을 시사한다.
심화 탐구 주제	▶ 규범 해체와 사회 통합의 상관관계에 대한 사회학적 탐구 ▶ 사회 규범의 내면화 과정이 개인의 가치 형성에 미치는 영향 분석 ▶ 디지털 사회에서 나타나는 새로운 '사회적 사실'의 형성 과정 탐구
토론 주제	▶ 사회는 개인의 행동을 규정하는 힘으로 작용하는가? ▶ 사회 규범은 개인의 자율성보다 우선되어야 하는가? ▶ 온라인 집단 규범은 개인의 판단을 제약하는 새로운 사회적 사실로 인정될까?
교내 후속 활동	▶ 통합사회: 뒤르켐의 사회적 사실과 현대 사회의 규범 구조를 비교·탐구하는 활동 ▶ 동아리활동: 학교 규범 인식 변화를 통계적 방법으로 분석하여 검증하는 활동 ▶ 진로활동: 사회계열 직업을 중심으로 개인의 사회적 역할과 책임을 탐색하는 활동

● 통합사회1

성취기준	[10통사1-05-01] 산업화, 도시화로 인해 나타난 생활공간과 생활양식의 변화 양상을 조사하고, 이에 따른 문제점의 해결 방안을 제안한다.
주요내용	산업화와 도시화는 인간의 생활공간과 생활양식을 근본적으로 변화시켰다. 전통적 공동체의 해체와 개인화된 사회 구조는 사회 규범의 약화를 초래하였으며, 개인의 고립과 사회적 불안을 심화시켰다. 뒤르켐은 이러한 현상을 '아노미'라 부르며, 사회적 유대와 도덕적 규범의 붕괴를 사회 문제의 근본 원인으로 지적하였다. 그는 공동체 의식과 도덕적 통합을 통해 사회가 안정될 수 있다고 주장하였다.
교과연계 탐구주제	▶ 도시 사회에서 사회적 연대가 회복될 수 있는 조건 탐구 ▶ 개인화된 사회에서 공동체 의식이 약화되는 원인과 대응 고찰 ▶ 산업화·도시화 속에서 약화된 사회 규범이 공동체에 미치는 영향 분석

● 사회와 문화

성취기준	[12사문02-03] 일탈 행동의 발생 요인이나 특성을 설명하는 다양한 일탈 이론을 비교하고, 일탈 행동에 대한 사회 통제의 유형과 사회 통제의 필요성 및 문제점을 분석한다.
주요내용	일탈 행동은 사회의 규범에서 벗어나는 행위로, 사회적 맥락에 따라 다르게 해석된다. 뒤르켐의 아노미 이론은 규범의 붕괴를, 차별 교제 이론은 주변인과의 상호작용을, 낙인 이론은 사회의 규정과 인식 과정을 통해 설명한다. 또한 비판 범죄학은 권력 구조 속 불평등이 일탈을 낳는다고 본다. 사회 통제는 일탈을 예방하고 사회 질서를 유지하기 위한 장치로, 필요성과 한계를 균형 있게 성찰할 필요가 있다.
교과연계 탐구주제	▶ 사회 통제의 기능적 역할과 규범 유지의 한계에 관한 탐구 ▶ 일탈 행동에 대한 사회 통제의 필요성과 부작용에 관한 분석 ▶ 아노미 현상과 낙인효과를 중심으로 본 일탈의 사회적 의미 고찰

3. 독서 연계 탐구활동

● 추천 도서 목록

추천 도서 목록

▶ 현대 사회학(앤서니 기든스, 필립 W. 서튼(김미숙, 김용학 역), 을유문화사, 2018)
▶ 교육과 사회학(에밀 뒤르켐(박찬영 역), 지식을만드는지식, 2022)
▶ 하버마스의 <의사소통 행위 이론> 읽기(하상복, 세창출판사, 2022)
▶ 사회학적 방법의 규칙들(에밀 뒤르켐(민혜숙 역), 이른비, 2021)
▶ 자살 사회학적 연구(에밀 뒤르켐(변광배 역), 세창출판사, 2021)
▶ 하버마스의 <공론장의 구조변동> 읽기(하상복, 세창미디어, 2016)

● 독서 연계 탐구 활동

독서 연계 탐구 활동	
도서명	현대 사회학(앤서니 기든스, 필립 W. 서튼(김미숙, 김용한 역), 을유문화사, 2018)
	이 책은 근대 사회학의 핵심 이론을 현대적 관점에서 재구성한 사회학 입문서이다. 저자는 뒤르켐의 '사회적 사실'과 '연대' 개념을 중심으로 사회 질서의 유지와 개인의 역할을 설명하며, 베버와 마르크스의 시각을 함께 대비해 사회 구조와 개인 행위의 상호작용을 분석한다. 아노미와 도덕적 규범의 역할을 통해 규범 약화와 공동체 해체 문제를 고찰하며, 사회적 유대의 의미를 재조명한다.
핵심 키워드	사회적 사실, 아노미, 사회적 연대, 도덕 교육, 사회통합
탐구 주제	▶ 기든스의 구조화 이론으로 본 '아노미' 현상의 현대적 변형 분석 **▶ 파슨스의 사회체계론과 연결한 사회적 연대의 기능적 구조 고찰** ▶ 뒤르켐의 도덕 교육론과 현대 학교 교육의 사회 통합 기능 비교 ▶ 마르크스의 유물론과 대비한 뒤르켐의 '사회적 사실' 개념 비교 탐구 ▶ 뒤르켐과 베버의 관점을 통해 본 개인주의와 사회적 규범의 조화 탐색
토론 쟁점	▶ 현대 사회의 불안과 고립은 아노미의 새로운 형태로 볼 수 있는가? ▶ 교육은 사회적 통합을 강화하는가, 개인의 비판적 사고를 제약하는가? ▶ 집단적 규범은 개인의 도덕적 자율성과 어떻게 조화를 이룰 수 있는가?
후속 활동	▶ 사회와 문화: 사회적 규범의 기능을 마르크스의 관점과 비교하는 탐구 활동 ▶ 현대사회와 윤리: 도덕 교육이 공동체 유지에 미치는 영향에 대한 토론 활동 ▶ 자율·자치활동: 규범과 자유의 관계에 대한 학생 공론장을 기획·운영하는 활동

● 독서 연계 탐구활동 예시

탐구 주제	파슨스의 사회체계론과 연결한 사회적 연대의 기능적 구조 고찰	
탐구 자료	▶ 앤서니 기든스 외 <현대 사회학>: 사회 연대와 사회체계의 기능적 구조 해설 ▶ 에밀 뒤르켐, <사회분업론>: 사회 통합과 분업의 기능 분석 ▶ 현대 조직의 협력 구조와 사회통합 관련 기사 및 통계자료	
탐구 개요	서론	뒤르켐은 사회가 분업을 통해 유기적 연대를 형성한다고 보았으며, 파슨스는 사회체계의 각 부분이 상호 의존하며 통합을 이룬다고 설명함. 본 탐구는 두 이론의 연계성을 분석하여 사회적 연대가 사회 유지의 핵심 구조로 작동하는 방식을 살펴보고자 함.
	본론	▶ <현대 사회학>을 중심으로 뒤르켐의 기계적·유기적 연대 개념 정리 ▶ 사회체계의 기능주의적 통합 원리 분석 ▶ 두 이론의 공통점과 차이점을 사회 유지·통합의 관점에서 비교 ▶ 현대 조직과 지역 공동체의 구조를 통해 기능적 연대의 양상 탐색 ▶ 분업과 역할 분화가 사회 안정에 기여하는 과정 구조적으로 분석

탐구 개요	결론	뒤르켐과 파슨스의 이론은 사회를 유지하는 통합의 원리를 서로 다른 방식으로 설명하지만, 공통적으로 기능 간 조화를 강조함. 따라서 사회적 연대는 각 제도의 상호의존을 통해 전체의 균형을 이루는 과정임을 보여줌. 이는 협력과 통합의 가치가 지속 가능한 공동체 형성의 핵심 조건임을 시사함.
후속 활동		▶ 사회와 문화: 학교 공동체를 사례로 사회체계의 기능과 역할에 대한 탐구 활동 ▶ 현대사회와 윤리: 사회적 연대의 윤리적 기반과 사회 안정을 주제로 한 토론 활동 ▶ 동아리활동: 조직 내 역할 분화와 협력 구조를 사회체계 관점에서 분석하는 활동 ▶ 진로활동: 디지털 시대의 공동체 회복 방안을 제안하는 프로젝트 활동

4. NIE 연계 활동

● 신문 읽기 & 연결 사유 찾기

하루 20명, 오늘도 한 반이 벼랑끝에…학생 자살·자해 시도에 무관심한 어른들(경향신문, 2025.10.19.)

이 기사는 청소년의 자살·자해 시도가 급증하는 사회적 현실을 다루며, 경쟁 중심 교육과 관계 단절이 초래한 구조적 문제를 지적한다. 특정한 원인 보다는 가정·학교·사회 전반의 압박과 무관심이 복합적으로 작용하고 있음을 보여준다. 전문가는 학생을 통제의 대상이 아닌 돌봄과 공감의 주체로 바라봐야 한다고 강조하며, 제도적 대응보다 관계 회복이 우선임을 시사한다.

자기 방어술이냐, 가스라이팅 도구냐… '다크심리학' 논란(조선일보, 2025.09.21.)

이 기사는 인간관계를 조종하거나 방어하는 기술로 포장된 '다크 심리학' 콘텐츠의 확산을 다루고 있다. 타인을 조작하거나 이용하는 심리 기술이 베스트셀러로 유통되는 현상은 사회적 규범이 약화된 '아노미 상태'를 반영한다. 전문가들은 윤리적 판단 없이 기술만을 추종하는 태도가 타인에 대한 공감 결핍과 신뢰 붕괴로 이어질 수 있다고 경고하며, 관계의 본질을 성찰할 필요성을 제기한다.

"차별·혐오는 '철창 없는 감옥'… 다양성 존중하는 무지개 사회 돼야"(서울신문, 2025.03.24.)

이 기사는 차별과 혐오가 일상화된 사회에서 신뢰와 연대가 약화되고 있음을 경고한다. 경제력·학벌·출신에 따른 우월의식이 비교와 배타를 낳으며 사회적 갈등을 심화시키고 있다. 전문가들은 불평등과 혐오가 구조화된 현실 속에서 다양성 존중과 포괄적 차별금지법 제정을 통해 사회 규범을 회복해야 한다고 제안하며, 공존의 가치 회복이 사회 발전의 핵심임을 강조한다.

● 시사 이슈

▶ 다양성과 포용을 강조하는 시대에, 차별과 혐오가 확산되는 이유는 무엇일까?

▶ 경쟁 중심의 교육과 사회 구조가 청소년의 고립과 절망을 심화시키는 이유는 무엇일까?

▶ 기술과 정보가 윤리보다 앞서가는 사회에서, 인간의 도덕적 판단은 어떻게 지켜질 수 있을까?

● 관점의 분석과 비교

자기 방어술이냐, 가스라이팅 도구냐… '다크 심리학' 논란(조선일보, 2025.09.21.)
- 인간관계의 기술인가, 윤리의 붕괴인가 -

찬성	반대
현대 사회에서 인간관계의 갈등은 생존의 문제일 수도 있다. '다크 심리학'은 타인의 조종이 아니라 자신을 보호하기 위한 심리적 방어술로 이해될 수 있다. 감정의 피로를 줄이고, 불공정한 관계 속에서 주체성을 지키는 기술로 작용할 수 있다.	심리 조작 기술의 확산은 사회적 규범의 약화를 초래하며, 타인에 대한 신뢰를 무너뜨린다. 또한 공감 능력을 저하시켜 공동체적 연대를 해체시킨다. 뒤르켐의 '아노미'처럼 윤리의 공백 속에서 개인은 방향을 잃고 고립될 위험이 크다.

하루 20명, 오늘도 한 반이 벼랑끝에…학생 자살·자해 시도에 무관심한 어른들(경향신문, 2025.10.19.)
- 청소년 비극의 원인은 사회 구조의 문제인가, 개인적 요인인가? -

≫ 청소년 자살의 사회 구조적 원인	≫ 관계 회복의 필요성
이 기사는 청소년의 자살·자해 시도가 급증하는 현실을 통해 개인의 문제가 아닌 사회 구조의 문제를 드러낸다. 경쟁 중심의 교육체계와 무관심한 사회 분위기가 결합해 청소년을 고립시켜 관계의 붕괴와 심리적 불안을 심화한다.	전문가들은 정서적 유대와 돌봄의 회복이 우선되어야 한다고 지적한다. 사회 통합의 붕괴는 제도적 개입만으로 해결되지 않는다. 학생들을 통제의 대상이 아닌 공감의 주체로 바라보는 관점이 사회적 연대를 복원하는 기반이 될 것이다.

● 사고의 확장

▶ '다크 심리학'의 확산은 개인의 자율성 강화인가, 사회적 통합 약화의 신호인가?

▶ 사회 통합이 약화된 시대에 사회 갈등을 완화하기 위한 사회적 대응은 무엇일까?

▶ 경쟁 중심의 사회에서 청소년의 고립 문제를 완화하기 위한 사회적 연대 방안은 무엇일까?

▶ 규범이 붕괴된 시대에, 인간은 어떻게 윤리적 판단과 공동체적 연대를 다시 세울 수 있을까?

▶ 뒤르켐이 말한 '아노미'는 현대 사회의 인간관계와 윤리의 붕괴에 대해 어떻게 설명할 수 있을까?

5. 세특 예시

사회적 사실을 경험적 연구와 통계로 분석하며 사회학을 독립 학문으로 정립한 뒤르켐의 사상을 탐구함. 근대화와 산업화 과정에서 나타난 프랑스 사회의 변화와 갈등을 분석하며 사회 통합과 규범의 역할에 대해 고찰함. 현대 사회의 다양한 갈등을 구조적 관점에서 탐색하고, 온라인과 오프라인의 사회적 연대 양상을 비교함. 이를 통해 사회적 아노미를 완화하기 위한 공동체 회복의 방안을 제시하며, 사회 구조 속 개인의 역할과 책임에 대한 비판적 성찰을 심화함.

1. 경계를 허문 '통합의 천재', 관찰과 융합의 혁신 정신

● 통합적 사고의 시대, 예술과 과학을 잇다

레오나르도 다 빈치는 르네상스 시대의 화가, 조각가를 넘어 해부학, 건축, 공학 등을 아우른 '통합의 천재'였다. 그는 예술과 과학을 분리하지 않고 하나의 유기적인 체계로 인식하여, 정밀한 해부학과 물리학적 지식을 회화에 적용했다. 다 빈치의 발명품 역시 예술적 상상력과 공학적 지식의 결합이었으며, 이러한 지식의 통합을 통해 새로운 통찰을 창조했다. 경계를 허무는 그의 융합적 사고는 현대의 학제 간 연구와 혁신 시대를 예고하는 지적 모델이 된다. 따라서 복잡한 난제를 해결해야 하는 오늘날, 이성(과학)과 감성(예술)을 결합해 창조적 해법을 찾아낸 그의 통섭적 지혜야말로 미래 인재가 갖춰야 할 가장 강력한 무기이자 세상을 바꾸는 혁신의 원동력이다.

● '호기심'이라는 엔진으로 작동한, 관찰과 실험의 장인

레오나르도 다 빈치의 혁신은 끊임없는 자세한 관찰과 직접적인 실험에서 비롯되었는데, 그는 인체 해부, 비행 원리 탐구 등 광범위한 직접적인 경험을 통해 지식을 습득했다. 그의 스케치북은 단순한 그림이 아닌, 세상의 현상을 이해하려는 치열한 탐구 과정이 담긴 '종합적인 융합형 연구 노트'였다. "지식의 샘은 관찰이다."라는 확고한 태도를 지닌 다 빈치는 "가장 고귀한 기쁨은 이해하는 기쁨이다."라고 역설하며 경험적 증거와 이해의 중요성을 강조했다. 보이는 것 너머의 본질을 꿰뚫어 보려 했던 그의 멈추지 않는 질문과 탐구심은, 단순한 지식 축적을 넘어 창조적 발견으로 나아가는 진정한 배움의 자세가 무엇인지 일깨워 주는 미래를 환히 비추는 지혜의 등불이 된다.

● 시대를 앞서간 다 빈치의 '선구적 지성'

다 빈치는 당대 기술 수준을 훨씬 뛰어넘는 수많은 발명품을 구상했다. 헬리콥터, 낙하산, 전차, 잠수 장비 등 그의 아이디어는 오늘날의 기술과 유사했다. 이 발명품들은 단순한 상상이 아니라, 과학적 원리와 수학적 계산에 기반한 설계였다. 그의 정신은 현재에 안주하지 않고, 상상하는 모든 것을 현실화하려는 치열한 혁신가 정신이었다. 그는 예술가인 동시에, 세상을 이롭게 바꿀 기술을 고민한 미래 설계자였는데, 이는 지식인의 책임이 세상 문제의 구체적인 해법을 제시하는 데 있음을 보여줬다. 현실의 한계를 넘어 시대를 앞서간 그의 대담한 비전은, 오늘날 우리가 누리는 첨단 문명의 씨앗이 되어 '꿈꾸는 자가 미래를 만든다."라는 위대한 진리를 증명하고 있다.

● '새로운 지식'을 향한 멈추지 않는 호기심

다 빈치의 삶은 특정 분야에 갇히지 않고 새로운 지식을 향해 끊임없이 나아간 '멈추지 않는 학습 과정' 그 자체였다. 그는 전문가로 남기보다 계속해서 영역을 확장했으며, 자신의 노트에 늘 새로운 질문과 아이디어를 채우는 일을 게을리하지 않았다. 특히, 그는 편견 없이 진실을 찾으려는 경험적 검증과 감각을 정제하는 훈련을 통해 사물을 입체적으로 관찰하는 능력을 키웠으며, 이러한 뜨거운 호기심과 질문의 자세는 그의 독창적인 통찰을 만들어 내는 원천이었다.

죽는 순간까지 배움을 멈추지 않았던 그의 치열한 열정은 단순한 지적 호기심을 넘어 삶을 대하는 가장 진지하고 숭고한 태도였다. 정답에 갇힌 우리에게, '왜?'라고 묻는 용기야말로 세상을 바꾸는 첫걸음임을 일깨 운다.

"삶이 멈추면 연구도 멈춘다."

● 과학으로 그림을 완성한 끈기의 달인!

다 빈치는 하나의 작품에 수년을 바칠 만큼 완벽주의자였다. 그는 예술을 탐구하며 과학을 활용하고, 과학적 지식으로 예술을 완성하려 했다. 특히 빛의 굴절, 원근법, 해부학적 정확성 등의 과학 원리를 회화에 적용하여 단순 묘사를 넘어선 생명력을 불어넣었다. 이러한 평생의 노력은 재능이 끊임없는 몰입과 학습을 통해 완성된다는 장인정신을 보여주며, 그에게 지식은 단순히 아는 것이 아니라, '삶 속에서 실천하고 통합해야 할 대상' 이었다.

● 오늘날로 이어지는 메시지

정해진 전공과 틀 안에서만 사고하도록 요구받는 환경 속에서 우리는 스스로의 가능성을 제한하기 쉽다. 다 빈치는 예술과 과학의 경계를 넘나들며 서로 다른 지식을 연결해 새로운 통찰을 만들어 냈다. 그에게 배움은 암기가 아니라, 관찰과 질문을 통해 세상을 이해하는 통합된 과정이었다. 지식은 나뉠 때가 아니라, 연결될 때 힘을 가진다고 보았다.

오늘날 학생에게 다 빈치의 삶은 말해준다.

미래를 여는 힘은 서로 다른 생각을 연결하고 질문할 수 있는 사고력이라는 사실이다.

▶ 나는 어떤 분야들을 연결해 보고 싶은가?

▶ 나만의 질문은 무엇인가?

이는 융합형 세특·탐구 보고서로 이어질 수 있다.

● 주요 예술 사상

1) 통합(Integration)

다 빈치는 예술과 과학의 경계를 완전히 허문 '통합의 천재'였다. 그는 지식을 분리하지 않고 해부학, 광학, 공학 등 서로 다른 분야를 모두 연결하여 하나의 유기적인 체계로 엮어냈다. 그의 회화는 정교한 과학적 원리를 바탕으로 했고, 그의 발명품은 창의적인 예술적 상상력의 결과였다. 이는 곧 이질적인 아이디어를 연결하고 섞어 전에 없던 새로운 가치를 창출하는 융합적 사고가 혁신의 필수 조건임을 보여주는 위대한 통합의 방법론이다.

2) 실증주의(Empiricism)

다 빈치의 지식은 추측이 아닌 '끊임없는 관찰과 직접적인 실험' 이라는 실증적인 과정을 통해 습득되었다. 그는 세상의 모든 현상을 직접 보고, 해체하고, 재구성하는 과정을 거쳤다. 인체를 해부하고 자연 현상을 기록한 그의 스케치북은 경험적 증거를 통해 진실을 발견하려는 치열한 탐구 정신을 보여준다. "지식의 샘은 관찰이다" 라는 그의 태도는, 경험과 질문을 통해 스스로 진리를 발견하는 것이 가장 고귀한 지적 기쁨임을 역설한다. 이것이 곧 혁신의 시작이다.

3) 혁신(Innovation)

다 빈치는 현재 기술에 안주하지 않고 과감하게 시대의 한계를 뛰어넘어 미래를 구상했던 혁신가였다. 헬리콥터, 낙하산 등 당대에는 실현 불가능해 보였던 아이디어를 과학적 원리와 수학적 계산에 기반하여 매우 구체적으로 설계했다. 이는 단순히 발명에 그치지 않고, 상상하는 모든 것을 현실화하려 노력하는 치열한 혁신가 정신이자, 더 나아가 세상을 이롭게 변화시키고자 했던 미래 설계자로서의 선구적 지성을 보여준다. 곧 창업가 정신이다.

4) 장인 정신(Craftsmanship)

다 빈치의 삶은 '멈추지 않는 학습 과정'이자 끝없는 완벽을 향한 노력이었다. 그는 한 분야에 정체하지 않고 끊임없이 새로운 지식으로 확장했으며, 하나의 작품에도 수년을 바칠 정도로 집요한 완벽주의를 보였다. "삶이 멈추면 연구도 멈춘다" 는 그의 말처럼, 다 빈치의 평생에 걸친 왕성한 활동은 단순히 재능만으로 위대한 경지를 이룬 것이 아님을 보여준다. 오히려 지속적인 노동과 몰입으로 경지를 완성시킨 그의 열정적인 장인 정신의 중요성을 후대에 전하고 있다.

레오나르도 다 빈치는 예술과 과학을 통합한 융합적 사고의 선구자였으며, 해부학과 광학을 바탕으로 회화를 완성해 지식의 경계를 허무는 창의적 융합의 모범을 제시했다. 그의 위대함은 단순히 여러 분야에 능통함을 넘어, 모든 지식을 하나의 유기적인 체계로 인식했다는 점에 있다. 그는 "지식의 샘은 관찰이다"라는 철학을 실천하며 수많은 해부와 실험을 통해 실증주의적 탐구 정신을 확립했고, 이는 맹목적 믿음 대신 경험적 증거를 통한 진리 발견의 중요성을 강조했다. 또한, 헬리콥터와 낙하산 등 당대 한계를 뛰어넘는 아이디어를 설계해 미래를 앞서 설계하려 했던 혁신가였다.

마지막으로 평생 탐구를 멈추지 않고 완벽을 추구한 장인 정신은 지속적인 몰입과 학습이 위대한 성취의 필수 요소임을 후대에 전하고 있다. 결국 다 빈치의 삶은 인간의 지적 호기심이 어디까지 확장될 수 있는지를 보여주는 증거이자 인간 잠재력의 승리이다. 서로 다른 영역을 넘나드는 그의 유연한 통섭적 태도는 복잡한 난제를 해결해야 하는 현대 사회에 가장 필요한 창의적 리더십의 표본이 되고 있다. 그가 남긴 족적은 단순히 과거의 유물이 아니라, 끊임없는 질문과 융합을 통해 새로운 미래를 창조하라는 영원한 혁신의 이정표로 오늘날에도 살아 숨 쉬고 있다.

● 예술 사상 연계 탐구 주제

통합	▶ 예술, 과학의 통합이 현대 인공지능(AI)과 미디어아트에 주는 시사점 연구 ▶ 다 빈치 공학과 미학의 결합이 현대 디자인 및 기술 개발에 미친 영향 탐구 ▶ 지식의 경계 해체를 통한 융합적 사고가 사회 문제 해결에 미치는 영향 분석
실증주의	▶ 다 빈치적 해체·재구성 사고가 문제 해결 통찰력에 미치는 영향 연구 ▶ 다 빈치의 인체 해부 기록이 보여주는 경험적 증거 기반 학습의 중요성 분석 ▶ '지식의 샘은 관찰이다' 라는 신념이 현대 과학 실험 및 탐구 활동에 주는 교훈
혁신	▶ 다 빈치의 선구적 설계가 미래 산업 구상에 미치는 영향 연구 ▶ 다 빈치의 혁신가 정신이 청소년 기업가 정신에 주는 영향 분석 ▶ 다 빈치의 현재 안주 거부 태도가 도전 및 실패 극복에 미치는 영향 고찰
장인 정신	▶ 지식 영역 확장을 통한 다 빈치식 자기 변신 및 성장 전략 탐구 ▶ '연구를 멈추지 않는 삶' 태도가 평생 학습에 미치는 중요성 연구 ▶ 다 빈치의 완벽주의가 현대 전문가의 전문성 강화에 미치는 영향 고찰

주제	다 빈치의 혁신가 정신이 청소년 기업가 정신에 주는 영향 분석
탐구 목표	다 빈치의 통합적 사고, 실증적 실행력, 미래 지향적 혁신을 기업가 정신 핵심과 연결 분석하여, 청소년의 창업 및 혁신 활동을 위한 행동 전략과 교훈을 탐구한다.
선정 이유	4차 산업혁명 시대는 지식의 경계를 허무는 융합적 문제 해결 능력과 창조적 실행력을 요구하며, 이는 곧 기업가 정신의 핵심이다. 다 빈치는 예술과 과학을 통합하고 평생 실험을 멈추지 않은 융합형 혁신가로서, 그의 정신은 청소년들이 새로운 가치를 창출하고 도전하는 기업가적 소양을 함양하는 데 가장 이상적인 실천 모델을 제시하므로 미래 세대에게 꼭 필요하다. 탐구 가치가 높다.
서론	현대 사회에서 융합과 실행은 생존의 필수 조건이다. 본 탐구는 다 빈치의 삶, 특히 예술과 과학 지식을 통합하고 끊임없이 관찰하며 실험했던 파격적인 탐구 방식에 깊이 주목한다. 다 빈치가 보여준 통합적 혁신 정신이 오늘날 창업의 불확실성에 직면한 청소년들에게 지속가능한 성장을 위한 전략적 원리와 실질적인 실행 모델을 제시할 수 있는지 본 탐구는 그의 모습을 따라 심층적으로 고찰한다.
본론	▶ 예술과 과학의 융합이 창조적 BM 설계에 주는 시사점 분석 ▶ 실증주의가 시장 실행력에 미치는 영향 연구 ▶ 선구적 설계가 미래 예측 및 진취성에 미치는 영향 고찰 ▶ 완벽주의가 창업 개선 및 회복 탄력성에 미치는 영향 분석 ▶ 다 빈치식 융합 실행이 청소년 기업가 역량 강화에 주는 방안 탐구
결론	다 빈치처럼 지식의 경계를 허무는 통합적 사고와 실증적인 실행력을 핵심 생존 전략으로 삼아, 현대 청소년은 단순히 문제를 인식하는 것을 넘어 미래를 앞서 설계하는 창조적 실행가로 성장해야 한다.
심화 탐구 주제	▶ 이질적 요소 융합이 창출하는 시너지 효과의 경제적 가치 탐구 ▶ 예술과 과학의 통합을 통한 혁신 BM 설계와 미래 비전 구상 전략 분석 ▶ 융합적 사고가 청소년 기업가 정신의 창조적 문제 해결에 미치는 영향 연구
토론 주제	▶ 다 빈치와 현대 혁신가의 통합, 완벽주의에 대한 비교 연구 ▶ 다 빈치식 실증주의적 노트 기록이 현대 R&D 효율성에 미치는 영향 고찰 ▶ '모나리자'의 완벽주의가 현대 속도 및 실용주의와 충돌하는 윤리적 쟁점 분석
교내 후속 활동	▶ 통합과학: 다 빈치 발명품에 현대 기술을 적용한 기술 혁신 발표회 개최 ▶ 통합사회: 관찰·실험 기반 지역사회 문제 정의를 통한 창업 아이템 기획 보고서 작성 ▶ 진로활동: 융합 직업 포트폴리오 제작 및 미래 혁신가 롤 모델 분석 및 발표

레오나르도 디 세르 피에로 다 빈치
(Leonardo di ser Piero da Vinci, 1452~1519)

● 미술

성취기준	[12미03-02] 비평 방법을 활용하여 미술과 시대, 사회, 환경과의 상호 관련성을 분석하고 가치를 판단할 수 있다.
주요내용	다 빈치는 르네상스 인문주의와 과학 혁명 정신을 미술에 통합했다. 그는 해부학, 원근법 등 과학적 지식을 <모나리자>의 스푸마토 기법에 적용하며 혁신을 이끌었다. 그의 작품은 단순한 미적 대상을 넘어, 당시 시대의 지적 탐구열을 반영하고 예술이 과학적 진리를 탐구하는 수단이 될 수 있음을 증명했다. 학생들은 이 융합적 접근을 통해 미술이 새로운 지적 가치를 창출하는 과정을 비평적으로 탐구한다.
교과연계 탐구주제	▶ 다 빈치 발명 스케치의 실증주의적 탐구가 현대 R&D에 주는 교훈 탐구 ▶ 다 빈치의 예술-과학 통합이 현대 기술 기반 창조 산업에 미친 영향 연구 ▶ <비트루비우스 인간>의 인간 중심 비전이 사회적 기업 윤리에 주는 시사점 분석

● 통합과학2

성취기준	[10통과2-03-03] 인공지능 로봇, 사물인터넷 등과 같이 과학기술의 발전을 인간 삶과 환경 개선에 활용하는 사례를 찾고, 이러한 과학기술의 발전이 미래 사회에 미치는 유용성과 한계를 예측할 수 있다.
주요내용	다 빈치의 탐구는 예술, 과학, 기술을 통합하여 인간과 자연에 대한 총체적 이해를 추구했으며, 그의 해부학은 의료 기술, 비행 기계 스케치는 로봇 공학의 원형이 되었다. 이 융합 접근은 기술 발전이 인간 삶과 환경 개선에 봉사해야 함을 시사하며, 그의 실증 정신은 기술 한계를 예측하고 극복하는 태도의 중요성을 강조한다. 다 빈치의 활동은 과학기술 발전의 유용성과 한계를 탐구하는 중요한 사례가 된다.
교과연계 탐구주제	▶ 다 빈치 비행 설계와 현대 항공 로봇의 기술적 유용성 비교 분석 ▶ 다 빈치 해부학 지식이 AI 의료 진단 및 생체 센서에 미친 영향 탐구 ▶ 다 빈치 자연 관찰을 통한 환경 문제와 IoT 기술의 지속 가능성 고찰

3. 독서 연계 탐구활동

● 추천 도서 목록

추천 도서 목록	
▶ Who? 아티스트: 레오나르도 다빈치(안형모, 다산어린이, 2020)	▶ 탁월한 생각은 어떻게 만들어지는가 (팀 허슨, (강유리 역), 현대지성, 2020)
▶ 레오나르도 다빈치 상상의 날개를 활짝 펼치다 (최병진, 사계절, 2020)	▶ 레오나르도 다빈치 자기 한계를 넘어선 열정과 호기심 (이종호, 인물과 사상사, 2025)
▶ 레오나르도 다 빈치의 두뇌 사용법 (우젠광, (류방승 역), 아라크네, 2025)	▶ 이탈리아를 대표하는 천재적 미술가, 레오나르도 다빈치(새로미디어, 새로미디어, 2022)

독서 연계 탐구 활동	
도서명	레오나르도 다빈치, 자기 한계를 넘어선 열정과 호기심(이종호), 인물과 사상사 2025년 6월
	이 책은 레오나르도 다 빈치가 화가, 과학자, 공학자의 경계를 넘나들며 시대를 초월하는 성취를 이룬 과정을 탐구한다. 그의 노트와 스케치를 중심으로 예술과 과학을 통합한 융합적 사고, 실증주의적 실행력, 장인정신을 분석하여, 이것이 오늘날 창조적 인재와 기업가 정신에 제공하는 통찰을 상세히 다룬다. '자기 한계를 넘어선' 그의 삶의 태도는 청소년들에게 도전 정신과 평생 학습의 가치를 일깨운다.
핵심 키워드	융합적 사고, 실증주의, 자기 한계 초월, 미래 설계, 호기심 기반 학습
탐구 주제	▶ 실증주의가 데이터 시대 의사 결정에 주는 교훈 연구 ▶ 완벽주의가 스타트업 지속가능성에 미치는 영향 분석 ▶ 예술-과학 융합이 현대 융합 기술에 주는 시사점 탐구 ▶ 미래 예측 능력이 청소년 진로 및 혁신에 미치는 영향 분석 ▶ 호기심 기반 학습이 평생 학습 및 자기 계발에 미치는 영향 분석
토론 쟁점	▶ 융합적 시도가 현대 전문성을 약화 시키는가? ▶ 다 빈치식 관찰이 빅데이터 분석보다 중요한가? ▶ 관찰 중심 실행이 빅데이터 시대에 여전히 필수 역량인가?
후속 활동	▶ 공통국어: '융합적 관찰' 기반 비평문 쓰기 ▶ 정보: '미래 설계' 기반 알고리즘 및 프로토타이핑 제작 ▶ 자율·자치활동: 호기심 기반 '다빈치 노트' 프로젝트 발표

● 독서 연계 탐구활동 예시

탐구 주제	호기심 기반 학습이 평생 학습 및 자기 계발에 미치는 영향 분석	
탐구 자료	▶ 자기 주도 학습 및 메디인지 발달 관련 청소년 교육 자료 ▶ 융합적 사고(통섭), 실증주의와 관련된 철학 및 학습 방법론 자료 ▶ 평생 학습, 호기심 지수(CQ), 성장 마인드셋 관련 현대 교육학 및 심리학 자료	
탐구 개요	서론	헌대 시회의 지속적 자기 계발 요구에 따라, 본 탐구는 호기심을 탐구 엔진으로 삼아 에술, 과학 경계를 넘은 다 빈치이 삶에 주목하여, 호기심 기반 학습 원리가 청소년들의 지속 가능한 학습 동력 확보 및 평생 자기 계발 설계에 줄 수 있는 실질적 시사점과 방법론을 고찰하고자 함.
	본론	▶ 내재적 호기심이 평생 학습 지속성에 기여하는 방식 분석함 ▶ 다 빈치식 지식 통합이 경계 없는 자기 계발에 미치는 영향 연구함 ▶ 실증주의(관찰)가 자기 주도 문제 해결력에 미치는 영향 탐구함 ▶ 다 빈치 노트 기록이 메타인지 발달에 주는 시사점 분석함 ▶ 호기심 기반 학습이 창의적 진로 설계에 미치는 영향 분석함

레오나르도 디 세르 피에로 다 빈치
(Leonardo di ser Piero da Vinci, 1452~1519)

탐구 개요	결론	다 빈치의 삶은 호기심이 평생 학습과 자기 계발을 이끄는 강력한 에너지원임을 그의 생애를 통해 입증하듯, 그의 융합적 탐구 방식은 청소년들에게 능동적으로 탐색하고 실행하는 주체로서 미래 사회를 대비하도록 영감을 줄 것이며, 이러한 방식이야말로 진정한 혁신임을 강조함.
후속 활동		▶ 공통영어: 성장 마인드셋 강연 청취 후 자기 계발 전략 영어 발표 수행 ▶ 공통수학: <비트루비우스 인간> 비례를 활용한 기술, 지식 로드맵 구조화 보고서 ▶ 진로활동: '호기심 기반 직업 로드맵' 설계 및 융합 전문가 인터뷰 ▶ 자율·자치활동: '다 빈치 관찰 챌린지' 수행 및 성찰 노트 기록 프로젝트

4. NIE 연계 활동

● 신문 읽기 & 연결 사유 찾기

레오나르도 다빈치의 메모 습관에서 배우다(착한신문, 2025.05.14.)

이 기사는 특히 다 빈치의 노트 작성 행위가 관찰(실증주의)과 사고(메타인지)를 일치시키는 자기 주도 학습의 핵심 도구였음을 강조한다. 그는 항상 노트를 휴대하며 주변 현상을 철저히 관찰하고 즉시 기록했다. 이러한 습관은 경험적 증거를 통해 진리를 발견하고, 아이디어를 구체화하여 실제 성과로 이어지도록 노력한 실행 중심의 학습 방식을 오늘날 혁신적 인재에게 제시하는 중요한 시사점이다.

美 신경과학자 "빌 게이츠, 다빈치의 공통점은 IQ 아냐"(연합인포맥스, 2025.07.25.)

이 기사는 미국 신경과학자가 빌 게이츠와 다 빈치의 성공 요인을 높은 IQ가 아닌, 호기심과 실행력에서 찾는다. 이는 자기 주도적 학습과 문제 해결 능력이 현대 사회 혁신의 핵심임을 시사한다. 따라서, 이 기사는 지능 지수(IQ) 중심의 성공관에서 벗어나, 학습에 대한 능동적 태도의 중요성을 강조한다. 신경과학적 관점에서 볼 때, '어떻게 배우는가' 가 '똑똑한가' 보다 장기 성공에 더 결정적 역할이다.

'유퀴즈' 데니스 홍, '로봇계 레오나르도 다빈치' 별명 "여러 분야를 파다 보니" (헤럴드POP, 2023.02.08.)

이 기사는 로봇 공학자 데니스 홍 교수가 다빈치와 같은 천재성을 갖고 있어서가 아니라, 단순히 "여러 분야를 파다 보니" 그런 별명이 붙게 되었다고 겸손하게 설명한다. 이는 데니스 홍 교수가 로봇 공학이라는 주 분야 외에도 다방면에 걸쳐 깊이 있는 호기심을 가지고 직접 실제 연구와 실행을 해왔으며, 그 결과 경계를 허무는 융합적 사고와 획기적인 창의적 성과를 창출했음을 시사한다.

● 시사 이슈

▶ 단기적 이윤보다 다 빈치의 장기적인 미래 설계가 리더십의 본질적인 책임인가?

▶ 융합적 사고는 고도로 전문화된 현대 사회에 필수적인가, 아니면 효율성을 저해하는가?

▶ 빅데이터와 AI 기반 의사결정이 다 빈치식 직접 관찰과 경험을 완전히 대체할 수 있는가?

레오나르도 다빈치의 메모 습관에서 배우다(착한신문, 2025.05.14.)
- 다 빈치식 메모습관이 사고의 생산성과 실행력을 높이는 필수 도구인가에 대한 입장 토론 -

찬성

사고의 휘발성을 방지하고 실행력으로 전환한다. 메모는 파편적인 아이디어를 붙잡아 구조화하고 실증적 검증의 토대를 마련한다. 이는 다 빈치처럼 관찰과 사고를 일치시켜 지식을 통합적 성과로 만드는 핵심 실행 도구이다.

반대

메모만으로는 지식의 깊이를 완벽히 보장할 수 없다. 물리적 기록 행위보다 디지털 데이터 관리가 정보의 효율성과 검색 용이성을 훨씬 높인다. 메모 습관 자체가 근본적인 지식 습득이나 고도의 분석 능력을 결코 대체할 수 없다.

美 신경과학자 "빌 게이츠, 다빈치의 공통점은 IQ 아냐"(연합인포맥스, 2025.07.25.)
- 빌 게이츠와 다빈치의 공통점은 IQ(지능지수) 대신 '호기심과 실행력' 강조 -

≫ IQ (지능지수)

세상을 바꾸는 혁신가는 단순히 높은 지능지수(IQ)만으로 결정되지 않는다. IQ는 정보 처리 능력의 지표일 뿐, 그것만으로는 창의적 성취나 위대한 업적을 보장하는 충분조건이 될 수 없다는 것이 전문가들의 공통된 견해다.

≫ 호기심과 실행력

혁신의 본질은 미지에 대한 끊임없는 '호기심'과 이를 현실로 구체화하는 '실행력'의 결합에 있다. 빌 게이츠와 레오나르도 다빈치의 성공 비결 역시 아이디어를 생각에 그치지 않고 즉각 행동으로 옮긴 강력한 추진력에 있다.

● **사고의 확장**

▶ 예술-과학 통합은 미래 직업의 가장 중요한 필수 역량인가?
▶ '삶=연구' 장인 정신이 평생 학습의 성공을 위한 유일한 해법인가?
▶ 데이터 시대, 다 빈치식 직접 관찰이 넘치는 정보 오류의 해법인가?
▶ <비트루비우스 인간>의 철학이 AI 시대 기술 윤리의 확실한 기준인가?
▶ 단기 이윤보다 다 빈치식 미래 설계가 혁신 기업의 궁극적인 생존 전략인가?

5. 세특 예시

다 빈치 메모와 실행력 토론에서, 학생은 호기심과 실행력이 혁신적 사고의 근간임을 주장하고, 단순한 IQ 대신 '지칠 줄 모르는 호기심'으로 관찰·사고를 일치시켜 실행력 확보가 필수 조건임을 논리적으로 분석함. 특히, 메모를 아이디어 구조화 도구로 활용하고 반복 시도하는 자기 주도적 문제 해결 능력이 성과를 극대화함을 입증했으며, 이는 빌 게이츠 공통점 분석을 통해 르네상스 천재 학습 방식을 현대 창의성과 실행 역량으로 치환하는 깊은 통찰력을 보여주었음.

레오나르도 디 세르 피에로 다 빈치
(Leonardo di ser Piero da Vinci, 1452~1519)

레프 톨스토이
(Leo Tolstoy, 1828~1910)

1. 인간의 영혼을 탐구하고, 비폭력과 사랑을 설파한 도덕적 예언자

● 방탕한 귀족 청년, "내 인생은 도박과 음주로 엉망이었소!"

19세기 러시아, 제정과 농노제가 공존하던 사회에서 한 귀족 청년이 태어났다. 레프 톨스토이는 백작 가문의 아들로 태어나 풍요로운 환경 속에서 성장했지만, 그의 젊은 시절은 방탕과 공허로 가득 차 있었다. 대학을 중퇴한 그는 사교계와 도박, 향락 속에서 삶의 방향을 잃었다.

그의 일기에는 끊임없는 자기 혐오와 질문이 남아 있다.

"나는 또다시 도박 빚을 졌다. 이 헛된 삶은 언제 끝날 것인가?"

죄책감에 시달리던 그에게, 형 니콜라이가 다가와 "레프, 군대에 가보는 게 어떻겠니? '인생의 혼돈'에서 벗어날 다른 환경이 필요해."라고 권유했고, 23세의 톨스토이는 그 조언을 따랐다.

● 전쟁의 민낯을 마주하다, 허무한 영웅담의 붕괴

23세의 톨스토이는 형의 권유로 군에 입대해 크림 전쟁에 참전한다. 포병 장교로 참여한 세바스토폴 공방전에서 그는 전쟁의 참혹한 현실을 직접 목격했다. 그곳에는 영웅도, 영광도 없었다. 오직 피 흘리는 병사들과 무의미한 죽음만이 있었다.

"사람들은 영웅담을 원하지만, 전쟁의 진실은 고통뿐이오."

이 경험은 그에게 결정적인 전환점이 되었다. 그는 전쟁을 미화하던 사회의 거짓을 폭로하며 <세바스토폴 이야기>를 발표했고, 전쟁을 '숭고한 희생'이 아닌 인간성의 파괴로 그려냈다.

● 문학으로 역사에 질문하다, 위대한 인물 신화를 넘어서

결혼 후 안정을 찾은 톨스토이는 인류의 걸작을 집필한다. <전쟁과 평화>에서는 "역사는 과연 나폴레옹 같은 위대한 인물 혼자 만드는 것인가?"라는 질문을 던지며, 수많은 평범한 사람들의 작은 의지가 역사를 움직이는 진정한 힘이라고 주장했다. 이웃들은 "이 백작, 전쟁 이야기를 쓰면서 철학자처럼 이야기하네!"라며 놀라워했다. 이와 함께 발표된 <안나 카레니나>는 사회적 딜레마에 빠진 여성의 복잡한 감정 세계를 완벽하게 묘사하며 그를 러시아 문학의 거장으로 확고히 자리매김하게 하는 중요한 역할을 했다.

● 성공의 정점에서 스스로를 부정하다

작가로서 절정의 성공과 부를 누리던 50세 무렵, 톨스토이는 심각한 정신적 위기에 빠졌다.

"이 모든 부와 명예가 죽음 앞에서 무슨 소용인가? 나는 거짓된 삶을 살고 있소!" 결국 그는 재산을 포기하고 노동하는 삶을 살기로 결심했다. 그는 농민처럼 투박한 옷을 직접 만들어 입고 밭을 갈았다.

부인 소피아는 "여보, 우리 아이들은 어떻게 하라고 백작의 삶을 버리는 거요!"라며 격렬하게 반대했지만, 톨스토이는 <참회록>을 통해 진정한 행복은 무소유와 사랑의 실천에 있음을 선언했다.

● 신앙과 사랑을 선택하다, 교회와의 결별

자신의 비폭력, 무소유 사상을 급진적으로 설파하면서 톨스토이는 기존의 국가와 러시아 정교회와 충돌했다. 그는 교회의 형식적인 의례를 비판하며 "진정한 그리스도는 사랑과 실천이지, 성직자의 권위가 아니오!"라고 주장했다. 결국 1901년, 정교회는 그의 사상을 이단으로 규정하고 공식적으로 파문(破門)했다. 톨스토이는 이에 굴하지 않고 "나를 파문했다고? 사랑을 잃은 것은 교회가 아니겠소!"라고 맞서며 투쟁을 멈추지 않았다.

● 오늘날로 이어지는 메시지

물질적 성공과 사회적 인정을 목표로 삼는 사회 속에서 우리는 종종 '왜 살아가는가'라는 질문을 미루게 된다. 톨스토이는 성공의 정점에서 삶의 방향을 다시 묻고, 사랑과 실천이라는 가치로 돌아간 인물이다. 그에게 진정한 변화는 개인의 양심에서 시작되었다.

오늘날 학생에게 톨스토이의 메시지는 분명하다.

성공보다 중요한 것은, 어떤 삶을 선택할 것인가에 대한 질문이다.

▶ 나는 무엇을 위해 노력하고 있는가?

▶ 나의 선택은 나와 사회를 어떻게 변화시키는가?

이는 윤리·문학·사회 탐구로 확장 가능하다.

● 작품 속 핵심 사상

1) 비폭력 무저항주의 (Non-resistance to Evil by Violence)

톨스토이는 악에 맞서더라도 폭력적인 수단을 사용해서는 안 된다는 비폭력 무저항주의를 주장했다. 이는 예수의 가르침을 문자 그대로 해석하고 실천하려 한 결과이다. 그는 국가, 법, 군대 등 모든 강제적인 권력 구조를 폭력의 도구로 간주했다. 그의 주장은 "폭력은 또 다른 폭력을 낳을 뿐이며, 진정한 변화는 개인의 윤리적 양심과 사랑의 실천을 통해서만 가능하다"는 신념에 기반한다. 이 사상은 이후 마하트마 간디와 마틴 루터 킹 주니어의 평화적 저항 운동에 결정적인 영향을 미쳤다.

2) '역사와 민중의 역할 (History and the Role of the People)

<전쟁과 평화>에서 톨스토이는 역사를 이끌어가는 힘에 대한 통념을 뒤집었다. 그는 나폴레옹과 같은 소수의 '위대한 영웅'이 역사를 만드는 것이 아니라, 평범한 민중의 작은 의지와 행동이 모여 거대한 역사의 물줄기를 이룬다고 주장했다. 즉, 역사는 필연적인 법칙에 따라 움직이며, 지도자의 천재성보다는 '민중의 정신(Spirit of the People)'이야말로 역사의 진정한 동력이라는 것이다. 톨스토이의 이러한 역사관은 역사의 주체를 소수에서 다수의 민중으로 확장시키는 데 기여했다.

3) 단순한 삶과 도덕적 회심 (Simple Living and Moral Conversion)

톨스토이의 핵심 사상은 단순한 삶을 통한 도덕적 구원이다. 그는 부와 명예, 사유재산 등의 가치가 인간을 불행으로 이끈다고 보았다. <이반 일리치의 죽음>이나 <참회록>에서 보듯, 진정한 행복은 농민들의 소박한 노동, 자연과의 조화, 무소유의 삶에서 발견된다고 보았다. 그는 스스로 농빈의 옷을 입고 밭을 살며 지식인의 위선을 벗어던지고 신앙적 진실을 실천하고자 했다. 이는 소비주의에 젖은 현대인에게 진정한 삶의 가치와 만족에 대해 질문을 던진다.

4) 기독교적 사랑과 사회 비판 (Christian Love and Social Critique)

톨스토이의 '사랑'은 단순 감정이 아니라, 능동적이고 실천적인 힘이었다. 그는 정교회가 형식적인 의례와 국가 권력에 복종하는 것을 비판하며, 예수의 가르침인 이웃에의 헌신과 박애를 진정한 신앙이라고 강조했다. 그의 작품에는 이러한 기독교적 박애를 실천하는 인물이 등장하며, 동시에 위선적인 사회와 종교 권위에 대한 날카로운 비판이 담겨 있다. 톨스토이에게 '사랑'은 모든 사회적 불평등과 계급 차별을 극복하고 진정한 공동체를 건설하는 윤리적 기반이자 혁명의 동력이었다.

톨스토이는 '심리적 리얼리즘(Psychological Realism)'을 최고 경지로 끌어올린 작가로 평가받는다. 그는 인간 내면의 복잡성과 모순을 숨김없이 탐색하는 데 있으며, 이를 위해 '내적 독백(Interior Monologue)' 기법을 혁신적으로 구사했다. 인물의 의식 흐름과 감정의 변화를 마치 현미경으로 관찰하듯 생생하고 입체적으로 묘사하여, 독자로 하여금 인물의 영혼 속으로 깊숙이 침투하게 만든다. <안나 카레니나>의 섬세한 심리 묘사와 <전쟁과 평화>의 방대한 서사 스케일은, 문학이 단순한 이야기 전달을 넘어 인간의 영혼과 도덕적 진실을 탐색하는 강력한 도구가 될 수 있음을 입증했다.

톨스토이의 영향력은 문학계를 넘어 전 세계적인 사회 운동에까지 확장되었다. 제임스 조이스, 버지니아 울프와 같은 후대의 모더니즘 작가들에게 서술 기법과 의식의 흐름을 다루는 방식에 있어 결정적인 영감을 제공했다. 그의 '비폭력 무저항주의' 사상과 기독교적 윤리관이 마하트마 간디와 마틴 루터 킹 주니어 같은 역사적 인물들의 평화적 저항 운동에 핵심적인 윤리적 기반을 제공했다. 톨스토이는 펜을 통해 인간의 내면을 밝히는 동시에, 사회 변혁의 가장 강력한 비폭력적 도구를 제시하며 문학이 인류에게 미칠 수 있는 가장 넓고 깊은 유산을 남겼다.

● 핵심 사상 연계 탐구 주제

비폭력 무저항주의	▶ 정의 실현을 위한 비폭력 저항의 한계와 실현 가능성 고찰 ▶ **톨스토이의 비폭력 사상이 간디와 킹 목사의 운동에 미친 영향 분석** ▶ 현대 사회에서 국가 권력에 대한 비폭력 무저항의 윤리적 의미 탐색
역사와 민중의 역할	▶ <전쟁과 평화>에 나타난 영웅 중심 역사관의 문제점 분석 ▶ 민중의 무의식적 의지가 현대 사회 변화에 미치는 영향 연구 ▶ SNS 시대, 민중의 여론이 국가 역사에 미치는 파급력 비교
단순한 삶과 도덕적 회심	▶ 소비주의 사회에서 단순한 삶을 실천하는 윤리적 방안 연구 ▶ 무소유와 노동이 현대인의 정신 건강에 미치는 긍정적 효과 탐색 ▶ <참회록>을 중심으로 물질주의를 극복한 도덕적 회심의 의미 고찰
기독교적 사랑과 사회 비판	▶ 종교 권위에 대한 비판과 진정한 신앙의 본질에 대한 견해 고찰 ▶ <부활>을 통해 드러난 제도적 폭력과 기독교 윤리의 관계 연구 ▶ 톨스토이가 주장한 '실천적 사랑'이 사회 불평등 해소에 기여하는 방법 분석

주제	**톨스토이의 비폭력 사상이 간디와 킹 목사의 운동에 미친 영향 분석**
탐구 목표	톨스토이의 비폭력 무저항 원칙을 정립하고, 간디와 마틴 루터 킹 목사의 평화 운동에 미친 영향을 분석하여 현대 사회의 갈등 해결에 기여하는 바를 탐색한다.
선정 이유	현대 사회는 국가 권력의 폭력성과 개인 간의 갈등이 끊이지 않는 시대이다. 폭력으로 악에 대항하는 방식은 또 다른 폭력과 복수를 낳는 악순환을 초래한다. 톨스토이의 비폭력 무저항주의는 이러한 악순환을 끊고 윤리적 양심과 사랑을 통해 불의에 맞서는 근본적인 대안을 제시한다. 문학적 사상이 실제 역사적 변혁을 이끌어낸 과정을 탐구함으로써, 주체적인 시민의 실천 윤리의 중요성을 탐색한다.
서론	톨스토이의 '비폭력 무저항주의'는 그리스도의 가르침을 바탕으로 국가, 법, 폭력을 거부하며 탄생한 사상이다. 20세기, 이 사상은 마하트마 간디의 사티아그라하(진실 고수) 운동과 마틴 루터 킹 주니어의 시민 불복종 운동에 결정적 이론적 토대를 제공했다. 본 탐구는 톨스토이의 비폭력 원칙이 두 지도자에게 어떻게 계승 및 발전되었는지와 현대 사회의 정의 실현과 민주주의 발전에 기여하는 의의를 고찰한다.
본론	▶ 비폭력 윤리 정의: 톨스토이의 비폭력 무저항 원리와 기독교적 근거 정의함 ▶ 간디 적용 양상 분석: 간디가 톨스토이 사상을 발전시킨 전략과 사례를 분석함. ▶ 킹 목사 활용 방식 연구: 킹 목사의 비폭력 원칙이 활용된 방식을 연구함. ▶ 세 운동의 비교: 비폭력의 공통 윤리와 시대적, 문화적 변용 양상을 비교함. ▶ 윤리적 의미 도출: 비폭력주의가 갈등 해결에 주는 윤리적 의미를 도출함.
결론	톨스토이의 사상은 폭력을 배제하고 억압에 맞설 수 있는 가장 강력한 저항 윤리를 제시했다. 간디와 킹 목사를 통해 비폭력은 역사적 변혁의 실천 전략임을 입증했다. 이는 현대 사회에서 불의에 대항하는 높은 수준의 민주적 시민 윤리임을 확인한다.
심화 탐구 주제	▶ 비폭력 무저항주의가 국가의 합법적 폭력에 대처하는 방법 탐색 ▶ 비폭력 원칙이 디지털 공간의 혐오 표현 문제 해결 가능성 고찰 ▶ 간디의 '사티아그라하'가 킹 목사의 시민 불복종에 미친 철학적 영향 연구
토론 주제	▶ 기업의 부당 노동 행위에 대한 비폭력 불매 운동은 효과적인가? ▶ 정의 실현을 위해 일부 폭력은 필수적인 수단으로 인정될 수 있는가? ▶ 개인의 양심적 무저항이 국가 안보를 위협한다면 어떻게 해야 하는가?
교내 후속 활동	▶ 공통국어: 비폭력주의를 주제로 현대 사회의 부조리에 대항하는 논설문 작성 활동 ▶ 세계사: 크림 전쟁 전후의 러시아 제국 사회 구조 분석 및 토론 활동 ▶ 진로활동: 국제 평화 활동가의 역할과 비폭력 철학의 연관성 탐색 활동 ▶ 동아리활동: 비폭력 대화방식으로 학교 갈등 상황에 적용하는 역할극 활동

2. 교과 연계 탐구활동 (문학, 인문학과 윤리)

● 문학

성취기준	[12문학01-01] 문학이 인간과 세계에 대한 이해를 돕고, 삶의 의미를 깨닫게 하며, 정서적·미적으로 삶을 고양함을 이해한다.
주요내용	톨스토이의 소설 <이반 일리치의 죽음>의 주인공이 세속적인 삶에 대한 허위성을 자각하고 인생의 유한성 속에서 삶의 진정한 의미를 찾아가는 과정을 분석한다. 이는 독자로 하여금 인간 실존의 본질과 세계의 모순을 깊이 이해하게 돕는다. 나아가 하인 게라심의 순수한 연민과 사랑의 실천을 통해 정서적·미적 감동을 느끼고, 단순하고 진실된 삶의 가치를 깨달아 자신의 삶을 고양시키는 계기를 마련한다
교과연계 탐구주제	▶ 이반의 고독과 게라심의 연민이 주는 정서적·미적 감동 분석 ▶ 세속적 삶의 허위성을 깨달아 인간과 세계를 이해하는 방식 고찰 ▶ <이반 일리치의 죽음>을 통해 삶의 의미를 깨닫는 문학의 기능 연구

● 인문학과 윤리

성취기준	[12인윤06-02] 인생의 유한성을 자각하고, 자아에 대한 성찰 및 다양한 가치 탐색을 통하여 내 삶의 의미를 묻고 답을 찾아가는 도덕적 주체로서 살아갈 수 있다.
주요내용	톨스토이의의 작품과 그의 후기 사상을 탐구함으로써 인생의 유한성을 깊이 인식하고, 자아에 대한 도덕적 질문을 던질 수 있다. <이반 일리치의 죽음>에서 이반이 위선적인 주변 인물들과 달리 하인 게라심에게서 느끼는 진정한 연민과 톨스토이의 비폭력/무소유 사상을 '다양한 가치'로 탐색함으로써, 세속적 가치를 넘어선 도덕적 주체로서 삶의 의미를 찾아가는 실천적 자세를 함양한다.
교과연계 탐구주제	▶ 비폭력 무저항과 사랑의 실천에 대한 가치 탐색 ▶ 이반의 유한성 자각을 통한 도덕적 주체로서의 자아 성찰 연구 ▶ 죽음의 공포가 삶의 의미를 묻고 답하는 과정에 미치는 영향 고찰

3. 독서 연계 탐구활동

● 추천 도서 목록

추천 도서 목록

▶ 부활(레프 톨스토이(박형규 역), 문학동네, 2022)
▶ 사람은 무엇으로 사는가(레프 톨스토이(홍대화 역), 현대지성, 2021)
▶ 안나 카레니나(레프 톨스토이(이명현 역), 열린책들, 2024)
▶ 이반 일리치의 죽음(레프 톨스토이(김연경 역), 민음사, 2023)
▶ 전쟁과 평화(레프 톨스토이(박종소 역), 을유문화사, 2019)
▶ 살아갈 날들을 위한 공부(레프 톨스토이(이상원 역), 위즈덤하우스, 2025)

독서 연계 탐구 활동	
도서명	이반 일리치의 죽음(레프 톨스토이(김연경 역), 민음사, 2023)
	이 책은 평생 세속적 성공과 형식적인 삶을 추구해 온 고등법원 판사 이반 일리치가 사소한 사고 후 불치병에 걸려 죽음에 이르는 과정을 그린다. 죽음을 앞두고 자신의 삶 전체가 거짓과 위선으로 가득했음을 깨닫고 극심한 고독과 고통 속에서 몸부림친다. 가족과 동료들의 위선적인 태도 속에서, 오직 하인 게라심의 진정한 연민만이 그에게 위안을 준다. 진정한 삶과 죽음의 의미를 성찰하게 한다.
핵심 키워드	세속적 성공, 위선, 죽음의 공포, 고독, 진정한 연민(게라심)
탐구 주제	▶ 하인 게라심의 연민이 지닌 윤리적 의미 탐색 ▶ 죽음의 공포가 인간 실존에 던지는 질문 고찰 ▶ 이반 일리치가 추구한 세속적 성공의 공허함 분석 ▶ 톨스토이가 비판한 중산층의 위선적인 삶의 형태 분석 ▶ 이반 일리치의 고독과 현대인의 사회적 소외 현상의 유사성 비교 연구
토론 쟁점	▶ 진정한 연민(게라심)은 인간의 고독을 해소할 수 있는가? ▶ 죽음의 공포는 삶의 의미를 되찾을 수 있는 필수적인 경험인가? ▶ 세속적 성공이 가져온 이반의 불행은 현대에도 반복될 수 있을까?
후속 활동	▶ 문학: 이반 일리치의 삶을 다룬 현대 문학/영화 비평문 작성 활동 ▶ 생명과학: 이반의 질병과 완화 의료에 대한 생물학적/의학적 연구활동 ▶ 자율·자치활동: 학교 내 위선을 주제로 '양심 실천 캠페인' 기획 및 운영 활동 ▶ 진로활동: 호스피스 또는 완화 의료 분야 직업과 직업 윤리 탐색 활동

● 독서 연계 탐구활동 예시

탐구 주제	이반 일리치의 고독과 현대인의 사회적 소외 현상의 유사성 비교 연구	
탐구 자료	▶ <이반 일리치의 죽음> 중 이반과 가족, 동료들의 관계 묘사 부분 발췌 ▶ 에밀 뒤르켐 또는 데이비드 리스먼의 사회학적 소외론 관련 문헌 발췌 ▶ 현대인의 고독 지수 및 사회적 연결망 관련 심리학/사회학 논문 자료	
탐구 개요	서론	이반 일리치는 세속적 성공을 추구했으나, 죽음에 이르러 가족과 사회로부터 고립되는 비극을 겪음. 본 탐구는 이반의 고독이 단순히 개인의 문제가 아니라, 현대 사회의 위선과 소외가 낳은 보편적 현상임을 입증하여 인간 관계의 진정성이 무너진 현대인의 실존적 딜레마를 분석하고자 함.
	본론	▶ 이반의 삶에서 세속적 성공과 행복이 괴리된 지점을 규명함 ▶ 이반의 가족과 동료가 보여주는 위선적 관계의 양상을 분석함 ▶ 게라심의 진정한 연민이 이반의 고독을 해소하는 방식을 탐색함 ▶ 뒤르켐의 아노미와 이반의 소외가 갖는 사회학적 유사성을 비교함 ▶ 현대인의 소외 극복을 위한 진정한 인간 관계의 가치를 도출함

탐구 개요	결론	이반의 고독은 물질만능주의와 위선으로 무너진 현대 사회의 소외를 상징함. 톨스토이는 하인 게라심의 진정한 연민과 인간적인 관계만이 고독을 극복하고 영혼의 구원에 이르는 핵심임을 강조함. 현대인들에게 관계의 진정성과 사랑의 실천이야말로 영혼의 구원에 이르는 핵심임을 깨닫게 함.
후속 활동		▶ 공통영어: 소외(Alienation)' 관련 영문 기사 독해 후 핵심 주장 요약 및 발표 활동 ▶ 미술: 죽음을 주제로 한 클림트나 뭉크의 회화를 이반의 고독과 비교 활동 ▶ 진로활동: 상담 전문가의 역할 탐구를 통해 공감 능력의 중요성 탐구 활동 ▶ 자율·자치활동: 게라심 효과를 주제로 학교 폭력 및 소외 문제 해결 캠페인 기획 활동

4. NIE 연계 활동

● 신문 읽기 & 연결 사유 찾기

어떻게 죽을 것인가. 우리 모두를 위한 힌트 <이반 일리치의 죽음> (MBN, 2025.10.19.)

이 기사는 판사 이반 일리치가 죽음을 앞두고 자신의 세속적 성공이 거짓과 위선 위에 세워졌음을 깨닫고 절망하는 과정을 다룬다. 특히 이반이 겪는 허무와 고립감은 현대인의 소외를 반영하며, '영원히 살 것처럼 살지 않기'를 촉구한다. 하인 게라심의 진정한 연민만이 이반에게 위안을 주며, 독자들에게 진실한 삶의 가치와 존엄한 죽음에 대해 성찰할 기회를 제공한다.

내 청춘을 채워준 톨스토이와 도스토옙스키(미주중앙일보, 2023.04.28.)

이 기사는 저자가 청년 시절 톨스토이의 <전쟁과 평화>를 읽고 큰 영향을 받은 경험을 회고한다. 그는 '대자연 속 인간이란 무엇인가'라는 근원적인 질문과 역사를 지배하는 섭리가 담겨 있으며, 이것이 자신의 글과 사상의 원천이 되었다고 고백한다. 이후 도스토옙스키의 <카라마조프가의 형제들>을 통해 인간의 복잡한 내면, 철학, 종교관을 접하며 유신론적 실존철학의 깊이를 탐구하게 되었다고 밝힌다.

톨스토이에게서 배운다(국민일보, 2023.02.08.)

이 기사는 "생을 사랑함은 신을 사랑하는 것이다"라는 <전쟁과 평화>의 문장을 인용하며, 괴로움 속에서도 삶을 긍정하는 힘에 주목한다. 귀족 출신으로 방탕한 젊은 시절을 보냈던 톨스토이가 50세 무렵 겪은 '회심(回心)'은 가장 큰 시사점이라고 강조한다. 공자의 지천명이나 인도 인생 4단계처럼, 톨스토이가 모든 것을 반성하고 인생의 터닝포인트를 연 것은 누구에게나 축복이자 행운이라고 말한다.

● 시사 이슈

▶ 이반 일리치의 죽음'이 경고하는 존엄사, 웰다잉 논의는 충분한가?

▶ 톨스토이가 제시한 내적 성찰이 청년 세대의 무기력증을 극복할 수 있는가?

▶ 성공 후 회의를 겪는 현대인에게 단순하고 윤리적인 삶이 대안이 될 수 있는가?

어떻게 죽을 것인가.. 우리 모두를 위한 힌트 <이반 일리치의 죽음> (MBN, 2025.10.19.)
- 이반 일리치가 추구한 세속적 성공은 행복을 위한 필수 조건인가? -

찬성	반대
경제적 성공은 사회적 안정과 선택의 자유를 보장하는 필수적인 조건이다. 성공 없이 고독과 불안정을 극복하기 어렵다. 세속적 성취를 통해 얻은 물질적 기반 위에서 진정한 삶의 의미를 탐색할 여유가 생긴다.	세속적 성공은 경쟁과 위선을 강요하여 진정한 인간 관계를 파괴한다. 이반 일리치처럼 성공에 매몰되면 영혼은 고립된다. 그렇게 때문에 행복은 물질이 아닌 사랑, 연민, 단순한 삶에서 오는 내면의 충족감이다.

톨스토이에게서 배운다(국민일보, 2023.02.08.)
- 성공 후 톨스토이의 '회심(回心)'은 현대인에게 삶의 전환점이 될 수 있는가? -

≫ 내면 윤리로 허무 극복	≫ 극단적 무소유는 비현실
톨스토이이 회심은 물질적 성공 후 찾아오는 허무에 대한 해법이다. 단순한 삶과 내면의 윤리를 추구하는 그의 전환은 소비주의에 지친 현대인에게 진정한 만족이 어디에 있는지 깨닫게 하는 강력한 성찰의 계기가 될 수 있다.	톨스토이의 회심은 귀족직 부를 포기힐 수 있었던 특수성에 기인한다. 대부분의 현대인은 생존을 위해 일해야 하므로, 그의 급진적 무소유는 현실성이 떨어진다. 타협 없는 이상주의는 일반인의 삶의 전환점이 되기 어렵다.

레프 톨스토이(Leo Tolstoy, 1828~1910)

● 사고의 확장

▶ 비폭력 무저항주의가 오늘날 사이버 불링에 효과적인 대처법인가?
▶ 이반 일리치의 고독이 인공지능 시대의 인간 소외를 예견했다고 볼 수 있는가?
▶ 톨스토이의 단순한 삶이 필수 소비늘 삼닁해야 하는 현대인에게 적용 가능한가?
▶ 예술의 목적을 사랑의 세계 선설로 몬 톨스토이의 관점은 과연 타당한 것인가?
▶ 50세에 '회심'을 겪은 톨스토이처럼, 인간은 과연 죽음 앞에서만 진실해질 수 있는가?

5. 세특 예시

　톨스토이의 작품을 탐구하고, 고독과 현대인의 사회적 소외 현상을 비교 연구함. '어떻게 죽을 것인가'와 '50세 회심' 관련 신문 기사를 분석하여 세속적 성공의 공허함을 성찰하고, 단순하고 윤리적인 삶이 현대인의 대안이 될 수 있는지 논리적으로 토론함. 톨스토이의 비폭력 무저항주의가 간디와 킹 목사에게 미친 영향을 분석하며 정의 실현의 윤리적 실효성을 고찰함. 인간 관계의 진정성과 소비주의 사회에 대해 비판적 시각으로, 주체적인 삶의 가치를 탐색하는 심화 학습 능력이 우수함.

08 루트비히 판 베토벤
(Ludwig van Beethoven, 1770~1827)

1. 고통을 넘어 '인류애의 선율'을 그린 천재 작곡가

● "이 형은 진심이야", 모차르트와 하이든에게 기본을 배우다

베토벤은 1770년 독일 본(Bonn)에서 태어났다. 아버지의 야망이 대단했다. "내 아들은 제2의 모차르트가 되어야 해!" 라며 아주 혹독하게 음악 교육을 시켰다. 그 덕분에 그는 성인이 되기 전, 하이든과 모차르트 같은 대가들이 만든 고전주의 음악의 기본을 철저하게 다졌다. 베토벤은 고전주의라는 최고의 유산을 물려받은 셈이다. 특히 음악의 수도 빈(Vienna)으로 건너가 하이든에게 직접 사사하며, 형식의 완벽함을 몸소 체득하는 과정을 거쳤다. 이처럼 뼈를 깎는 노력으로 다진 탄탄한 고전적 토대는, 훗날 그가 기존의 틀을 허물고 자신만의 독창적인 음악 세계를 폭발시키는 강력한 밑거름이 되었다.

● "누가 정한 거야?" 틀을 뛰어넘은 혁신가

베토벤은 하이든과 모차르트가 만든 고전주의의 틀을 완벽하게 마스터 했다. 하지만 이대로는 재미없지! 라고 생각했다. 그는 그 틀 안에 청력 상실의 고뇌 같은 격렬한 감정 폭탄을 쏟아부으면서, 영웅 교향곡처럼 음악의 표현력을 극한까지 밀어붙였다. 결국 베토벤은 형식에 갇힌 음악이 아니라, 자신의 뜨거운 감정을 담아내는 예술로 음악을 업그레이드시키며 낭만주의의 문을 활짝 연 혁신가가 된 것이다. 단순히 귀를 즐겁게 하는 소리가 아니라 영혼을 울리는 철학이 된 그의 음악은, 후대 예술가들에게 '형식을 깨고 나 자신을 노래하라'는 위대한 이정표가 되었다.

"오직 예술만이 나를 붙잡아 주었다. 아! 내 속에 있는 모든 것을 밖으로 표출하기 전에는 이 세상을 떠날 수 없다고 생각했다."

● "우린 모두 친구잖아!" 자유와 인류애를 외치다.

베토벤은 프랑스 혁명(자유, 평등, 박애)의 에너지가 넘치던 시대에 청년기를 보냈다. 그러다 보니 자유에 대한 열망이 강했다. 그는 "난 귀족의 하인이 아니라, 내 작품으로 말하는 당당한 예술가야!"라고 외치며, 귀족 후원자들 앞에서 어깨를 펴고 다녔던 인물이기도 하다.

그리고 그의 꿈은 개인적인 성공을 넘어 모두가 형제처럼 지내는 세상이었다. 특히 프리드리히 실러가 쓴 시 <환희의 송가>에 나온 구절을 가사로 사용했다.

"모든 인류여, 서로 껴안아라!"

● "귀 대신 뼈로 음악을 듣다!" 운명을 향한 투쟁의 시작

청력 상실(20대 후반 이명, 40대 중반 무음)에도 베토벤은 포기하지 않았다. 그는 피아노 다리를 잘라 진동을 온몸으로 느끼거나, 막대기를 물어 골전도 원리로 소리를 감지하며 작곡을 이어갔다.

피아노 다리 잘라!: 자신이 쓰던 피아노의 다리를 싹둑 잘라버리고 바닥에 엎드려서 피아노 진동을 온몸으로 느꼈다. 이렇게 음의 높낮이와 세기를 확인했다.

'뼈로 듣는다!: 나무 막대기나 지휘봉을 피아노 울림통에 대고 다른 한쪽 끝을 치아로 '앙!' 물고 작곡을 했다. 뼈를 통해 소리의 진동을 느끼는, 골전도의 원리를 사용했다.

베토벤은 귀로 들은 게 아니라, 강력한 정신력으로 소리를 상상하고 뼈로 느꼈다. 이 불굴의 의지가 아니었다면 절대 불가능했을 일이었다. 신체적 한계를 자신의 예술혼으로 뛰어넘고 승리한 것이다.

"나는 운명의 목덜미를 움켜쥐고야 말겠다. 운명이 나를 완전히 굴복시키지는 못할 것이다."

● 시대를 초월한 위대한 유산, 9번 교향곡

베토벤의 9번 교향곡은 교향곡에 합창을 도입한 음악사적 혁신이었다. 그는 순수 기악의 영역에 인간의 목소리를 더해, 음악이 개인의 감정을 넘어 인류 전체의 메시지를 담을 수 있는 예술임을 선언했다. 특히 실러의 〈환희의 송가〉를 통해 "모든 인류여, 서로 껴안아라!"라는 인류애의 이상을 음악으로 구현했다.

청력을 완전히 잃은 상태에서 완성된 이 작품은 고난을 넘어선 희망의 상징이 되었고, 오늘날까지도 인류 화합과 평화를 상징하는 위대한 유산으로 남아 있다.

● 오늘날로 이어지는 메시지

환경과 조건이 성취를 좌우한다고 믿기 쉬운 시대이다. 하지만 베토벤은 한계를 넘어서는 힘이 어디에서 나오는지를 보여준다. 청력을 잃는 고난 속에서도 그는 자신의 감정과 신념을 음악으로 끝까지 표현했다. 그의 삶은 조건보다 태도가 더 중요하다는 사실을 증명한다.

오늘날 학생에게 베토벤은 말한다. 나에게 주어진 한계를 어떻게 바라볼 것인가가 미래를 결정한다는 것이다.

▶ 나는 나의 한계를 어떻게 받아들이고 있는가?

▶ 그 한계를 넘어설 방법은 무엇일까?

이는 예술·자기 성찰 중심 세특으로 연결된다.

● 주요 예술 사상

1) 혁신가 정신(Innovationsgeist)

베토벤은 하이든과 모차르트의 고전주의 형식을 계승했으나, 여기에 자신의 격렬한 고뇌와 철학을 쏟아부으며 혁신을 시작했다. 그는 영웅 교향곡처럼 곡의 길이와 감정의 폭을 극한까지 확장시켜 고전주의의 한계를 뛰어넘었고, 낭만주의 시대의 문을 활짝 열었다. 이는 형식을 맹목적으로 따르지 않고, 자신의 진정한 감정과 사상을 표현하기 위한 강력한 도구로 활용해야 함을 의미한다. 즉, 정해진 시스템에 갇히지 않고 그것을 메시지 실현을 위한 수단으로 삼는 혁신 정신이 중요하다.

2) 자유(Freiheit)

프랑스 혁명 정신의 영향을 받은 그는 자유를 인간의 가장 숭고한 가치로 여겼다. 그는 귀족의 후원을 받되 종속되지 않고, 장인이 아닌 독립적인 예술가임을 선언했다. 황제가 된 나폴레옹의 영웅 교향곡 헌사를 찢어버린 일화는 그의 자유 정신을 상징한다. 모든 사람은 스스로의 주인이라는 그의 신념은 억압에 저항하는 예술가의 존엄성을 보여준다. 개인의 자율성과 존엄성이 그 어떤 권위보다 중요하다는 민주주의의 핵심 가치를 보여준다.

3) 인류애(Brüderlichkeit)

베토벤에게 고난 극복이 최종 목적지는 개인의 승리를 넘어선 숭고한 전 인류를 향한 사랑이었다. 이 숭고한 사상은 그의 마지막 교향곡 합창의 "모든 인류여, 서로 껴안아라!" 라는 외침으로 비로소 절정을 이루었다. 그는 실러의 환희의 송가를 통해 국가, 인종, 이념의 장벽을 넘어 모든 인류가 형제로서 화합해야 함을 힘주어 노래했다. 결국 그의 음악은 개인의 고통을 넘어 모든 인류의 평화와 포용을 염원하는 메시지를 담고 있다. 그 울림은 영원히 남는다.

4) 불굴의 의지(Unbeugsamer Wille)

베토벤은 20대 후반, 음악가로서 사형 선고나 다름없는 청력 상실의 역경을 맞이했다. 그는 하일리겐슈타트 유서에 절망과 죽음의 충동까지 담았으나, 굴복을 거부했다. "나는 운명의 목덜미를 움켜쥐고야 말겠다"고 선언하며, 고난을 정면으로 마주했다. 운명 교향곡처럼, 그는 고통을 예술로 승화시키며 인간 의지의 위대한 승리를 증명했다. 이를 통해 고난을 딛고 일어섬으로써 가장 위대한 승리를 증명해 보이고, 나아가 진정한 용기의 의미를 깨닫게 한다.

베토벤은 청력 상실의 고난을 불굴의 의지로 극복하며 고통을 창조 에너지로 승화시키는 용기를 보였고, 모든 사람은 스스로의 주인이라 선언하며 권력에 굴하지 않는 독립적 예술가의 존엄과 사회적 책무를 확립했다. 그는 고전주의 형식을 감정 표현의 도구로 삼아 정해진 틀을 과감히 변형하는 혁신을 보였으며, "오직 예술만이 나를 붙잡았다" 는 고백처럼 예술을 삶의 궁극적인 의미이자 숭고한 구원으로 제시했다. 나아가 개인의 고통을 넘어 화합의 메시지를 남긴 그의 사상은 낭만주의의 철학적 기반이 되어, 자유, 혁신, 인간 승리라는 불멸의 유산으로 오늘날까지 이어지고 있다.

그의 이러한 정신은 분열과 갈등이 만연한 현대 사회에 용기, 화합, 그리고 자기 존엄의 소중한 가치를 오늘날에도 끊임없이 일깨워 주고 있다. 더불어, 예술가를 단순한 기능인에서 시대를 고뇌하는 숭고한 사상가의 반열로 격상시켰으며, 가혹한 운명의 굴레를 거부하고 주체적인 삶을 개척해 낸 그의 치열한 태도는 인간 위대함의 정점을 여실히 보여준다. 결국 베토벤이 남긴 삶의 궤적은 한계에 직면한 모든 이들에게 '그럼에도 불구하고' 다시 일어설 수 있다는 강렬한 희망의 증거이자, 고난을 뚫고 눈부신 환희로 나아가는 영원한 인간 승리의 표상으로 가슴 속에 울림을 주고 있다.

● 예술 사상 연계 탐구 주제

혁신가 정신	▶ 운명 교향곡의 모티브 전개 방식과 현대 브랜딩의 전략 비교 탐색 ▶ 베토벤의 기술적 한계 극복과 현대 예술가의 테크놀로지 활용 비교 ▶ 베토벤의 형식 파괴 전략과 현대 혁신 기업의 시장 파괴 비교 분석
자유	▶ 베토벤의 계급 타파 선언과 현대 사회 정의 운동 비교 ▶ 베토벤의 형식 파괴 자유와 현대 학생들의 획일화된 입시 경쟁 비교 분석 ▶ 베토벤의 직업적 자유 추구와 안정지향인 현대 학생들의 진로 획일성 문제 비교
인류애	▶ 이상(자유)과 현실(책임)에 대한 균형 문제에 대한 탐구 ▶ 오늘날 자국 우선주의가 전 세계에 미치는 다양한 영향 고찰 ▶ 환희의 송가에 담긴 인류애가 현대 사회 분열에 던지는 의미 고찰
불굴의 의지	▶ 베토벤의 고난 극복 서사가 현대 대중문화에 미치는 영향 탐구 ▶ 삶의 이유로서의 소명 의식이 학업 번아웃 문제에 던지는 의미 고찰 ▶ 베토벤의 자유 의지가 학습 무기력을 겪는 학생들에게 미치는 영향 탐구

주제	삶의 이유로서의 소명 의식이 학업 번아웃 문제에 던지는 의미 고찰
탐구 목표	베토벤이 절망을 극복하게 한 소명 의식의 본질을 분석해 학업 번아웃을 겪는 현대 학생들에게 삶의 이유로서의 소명 의식이 어떤 현실적인 대안을 주는지 탐구한다.
선정 이유	오늘날 많은 학생이 성적과 입시라는 외재적 목표만을 좇다 극심한 학업 번아웃을 겪고 있다. 왜 공부해야 하는지에 대한 근본적인 답을 찾지 못해 무기력에 빠지기 쉽다. 반면, 베토벤은 청력 상실이라는 극한의 절망 속에서도 예술이라는 내재적 소명 의식으로 삶을 지탱했다. 이러한 베토벤의 태도가 삶의 이유를 잃어가는 현대 학생들에게 진정한 동기 부여의 의미를 되새겨볼 계기를 제공한다고 판단했다.
서론	현대 학생들은 끝없는 경쟁과 성과 압박으로 심각한 학업 번아웃과 존재론적 회의감을 겪고 있다. 본 탐구는 청력 상실의 절망 속에서 내 안의 모든 것을 표출하고자 했던 위대한 베토벤의 강력한 소명 의식에 주목한다. 베토벤에게 예술이 삶의 이유였듯, 이 소명이 현대 학생들의 번아웃 문제 해결을 위한 근본적인 정신적 처방전이 될 수 있는지 그 의미를 깊이 고찰하는 계기를 마련한다.
본론	▶ 베토벤의 소명 의식 개념과 삶의 이유 분석 ▶ 학업 번아웃의 실태 및 학습 동기에 대한 인식 조사 ▶ 입시 제도와 미디어 속 획일화된 성공 사례 분석 ▶ 베토벤의 고난 극복 서사에서 발견되는 회복 탄력성의 원천 탐색 ▶ 베토벤의 소명 의식을 적용한 학업 번아웃 극복 대안 고찰
결론	베토벤은 가혹한 운명 속에서도 자신의 소명 의식으로 절망을 극복하고 회복 탄력성을 보인 위대한 사례이다. 학업 번아웃 해결책은 더 노력하는 것이 아닌, 베토벤처럼 자신만의 소명을 발견하여 잃어버린 학습 동력을 회복하는 것이다.
심화 탐구 주제	▶ 베토벤의 예술적 소명과 스티브 잡스의 혁신가적 소명 비교 탐구 ▶ 소명 의식 발견을 돕는 핀란드 교육 시스템과 한국의 입시 위주 교육 비교 분석 ▶ 빅터 프랭클의 로고테라피(의미 치료) 관점에서 본 학업 번 아웃 극복 방안 탐구
토론 주제	▶ 소명을 먼저 찾아야 하는가, 성공을 이룬 뒤에 소명을 찾아야 하는가? ▶ 학업 번아웃의 원인은 개인의 소명 부재 인가, 획일적인 입시 시스템 때문인가? ▶ 모든 학생이 베토벤처럼 강력한 소명 의식을 갖는 것은 현실적으로 가능한가?
교내 후속 활동	▶ 기술·가정: 회복 탄력성을 높이기 위한 자기 관리 실천 보고서 작성 ▶ 공통국어: 베토벤의 고백을 바탕으로 내 안의 소명을 주제로 한 에세이 작성 ▶ 진로활동: 베토벤과 스티브 잡스의 소명 의식 비교 후, '소명 기반 직업 맵' 설계

루트비히 판 베토벤
(Ludwig van Beethoven, 1770~1827)

● 음악

성취기준	[12음02-03] 다양한 시대·사회·문화권의 음악을 듣고 맥락, 기능, 기여의 관점에서 비평한다.
주요내용	베토벤은 하이든과 모차르트의 고전주의 형식을 계승했으나, 프랑스 혁명 정신과 청력 상실이라는 고난을 겪었다. 이를 계기로 그는 음악을 형식의 완성이 아닌 작곡가 철학을 담는 감정 표현의 도구로 혁신했으며, 영웅, 운명, 합창 교향곡에 저항 정신, 고난 극복 의지, 인류애를 상징적으로 담았다. 학생들은 음악이 시대 정신 및 철학과 결합해 위대한 유산이 되는 과정을 탐구할 수 있다.
교과연계 탐구주제	▶ 베토벤의 독립성이, 학생들의 직업 가치관에 미치는 영향 고찰 ▶ 교향곡 3번 영웅에 나타난 프랑스 혁명 정신과 자유 사상 탐구 ▶ 합창 환희의 송가가 오늘날 인류애와 화합의 상징으로 사용되는 사례 분석

● 세계사

성취기준	[12세사03-02] 미국 혁명, 프랑스 혁명을 시민 사회 형성과 관련지어 파악한다.
주요내용	베토벤은 프랑스 혁명기의 자유, 평등, 박애 이념을 작품에 수용하며 시민 사회의 고귀한 정신을 음악으로 드높이 표현했고, 스스로 자유로운 시민 예술가의 확고한 표상이 되었다. 특히, 나폴레옹에게 원래 헌정하려던 교향곡 제3번 <영웅(Eroica)>의 헌정문을 그가 결국 황제가 되자 찢어버린 역사적 일화는 베토벤이 추구했던 자유주의적 이상과 시민 사회의 가치를 보여주는 사례가 된다.
교과연계 탐구주제	▶ 교향곡 9번 <합창>의 '환희의 송가'에 담긴 인류애와 보편적 시민 의식 고찰 ▶ 베토벤의 <영웅> 교향곡 헌정 철회 사건을 통해 당시 시민 의식의 변화를 탐구 ▶ 베토벤이 확립한 '자유 예술가' 지위가 시민 사회 개인주의 형성에 미친 영향 분석

3. 독서 연계 탐구활동

● 추천 도서 목록

추천 도서 목록
▶ 베토벤 에세이(오홍렬, 지식과 감성, 2020)　　　▶ 베토벤 평전(앤 핌로트 베이커 (이종길 역), 소울메이트, 2023) ▶ 베토벤 순례(리하르트 바그너 (홍은정 역), 포노, 2020)　　　▶ 베토벤 삶과 철학, 작품, 수용(허영한, 한국서양음악학회, 2021) ▶ 왜 베토벤인가(노먼 레브레히트 (장호연 역), 에포크, 2025)　　　▶ 베토벤 삶과 철학, 작품, 수용 (스벤힝케 저(한독음악학회 역), 태림스코어, 2020)

독서 연계 탐구 활동

도서명	왜 베토벤인가(노먼 레브레히트 (장호연 역)), 에포크, 2025년 3월
	이 책은 베토벤이 왜 인류에게 중요한 작곡가인가라는 질문에 답하는 인문학적 탐구서이다. 베토벤을 음악사뿐 아니라 인간의 자유, 고난 극복, 예술적 존엄성 측면에서 분석하며, 그의 음악이 나폴레옹 시대의 정치적 격변부터 청력 상실이라는 개인적 절망까지 초월하는 방식에 집중한다. 그의 음악이 주는 보편적인 울림과 위대함이 시대를 넘어 지속되는 이유를 깊이 있게 탐색하는 책이다.
핵심 키워드	시대 초월성, 보편적 울림, 예술가적 존엄, 고난과 투쟁, 음악의 힘
탐구 주제	▶ 베토벤의 자유, 평등 사상이 현대 민주 시민 의식에 미치는 영향 고찰 ▶ 베토벤의 위대함이 현대 청소년의 진정한 가치관 형성에 주는 의미 고찰 ▶ 베토벤의 존엄성이 현대 크리에이터들의 역할과 책임에 주는 시사점 분석 ▶ 베토벤의 음악이 현대에도 가장 위대한 것으로 수용되는 보편적 이유 탐구 ▶ 개인의 극한 절망이 베토벤의 음악을 인류의 투쟁으로 승화시킨 과정 분석
토론 쟁점	▶ 베토벤은 청소년의 삶의 이유를 찾는 과정에 어떤 도움을 줄 수 있는가? ▶ 베토벤의 위대함은 음악 자체에 있는가, 고난 극복의 서사적 가치에 있는가? ▶ 예술가의 자유는 현대 예술가들의 상업성과 어떻게 균형을 이루어야 하는가?
후속 활동	▶ 윤리와 사상: 자율성을 억압하는 사례와 개선 방안을 제시하는 토론 활동 ▶ 공통국어: 베토벤의 고난을 바탕으로, 내 안의 예술을 주제로 에세이 작성 활동 ▶ 자율·자치활동: 개인의 절망을 보편적 투쟁으로 승화시킨 과정에 대한 보고서 작성.

루트비히 판 베토벤
(Ludwig van Beethoven, 1770~1827)

● 독서 연계 탐구활동 예시

탐구 주제	베토벤의 위대함이 현대 청소년의 진정한 가치관 형성에 주는 의미 고찰	
탐구 자료	▶ 왜 베도벤인가. 시대 소월적 울림을 주는 베토벤 음악의 인분학석 분석 자료 ▶ 하이든 및 모차르트의 삶과 음악가 지위: 궁정 음악가의 삶과 지위 비교 자료 ▶ 죽음의 수용소에서: 절망 속 삶의 의미 탐색(로고테라피)을 통한 인간 구원 자료	
탐구 개요	서론	베도벤을 자유, 고닌 극복, 예술가적 존엄의 상징으로 탐구함. 그의 음악은 나폴레옹 시대의 정치적 격변과 청력 상실의 절망을 초월하여 보편적인 울림을 주있음. 이러한 베토벤의 예술이 현대 청소년의 진정한 가치관과 민주 시민 의식 함양에 어떤 깊은 의미를 주는지 탐구하고자 함.
	본론	▶ 베토벤의 음악 혁신이 창의적 사고에 대한 교육적 의미 탐구함 ▶ 휴머니즘이 청소년의 존중 및 인류애 함양에 미치는 영향 고찰함 ▶ 베토벤의 고난 극복 서사를 통한 청소년의 가치관 형성 의미 탐구함 ▶ 베토벤의 청력 상실이 삶의 의미와 창작 동력으로 승화된 과정 분석함 ▶ 베토벤의 도전 정신이 자기 주도 학습의 중요성을 가르치는 방식 고찰함

탐구 개요	결론	베토벤의 음악과 삶은 시대와 개인의 경계를 넘어선 보편적 울림을 증명함. 그의 예술가적 존엄과 투쟁은 청소년들에게 자율성과 소명 의식이라는 진정한 가치관을 제시함. 청소년들이 그의 음악을 통해 고난을 극복할 회복 탄력성과 책임 있는 시민 의식을 함양할 수 있도록 함.
후속 활동		▶ 통합과학: 베토벤 청력 손실 과정 조사 및 음향적 사고 추론 보고서 작성 활동 ▶ 기술·가정: 합창 교향곡 감상 후 AI 작곡 기술 및 골전도 기술 분석 보고서 작성 활동 ▶ 자율·자치활동: 독립 예술가 개념 중심 저작권 및 자유 모의 법정 운영 활동 ▶ 진로활동: 베토벤 삶을 통한 학습무기력, 번아웃 해결 또래 상담 캠페인 활동

4. NIE 연계 활동

● 신문 읽기 & 연결 사유 찾기

우울증으로 유서까지 남긴 작곡가, 절망 딛고 '합창 교향곡' 썼죠(조선일보, 2025.05.29.)

이 기사는 청력 상실과 우울증으로 극심한 절망에 빠졌던 베토벤은 "오, 예술이여! 네가 나를 붙잡아 주었구나" 라는 고백처럼 예술을 통해 삶을 포기하지 않았다. 이는 운명에 맞선 불굴의 의지와 회복 탄력성을 보여주며, 절망을 딛고 완성한 합창 교향곡의 인류애는 그의 정신적 승리를 상징한다. 이 기사는 베토벤의 고통 극복 과정을 현대 정신 건강의 관점에서 조명한다. 새로운 치유의 방향을 제시한다.

[알면 들리는 클래식] 정적 속에서 작곡에 혼신의 힘 다한 베토벤(소년한국일보, 2021.11.18.)

이 기사는 베토벤이 혼신의 힘을 다해 교향곡 합창을 완성한 배경을 조명한다. 청력 상실이라는 역경 속에서 음악가로서의 사명감을 잃지 않았음을 보여주며, 마침내 4악장에 실린 환희의 송가는 국경과 이념을 초월한 형제애와 평화를 노래하여, 고난 극복의 최종 목적지가 개인의 승리를 넘어선 인류애였음을 보여준다. 이는 절망적인 개인적 고통을 희망과 화합의 메시지로 승화시킨 그의 위대한 예술혼을 강조한다.

인간에 대한 9가지 성찰 베토벤 교향곡으로 음미(중앙일보, 2015.04.18.)

이 기사는 예술을 위한 예술이라는 관념을 비판하며, 예술의 궁극적 목적은 결국 삶을 위한 것이어야 한다고 주장한다. 예술은 인간의 결함을 보충해주는 도구로서의 역할을 하며, 정서적 불균형을 회복시켜 준다고 설명한다. 이는 베토벤이 청력 상실의 절망 속에서 예술을 유일한 구원으로 삼고 고통을 승화시킨 그의 소명 의식과 연결되어, 예술의 절대적 가치를 철학적으로 성찰함을 보여준다.

● 시사 이슈

▶ 예술 활동은 입시 중심 교육보다 정신 건강 회복을 위한 교육 요소로 확대되어야 하는가?

▶ 소명(삶의 의미)을 강조하는 것이 학습된 무기력을 극복할 실질적인 대안이 될 수 있는가?

▶ 인류애와 공동체 의식이 청소년들의 개인주의와 고립감을 해소할 윤리적 목표가 될 수 있는가?

우울증으로 유서까지 남긴 작곡가, 절망 딛고 '합창 교향곡' 썼죠(조선일보, 2023.05.29.)
- 베토벤의 소명이 현대인의 번아웃 극복 대안에 대한 입장 토론 -

찬성

베토벤의 고백처럼, 내재적 소명은 절망을 이길 강력한 동기이다. 외재적 압박에 지친 현대인에게 삶의 의미를 찾는 것이야말로 번아웃의 근본적 치유이다. 고난을 승화시켜 인류애로 나아간 그의 삶이 소명의 회복 탄력성을 증명한다.

반대

베토벤의 소명은 예술 천재의 특수한 능력이라 모든 학생에게 일반화하기 어렵다. 학업과 생계가 불안한 청소년에게 소명 찾기는 비현실적이다. 번아웃의 주원인은 시스템적 경쟁 압박이므로, 개인의 소명만으로는 해결이 불가능하다.

[알면 들리는 클래식] 정적 속에서 작곡에 혼신의 힘 다한 베토벤(소년한국일보, 2021.11.18.)
- 베토벤 예술 정신의 핵심: '형식과 표현'의 창조적 대비 -

≫ 형식

베토벤은 고전주의의 완벽한 형식을 창작 주요 뼈대로 계승했다. 청력 상실 후 정적 속에서도 형식은 무너지지 않고 내면 속의 구조 질서로 기능했다. 이는 격정적 내용을 담을 때도 음악적 논리성을 유지하는 예술 기반이 되었다.

≫ 표현

청력 상실 후 그는 외부를 차단하고 내면 감정에 몰입했디. 이 고독은 형식 제약에서 벗어나 개인 고뇌와 불굴 의지를 담게 했다. 고전주의 형식을 유지하며 주관적 격정 내용을 결합, 낭만주의 시대를 개척한 원동력이 되었다.

● 사고의 확장

▶ 오늘날 청소년의 정서 회복을 위한 예술 교육의 최소 기준은 무엇이어야 하는가?

▶ 번 아웃을 겪는 학생에게 소명 찾기는 학습 동기 부여 시스템으로 변환될 수 있는가?

▶ 내재적 소명은 외재적 압박이 지배하는 교육에 대한 근본적인 저항이 될 수 있는가?

▶ 예술이 현실 문제를 해결하지 못하는 상황에서 절대적 가치를 지닌다고 수상할 수 있는가?

▶ 베토벤의 불굴의 의지는 현대인의 직업적 성공과 회복 탄력성에 어떻게 적용되어야 하는가?

5. 세특 예시

베토벤의 삶을 주제로 한 소명이 번 아웃 극복의 대안이 되는가 라는 토론에서 찬성 측 주장을 논리적으로 전개함. 예술이 유일한 구원이라는 베토벤의 고백을 근거로, 내재적 소명이 번 아웃의 근본 치유책이자 회복 탄력성의 핵심임을 설득력 있게 주장함. 나아가 예술이 정서적 불균형을 해소하는 절대적 가치를 지닌다는 입장을 베토벤의 고통 승화 과정과 연결해 뒷받침함. 논리적 사고력과 더불어, 인간의 심리적 위기 극복에 대한 깊이 있는 통찰을 보여준 학생임.

09

마틴 루터 킹 주니어

(Martin Luther King Jr, 1929~1968)

1. 자유와 평등의 선구자, 비폭력 저항의 등불이 되다

● 신학자의 아들, 소년 시절부터 정의를 꿈꾸다

마틴 루터 킹은 1929년 1월 15일, 미국 조지아주 애틀랜타에서 태어났다. 그는 영향력 있는 침례교 목사의 아들로, 어려서부터 깊은 신앙심을 배우며 바른 가치관을 길렀다. 하지만 동시에 어린 나이부터 당시 미국 남부에 만연했던 학교, 대중교통, 공공장소에서의 극심한 인종차별과 불평등을 피부로 느끼며 자랐다.

이러한 직접적인 경험들은 그에게 '단순히 불평등을 목격하는 것을 넘어 사회 전체의 정의를 실현해야 한다.'는 강한 열망을 품게 했다.

● 학문 속에서 '비폭력 철학'을 정립하다

마틴 루터 킹은 모어하우스 칼리지, 크로저 신학교, 보스턴 대학교에서 공부했다. 이곳에서 그는 신학과 철학을 깊이 탐구하며 자신을 성장시켰다. 특히 인도의 정신적 지도자인 마하트마 간디의 비폭력 시민 불복종 사상에 크게 매료되었다. 그는 간디의 사상에서 폭력 없이도 정의를 쟁취할 수 있다는 가능성을 보았다.

마틴 루터 킹은 이러한 간디의 비폭력 저항 사상을 자신의 깊은 기독교적 사랑과 통합하여 독자적인 비폭력 저항 철학을 정립했다.

이 시기에 그는 진정한 정의를 위한 투쟁은 결코 폭력적인 수단을 통해서가 아니라, 사랑과 용기, 그리고 평화로운 저항을 통해 이루어질 수 있다는 확고한 신념을 가졌다.

● 민권 운동의 격랑 속으로 뛰어들다

1955년, 마틴 루터 킹은 몽고메리 버스 보이콧을 성공적으로 이끌었다. 이 승리는 그를 미국 민권 운동의 상징적인 지도자로 전 세계에 각인시키는 중요한 계기가 되었다. 그는 이후에도 인종 분리 정책과 광범위한 차별에 맞서기 위해 미국 전역에서 수많은 비폭력 시위와 대규모 행진을 직접 조직했다. 이 과정에서 그는 공권력의 탄압에 직면하고 여러 차례 체포되어 감옥에 갇히는 고난을 겪기도 했다.

하지만 어떠한 상황 속에서도 그는 '폭력은 또 다른 폭력을 낳을 뿐'이라는 신념 아래, 처음부터 끝까지 비폭력 원칙을 흔들림 없이 고수했다.

● '평등'과 '자유' 향한 염원을 외치다

1963년, 그는 워싱턴 대행진에서 "나에게는 꿈이 있습니다(I Have a Dream)"라는 역사적인 연설을 통해 인종에 상관없이 모두가 평등하고 자유롭게 살아가는 세상을 염원했다. 이 연설은 당시 인종차별에 시달리던 수많은 사람들에게 깊은 감동과 희망을 주었고, 인종, 피부색, 출신 배경에 상관없이 모든 사람이 평등하고 자유롭게 살아가는 세상을 향한 그의 간절한 염원을 담고 있다.

그의 강력한 비폭력 운동은 1964년 민권법과 1965년 투표권법 통과에 결정적인 영향을 미쳤으며, 그는 인종 불평등과의 비폭력적 투쟁의 공로를 인정받아 1964년 노벨 평화상을 수상했다.

• '인간의 존엄'과 '평화' 위해 목숨 걸다

그는 단순히 민권 문제 해결에만 머무르지 않고, 활동 범위를 더욱 넓혀갔다. 그는 미국 사회에 깊이 뿌리내린 빈곤 문제를 해결하고자 노력했으며, 당시 많은 논란을 낳았던 베트남 전쟁에 대한 미국의 개입을 강력히 반대하는 목소리를 냈다.

이러한 움직임은 '인종을 넘어선 보편적인 인간 존엄과 평화'라는 그의 신념을 더욱 분명히 보여주었다. 이러한 활동은 광범위한 지지를 받기도 했지만, 동시에 많은 논란과 비판에 직면하게 만들었다. 그럼에도 불구하고 그는 정의와 평화를 향한 신념을 굽히지 않았으나, 1968년 암살당하며 생을 마감했다.

• 오늘날로 이어지는 메시지

차별과 불평등이 여전히 반복되는 사회에서 분노와 혐오는 쉽게 목소리를 키운다. 마틴 루터 킹 주니어는 폭력에 맞서 폭력을 선택하지 않았다. 그는 정의로운 사회로 나아가는 길은 상대를 무너뜨리는 방식이 아니라 양심을 일깨우는 설득에 있다고 믿었다. 비폭력은 약함이 아니라, 가장 강한 도덕적 용기였다.

오늘날 학생에게 그의 메시지는 분명하다.

변화는 분노보다 신념에서 시작된다는 사실이다.

▶ 나는 불의한 상황 앞에서 어떤 방식으로 목소리를 내고 있는가?

▶ 정의를 실현하는 방법에는 어떤 선택지가 있을까?

이는 역사·윤리·시민 의식 중심의 세특 탐구 주제로 자연스럽게 확장된다.

• 주요 철학 사상

1) 비폭력 저항

마틴 루터 킹은 불의에 맞서 싸우는 가장 강력한 방법이 폭력이 아닌 비폭력이라고 굳게 보았다. 이러한 그의 사상은 인도의 위대한 정신적 지도자 마하트마 간디의 비폭력 저항 철학에서 깊은 영감을 받아 형성되었다. 그는 부당한 법과 제도에 대항하여 폭력적인 방식으로 저항하는 대신, 사랑과 깊은 인내심, 그리고 지속적인 설득을 바탕으로 한 시민 불복종 운동을 주장했다. 그는 비폭력을 통해서만 진정한 정의와 화합을 이끌어낼 수 있다고 강조했다.

2) 인종 평등

마틴 루터 킹은 모든 사람이 피부색에 전혀 상관없이 동등한 존엄성을 가지고 태어났다는 확고한 신념을 가지고 있었다. 그는 단순히 법 앞에서 형식적인 평등을 넘어, 사회적, 경제적 모든 영역에서 완전한 실질적 평등이 이루어져야 한다고 끊임없이 강조했다. 그의 비전은 모든 차별과 불평등이 사라지고, 모든 개인이 온전히 자신의 잠재력을 펼칠 수 있는 사회였다. 그는 모든 사람이 함께 어우러져 평화롭게 살아갈 미래를 제시하며 전 세계인의 마음을 움직였다.

3) 정의와 자유

마틴 루터 킹의 사상은 단순히 피부색에 따른 인종 문제를 넘어섰다. 그는 세상에 존재하는 모든 형태의 부정의와 불평등에 강력히 반대하는 광범위한 시각을 가졌다. 모든 인간이 보장받아야 할 기본적인 자유와 존엄성을 옹호하며, 진정으로 정의롭고 공평한 사회를 건설하는 것이 그의 궁극적인 목표였다. 특히 그는 민권 운동 이후 빈곤 문제 해결과 부당한 전쟁에 대한 반대 운동에도 적극적으로 목소리를 내며 사회적 약자의 삶을 개선하고자 노력했다.

4) 아가페적 사랑

마틴 루터 킹은 자신의 깊은 기독교적 신념에 따라 '아가페적 사랑'을 비폭력 저항 운동의 가장 근본적인 정신으로 삼았다. 그는 누군가의 증오에 똑같은 증오로 맞서는 것은 갈등을 증폭시킬 뿐이며, 진정한 해결책이 될 수 없다고 보았다. 대신, 상대방을 인간적으로 포용하고 그들의 입장을 이해하려는 적극적인 사랑의 자세가 필요하다고 강력히 주장했다. 그는 이러한 사랑의 실천이 모두를 위한 궁극적인 화해와 더 깊은 사회적 연대를 이끌어낼 수 있다고 굳게 믿었다.

　마틴 루터 킹의 비폭력 사상은 인도의 마하트마 간디에게서 깊은 영감을 받았지만, 그는 이를 미국 사회의 고유한 인종 차별 현실에 맞춰 독창적으로 적용하고 발전시켰다. 그의 철학은 단순히 외적인 저항을 넘어, 내면의 변화와 사랑, 이해를 통한 사회 변혁을 추구했다. 몽고메리 버스 보이콧이나 셀마 행진 같은 그의 성공적인 비폭력 운동 방식은 전 세계에 큰 울림을 주었다. 남아프리카 공화국의 아파르트헤이트 반대 운동, 동유럽의 자유를 향한 벨벳 혁명 등 수많은 인권 및 자유 운동에 영감을 주며 보편적인 비폭력 저항의 모델이 되었다.

　마틴 루터 킹은 비폭력 운동의 윤리적 우월성과 실질적인 효과를 입증해 보였다. 그의 사상은 인종차별이라는 특정 문제에 국한되지 않고, 빈곤, 경제적 불평등, 베트남 전쟁 같은 더 넓은 사회적 정의까지 포괄하는 보편적 메시지를 전달했다. 그는 모든 형태의 억압과 차별에 맞서 싸워야 한다고 강조하며, 사회 정의를 위한 광범위한 연대의 중요성을 역설했다. 이는 오늘날에도 사회적 소수자의 권리 보호, 약자 옹호, 그리고 구조적 불평등에 대한 저항 운동에 지대한 영향을 미치고 있으며, 비폭력적 변화의 가능성을 끊임없이 제시하고 있다.

● 철학 사상 연계 탐구 주제

주제	탐구 내용
비폭력 저항	▶ 비폭력 저항이 성공하기 위한 사회적, 심리적 요인 분석 ▶ 마틴 루터 킹 목사의 비폭력 저항 전략과 현대 시위 문화 비교 연구 ▶ 마틴 루터 킹의 비폭력 저항 사상에 나타난 윤리적 딜레마와 해결 방안 모색
인종 평등	▶ 마틴 루터 킹의 비전이 현대 다문화 사회에서 실현되기 위한 과제 연구 ▶ **마틴 루터 킹 시대의 '제도적 인종 차별'과 21세기 '구조적 차별' 비교 분석** ▶ 인종을 넘어 모든 소수자의 평등을 위한 사회 운동에 미친 영향 분석 및 탐구
정의와 자유	▶ 마틴 루터 킹이 추구한 '진정한 자유'의 개념 탐구 ▶ 마틴 루터 킹 사상이 현대 국제 분쟁 및 사회적 불평등 해소에 기여하는 방안 ▶ 마틴 루터 킹이 현대 사회의 불합리한 정책에 맞서는 시민 행동에 주는 시사점
아가페적 사랑	▶ 마틴 루터 킹의 정신과 난민 문제, 빈곤 문제 해결 방안 탐구 ▶ 마틴 루터 킹의 정신과 온라인 공간의 혐오와 갈등 해소 방안 적용 탐구 ▶ 마틴 루터 킹의 정신을 바탕으로 학교 및 지역 사회 내 관계 회복 프로그램 설계

주제	마틴 루터 킹 시대의 '제도적 인종 차별'과 21세기 '구조적 차별' 비교 분석
탐구 목표	두 가지 차별 유형의 공통점과 차이점을 비교 분석한 후 마틴 루터 킹의 인종 평등 및 정의 사상이 현대의 구조적 차별을 해소하는 데 어떤 통찰력을 주는지 탐색한다.
선정 이유	과거의 민권 운동이 어떻게 사회를 변화시켰는지 학습하고, 이를 통해 현재의 불평등 문제에 대해 학생들이 능동적으로 참여하고 변화를 만들어 나가며 시민 의식을 함양할 수 있다. 마틴 루터 킹의 투쟁이 단지 과거의 사건이 아니라, 오늘날 우리 사회가 직면한 다양한 차별과 불평등 문제 해결에 여전히 유효한 메시지를 준다는 것을 깨달을 수 있다.
서론	마틴 루터 킹 시대의 '제도적 인종 차별'의 특징을 살펴보고, 21세기 우리 사회에 잔존하는 '구조적 차별'의 본질과 양상을 비교 분석하고자 한다. 나아가 인종 평등과 정의 사상이 현대의 구조적 차별 문제를 해결하는 데 어떤 실질적인 시사점과 해법을 제공할 수 있는지 탐색하고자 한다. 이를 통해 우리는 사회적 불평등의 근원을 깊이 이해하고, 더 공정하고 정의로운 사회를 만들어 나가는 방안을 모색하려고 한다.
본론	▶ 시대적 배경 조사: 마틴 루터 킹 시대의 '제도적 인종 차별' 분석 ▶ 핵심 개념 정리: 몽고메리 버스 보이콧, 사회 시스템, 문화적 관행, 무의식적 편견 ▶ 마틴 루터 킹의 비폭력 저항 운동 분석: 제도적 차별에 맞선 대응 사례 분석 ▶ 21세기 구조적 차별 사례 분석: 교육, 고용, 주거, 금융, 사법, 문화, 사회 등 ▶ 현대 적용 탐색: 인종 평등, 정의로운 평화, 비폭력 연대 사상이 주는 시사점 탐구
결론	두 가지 차별은 그 형태는 다르지만, 인간의 존엄성을 침해하고 정의로운 사회를 저해한다는 공통점을 가진다. 마틴 루터 킹의 인종 평등과 정의를 향한 사상, 비폭력 연대의 정신은 현대의 구조적 차별을 해소하는 데도 강력한 지혜와 영감을 제공한다.
심화 탐구 주제	▶ 구조적 차별 해소를 위한 기술의 역할과 한계 탐구 ▶ 주요 선진국들의 구조적 차별을 해소하기 위한 정책적 노력 비교 탐구 ▶ '구조적 차별' 사례를 마틴 루터 킹의 사상으로 분석하고 해소 방안 모색
토론 주제	▶ '구조적 차별'은 누가 책임을 져야 하는가? ▶ '제도적 인종 차별'과 '구조적 차별' 중 어느 것이 해결하기 더 어려운가? ▶ 개인의 무의식적인 편견이나 고정관념이 '구조적 차별'에 어떻게 기여하는가?
교내 후속 활동	▶ 윤리와 사상: 구조적 차별의 중요성과 해결 방안에 대해 탐구 발표 및 공유 활동 ▶ 자율·자치활동: 학교 내외의 구조적 차별 사례 해결 방안 캠페인 진행 ▶ 진로활동: 구조적 차별에 대한 인식 개선을 위한 짧은 영상, 인포그래픽 등을 제작

마틴 루터 킹 주니어
(Martin Luther King Jr, 1929~1968)

● 공통영어2

성취기준	[10공영2-01-06] 말이나 글의 전개 방식이나 구조를 파악한다.
주요내용	마틴 루터 킹의 대표 연설인 "I Have a Dream" 또는 노벨 평화상 수상 연설 등의 원문 읽기 및 듣기 활동을 진행한다. 연설문 속 주요 어휘, 문법, 문장 구조를 분석하고, 연설문에 사용된 수사적 표현(은유, 직유, 반복, 대조 등)과 설득 전략을 파악한다. 연설 당시의 시대적 배경(미국 민권 운동, 인종 차별 상황 등)을 영어 자료를 통해 조사하고 이해한다.
교과연계 탐구주제	▶ 마틴 루터 킹 연설문의 시대적 배경과 현대적 의미 탐구 ▶ 현대 사회 정의 연설문과 마틴 루터 킹의 연설 비교 분석 탐구 ▶ "I Have a Dream" 연설에 나타난 마틴 루터 킹의 수사적 전략 분석

● 정치

성취기준	[12정치04-04] 국제사회에서 발생하는 다양한 갈등의 원인을 분석하고 세계시민으로서 갈등을 해결하는 자세를 갖는다.
주요내용	마틴 루터 킹이 주도한 미국 민권 운동의 역사적 배경, 전개 과정, 그리고 주요 사건들을 정치적 관점에서 분석한다. 비폭력 저항 사상이 민주주의 원리(자유, 평등, 정의)와 어떻게 연결되는지 탐구한다. 몽고메리 버스 보이콧, 워싱턴 대행진 등 민권 운동이 가져온 법적, 제도적 변화(민권법, 투표권법)의 의의를 파악한다. 민권 운동이 미국 사회를 넘어 전 세계 인권 운동과 민주주의 발전에 미친 영향을 조사한다.
교과연계 탐구주제	▶ 미국 민권 운동과 한국 민주화 운동에서 시민 참여의 역할 비교 탐구 ▶ 마틴 루터 킹의 비전이 현대 사회의 정치적 양극화 해소에 기여하는 방안 탐구 ▶ 마틴 루터 킹의 비폭력 불복종 원칙이 현대 민주주의 사회에서 갖는 정당성 연구

3. 독서 연계 탐구활동

● 추천 도서 목록

추천 도서 목록

▶ 마틴 루터 킹: 인권 운동의 희망(청소년평전 19) (정지아, 자음과모음, 2012)
▶ 나에게는 꿈이 있습니다(클레이본 카슨(이순희 역), 바다출판사, 2018)
▶ 흑인 인권 운동의 기수, 마틴 루터 킹(브투와 마르슝(김현주 역), 분도출판사, 2002)
▶ 나에게는 꿈이 있습니다(오병학, 예찬사, 2015)
▶ 마틴 루터 킹(김흥식, 규장, 2014)
▶ 젊은이를 위한 마틴 루터 킹(울리케 벨커(신준호 역), 새물결플러스, 2015)

독서 연계 탐구 활동	
도서명	마틴 루터 킹: 인권운동의 희망(청소년평전 19) (정지아, 자음과모음 2012)
	이 책은 비폭력 저항 운동을 펼친 인권 운동의 희망 마틴 루터 킹의 삶을 조명하였다. 흑인을 비롯한 모든 소외된 자들에게 눈물겨운 저항과 희망의 메시지로 각인된 마틴 루터 킹의 불꽃 같은 삶을 간결한 문장으로 되살려냈다. 피부색을 기준으로 사람을 평가하지 않고 인격적으로 대우받고, 평등한 기회를 부여받을 수 있는 기회를 제공해야 한다고 외쳤던 그의 이상과 열정을 확인할 수 있다.
핵심 키워드	민권 운동, 비폭력 저항, 저항과 희생, 책임과 행동, 정의 실현
탐구 주제	▶ 정의 실현을 위한 개인의 윤리적 책임 탐구 ▶ 마틴 루터 킹의 사회적 정의와 평등 의식 고취 분석 ▶ 마틴 루터 킹의 기독교 신앙이 그의 정치적 행동에 미친 영향 분석 ▶ 마틴 루터 킹의 비폭력 저항 전략과 그것이 현대 인권 운동에 주는 의미 ▶ 인종 문제와 사회적 정의를 다루는 방식에 당시 마틴 루터 킹의 영향력 분석
토론 쟁점	▶ 폭압에서 비폭력 저항이 과연 효과가 있는 것인가? ▶ 종교적 리더가 사회 운동을 이끄는 것이 긍정적 영향이 있을까? ▶ 제도를 바꾸는 것이 우선인가? 아니면 개인의 의식을 바꾸는 것이 더 중요한가?
후속 활동	▶ 세계사: 간디와 마틴 루터 킹의 비폭력 저항운동 비교 분석하는 활동 ▶ 윤리와 사상: 민권운동의 사례를 분석하고 정의 실현의 개념 탐구 활동 ▶ 진로활동: 지역의 인권 단체, NGO 방문하여 활동가 인터뷰 진행

● 독서 연계 탐구활동 예시

탐구 주제	마틴 루터 킹의 비폭력 저항 전략과 그것이 현대 인권 운동에 주는 의미	
탐구 자료	▶ 학술 연구 - '비폭력 시민 저항의 이해: 촛불 시위의 사상적 배경 연구' 자료 ▶ 논문 - '마틴 루터 킹과 미국의 민권 운동' 자료 확인 ▶ <현대사회와 윤리> 교과서 - 시민의 권리와 자유 개념 학습 자료	
탐구 개요	서론	마틴 루터 킹은 20세기 미국 민권 운동의 대표적 지도자로 비폭력이라는 전략으로 인종 차별에 저항함. 오늘날에도 각국에서 인권 운동이 계속되는데 마틴 루터 킹의 비폭력 전략이 현대 사회 운동에 어떤 의미가 있는지 탐구하며 시민의 권리와 자유에 대해 생각해 볼 수 있음.
	본론	▶ 마틴 루터 킹의 비폭력 저항에 대한 개념과 철학 정리 ▶ 몽고메리 버스 보이콧 사례를 바탕으로 비폭력 전략의 사회적 측면 분석 ▶ 마틴 루터 킹의 비폭력 저항 운동의 현대적 적용과 의미 분석 ▶ 마틴 루터 킹의 비폭력 전략과 현대 사회 운동과의 비교 연구 ▶ 마틴 루터 킹의 비폭력 저항 운동이 앞으로 나아가야 할 방향 제시

마틴 루터 킹 주니어
(Martin Luther King Jr, 1929~1968)

탐구 개요	결론	마틴 루터 킹의 비폭력 전략은 조직적 저항, 집단행동, 도덕적 설득을 통해 실천되었고, 여러 민권 운동에서 실질적 변화를 이끔. 현대 인권 운동에서도 그의 전략은 여전히 유효하지만 주권, 보복, 구조적 억압 등의 현실적 제약이 존재한다는 점을 인식하고 현대에 맞게 잘 적용하는 것이 필요함.
후속 활동		▶ 세계사: '비폭력 저항운동의 각국의 사례' 토의 활동 ▶ 공통영어: 'I Have a Drem' 연설 분석하고, 학생 각자가 자신의 '꿈 연설문' 작성 ▶ 자율·자치활동: '비폭력 저항은 가장 효과적인 인권 운동 전략인가?' 토론활동 ▶ 동아리활동: 학생 워크숍 진행(비폭력 저항의 원리와 갈등 해결 연습)

4. NIE 연계 활동

● 신문 읽기 & 연결 사유 찾기

전쟁이 멈추고 인종차별이 존재하지 않는 세상을 꿈꾼다(경향신문, 2024.01.17.)

이 기사는 '언젠가 전쟁이 멈추고 인종차별이 사라지며 인권이 평등하게 존중받는 세상'을 꿈꿔야 한다고 말하며, 킹의 이상을 오늘날에도 이어가야 한다고 강조한다. 또한 한국의 분단 상황에 대한 희망을 언급하며 '모든 사람이 서로 사랑하고 존중하는 날이 오기를' 바란다고 설명하고 있다. 인종·국가·인류애를 넘어선 '평화와 인권'의 메시지를 한국 사회와 전 세계에 환기시켜주는 내용을 담고 있다.

마틴 루터 킹 목사의 '워싱턴 평화 행진' 연설(한국경제, 2009.08.14.)

마틴 루터 킹은 연설을 통해 미국이 독립선언서와 헌법에서 약속한 '모든 인간은 평등하게 창조되었다'는 원칙을 현실에서 제대로 지키지 않고 있다고 설명했다. 그는 여전히 흑인들이 인종차별, 빈곤, 사회적 차별 속에서 살고 있다고 지적하였다. 이 기사는 마틴 루터 킹이 폭력에 맞서더라도 비폭력 저항을 통해 변화를 이루어야 한다고 말하며, 증오와 분노가 아닌 '영혼의 힘'으로 싸울 것을 호소한 내용을 강조한다.

25만 명 앞에 선 34살 청년(세계일보, 2018.01.22.)

이 기사는, 당시 마틴 루터 킹이 34살이라는 젊은 나이에 많은 대중 앞에서 피부색과 인종 구분 없는 평등한 사회에 대한 '꿈'을 선언한 부분을 설명한다. 그 연설은 이후 전 세계적으로 인종차별 철폐와 인권 운동의 상징적 사건이 되었고, 그는 비폭력과 평등을 위한 인류의 대표적 인물로 인정받았다. 다만 최근에는 그의 사생활 일부가 드러나면서 '완벽한 영웅'이라는 이미지에 균열이 생겼다는 점도 언급하고 있다.

● 시사 이슈

▶ 오늘날에도 계속되는 인종차별 문제를 어떻게 해결해야 할 것인가?

▶ 소외된 계층의 권익을 옹호하고 경제적 불평등을 해소하려는 노력들은 무엇이 있는가?

▶ 비폭력 시위나 시민 불복종 운동의 효과와 윤리적 정당성 문제는 어떻게 해결할 것인가?

전쟁이 멈추고 인종차별이 존재하지 않는 세상을 꿈꾼다(경향신문, 2024.01.17.)
- 비폭력 저항운동이 현실에서 과연 효과적인가? -

찬성

비폭력 저항은 도덕적으로 우월한 위치를 점하여 대중의 지지와 공감을 쉽게 얻을 수 있다. 이는 갈등 해결 후에도 사회 통합을 목표로 하여, 단기적인 승리가 아니라 장기적이고 지속 가능한 사회 변화를 이끌어내는 데 훨씬 유리하다.

반대

비폭력 저항은 사회 변화를 이끌어내는 데 많은 시간과 인내, 참여자들의 엄청난 희생을 요구하며 그 과정에서 좌절하거나 운동의 동력을 잃을 수도 있다. 또한 저항 의지가 약한 것으로 비쳐져 오히려 더욱 강경한 탄압을 불러올 수 있다.

25만 명 앞에 선 34살 청년(세계일보, 2018.01.22.)
- 마틴 루터 킹의 연설은 긍정적인 파급 효과와 현실적인 문제 해결 부족 중에 어떤 영향을 미쳤나? -

≫ 긍정적인 파급 효과

이 연설은 단순히 미국의 인종 차별 문제 해결을 넘어, 전 세계적으로 억압받는 모든 이들의 인권 운동에 강력한 영감과 상징적인 불씨를 제공했다. 그가 주장한 비폭력과 평등의 가치는 이후 수많은 민권 운동에 밑거름이 되었다.

≫ 현실적인 문제 해결 부족

연설 이후에도 인종 갈등과 차별은 오랫동안 지속되었고, 법적 제도적 변화를 이끌어내기까지 수많은 추가 투쟁과 희생이 필요했다. 강렬한 메시지 뒤에 숨겨진 현실의 복잡성과 정책 변화의 어려움을 간과할 수 있다.

마틴 루터 킹 주니어
(Martin Luther King Jr, 1929~1968)

● 사고의 확장

▶ 오늘날에도 여전히 인종차별과 불평등이 다양한 형태로 존재하는 이유는 무엇일까?

▶ 사건을 주도한 개인과 운동을 이끈 대중의 역할을 어떻게 균형 있게 평가해야 할까?

▶ 이상적인 비전 제시와 현실적인 분쟁 해결 노력 사이의 균형점은 어떻게 찾아야 할까?

▶ 대중을 움직이는 연설이 법과 제도를 바꾸는 행동으로 이어지려면 어떤 요소들이 더 필요할까?

▶ 희망이라는 강력한 동력이 현실적인 좌절로 이어질 때, 운동을 지속하기 위한 방법은 무엇인가?

5. 세특 예시

비폭력 저항운동이 현실에서 과연 효과적인가?를 주제로 한 찬반 토론에서 '마틴 루터 킹: 인권운동의 희망'이라는 책을 읽고 '비폭력 저항은 사회 변화를 이끌어내는데 많은 시간과 인내, 참여자들의 엄청난 희생을 요구하며 그 과정에서 좌절하거나 운동의 동력을 잃을 수도 있다'라는 논거로 반대 입장을 논리적으로 제시함. 평상시 사회적 문제해결력과 판단력을 바탕으로 학습한 내용을 융합하고 확장할 수 있으며 협력적 학습에 적극 참여하는 모습을 보임.

10

마하트마 간디
(Mahatma Gandhi, 1869~1948)

1. 비폭력 저항의 아버지, 인도 독립의 등불이 되다

● 고향에서 평화의 씨앗을 키우다

간디는 1869년 인도 구자라트 주에 있는 작은 해안 도시 포르반다르에서 태어났다. 그의 아버지는 당시 이 지역을 다스리는 고위 행정관이었고, 어머니는 독실한 신앙심을 가진 매우 경건한 분이셨다.

어릴 때부터 간디는 자이나교의 중요한 가르침인 비폭력(아힘사) 사상과 힌두교의 근본적인 진리 추구 정신을 자연스럽게 접하며 성장했다.

이러한 환경 덕분에 그는 아주 어린 나이부터 다양한 종교의 가르침과 함께 올바른 도덕적 가치에 깊은 관심을 갖게 되었다.

● 영국 유학에서 인간과 사회의 근본적인 문제를 고민하다

19세가 된 간디는 법률 공부를 위해 영국으로 유학을 떠났다. 그는 그곳에서 서양의 법학과 철학을 깊이 있게 배우면서 서구 문화를 이해하는 폭을 넓혔다. 동시에 베다, 바가바드 기타, 기독교 경전 등 다양한 종교 경전들을 탐독하며 정신적인 탐구에도 매진했다. 특히 런던에서의 생활은 간디가 채식주의를 더욱 철저히 지키고, 자신의 종교적 신념을 심화시키는 중요한 전환점이 되었다. 이 시기를 통해 그는 단순히 법률가가 되는 것을 넘어, 인간과 사회의 근본적인 문제들에 대해 깊이 고민하기 시작했다.

● 남아프리카에서 비폭력 저항을 탄생시키다

1893년, 간디는 남아프리카로 건너갔고, 그곳에서 인도 이민자들이 겪는 심각한 인종차별 문제에 직면하게 됐다. 그는 직접 기차에서 백인에게 좌석을 빼앗기고 모욕을 당하는 등 차별을 경험하며, 이 문제를 해결하기 위한 투쟁에 나서기로 결심했다.

간디는 이 과정에서 '사티아그라하', 즉 진실과 사랑의 힘으로 폭력 없이 저항하는 자신만의 비폭력 저항 방식을 고안하고 점진적으로 발전시켰다. 그는 인도인들의 기본적인 권리 옹호를 위해 무려 21년간 남아프리카에서 활동하며 자신의 신념을 실천했다. 이러한 경험들은 훗날 전 세계적으로 알려진 '비폭력 시민 불복종 운동'의 확고한 기초를 다지는 중요한 계기가 되었다.

● 인도 독립을 향한 위대한 발걸음을 내딛다

1915년, 간디는 고국 땅을 다시 밟았고, 그가 남아프리카에서 정립한 비폭력 저항 운동인 사티아그라하를 인도 독립 운동의 핵심 전략으로 삼았다. 그는 이 비폭력 저항을 단순한 외침으로 그치지 않았다. 직접 대중들과 함께 움직이는 상징적인 캠페인들을 기획하고 이끌었는데, 대표적인 것이 바로 '소금 행진'과 '비협력 운동'이었다.

영국 식민 정부의 부당한 소금 전매권에 맞선 소금 행진은 수많은 인도의 평범한 사람들을 거리로 나오게 했고, 비협력 운동을 통해 영국 제품 불매와 학교, 관공서 거부 같은 운동을 벌이면서 강력한 식민 통치에 정면으로 도전했다. 이러한 간디의 비폭력 운동은 단순히 영국으로부터 정치적인 독립을 쟁취하려는 투쟁을 넘어섰다. 그는 인도 사회 내부에 뿌리 깊게 박혀 있던 카스트 제도나 종교 갈등 같은 사회 문제까지 아우르며, 인도의 정신적, 도덕적 자립을 꿈꾸는 훨씬 더 큰 그림을 그렸다.

간디는 어떠한 형태의 폭력도 단호히 거부하고, 오직 사랑과 진리의 힘만이 불의하고 부당한 권력에 효과적으로 저항할 수 있다고 온몸으로 보여주며 사람들을 가르쳤다.

● 독립을 선물하고 영원히 잠들다

간디의 헌신적인 노력과 끈질긴 희생 덕분에, 마침내 인도는 1947년 오랜 식민 통치에서 벗어나 독립을 쟁취할 수 있었다. 그러나 독립의 기쁨도 잠시, 그는 인도가 종교적인 이유로 분리 독립되고 이로 인해 걷잡을 수 없는 종교 갈등이 격화되는 상황에 깊이 탄식하며 비통해했다.

독립 이후에도 힌두교도와 이슬람교도 간의 화합을 위해 마지막까지 끊임없이 애썼으며, 모든 폭력을 지양하고 평화와 통합의 메시지를 지속적으로 외쳤다. 비록 1948년 비극적인 암살로 그의 육체는 사라졌지만, 그가 남긴 정신과 가르침은 오늘날까지도 역사 속에 남아 많은 사람에게 영감을 주고 있다.

● 오늘날로 이어지는 메시지

강한 힘을 가져야 세상을 바꿀 수 있다는 생각이 여전히 많은 선택을 지배하고 있다. 간디는 폭력과 지배의 논리를 거부하며, 스스로의 삶을 통해 비폭력과 절제의 힘을 증명했다. 그에게 진정한 변화는 타인을 억압하는 데서가 아니라, 자기 자신을 통제하는 데서 시작되었다.

오늘날 학생에게 간디의 삶은 말해준다. 가장 위대한 힘은 스스로를 지배하는 능력이라는 것이다.

▶ 나는 목표를 이루기 위해 어떤 수단을 선택하고 있는가?

▶ 결과만큼 과정도 중요하다고 말할 수 있는가?

이는 윤리·사회·리더십 중심 세특 활동으로 연결될 수 있다.

● 주요 철학 사상

1) 사티아그라하(Satyagraha)

간디의 철학 중 가장 핵심적인 개념이다. 이는 '진리'를 뜻하는 사티아(satya)와 '고집', '힘'을 뜻하는 아그라하(agraha)의 합성어로, '진리에 대한 고집', 즉 '진실의 힘'을 의미한다. 사티아그라하는 불의에 대해 비폭력적인 방식으로 저항하고 투쟁하는 것을 뜻하며, 단순히 소극적인 불복종이 아니라 사랑의 힘으로 상대를 변화시키려는 적극적인 운동이다. 이 사상 안에는 비폭력, 시민 불복종, 그리고 부당한 체제와의 비협력 등 다양한 실천적 방법론이 유기적으로 통합되어 있다.

2) 아힘사(Ahimsa)

간디의 아힘사 사상은 불살생(不殺生)을 핵심으로 하는 비폭력주의를 의미한다. 이는 단순히 생명을 죽이지 않는 것을 넘어 모든 생명을 존중하고 그 어떤 형태로도 해치지 않겠다는 정신이다. 아힘사는 신체적인 폭력뿐만 아니라, 상대방에게 상처를 주는 언어적 폭력이나 정신적인 폭력까지 포함하여 모든 형태의 폭력을 단호히 거부하는 사상이다. 간디는 이러한 아힘사를 자신의 핵심 철학인 사티아그라하를 실천하는 데 있어 매우 중요한 원리로 삼았다.

3) 스와데시(Swadeshi)

스와데시는 자신민의 힘으로 일어서는 자립과 우리 것이 좋은 것이라는 국산품 애용 정신을 담고 있다. 이 사상은 영국 식민 통치에 맞서 구체적으로 영국 상품을 사지 않는 불매 운동으로 실천되었다. 이를 통해 간디는 인도인들의 경제적인 자립 능력을 키우고, 민족으로서의 자긍심을 높이려고 노력했다. 결국 스와데시는 영국의 식민 지배에 대항하는 단순한 경제적 저항을 넘어, 인도의 정신적 독립과 정체성을 확립하는 중요한 수단이 되었다.

4) 만민의 복지(Sarvodaya)

만민의 복지는 모든 사람의 행복과 평등을 가장 중요한 가치로 여기며 추구하는 철학이다. 간디는 누구도 소외되거나 차별받아서는 안 되며, 모든 개인이 존엄하게 대우받아야 한다고 믿었다. 특히 간디는 인도 사회에서 수천 년간 사회적으로 소외되고 심각한 차별을 겪었던 '불가촉천민'들의 인권을 높이고 그들이 온전한 평등을 누리도록 노력했다. 이는 단순히 이상적인 목표에 그치지 않고, 빈부 격차를 해소하고 사회의 모든 구성원이 함께 번영하며 통합을 이루는 것을 목표로 삼았다.

간디는 비폭력 불복종 운동인 '사티아그라하'를 통해 영국 식민 통치에 효과적으로 저항했고, 이는 결국 인도 독립으로 이어졌다. 그의 독특한 저항 방식은 단순히 정치적 목표를 달성하는 것을 넘어, 인류가 나아가야 할 윤리적 방향을 제시했다. 제2차 세계대전 이후 아시아와 아프리카의 수많은 국가가 식민 지배에서 벗어나 독립을 쟁취하는 데 간디의 사상은 매우 중요한 정신적 지주가 되었다. 또한, 간디의 사상은 독립 이후 인도가 추구하는 민주주의, 세속주의, 사회 정의와 같은 핵심 가치로 깊이 뿌리내려 인도인들에게 이후 지대한 영향을 미쳤다.

그의 비폭력 저항 방식은 이후 전 세계의 수많은 민권 운동과 평화 운동의 중요한 모델이 되었다. 특히 미국의 마틴 루터 킹 주니어는 간디의 사티아그라하 원리를 미국 흑인 민권 운동에 접목하여 큰 성공을 거두었다. 남아프리카 공화국의 넬슨 만델라 역시 아파르트헤이트(인종차별정책)에 맞서는 투쟁에서 간디의 비폭력 철학으로부터 영감을 받았다. 이처럼 간디의 정신은 국경을 넘어 많은 이들에게 희망과 행동의 지침이 되었으며, 오늘날 현대 사회의 다양한 평화 운동과 사회 정의를 위한 움직임 속에서도 여전히 중요한 의미를 지니며 우리에게 남아 있다.

● 철학 사상 연계 탐구 주제

사티아그라하	▶ 사티아그라하에 기반한 개인의 도덕적 성장과 사회 변화 연구 ▶ 간디의 비폭력 저항 운동과 마틴 루터 킹의 민권 운동과의 비교 분석 ▶ 간디의 사티아그라하 원리를 중심으로 한 현대 사회 비폭력 저항 운동 탐구
아힘사	▶ 간디의 아힘사 사상과 현대 사회 갈등 해결의 접목 탐구 ▶ 간디의 아힘사가 종교 간 화합 및 사회 개혁에 기여한 점 탐구 ▶ 간디의 '아힘사' 원칙이 인도 독립운동에 미친 실제적인 영향과 한계 분석
스와데시	▶ 현대 사회에서 '스와데시' 정신의 재해석 ▶ 간디의 스와데시와 아힘사 사상의 연관성 탐구 ▶ 간디의 '스와데시' 운동이 인도 독립에 미친 경제적, 사회적 영향 분석
만민의 복지	▶기업의 사회적 책임 및 만민 복지 실현 방안 탐구 ▶ 간디의 '만민 복지' 개념과 현대 복지 국가 모델 비교 분석 ▶ 간디의 '만민 복지' 사상이 인도의 농촌 자립 및 사회 통합 운동에 미친 영향 탐구

주제	간디의 사티아그라하 원리를 중심으로 한 현대 사회 비폭력 저항 운동 탐구
탐구 목표	간디의 '사티아그라하' 원리를 이해하고 이론적 배경을 설명하며, 현대 사회의 비폭력 저항 운동 사례를 분석하여 각 사례에 어떻게 적용되었는지 파악할 수 있다.
선정 이유	우리 사회는 크고 작은 갈등과 불의에 직면하며, 이에 대한 저항의 목소리가 끊이지 않고 있다. 이 탐구는 역사 속 인물인 간디의 '사티아그라하'라는 비폭력 저항 원리가 현대 사회의 복잡한 문제들을 해결하는 데 어떤 통찰을 줄 수 있는지 알려줄 수 있다. 비폭력 저항이 폭력적 대립보다 더 근본적이고 지속적인 사회 변화를 이끌어낼 수 있다는 믿음은 시민들이 사회 참여 방식을 탐색하는 데 중요한 기준점이 된다.
서론	간디는 '진실의 힘'을 바탕으로 한 비폭력 저항을 통해 인도의 독립을 이끌어냈으며, 이는 이후 전 세계 수많은 민권 운동과 평화 운동에 지대한 영향을 미쳤다. 본 탐구 활동은 간디의 사티아그라하가 현대 사회의 비폭력 저항 운동에 어떤 형태로 나타나고 있으며, 그 원리가 오늘날 우리에게 주는 의미와 한계는 무엇인지 탐색하는 것을 목적으로 한다. 이 연구를 통해 우리는 효과적인 시민 참여의 길을 모색하고자 한다.
본론	▶ 시대적 배경 조사: 인도에서 사티아그라하가 어떻게 탄생하고 발전했는지 조사 ▶ 핵심 개념 정리: '진리(사티아)', '비폭력(아힘사)', '고난 감수'의 개념 분석 ▶ 사티아그라하의 주요 구성 요소 분석: 비협력, 시민 불복종, 파업, 평화적 시위 등 ▶ 현대 비폭력 저항 운동 사례 분석: 국내와 해외 주요 사례 분석 및 적용 ▶ 현대 비폭력 저항 운동의 특징 및 효과, 한계: 긍정적 효과, 도전과 한계
결론	미래 사회의 시민들은 간디의 비폭력 정신을 계승하면서도, 변화하는 시대적 상황에 맞춰 유연하고 지혜로운 저항 방식을 지속적으로 탐색해야 한다. 이 연구는 사회적 불의에 맞서는 개인과 공동체가 효과적인 방안을 모색하는 데 도움이 될 수 있다.
심화 탐구 주제	▶ 인공지능 시대의 비폭력 시민 불복종 탐구 ▶ 예술과 문화적 비폭력 저항 사례 분석 및 탐구 ▶ 비폭력 저항이 현대 소비 사회에서 가지는 의미와 효과 분석
토론 주제	▶ '어떠한 상황에서도 폭력을 사용하지 않아야 한다'는 간디의 원칙은 가능한가? ▶ 정당한 비폭력 저항과 불법적인 시위 행위의 경계는 어디까지라고 보아야 하는가? ▶ 정보통신기술의 발전이 비폭력 저항 운동의 성공 가능성을 높인다고 볼 수 있는가?
교내 후속 활동	▶ 세계사: '간디의 비폭력 저항 운동' 관련 독서 토론 활동 진행 ▶ 자율·자치활동: 비폭력 원리에 기반한 평화적인 학교폭력예방 캠페인을 기획하고 실행 ▶ 진로활동: 현대 사회 비폭력 저항 운동의 다양한 면모를 살펴보는 활동 진행

마하트마 간디
(Mahatma Gandhi, 1869~1948)

2. 교과 연계 탐구활동 (세계사, 윤리와 사상)

● 세계사

성취기준	[12세사03-04] 아시아와 아프리카 지역에서 전개된 국민 국가 건설 운동의 양상과 성격을 비교한다.
주요내용	20세기 초 영국의 식민 지배를 받던 인도에서 마하트마 간디가 전개한 독립 운동을 세계사적 관점에서 다룬다. 간디의 비폭력 불복종 운동인 '사티아그라하'가 어떻게 인도 독립을 이끌어냈는지, 그리고 이러한 간디의 사상과 실천이 아시아·아프리카의 다른 민족 운동 및 탈식민화 과정에 어떤 영향을 미쳤는지 탐구한다. 또한, 폭력적 저항과 대비되는 비폭력 저항의 특징과 그 효과를 역사적 맥락에서 비교 분석한다.
교과연계 탐구주제	▶ 간디의 비폭력 독립 운동이 다른 국가의 민족 운동에 미친 영향 비교 분석 ▶ 간디의 사상이 20세기 식민지 국가들의 민족주의에 미친 역사적 의미 탐구 ▶ 간디와 다른 민족 운동의 저항 방식 비교를 통한 20세기 독립운동의 다양성 이해

● 윤리와 사상

성취기준	[12윤사04-02] 시민의 자유와 권리, 공적 삶과 정치참여에 대한 자유주의와 공화주의의 관점을 비교·고찰하고, 시민과 공동체의 바람직한 관계를 모색할 수 있다.
주요내용	마하트마 간디의 핵심 사상인 '사티아그라하(비폭력 저항)'와 '아힘사(비폭력주의)'의 철학적, 윤리적 의미를 깊이 있게 탐구한다. 간디의 사상이 불의에 저항하는 개인의 윤리적 자세, 그리고 이상적인 사회 건설을 위한 도덕적 실천 원리로서 어떤 가치를 지니는지 분석한다. 또한, 현대 사회의 다양한 윤리적 갈등 상황에 간디의 사상을 적용하여 우리 시대의 문제를 해결하는 데 어떤 통찰을 얻을 수 있는지 고찰한다.
교과연계 탐구주제	▶ 간디의 '사티아그라하'에 내재된 윤리적 정당성 분석 ▶ 개인의 양심과 국가 권력 사이의 윤리적 딜레마 탐구 ▶ 현대 사회의 갈등 상황에서 간디의 사상을 통한 윤리적 해결 방안 모색

3. 독서 연계 탐구활동

● 추천 도서 목록

추천 도서 목록

▶ 간디의 편지 (마하트마 간디(이현주 역), 원더박스, 2018)

▶ 간디 자서전-나의 진실 추구 이야기 (마하트마 간디(박홍규 역), 문예출판사, 2020)

▶ 간디, 나의 교육철학 (마하트마 간디(고병헌 역), 문예출판사, 2006)

▶ 마을이 세계를 구한다 (마하트마 간디(김태언 역), 녹색평론사, 2011)

▶ 마하트마 간디 평전 (이정호, 한국외국어대학교출판부, 2013)

▶ 날마다 한 생각 (마하트마 간디(함석헌, 진영상 역), 삼인, 2019)

독서 연계 탐구 활동	
도서명	간디의 편지(마하트마 간디(이현주 역), 원더박스, 2018)
	1930년 예라브다 형무소에 수감되었을 때 그는 수행 공동체에서 지켜야 하는 기본 계율에 대한 열다섯 편의 에세이를 편지로 적어 보낸다. 여기에 출소 후 쓴 에세이 한편이 더해져 모두 열여섯 편의 글이 책으로 묶여 출간된다. 그는 이 책에서 진실, 비폭력, 절제, 무소유, 관용, 겸손, 서약 등 지금 우리가 되새겨야 할 삶의 주제들에 대해 깊고도 명확한 지혜를 전한다.
핵심 키워드	비폭력, 불복종, 무소유, 관용, 겸손
탐구 주제	▶ 간디의 비폭력 사상의 현대적 의미 탐구 ▶ 간디의 사상이 현대 사회에 미치는 영향 탐구 ▶ 종교적 가치와 사회 운동의 연관성 분석 및 탐구 ▶ 간디의 사례를 바탕으로 개인의 헌신이 공동체와 리더십에 미치는 영향 탐구 ▶ 간디의 절제와 무소유 정신이 소비주의 사회와 환경 위기에 주는 시사점 탐구
토론 쟁점	▶ 비폭력 사상은 현대 사회에서도 유효한 것인가? ▶ 간디의 자기 절제는 21세기 청소년에게도 필요한 덕목인가? ▶ 현대 사회에서 도덕적 리더십과 정치적 리더십 중 무엇이 더 효과적인가?
후속 활동	▶ 한국사: 간디와 한국의 독립 운동가 비교 탐구 보고서 작성 활동 ▶ 윤리와 사상: 나에게 쓰는 '성찰 편지' 작성하기 활동 ▶ 자율·자치활동: 폭력 없는 학교 만들기 캠페인 기획 활동

마하트마 간디
(Mahatma Gandhi, 1869~1948)

● 독서 연계 탐구활동 예시

탐구 주제		간디의 사상이 현대 사회에 미치는 영향 탐구
탐구 자료		▶ 간디의 원전 자료 - 〈간디의 편지〉, 〈간디 자시진〉 등 분석 ▶ 현대 비폭력 운동 관련 기사 – 정치·시민 사회 단체의 평화시위 연구 자료 확인 ▶ 〈세계사〉 교과서 – 인도 독립운동, 비폭력 저항운동 개념 학습 자료
탐구 개요	서론	간디는 20세기 인도 독립운동의 핵심 인물이지만, 그의 사상은 단순히 역사적 사건에 머무르지 않고 오늘날 갈등 해결, 인권 운동, 시민 참여, 환경 문제 등 다양한 영역에서 계속 언급되고 있음. 간디의 핵심 사상이 현대 사회에 어떤 영향을 미치고 있으며, 왜 여전히 유효한지 알아보고자 함.
	본론	▶ 간디 사상의 핵심 원리 정리 및 분석 ▶ 인권·시민운동, 사회·환경운동 사례를 바탕으로 한 현대 적용 사례 분석 ▶ 3.1운동의 비폭력 정신과의 유사성 탐구하여 국내에 미친 영향 분석 ▶ 간디 사상이 현대에 끼친 영향과 의의 분석 ▶ 간디 사상이 지니고 있는 한계 분석

탐구 개요	결론	간디 사상은 현대 사회에서 빈번히 발생하는 갈등·폭력·분열 문제를 해결하는 접근법으로 여전히 의미가 크며, 오늘날에도 '가치 중심 행동'이 필요함을 보여주는 살아 있는 사상이므로 현대 사회에서도 선택적으로 적용 가능한 중요한 윤리적 자원임을 이해하고 계승시켜 나가려고 노력해야 함.
후속 활동		▶ 사회와 문화: '비폭력으로 사회 문제 해결하기' 토론 및 역할극 활동 ▶ 통합사회: '간디와 탈식민주의'와 관련한 역사적 영향 분석 활동 ▶ 자율·자치활동: '간디의 관용으로 본 다문화 사회의 과제' 캠페인 기획 활동 ▶ 동아리활동: '무소유와 절제, 현대적 삶의 방식 제안' 관련 토론 활동

4. NIE 연계 활동

● 신문 읽기 & 연결 사유 찾기

'간디 정신' 인천서 다시 꽃 피운다 (인천일보, 2025.09.07.)

이 기사는 마하트마 간디의 비폭력·평화 사상을 현대 사회에 되살리고자, '비폭력 저항과 사회적 변화, 국제 정의 운동과 간디 정신'을 주제로 인천에서 개최되는 컨퍼런스를 소개하고 있다. 학자들이 간디의 비폭력·평화 철학을 어떻게 해석하고, 이를 오늘날 한국 사회 및 동아시아 맥락에서 어떻게 적용할 수 있을지 논의함으로써 간디의 정신과 사상을 현대 사회에 효과적으로 활용할 수 있을지 고민해 보자는 내용이다.

비폭력으로 만들어간 인류 평화의 여정... (매일경제, 2012.05.09.)

이 기사는 간디·킹·이케다 평화 건설의 유산전 전시회를 소개하며, 세 인물(마하트마 간디, 마틴 루터 킹, 이케다 다이사쿠)의 비폭력과 평화 사상을 조명하고 있다. 서로 다른 문화와 대륙 출신이지만, 이 세 인물은 '비폭력을 통한 평화'라는 공통된 철학 아래 인류 보편의 존엄성과 자유를 지키려 했다는 점이 강조된다. '깊은 인류애', '비폭력', '원칙을 행동으로', '역경과 저항' 등의 키워드로 오늘날 우리 사회에 시사점을 준다.

비판 정신에 입각한 간디의 사상과 일생 (서울경제, 2024.02.16.)

이 기사는, 간디 평전을 소개하며 기존의 '불변하는 위대한 인물'이라는 고정된 틀을 거부하며 간디를 새롭게 재검토해야 한다고 주장하고 있다. 이 평전이 강조하는 것은 간디에게서 우리가 배울 수 있는 것은 '시대를 관통하는 비판 정신'이라는 점이며, 동시에 저자는 간디 자신에게도 비판적 관점을 유지해야 한다고 말한다. 간디를 맹목적 숭배가 아니라 현실과의 접점 속에서 간디를 바라봐야 한다고 역설하고 있다.

● 시사 이슈

▶ 기후 위기 시대의 '무소유와 절제' 그리고 지속 가능한 삶은 무엇인가?
▶ 간디의 비폭력 시민 불복종이 어떤 정당성과 효용성을 가질 수 있는가?
▶ 간디의 보편적 인류애와 종교 간 화합 정신이 국제 사회의 분쟁을 해결할 수 있는가?

'간디 정신' 인천서 다시 꽃 피운다(인천일보, 2025.09.07.)
- 간디의 비폭력 정신은 현대 민주주의를 회복할 수 있는 실질적인 해법이 될 수 있는가? -

찬성

간디의 비폭력 철학은 도덕적 설득과 사회적 합의를 통해 변화를 이끌어내는 힘이 있다. 현대 사회의 다양한 갈등과 대립 상황에서 비폭력적인 방식으로 서로의 의견을 존중하고 대화하며, 정의로운 사회를 건설하는 데 기여할 수 있다.

반대

엘리트와 돈은 현대 민주주의를 훼손하는 강력한 힘이다. 비폭력 운동이 거대한 경제적, 정치적 권력의 영향력을 극복하고 시스템 자체를 변화시키는 데는 현실적인 제약이 많다. 대규모 조직력과 자본에 밀려 효과적 대응이 어려울 수 있다.

비판 정신에 입각한 간디의 사상과 일생(서울경제, 2024.02.16.)
- 위대한 역사적 인물의 사상을 비판적으로 재조명하는 것은 긍정적인가? 부정적인가? -

》》 긍정적 입장

비판적 재조명은 역사적 인물을 맹목적으로 숭배하는 것을 막고, 그들의 사상과 행동을 시대적 맥락과 함께 성찰적으로 이해하게 돕는다. 현대 사회의 다양한 문제에 어떻게 유효한지 혹은 유효하지 않은지를 깊이 있게 고민해야 한다.

》》 부정적 입장

역사를 현재의 잣대로만 평가하는 것은 한계가 있다. 당시 시대적 상황이나 인물이 처했던 특수한 맥락을 무시하고 현재의 가치관으로 인물을 비판하는 것은 자칫 공정하지 못한 평가로 이어질 수 있으며, 본질적인 가르침을 흐리게 한다.

마하트마 간디
(Mahatma Gandhi, 1869~1948)

● 사고의 확장

▶ 개인과 공동체가 '진실'을 분별하고 옹호하기 위해 어떻게 해야 할 것인가?

▶ 가짜 뉴스가 만연한 현대 사회에서, 간디의 정신은 어떤 효과가 있을 것인가?

▶ 현대 사회에서 사회의 지속 가능성과 회복력을 높일 수 있는 방안은 무엇인가?

▶ 간디의 비폭력 정신을 시스템적 불평등에 맞서 변화를 이끌어내는 데 어떻게 적용할 것인가?

▶ 대화와 이해를 통해 문제를 해결하려는 간디 정신은 사회적 합의를 도출하는 데 기여 가능한가?

5. 세특 예시

간디의 비폭력 정신은 현대 민주주의를 회복할 수 있는 실질적인 해법이 될 수 있는가?를 주제로 한 찬반 토론에서 '간디의 편지'라는 책을 읽고 '현대 사회의 다양한 갈등과 대립 상황에서 비폭력적인 방식으로 서로의 의견을 존중하고 대화하며, 정의로운 사회를 건설하는 데 기여할 수 있다'라는 논거로 찬성 입장을 논리적으로 제시함. 스스로 설정한 질문에 대해 다양한 관점을 바탕으로 분석을 이어가며 결론에 이르기까지 독창적 사고와 깊이 있는 해석력을 보여줌.

11 막시밀리안 카를 에밀 베버

(Maximilian Carl Emil Weber, 1864~1920)

1. 현대 사회의 분석가, 합리성으로 세상을 이해하다

● 학자 가문에서 태어나 '사색의 씨앗'을 키우다

막스 베버는 1864년 독일 에르푸르트에서 태어났다. 그의 아버지는 국회의원으로 정치에 깊이 관여했으며, 어머니는 경건한 신교도로 가정에 종교적인 분위기를 형성했다. 베버는 어린 시절부터 이러한 지적인 환경 속에서 자유로운 토론과 학문에 대한 관심을 자연스럽게 키웠다. 정치, 학문, 그리고 종교라는 서로 다른 영역이 복합적으로 얽힌 집안 분위기는 그의 사고방식에 큰 영향을 주었다.

이처럼 그의 유년기는 세상의 복잡한 면모를 이해하고 깊이 있는 질문을 던지는 중요한 토대가 되었다.

● 시련과 고통이 선물한 '성찰의 시간'

베버는 하이델베르크와 베를린 등 여러 유수한 대학에서 법학, 경제학, 역사학, 철학을 넘나들며 폭넓은 학문을 탐구했다. 성공적인 학자의 길을 걸어 대학교수가 되었던 그는 1897년에 인생의 큰 전환점을 맞게 된다. 그해 그는 아버지와의 깊은 갈등과 지나친 학문 연구로 인한 과로로 심각한 신경쇠약에 시달리게 된다. 이로 인해 오랜 기간 학문 활동을 이어가지 못하는 개인적인 좌절을 겪어야 했다.

그러나 이 고통스러운 시기는 베버에게 이전과는 차원이 다른 깊은 사색과 성찰의 시간을 선물하며, 그의 사상을 더욱 심화시키는 계기가 되었다.

● '합리성'이라는 열쇠를 찾아서

긴 투병의 고통 속에서도 베버는 학문 연구에 다시 깊이 몰두하기 시작했다. 이 시기에 그는 자신만의 독창적인 사회학적 핵심 개념들을 본격적으로 발전시켜 나갔다.

베버는 근대 사회가 점차 이성적이고 효율적인 시스템으로 조직화되는 '합리화' 과정에 깊이 주목했다. 나아가 그는 사회 현상을 단순히 겉으로만 관찰하는 것을 넘어서야 한다고 보았다. 행위자의 주관적인 의도와 의미를 이해하려는 '이해 사회학'의 필요성을 강조하며 새로운 지평을 열었다.

● 학문과 가치, 그 위대한 분리를 이뤄내다

1905년에 발표된 베버의 대표작 중 하나인 <프로테스탄티즘의 윤리와 자본주의 정신>은 사회학 분야에 엄청난 영향을 미쳤다. 이 책에서 베버는 현대 자본주의가 어떻게 형성되고 발전해 왔는지를 단순히 경제적인 관점에서만 본 것이 아니라, 종교적인 윤리, 특히 프로테스탄트, 그중에서도 칼뱅주의의 직업 소명 의식 같은 가치관이 자본주의 정신 형성에 어떤 영향을 주었는지를 아주 심도깊게 분석했다.

그는 사람들이 노동을 단순한 생계 수단이 아니라 신으로부터 부여받은 '소명'으로 여기고 성실하게 일하며 절약하는 태도가 현대 자본주의의 근간을 이루는 정신적인 토대가 되었다고 보았다. 이런 그의 연구는 역사와 사회 현상을 이해하는 데 있어서 경제적인 요인 외에 문화적, 정신적인 요소들이 얼마나 큰 영향을 미치는지를 보여주며, 인문학과 사회과학 전반에 새로운 지평을 열었다는 평가를 받았다.

더불어 베버는 '학문 활동에서 연구자의 주관적인 가치판단을 철저히 배제해야 한다고 강조했다.' 그는 사실을 객관적으로 분석해야만 한다는 '가치중립' 원칙을 강력하게 주장했다.

● 정치 참여와 현실을 통찰하다

베버는 학문과 정치 영역에서 서로 다른 원칙을 강조했다. 학문 연구에서는 철저한 가치중립을 주장했지만, 현실 정치에서는 주저 없이 적극적인 참여를 보여줬다. 제1차 세계대전이 끝나고 독일 사회가 혼란에 빠졌을 때, 새로운 민주 공화국인 바이마르 공화국이 수립되는 과정은 독일의 미래를 결정짓는 아주 중요한 시기였다. 그는 이 역사적인 헌법 제정 과정에 깊이 관여하며 자신의 정치적 신념을 현실에 반영하고자 노력했다. 또한 혼란스러운 상황 속에서 국가의 안정과 질서를 위해 강력한 지도력이 필요하다고 보았다.

그는 이러한 '정치 참여'를 통해 단순한 학자로서의 분석을 넘어 자신의 정치적 신념과 이상을 현실에 구현하고자 했다.

● 오늘날로 이어지는 메시지

효율과 성과가 강조되는 사회일수록, 우리는 왜 이 일을 해야 하는지에 대한 질문을 놓치기 쉽다. 막스 베버는 사회를 움직이는 힘이 단순한 제도나 경제가 아니라, 사람들이 무엇을 의미 있고 가치 있다고 믿는가에 달려 있음을 밝혀냈다. 그는 합리성이 사회를 발전시키는 동시에, 인간을 규칙 속에 가둘 수도 있음을 경고했다.

오늘날 학생에게 베버의 메시지는 분명하다. 성공의 방식뿐 아니라, 그 방향과 의미를 함께 고민해야 한다는 것이다.

▶ 나는 왜 이 목표를 향해 나아가고 있는가?

▶ 합리성과 효율 속에서 놓치고 있는 가치는 무엇일까?

이 질문은 사회·윤리·진로 탐구형 세특 활동으로 확장될 수 있다.

● 주요 철학 사상

1) 합리화

막스 베버는 서구 사회가 점차 이성적이고 효율적인 방식으로 조직화되는 '합리화' 과정을 겪고 있다고 분석했다. 이 합리화는 과거의 전통적이고 비합리적인 요소들이 서서히 사라지고, 새로운 가치 체계가 등장하는 현상을 의미한다. 그 결과, 사회의 모든 영역에서 계산 가능성, 최대 효율성, 그리고 정확한 예측 가능성이 중요하게 여겨지기 시작했다. 베버는 바로 이러한 합리화 과정이 현대 사회가 지니는 독특한 특징과 본질을 형성한다고 보았다.

2) 이해 사회학

막스 베버는 사회 현상을 겉으로만 객관적으로 관찰하는 것을 넘어서는 것이 중요하다고 보았다. 그는 행위 주체가 자신의 행동에 부여하는 '의미'를 파악하는 것이 필수적이라고 강조했으며, 이것이 바로 '이해 사회학'의 핵심이다. 베버는 인간의 다양한 사회적 행위가 단순한 반응이 아니라, 행위자 자신의 주관적인 목적과 가치에서 비롯된다고 분석했다. 따라서 사회학 연구는 이러한 행위 이면에 숨겨진 '의미 지향성'을 깊이 탐색하고 해석해야 한다고 주장했다.

3) 이념형

막스 베버는 사회 현상을 효과적으로 분석하기 위한 방법론으로 '이념형'을 제시했다. 이념형은 현실 세계에 완벽하게 존재하지는 않지만, 특정 현상의 핵심 특징들을 개념적으로 정제하고 구성한 '순수한 사유상'이다. 이는 실제 현상들의 여러 특징을 선택적으로 결합하여 논리적으로 통일된 형태로 만들어진 도구이다. 베버는 이 이념형을 활용하여 복잡하고 다양한 현실 현상들을 비교 분석하고, 이를 더욱 명확하게 설명할 수 있다고 보았다.

4) 가치중립

막스 베버는 학문적 연구는 연구자의 개인적인 '가치판단'에서 벗어나 자유로워야 한다고 역설했다. 그는 학자들이 자신의 주관적인 가치관으로 특정 현상을 옹호하거나 비판해서는 안 된다고 강조했다. 대신 학문은 객관적인 사실 관계와 그 안에 숨겨진 인과관계를 철저히 탐구하는 데 집중해야 한다고 설명하며 학문의 객관성과 중립성을 철저히 지키는 것이 가장 중요하다고 보았다. 이러한 자세야말로 학문적 진실성과 신뢰성을 확보할 수 있는 유일한 길이라고 그는 생각했다.

막시밀리안 카를 에밀 베버
(Maximilian Carl Emil Weber, 1854~1920)

막스 베버는 칼 마르크스, 에밀 뒤르켐과 더불어 현대 사회학의 근간을 세운 거장으로 평가받는다. 그는 사회 현상을 단순히 외적인 통계나 구조로만 파악하는 데 그치지 않고, 행위자들의 주관적인 의미와 동기를 이해하려는 '이해 사회학'이라는 독특한 방법론을 제시했다. 이러한 접근 방식은 사회과학 연구의 지평을 넓히고 깊이를 더하는 데 결정적인 역할을 했다. 베버가 제안한 '이념형' 개념은 복잡하고 다면적인 현실을 분석하고 비교하는 데 매우 유용한 분석 도구로 기능했다. 이 도구를 통해 학자들은 특정 현상의 본질적인 특징을 추려내 명확하게 이해할 수 있었다.

막스 베버는 단순히 과거의 역사를 해석하는 데 머무르지 않고, '합리화'라는 개념을 통해 현대 사회가 나아갈 본질적인 방향과 미래를 예리하게 통찰했다. 그는 서구 사회에서 관료제, 자본주의, 과학 기술 등이 점차 합리적인 방식으로 재편되는 현상을 깊이 있게 분석했다. 이러한 베버의 사상은 오늘날까지도 사회학, 정치학, 경제학 등 여러 학문 분야에서 중요한 논의의 출발점이 되고 있다. 그의 개념과 분석 방식은 우리가 현대 사회의 다양한 측면을 이해하고 설명하는 데 여전히 강력한 틀로 사용되고 있다. 그의 영향력은 시대를 초월하여 우리의 사고를 끊임없이 자극하고 있다.

● 철학 사상 연계 탐구 주제

합리화	▶ 현대 사회의 '관료제' 속 합리성과 비인간성 연구 ▶ 문화적 다양성과 합리성의 상대적 비교 분석 및 탐구 ▶ AI와 기술 발전이 가져오는 '합리화'의 미래와 그림자 탐구
이해 사회학	▶ 사회적 논쟁 속 '서로 다른 이해관계' 탐색 ▶ 역사적 인물 연구를 통한 '행위의 의미' 재구성 및 분석 ▶ 청소년 소비 트렌드를 베버의 '이해 사회학'적 관점에서 분석
이념형	▶ 미디어 속 '이상적인 학생상' 이념형 분석과 현실 비교 탐구 ▶ 현실 속 인물 사례를 바탕으로 리더십 스타일의 '이념형' 분석 ▶ 현대 사회의 '공정한 게임 규칙'을 막스 베버의 이념형과 연계 분석
가치중립	▶ '가치개입'과 '가치중립'의 역할 비교 분석 탐구 ▶ 현대 사회의 사회적 쟁점 보도에서 '가치중립성' 분석 ▶ **혐오 표현과 가짜 뉴스 시대 언론의 '가치중립' 가능성 탐구**

주제	혐오 표현과 가짜 뉴스 시대 언론의 '가치중립' 가능성 탐구
탐구 목표	언론 및 미디어가 혐오 표현과 가짜 뉴스에 대응하는 과정에서 '가치중립' 원칙을 적용하는 것의 타당성과 한계를 다각도로 평가할 수 있다.
선정 이유	혐오 표현과 가짜 뉴스는 현대 사회에서 끊임없이 논란이 되고 있는 심각한 사회 문제이다. 사회학자 베버의 이론을 통해 언론, 윤리, 사회 문제 등 다양한 분야를 아우르며 통합적인 사고를 기를 수 있다. 또한 언론의 역할과 정보의 진위 여부를 스스로 판단하며 미디어 리터러시 능력을 키우는 데 도움이 되며, 현대 시민으로서 어떤 태도를 가져야 할지 고민하며 사회 참여 의식을 높일 수 있다.
서론	베버는 학문 활동에서 연구자의 주관적인 가치판단을 배제하고 사실을 객관적으로 분석해야 한다고 주장했다. 과연 이 '가치중립' 원칙이 혐오 표현과 가짜 뉴스로 혼란스러운 현대 사회에서 언론과 미디어가 나아가야 할 바람직한 방향을 제시할 수 있을까? 아니면 잘못된 정보를 비판하는 데 소극적인 태도를 유발하여 문제 해결을 방해할 수도 있을까? 본 탐구는 이 질문에 대한 답을 찾아보고자 한다.
본론	▶ 시대적 배경 조사: 믹스 베버의 '가치중립' 원칙 자세히 알아보기 ▶ 핵심 개념 정리: 주관적 편견 배제, 객관적 사실 탐구의 중요성, 사실과 가치 구분 ▶ 혐오 표현과 가짜 뉴스의 실체 분석: 혐오 표현의 정의, 특징, 실제적 피해 사례 ▶ '가치중립' 원칙을 적용한 언론 보도의 명과 암: 긍정적 측면과 한계점 분석 ▶ 언론의 역할에 대한 다양한 시각 탐색: 적극적 개입론과 신중론 상호 비교 분석
결론	현대 미디어와 언론은 베버의 '가치중립'이 지향하는 '객관성'과 '사실성'을 기본으로 하되, 혐오 표현과 가짜 뉴스에 대해서는 더욱 적극적인 '사회적 책임'을 다하는 윤리적 자세가 필요하다.
심화 탐구 주제	▶ 해외 언론사의 구체적 사례 연구 ▶ 표현의 자유와 규제의 경계 상호 비교 분석 ▶ 인공지능의 가짜 뉴스 판별 기술의 새로운 윤리적 문제 탐구
토론 주제	▶ 표현의 자유는 혐오 표현에도 적용되어야 하다고 생각하는가? ▶ 언론이 중립을 지키는 것은 '원칙 준수'인가, 아니면 '사회적 책임 회피'인가? ▶ 인공지능이 가짜 뉴스를 판단하는 역할을 맡는 것에 대해 어떻게 생각하는가?
교내 후속 활동	▶ 정치: 혐오 표현 및 가짜 뉴스에 대응하는 '미디어 리터러시 향상' 프로젝트 기획 ▶ 동아리활동: 지속적으로 사회 이슈를 분석하고 캠페인 활동 전개 ▶ 진로활동: 소셜 미디어 가이드라인 제작 활동, '모의 언론 보도' 활동

막시밀리안 카를 에밀 베버 (Maximilian Carl Emil Weber, 1864~1920)

2. 교과 연계 탐구활동 (정치, 독서와 작문)

● 정치

성취기준	[12정치02-02] 민주 정치에서 정당의 의미와 역할을 탐구하고, 다양한 정치 참여의 방법을 비교, 분석한다.
주요내용	전통적 지배, 카리스마적 지배, 합법적 지배가 무엇인지 이해하고, 각각의 특징과 한계를 살펴본다. 현대 국가 행정에서 관료제가 어떤 역할을 하는지, 그 효율성과 동시에 나타나는 비판점(비인간성, 경직성 등)을 학습한다. 베버가 제시한 '신념 윤리'와 '책임 윤리' 개념을 통해 정치인의 의사 결정과 시민의 정치 참여에 필요한 윤리적 자세를 고민한다.
교과연계 탐구주제	▶ 현대 사회에서 나타나는 '카리스마적 지배' 사례 연구 ▶ 대한민국 정부 조직의 '관료제' 특성 분석 및 개혁 방향 탐색 ▶ 정치인의 '신념 윤리'와 '책임 윤리' 사이의 갈등 사례 탐구 및 분석

● 독서와 작문

성취기준	[12독작01-08] 사회적·역사적 현상이나 쟁점 등을 다룬 사회·문화 분야의 글을 읽고 사회·문화적 사건이나 역사적 인물에 대한 관점을 담은 글을 쓴다.
주요내용	베버의 사상을 바탕으로 현대 사회 현상을 분석하고 자신의 관점을 논리적으로 전개하는 논술문, 보고서 등을 작성한다. 베버의 개념을 적용한 사회 문제에 대해 다양한 관점을 이해하고, 자신의 주장을 근거로 들어 설득력 있게 제시하며 토론하는 활동을 진행한다. '합리화', '관료제', '가치중립', '이념형', '카리스마적 지배' 등 베버의 핵심 개념을 국어적으로 명확하게 이해하고, 문맥에 맞게 활용하는 능력을 기른다.
교과연계 탐구주제	▶ 국내 언론의 '가치중립' 논란 사례 분석 및 해결 방안 토론 ▶ 현대 한국 문학 또는 대중문화 속 '합리화된 관료제' 비판 및 분석 ▶ 막스 베버의 '프로테스탄트 윤리'가 현대 한국 사회에 미친 영향 탐구

3. 독서 연계 탐구활동

● 추천 도서 목록

추천 도서 목록

▶ 프로테스탄트 윤리와 자본주의 정신(막스 베버(박문재 역), 현대지성, 2018)
▶ 소명으로서의 정치(막스 베버(박상훈 역), 후마니타스, 2021)
▶ 사회학의 기초개념(막스 베버(이상률 역), 문예출판사, 2017)
▶ 관료제(막스 베버(이상률 역), 문예출판사, 2018)
▶ 직업으로서의 정치, 직업으로서의 학문(막스 베버(박문재 역), 현대지성, 2024)
▶ 막스 베버 사회과학방법론 선집(막스 베버(전성우 역), 나남, 2011)

	독서 연계 탐구 활동
도서명	프로테스탄트 윤리와 자본주의 정신(막스 베버(박문재 역), 현대지성, 2018)
	베버는 사회과학 분야에서 유명하고, 파격적이며 논쟁이 끊이지 않는 작품인 '프로테스탄트 윤리와 자본주의 정신'을 남겼다. 베버는 근대 자본주의의 기원을 근대 산업혁명과 계몽주의와 합리주의가 아닌 영국과 미국의 청교도에서 찾았다. 그는 근대 노동 윤리와 물질적 성공에 대한 지향성은 영국과 미국에서 활동하였던 칼뱅주의, 감리교, 침례교 등의 개신교가 지니고 있던 윤리에서 나왔다고 설명한다.
핵심 키워드	직업 소명, 금욕주의, 예정설, 자본주의 정신, 개신교 윤리
탐구 주제	▶ 합리화된 사회와 개인의 삶: 베버가 본 현대사회의 양면성 탐구 ▶ 금욕주의와 소비 태도: 베버 윤리와 현대 소비주의의 충돌 연구 ▶ **프로테스탄트 직업 소명과 금욕주의가 오늘날의 소비문화에 미치는 영향** ▶ 프로테스탄트 윤리와 자본주의 정신과 마르크스주의적 유물론 비교 탐구 ▶ 칼뱅주의의 프로테스탄트 윤리가 서구 자본주의의 발전에 끼친 영향 분석
토론 쟁점	▶ 직업은 소명인가? 생계를 위한 수단인가? ▶ 금욕주의는 현대 사회에서 여전히 필요한가? ▶ 자본주의 사회는 인간을 더 자유롭게 만드는가? 더 소외시키는가?
후속 활동	▶ 윤리와 사상: 사회 현상에 막스 베버 이론 적용하여 제시하는 활동 ▶ 사회와 문화: 막스 베버와 다른 사회학자 비교 발표하는 활동 ▶ 자율·자치활동: 막스 베버의 금욕주의와 소비 태도 연계한 캠페인 활동

● 독서 연계 탐구활동 예시

탐구 주제	프로테스탄트 직업 소명과 금욕주의가 오늘날의 청년 소비문화에 미치는 영향	
탐구 자료	▶ 학술 논문 - '막스 베버의 칼빈주의 고찰'에서 사례 분석 확인 ▶ 기독 일보 기사 - '막스 베버의 소명론과 금욕주의'를 설명하는 내용 확인 ▶ <윤리와 사상> 교과서 – 사회 사상적 측면에서 자본주의의 개선 방향 학습 자료	
탐구 개요	서론	막스 베버가 강조한 합리성과 효율성이 지금 청년들이 직업 선택이나 경력 개발에 어떤 영향을 미치고 있는지 생각해 볼 수 있음. 열심히 일해서 번 돈으로 소비하며 만족을 찾는다는 막스 베버 시대의 모습이 과연 현대 청년들에게도 동일하게 적용되는지 의문을 던져 볼 수도 있음.
	본론	▶ 베버의 핵심 개념인 직업 소명, 금욕주의, 예정설, 자본주의 정신 등 정리 ▶ 프로테스탄트 직업 소명과 금욕주의와 현대 청년 노동윤리와의 연결 분석 ▶ 프로테스탄트 직업 소명과 금욕주의와 현대 소비 문화 분석 ▶ 현대 청년층의 직업 선택과 노동 윤리에 나타나는 특징 분석 ▶ 현대 사회의 세속적 금욕주의 사례 분석

막시밀리안 카를 에밀 베버
(Maximilian Carl Emil Weber, 1864~1920)

탐구 개요	결론	베버의 프로테스탄트의 윤리인 소명, 금욕주의, 예정설 등은 자본주의 정신의 형성에 큰 영향을 미침. 이 사상은 오늘날 청년 노동 태도와 소비문화에서도 여전히 유의미한 분석 틀을 제공함. 베버 이론은 현대 사회의 윤리적 문제인 소비, 노동, 재정 관리 등을 이해하는 데 중요한 관점을 줌.
후속 활동		▶ 경제: 막스 베버와 마르크스의 자본주의 기원에 대한 관점 비교 활동 ▶ 세계사: 칼뱅의 사상이 근대 시민사회 형성에 미친 영향 탐구 발표 ▶ 진로활동: 베버의 직업관을 바탕으로 '내 인생의 소명' 에세이 작성 ▶ 동아리활동: 그룹별 '베버식 저축 플랜 + 가치 소비 선언문' 만들기 활동

4. NIE 연계 활동

● 신문 읽기 & 연결 사유 찾기

사회학이란 학문은 베버 전과 후로 나뉜다 (조선일보, 2025.06.21.)

이 기사는 '사회학은 베버 이전과 이후로 나뉜다'는 평가와 함께 막스 베버의 사상이 사회학의 분기점이 되었음을 강조하고 있다. 막스 베버는 칼 마르크스와는 달리 경제적 요인만이 아니라 종교·문화·가치관 등 비경제적 요소가 사회 구조에 미치는 영향을 중요시 하였다. 이처럼 막스 베버의 사상은 단순한 이론을 넘어 '정치·사회·문화'를 통합적으로 보는 현대 사회학의 틀을 제공했다는 평가를 받고 있다.

막스베버 선집 '프로테스탄티즘의 윤리와 자본주의 정신' (매일일보, 2021.01.22.)

이 기사는 근대 유럽에서 발생한 자본주의를 프로테스탄티즘, 특히 칼뱅주의 교리 아래 금욕과 근로에 힘쓰는 종교적 생활 태도와 관련지어 설명하고 있다. 베버는 이러한 종교적 생활 태도가 자본 축적의 원동력이 되어 자본주의 발달에 결정적인 영향을 미쳤다고 보았다. 결국, 막스 베버는 눈에 보이는 경제 현상 뒤에 숨겨진 종교적, 문화적 가치관이 근대 사회를 형성하는 데 얼마나 중요한 역할을 했는지 밝혀냈다.

한국 지식사회여, 베버한테 배워라 (한겨레, 2008.02.01.)

이 기사는, 한국의 지식 사회가 처한 혼돈과 무질서를 문제 삼으면서 베버를 통해 반성하고 교훈을 얻자고 제안하고 있다. 한국 사회의 '단절된 학문 분과', '정치·문화의 이원화' '책임없는 지식인' 등의 문제를 지적하며 베버적 통찰이 필요하다고 주장하고 있다. 결론적으로 베버를 통해 '사회 과학은 학문 연구를 넘어서 사회의 문제를 냉철하게 보고 책임을 묻는 역할'을 해야 한다는 메시지를 전달하고 있다.

● 시사 이슈

▶ 관료제의 비인간화와 비효율 문제를 어떻게 해결할 것인가?

▶ 프로테스탄트 윤리의 세속화된 '성과주의'와 노동 문화는 정당한가?

▶ AI와 빅데이터 시대의 '합리성' 극대화와 윤리적 문제를 어떻게 해결할 것인가?

사회학이란 학문은 베버 전과 후로 나뉜다 (조선일보, 2025.06.21.)
- 막스 베버의 사상은 현대 사회학의 틀을 제공하였는가? -

찬성	반대
그의 사상은 복잡한 현대 사회를 이해하고 분석하는 데 필요한 정치, 경제, 문화적 맥락을 동시에 고려하는 통합적인 사고 방식의 중요성을 강조하면서 여러 층위의 요소들이 상호작용하는 결과로 이해되는 현대 사회학의 기본 틀을 마련했다.	베버의 사상이 통합적인 분석 틀을 제공했다고는 하지만, 근대 서구 사회, 특히 프로테스탄티즘이라는 특정 문화적 배경에 기반하고 있다는 한계가 있다. 결국 현대 사회의 급변하는 정치, 사회, 문화적 현상을 모두 담아내지는 못하고 있다.

한국 지식사회여, 베버한테 배워라 (한겨레, 2008.02.01.)
- 막스 베버의 입장을 현대 한국 사회에 적용하는 것은 맞지 않다 -

≫ 적용 가능	≫ 적용 불가능
베버의 입장은 현재 한국의 대학과 학자들이 현실 비판과 사회 문제 해결에 소홀했던 점을 되돌아보게 하는 중요한 준거점이 될 수 있다. 현실에서도 베버처럼 학제 간 장벽을 허물고 학문적 성과를 사회 전반에 영향력 있게 확장해야 한다.	막스 베버가 살았던 시대의 유럽과 현대 한국 사회의 맥락은 크게 다르기 때문에, 현재 한국 지식 사회의 유일한 준거점으로 삼는 것은 무리가 있다. 우리만의 고유한 사회문화적 맥락과 현재의 상황을 면밀히 분석하여 찾아야 한다.

● 사고의 확장

▶ 끝없는 자기계발과 성과 추구가 개인의 삶에 어떤 영향을 미칠 것인가?

▶ 복잡한 현대 문제에서 '가치 중립적인 전문가'의 역할은 여전히 유효할까?

▶ 베버가 말한 카리스마적 지배는 현대 민주주의에 어떤 영향을 미칠 것인가?

▶ 소연결사회에서 베버가 걱정했던 '비인간화'나 '자유의 상실'은 더욱 심화될 것인가?

▶ 베버의 관점에서 지속 가능한 발전이나 환경 보전의 가치를 어떻게 재정립할 수 있을까?

막시밀리안 카를 에밀 베버
(Maximilian Carl Emil Weber, 1864~1920)

5. 세특 예시

막스 베버의 사상은 현대 사회학의 틀을 제공하였는가?를 주제로 한 찬반 토론에서 '프로테스탄트 윤리와 자본주의 정신'이라는 책을 읽고 '베버의 사상이 통합적인 분석 틀을 제공했다고는 하지만, 근대 서구 사회, 특히 프로테스탄티즘이라는 특정 문화적 배경에 기반하고 있다는 한계가 있다.'라는 논거로 반대 입장을 논리적으로 제시함. 평상시 논리적 사고력과 문제해결 능력을 바탕으로 단순한 개념을 넘어 실질적인 해결책을 모색하는 모습을 보였고, 수업활동에서 성실함과 책임감을 보임.

12 맹자
(孟子, B.C. 372~289)

1. 맹자, 인간의 선함을 믿은 도덕의 철학

● 젊은 사상가의 성장과 어머니의 가르침

춘추전국시대의 혼란 속에서 태어난 맹자(孟子)는 "인간이 생겨난 이래로 공자 같은 분은 없었다."라고 말할 만큼 공자의 사상을 깊이 존경하고, 그것을 현실 속에서 실현하고자 했다.

그는 어릴 때부터 총명하고 배우기를 즐겼으며, 어머니의 정성 어린 교육 속에서 자랐다. 맹자의 어머니는 자식이 올바른 환경에서 자라길 바라며 세 번이나 이사를 했는데, 시장 근처에서는 장사꾼의 흉내를 내고, 묘지 근처에서는 곡하는 소리를 따라 하는 아들을 보고 교육의 중요성을 깨달았다. 학교 근처로 이사해 아들이 공부에 전념할 수 있게 했고, 이후 '맹모삼천지교'라는 말이 전해졌다.

맹자는 이런 가르침 속에서 사람의 선한 본성과 바른 길을 믿는 철학의 씨앗을 틔웠다.

● 힘보다 도덕을 중시한 '왕도 정치'의 철학

맹자는 권력보다 도덕을 앞세운 정치를 강조했다. 그는 "백성이 가장 귀하고, 그다음이 나라이며, 군주는 가볍다."라며 백성 중심의 정치관을 제시했다.

군주는 백성을 이롭게 해야 하며, 도덕을 잃은 왕은 따를 이유가 없다고 했다. 이 사상은 부국강병이 국가의 목표였던 시대에 혁명적인 생각으로, 정치의 중심을 백성에게 두려는 선언이었다.

맹자는 여러 나라의 왕들을 찾아다니며 인의(仁義)의 정치를 설득했지만, 많은 이들이 현실의 이익을 좇았다. 그럼에도 그는 사람을 먼저 생각하는 정의로운 세상을 포기하지 않았다. 정치의 목적은 백성의 삶을 돌보는 데 있으며, 진정한 통치는 힘이 아니라 신뢰에서 나온다고 보았다.

● 성선설과 네 가지 착한 마음

맹자는 인간의 본성이 본래 착하다고 보았다. 그는 사람의 마음속에는 선한 씨앗이 있다고 하며, 이를 '사단(四端)'이라 불렀다. 측은지심(惻隱之心): 남을 불쌍히 여기는 마음(인,仁), 수오지심(羞惡之心): 부끄러움을 아는 마음(의,義), 사양지심(辭讓之心): 겸손하게 양보하는 마음(예,禮), 시비지심(是非之心): 옳고 그름을 판단하는 마음(지,智) 이 네 가지 마음을 잘 키우면 누구나 바른 사람이 될 수 있다고 보았다. 맹자는 이 사단이 인간이 지닌 본래의 선함을 보여주는 근거라고 여겼다.

● 호연지기, 굳센 마음의 힘

맹자는 크고 작은 선택 속에서 양심을 지켜낼 때 비로소 진정한 힘이 생긴다고 보았다. 그는 올바름을 지키는 굳센 마음을 '호연지기(浩然之氣)'라 불렀다. "호연지기는 의로움을 오래 쌓아 이루어진다."고 하며, 도덕은 하루아침에 생기는 것이 아니라 꾸준한 실천을 통해 자란다고 설명했다. 그가 말한 실천의 힘은 시대가 달라져도 변하지 않는 가치이며, 오늘날 인성 교육과 리더십의 핵심 기준으로 이어지고 있다.

그는 여러 나라를 떠돌며 군주들에게 인의(仁義)에 바탕을 둔 정치를 설파했으나, 당시의 군주들은 힘과 이익을 정치의 기준으로 삼고 있었다. 냉혹한 현실 앞에서도 그는 정치의 본질적 목적이 권력의 유지가 아니라 백성의 삶을 바꾸는 데 있다고 굳게 믿었다. "하늘의 뜻은 사람의 도리에 있다"는 그의 말처럼, 도덕을 잃은 권력은 결국 스스로 무너질 수밖에 없다고 보았다. 비록 당대에는 왕도 정치가 현실의 벽에 가로막혀 받아들여지지 않았지만, 그는 이를 통해 현실 정치의 한계를 날카롭게 비판하며 '도덕 없는 권력은 오래 갈 수 없다'는 메시지를 후대에 남겼다.

● 오늘날로 이어지는 메시지

경쟁과 성과가 강조되는 환경 속에서 사람의 가치는 결과로만 평가되기 쉽다. 맹자는 인간이 본래 선한 마음을 지니고 태어난다고 보았다. 그는 올바른 사회는 처벌과 통제가 아니라, 사람 안에 있는 선한 가능성을 키워 주는 데서 시작된다고 믿었다.

오늘날 학생에게 맹자의 사상은 이렇게 말해준다.

성장은 타고난 재능보다, 어떤 마음을 지키며 살아가는가에 달려 있다.

▶ 나는 어떤 선택 앞에서 양심의 소리를 듣고 있는가?

▶ 나의 판단 기준은 성과인가, 가치인가?

이는 인성·윤리·사회적 책임과 연결되는 세특 탐구 주제로 이어질 수 있다.

● 주요 철학 사상

1) 성선설과 사단(性善說·四端)

맹자는 인간의 본성이 선하다고 보았다. 그는 마음속에 남을 불쌍히 여기는 마음, 옳지 않음을 부끄러워하는 마음, 남을 배려하는 마음, 옳고 그름을 판단하는 마음이 있다고 했다. 이 네 가지 마음을 '사단'이라 하여 인·의·예·지의 덕목이 여기서 비롯된다고 설명하였다. 또한 인간은 누구나 선한 본성을 지니며, 올바른 수양을 통해 이를 길러야 한다고 했다. 맹자는 성선설을 통해 도덕의 근원이 인간의 본성에 있으며, 그것이 사회의 정의로 이어진다고 강조하였다.

2) 왕도정치(王道政治)

맹자는 힘으로 다스리는 패도(覇道)가 아닌, 덕으로 다스리는 왕도(王道)의 정치를 주장하였다. 그는 정치를 도덕에 두고, 군주의 마음가짐이 백성의 삶을 결정한다고 보았다. 또한 사회에는 도덕과 이익의 두 흐름이 존재하며, 도덕이 앞설 때 안정이 이루어진다고 강조하였다. 정치가 이익보다 덕을 우선할 때 나라가 바로 설 수 있으며, 군주는 백성을 위한 도덕적 모범이 되어야 한다고 했다. 맹자의 왕도정치는 개인의 도덕이 사회 전체의 질서로 확장되는 길을 제시하였다.

3) 부동심(不動心)

맹자는 외부의 유혹이나 역경 속에서도 도덕적 판단이 흔들리지 않는 '부동심(不動心)'을 중시했다.

그는 "마음이 한결같지 않으면 뜻을 세울 수 없다"고 하며, 변하지 않는 도덕의 중심을 지키는 것이 인간다운 삶의 근본이라 보았다. 부동심은 감성에 흔들리지 않고, 옳다고 믿는 도리를 끝까지 지켜내는 도덕적 행위를 가능하게 하는 내면의 힘이다. 맹자는 부를 얻어도 교만하지 않고, 가난해도 절도를 잃지 않는 자세를 참된 부동심으로 보았다.

4) 호연지기(浩然之氣)

맹자는 도덕을 실천하는 데 필요한 내면의 기운을 '호연지기(浩然之氣)'라 불렀다. 이는 하늘과 통하는 올곧은 정신으로, 불의 앞에서도 굴하지 않는 강한 마음을 뜻한다. 그는 "호연지기는 의로움을 오래 쌓아 이루어진다"고 하며, 덕은 꾸준한 실천에서 자란다고 강조했다. 호연지기는 개인의 양심을 지키는 힘이자, 세속의 이익보다 정의를 선택하게 하는 원동력으로 작용한다. 맹자가 말한 호연지기는 시대를 넘어 인간이 바르게 살아가기 위한 도덕적 용기의 상징으로 남아 있다.

맹자는 공자의 도를 계승하여 인의(仁義)를 중심으로 한 도덕 철학을 발전시켰으며, 인간의 본성이 본래 선하다는 '성선설'을 체계화하였다. 그는 인간 내면의 도덕적 잠재성이 수양과 실천으로 실현될 수 있다고 보고, 도덕의 근거를 인간 본성에서 찾았다. 또한 도덕과 정치의 조화를 강조하며 왕도정치를 통해 개인 수양이 사회 정의와 민본 질서로 이어진다고 보았다. 이는 개인의 도덕적 완성과 정의로운 사회 질서가 연결된다는 관점을 확립한 성과로 이해된다. 그의 철학은 인간의 존엄성과 도덕적 책임을 중심으로 한 유학적 세계관을 정립한 데 의의를 가진다.

맹자의 사상은 후대 유학의 근간이 되었으며 동아시아 사상 전통의 전개에 기준을 제공하였다. 송대 주희는 성선설을 '성즉리(性卽理)'로 발전시켜 인간의 본성과 우주의 이치를 통합적으로 해석하며 성리학 체계를 정립하였다. 맹자의 민본적 정치관은 조선의 통치 이념으로 자리 잡아 국가 운영과 정책의 정당성을 뒷받침하였다. 이어 도덕 교육관은 인간 형성과 인성 교육의 핵심 원칙으로 이어져 교육 철학의 중심 축이 되었다. 맹자의 철학은 인간 존엄, 공동체 윤리, 정의의 문제 등 사회적 논의에서 재조명되며 오늘날에도 영향력을 행사하고 있다.

● 철학 사상 연계 탐구 주제

성선설과 사단	▶ 성선설에 따른 선한 행동의 의미와 실천 방안 탐구 ▶ **사단(四端)에 기초한 현대 사회의 도덕 판단과 공정성 의식 탐구** ▶ 사단(四端)과 예(禮)를 중심으로 한 맹자의 수양론과 순자의 교화론 비교 탐구
왕도정치	▶ 왕도정치 사상이 지향하는 공공선과 도덕적 통치의 의미 탐구 ▶ 맹자와 순자의 정치철학이 제시하는 현대 정치의 시사점 탐구 ▶ '항산(恒産)·항심(恒心)' 개념을 통해 본 도덕성과 생활 기반의 관계 탐구
부동심	▶ 부동심의 철학을 통해 본 도덕적 판단의 역사적 사례 탐구 ▶ 불확실한 시대 속 맹자의 부동심이 보여주는 도덕적 중심의 의미 탐구 ▶ 맹자의 부동심(不動心) 개념이 제시하는 도덕적 안정성의 철학적 의미 탐구
호연지기	▶ 공동체 속에서 정의를 실천하는 내면의 힘으로서의 호연지기 탐구 ▶ 맹자의 호연지기 사상이 제시하는 도덕적 용기의 철학적 의미 탐구 ▶ 호연지기 사상이 현실의 불의에 맞서는 도덕적 실천의 의미와 한계 탐구

주제	사단(四端)에 기초한 현대 사회의 도덕 판단과 공정성 의식 탐구
탐구 목표	맹자의 사단을 바탕으로 도덕 감정이 현대 사회의 공정성 판단과 윤리 의식에 미치는 영향을 탐구하고, 정의로운 사회를 실현하기 위한 방향을 제시한다.
선정 이유	현대 사회는 공정성을 강조하지만 실제 현실은 감정이나 이해관계에 흔들리기도 한다. 맹자는 인간이 선한 본성을 지니며 사단을 통해 도덕이 발현된다고 보았다. 이러한 사상을 바탕으로 서양 정의론이 설명하지 못한 공감·감정의 역할을 탐구하고, 도덕 감정이 사회 윤리 형성에 어떤 영향을 미치는지를 분석하며 감정과 이성이 조화를 이루는 판단의 중요성을 살펴보고자 한다.
서론	서양 정의론의 주요 흐름은 합리적 판단과 제도적 공정성에 초점을 두지만, 이는 개인의 감정과 공감의 역할을 충분히 설명하지 못한다. 맹자는 인간이 타인의 고통에 공감하고, 부끄러움을 알고, 양보하며, 옳고 그름을 판단할 수 있는 사단(四端)의 본성을 지닌다고 보았다. 이러한 도덕 감정의 구조는 이성이 지배하는 서양적 공정성 개념을 보완할 수 있는 새로운 윤리적 시각을 제공한다.
본론	▶ <맹자>를 중심으로 한 사단(四端)의 개념과 성선설의 철학적 의미 정리 ▶ 롤스의 정의론을 중심으로 한 서양 공정성 개념과의 차이 분석 ▶ 측은지심·수오지심·사양지심·시비지심이 각각 공정성 판단에 미치는 영향 탐색 ▶ 감정 윤리와 이성 윤리의 조화를 통한 균형적 도덕 판단 모색 ▶ 사단을 기반으로 한 인간 중심 윤리의 현대적 적용 가능성 제시
결론	맹자의 사단은 절차와 분배 중심의 정의를 강조한 롤스의 이론이 간과한 감정 윤리의 관점을 보완한다. 공정성을 인간의 공감과 정의가 결합된 도덕적 실천으로 확장히며, 신뢰와 공동체적 조화를 이루는 윤리적 방향을 제시한다.
심화 탐구 주제	▶ 도덕 감정이 공동체 윤리 형성에 미치는 영향 고찰 ▶ 맹자의 사단을 바탕으로 한 공리주의의 효용 중심적 도덕 판단 비판 ▶ 사단(四端)에 기초한 인간관이 경쟁 사회의 정의 인식에 주는 시사점 탐구
토론 주제	▶ 도덕적 판단은 법과 제도의 한계를 보완할 수 있는가? ▶ 공정한 사회는 이성보다 감정의 공감에서 출발해야 하는가? ▶ 결과보다 과정의 공정성을 중시하는 것이 사회 정의 실현에 더 타당한가?
교내 후속 활동	▶ 통합사회: 사단을 적용하여 필요에 의한 분배의 정당성을 보완하는 토론 활동 ▶ 동아리활동: 맹자·순자의 사상으로 분배 정의의 가능성을 제시하는 탐구 활동 ▶ 자율·자치활동: 공정성 논쟁 사례를 분석하여 학급 신문을 제작하는 활동

맹자(孟子, B.C. 372~289)

2. 교과 연계 탐구활동 (윤리와 사상, 인간과 철학)

● 윤리와 사상

성취기준	[12윤사01-01] 공자사상에 바탕하여 맹자와 순자, 주희와 왕수인의 인성론을 비교하고, 인간 본성의 입장에 따른 윤리적 삶의 목표 및 방법론의 차이와 그 의의를 파악할 수 있다.
주요내용	맹자는 인간의 본성을 선하다고 판단하여 인격의 완성과 사회적 조화를 강조하였다. 이에 비해 순자는 인간의 본성을 악하거나 이기적이라 보고, 욕망을 절제하고 교화하기 위해 예와 제도의 규범이 필요하다고 주장하였다. 두 사상의 대비는 도덕 수양만으로 해결되지 않는 영역과 법적 규범의 필요성을 함께 성찰하게 하며, 인간의 본성과 윤리적 행위의 근거를 비판적으로 살펴보게 한다.
교과연계 탐구주제	▶ 순자의 성악설이 제시하는 성선설 비판과 그 철학적 한계 탐구 ▶ 인간 내면의 선한 본성을 확충하는 도덕 수양의 방법과 한계 탐구 ▶ 맹자의 수양론이 제시하는 도덕적 자율성과 실천 윤리의 철학적 의미 탐구

● 인간과 철학

성취기준	[12인철01-03] 몸과 마음의 관계를 비교·분석하고 인간 본성을 비판적으로 검토하여 진정한 나로 살아가는 습관을 익힌다.
주요내용	맹자는 인간의 본성을 선하다는 도덕 감정을 확충함으로써 참된 인간다움을 실현할 수 있다고 하였다. 반면 순자는 인간은 욕망을 지닌 존재로서 예(禮)와 교육을 통해 도덕적 성숙에 이른다고 보았다. 스피노자는 정념을 이성적 이해로 통제해 자유와 평온을 얻는다고 보았다. 이러한 본성론은 인간 본성과 이성·감정의 관계를 성찰하게 하며 진정한 자기 이해와 도덕적 삶의 기준을 모색하게 한다.
교과연계 탐구주제	▶ 맹자의 성선설과 순자의 성악설이 제시하는 인간 본성 이해의 차이 분석 ▶ 스피노자의 정념 극복과 맹자의 도덕 수양을 통한 인간 자유의 의미 탐구 ▶ 인간의 이성과 감정의 관계를 중심으로 본 도덕적 자기 통제의 철학적 의미 고찰

3. 독서 연계 탐구활동

● 추천 도서 목록

추천 도서 목록	
▶ 맹자 인생수업(맹자(김지민 역), 하이스트, 2025)	▶ 대학집주(주희(이준영 역), 자유문고, 2020)
▶ 제자백가, 인생 불변의 지혜(옥현주, 유노책주, 2024)	▶ 사기열전 1,2(사마천(김원중 역), 민음사, 2020)
▶ 맹자(맹자(김원중 역), 휴머니스트, 2021)	▶ 한국의 맹자 언론가 이율곡(임철순, 열린책들, 2020)

독서 연계 탐구 활동	
도서명	맹자(맹자(김원중 역), 휴머니스트, 2021)
	이 책은 중국의 사상가 맹자의 철학과 언행을 담은 고전 <맹자>를 현대 한국어로 옮긴 완역본이다. 역자는 원전의 문체와 사유의 흐름을 살려 맹자가 강조한 성선설, 왕도정치, 민본사상, 도덕 수양론 등을 제시한다. 각 편의 대화와 일화를 통해 인간의 본성과 도덕, 정의로운 통치, 삶의 원칙을 성찰하게 하며, 공자 사상의 계승자로서 맹자의 철학이 지닌 현실적 통찰과 의미를 되새기게 한다.
핵심 키워드	성선설, 왕도정치, 민본사상, 도덕 수양, 정의로운 통치
탐구 주제	▶ **역성혁명(易姓革命)이 드러내는 민본주의와 사회 정의의 기준 탐구** ▶ 성선설에 기초한 인간 본성의 선함과 도덕적 실천의 가능성 탐구 ▶ 호연지기와 부동심이 제시하는 도덕적 자율성과 내면 수양의 의미 탐구 ▶ 왕도정치가 제시하는 도덕적 통치의 이상과 현대 정치의 윤리적 한계 탐구 ▶ 항산(恒産)·항심(恒心)사상이 제시하는 경제적 안정과 도덕적 삶의 관계 탐구
토론 쟁점	▶ 경제적 안정이 도덕적 삶의 전제 조건이 될 수 있는가? ▶ 도덕적 이상주의에 기반한 정치가 현실 사회에서 실현 가능한가? ▶ 인간은 본래 선하다고 믿을 수 있는가, 사회적 조건이 선을 만든 것인가?
후속 활동	▶ 윤리와 사상: 유가사상의 현대적 실천 방향을 탐색하는 탐구 활동 ▶ 인간과 철학: 적성·흥미를 분석하여 자기 이해를 심화하는 모둠 활동 ▶ 진로활동: 도덕적 리더십 사례를 통해 민본적 리더십 모델을 설계하는 활동

● 독서 연계 탐구활동 예시

탐구 주제	역성혁명(易姓革命)이 드러내는 민본주의와 사회 정의의 기준 탐구	
탐구 자료	▶ <맹사>(맹사(김원숭 역), 휴머니스트, 2021) ▶ 마이클 샌델, <정의란 무엇인가>: 정의의 공정성과 공동체 가치 논의 ▶ 현대 사회의 정치적 책임과 사회 정의 관련 신문 기사 자료	
탐구 개요	서론	맹자는 혼란한 시내 속에서 왕노성치를 주장하며, 백성을 근본으로 삼는 두덕적 통치의 필요성을 강조함. 억성혁명은 폭징에 저힝해 징당한 동시를 회복아는 성치석 원리로 제시되며, 이를 통해 사회 정의의 기준을 규명하고 현대 민주정치의 정당성과 민중 주권의 의미를 탐구하고자 함.
	본론	▶ 맹자의 역성혁명 사상과 '민귀군경'의 원리 문헌 분석 ▶ 역성혁명 사례를 통해 민본주의적 통치관과 정의의 기준 분석 ▶ 샌델의 정의론과 비교하여 도덕적 권위와 공공선의 관계 고찰 ▶ 현대 사회의 정치 불평등, 부패 문제에 적용해 정의의 실현 조건 검토 ▶ 민본적 통치가 현대 사회의 공공정치에 주는 철학적 함의 도출

맹자(孟子, B.C. 372~289)

탐구 개요	결론	맹자의 역성혁명 사상은 권력의 정당성이 백성의 지지와 도덕적 통치에 달려 있음을 보여줌. 이는 정의로운 사회가 제도보다 도덕적 신뢰와 공공선의 실현에 기반해야 함을 시사하며, 현대 민주사회에서 민본주의는 사회 정의의 핵심 원리로 재해석될 수 있음을 확인함.
후속 활동		▶ 통합사회: 정치 권력의 정당성과 국민 주권의 관계에 대한 토론활동 ▶ 정치: 정의로운 정치의 조건과 공공정치의 윤리 기준을 설계하는 탐구 활동 ▶ 동아리활동: 역성혁명 사례를 바탕으로 민본주의 실현의 과정을 분석하는 활동 ▶ 자율·자치활동: 교내 제도 개선안을 제안하며 공공정책 참여 과정을 체험하는 활동

4. NIE 연계 활동

● 신문 읽기 & 연결 사유 찾기

각자 버블 속에 갇혀 산다"…AI·알고리즘, 민주주의 위협하다(한겨레, 2025.06.26.)

이 기사는 인공지능과 알고리즘이 민주주의에 미치는 부정적 영향을 다루며, 맞춤형 정보 제공이 사회적 신뢰와 합의를 무너뜨린다고 경고한다. 전문가들은 기술의 중립성은 허구이며, 기업의 이익 중심 구조가 혐오와 극단주의를 확산시킨다고 지적한다. 또한 오드리 탕 대만 디지털 장관은 시민참여와 숙의민주주의를 통한 투명성 확보가 민주주의 복원의 핵심임을 강조한다.

단돈 3만원으로 흔드는 민주주의…유권자 판단 흐리는 AI 허위·조작 정보(경향신문, 2024.04.03.)

이 기사는 인공지능이 생성한 허위·조작 정보가 전 세계 선거 과정과 민주주의의 근간을 흔드는 위험으로 부상했음을 다룬다. 생성형 AI의 확산으로 누구나 저비용으로 거짓 영상과 음성을 만들어낼 수 있게 되면서 유권자의 판단이 왜곡되고 정치적 양극화가 심화되고 있다. 전문가들은 이로 인해 민주주의 제도와 선거에 대한 신뢰를 약화시키고, 시민의 정치 참여와 공공 담론을 위축시킬 수 있다고 경고한다.

AI 허위정보 규제, 처벌보다 플랫폼 책임 강화로(한국기자협회보, 2024.04.30.)

이 기사는 인공지능으로 허위정보가 확산되는 시대에 규제 방향을 모색하며, 표현의 자유를 위축시키는 접근 대신 플랫폼의 책임 강화를 대안으로 제시한다. 허위정보가 사회 혼란과 민주주의 퇴행을 초래할 수 있음을 지적하며, 기업의 자율적 관리와 투명한 정보 유통 구조가 필요하다는 의견을 논의한다. 정부의 과도한 통제보다 시민 참여와 공공 감시를 통한 자율 규제가 민주주의를 지키는 길임을 강조한다.

● 시사 이슈

▶ 플랫폼 기업의 이익 중심 구조가 시민의 판단과 공론 형성에 어떤 영향을 미치는가?

▶ 맹자의 '왕도정치'는 오늘날 정보 권력의 남용을 막는 윤리적 통치 원리로 적용될 수 있을까?

▶ 인공지능이 만들어내는 허위정보와 알고리즘 편향은 어떻게 민주주의의 신뢰를 약화시키는가?

AI 허위정보 규제, 처벌보다 플랫폼 책임 강화로(한국기자협회보, 2024.04.30.)
- AI 허위정보 규제의 주체는 정부의 처벌이 아닌 플랫폼의 책임이 되어야 하는가? -

찬성	반대
플랫폼 기업은 막대한 이익을 얻는 만큼 사회적 책임이 있다. 정부의 처벌 중심의 규제는 표현의 자유를 위축시키고 기술 발전을 저해할 수 있다. 플랫폼이 자율적으로 허위정보를 차단하는 것이 사회 혼란을 최소화하는 대안이다.	플랫폼 기업의 자율 규제에만 의존하면 공공성보다 이익을 우선시해 정보 통제가 오히려 불투명해질 수 있다. 정부의 법적 개입이 없으면 허위 정보 확산으로 사회적 피해를 방지하기 어렵게 되어 민주주의 기반을 약화시킬 수 있다.

각자 버블 속에 갇혀 산다"...AI·알고리즘, 민주주의 위협하다(한겨레, 2025.06.26.)
- 기술문명은 민주주의를 위협하는가, 시민 참여를 확장하는 기회가 되는가? -

≫ 기술문명과 민주주의의 퇴행	≫ 기술문명과 민주주의의 활성화
AI와 알고리즘 기반 정부 체계는 이용자에게 맞춤형 정보만을 제공해 시야를 제한하고 공론장을 파편화한다. 선호 정보만 소비하는 구조는 사회적 합의를 어렵게 만들며, 기업의 정보 권력 독점은 민주주의의 신뢰 기반을 약화시킨다.	AI 기술은 시민 참여 방식과 정보 접근성을 넓히며 민주주의를 보완할 가능성을 지닌다. 투명한 정보 공개와 숙의 구조가 마련될 경우 시민이 기술 통제의 주체가 되고, 공론장을 회복하는 참여 모델도 형성될 수 있다.

● 사고의 확장

▶ 기술이 만든 편향된 공론장에서, 민본주의적 민주주의는 어떤 대안이 될 수 있을까?

▶ 정부 규제와 기업 자율 사이에서, 표현의 자유와 사회적 책임이 조화를 이룰 수 있을까?

▶ 플랫폼 기업의 이익 추구가 공공의 판단을 왜곡할 때, 정보 정의는 어떻게 시켜질 수 있을까?

▶ AI가 민주주의의 신뢰를 흔드는 시대에, 시민 중심의 정치가 가능하려면 어떤 소건이 필요할까?

▶ AI 알고리즘이 여론을 조작하는 사회에서, 시민은 어떻게 자율적 판단의 주체로 남을 수 있을까?

맹자(孟子, B.C. 372~289)

5. 세특 예시

부국강병이 지배하던 시대에 등장한 맹자의 역성혁명론을 통해 권력의 정당성과 민심의 관계를 탐구함. 민심을 잃은 군주는 교체될 수 있다고 본 맹자의 사상을 분석하며, 통치의 근거가 힘이 아닌 도덕성과 신뢰에 있음을 논증함. 또한 맹자의 민본주의와 로크의 사회계약론을 비교하여 정당한 권력의 성립 조건과 시민의 정치적 권리를 심화 탐구함. 인공지능 시대 정보 권력과 국가 권력의 구조를 비판적으로 고찰하며, 시민 참여와 윤리적 책임이 조화된 민주적 통치 방향을 제시함.

백남준
(白南準, 1881~1973)

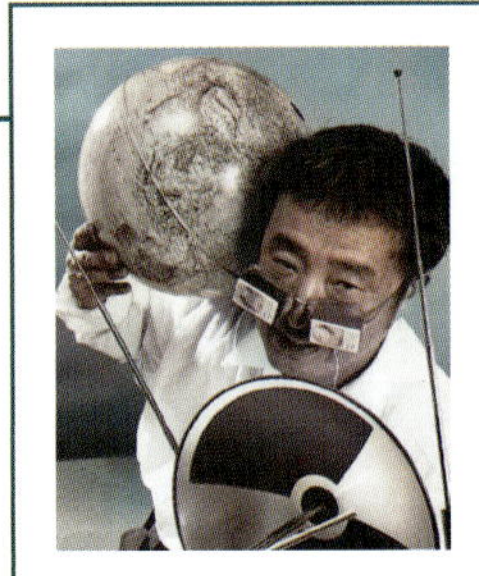

1. '테크노 선구자'가 남긴 기술 탐구와 융합의 미학

● 붓 대신 TV를 택한 아티스트, 백남준의 미디어 혁명 시작!

백남준은 20세기 후반, 예술의 영역을 근본적으로 뒤바꾼 '미디어 혁명'의 선구자이다. 그는 캔버스 대신 텔레비전 브라운관을 예술의 재료로 가져와, 회로 조작과 화면 해체를 통해 새로운 빛과 소리의 이미지를 창조했다. 이는 획일적인 경험을 부수고 예술이 곧 테크놀로지일 수 있다는 다원주의적 선언이었다. 단순한 기법 변화를 넘어, 기술을 수동적으로 소비하는 사람이 아닌 능동적으로 탐구하고 통제하는 기술 주체자로서의 예술가상을 확립한 통찰이었다.

● 동양의 '선(禪)'이 서양의 '테크'를 만났을 때

그의 삶 자체가 정체성을 해체하고 변신을 거듭한 예술 행위였다. 그는 고전 음악을 공부한 음악가였지만, 곧 정형화된 예술을 파괴하는 플럭서스 운동의 중심에 섰다. 특히 그는 서구의 최첨단 기술인 비디오 아트에 동양의 선(禪) 사상을 접목했다. "달은 가장 오래된 TV"와 같은 작품에서 볼 수 있듯이, 명상적이고 철학적인 동양 정신을 과학 기술과 섞어 전에 없던 '융합'의 결과물을 창조해 냈다. 이러한 태도는 경계를 허물고 이질적인 요소를 결합하는 것이 진정한 창의성의 원천임을 증명해 보였다.

● 1970년대, '인터넷 세상'을 예견한 미래학자

백남준은 단순히 미디어를 탐구한 예술가를 넘어, 시대를 예언한 미래학자였다. 그는 1974년에 오늘날의 인터넷과 글로벌 네트워크 시대를 예견하며 '전자 초고속도로'라는 용어를 처음 사용했다. 또한, 인공위성을 활용한 국제 생방송 프로젝트 <굿모닝 미스터 오웰>을 성공시키며 전 세계 사람들을 미디어로 동시에 연결하는 '지구촌 공동체'의 비전을 실현했다. 그의 예술은 현실과 동떨어진 관념이 아니라, 다가올 미래 사회와 미디어가 인간에게 미칠 영향을 통찰하고 기록한 지적 행위였다. 오늘날 정보의 고속도로를 타고 전 세계가 실시간으로 소통하는 이 초연결 세상은, 반세기 전 이미 기술로 하나 될 인류의 미래를 꿰뚫어 본 그의 천재적인 예지력이 현실화된 증거이다.

● "몸이 부서져도 멈추지 않아!" '삶'으로 보여준 예술가의 투혼

그는 2006년 타계할 때까지 잠시도 쉬지 않고 작품 활동과 행위예술을 지속했다. 서울 올림픽을 위해 수백 대의 TV로 거대한 탑을 쌓아 올린 <다다익선>이나, 첼리스트 샬럿 무어먼과 함께 TV 첼로를 연주한 퍼포먼스처럼, 그는 형식과 장르를 초월하며 탐구의 전환을 멈추지 않았다. 뇌졸중으로 쓰러진 후에도 불굴의 의지로 창작을 이어간 그의 삶은, 예술이 단순한 결과물이 아니라 지속적인 노동과 열정, 그리고 온몸으로 시대를 관통하는 행위 그 자체임을 증명했다.

불편한 신체에 갇히기를 거부하고 휠체어 위에서도 아이 같은 호기심으로 세상을 탐구했던 그의 모습은, 육체의 한계마저 예술적 유희로 승화시킨 진정한 자유인의 초상이었다. 마지막 호흡이 다하는 순간까지 새로움을 갈망했던 그의 치열한 투혼은 '예술은 길고 인생은 짧다'는 명제를 가장 극적으로 실천한 감동적인 드라마였다.

"나는 아직 시작도 하지 않았다."

대중과의 소통, 난해함을 넘어 모두를 연결하다

백남준은 예술이 일부 엘리트의 전유물이 아니라 대중과 소통해야 한다고 믿었다. 그는 비디오 아트의 난해함을 극복하기 위해 TV, 인공위성 등 대중에게 가장 친숙한 매체를 활용했다. 특히 <굿모닝 미스터 오웰>과 같은 위성 프로젝트는 국경과 인종을 초월한 화합을 이끌어 내며, 예술을 통해 기술 민주주의와 글로벌 공동체 의식을 확산하려는 적극적인 노력을 보여주었다. 그는 차가운 전자 회로에 특유의 해학과 유머를 불어넣어, 대중들이 기술에 대한 막연한 두려움을 버리고 호기심과 즐거움으로 접근하도록 유도했다. 결국 그의 예술은 기술이 인간을 소외시키는 것이 아니라, 오히려 사람과 사람을 더 따뜻하게 이어줄 수 있다는 '기술 휴머니즘'의 실천이었다.

오늘날로 이어지는 메시지

기술은 빠르게 발전하지만, 그 기술을 어떻게 사용할 것인지는 여전히 인간의 선택에 달려 있다.백남준은 텔레비전과 전자 기술을 예술의 영역으로 끌어들이며 기술이 인간을 지배하는 것이 아니라, 인간의 상상력이 기술을 이끌어야 한다는 메시지를 던졌다. 그에게 예술은 감상의 대상이 아니라, 시대와 소통하고 질문을 던지는 실험의 장이었다.

오늘날 학생에게 백남준의 삶은 말해준다.

새로운 기술 앞에서 중요한 것은 속도가 아니라, 그것을 바라보는 관점이다.

▶ 나는 기술을 소비하고 있는가, 활용하고 있는가?

▶ 기술은 인간의 삶을 어떻게 바꾸고 있는가?

이는 미디어·과학·예술 융합형 세특 탐구 주제로 자연스럽게 확장된다.

주요 예술 사상

1) 기술 주체자 정신 (Technological Sovereignty)

백남준은 단순히 새로운 매체를 사용한 것을 넘어, 기술에 대한 인간의 통제권을 선언했다. 그는 TV 브라운관을 캔버스 삼았고, 내부 회로를 조작하고 왜곡시켜 수동적인 시청을 강요하는 미디어의 권위에 정면으로 도전했다. 이러한 행위는 획일적인 정보 전달 체계를 해체하고, 인간이 기술의 소비자나 노예가 아닌 능동적인 탐구자이자 주체임을 천명한 예술적 통찰이었다. 그는 시대를 앞서 기술을 재정의하고 예술의 영역을 확장했다.

2) 탈장르 융합 정신 (Intermedia Convergence Spirit)

백남준 예술은 동서양, 예술과 과학 등 경계를 허문 창조적인 결합으로 창의성을 구현한 것이다. 그는 서구의 첨단 비디오 아트에 동양의 선(禪) 사상을 접목하고, 플럭서스 활동을 통해 고전 음악의 틀을 파괴했다. 이는 모든 장르와 이념이 섞여 새로운 시너지를 창출할 수 있다는 근본적인 탈장르적 융합의 정신을 보여준다. 그는 경계를 허물고 다양한 관점을 섞는 것이야말로 진정한 상의성의 가장 강력한 원천임을 작품으로 증명했다.

3) 미래 통찰 (Futuristic Insight)

백남준은 미디어를 활용한 예술가이자 시대를 예견한 선구적인 미래학자였다. 그는 1974년에 현재의 인터넷망을 정확히 예측하며 '전자 초고속도로(Electronic Superhighway)' 개념을 제시했다. 또한, 인공위성을 이용한 <굿모닝 미스터 오웰>을 통해 '지구촌 공동체'라는 소통과 연결의 비전을 실현했다. 그의 예술은 현실에 머무르지 않고, 다가올 미디어 사회의 변화와 인간에게 미칠 영향을 통찰하고 기록했던 지적인 행위였으며, 새로운 영감을 제시한다.

4) 행위 예술가 (Performance Artist)

백남준에게 예술은 단순한 결과물이 아니라 삶 그 자체이자 멈추지 않는 행위였다. 그는 그림, 조각, 음악, 퍼포먼스 등 형식에 구애받지 않고 탐구의 전환을 지속했다. 서울 올림픽의 <다다익선>부터 샬럿 무어먼과의 파격적인 협업까지, 그의 모든 활동은 실험의 연속이었다. 뇌졸중 이후에도 불굴의 의지로 창작을 이어간 그의 인생은, 예술가로서의 열정과 집요한 노동이 곧 위대한 창조의 필수 요소임을 후대에 강력하게 증명한다. 이러한 끈기가 핵심이다.

　백남준은 TV 회로를 조작하여 미디어의 권위를 해체하고 동서양 기술과 철학을 융합하며 예술의 경계를 과감하게 허문 위대한 불굴의 혁신가였다. 그의 작품들은 붓 대신 브라운관을 예술의 재료로 사용하여 예술과 기술의 통합이라는 새로운 다원주의적 선언을 했다. 그의 다원적 융합 정신은 수동적인 시청을 거부하고 인간이 기술을 통제해야 한다는 심오한 철학적 사유를 미술에 도입하며, 예술이 곧 능동적 탐구임을 분명히 증명했다. 또한, '전자 초고속도로' 를 예견하고 위성 연결로 '지구촌 공동체' 비전을 실현하며 예술이 강력한 미래적 통찰을 제시할 수 있음을 입증했다.

　그는 형식에 얽매이지 않고 예술을 삶으로 치환하는 행위 예술 정신을 통해, 지속적인 실험과 몰입이 위대한 창조의 필수 요소임을 후대에 전하고 있다. 더불어, 차가운 기술에 인간의 숨결과 해학을 불어넣어 '기술의 인간화'를 실현한 그의 시도는, 디지털 문명 속에서 우리가 지향해야 할 주체적인 태도의 표본이 되었다. 전 지구적 소통과 화합을 꿈꾸었던 그의 거대한 비전은 오늘날 초연결 사회의 원형이 되었으며, 경계를 자유롭게 넘나들며 인류의 공존을 모색한 백남준의 통섭적 지혜는 급변하는 현대 사회에 변치 않는 영감의 원천이자 미래를 비추는 등불로 영원히 빛나고 있다.

• 예술 사상 연계 탐구 주제

기술 주체자 정신	▶ TV 회로 조작이 보여주는 미디어 권위에 대한 창의적 저항 탐구 ▶ 미디어 해체 전략이 정보 과잉 시대의 비판적 사고에 주는 시사점 분석 ▶ 기술 소비자가 아닌 능동적 탐구자 태도가 미래 역량에 미치는 영향 연구
탈장르 융합 정신	▶ 이질적 요소 융합이 현대 기술 혁신(AI)에 시사하는 바 분석 ▶ 서양 기술과 동양 사상 결합이 보여주는 융합 창의성 사례 연구 ▶ '탈장르' 활동이 현대 커리어 및 학문 간 경계에 주는 영향 탐구
미래 통찰	▶ 예술적 통찰이 과학기술의 미래 예측 및 발전 전략에 기여하는 방식 고찰 ▶ '전자 초고속도로' 개념이 초연결 사회(인터넷, 메타버스)에 미친 영향 연구 ▶ 위성 예술이 제시한 글로벌 소통 비전이 지구촌 문제 해결에 주는 시사점 탐구
행위 예술가	▶ 실험적 퍼포먼스가 보여주는 경계 없는 도전 정신의 의의 분석 ▶ 예술을 삶 그 자체로 치환한 태도가 자기 주도적 삶 설계에 주는 교훈 탐구 ▶ **형식에 얽매이지 않고 탐구를 지속하는 정신이 진로 결정에 미치는 영향 고찰**

주제	형식에 얽매이지 않고 탐구를 지속하는 정신이 진로 결정에 미치는 영향 고찰
탐구 목표	백남준의 '멈추지 않는 행위' 정신을 분석하여, 경계를 넘나드는 그의 탐구가 청소년의 다각적 진로 및 소명 의식에 미치는 긍정적 영향을 고찰한다.
선정 이유	급변하는 미래 직업 세계가 요구하는 융합형 인재의 모델로서, 백남준은 고전 음악가에서 비디오 아티스트로 끝없이 변신하며 예술과 삶을 동일시했다. 그의 삶은 특정 형식에 구애받지 않고 평생 탐구를 지속하는 것이 예술적 정체였음을 보여주며, 이는 고정 직업 대신 탐구 영역을 확장해야 하는 청소년 진로 설계에 핵심적인 가치와 방향성을 제시하므로 그 탐구 가치가 높다.
서론	현대 사회에서 직업의 개념이 안정된 평생직장에서 벗어나 평생 학습의 과정으로 근본적인 변화를 겪고 있다. 이에 본 탐구는 예술의 형식에 얽매이지 않고 새로운 분야에 도전했던 백남준의 '행위 예술가 정신'에 주목한다. 이러한 정신이 오늘날 청소년들이 겪는 진로 고민, 즉 단일 전공과 복수 역량 사이의 균형을 잡고 미래 사회가 요구하는 커리어 로드맵을 설계하는 데 어떤 영향을 줄 수 있는지 탐구하고자 한다.
본론	▶ 형식 초월 탐구 정신이 변화 직업에서 지속직 자기 계빌에 기어 분식 ▶ '탈장르 융합' 방식이 현대 직무 경계 소멸 현상에 대한 원리 탐구 ▶ '전환적 커리어' 가 청소년 다중 흥미 개발에 주는 시사점 분석 ▶ '멈추지 않는 실험' 이 진로 탐색 중 실패 극복에 미치는 영향 분석 ▶ 예술을 삶과 동일시한 태도가 직업 대신 '소명' 발견에 미치는 영향 연구
결론	백남준은 예술을 삶과 동일시한 멈추지 않는 탐구 정신을 보여주었으며, 현대 청소년들은 탐구를 중심으로 영역을 확장하는 도전적인 융합형 인새로 성상해야 하며, '나의 삶이 곧 나의 작품' 이라는 소명 의식을 갖춰야 한다.
심화 탐구 주제	▶ 백남준 탐구 주기와 현대 기술 수명 주기 간 상관관계 분석 ▶ 뇌졸중 후 창작 지속의 불굴 의지가 역경 리더십에 미치는 영향 고찰 ▶ 이질적 지식 융합의 시너지가 문제 해결 능력 향상에 기여하는 방식 탐구
토론 주제	▶ 미니어를 통한 '시구존 공농체'는 진정한 소통인가, 단절의 역설인가? ▶ 직업을 '돈 버는 수단'으로 볼 것인가, '삶의 탐구(소명)'로 볼 것인가? ▶ '전문 분야' 집중 vs. '다양한 경험' 중 청소년에게 적합한 진로 방식은?
교내 후속 활동	▶ 공통국어: 백남준 생애 바탕 자본주의 사회 예술가의 실험 정신 에세이 작성 및 발표 ▶ 통합과학: 아두이노를 활용하여 센서 입력에 따른 미디어 통제 장치 제작 및 원리 탐구 ▶ 자율·자치활동: AI, 미디어 전문가 인터뷰로 미래 직업 변화 탐구 보고서 작성

백남준(白南準, 1881~1973)

2. 교과 연계 탐구활동 (미술, 기술·가정)

● 미술

성취기준	[12미03-02] 비평 방법을 활용하여 미술과 시대, 사회, 환경과의 상호 관련성을 분석하고 가치를 판단할 수 있다.
주요내용	백남준은 '비디오 아트의 아버지'로 TV 회로 조작을 통해 미디어 권위를 해체하고, 동양 철학-서구 기술 융합으로 문화적 경계를 허물었다. 그는 '전자 초고속도로' 예견과 '지구촌 공동체' 실현 노력으로 기술 윤리와 소통의 가치를 제시했으며, 학생들은 그의 작품을 통해 기술 변화에 대한 비판적 시각과 예술이 제시하는 미래 비전을 비평적으로 탐구하며 새로운 가치를 창출하게 된다.
교과연계 탐구주제	▶ '전자 초고속도로' 예견이 초 연결사회 윤리에 미친 영향 연구 ▶ 동양 사상과 비디오 융합이 현대 문화 소통에 주는 가치 분석 ▶ TV 회로 해체가 일방적 미디어 메시지 비평에 미친 영향 탐구

● 기술·가정

성취기준	[12기가06-01] 빅데이터, 사물인터넷, 인공지능 등 최신 기술을 통해 정보통신 공학을 이해하고, 정보통신 공학의 활용 사례를 탐구하여 정보통신 기술을 윤리적으로 활용하는 태도를 갖는다.
주요내용	백남준은 비디오와 TV를 활용하여 정보통신 공학의 원리를 담은 선구자이다. 그는 기술 발전을 찬양하면서도, 미디어가 야기하는 획일화와 인간 소외라는 기술의 양면성을 예견했다. 그의 위성 통신 작품은 초연결 사회의 ICT 활용 사례이자, 이 기술을 윤리적이고 비판적으로 다루어야 할 책임에 대한 성찰을 요구한다. 백남준의 예술을 통해 기술 활용뿐 아니라 인공지능 시대의 윤리적 태도를 이해할 수 있다.
교과연계 탐구주제	▶ 미디어 파괴가 정보통신 기술 활용에 주는 비판적 시사점 분석 ▶ TV 회로 해체 작품에 담긴 공학 원리와 기술 양면성에 대한 성찰 고찰 ▶ 위성 아티스트 활동이 초연결 사회 속 ICT 윤리적 책임에 미친 영향 탐구

3. 독서 연계 탐구활동

● 추천 도서 목록

추천 도서 목록	
▶ 달에서 TV를 보다(강화정, 맑은글책방, 2025년)	▶ 나의 사랑 백남준 (구보타 시게코, (남정호 역), 아르테(arte), 2021)
▶ 백남준 오래된 것, 새로운 것 (디터 다니엘스, 광장, 2025)	▶ 백남준, 장난꾸러기가 만드는 예술 세상(유계영, 한국차일드아카데미, 2022)
▶ 백남준과 테크노아트(홍성욱, 서울대학교 출판문화원, 2025년)	▶ 미디어 생태계 다시 TV 정원으로(김준수 외 5인 공저, 백남준아트센터, 2021년)

	독서 연계 탐구 활동
도서명	백남준 오래된 것, 새로운 것(디터 다니엘스), 광장, 2025년 2월
	이 책은 백남준이 새로운 기술을 예술로 끌어들이는 과정과 그 정당성을 확보하기 위한 사유를 전문적으로 분석한다. 기술과 미디어에 대한 성찰이 어떻게 시작되었는지 다루며, 특히 오래된 동양 철학과 새로운 테크놀로지를 융합하여 미디어 아트의 근본을 세운 과정을 조명한다. 바로 그 지혜가 담겨있다. 이는 기술과 예술의 경계를 탐색하는 이들에게 깊은 영감을 주는 전문서이다.
핵심 키워드	기술 정당성, 미디어 성찰, 동양과 기술 융합, 선구적 발상, 예술 경계 탐색
탐구 주제	▶ 오래된 동양 철학이 비디오 기술 융합에 기여한 창의적 원리 분석 ▶ 작품 속 퍼포먼스를 통해 본 기술 시대 예술가의 역할과 과제 탐색 ▶ 백남준의 기술 정당화 논리가 현대 AI 윤리 논쟁에 미치는 영향 연구 ▶ 백남준의 영역 확장 방안이 1인 창작자 생존 전략에 미치는 영향 분석 ▶ **백남준의 미디어 성찰이 오늘날 디지털 중독 문제 해결에 주는 시사점 탐구**
토론 쟁점	▶ 기술과 철학의 융합은 진정한 예술인가, 지적 유희인가? ▶ 예술가의 새로운 기술 사용은 정당성인가, 단순한 기벽인가? ▶ 미디어의 일방적 메시지에 대한 해체는 현대에도 여전히 유효한가?
후속 활동	▶ 통합사회: 백남준 작품 속 미디어 비판 분석 후 디지털 시민 역할 토론 ▶ 공통영어: 기술 관련 해외 기사를 읽고 백남준 사상에 대한 해외 반응 조사 발표 ▶ 동아리활동: 코딩 기술로 센서 기반 인터랙티브 미디어 작품 제작

● 독서 연계 탐구활동 예시

탐구 주제	백남준의 미디어 성찰이 오늘날 디지털 중독 문제 해결에 주는 시사점 탐구	
탐구 자료	▶ 백남준의 TV 조작, 회로 해체 관련 예술 철학 자료 ▶ <TV 부처>, <TV 정원> 등 동양 사상 연계 작품 분석 자료 ▶ 디지털 디톡스, 스마트폰 중독 등 현대 심리학 및 사회학 자료	
탐구 개요	서론	현대 사회의 디지털 중독 문제에 대해, 본 탐구는 백남준이 미디어 비판 및 TV 회로 조작 태도에 주목한다. 그의 예술적 접근이 미니어 수동 소비 관습을 깨고, 인간이 기술 주체성을 회복하여 디지털 중독의 근본 원인을 해결할 새 방안을 제시할 수 있는지 그 가능성을 고찰하고자 함.
	본론	▶ 백남준의 TV 회로 해체가 디지털 중독 인식에 기여하는 방식 분석함 ▶ 미디어의 '예술적 놀이' 관점이 미디어 중독 치료에 미치는 영향 분석함 ▶ 기술의 '통제자' 관점이 사용자 디지털 습관 개선에 미치는 영향 연구함 ▶ <TV 정원>의 자연-기술 융합이 현대 디지털 디톡스에 주는 시사점 탐색함 ▶ 능동적 미디어 참여가 수동적 소비를 대체하는 창의적 해결책 탐색함

탐구 개요	결론	백남준의 미디어 성찰은 디지털 중독을 기술 주체성 상실 문제로 인식하게 하며, 그의 작품은 미디어를 해체와 놀이 대상으로 만들어 사용자들이 '디지털 노예'에서 '기술 주체자'로 거듭나도록 독려한다. 이는 청소년들에게 기술을 지배하는 윤리적 자세를 갖도록 영감을 줄 수 있음.
후속 활동		▶ 공통국어: 백남준 '참여 TV' 원리로 독자 참여 다매체 시(詩) 창작 ▶ 공통영어: 디톡스 해외 논문을 읽고 백남준 사상을 적용한 해결 방안 발표 ▶ 자율·자치활동: 나만의 'TV 정원' 만들기 및 디지털 해체 일지 작성 ▶ 진로활동: 미디어 활용 '디지털 웰빙' 목표 신직업 기획 로드맵 작성

4. NIE 연계 활동

[인간 백남준을 만나다] 융합 시대 내다본 '협업의 거장'...예술에 기술을 품다 (서울경제, 2019.07.12.)

이 기사는 예술가 백남준이 미래의 협력과 융합의 시대를 내다본 매우 탁월한 선구안을 가졌으며, 자신의 예술 작품을 위해 엔지니어 슈야 아베(Shuya Abe)나 기술자 이정성 등 다양한 분야의 전문가들과 지속적으로 협업했음을 강조한다. 비디오 아트의 복잡한 기술적 구현이 백남준 혼자만의 힘이 아닌, '백남준 패밀리'라 불리는 광범위한 전문가 협업 네트워크를 통해 가능했음을 구체적으로 보여준다.

"백남준, 기술의 양면성 정확히 예견...지금 세대 새겨들어야" (연합뉴스, 2023.12.06.)

이 기사는 백남준의 삶을 다룬 다큐멘터리 영화 <백남준 달은 가장 오래된 TV> 개봉을 계기로 그의 철학을 되짚어 보는 기사이다. 백남준은 텔레비전과 같은 신기술이 가져올 '통제'라는 해로움과 '소통'이라는 이로움을 정확히 예견한 선구자였음을 다룬다. 인공지능 시대에 접어든 현 세대가 기술을 무비판적으로 수용하지 않고, 백남준처럼 그 양면성을 성찰해야 한다는 윤리적 메시지를 강조한다.

백남준이 내다본 미래는...'굿모닝 미스터 오웰' 40주년 특별전 (연합뉴스, 2024.03.18.)

이 기사는 백남준의 위성 생방송 <굿모닝 미스터 오웰>이 송출 40주년을 맞아 특별전이 열린 사실을 보도한다. 백남준이 오웰의 '통제 사회' 예언에 맞서 기술을 소통과 화합의 매개로 제시했던 '지구촌 공동체' 비전을 조명한다. 기사는 정보 통제와 빅브라더 감시가 현실이 된 오늘날, 백남준의 작품이 기술 발전에 대한 윤리적 책임과 인간 중심의 소통 중요성을 깨닫게 하는 성찰의 기회를 제공한다고 강조한다.

▶ AI 시대, 인간은 과연 기술의 주인인가, 아니면 노예인가?

▶ 초연결 사회에서 미디어의 자유로운 정보 융합은 과연 윤리적인가?

▶ 예술가는 사회 문제에 전적으로 침묵해야 하는가, 적극적으로 개입해야 하는가?

융합 시대 내다본 '협업의 거장'...예술에 기술을 품다(서울경제, 2019.07.12.)
- 예술 창의성은 단일 천재인가, 광범위한 협업의 결과인가 토론 -

찬성	반대
융합 성과는 팀워크 필수이다. 백남준 비디오 아트는 엔지니어 협력 없이는 불가능했으므로, 집단 지성이 창의성을 증폭시킨 모범 사례이다. 성공 융합은 다양한 전문 지식을 모으는 협력적 리더십의 결과로 보아야 한다.	최종 예술 비전은 백남준 개인의 통찰이다. 협력은 기술 구현 수단일 뿐이며, 지나친 협업 강조는 작가 고유 정체성을 희석시킨다. 기술 지원팀은 예술가의 도구를 만든 조력자에 불과하며, 핵심 창의성은 백남준 개인에게서 비롯된다.

"백남준, 기술의 양면성 정확히 예견...지금 세대 새겨들어야" (연합뉴스, 2023.12.06.)
- 기술 발전의 양면성과 인간의 윤리적 성찰 책임에 대한 분석 -

≫ 양면성	≫ 윤리적 성찰
미디어를 통해 기술이 가져올 편의와 해악을 동시에 예견했다. 기술이 정보 확대를 가능케 하지만, 획일적 통제와 인간 소외를 야기할 수 있음을 경고한다. 이는 디지털 기술이 인간성을 저해하는 양날의 검이라는 통찰이다.	기술 문명에 대한 비판적 대도를 요구했다. 기술은 신악을 떠나, 이를 사용하는 인간의 윤리적 책임이 중요함을 강조한다. 현세대는 기술이 확산되는 시대에 살고 있으며, 기술 사용의 가치와 지향점을 성찰해야 할 책임이 있다.

● 사고의 확장

▶ 백남준의 '기술 통제권' 철학은 AI의 윤리적 통제 한계를 설정하는 모델인가?

▶ 동서양 융합의 창의성은 AI 창작물의 독창성 및 가치를 판단하는 기준인가?

▶ 미디어 해세를 통한 비판석 성살이 가짜 뉴스 시대의 크리에이터 윤리 모델인가?

▶ '전자 소고속도로'의 소통 비선은 디지털 분열과 단절을 극복할 수 있는 해법인가?

▶ 삶과 예술을 동일시하는 소명 중심 진로가 경쟁 사회의 지속가능한 생존 전략인가?

5. 세특 예시

백남준이 동양의 선 사상과 서구의 비디오 기술을 융합하고 음악, 퍼포먼스 장르를 넘나든 과정을 근거로, AI 시대 창의적 영역은 전문 분야 간의 이질적 융합에서 비롯됨을 설득력 있게 주장함. 예술적 전문성이 단순한 기술을 넘어, 서로 다른 지식과 기술을 재조합하여 미래 유망 직업을 창출하는 핵심 방법론이라는 입장을 백남준의 다원적 활동과 연결해 뒷받침함. 미술사의 혁신 정신을 미래 사회의 직업 역량으로 재해석하여 분석하는 깊은 통찰을 보여준 학생임.

14 세종대왕
(世宗大王, 1397~1450)

1. 자주와 애민의 군주, 찬란한 민족 문화를 설계하다

● 왕족의 품격과 학문의 열정을 드러내다

1397년, 태종 이방원과 원경왕후 민씨의 셋째 아들(충녕대군)로 태어난 세종은 어려서부터 총명하고 학문에 대한 깊은 애정을 보이며 태종의 기대를 한 몸에 받았다.

태종은 충녕대군을 두고 "천성이 총민하고 학문에 독실하며 정치하는 방법도 잘 안다."라고 평가할 정도로 그의 자질을 높이 샀다.

결국 1418년, 형인 양녕대군이 폐위되면서 충녕대군이 세자로 책봉되었고, 같은 해 22세의 나이로 태종의 선위를 받아 왕위에 오르게 된다.

● 위대한 창조, 훈민정음을 반포하다

즉위 후 세종은 백성들이 어려운 한자 대신 쉽고 편리하게 사용할 수 있는 문자의 필요성을 절감했다. 오랫동안 신하들의 반대를 무릅쓰고 연구에 매진한 끝에, 1443년 마침내 새로운 문자 '훈민정음'을 창제하고 1446년에 반포했다. 훈민정음은 문자를 만든 목적과 원리를 상세히 설명한 '해례본'을 갖추고 있어, 그 과학적 가치를 더욱 빛내고 있다.

세종은 <용비어천가>를 훈민정음으로 번역하고, <삼강행실도>에 훈민정음 해설을 달아 보급하는 등 '문맹 퇴치와 문자 생활의 혁신'을 위해 다방면으로 노력했다.

● 문화와 과학을 꽃피우다

세종의 문화·과학 정책은 단순한 학문 장려가 아니라, 백성의 삶을 바꾸기 위한 국가적 설계였다. 그는 학문과 기술이 소수 학자의 전유물이 아니라, 백성의 일상에 직접 도움이 되어야 한다고 보았다.

훈민정음 창제 외에도 세종은 '조선의 문화와 과학 발전에 지대한 공헌'을 했다. <용비어천가>, <월인천강지곡> 등의 문학 작품이 창작되었고, <향약집성방>, <의방유취>와 같은 의학 서적도 편찬되었다.

장영실과 같은 과학 기술자를 등용해 해시계(앙부일구), 물시계(자격루), 측우기, 혼천의 등을 발명하며 과학 기술 분야에서도 큰 발전을 이루었다. 또한 아악(雅樂)을 정리하고 예악(禮樂)과 법제(法制)를 정비하며 국가의 기틀을 확고히 다졌다.

● '인재 양성'의 투혼을 발휘하다

세종은 위대한 통치가 개인의 천재성에서 나오지 않는다는 사실을 잘 알고 있었다. 그는 국정을 함께 설계할 사람을 키우는 일을 가장 중요한 국가 과제로 삼았다. 집현전은 단순한 학문 기관이 아니라, 정책을 함께 고민하고 미래를 설계하는 지적 협업의 공간이었다.

세종은 학자들에게 자유로운 토론을 허용했고, 다른 의견을 제시하는 것조차 장려했다. 왕 앞에서조차 거리낌 없이 의견을 말할 수 있는 분위기는 당시로서는 매우 이례적인 일이었다.그는 인재를 '지시를 수행하는 신하'가 아니라, 함께 나라를 이끄는 동반자로 대했다. 이러한 인재 중심의 리더십은 세종 시대의 탁월한 성과를 가능하게 한 가장 강력한 원동력이었다.

● 민생 안정과 자주 국방을 이끌다

세종은 재위 기간 내내 '백성들의 안정된 삶을 최우선 과제'로 삼았다. 그는 농업 생산력을 향상시키기 위해 실제 농민들의 경험을 바탕으로 한 <농사직설>을 편찬하게 했다.

나아가 세종은 가뭄과 홍수 같은 자연재해로부터 백성들을 보호하고자 치수사업과 구휼제도를 체계적으로 마련하여 민생 안정에 힘썼다.

동시에 북방의 여진족과 남해안의 왜구로부터 나라를 지키기 위해 군사력을 강화하는 데도 소홀함이 없었다. 그 결과 4군 6진을 개척하여 조선의 영토를 확장하고 자주 국방 체제를 확고히 구축하며 백성들의 안전을 도모했다.

● 오늘날로 이어지는 메세지

탁월한 성과는 혼자만의 능력에서 나온다고 생각하기 쉽다. 그러나 세종은 전혀 다른 방식의 리더십을 보여주었다. 세종대왕은 백성의 삶을 깊이 이해하고, 지식과 기술을 모두의 것으로 나누는 데 힘썼다. 그의 통치는 공감과 소통을 바탕으로 한 협력의 리더십이었다.

오늘날 학생에게 세종의 메시지는 분명하다. 진짜 실력은 혼자 앞서가는 능력이 아니라, 함께 성장하게 만드는 힘이라는 것이다.
▶ 나는 내 지식을 어떻게 나누고 있는가?
▶ 배움은 누구를 위해 사용되어야 할까?
이는 과학·인문·융합형 세특 탐구로 확장 가능하다.

● 주요 철학 사상

1) 애민 정신

세종의 애민 정신은 훈민정음 창제로 이어졌다. 훈민정음은 어려운 한자를 대신하여 모든 백성이 쉽게 문자를 익힐 수 있게 했다. 이는 백성들의 문맹률을 크게 낮추어 지식 습득의 기회를 확대했고, 서로 간의 소통을 원활하게 만들었다. 결과적으로 정치적 의사 표현의 통로를 넓히고 사회의 전반적인 문화 수준을 향상시키는 기반을 마련했다. 또한 우리 고유의 문자를 가짐으로써 조선 사회의 문화적 자주성과 자긍심을 크게 높였다.

2) 실용주의

세종의 실용주의는 백성들의 실제 생활에 도움이 되는 다양한 과학 기술 발명으로 나타났다. 측우기, 해시계, 물시계 등은 농업 생산력을 증대시키고 백성들의 생활 편의를 크게 높였다. 특히 농민들의 경험을 집대성한 <농사직설>은 각 지역의 기후와 토질에 맞는 농법을 보급하여 농업 생산력을 안정화하고 국가 경제 발전에 크게 기여했다. 이는 단순히 기술 발전을 넘어 백성들의 의식주 해결에 실질적인 도움을 주었으며, 국가의 부를 축적하는 데 중요한 역할을 했다.

3) 인재 중시

인재 중시와 학문 장려 사상은 집현전의 설치와 학문 연구의 활성화로 이어졌다. 집현전 학사들은 다양한 서적 편찬과 연구를 통해 조선의 학문적 수준을 비약적으로 발전시켰다. 이 시기에 역사, 지리, 의학, 법률 등 다방면에 걸친 방대한 지식이 축적되었으며, 이는 국가 통치에 필요한 전문 지식의 기반이 되었다. 또한 <삼강행실도> 같은 교화서를 편찬하여 유교적 윤리관을 백성들에게 널리 전파함으로써 사회 질서를 안정시키고 통합을 이루는 데 기여했다.

4) 자주정신

'자주정신(自主精神)' 또한 그의 중요한 사상 중 하나이다. 중국 중심의 사고에서 벗어나 조선의 실정에 맞는 역법(曆法)인 <칠정산>을 편찬하고, 우리 고유의 글자인 훈민정음을 창제한 것이 대표적인 예이다. 이는 단순한 과학 기술이나 문자 창제를 넘어, 조선의 독자적인 문화를 정립하려는 강한 의지를 보여주었다. 또한 세종의 자주 정신은 외세에 의존하지 않는 독자적인 국방력 강화로 이어졌다. 여진족과 왜구의 침략을 근본적으로 차단하여 백성들을 외침의 위협에서 벗어나게 했다.

● 역사적 성과와 업적

세종대왕의 사상은 조선 사회 전반에 깊고 긍정적인 영향을 미쳤다. 그의 애민 정신은 백성의 삶을 근본적으로 개선하려는 노력으로 이어졌고, 훈민정음 창제와 같은 실질적인 정책으로 구현되었다. 실용주의는 과학 기술 발전과 농업 혁신을 이끌었으며, 이는 백성들의 삶을 더욱 풍요롭게 만들었다. 인재를 중시하고 학문을 장려한 덕분에 집현전과 같은 기관을 통해 다양한 분야에서 뛰어난 인재들이 양성될 수 있었다. 또한, 강력한 자주 정신은 국방력 강화와 외교 활동에서 나타나, 조선의 독립성과 위상을 드높이는데 크게 기여했다.

세종대왕은 이처럼 다방면에 걸친 노력으로 백성이 안정되고 풍요로운 삶을 누리며, 문화적으로도 높은 수준을 성취하는 조선을 만들고자 했다. 이러한 그의 통치 이념은 단순한 사상을 넘어 조선 사회의 언어, 과학, 문화, 경제, 국방 등 모든 영역에서 혁신적인 변화를 이끌어냈다. 이처럼 광범위한 개혁과 발전은 이후 조선이 보다 안정적으로 성장하고 지속적으로 발전할 수 있는 굳건한 토대를 마련하며 조선 전기 국가의 기틀을 형성하는데 크게 이바지했다. 따라서 세종대왕의 업적과 사상은 오늘날까지도 우리 민족문화의 가장 자랑스러운 유산으로 깊이 평가되고 있다.

● 철학 사상 연계 탐구 주제

애민 정신	▶ 세종대왕의 '애민 정신'과 정약용의 '애민 정신' 비교 탐구 ▶ 세종대왕의 과학 기술 발전에 나타난 애민정신과 21세기 기후 위기 대응 방안 ▶ 세종대왕의 애민 정신이 현대 사회 복지 정책 및 공공 보건에 주는 시사점 연구
실용주의	▶ 세종대왕의 실용주의적 과학 기술 정책이 현대 의사결정에 미치는 영향 탐색 ▶ 세종대왕의 과학 기술 발전에 나타난 실용주의와 현대 사회의 문제 해결 탐구 ▶ <훈민정음> 창제에 담긴 실용적 언어관과 현대 사회의 효과적인 의사소통 탐구
인재 중시	▶ 세종대왕의 인재 양성 철학과 21세기 미래 교육 탐구 ▶ 세종대왕의 신분 초월 인재 등용(장영실 등)에 나타난 인재 중시 철학 탐구 ▶ 집현전 운영을 통한 인재 양성 시스템과 현대의 창의 융합형 인재 교육 탐구
자주정신	▶ 세종대왕의 영토 자주정신과 현대 한국의 안보 전략 비교 분석 ▶ 훈민정음 창제에 나타난 언어 자주정신과 현대의 문화 주권 수호 방안 탐구 ▶ 훈민정음 창제를 통해 본 세종의 자주정신이 국가 브랜딩에 미치는 영향 분석

주제	세종대왕의 인재 양성 철학과 21세기 미래 교육 탐구
탐구 목표	세종대왕의 인재 양성 철학과 21세기 미래 교육의 공통점 및 차이점을 비교 분석하고, 세종의 지혜를 현대 교육 현장에 적용할 수 있는 구체적인 방안을 제안한다.
선정 이유	21세기는 급격한 기술 발전과 사회 변화를 겪고 있으며, 이에 따라 교육 패러다임의 변화가 절실하다. 세종대왕의 인재 양성 방식을 탐색하며 미래 사회에 필요한 인재가 갖추어야 할 역량과 교육 방향에 대해 비판적으로 사고하고 능동적으로 준비하는 태도를 기를 수 있다. 역사, 철학, 교육학 등 다양한 학문 분야를 아우르는 주제로서, 학생들이 지식의 경계를 넘나들며 융합적 사고력을 키울 수 있는 좋은 기회가 된다.
서론	훈민정음 창제, 과학 기술 발전, 국토 확장 등 세종대왕의 수많은 업적 뒤에는 탁월한 리더십과 더불어 '인재 양성'에 대한 깊은 철학이 있었다. 그는 신분이나 배경에 얽매이지 않고 오직 능력과 학식을 기준으로 인재를 등용했으며, 이들이 자유롭게 학문을 탐구하고 역량을 펼칠 수 있도록 지원했다. 현대 사회는 인공지능 시대를 맞아 급변하고 있으며 미래 사회를 이끌어갈 인재를 키우는 것이 중요한 과제로 떠올랐다.
본론	▶ 세종대왕의 인재 양성 철학: 신분과 출신을 가리지 않는 인재 등용 ▶ 세종대왕의 인재 양성 제도: 집현전 운영, 사가독서제도, 적재적소 인재 배치 ▶ 21세기 미래교육의 특징: 창의적, 융합적인 사고, 문제 해결 능력 및 비판적 사고 ▶ 21세기 미래교육에서 요구하는 역량: AI 시대, 인간 고유의 역량 강화하는 교육 ▶ 세종의 인재 양성 철학과 미래 교육의 연계 및 적용: 다양성 존중과 잠재력 발굴
결론	21세기 미래 교육이 추구하는 가치, 즉 창의성, 융합적 사고, 자기 주도 학습, 문제 해결 능력 등은 세종대왕 시대의 인재 양성 철학과 놀랍도록 닮아있다. 이를 현대에 적용한다면, 급변하는 미래 사회에 필요한 진정한 '미래형 인재'를 키워낼 수 있다.
심화 탐구 주제	▶ 다른 시대나 다른 국가의 인재 양성 정책과의 비교 연구 ▶ 세종 시대 인재 등용의 한계와 현대적 관점에서의 재해석 ▶ AI 시대, 인간 고유의 역량을 강화하기 위한 세종의 교육 철학 활용 방안
토론 주제	▶ 집현전과 사가독서 제도를 현재 우리 교육에 효과적으로 적용할 수 있는가? ▶ 세종대왕의 인재 등용 방식을 현대 사회의 채용 시스템에 접목할 수 있는가? ▶ '이상적인 학교'는 세종대왕의 어떤 교육 제도, 철학을 계승하여 구현해야 하는가?
교내 후속 활동	▶ 한국사: '세종대왕과 정조의 인재 양성 정책' 비교 분석 탐구 ▶ 자율·자치활동: '우리 학교의 집현전' 프로그램 기획, 교내 '세종 아카데미' 운영 ▶ 진로활동: 탐구 결과 발표회 및 UCC 제작, 교육 제안서 작성

세종대왕(世宗大王, 1397~1450)

● 한국사1

성취기준	[10한사1-01-03] 조선의 성립과 정치 운영의 변화를 파악한다.
주요내용	세종대왕은 애민 사상과 실용주의를 통치 철학의 근본으로 삼았다. 그는 집현전을 설치하여 인재 양성과 학문 연구를 적극 지원하였다. 특히 <훈민정음>을 창제하여 백성의 언어생활을 혁신하고, 측우기, 해시계 등 과학 기술과 <농사직설> 같은 농업 기술을 발전시켜 민족 문화의 황금기를 열었다. 이러한 세종의 다방면적인 노력이 백성들과 조선에 미친 영향을 분석하며 역사적 의미를 탐색할 수 있다.
교과연계 탐구주제	▶ 세종대왕 시대의 과학 기술 발전이 조선 사회에 미친 실용적 영향 분석 ▶ 세종대왕의 애민 정치와 훈민정음 창제가 백성들의 삶에 미친 변화 연구 ▶ 세종대왕의 4군 6진 개척과 대마도 정벌: 조선의 영토 확장과 현대적 의미 탐구

● 국어 (공통국어2)

성취기준	[10공국2-04-01] 과거 및 현재의 국어생활에 나타나는 국어의 변화를 이해하고 국어문화 발전에 참여한다.
주요내용	훈민정음 창제의 핵심 목적은 백성들을 향한 세종대왕의 깊은 애민 정신에서 시작되었다. <훈민정음 해례본>에 설명된 것처럼, 자음은 발음기관을 본뜨고 모음은 천지인 삼재 사상을 반영하는 등 매우 과학적이고 체계적인 원리로 만들어졌다. 이는 현대 국어의 발전에 지대한 영향을 미쳤으며, 오늘날 한글은 배우기 쉽고 과학적인 문자로 세계적으로 그 위상을 인정받고 있다는 점을 이해하고 그 내용을 분석할 수 있다.
교과연계 탐구주제	▶ 훈민정음 창제 당시의 반대 여론 분석과 한글 보급 과정의 난관 탐구 ▶ <훈민정음 해례본>에 나타난 한글의 과학성과 현대 언어학적 우수성 탐구 ▶ 한글 창제가 가져온 문화 변동: 한글 문학 작품 분석을 통한 문학의 대중화 탐구

3. 독서 연계 탐구활동

● 추천 도서 목록

추천 도서 목록

▶ 성군 세종대왕 (조남욱 저, 세문사, 2015)

▶ 조선을 춤추게 하라, 세종대왕 이도 (최홍규 저, 우와, 2013)

▶ 국가 경영은 세종처럼 (박영규 저, 통나무, 2021)

▶ 셰익스피어가 세종대왕을 만났을 때 (이성철 저, 율곡미디어, 2010)

▶ 세종대왕, 훈민정음을 창제하다 (엄광용 저, 비람북스, 2023)

▶ 세종대왕, 한민족의 위대한 스승 (한국어읽기연구회 저, 학이시습, 2013)

독서 연계 탐구 활동	
도서명	국가 경영은 세종처럼(박영규 저, 통나무, 2021)
	이 책은 세종의 통치행위를 국가 경영의 관점에서 설명한다. 국가 최고 책임자로서 세종이 국민들의 삶을 안정시키기 위해 어떠한 노력을 했고, 어떤 비전을 갖고 국가의 미래를 설계했는지, 그 정치 리더십의 본 모습을 저자는 정확한 왕조실록의 사료에 근거하여 알려준다. 탁월한 세종의 국가 경영법을 통하여, 급변하는 현재의 위기와 난관을 헤쳐 나갈 올바른 정치 지도자의 역량을 찾아볼 수 있다.
핵심 키워드	왕권과 신권의 융합, 포용의 정치, 합일의 정치, 균형의 정치, 인재 경영
탐구 주제	▶ 세종의 '중용 정치'와 현대 민주주의의 조화 탐구 ▶ 세종의 '민생 중심 경제관'과 지속 가능한 발전 탐구 ▶ 인간 세종의 '공감 리더십'과 현대 사회 문제 해결 탐구 ▶ '한글 창제'에 담긴 세종의 실용주의와 언어 다양성 탐구 ▶ 세종의 '능력 중심 인재 경영'과 4차 산업혁명 시대 인재상 탐구
토론 쟁점	▶ 공감 능력과 냉철한 판단력 중, 현대 리더에게 더 중요하다고 생각하는 것은? ▶ 한국의 경제 정책은 '성장'과 '분배' 중 어느 쪽에 더 치우쳐 있다고 생각하나? ▶ '스펙' 위주 사회에서 세종과 같은 '다양한 재능'을 알아보는 교육이 가능할까?
후속 활동	▶ 윤리와 사상: 세종의 '중용' 철학 재해석 및 적용 관련 보고서 작성 활동 ▶ 한국사: 세종의 리더십, 인재 경영 등과 관련된 현대 사회의 이슈 기사 스크랩 ▶ 동아리활동: 모의 어전회의, 세종의 철학과 현대 사회의 쟁점 토론 활동

● 독서 연계 탐구활동 예시

탐구 주제	세종의 '민생 중심 경제관'과 지속 가능한 발전 탐구	
탐구 자료	▶ 역사 다큐멘터리– EBS 역사 채널 등에서 '세종대왕' 관련 다큐멘터리 분석 자료 ▶ 뉴스 기사 및 시사 칼럼– '지속 가능한 발전'과 관련된 개념 분석 자료 ▶ <한국사1> 교과서– '조선 전기 사회, 경제의 발전과 농업의 발달' 단원 자료	
탐구 개요	서론	세종대왕은 백성을 근본으로 삼는 '민본 사상'을 바탕으로 다양한 경제 정책을 펼치며 백성들의 삶을 안정시키고 국가의 지속적인 발전을 추구하는 데 중점을 두었음. 현대 사회는 기후 변화, 빈부 격차 등 다양한 위기에 직면해 있으며, 이를 해결하기 위한 '지속 가능한 발전' 개념이 강조되고 있음.
	본론	▶ 세종대왕의 백성의 삶 안정화를 위한 농업 정책 분석 ▶ 세종대왕의 국가 경제 안정 및 재정 확충 노력 탐구 ▶ 지속 가능한 발전의 정의 및 구성 요소 분석 ▶ 현대 사회가 직면한 지속 가능성 위기 탐구 ▶ 세종의 경제관이 현대 '지속 가능한 발전'에 주는 시사점 탐구

탐구 개요	결론	탐구 결과 세종의 경제관은 경제 성장뿐만 아니라 사회적 형평성, 그리고 자원 관리와 같은 요소를 중요하게 여겼다는 점에서, 현대 사회가 당면한 지속 가능성 위기를 극복하고 미래 세대에게 더 나은 환경을 물려주기 위한 정책 수립에 중요한 영감을 줄 수 있음을 강조함.
후속 활동		▶ 경제: 성장과 분배 사이에서 '중용'을 지킨 세종의 경제관 탐구 보고서 작성 ▶ 동아시아사: 세종대왕 집권 시기 동아시아 각국의 상황을 비교하는 발표 활동 ▶ 자율·자치활동: 지역 사회의 특정 문제를 해결하기 위한 소규모 프로젝트를 기획 ▶ 진로활동: '세종의 경제관을 현대 사회에 적용할 수 있는가?'를 주제로 토론 활동

4. NIE 연계 활동

● 신문 읽기 & 연결 사유 찾기

인권은 보호하고 재판은 과학적으로...남달랐던 세종대왕 (이데일리, 2025.05.15.)

이 기사는 '세종대왕의 재판관으로서의 면모와 사법제도 운용사례에 대한 연구'를 바탕으로, ①세종대왕의 법철학과 재판 원칙 ②인권 보호 정책과 과학적 재판 체계 ③민본주의 법치와 현대인들에게 주는 교훈을 다뤘다. 세종대왕의 법률 정신은 세기를 뛰어넘어 현대 사법 체계에도 여전히 중요한 지침이 되고 있다. 세종대왕의 사법 정신을 되돌아보고, 현대 사법제도의 발전 방향을 모색하는 계기가 되기를 강조한다.

세종대왕 애민 정신 실종... 대선공약집에 '한글 어디 있나' (중부일보, 2025.05.14.)

이 기사는, 대선 후보들의 대선공약집을 분석한 후 대한민국을 어떻게 이끌 것인지 설명하는 말이 영어밖에 없다는 게 안타깝다면서 "영어를 아는 사람만 정책을 이해할 자격이 있다고 은연중에 내세우는 것"이라고 지적했다. 이어 "지도자라면 국민이 이해하기 쉽게 우리말로 풀어써야 한다. 쉬운 문자로 누구와도 소통할 수 있게, 백성 사랑의 정신으로 한글을 만든 세종대왕의 정신을 본받을 필요가 있다"고 제언했다.

리콴유·세종대왕의 행정 혁신 리더십 (서울경제, 2025.05.14.)

이 기사는, 싱가포르의 리콴유 총리와 같은 행정 혁신의 지도자를 언급하면서 한글 창제, 집현전 활성화, 공정한 법 집행 등을 통해 과학기술·국방 강화와 문화 융성의 기반을 마련한 세종대왕의 사례를 비교 설명하고 있다. 특히 앞으로의 정부가 행정 혁신과 공무원 사기 진작을 통해 민관정(民官政)이 함께 뛰는 문화와 생태계를 만들어야 한다는 점을 강조하고 있다.

● 시사 이슈

▶ 세종대왕의 법철학과 인권 보호 정책이 현재에 시사하는 바는 무엇인가?

▶ 세종대왕의 행정 혁신 리더십을 현대 사회에 어떻게 적용할 수 있을 것인가?

▶ 한글로 충분히 표기할 수 있는 용어를 외래어로 표기해야 하는 이유는 무엇인가?

세종대왕 애민 정신 실종... 대선공약집에 '한글 어디 있나'(중부일보, 2025.05.14.)
- 한글로 충분히 표기할 수 있는 용어를 외래어로 표기해야 하는가? -

찬성	반대
외래어 사용은 국제적인 소통과 정보 교류를 원활하게 하며, 새로운 개념이나 기술 용어를 번역 없이 도입하여 이해도를 높일 수 있다. 이미 많은 사람이 사용하는 외래어를 통해 언어 생활의 효율성을 추구할 수 있다.	불필요한 외래어 사용은 우리말의 고유성과 정체성을 훼손할 수 있기 때문에 모두가 쉽게 이해하고 사용할 수 있는 쉬운 우리말 사용을 우선해야 한다. 외래어를 무분별하게 사용하면 국어 순화 노력이 퇴색될 우려가 있다.

인권은 보호하고 재판은 과학적으로...남달랐던 세종대왕(이데일리, 2025.05.15.)
- 현대의 사법 체계는 인권 보호가 우선인가? 엄중한 처벌이 우선인가? -

▶▶ 인권 보호가 우선	▶▶ 엄중한 처벌이 우선
현대 사법 체계는 모든 사람의 기본적 인권을 보장하는 것을 최우선으로 한다. 피의자나 피고인의 인권이 충분히 존중되어야 공정한 재판이 가능하다. 가혹한 처벌보다는 교화를 통해 사회 구성원으로 복귀시키는 데 중점을 두어야 한다.	사법 체계는 범죄에 대한 엄중한 처벌을 통해 사회 질서를 유지하는 데 기여한다. 피해자의 권리를 보호하고 범죄로 인한 고통을 해소하는 것이 중요하다. 정의의 실현과 재범 방지를 위해서는 범죄에 대한 엄정한 법 집행이 선행되어야 한다.

● 사고의 확장

▶ 세종대왕의 법철학을 근간으로 현대 사법 시스템의 지향점은 무엇인가?

▶ 국제적인 협력과 교류가 활발한 시대에 무조건적인 우리말 사용 강요가 과연 타당한가?

▶ 현대 사회에서 사회적 약자, 소수자, 취약 계층의 인권을 어떻게 더 적극적으로 보호할 것인가?

▶ 우리말이 가지는 고유한 표현력과 어휘의 보고를 보존하고 발전시키려면 어떻게 해야 할 것인가?

▶ 국민 중심의 가치 아래 디지털 기술을 활용한 개인 맞춤형 공공 서비스를 어떻게 제공할 것인가?

5. 세특 예시

　한글로 충분히 표기할 수 있는 용어를 외래어로 표기해야 하는가?를 주제로 한 찬반 토론에서 '국가 경영은 세종처럼'이라는 책을 읽고 '불필요한 외래어 사용은 우리말의 고유성과 정체성을 훼손할 수 있기 때문에 모두가 쉽게 이해하고 사용할 수 있는 쉬운 우리말 사용을 우선해야 한다.'라는 논거로 반대 입장을 논리적으로 제시함. 평상시 뛰어난 의사소통역량과 비판적 사고능력 및 문제해결 역량이 우수한 모습을 보이며, 관심 분야에 대한 진로탐색 역량을 지속적으로 키워나간 학생임.

15 아리스토텔레스
(Aristoteles, B.C.384~322)

1. 아리스토텔레스, 현실에서 철학을 찾다

● 성장과 사유의 시작

기원전 4세기, 그리스 북부의 도시 스타게이라에서 한 소년이 태어났다. 그의 이름은 아리스토텔레스였다. 아버지 니코마코스는 마케도니아 왕가의 의사로, 자연과 생명을 관찰하고 기록하는 일을 맡고 있었다. 어린 아리스토텔레스는 질병과 치료, 신체와 자연의 질서를 가까이에서 보며 성장했다.

이 경험은 훗날 그가 세상을 추상적 관념이 아닌, 관찰과 분석의 대상으로 바라보게 만든 출발점이 되었다. 그에게 철학은 현실을 떠난 사유가 아니라, 현실을 이해하고 설명하기 위한 도구였다.

● 플라톤의 제자가 된 소년, 다른 질문을 던지다

열일곱 살이 되던 해, 아리스토텔레스는 고향을 떠나 아테네로 향했다. 그곳에는 당대 최고의 철학자 플라톤이 이끄는 아카데미아가 있었다. 그는 플라톤의 제자가 되어 20년 가까이 공부하며 형이상학적 사유와 논증의 힘을 배웠다.

플라톤은 현실 세계를 불완전한 그림자로 보았지만, 아리스토텔레스는 현실 그 자체에 의미가 있다고 보았다. 그는 사물과 생명, 인간의 행동을 면밀히 관찰하며, 철학은 삶과 분리될 수 없다고 생각했다. 그에게 철학은 인간이 어떻게 살아야 하는지를 묻는 실천적 학문이었다. 행복은 우연히 주어지는 것이 아니라, 이성과 습관을 통해 길러지는 삶의 결과라고 보았다.

"행복이란 이성(생각)과 덕(행동)이 함께할 때 이루어진다."

● 현실에서 철학을 찾다

아리스토텔레스는 세상의 모든 사물이 단순히 존재하는 것이 아니라, 과정 속에서 완성되어 간다고 보았다. 이를 설명하기 위해 그는 '형상'과 '질료'라는 개념을 제시했다. 재료만으로는 사물이 될 수 없고, 목적과 구조가 더해질 때 비로소 완성된다는 생각이었다.

더 나아가 그는 사물과 변화의 원인을 네 가지(질료인·형상인·작용인·목적인)로 나누어 설명했다. 세상은 우연의 집합이 아니라, 이유와 목적을 지닌 질서라는 그의 세계관이 잘 드러나는 부분이다.

● 행복을 설계한 철학자

아리스토텔레스 윤리 사상의 중심에는 '행복'이 있다. 그는 인간의 모든 행위가 어떤 선을 향하며, 그 최종 목적이 행복이라고 보았다. 그러나 행복은 일시적인 즐거움이나 외적인 성공이 아니라, 이성을 따라 살아갈 때 삶 전체를 통해 완성되는 지속적인 상태였다. 행복은 우연히 주어지는 것이 아니라, 의식적인 선택과 반복된 실천을 통해 길러진다.

인간은 이성을 지닌 존재로서 생각하고 판단하며 행동할 때 인간다운 삶에 도달할 수 있고, 이성과 행동이 함께할 때 삶은 올바른 방향을 갖게 된다고 보았다. 또한 용기·절제·정의와 같은 덕은 습관을 통해 형성되며, 지나침과 부족함 사이에서 균형을 찾는 '중용'이 인간다운 삶의 핵심 기준이라고 강조했다. 그는 행복을 소유의 문제가 아닌 삶의 태도와 방식의 문제로 보았다.

플라톤이 세상을 떠난 뒤, 아리스토텔레스는 아테네로 돌아와 학교 '리케이온(Lykeion)'을 세웠다. 그는 학생들과 함께 걸으며 토론했고, 이 때문에 학파는 '페리파토스 학파(걷는 학파)'로 불렸다. 리케이온에서 그는 논리학, 윤리학, 정치학, 자연학 등 여러 분야를 연구하며 자신의 철학을 하나의 체계로 정리했다. 그는 배움을 단순한 지식의 축적이 아닌 세상을 이해하는 지혜로 보았고, 교육을 스스로 생각하고 탐구하는 과정으로 여겼다.

● 오늘날로 이어지는 메시지

정답을 빠르게 찾는 것이 중요한 시대이다. 하지만 아리스토텔레스는 질문을 깊게 던지는 능력이 더 중요하다고 보았다. 그는 인간의 행복이 순간의 쾌락이 아니라, 이성과 습관을 통해 완성되는 삶의 태도에서 나온다고 설명했다. 배움은 곧 삶을 더 나은 방향으로 이끄는 훈련이었다.

오늘날 학생에게 그의 메시지는 명확하다. 공부는 시험을 위한 도구가 아니라, 삶을 설계하는 과정이라는 사실이다.

▶ 나는 무엇을 위해 배우고 있는가?
▶ 나의 배움은 삶의 선택으로 이어지고 있는가?

이는 철학·윤리·자기 성찰형 세특 주제로 연결된다.

● 주요 철학 사상

1) 목적론

아리스토텔레스의 윤리사상의 핵심은 '모든 것에는 목적(telos)이 있다'는 목적론에 있다. 그는 인간의 모든 행위는 어떤 '선'을 향하며, 각각의 선은 또 다른 상위의 선을 지향한다고 보았다. 예를 들면 악기를 만드는 기술은 좋은 소리를 내는 악기를 위한 것이고, 좋은 소리를 내는 악기는 더 나은 연주를 위한 것이다. 이처럼 각 사물과 행위에는 고유한 목적이나 기능이 있으며, 인간 역시 궁극적으로 '행복' 그 자체를 목적으로 추구한다.

2) 행복

아리스토텔레스는 덕을 인간의 고유한 기능인 이성이 발휘되는 상태라고 보았다. 또한 인간의 고유한 덕을 따르며 살아야 참된 행복에 이를 수 있다고 주장하였다. 참된 행복에 이르게 하는 덕에는 품성적인 덕과, 지적인 덕이 있다. 품성적 덕은 습관을 통해 길러지며, 감정과 욕구를 올바르게 조절하는 능력이고, 지적 덕은 배움과 훈련을 통해 얻어지며, 이성적 사고와 판단을 올바르게 하는 능력이다. 따라서 덕의 실현은 이성의 작용과 습관적 실천이 조화를 이룰 때 가능하다.

3) 중용

중용은 이성에 의해 충동과 감정을 조절함으로써 극단에 치우치지 않으려는 의지를 습관화한 덕을 의미한다. 중용은 양극단 사이의 산술적 중간이 아니라 과도함과 부족함 사이의 중간을 의미한다. <니코마코스 윤리학>에 의하면 지나치거나 모자라는 것을 피할 것을 강조하며, 예컨대, 용기는 무모함과 비겁함 사이에서, 관대함은 낭비와 인색함 사이에서 드러난다고 하였다. 중용은 덕의 필수 조건으로, 사람이나 때와 장소, 목적 등 각 상황에서 가장 적절한 최선을 의미한다.

4) 이론적 지혜와 실천적 지혜

아리스토텔레스는 행복에 이르기 위해서는 덕의 인식과 실천 모두가 필요하다고 보았다. 그는 덕 있는 사람을 이성의 덕을 발휘하는 이론적 지혜(sophia)와 품성의 덕을 실현하는 실천적 지혜(phronesis)를 겸비한 사람으로 규정하였다. 이론적 지혜는 진리와 원리를 탐구하는 능력이며, 실천적 지혜는 상황에 맞는 올바른 선택을 가능하게 한다. 두 지혜가 조화를 이룰 때 인간은 행복과 최고선에 도달한다고 하였다.

아리스토텔레스는 플라톤과 더불어 서양 철학의 기초를 놓은 사상가로, 고대 이후 철학과 학문 전반에 지대한 영향을 끼쳤다. 그는 경험과 관찰에 근거한 실증적 탐구 방법을 확립하여 학문 연구의 체계화에 결정적 기여를 하였다. 또한 논리학을 독립된 학문으로 정립하고 삼단논법을 체계화하여 이후 학문적 사유 방식의 기본 틀을 마련하였다. <니코마코스 윤리학>과 <정치학>을 통해 덕 윤리와 공동체적 삶을 강조하며 인간이 추구해야 할 삶의 방향을 제시하였다. 그의 사상은 철학과 과학, 윤리와 정치 전반에서 학문 간 통합적 이해를 가능하게 한 중요한 성과로 평가된다.

아리스토텔레스의 철학은 고대 이후 중세와 근대를 거치며 서양 지성사의 중심 축으로 작용하였다. 그의 논리학과 형이상학은 스콜라 철학의 기본 구조가 되었으며, 자연학과 생물학에 대한 경험적 접근은 과학적 탐구 방법의 출발점이 되어 르네상스 이후 자연과학 발전에 토대를 마련하였다. 또한 덕 윤리는 20세기 이후 현대 윤리학에서 다시 주목받아, 매킨타이어는 <덕의 상실(After Virtue)>에서 이 전통을 계승해 근대 윤리의 한계를 비판하였다. 이러한 흐름은 그의 사상이 시대를 넘어 지속적으로 재조명되며 현대 지성사의 핵심 기반으로 기능하고 있음을 보여준다.

● 철학 사상 연계 탐구 주제

목적론	▶ 인간의 행위가 추구하는 목적과 '선'의 관계 분석 ▶ 현대 사회의 '성과주의'가 인간의 목적 의식에 미치는 영향 탐구 ▶ 과학 기술 발전이 인간의 고유한 목적 수행에 미치는 철학적 함의 고찰
행복	▶ 현대인의 행복 인식 변화와 철학적 행복의 조건 비교 ▶ 덕의 실천이 개인의 행복과 공동체 신뢰 회복에 미치는 영향 분석 **▶ 아리스토텔레스의 행복 개념이 소비지상주의 극복에 주는 의의 탐구**
중용	▶ 중용의 원리를 적용한 경쟁사회 속 자기조절 방안 탐구 ▶ 중용의 절제 개념을 바탕으로 한 환경윤리 실천 방안 연구 ▶ 감정 조절로서의 중용이 정신적 안정과 관계 형성에 미치는 영향 탐구
이론적 지혜와 실천적 지혜	▶ 인공지능 시대와 인간의 실천적 지혜가 갖는 의미 고찰 ▶ 이론적 지혜와 실천적 지혜의 조화를 통한 윤리적 의사결정 탐구 ▶ 시민사회에서 실천적 지혜가 공정성과 공동체 의식 형성에 미치는 영향 분석

주제	아리스토텔레스의 행복 개념이 소비지상주의 극복에 주는 의의 탐구
탐구 목표	아리스토텔레스의 행복 개념을 통해 현대 사회의 소비지상주의를 비판적으로 성찰하고, 물질적 성공을 넘어선 참된 행복의 조건을 탐구한다.
선정 이유	현대 사회에서는 행복의 기준이 물질적 소유나 소비 중심으로 변하고 있다. 광고와 SNS는 '소비의 증대'가 곧 행복이라는 인식을 강화하지만, 이는 인간의 내적 성찰과 공동체 의식을 약화시킨다. 아리스토텔레스의 행복 개념은 이러한 사회적 흐름을 비판적으로 바라볼 수 있는 철학적 관점을 제시한다. 그의 사상을 통해 진정한 행복의 본질을 탐구하고, 소비지상주의를 극복할 수 있는 실천 방향을 모색하고자 한다.
서론	오늘날 많은 사람들은 소비와 소유를 행복의 기준으로 삼는다. 그러나 끝없는 경쟁과 과시적 소비는 개인의 내면적 안정과 공동체적 유대감을 약화시킨다. 아리스토텔레스는 행복을 '이성에 따른 덕의 실천'으로 정의하며, 외적 조건보다 도덕적 완성과 정신적 조화를 중시하였다. 이러한 관점은 물질 중심 사회를 반성적으로 성찰하게 하며, 새로운 행복의 기준을 모색하게 하는 철학적 계기를 마련한다.
본론	▶ <니고미고스 윤리학>에시 지시된 헹복과 딕의 관게 징리 ▶ '행복의 조건'에 대한 인식 조사 실시(경제적 여유, 사회적 인정 등) ▶ SNS와 미디어에서 제시하는 행복과 행복을 위한 철학적 요소 비교 ▶ SNS와 광고 속 소비와 행복의 일원적 관계 사례 분석 ▶ 아리스토텔레스의 중용과 절제 개념을 적용한 소비문화 대안 제시
결론	아리스토텔레스의 행복론은 인간의 행복이 이성적 삶의 조화에서 비롯된다는 점을 강조한다. 소비지상주의 사회에서 이러한 철학은 '절제와 중용의 덕'을 실선함으로써 개인의 만속과 사회적 책임이 조화를 이루는 방향을 제시한다.
심화 탐구 주제	▶ 중용의 원리를 적용한 절제의 실천 방안 탐구 ▶ <덕의 상실>(매킨타이어)을 활용한 현대 덕윤리 비판 분석 ▶ 공동체적 행복과 개인적 만족의 균형에 대한 윤리적 탐구
토론 주제	▶ 설세의 넉은 현대 사회에서 실현 가능한 가치인가? ▶ 행복은 덕의 실천에서 오는가, 소유의 충족에서 오는가? ▶ 개인의 행복 추구가 공동체의 행복보다 우선될 수 있는가?
교내 후속 활동	▶ 현대사회와 윤리:행복의 물질적 조건과 정신적 가치에 대한 철학 토론회 활동 ▶ 공통국어: '행복'을 주제로 한 글을 읽고 철학 에세이를 작성하는 활동 ▶ 자율·자치활동:절제적 소비를 주제로 한 교내 캠페인 또는 UCC 제작 활동

아리스토텔레스
(Aristoteles, B.C.384~322)

● 현대 사회와 윤리

성취기준	[12현윤04-03] 공정한 분배를 이루기 위한 정책을 분배 정의 이론을 통해 비판 또는 정당화할 수 있으며, 사형 제도와 형벌을 교정적 정의의 관점에서 비판 또는 정당화할 수 있다.
주요내용	공정함으로서의 정의는 각자에게 정당한 몫을 주는 것으로, 아리스토텔레스는 이를 완전한 덕으로 보고 분배적·교정적·교환적 정의로 구분하였다. 롤스는 공정성을 사회 계약의 원리로 설명하고, 최소 수혜자의 권리 보장과 기회의 평등, 공정한 절차의 정당성을 통해 사회적 불평등에 대한 기준을 제시하였다. 이를 바탕으로 현대 사회의 재화·기회·권리의 공정한 분배와 갈등 해결을 모색한다.
교과연계 탐구주제	▶아리스토텔레스의 정의 유형 탐구 ▶현대 정책 사례를 통한 정의 적용 탐구 ▶아리스토텔레스와 롤스의 정의 원리 비교 분석

● 과학의 역사와 문화

성취기준	[12과사01-02] 고대 그리스 철학자의 과학적 사고나 주장 등을 조사하고, 그리스 문명이 고대에서 현대에 이르기까지 인간의 삶에 미친 영향을 설명할 수 있다.
주요내용	아리스토텔레스는 자연을 목적과 질서가 있는 체계로 이해하며 고대 자연학의 기초를 마련하였다. 그는 생명체의 구조를 관찰해 분류 기준을 세우고, 발생·운동·기능을 중심으로 생물의 특성을 설명하였다. 자연물은 고유한 목적을 향해 움직인다는 그의 목적론은 자연 현상을 원인과 형상, 목적의 관점에서 파악하게 하였으며, 이는 생물 분류학과 초기 과학적 탐구 방식에 영향을 주었다.
교과연계 탐구주제	▶아리스토텔레스의 자연학에 내재한 목적론 구조 탐구 ▶아리스토텔레스의 생물 분류 체계가 지닌 형성 논리 분석 ▶아리스토텔레스의 자연관이 근대 생물학에 미친 영향 고찰

3. 독서 연계 탐구활동

● 추천 도서 목록

추천 도서 목록

▶단단한 행복(양현길, 유노책주, 2025)
▶아리스토텔레스 정치학(아리스토텔레스(박문재 역), 현대지성, 2024)
▶아리스토텔레스의 인생 수업(아리스토텔레스(정영훈 역), 메이트북스, 2024)
▶아리스토텔레스 시학(아리스토텔레스(박문재 역), 현대지성, 2021)
▶니코마코스 윤리학(아리스토텔레스(박문재 역), 현대지성, 2020)
▶아리스토텔레스 수사학(아리스토텔레스(박문재 역), 현대지성, 2020)

독서 연계 탐구 활동	
도서명	아리스토텔레스 시학(아리스토텔레스(박문재 역), 현대지성, 2021)
	이 책은 고대 그리스 철학자 아리스토텔레스가 예술, 특히 비극을 중심으로 문학의 본질과 표현 원리를 탐구한 저작이다. 그는 예술을 모방의 행위로 정의하며, 인간의 감정 정화를 이끄는 '카타르시스'의 기능을 강조한다. 작품의 구성, 인물, 언어, 사상 등 예술 창작의 요소를 체계적으로 분석함으로써 문학 비평의 기초를 세웠다. 이 책은 예술과 인간 본성의 관계를 철학적으로 해석한 미학의 고전이다.
핵심 키워드	모방, 카타르시스, 비극, 예술의 본질, 인간본성
탐구 주제	▶ 비극의 감정 정화 기능이 현대 대중예술에 미치는 영향 분석 ▶ 카타르시스 개념을 통해 본 인간 정서의 예술적 치유 효과 고찰 ▶ **아리스토텔레스 시학과 플라톤 예술론의 근본적 차이 비교 연구** ▶ 아리스토텔레스의 미메시스 개념이 예술 창작에 미치는 의미 탐구 ▶ 예술의 인식적 가치가 현대 사회의 문화예술 교육에 주는 시사점 탐구
토론 쟁점	▶ 예술은 인간의 감정을 단순히 표현하는 수단일 뿐인가? ▶ 비극적 예술이 인간의 정서를 정화시킨다는 주장은 타당한가? ▶ 예술의 본질은 감정 표현인가, 인간 이해를 위한 인식 행위인가?
후속 활동	▶ 현대사회와 윤리: 예술이 인간의 감정과 도덕성에 미치는 영향에 대한 탐구활동 ▶ 미술: '감정의 정화'를 주제로 한 상징적 작품 창작 활동 ▶ 진로활동: 철학과 예술의 관계를 탐구하는 발표형 융합 탐구 활동

● 독서 연계 탐구활동 예시

탐구 주제		아리스토텔레스 시학과 플라톤 예술론의 근본적 차이 비교 연구
탐구 자료		▶ 플라톤 <국가> 제10권: 예술의 모방과 진리 왜곡에 대한 철학적 자료 ▶ 아리스토텔레스 <시학>: 예술의 모방, 비극, 카타르시스 이론의 근거 자료 ▶ 현대 미학 관련 논문: 두 철학자의 관점 비교 참고용
탐구 개요	서론	플라톤과 아리스토텔레스는 예술의 본질을 서로 다르게 이해함. 플라톤은 예술을 모방으로서 진리에서 멀어지는 행위로 보았고, 아리스토텔레스는 인간 정서를 정화하는 긍정적 행위로 해석함. 두 철학자의 예술론 차이를 통해 예술의 철학적 의미를 탐구하고자 함.
	본론	▶ 플라톤과 아리스토텔레스의 예술 개념을 문헌을 통해 정리 비교 ▶ '모방' 개념의 철학적 의미를 중심으로 두 사상가의 인식 차이 분석 ▶ 예술이 인간의 감정과 윤리에 미치는 영향에 대한 관점 비교 ▶ 비극과 시학의 기능을 통해 예술의 사회적 역할 차이 탐색 ▶ 두 이론이 현대 예술 비평과 교육에 주는 철학적 함의 도출

아리스토텔레스
(Aristoteles, B.C.384~322)

| 탐구 개요 | 결론 | '플라톤은 예술을 진리로부터 멀어지게 하는 모방으로, 아리스토텔레스는 예술을 인간 감정의 정화와 성찰의 통로로 보았음. 두 철학은 예술의 가치에 대한 관점에서 대립하지만, 인간 이해를 확장하는 공통의 철학적 기반을 공유함. 예술에 대한 심오한 관점은 오늘날에도 유효한 논쟁을 제공함. |
| 후속 활동 | | ▶ 현대사회와 윤리: 예술과 도덕의 관계를 주제로 한 철학 토론 활동
▶ 공통국어: '모방'과 '카타르시스' 개념을 적용하여 짧은 비평문을 작성하는 활동
▶ 동아리활동: 현대 예술 사례를 분석하고 디지털 갤러리로 구성해 토론하는 활동
▶ 진로활동: 예술철학자와 비평가의 역할을 조사하는 발표 활동 |

4. NIE 연계 활동

● 신문 읽기 & 연결 사유 찾기

"나 정도면 대기업 가능?" 자신만만 면접…AI 앞에서 탈탈 털렸다(머니투데이, 2025.09.10.)

이 기사는 AI 역량검사와 디지털 헤드헌팅 등 인공지능 기반 채용이 확산되는 흐름과 그 정확성 향상 효과를 다루고 있다. 기자가 직접 AI 역량검사를 체험하며 성향, 문제 해결력, 면접 태도 등이 세밀하게 분석되는 과정을 소개했다. 현대차, 포스코 등 1200여 개 기업이 실제 채용 과정에 이를 도입하며, AI 활용이 채용의 속도와 정확성을 높이는 수단으로 활용되고 있음을 보여준다.

법원, 공공기관 AI 면접 정보 공개하라(한겨레, 2025.05.26.)

이 기사는 공공기관의 AI 면접 도입과 정보공개 소송 판결을 다룬다. 공공기관들이 AI 면접의 내역 공개를 거부하자, 법원은 국민의 알 권리 보장과 인공지능 프로그램이 채용 과정에서 안전하게 운영되는지를 확인할 수 있도록 정보를 제공할 것을 결정하였다. 또한 민간업체에 위탁한 공공기관이 관련 정보를 관리하지 않은 점이 드러나, AI 판단의 투명성과 책임성 확보에 내한 필요성을 제기한 사건으로 평가된다.

AI 면접 프로그램 개발, 학교서 징계 받은 한인 대학생(미주 중앙일보, 2025.04.13.)

이 기사는 AI 시대의 채용 윤리와 평가 방식에 대한 논의를 다룬다. 한인 대학생이 인공지능이 실시간으로 답변을 제시하는 '인터뷰 코더' 프로그램을 제작하여, 아마존 인턴 면접에 활용하였다. 이에 기업은 면접 부정행위를 조장할 우려가 있다며 대학에 문제를 제기했고, 학생은 부당함을 주장하며 "AI 시대에 기존 면접 방식이 오히려 비정상적일 수 있다"는 입장을 밝히며 기존 제도의 한계를 지적했다.

● 시사 이슈

▶ AI가 면접과 인성검사에서 판단을 대체할 때, 인간의 역할과 책임은 어디까지인가?

▶ AI 면접은 인간 평가를 대체할 수 있는 가능성과 어떤 한계를 동시에 지니고 있는가?

▶ 아리스토텔레스의 '실천적 지혜'는 인공지능의 기계적 판단이 지닌 한계를 보완할 수 있는가?

AI 면접 프로그램 개발한 대학생, 징계 논란(미주 중앙일보, 2025.04.13.)
- 실시간 AI 면접 보조 프로그램 활용은 정당한가? -

찬성	반대
실시간 AI 면접 보조 프로그램은 면접자의 역량을 객관적으로 보여줄 수 있는 기술적 도구이다. 긴장이나 실수로 인한 편차를 줄이고, 표현력과 논리성을 강화해 면접 효율성을 높일 수 있는 평가 보조 수단으로 인정해야 한다.	AI 면접 중 실시간 보조 프로그램은 공정성을 해칠 수 있다. 이는 면접의 본질인 사고력과 표현 능력을 왜곡하며, 제도적 신뢰를 위협할 수 있다. 기술 활용이 부정행위로 전환될 수 있다는 점에서 사용을 제한해야 한다.

법원, 공공기관 AI 면접 정보 공개하라(한겨레, 2025.05.26.)
- AI 면접의 공공성과 관리 책임 중, 무엇이 선행 조건이 되어야 하는가? -

≫ 정보 공개를 통한 투명성 강화	≫ 운영 관리에서의 책임 확보
AI 면접 평가 방식과 기준은 국민의 알 권리에 속하며, 정보 공개를 통해 인공지능의 판단 구조와 개인정보 관리가 적절히 이루어지는지를 검증할 수 있다. 공공 영역의 기술 활용은 투명성과 책임성을 우선해야 한다.	공공기관이 면접 운영을 외부 용역업체에 맡기고 징보를 보유하지 않은 것은 책임 방기의 문제. 인공지능 판단이 채용 결과에 미치는 영향에 비해 감독 체계가 미흡하며, 정보 공개 이전에 운영 주체의 관리 체계를 정비해야 한다.

● 사고의 확장

▶ AI 면접의 효율성과 공정성은 양립할 수 있는 가치인가?

▶ AI가 인간의 덕(절제·정직·배려 등)을 정확하게 판단할 수 있을까?

▶ 기술적 편의가 인간의 윤리적 판단를 대신할 때, 공정한 경쟁의 기준은 어떻게 변할까?

▶ 기술 발전보다 윤리 기준이 늦어질 때, 사회는 어떤 방식으로 신뢰를 회복할 수 있을까?

▶ AI 면접 운영의 투명성 확보가 개인 정보 보호와 충돌할 때, 어떤 원칙이 우선되어야 할까?

아리스토텔레스 (Aristoteles, B.C.384~322)

5. 세특 예시

　아리스토텔레스의 덕 윤리가 과학 기술의 시대에도 가능한지 의문을 바탕으로, 덕 윤리의 현대적 적용 가능성을 탐구함. 실시간 인공지능 면접 프로그램의 도움을 받아 실제 면접에 참여한 사례를 분석하며, 결과보다 행위의 도덕성을 중시한 정직과 자율의 덕이 훼손되었음을 비판함. 기술 의존이 인간의 실천적 지혜와 도덕적 책임을 약화시킬 수 있음을 고찰하며, 덕 윤리가 미래 사회의 인간다움을 실현하는 윤리적 기준 형성에 기여함을 제시함.

안중근
(安重根, 1879~1910)

1. 동양 평화의 사상가, 대한 독립의 불꽃을 드높이다

● 소년, 자주정신을 품다

안중근 의사는 1879년 9월 2일 황해도 해주부 광석동에서 태어나, 일곱 살 되던 해 황해도 신천군 청계동으로 이사해 유년 시절을 보냈다. 그는 할아버지로부터 유학과 깊이 있는 역사 교육을 받으며 민족의식을 키워나갔다.

또한 아버지의 영향을 받아 서구 문물의 수용을 주장하는 근대 개화사상에 일찍이 눈을 뜨게 된다. 어린 시절부터 말타기와 활쏘기를 즐기며, 사격술 또한 탁월한 실력으로 익혔다. 특히 그의 사격 솜씨는 목표물을 한 치의 오차도 없이 맞추는 백발백중이었다고 전해지고 있다.

● 새로운 학문과 독립의 의지를 다지다

안중근 의사는 16세가 되던 해 가족과 함께 천주교 신자가 되었으며, '토마스(도마)'라는 세례명을 받았다. 그는 이 시기에 프랑스어를 배우기 시작했고, 이를 통해 서양의 다양한 학문과 사상을 접하며 근대 문명에 대한 이해를 크게 넓혔다. 이러한 경험은 안중근 의사에게 국제적인 시야와 새로운 시대적 통찰력을 길러주는 계기가 되었다.

그는 전통적인 동양의 가치관에 서양의 합리적 사고를 더해 폭넓은 세계관을 형성할 수 있었다. 이처럼 천주교 신앙과 서양 학문을 통해 쌓은 지식과 열린 사고는 그의 사상적 기반이 되었다.

● 의병 투쟁, 빼앗긴 나라를 되찾다

일제의 국권 침탈이 가속화되면서 대한제국의 운명이 풍전등화에 놓였던 암울한 시기였다. 안중근 의사는 이러한 민족적 위기 속에서 대한의용군 참모중장이라는 중책을 맡아 의병 활동을 선봉에서 이끌었다. 그는 단순히 개별적인 항일 운동가가 아닌, 조직적인 대한 의용군 사령관의 자격으로 일제의 무도한 침략에 맞서 싸웠다.

안중근은 외교적 노력이나 계몽 활동만으로는 빼앗긴 나라를 되찾을 수 없다고 판단했다. 결국 그는 오직 과감한 무력 투쟁을 통해서만 국권을 회복할 수 있다고 굳게 확신하게 되었다.

● 하얼빈 의거, 동양 평화를 염원하다

1909년 10월 26일 오전 9시 30분경, 안중근 의사는 역사의 중요한 순간, 하얼빈역에서 대한제국을 침략한 이토 히로부미를 마주했다. 그는 대한의 주권을 유린하고 동양의 평화를 끊임없이 방해하던 이토를 향해 과감히 총을 쏘아 처단했다. 이 행동은 단순히 사적인 감정에 의한 보복이 아니었으며, 이토가 한국 침략의 원흉이자 동양 평화를 위협하는 존재임을 명백히 밝히는 것이었다.

안중근 의사는 스스로 대한의용군 참모중장의 자격으로 행한 정당한 처단임을 분명히 천명했다. 이로써 그는 일제의 부당한 침략에 항거하고 민족의 자주성을 드높이려는 의지를 만천하에 드러냈다.

하얼빈 의거 직후, 현장에서 체포된 안중근 의사는 일본 제국주의의 뤼순 법정에서 엄혹한 심문을 받고 여섯 차례에 걸친 재판에 회부되었다.

그는 법정에서도 자신의 행동이 사적인 원한에 의한 범죄가 아닌, 대한 의용군 참모중장의 자격으로 일제의 침략에 맞선 정당한 전쟁 행위였음을 거듭 밝혔다.

재판이 진행되는 내내 안중근 의사는 일제 판사와 검찰관들의 어떠한 압박에도 굴하지 않고, 시종일관 침착하고 논리 정연한 태도로 자신의 주장을 펼쳐나갔다.

극단적인 상황 앞에서 사람은 자신의 신념을 시험받게 된다. 안중근은 폭력적인 시대 속에서도 개인의 행동이 역사의 방향을 바꿀 수 있다는 책임 의식을 지녔다. 그의 선택은 충동이 아니라, 깊은 고민과 사상에 기반한 것이었다.

오늘날 학생에게 안중근의 삶은 말해준다. 행동에는 반드시 책임과 사유가 따라야 한다는 것이다.

▶ 나는 어떤 가치 앞에서 행동할 수 있는가?

▶ 나의 신념은 말에 그치지 않고 있는가?

이는 역사·윤리·시민 의식 중심 세특 탐구로 확장 가능하다.

● 주요 철학 사상

1) 민족 자주정신

안중근 의사의 애국심은 그 누구도 따라올 수 없을 정도로 깊었으며, 조국의 독립을 위해서라면 자신의 생명조차 아끼지 않는 숭고한 정신을 보여주었다. 그의 "대한 만세!" 한 마디의 외침 속에는 오직 조국 해방에 대한 강렬한 염원과 민족의 자주성을 드높이려는 결연한 의지가 고스란히 담겨 있었다. 자신의 모든 것을 바쳐 민족의 자존심을 지킨 안중근 의사의 숭고한 의열과 불굴의 투쟁 정신은 좌절과 고난의 시대를 겪던 한국인들에게 커다란 용기와 희망을 선사했다.

2) 동양 평화론

안중근 의사는 단순히 일본 제국주의를 배척하는 것에만 머무르지 않고, 한 걸음 더 나아가 동아시아 전체의 평화를 위한 깊이 있는 비전을 제시했다. 그는 한국, 중국, 일본 세 나라가 서로 긴밀하게 협력해야만 서구 열강의 침략적인 제국주의에 효과적으로 대항할 수 있다고 주장했다. 연대와 협력을 통해 동아시아에 항구적인 평화가 정착되는 것이 바로 그의 '동양 평화론'의 핵심이었다. 그의 사상은 오늘날 동아시아 국가 간의 협력과 상생을 고민하는 데 중요한 가르침을 주고 있다.

3) 인간 존엄 사상

안중근 의사는 독실한 천주교 신자로서 인간 생명의 존엄성을 깊이 인식하고 있었으며, 스스로 목숨을 끊는 행위를 큰 죄악으로 여겼다. 이러한 신념을 바탕으로 그는 모든 인간의 생명이 귀중하다고 믿었지만, 동시에 불의에 대한 저항 또한 중요히게 여겼다. 따라서 하얼빈 의거는 개인적인 원한이나 복수심에서 비롯된 것이 결코 아니었다. 이는 일제의 침략에 맞서 빼앗긴 민족의 존엄성을 되찾고, 나아가 인류 보편의 정의를 구현하기 위한 고뇌에 찬 실천적 행동이었다.

4) 실천적 행동주의

안중근 의사는 자신이 품은 깊은 사상과 굳건한 신념을 결코 머릿속에만 가두어두지 않았다. 그는 조국 독립의 대의를 위해 과감하게 행동에 나섰고, 위기에 처한 대한의 국권을 회복하기 위한 의병 활동에 적극적으로 참여하며 지도적인 역할을 수행했다. 심지어 일제의 뤼순 감옥에 갇힌 상황에서도 안중근 의사는 죽음을 의연하게 받아들이면서도, 매일 독서와 붓글씨를 통해 자신을 끊임없이 성찰하고 발전시켰다. 이러한 그의 숭고하고 강직한 모습에 일본인 간수들마저 깊은 감동을 받았다.

안중근(安重根, 1879~1910)

　안중근 의사의 이토 히로부미 처단 의거는 단순한 개인적 행동을 넘어, 일제 식민 지배에 저항하는 한민족의 강력한 독립 의지를 국내외에 선포한 상징적인 사건이었다. 이 의거는 국권침탈의 위기 속에 당시 많은 이들에게 깊은 충격과 함께 새로운 희망을 안겨주었다. 안중근 의사의 의거 후 보여준 그의 숭고한 희생정신과 법정에서의 당당한 태도는 사람들에게 깊은 감동을 주며, 많은 이들이 직접 독립운동에 참여하거나 적극적으로 지지하는 강력한 동기가 되었다. 이를 바탕으로 우리 민족 전체의 독립 의식과 애국심을 크게 고취하는 데 지대한 영향력을 발휘했다.

　안중근 의사의 삶과 사상은 오늘날까지도 대한민국의 역사 교육에서 매우 중요한 위치를 차지하며 정신적 유산으로 소중히 계승되고 있다. 그의 투철한 애국심, 동양 평화를 염원했던 폭넓은 평화 사상, 그리고 불의에 맞선 정의로운 정신은 현재를 살아가는 우리에게 민족의 자긍심을 일깨우는 데 무엇보다도 큰 영향을 미치고 있다. 나아가 올바른 역사의식을 확립하고 역사적 사고력과 판단력을 키워주며, 미래 세대에게 정의로운 삶의 가치를 전하는 데 중요한 길잡이가 되고 있다. 안중근 의사의 삶은 지금까지도 모든 한국인에게 애국심의 영원한 상징이자 귀감이 되고 있다.

● 철학 사상 연계 탐구 주제

민족 자주정신	▶ 현대 한국 사회에서 안중근의 '민족 자주정신' 계승과 발전 방안 탐구 ▶ 안중근의 '민족 자주정신'과 동시대 다른 독립운동가들의 사상 비교 연구 ▶ 21세기 글로벌 시대, 안중근의 '민족 자주정신'이 우리에게 주는 메시지 탐구
동양 평화론	▶ 안중근 '동양평화론'과 유럽연합(EU)의 통합 과정 비교 연구 ▶ 현대 동아시아 평화 구축을 위한 안중근 '동양평화론' 재해석 ▶ **안중근의 '동양 평화론'을 통해 본 현대 한·중·일 역사 갈등 해소 방안 탐구**
인간 존엄 사상	▶ 안중근의 '정의로운 저항'에 나타난 인간 존엄성 보호 의지 분석 ▶ 안중근의 '동양평화론'에 내재된 다자간 인간 존엄 존중 사상 탐구 ▶ 안중근 의사의 인간 존엄 사상 형성과 현대 인권 개념과의 연계성 탐구
실천적 행동주의	▶ 안중근의 '교육 구국 활동'과 21세기 청소년의 시민 참여 방안 탐구 ▶ 안중근의 '정의로운 폭력'과 현대 비폭력 저항 운동의 윤리적 딜레마 비교 ▶ 신념을 행동으로 옮긴 '안중근'과 현대 사회 속 '행동하는 양심' 사례 연구

주제	**안중근의 '동양 평화론'을 통해 본 현대 한·중·일 역사 갈등 해소 방안 탐구**
탐구 목표	안중근 의사의 '동양 평화론' 관점에서 현대 동아시아 역사 갈등을 해결하기 위한 실질적이고 구체적인 방안들을 모색하고, 미래 동아시아 평화 공존을 위해 노력한다.
선정 이유	안중근 의사는 단순히 이토 히로부미를 처단한 인물이 아니라, 동아시아의 평화를 위한 깊이 있는 사상인 '동양 평화론'을 제시한 선각자이다. 이 탐구 활동을 통해 학생들이 과거 역사를 바르게 인식하고, 이를 바탕으로 미래 지향적인 동아시아 평화 공동체를 구상하는 데 필요한 비판적 사고력과 문제 해결 능력을 기를 수 있기 때문에 매우 의미 있는 주제라고 판단되어 선정하게 되었다.
서론	20세기 초, 동아시아의 진정한 평화를 염원했던 안중근 의사의 '동양 평화론'을 재조명하고, 그의 사상에서 현대 동아시아의 역사 갈등을 해결할 수 있는 실마리를 찾고자 한다. 안중근 의사는 미완의 역작 동양 평화론을 집필하였는데 이를 바탕으로 그의 사상을 심층 분석하고, 현재 한·중·일 3국이 직면한 역사 갈등을 극복하고 화합의 길로 나아갈 수 있는 구체적인 방안들을 모색해 보고자 한다.
본론	▶ 시대적 배경 조사: 서구 제국주의의 아시아 침략 속에서 동아시아의 위기 분석 ▶ 핵심 개념 정리: 3국의 독립 유지와 상호 부조, 공동 군항 설치, 공동은행 개념 정리 ▶ 현대 동아시아 역사 갈등의 현황 및 특징 분석: 주요 갈등 사례 조사와 영향 조사 ▶ 역사 갈등 해소 방안 모색: 정치·외교적 대화 채널 활성화, 문화·인적 교류 확대 방안 ▶ '동양 평화론'의 사상적 의의: 인류 보편적 가치 추구, 국제 관계에 철학적 기반 제공
결론	현재 한·중·일 3국 간에는 깊은 역사적 상처와 이해관계의 충돌이 존재하지만, 공동의 역사 연구와 교육, 문화 및 인적 교류의 확대, 경제적 협력 강화, 진전성 있는 소통을 통해 갈등을 극복하고 평화와 번영의 동아시아를 만들어 나갈 수 있을 것이다.
심화 탐구 주제	▶ '독도' 문제에 대해 평화적 해결을 위한 아이디어 제안 ▶ 국제법석 관섬에서 일본군 '위안부' 문제 해결 방안 재검토 ▶ 일본 내에서 '안중근'과 '동양 평화론'이 어떻게 인식되고 있는지 조사 및 탐구
토론 주제	▶ 독도 영토 분쟁은 결국 정치적 이해관게에 의해 결정되는 문제인가? ▶ 한·중·일 3국의 평화를 이루기 위해서 '공동 역사 교과서'를 편찬해야 할까? ▶ 안중근의 '동양 평화론'이 현대 동아시아의 갈등 해결 방안이 될 수 있을 것인가?
교내 후속 활동	▶ 동아시아사: '동양 평화론'을 알리는 카드 뉴스 제작 활동 ▶ 자율·자치활동: 한·중·일 미래 세대에게 평화를 촉구하는 서신이나 에세이 작성 활동 ▶ 진로활동: 지역의 관련 기관(박물관, 기념관 등) 방문 후 탐구보고서 작성 활동

● 동아시아 역사기행

성취기준	[12동역03-01] 동아시아 지역에서 전개된 제국주의 열강의 침략 전쟁을 탐구한다.
주요내용	안중근 의사의 생애와 사상, 특히 '동양 평화론'의 핵심 내용과 배경을 탐구한다. 또한 일제 침략기 동아시아 국제 정세와 한반도를 둘러싼 열강의 움직임을 파악하며, 안중근 의거가 국내외 독립운동과 동아시아 역사에 미친 영향을 분석한다. 이를 바탕으로 동아시아 근대화 과정에서 나타난 다양한 사상적 흐름과 역사적 사건을 분석하고, 현대 동아시아 국제 관계에 미친 영향을 파악한다.
교과연계 탐구주제	▶ 안중근의 '동양 평화론'과 일본의 '대동아공영권' 사상 비교 분석 ▶ 만주 지역 항일 무장 투쟁 역사 속 안중근 의거의 전략적 위치와 영향 탐구 ▶ 안중근 의거 전후, 동아시아 언론의 보도 분석을 통한 국제 여론 형성 과정 탐구

● 통합과학2

성취기준	[10통과2-03-04] 과학기술의 발전 과정에서 발생할 수 있는 과학 관련 사회적 쟁점(SSI)과 과학기술 이용에서 과학 윤리의 중요성에 대해 논증할 수 있다.
주요내용	하얼빈 의거 당시의 상황을 과학적 원리로 분석하고, 의거에 사용된 도구의 과학적 특성과 기술 수준을 이해한다. 안중근 의사의 유묵 등 역사 자료에 담긴 과학적 보존의 의미와 화학적 특성을 탐구하여 과학 기술이 근대 전쟁 및 식민 지배에 미친 영향과 독립운동가의 저항 방식을 과학적 관점에서 조명할 수 있다. 과학 기술이 사회와 문화에 미치는 영향을 탐구하여, 합리적인 의사결정 능력을 함양할 수 있다.
교과연계 탐구주제	▶ 안중근 유묵(遺墨)의 보존 과학 탐구 ▶ 20세기 초 화학 기술의 발달과 그 의미 분석 및 탐구 ▶ '하얼빈 의거' 현장에서의 탄도학적 분석과 물리 법칙 적용

3. 독서 연계 탐구활동

● 추천 도서 목록

추천 도서 목록	
▶ 안중근 자서전: 동양평화론 수록 (안중근, 더스토리, 2024)	▶ 민족의 영웅 안중근(전우용, 한길사, 2022)
▶ 안중근(조정래, 문학동네, 2016)	▶ 안중근 재판정 참관기(김흥식, 서해문집, 2015)
▶ 안중근, 사라진 총의 비밀(이성주, 우라웍스 기획, 2019)	▶ 안중근 바로 알기, 묻고 답하다(김월배, 헤르몬하우스, 2025)

독서 연계 탐구 활동	
도서명	민족의 영웅 안중근(전우용, 한길사, 2022)
	이 책은 안중근을 '단순히 민족 영웅이 아닌 시대의 한계를 뛰어넘는 사상을 지닌 인물'이라는 관점에서 안중근의 생애를 전통적인 영웅 서사보다는 사실적이고 입체적으로 서술하였다. 또한 안중근의 사상적 토대를 분석하였는데 가풍, 인간관, 그리고 '동양평화론' 등이 상세히 다루어졌다. 안중근이 후대에 어떻게 기억되었는지, 그의 사상이 지금 우리에게 어떤 의미로 다가오는지를 설명해준다.
핵심 키워드	민족주의, 민족 영웅, 동양평화론, 의병활동, 정의와 약자 보호
탐구 주제	▶ 비폭력과 무장 투쟁의 병행 가능성 연구 ▶ 민족 영웅으로서의 안중근의 신화와 역사 탐구 ▶ 안중근의 동양평화론이 현재 우리나라에 끼치는 영향 ▶ 안중근의 약자 보호 사상이 현대 지도자에게 주는 시사점 탐구 ▶ **안중근의 동양평화론이 현대 동아시아 협력(한·중·일)에 미치는 의미와 한계**
토론 쟁점	▶ '무장 투쟁과 평화사상'의 병행은 정당화 될 수 있는가? ▶ 안중근이 제안한 동아시아 연대의 사상은 지금도 실현 가능한가? ▶ 안중근의 약자보호와 정의사상은 실천되기 어려운 구조적 한계가 있는가?
후속 활동	▶ 한국사: 안중근과 다른 독립운동가의 사상 비교 탐구 ▶ 세계사: 제국주의 침략 속에서 약소 국가들의 독립운동 탐구 ▶ 자율·자치활동: 안중근 기념관 견학 후 그의 사상을 기념할 아이디어 제안 활동

● 독서 연계 탐구활동 예시

탐구 주제		**안중근의 동양평화론이 현대 동아시아 협력(한·중·일)에 미치는 의미와 한계**
탐구 자료		▶ 연구 논문 '안중근 의거 배경과 <동양평화론>의 현대사적 의의' 분석 ▶ 아주경제기사 – 안중근 동양평화론을 현대 동아시아 협력론으로 언급한 기사 확인 ▶ 학술 자료 – 동아시아적 시각에서 본 안중근의 열린 민족주의와 평화론 연구 확인
탐구 개요	서론	안중근의 동양평화론을 사상적으로 분석하고 현대 동아시아 국제관계에 미치는 영향을 평가하고자 함. 이상과 현실 사이의 간극을 분석하여 동아시아 미래 공동체 가능성에 대한 시각을 제시하려고 함. 안중근의 동양평화론이 가지고 있는 한계를 정리하고 앞으로의 과제를 제시하고자 함.
	본론	▶ 안중근 동양평화론의 핵심 내용 정리 및 분석 ▶ 정치적 측면, 경제적 측면, 문화적/이념적 측면의 현대 적용 가능성 분석 ▶ 각 영역별 현대 적용 가능성의 한계와 도전 정리 ▶ 안중근 동양평화론의 향후 발전 방안 모색 ▶ 안중근의 동양평화론이 당시 어떤 영향을 미쳤는지 탐구

탐구 개요	결론	안중근의 동양평화론은 당시 제국주의 위협 속에서 한·중·일 상호협력을 통한 동아시아 평화를 제안한 선구적 사상이었음. 현대 한·중·일 협력 논의와 비교해 보면 그의 비전은 여전히 유의미한 인사이트를 제공함. 하지만 그의 구상이 현실화되기에는 주권, 국익, 구조적 갈등 등 현실적 제약이 큼.
후속 활동		▶ 윤리와 사상: 모의 동양평화회의 개최(안중근의 구상을 바탕으로 토론) ▶ 동아시아사: 안중근이 동양평화론이 당시 동아시아사에 미친 영향 탐구 ▶ 자율·자치활동: '안중근의 동양평화론, 현실적으로 가능할까? 교내 토론 주제로 선정 ▶ 진로활동: 안중근 기념관 탐방 후 안중근의 동양평화론에 관한 보고서 작성

4. NIE 연계 활동

● 신문 읽기 & 연결 사유 찾기

묵으로 외친 안중근의 독립열망(서울신문, 2024.10.24.)

이 기사에서는 안중근의 독립열망을 담은 유묵에 대해 설명하고 있는데 안중근 의사가 남긴 글씨, 즉 유묵 중에서 특히 '독립'이라는 글귀가 담긴 작품이 그의 강렬한 독립 의지와 간절한 염원이 담긴 상징적인 유물이라고 설명하고 있다. 전시는 특히 '생(生)', '의(義)', '사(死)'라는 세 가지 큰 주제와 함께 총 일곱 가지 이야기로 구성되어 안중근 의사의 다면적인 모습을 보여주고 있다.

평화 염원한 안중근 의사의 '낙관적 휴머니즘' 사상 연구 절실(가톨릭신문, 2024.11.05.)

이 기사는, 안중근의 저작 중 하나인 동양평화론을 중심으로 단순한 무력저항이나 민족주의를 넘어서 "인간과 가족, 국가와 세계의 평화와 공존"에 대한 그의 깊은 신념을 강조해야 한다고 주장하고 있다. 그러므로 안중근을 단순 독립 투사에 그치지 않고 인류 보편의 평화와 구원에 대한 휴머니스트 사상가로 재조명하는 연구가 필요하다는 메시지를 전하며 안중근 의사의 정신을 현재 다시금 강조하고 있다.

안중근의 독립정신(경향신문, 2025.08.18.)

안중근은 단지 민족의 독립만을 위해 싸운 것이 아니라, 동아시아 전체의 자유와 평화를 염원하며 행동하였다고 이 기사는 설명하고 있다. 즉 자주독립과 동양의 평화라는 이상을 지향하며 실천적으로 행동했던 그의 모습을 강조한다. 그의 이런 사상은 단순히 개인의 저항이 아니라 '동아시아 전체가 자주와 평화를 이루어야 한다'는 보편적 가치에 뿌리를 둔 것이었다는 점에서 매우 의미가 있다고 설명한다.

● 시사 이슈

▶ 현대 미디어와 기술을 활용한 독립 정신 계승 노력은 의미가 있는가?

▶ 역사적 진실을 바로 세우려는 활동은 우리에게 현재 어떤 의미가 있는가?

▶ 안중근 의사의 동양 평화 사상이 지속 가능한 평화를 위한 대안적인 관점이 될 수 있을까?

평화 염원한 안중근 의사의 '낙관적 휴머니즘' 사상 연구 절실(가톨릭신문, 2024.11.05.)
- 안중근 의사의 행동을 '낙관적 휴머니즘' 연구로 보는 것은 바람직한 것인가? -

찬성

안중근 의사가 그리스도교 신자로서 가졌던 신념이 그의 영웅적인 덕행과 평화 염원에 어떤 영향을 주었는지 탐구하는 것은 그 자체로 의미 있는 학문적 시도가 될 수 있으며, 인류 보편적인 평화 사상가로서의 면모까지 재조명할 수 있다.

반대

안중근 의사의 사상을 특정 종교적 관점인 '낙관적 휴머니즘'으로만 한정해서 연구하는 것은 그의 독립운동이라는 시대적 사명을 간과할 우려가 있다. 우리는 종교적 해석이 지나치게 개입되어 사실을 왜곡할 가능성을 경계해야 한다.

안중근의 독립정신(경향신문, 2025.08.18.)
- 안중근의 독립정신은 이상적인 대의명분이었는가? 전략적인 민족운동이었는가? -

≫ 이상적인 대의명분

안중근 의사의 독립정신은 단순히 일본에 대한 적개심을 넘어, 인류 보편의 정의와 평화를 추구하는 숭고한 대의명분에 기반을 두었다. 특히 그의 동양평화론은 모든 아시아 국가가 평화롭게 공존하는 이상적인 미래를 제시하고 있다.

≫ 전략적인 민족운동

안중근의 독립정신은 일제 강점이라는 절박한 현실 속에서, 민족의 독립을 쟁취하기 위한 가장 효과적이고 실천적인 투쟁 방법을 모색한 결과이다. 이는 침체되어 있던 항일 독립운동의 분위기를 다시 일으켜 세우려는 목표를 담고 있었다.

● **사고의 확장**

▶ 개인의 신념과 역사적 행동에는 어떤 연관성이 있는가?
▶ 안중근 의거에 대한 국제적 시각은 어떤 차이가 있는가?
▶ 안중근 의사의 전신을 가장 의미 있게 계승하는 방법은 무엇인가?
▶ 이상주의적 평화 사상과 현실 정치의 접점은 어떻게 극복해야 하는가?
▶ 현대 국제 분쟁 해결을 위한 안중근의 '동양평화론' 재해석은 적절한가?

5. 세특 예시

안중근의 독립정신은 전략적인 민족운동이었는가?를 주제로 한 찬반 토론에서 '민족의 영웅 안중근'이라는 책을 읽고 '안중근의 독립정신은 일제 강점이라는 절박한 현실 속에서, 민족의 독립을 쟁취하기 위한 가장 효과적이고 실천적인 투쟁 방법을 모색한 결과이다'라는 논거로 찬성입장을 논리적으로 제시함. 평상시 역사적 사고력과 판단력을 바탕으로 역사적 인물의 내면을 이해하고 실제 현실 상황에 추체험하는 역량이 우수하며 적극적인 문제해결력을 보여주는 학생임.

애덤 스미스
(Adam Smith, 1723~1790)

1. 보이지 않는 손으로 세상을 읽은 경제철학자

● 호기심 많은 소년, 사색의 문을 열다

18세기 초, 스코틀랜드의 작은 항구 도시 커콜디에서 한 소년이 태어났다. 세관원 아버지 밑에서 자란 애덤 스미스는 어릴 때부터 사람들의 일과 거래, 그리고 그 속에서 벌어지는 불평등에 관심을 가졌다. 그는 자연스럽게 이런 질문을 품었다.

"왜 어떤 사람은 부자가 되고, 어떤 사람은 가난한가?"

이 질문은 단순한 돈의 문제가 아니라, 인간의 행동이 사회의 질서를 어떻게 만들어 가는가에 대한 물음이었다. 스미스에게 경제는 숫자의 세계가 아니라, 인간과 사회를 이해하기 위한 하나의 창이었다.

● 철학의 길로 들어선 청년, 인간의 마음을 탐구하다

청년 스미스는 옥스퍼드 대학교로 진학했지만, 형식적인 강의에 실망했다. 그는 독학으로 철학자 흄과 뉴턴의 저서를 탐독하며, 인간의 감정과 도덕의 원리에 깊은 관심을 가졌다. 1759년 그는 <도덕감정론>을 출간했다. 이 책에서 그는 인간의 행동은 '이기심'만이 아니라 '공감'에서 비롯된다고 주장했다.

"타인의 고통을 느낄 수 있을 때, 비로소 인간다운 사회가 된다."

이 시기의 스미스는 도덕철학자로서 인간 이해의 기초를 다졌다.

● 세상을 여행하며 새로운 시야를 얻다

1764년 스미스는 귀족 청년의 가정교사로 유럽 각국을 여행했다. 프랑스에서 그는 '자유시장'을 주장한 경제학자 케네와 중농주의자들을 만나 큰 자극을 받았다. 그는 여행 중에도 끊임없이 메모를 남겼다.

"시장은 단순한 거래의 장소가 아니라, 인간의 자율적 교류의 무대다."

자유롭게 일하고 교환하는 인간의 활동이 곧 부의 근원임을 깨달았다. 이 유럽 여행은 훗날 그가 <국부론>을 쓰게 된 결정적 계기가 되었다.

● <국부론>, 경제학의 새 시대를 열다

1776년, 스미스는 평생의 사유를 집대성한 <국부론>을 발표한다. 그는 한 나라의 부가 금과 은의 축적이 아니라, 사람들이 자유롭게 일하고 교환할 수 있는 능력에서 나온다고 주장했다.

여기서 등장한 개념이 바로 '보이지 않는 손'이다.

"개인이 자신의 이익을 추구할 때, 사회 전체의 이익도 함께 커진다." 이 사상은 근대 경제학의 출발점이 되었고, 자유경쟁과 분업의 원리를 세상에 제시했다.

개인이 자신의 이익을 추구하는 행동이 결과적으로 사회 전체의 부를 키울 수 있다는 설명이었다. 그러나 스미스는 결코 무제한의 이기심을 옹호하지 않았다. 그는 시장이 제대로 작동하려면 도덕과 공정성이 반드시 함께해야 한다고 강조했다.

● 경제와 도덕을 잇는 사상가

<국부론> 출간 후 스미스는 에든버러로 돌아와 세관 관리원 근무하며 조용히 연구를 이어갔다. 그는 돈보다 도덕, 경쟁보다 공정함의 중요성을 강조했다.

"경제는 인간의 욕망으로 움직이지만, 도덕은 인간의 양심으로 지탱된다."

1790년 세상을 떠나기 전까지 그는 경제와 윤리를 잇는 다리를 놓았다. 학문을 통해 세상을 바라보며 실천을 고민한 그는 삶과 사상을 일치시키려 노력했다.

그의 철학은 "경제적 자유 속에서도 도덕적 책임을 잊지 말라"는 교훈을 남겼다.

● 오늘날로 이어지는 메시지

경쟁과 시장 논리가 모든 것을 해결해 줄 것처럼 여겨지는 시대이다. 그러나 애덤 스미스는 인간 사회를 훨씬 더 입체적으로 바라보았다. 그는 경제 활동의 출발점에 공감과 도덕 감정이 있음을 강조했다. 이익을 추구하되, 타인의 입장을 이해하는 태도가 함께할 때 사회는 건강해진다고 보았다.

오늘날 학생에게 그의 메시지는 분명하다. 성공은 혼자 얻는 것이 아니라, 사회와의 관계 속에서 완성된다는 것이다.

▶ 나는 경쟁 속에서 타인을 어떻게 바라보고 있는가?

▶ 경제 활동에는 어떤 윤리가 필요할까?

이는 경제·사회 융합형 세특 탐구 주제로 이어진다.

● 주요 철학 사상

1) 보이지 않는 손(Invisible Hand)

애덤 스미스는 사람들이 각자 자신의 이익을 위해 행동하더라도, 그것이 전체 사회의 이익으로 이어질 수 있다고 보았다. 그는 이 과정을 '보이지 않는 손'이라 불렀다. 예를 들어, 빵을 만드는 제빵사는 돈을 벌기 위해 일하지만, 결과적으로 사람들은 맛있는 빵을 얻게 된다. 즉, 개인의 이익 추구가 사회의 발전과 조화로 연결된다는 것이다. 다만, 이 원리가 제대로 작동하려면 정직한 경쟁과 도덕적 책임이 함께해야 한다고 강조했다.

2) 분업 (Division of Labor)

스미스는 사람들이 일을 나누어 전문적으로 수행하면 훨씬 효율적으로 생산할 수 있다고 주장했다. 그는 바늘공장을 예로 들어, 한 사람이 모든 일을 하는 것보다 여러 사람이 각자 역할을 나누면 생산량이 크게 늘어난다고 설명했다. 분업은 생산성을 높여 국가의 부를 증가시키는 중요한 원리이다. 하지만 그는 동시에 분업이 인간을 기계처럼 만드는 부작용도 경고했다. 따라서 교육과 도덕이 함께할 때 분업은 진정한 발전의 힘이 된다고 보았다.

3) 자유시장 (Free Market)

스미스는 시장은 정부가 아닌 '보이지 않는 손'에 의해 스스로 조성된다고 수상했다. 즉, 가격은 수요와 공급의 원리에 따라 자연스럽게 결정된다는 것이다. 만약 물건이 너무 비싸면 소비자는 덜 사고, 생산자는 가격을 낮추게 된다. 이런 자율적인 조정이 반복되면 시장은 안정된다. 그는 정부가 시장에 지나치게 개입하면 효율성이 떨어진다고 보았다. 그러나 동시에 사회적 약자를 보호하기 위한 최소한의 역할은 필요하다고 강조했다.

4) 경제적 자유 (Economic Liberty)

스미스는 인간이 자신의 이익을 추구할 자유가 있을 때 사회가 더 발전한다고 믿었다. 그는 사람들이 자유롭게 일하고, 생산하고, 거래할 수 있어야 창의성과 효율성이 높아진다고 주장했다. 이런 경제적 자유가 활발할수록 국가의 부가 증가하고 개인의 삶의 질도 향상된다고 보았다. 하지만 그는 자유가 방종으로 변하지 않기 위해 도덕적 책임이 반드시 동반되어야 한다고 강조했다. 자유와 책임이 조화를 이룰 때 진정한 번영이 가능하다고 보았다.

애덤 스미스는 <국부론>을 통해 근대 경제학의 기초를 마련한 사상가로, 시장이 스스로 조정되는 원리를 설명하며 경제학을 하나의 독립 학문으로 발전시켰다. 그는 개인의 이익 추구가 사회 전체의 이익으로 연결된다는 '보이지 않는 손' 개념을 제시해 경제 활동의 자율성과 효율성을 강조했다. 또한 분업이 생산성을 비약적으로 향상시킨다는 사실을 분석하여 산업 구조의 변화와 자본주의 성장의 원리를 체계화하였다. 동시에 그는 <도덕감정론>에서 인간이 타인의 감정을 고려하는 존재임을 강조하며, 경제와 도덕이 분리될 수 없다는 통찰을 남겼다.

스미스의 사상은 자유시장경제 체제의 철학적 기반을 마련했으며, 현대 경제정책과 산업 조직 이론에도 지대한 영향을 미쳤다. 그는 정부의 역할을 최소화하되 시장 실패가 발생하는 영역에서는 국가가 공공재 제공과 제도적 안정성을 책임져야 한다고 보았다. 이러한 균형적 관점은 복지국가와 자본주의 체제의 조화를 논의하는 데 중요한 기준이 되었다. 더불어 그의 분업·효율·자유경쟁 개념은 세계화 시대의 국제무역, 산업 경쟁력, 노동 구조 변화 등을 설명하는 핵심 틀로 작용한다. 스미스의 철학은 오늘날에도 시장의 자유와 사회적 책임을 어떻게 조화시킬 것인가를 고민하게 한다.

● 철학 사상 연계 탐구 주제

보이지 않는 손	▶ 보이지 않는 손 개념이 현대 경제 시스템 운영에 미친 영향 탐구 ▶ 애덤 스미스의 보이지 않는 손 이론과 오늘날 시장 경쟁의 관계 고찰 ▶ 개인의 이익 추구가 사회적 공익으로 이어지는 과정에 대한 철학적 탐구
분업	▶ 분업의 장점과 한계를 현대 인공지능 노동 환경과 연계해 탐구 ▶ 애덤 스미스의 분업 이론과 현대 산업 구조 변화의 연관성 고찰 ▶ 분업이 노동 효율성과 사회 발전에 미친 영향에 대한 경제적 탐구
자유시장	▶ 자유시장 구조가 청소년 소비문화 형성에 미치는 영향 ▶ 자유시장 원리가 현대 자본주의 경제 운영에 미친 영향 탐구 ▶ 스미스의 자유시장 이론과 케인스의 국가 개입 사상 비교 분석
경제적 자유	▶ 경제적 자유와 사회적 불평등의 관계에 대한 윤리적 고찰 ▶ 애덤 스미스의 경제적 자유 사상과 현대 복지정책의 조화 비교 ▶ 경제적 자유 실현을 위한 도덕적 책임과 사회적 가치의 의미 탐구

주제	스미스의 자유시장 이론과 케인스의 국가 개입 사상 비교 분석
탐구 목표	스미스의 자유시장 이론과 케인스의 국가 개입 사상을 비교하여, 경제 안정과 성장의 균형을 이루는 경제정책의 철학적 원리를 이해한다.
선정 이유	현대 사회의 경제 문제는 시장의 자율성과 정부의 역할 사이의 균형에서 비롯된다. 스미스는 개인의 이익 추구가 사회 전체의 이익으로 이어진다고 주장하며 자유시장을 강조했다. 반면 케인스는 경제위기 상황에서는 정부의 적극적 개입이 필요하다고 보았다. 두 사상은 오늘날 자본주의의 방향을 결정하는 핵심 축이다. 따라서 두 이론을 비교함으로써 경제정책의 철학적 뿌리와 사회적 책임의 의미를 이해하고자 한다.
서론	경제는 단순히 돈의 흐름이 아니라 사회의 방향을 결정짓는 힘이다. 스미스는 '보이지 않는 손'을 통해 시장이 스스로 균형을 이룬다고 믿었고, 정부 개입을 최소화해야 한다고 주장했다. 그러나 20세기 대공황은 그의 이론만으로는 해결되지 않았다. 케인스는 시장의 실패를 보완하기 위해 정부의 재정정책과 투자를 강조했다. 본 탐구에서는 두 사상의 차이를 비교하고, 오늘날 경제 위기 속에서 두 철학이 어떻게 공존할 수 있는지를 살펴보고자 한다.
본론	▶ 스미스와 케인스의 생애 및 시대적 배경 조사: 각 이론이 등장한 사회적 맥락 이해 ▶ 스미스의 자유시장 이론 핵심 정리: 보이지 않는 손, 경쟁, 자율조정 원리 분석 ▶ 케인스의 국가 개입 사상 핵심 정리: 유효수요, 정부지출, 경기 안정정책 이해 ▶ 두 사상의 공통점·차이점 비교표 작성: 시장 자율 vs 정부 조정의 관점 비교 ▶ 현대 경제 사례 분석: 경기침체 속 정부의 역할과 시장 자율의 균형 평가
결론	스미스는 자유경쟁의 힘을, 케인스는 정부의 조정능력을 강조했지만, 오늘날 경제는 두 이론의 균형 위에서 삭농하고 있다. 이번 탐구를 통해 경제의 궁극적 목표가 단순한 성장보다 인간의 삶의 질과 사회적 행복의 향상에 있음을 깨달았다.
심화 탐구 주제	▶ 자유시장과 복지국가의 공존 가능성에 대한 경제철학적 고찰 ▶ 경제 위기 시 정부 개입의 윤리적 한계에 대한 철학적 탐구 ▶ 스미스와 케인스 사상이 현대 한국 경제정책에 미친 영향 분석
토론 주제	▶ 사유경생은 사회적 불평능을 심화시키는 원인이 되는가? ▶ 경제 발전을 위해 정부의 적극적 개입이 반드시 필요한가? ▶ 스미스와 케인스 중 오늘날 더 현실적인 경제 철학은 어느 쪽인가?
교내 후속 활동	▶ 경제: 자유시장과 국가개입 정책을 주제로 모둠별 사례 비교 발표 ▶ 통합사회: 한국 경제정책(복지·조세·물가조정)을 스미스·케인스 관점에서 분석하기 ▶ 동아리활동: '경제철학 토론회' 개최(일재자유시장 vs 정부 개입 찬반 토론)

애덤 스미스
(Adam Smith, 1723~1790)

2. 교과 연계 탐구활동 (경제, 통합사회)

● 경제

성취기준	[12경제01-02] 경제 문제를 해결하는 다양한 방식의 장단점을 비교하고, 시장경제의 기본 원리와 이를 뒷받침하는 제도를 파악한다.
주요내용	애덤 스미스는 시장경제의 기본 원리를 정립한 인물로, 분업과 자유경쟁을 통해 부가 창출되고 사회 전체의 효율이 향상된다고 보았다. 그는 시장이 '보이지 않는 손'에 의해 자율적으로 조정된다고 주장하며 정부의 과도한 개입을 비판했다. 학생들은 스미스의 경제사상을 통해 자원 배분, 경쟁, 제도의 역할 등 시장경제의 구조를 철학적 관점에서 이해하고, 현대 자본주의의 기반을 탐구한다.
교과연계 탐구주제	▶ 자유시장과 정부 개입의 균형을 애덤 스미스 경제사상으로 고찰 ▶ 분업 원리가 생산 효율성과 경제 성장에 미친 영향에 대한 탐구 ▶ 애덤 스미스의 시장경제 철학이 현대 자본주의 제도에 미친 영향 분석

● 통합사회

성취기준	[10통사2-03-04] 자원, 노동, 자본의 지역 분포에 따른 국제 분업과 무역의 필요성을 이해하고, 지속가능 발전에 기여하는 국제무역의 방안을 탐색한다.
주요내용	애덤 스미스는 분업과 자유무역이 국가 간 부를 증진시키는 핵심 원리라고 보았다. 그는 각 나라가 자신이 가장 잘할 수 있는 생산에 집중하고, 다른 나라와 교류하면 모두가 이익을 얻는다고 주장했다. 이러한 사상은 오늘날 국제 분업과 무역의 이론적 기초가 되었으며, 자원의 효율적 분배와 상호 의존적 경제 구조의 형성을 설명한다. 스미스의 사상을 통해 자유무역의 원리와 지속가능한 발전의 균형을 탐구한다.
교과연계 탐구주제	▶ 자유무역이 지속가능한 발전에 미치는 긍정적·부정적 영향 고찰 ▶ 애덤 스미스의 자유무역 사상과 보호무역 정책의 철학적 차이 비교 ▶ 애덤 스미스의 분업 이론이 현대 국제무역 구조 형성에 미친 영향 탐구

3. 독서 연계 탐구활동

● 추천 도서 목록

추천 도서 목록

▶ 국부론(애덤 스미스(이종인 역), 현대지성, 2024)
▶ 애덤 스미스 경제학(김광수 외, 해남, 2025)
▶ 내 안에서 나를 만드는 것들(러셀 로버츠(이현주 역), 세계사, 2024)
▶ 도덕감정론(애덤 스미스(김광수 역), 한길사, 2016)
▶ 애덤 스미스 함께 읽기(장경덕, 글항아리, 2023)
▶ 애덤 스미스 평전(이언 심프슨 로스(조재희 역), 글항아리, 2024)

독서 연계 탐구 활동	
도서명	국부론(애덤 스미스(이종인 역), 현대지성, 2024)
	이 책은 한 나라가 어떻게 부유해지는지를 설명한다. 애덤 스미스는 개인이 자기 이익을 추구하더라도 '보이지 않는 손'처럼 시장이 조화를 이루며 사회 전체의 이익으로 이어진다고 보았다. 그는 자유로운 경쟁과 분업이 생산성을 높이고, 정부는 시장에 과도하게 개입하지 말아야 한다고 주장했다. 그러나 동시에 공정한 법과 도덕이 시장을 지탱해야 한다고 강조했다.
핵심 키워드	자유시장, 분업, 보이지 않는 손, 경쟁, 공정한 경제
탐구 주제	▶ 분업이 생산성과 경제 성장에 미치는 영향 분석 ▶ 시장경제의 자유가 사회적 불평등에 미치는 영향 고찰 ▶ 보이지 않는 손 개념을 통해 시장의 자율조정 원리 탐구 ▶ 애덤 스미스의 자유경쟁 이론과 케인스의 정부개입론 비교 ▶ 국부론의 사상을 바탕으로 지속가능한 경제 성장의 방향 탐구
토론 쟁점	▶ 자유경쟁은 모든 사람에게 공정한 결과를 가져다 주는가? ▶ 경제 성장보다 소득 불평등 해소가 더 중요한 목표인가? ▶ 기업의 이윤 추구가 사회 전체의 행복으로 이어질 수 있는가?
후속 활동	▶ 경제: 자유시장 원리를 실제 경제 사례로 분석해 발표하는 활동 ▶ 통합사회: 자원 분배와 국제 무역 속 경제 정의를 토의하는 활동 ▶ 자율·자치활동: 공정한 경제를 위한 청소년 소비 윤리 캠페인을 기획하는 활동 ▶ 진로활동: 경제학의 사회적 역할을 탐구하고 경제 관련 직업을 조사하는 활동

● 독서 연계 탐구활동 예시

탐구 주제	애덤 스미스의 자유경쟁 이론과 케인스의 정부개입론 비교	
탐구 자료	▶ <국부론>(애덤 스미스 저: 사유경생과 보이지 않는 손의 개념 이해에 도움 ▶ <고용, 이자 및 화폐의 일반이론>(존 M. 케인스 저): 정부의 경제 역할 강조 ▶ 최근 경제 기사: 물가, 경기, 실업 등 정부정책 사례 조사 활용 가능 자료	
탐구 개요	서론	스미스는 개인의 이익을 수구하는 사유경생이 사회의 부를 키운다고 주장함. 반면 케인스는 경제 불황 시 정부기 개입해야 고용과 생신이 유지된다고 봄. 두 이론은 모두 경세 안정을 목표로 하지만 접근 방식이 다름. 본 탐구에서는 두 경제사상의 차이와 현대적 의미를 비교함.
	본론	▶ 스미스의 자유경쟁 원리와 '보이지 않는 손'의 의미를 정리하기 ▶ 케인스의 정부 개입론과 경기 조절 정책의 핵심 내용을 이해하기 ▶ 자유시장 중심 경제와 정부 개입 중심 경제의 장단점 비교하기 ▶ 세계 경제위기 속 두 이론의 적용 사례를 조사하고 분석하기 ▶ 오늘날 균형 잡힌 경제 운영을 위한 통합적 시사점 제시하기

탐구 개요	결론	탐구 결과, 스미스는 시장의 자율 조정 능력을, 케인스는 정부의 조정 역할을 강조함. 두 이론은 서로 대립하기보다 상황에 따라 보완적으로 작용함을 알게 됨. 경제의 목표는 단순한 성장보다 국민의 삶의 질 향상에 있으며, 자유와 조화된 정부의 역할이 중요함을 깨달음.
후속 활동		▶ 경제: 시장경제의 장단점을 분석하고 정부 역할의 필요성을 토의하는 활동 ▶ 통합사회: 자유시장과 복지정책의 균형을 주제로 모둠별 경제 시뮬레이션 활동 ▶ 자율·자치활동: 경제 위기 상황을 가정해 정부 개입 여부를 결정하는 토론 활동 ▶ 동아리활동: 스미스와 케인스의 경제이론을 바탕으로 뉴스 해석 발표 활동

4. NIE 연계 활동

● 신문 읽기 & 연결 사유 찾기

'국부론' 250년, 흔들리는 글로벌 분업 체제(이코노미 조선, 2025.09.01.)

이 기사는 국부론 출간 250년을 맞아 글로벌 분업 체제가 구조적 충격으로 흔들리고 있음을 진단한다. 애덤 스미스가 제시한 분업과 전문화는 시장 확대와 기술혁신을 통해 가능했지만, 현재는 무역갈등과 지정학 리스크, AI 등장 등으로 가치사슬이 재편되고 있다. 또한 각국이 경제안보를 중시하며 자국중심 정책을 강화하면서 국제 전문화가 후퇴하고, 이는 생산성과 성장에 부정적 영향을 미칠 수 있음을 강조한다.

애덤 스미스의 '보이지 않는 손', 이기심보다 사회적 공감을 더 중시했다(조선일보, 2024.12.13.)

이 기사는, 애덤 스미스의 '국부론'에서 제시된 '보이지 않는 손' 개념이 단순히 개인의 이기심을 미덕화하는 이론이 아니라사회적 공감과 도덕적 감수성을 바탕으로 한 자유시장 질서의 설명임을 밝힌다. 그는 인간의 이익 추구가 자연스럽고 경제 성장을 견인할 수 있지만, 그 작용이 공공선으로 이어지기 위해서는 타인을 향한 공감과 공정한 경쟁, 그리고 법과 제도를 통한 조정이 필수적이라고 보았다.

아담 스미스, '보이지 않는 손' 이리 남용될 줄 알았을까?(시민언론 민들레, 2025.08.13.)

이 기사는, 아담 스미스의 '보이지 않는 손' 개념이 현대 시장경제에서 심각하게 왜곡·남용되어 왔다는 문제를 짚는다. 그는 시장 참여자의 이기적 행동이 사회 전체의 이익으로 이어질 수 있다고 보았지만, 실제로는 독과점·규제 회피·노동착취 등 구조적 불평등을 정당화하는 논리로 사용되었다는 것이다. 스미스가 실제로 강조한 정부의 역할과 도덕적 공감은 간과된 채, 자유방임만이 강조된 현실을 비판한다.

● 시사 이슈

▶ 경제안보 중심의 자국 우선 정책이 세계 경제의 지속 가능성을 위협하는가?

▶ 개인의 이익 추구와 사회적 공감은 현대 경제에서 조화를 이룰 수 있는가?

▶ 시장의 효율성과 사회적 연대 중 어떤 가치가 더 지속 가능한 발전을 이끌까?

'국부론' 250년, 흔들리는 글로벌 분업 체제(이코노미 조선, 2025.10.20.)
- 경제안보 중심의 자국 우선 정책이 세계 경제의 지속 가능성을 위협하는가 -

찬성

경제안보를 이유로 한 자국 우선 정책은 무역 장벽을 높이고 글로벌 협력을 약화시킨다. 이는 공급망 불안과 자원 비효율을 초래해 세계 경제의 성장 동력을 약화시킨다. 단기적 이익은 얻을 수 있지만, 장기적으로 지속 가능한 발전을 해친다.

반대

자국 우선 정책은 국가의 경제 주권을 지키고 위기 상황에서 국민의 생존과 안정을 보장한다. 글로벌 의존도가 높을수록 외부 충격에 취약해지므로, 일정 수준의 보호정책은 필요하다. 자국의 안정이 확보되어야 국제 협력도 가능해진다.

애덤 스미스의 '보이지 않는 손', 이기심보다 사회적 공감을 더 중시했다(조선일보, 2024.12.13.)
- 시장의 효율성과 사회적 연대 중 어떤 가치가 더 지속 가능한 발전을 이끌까? -

≫ 시장효율성

지속 가능한 발전은 자원의 효율적 배분과 경쟁을 통한 혁신에서 비롯된다. 시장의 자율성과 효율성이 높을수록 생산성이 향상되고, 이는 경제 성장과 기술 진보를 촉진하며, 효율적인 시장 구조가 마련되어야 한다.

≫ 사회적 연대

지속 가능한 발전은 공동체의 협력과 상생을 통해 이루어진다. 시장 효율만 추구하면 불평등이 심화되어 갈등이 커진다. 약자를 포용하고 공정한 분배를 실현하는 사회적 연대가 경제의 지속성과 인간다운 삶의 기반이 된다.

● 사고의 확장

▶ '이기심의 조화'가 아닌 '공감의 경제학'으로의 전환이 가능할까?

▶ 이익 추구와 사회적 공감이 공존할 수 있는 경제 시스템은 어떤 모습일까?

▶ 자유시장 경제가 지속가능하려면 어떤 윤리적 기준이 함께 작동해야 할까?

▶ 국가 이익과 세계 경제의 균형을 위해 새로운 형태의 분업과 협력이 가능한가?

▶ '보이지 않는 손'이 시장 왜곡과 불평등을 초래하지 않기 위한 조건은 무엇일까?

5. 세특 예시

애덤 스미스의 자유경쟁 이론과 케인스의 정부개입론을 비교하며 시장경제의 원리와 정부의 역할을 심층적으로 탐구함. 스미스는 시장의 '보이지 않는 손'을 통해 자율 조절이 가능하다고 본 반면, 케인스는 경기 침체 시 정부의 적극적 개입이 필요하다고 보았음을 이해함. 두 이론의 핵심 원리를 비교하고 자유시장과 정부 개입 경제의 장단점을 표로 정리함. 세계 경제위기 속 두 이론의 실제 적용 사례를 분석하며 상호 보완적 작용의 중요성을 깊이 깨달음.

애덤 스미스
(Adam Smith, 1723~1790)

18 어니스트 헤밍웨이
(Ernest Hemingway, 1899~1961)

1. 고독한 투쟁과 간결한 문체로 인간의 존엄성을 포착한 20세기 거장

● 시골 청년의 모험: "헤밍웨이, 대학 대신 전쟁터로 가다"

"야, 헤밍웨이! 너 대학 안 가고 뭐 하나?"

"아버지, 저는 대학 교실보다 세상이라는 교실에서 배우고 싶습니다! 경험이 곧 글 아닌가요?"

1899년, 일리노이주의 조용한 마을에서 태어난 헤밍웨이는 명문대 진학 대신 캔자스시티 스타 신문사에 뛰어들었다. 이곳에서 그는 "짧고 간결하게 써라. 형용사는 최대한 줄여라"라는 기자의 황금률을 배웠다. 그때부터 그는 결심했다. 책상에 앉아 있기보다, '가장 치열한 현장' 속으로 직접 걸어 들어가겠다고. 그의 하드보일드 문체는 이때부터 싹트기 시작했다.

● 전장 속의 낭만: "전쟁에서 사랑의 상실을 경험하다"

"어니스트, 부상당했다며? 괜찮아?"

"하하, 괜찮아요. 박격포 파편에 다리를 맞았지만, 다른 병사들을 구했죠! 이탈리아 전선은 끔찍했지만, 대신 내 문장이 완성되었고, 사랑을 찾았습니다!"

제1차 세계대전, 군 입대를 거부당한 그는 앰뷸런스 운전병으로 자원했다. 전장에서 심각한 부상을 입고 병원에 입원했을 때, 그는 연상의 간호사 애그니스와 사랑에 빠지지만, 결국 이별했다. 이 격렬한 경험과 사랑의 상실이 그의 첫 장편 <무기여 잘 있거라>를 탄생시켰다. 그는 전쟁의 잔혹함을 통해 인간의 진실을 깨닫게 되었다.

● '잃어버린 세대': "전쟁의 상실감을 문장에 담다!"

"자네, 정말 '잃어버린 세대(제1차 세계 대전 이후, 환멸과 회의에 찬 미국의 젊은 세대)'군. 뭘 해야 할지 모르겠지?"

"맞아요, 전쟁 후엔 모든 게 공허해요. 하지만 이 불안과 절망을 글로 옮길 겁니다!"

전쟁 후 헤밍웨이는 1920년대 파리에서 스타인, 피츠제럴드 등 당대 예술가들과 어울렸다. 파리의 카페에서 그는 상실감에 빠진 세대의 정서를 단절된 듯 건조한 문장으로 포착하기 시작했다. 이때 발표한 <태양은 다시 떠오른다>는 허무주의를 완벽히 담아내며 그를 20세기 문학의 대표 얼굴로 만들었다. 그는 방황하는 시대의 목소리였다.

● 치열한 삶의 투쟁: "고난 속, 인간 정신의 위대함을 깨닫다!"

"헤밍웨이, 왜 그렇게 투우와 사냥 같은 위험한 일에 빠져 있습니까?"

"인생은 투쟁이니까! 나는 압박 속에서도 우아함을 보여주고 싶네. 인간은 고통과 고난을 겪을 때 가장 존엄해지거든!"

1930년대, 스페인 내전 종군 기자로 활동하며 <누구를 위하여 종은 울리나>를 쓴 그는 투우, 낚시 등 극한의 경험을 통해 운명에 맞서는 인간의 투지를 탐구했다. 그는 파괴될지언정 굴복하지 않는 인간 정신의 위대함을 핵심 주제로 삼았다. 그의 삶 자체가 그의 철학을 증명하는 투쟁이었다.

"청새치에게 모든 것을 잃었는데, 노인은 왜 패배하지 않았다고 하는 겁니까?"

"노인(산티아고)은 말했지. '인간은 파멸할 수 있을지언정 패배할 수는 없다!'고. 그게 바로 인간의 존엄성이지."

1952년, 쿠바에서 발표한 <노인과 바다>는 노쇠한 어부가 거대한 청새치와 사투를 벌이는 이야기이다. 이 간결하고 깊은 울림의 소설은 발표와 동시에 큰 찬사를 받았다. 이 작품으로 헤밍웨이는 1953년 퓰리처상, 1954년 노벨 문학상을 수상하며, 패배하지 않는 정신을 세상에 다시 한번 각인시켰다.

● 오늘날로 이어지는 메시지

강해 보이는 모습이 곧 용기라고 오해하기 쉬운 시대이다. 하지만 헤밍웨이는 전혀 다른 방식의 강인함을 보여주었다. 그는 전쟁과 상실, 고독 속에서도 침묵 속에서 버텨 내는 인간의 존엄을 그려냈다. 말보다 태도, 과시보다 내면의 힘을 중시했다.

오늘날 학생에게 그의 작품은 말해준다.

진짜 용기는 흔들리지 않는 자기 태도에서 나온다는 것이다.

▶ 나는 어려움 앞에서 어떤 방식으로 버티고 있는가?

▶ 강함이란 무엇이라고 생각하는가?

이는 문학·자기 성찰형 세특 활동으로 연결될 수 있다.

● 작품 속 핵심 사상

1) 하드보일드 문체와 '빙산 이론' (The Iceberg Theory)

헤밍웨이는 작가가 아는 것의 8분의 1만 명시적으로 보여주고 나머지는 독자의 상상력에 맡기는 빙산 이론을 제시했다. 그의 문체는 불필요한 수식이나 감정 과잉을 제거한 극도로 간결하고 건조한 특징을 갖는다. 주인공의 깊은 슬픔을 길게 설명하는 대신, 짧은 대화와 행위만을 통해 행간의 진실을 역설적으로 전달한다. 이는 독자에게 능동적인 해석을 요구하는 동시에, 글쓰기의 윤리로서 순수한 진실만을 남기려는 헤밍웨이의 철학적 태도를 반영한다.

2) '압박 속의 우아함 (Grace Under Pressure)

이 사상은 헤밍웨이 문학의 핵심이자, 고통 속에서 발현되는 인간의 존엄성을 정의한다. 그의 모든 주인공은 전쟁, 자연, 운명과 같은 강력한 '압박'에 직면한다. 그들은 절망 대신 침착하고 용기 있는 태도('우아함')를 보여주며 고난을 견뎌낸다. <노인과 바다>의 산티아고 노인이 청새치와의 사투 속에서도 품위를 잃지 않는 모습이 이를 대표한다. 고통 속에서도 자제력을 잃지 않는 태도가 인간의 가장 고귀하고 윤리적인 미덕임을 역설하며, 운명에 맞서는 인간 정신의 위대함을 찬양한다.

3) 파멸할지언정 패배하지 않는다 (Destroyed but not Defeated)

헤밍웨이의 가장 강력한 휴머니즘적 메시지이다. 그의 인물들은 외부의 압도적인 힘 앞에서 결국 육체적, 환경적으로는 파멸할 수 있지만, 그들의 정신이나 의지는 결코 패배하지 않는다고 주장한다. <노인과 바다>에서 노인이 청새치를 상어 떼에게 모두 잃지만, 거대한 투쟁 과정 자체에서 승리한 것으로 묘사되는 것이 핵심이다. 헤밍웨이는 삶이 물질적 결과보다는 역경에 맞서는 과정에서의 용기와 굽히지 않는 의지에 더 큰 가치를 부여한다.

4) 상실과 허무를 통한 연대 (Loss, Nihilism, and Solidarity)

제1차 세계대전 후 '잃어버린 세대'의 허무주의(Nihilism)와 깊은 상실감을 다룬다. <태양은 다시 떠오른다>의 인물들은 삶의 의미를 잃고 방황하지만, 고통을 공유하며 깨지기 쉬운 인간적 연대를 모색한다. 헤밍웨이는 전쟁이나 운명으로 인해 모든 것을 잃은 극한의 상황, 즉 개인의 고독한 투쟁을 그리면서도, 삶의 의미는 타인과의 진실한 연결을 통해 되찾을 수 있음을 암시한다. 극한의 공포 속에서 피어난 사랑과 연대가 인간에게 구원과 존재 이유를 제공하는 중요한 가치임을 보여준다.

어니스트 헤밍웨이는 '하드보일드 스타일'과 '빙산 이론'이라는 혁신적인 기법을 통해 20세기 문학에 새로운 방향을 제시한 작가이다. 그는 불필요한 수식과 주관적인 감정의 개입을 극도로 절제하고, 짧고 간결한 문장만을 구사하여 깊은 심리적 울림을 전달하였다. 이러한 문체는 당시 유행하던 장황한 문학에 대한 강력한 반발이자, 수면 아래 감춰진 감정과 의미를 독자가 발견하게 함으로써 정보의 핵심적인 진실만을 전달하려는 글쓰기의 윤리를 구현한 것이다. <노인과 바다>를 통해 헤밍웨이는 '파멸할지언정 패배하지 않는다'는 인간 정신의 불굴의 존엄성을 간결하게 완성하였다.

헤밍웨이의 영향력은 순수 문학을 넘어 저널리즘, 영화, 대중문화 등 광범위한 영역으로 확산하였다. 특히 그의 건조하고 냉소적인 문체와 태도는 범죄 소설과 필름 누아르(Film Noir) 장르에 고전적인 영감을 제공하였고, 이후 수많은 작가와 영화 제작자들의 스타일적 기반이 되었다. 그의 스타일은 '간결함이 곧 힘이다'라는 명확한 메시지를 전달하며, 오늘날까지도 수많은 작가와 기자들에게 정직하고 명확한 글쓰기의 본질을 가르치는 지침서 역할을 하고 있다. 헤밍웨이는 문장의 경제성과 정서적 절제를 통해 표현의 미학적 한계를 확장한 현대 문학의 거장이다.

● 핵심 사상 연계 탐구 주제

하드보일드 문체와 '빙산 이론'	▶ 빙산 이론이 독자의 능동적 해석에 미치는 문학적 효과 분석 ▶ 정보 과잉 시대에 간결함을 추구하는 하드보일드 문체의 가치 탐색 ▶ 헤밍웨이 문체가 현대 저널리즘의 사실 보도 방식에 미친 영향 연구
압박 속의 우아함	▶ 극한 상황에서 하드보일드 문체의 감정 자제 표현 방식 분석 ▶ 극한 상황 속에서 품위를 유지하는 인간 존엄성의 윤리적 의미 고찰 ▶ '압박 속의 우아함'이 현대 리더십과 위기 관리에 주는 메시지 탐색
파멸할지언정 패배하지 않는다	▶ <노인과 바다> 속 투쟁의 과정이 결과보다 더 가치 있는지에 대한 연구 ▶ '파멸할지언정 패배하지 않는다'는 사상이 도전과 실패에 주는 의미 고찰 ▶ 헤밍웨이의 휴머니즘이 실존주의 철학의 운명론적 관점과의 비교 분석
상실과 허무를 통한 연대	▶ '잃어버린 세대'의 허무주의와 방황하는 현대 청년들과의 비교 연구 ▶ 고독한 투쟁 속에서 사랑과 연대가 인간에게 구원을 주는 방식 탐색 ▶ 상실감을 겪는 주인공들이 인간적 연결을 통해 삶의 의미를 찾는 과정 분석

주제	극한 상황 속에서 품위를 유지하는 인간 존엄성의 윤리적 의미 고찰
탐구 목표	헤밍웨이의 '압박 속의 우아함'이 <노인과 바다> 속에서 어떻게 발현되는지 분석하고, 스토아 철학 및 탄력성 개념과 연계하여 현대인의 삶에 주는 메시지를 규명한다.
선정 이유	현대 사회는 예측 불가능한 위기에 대한 두려움으로 가득 차 있어, 많은 사람이 불안을 겪는다. '압박 속의 우아함'은 이러한 시대에 결과와 성공만을 중시하는 태도에서 벗어나, 고통스러운 과정에서도 용기를 잃지 않는 인간 정신의 가치를 되찾게 한다. <노인과 바다>의 산티아고 노인을 통해 절망 속에서 정신적 승리를 이루는 모습을 탐구함으로써, 역경 앞에서 자제력과 존엄성을 지키는 지혜를 얻고자 한다.
서론	헤밍웨이 문학의 핵심은 '압박 속의 우아함'으로, 인간이 고통과 위협에 직면했을 때 품위와 용기를 잃지 않는 태도를 말한다. 본 탐구는 <노인과 바다> 속 산티아고의 투쟁을 중심으로, 극한 상황에서 인간이 도덕적 존엄성을 지키는 방식을 분석하고자 한다. 서양 스토아 철학과 현대 심리학의 탄력성 개념을 연계하여, '우아함'이 현대인에게 주는 윤리적 메시지와 실천적 가치를 심층적으로 규명하는 데 목적이 있다.
본론	▶ 산티아고의 분석: 육체적 고통 속 냉철한 판단력을 문체와 연결하여 분석함. ▶ 스토아 철학 탐색: 스토아 철학과 노인의 침착함을 윤리적 관점에서 비교함. ▶ '파멸과 패배'의 의미: 육체적 '파멸'에도 정신적 '패배'가 없다는 메시지 분석함. ▶ 탄력성 개념 연구: 현대 심리학의 탄력성과 노인의 위기 극복 능력 연구 ▶ 윤리적 가치 판단: 헤밍웨이 관점을 통해 삶의 가치를 도덕적으로 판단함.
결론	'압박 속의 우아함'은 외부 환경의 파멸에도 내면의 고결함을 지키려는 인간 정신의 위대한 승리를 보여준다. 이는 고통을 침착함과 용기로 승화시키는 실천적 윤리이며, 현대인들에게 운명에 맞서는 태도의 가치가 결과보다 중요함을 깨닫게 되었다.
심화 탐구 주제	▶ 헤밍웨이의 금욕주의적 태도가 현대 소비 사회에 주는 경고 탐색 ▶ 산티아고의 고독한 투쟁이 공감과 연대의 부재와 어떻게 연결되는지 고찰 ▶ '하드보일드 문체'의 감정 절제가 독자의 정서적 경험에 미치는 영향 분석
토론 주제	▶ 인간의 존엄성은 물질적 결과가 아닌 도전하는 태도로 평가되어야 하는가? ▶ 위기 극복에 있어 감정적 표현을 억제하는 침착함이 항상 옳은 방법인가? ▶ 산티아고 노인처럼 파멸하더라도 자신의 방식을 고수하는 것이 현명한가?
교내 후속 활동	▶ 영미문학읽기: <노인과 바다> 원문의 하드보일드 문체를 분석하여 영작 에세이 작성 활동 ▶ 윤리와 사상: 스토아 철학과 헤밍웨이의 윤리를 비교 탐구 보고서 작성 활동 ▶ 자율·자치활동: 위기 상황을 가정한 모의 토론을 통해 '압박 속의 우아함' 실천 활동 ▶ 진로활동: 재난 구조 전문가의 위기 관리 대처법 및 직업 윤리 탐색 활동

● 문학

성취기준	[12문학01-06] 문학 작품에서는 내용과 형식이 긴밀하게 연관됨을 이해하며 작품을 수용한다
주요내용	헤밍웨이의 '빙산 이론'을 문학의 내용-형식 연관성 측면에서 분석한다. 간결하고 건조한 문체(형식)는 감정 생략을 통해 20세기 고독과 허무(내용)라는 심층 주제를 강화한다. 작가의 절제된 표현은 <노인과 바다> 속 산티아고의 고통과 불굴의 의지를 독자가 능동적으로 해석하게 하여, 주제 의식을 더욱 숭고하게 재구성한다. 이는 표현의 절제가 내용의 무게감을 극대화하는 예술적 원리를 이해하는 데 기여한다.
교과연계 탐구주제	▶ 문장의 간결함이 고독과 허무라는 주제의식을 심화시키는 원리 탐색 ▶ 서술자의 감정 개입 배제가 독자의 능동적 해석에 미치는 영향 탐구 ▶ 하드보일드 문체의 단문 구조와 산티아고의 행동 윤리 형성과의 관계 연구

● 사회문제탐구

성취기준	[12사탐03-02] 인공지능 발전 과정에서 나타날 수 있는 다양한 사회문제를 탐색하고, 대응 방안을 제시한다.
주요내용	헤밍한웨이의 '완벽주의'를 AI 시대의 창작 윤리와 연결하여 탐구한다. AI의 대량 생산으로 '진실'과 '원본성'의 경계가 모호해지는 사회 문제를 분석한다. 인간의 느리고 진실된 노력이 AI의 속도와 효율성 앞에서 인간 저작물의 고유한 가치를 어떻게 지켜낼 수 있는지 모색한다. 이를 통해 AI 시대에도 창작자의 윤리적 책임과 '진실한 문장'을 향한 깊은 고찰이 필요함을 강조한다.
교과연계 탐구주제	▶ AI의 빠른 창작 속도 앞에서 인간의 '진실성' 추구의 가치 탐색 ▶ AI 텍스트의 범람 속에서 '빙산 이론'의 함축적 문체의 의미 고찰 ▶ AI 생성 콘텐츠의 표절 및 원본성 훼손 문제에 대한 윤리적 대응 방안 연구

3. 독서 연계 탐구활동

● 추천 도서 목록

추천 도서 목록

▶ 노인과 바다(어니스트 헤밍웨이(이수정 역), 더스토리, 2025)

▶ 킬리만자로의 눈(어니스트 헤밍웨이(정영목 역), 문학동네, 2025)

▶ 무기여 잘 있어라(어니스트 헤밍웨이(권진아 역), 문학동네, 2020)

▶ 누구를 위하여 종은 울리나(어니스트 헤밍웨이(김욱동 역), 민음사, 2012)

▶ 디 에센셜: 어니스트 헤밍웨이(어니스트 헤밍웨이(김욱동 역), 민음사, 2022)

▶ 헤밍웨이, 글쓰기의 발견(어니스트 헤밍웨이(박정례 역), 스마트비즈니스, 2024)

독서 연계 탐구 활동	
도서명	노인과 바다(어니스트 헤밍웨이(이수정 역), 더스토리, 2025)
	이 책은 산티아고가 84일 동안 고기를 잡지 못하다가, 홀로 카리브해로 나가 거대한 청새치와 사투를 벌이는 과정을 그린다. 청새치를 잡고 돌아오는 길에 상어 떼에게 모든 것을 빼앗긴다. 이는 물질적 패배를 의미하지만, 투쟁 자체에서 굴복하지 않는 인간 정신의 승리를 보여준다. 헤밍웨이는 이 단순한 이야기를 통해 고독, 용기, 인간의 존엄성이라는 보편적 주제를 간결한 문체로 심도 있게 다룬다.
핵심 키워드	압박, 우아함, 파멸과 패배, 고독과 연대, 인간의 존엄성
탐구 주제	▶ 빙산 이론이 독자에게 전달하는 주제의식 연구 ▶ 고독과 고통이 산티아고에게 주는 삶의 의미 탐구 ▶ 산티아고의 투쟁과 인간 정신의 위대성과의 상관관계 분석 ▶ 빈손으로 돌아온 노인의 결말이 패배가 아닌 승리인 이유 탐색 ▶ 노인과 청새치의 관계가 인간과 자연으로 확대되는지에 대한 고찰
토론 쟁점	▶ 산티아고의 고독이 현대인의 소외와 어떻게 연결되는가? ▶ 불실석 파멸에도 정신적 패배가 없다는 주장이 현실적인가? ▶ 인생의 가치를 결과가 아닌 투쟁하는 태도로 평가할 수 있는가?
후속 활동	▶ 공통국어: 짧고 건조한 문장, 감정 절제 표현방식이 소설에 주는 효과 분석 활동 ▶ 통합과학: 극한 환경에서 생리적 항상성 유지 원리에 대한 과학적 분석 활동 ▶ 자율·자치활동: 정직하고 간결한 말하기 캠페인기획 및 보고서 작성 활동 ▶ 동아리활동: '3일간 무(無) 미디어 체험' 활동 후 결과 발표 활동

● 독서 연계 탐구활동 예시

탐구 주제		빙산 이론이 독자에게 전달하는 주제의식 연구
탐구 자료		▶ <노인과 비디> 속 산디아고의 칭새치 사두 핵심 묘사 발췌 ▶ 헤밍웨이의 창작론인 '빙산 이론' 관련 문학 평론 문헌 제시 ▶ 20세기 현대 문학의 표현주의가 헤밍웨이 문체론에 미친 영향 관련 자료 조사.
탐구 개요	서론	헤밍웨이의 '빙산 이론'은 핵심 감정과 주제를 직집직으로 실명하지 않고 간결한 표현 뒤에 숨기는 창자 기법임. 본 탐구는 <노인과 바다>를 주요 텍스트로 삼아, 표면적인 이야기 아래 잠재된 고독, 존엄성, 투쟁 같은 심층적 주제가 독자에게 어떻게 능동적인 해석을 유도하는지 분석함.
	본론	▶ 간결한 문장은 독자의 자발적인 상상력을 효과적으로 자극함. ▶ 생략된 감정 묘사는 주제 의식을 더욱 역설적으로 강화함. ▶ 산티아고의 침착한 행동에서 인간의 존엄성을 발견할 수 있음. ▶ 감정 과잉 배제는 순수하고 본질적인 진실을 전달하게 됨. ▶ 수면 아래의 숨겨진 진실을 독자가 능동적으로 재구성하게 됨.

어니스트 헤밍웨이
(Ernest Hemingway, 1899~1961)

탐구 개요	결론	빙산 이론은 독자에게 단순한 내용 수용자가 아닌 능동적인 해석자 역할을 부여함. 작가가 생략한 부분을 채우려는 독자의 노력이야말로 문학의 주제 의식을 가장 깊이 있게 체득하는 과정임. 함축과 여백의 미학을 통해 주제의 무게감을 극대화하는 예술적 성과를 보여준다는 것을 깨달음.
후속 활동		▶ 문학: <노인과 바다>의 문장을 해체하고 생략된 의미를 추론하는 활동 ▶ 미술: 노인과 자연과의 투쟁을 대비되는 색채와 극적인 구도로 표현하는 활동 ▶ 자율·자치활동: 가장 중요한 정보만 담아 간결하게 소통하는 자치회 홍보지 제작 활동 ▶ 동아리활동: 빙산 이론을 적용한 초단편 소설 창작 대회 기획 및 발표 활동

4. NIE 연계 활동

● 신문 읽기 & 연결 사유 찾기

헤밍웨이는 '노인과 바다'에서 '중꺾마'를 보여줬다(동아일보, 2025.08.11.)

이 기사는 <노인과 바다>를 현대적으로 재해석한다. 노인 산티아고가 바다로 나가 거대한 청새치와 사투를 벌이고, 상어 떼에게 모든 것을 잃고도 '인간은 파멸할 수 있을지언정 패배할 수는 없다'고 다짐하는 모습에 주목한다. 매일의 고통을 감내하는 현대인의 투쟁을 노인의 모습에 투영하며, 어려움 속에서도 용기와 긍정적 삶의 태도를 지니는 것이 노인의 투쟁 윤리이자 정신적 승리의 본질임을 강조한다.

'200번 고쳐 쓴다' 어니스트 헤밍웨이(조선일보, 2025.07.02.)

이 기사는 헤밍웨이가 문장이 간결하고 진실해야 한다고 믿었으며, 이를 위해 원고를 200번 이상 고쳐 썼음을 밝힌다. 그의 하드보일드 문체가 타고난 스타일이 아니라, 가장 핵심적이고 진실된 한 문장을 얻기 위한 고통스럽고 지난한 노력의 산물임을 강조한다. 이는 작가로서 '정직한 글쓰기'의 윤리를 지키려 했던 그의 장인 정신을 보여주며, 모든 분야에서 본질을 추구하는 태도의 중요성을 역설한다.

바다는 비에 젖지만, 인간은 패배하지 않는다(한겨레, 2025.10.08.)

이 기사는 헤밍웨이의 핵심 철학인 '파멸할지언정 패배하지 않는다'는 명제를 통해 인간의 내면적 존엄성을 탐구한다. '바다가 비에 젖는다'는 표현은 인간이 통제할 수 없는 외부 환경의 불가피한 파괴를 상징한다. 하지만 외부가 무너져도 인간의 정신과 의지는 이에 굴복하지 않고 자신의 존엄을 지켜낼 수 있다는 메시지를 강조한다. 외적인 성공보다 고난에 맞서는 내면의 윤리적 태도가 인간을 규정함을 역설한다.

● 시사 이슈

▶ 파멸을 딛고 일어서는 정신적 승리가 현대인의 불안과 무기력을 극복할 수 있을까?

▶ 헤밍웨이의 완벽주의가 '빠른 결과'를 원하는 현대 사회에서 어떤 가치를 가질까?

▶ 존엄한 죽음에의 자기 결정권과 삶의 패배 거부 의지가 존엄사 논쟁에 어떤 시사점을 줄까요?

헤밍웨이는 '노인과 바다'에서 '중꺾마'를 보여줬다(동아일보, 2025.08.11.)
- 물질적 손실에도 정신적 승리를 강조하는 것이 현실적으로 의미가 있을까? -

찬성	반대
'노인의 '중꺾마'는 좌절하지 않는 인간의 존엄성을 지키는 윤리이다. 결과보다 고난 속의 존엄과 의지가 중요하며, 이것이 현대인의 무기력을 이기는 궁극적인 삶의 가치이다. 내면의 품위는 모든 것을 잃어도 지킬 수 있는 가장 큰 승리다.	정신적 승리만으로는 문제를 해결할 수 없다. 물질적 손실은 생존과 직결되기에 현실적 문제 해결이 우선이다. 결과를 무시한 채 정신력만 강조하는 것은 위험한 낭만이다. 효율성이 중요한 현대 사회에서는 현실적 성공이 중요하다.

'200번 고쳐 쓴다' 어니스트 헤밍웨이(조선일보, 2025.07.02.)
- '200번 고쳐 쓰는 완벽주의'가 빠른 속도를 요구하는 현대 사회에도 필요할까? -

≫ 완벽주의와 진실성의 연결	≫ 효율성과 기회비용
완벽주의는 진실한 문장을 위한 장인 정신이다. 속도보다 본질적인 완성도와 신뢰성이 중요하며, 이는 정보의 신뢰가 생명인 현대 콘텐츠 제작의 근본적 윤리다. 느리더라도 제대로 된 결과가 더 큰 가치를 갖는다.	지나친 완벽주의는 비효율성과 기회비용을 높인다. 현대는 민첩성과 신속한 피드백이 중요한 시대이다. 200번의 수정보다 적절한 수준에서 타협하고 빠르게 실행하는 것이 불확실한 환경에 더 적합한 생존 전략이다.

● 사고의 확장

▶ 하드보일드 문체가 인간 내면의 복잡성을 진정으로 포착할 수 있을까?

▶ 압박 속의 우아함이 정서적 고통을 무시하는 회피적 태도로 오용될 수 있을까?

▶ 고독한 투쟁을 강조하는 헤밍웨이 사상이 현대 사회의 연대를 저해하지는 않을까?

▶ '파멸할지언정 패배하지 않는 정신'이 비합리적인 집착으로 번질될 위험은 없을까?

▶ 진실한 글쓰기를 위한 200번의 수정이 AI 시대의 창작 윤리에 어떤 영향을 줄까?

5. 세특 예시

헤밍웨이의 '빙산 이론'과 '압박 속의 우아함'을 중심으로 <노인과 바다> 탐구를 수행함. '중꺾마' 기사와 연계하여 물질적 손실에도 굴하지 않는 정신적 존엄성이 현대인의 무기력을 극복하는 대안임을 토론함. 특히 '빙산 이론' 연구를 통해 생략된 문장이 독자의 능동적 해석을 유도하여 주제 의식을 강화함을 분석함. '200번 고쳐 쓴' 완벽주의 탐구에서는 진실성을 위한 작가의 노력이 AI 시대의 창작 윤리에 주는 시사점을 고찰하며, 간결함 속의 강인함의 중요성을 내면화함.

에이브러햄 링컨
(Abraham Lincoln, 1809~1865)

1. 민주주의를 지키고 인권을 선언한 지도자, 리더십과 화합의 정신을 보여주다.

● 흙먼지 속에서 꿈을 피우다

1809년, 미국 켄터키의 외딴 변두리 통나무집에서 한 소년이 태어났다. 에이브러햄 링컨의 어린 시절은 가난과 노동의 연속이었다. 정규 교육을 받을 기회는 거의 없었지만, 그는 책을 포기하지 않았다. 밤마다 불빛 아래에서 성경과 이솝 우화, 토머스 페인의 글을 읽으며 세상과 인간을 스스로 배워 나갔다.

이 과정에서 링컨의 마음속에는 일찍부터 질문이 자리 잡았다. 왜 어떤 사람은 태어날 때부터 자유롭고, 어떤 사람은 그렇지 못한가. 그의 정의감과 인간 존엄에 대한 신념은 이 질문에서 시작되었다.

"나는 배우고자 노력하는 동안, 나 자신에게 최선을 다한다."

● 일리노이에서 뿌리내린 정의

젊은 시절 링컨은 농부, 점원, 측량사 등 여러 직업을 전전하며 사회 밑바닥의 삶을 경험했다. 1836년 변호사 자격을 취득한 후, 일리노이주 의원으로 활동하며 정치에 입문했다. 그는 웅변술과 논리적인 사고로 명성을 얻었으며, 노예 제도에 대한 분명한 반대 입장을 표명하기 시작했다. 이 시기 링컨은 법과 정치의 힘으로 사회를 개선할 수 있다는 믿음을 더욱 굳건히 했다.

"노예는 이웃을 사랑하라는 하나님의 계명을 모독한다."

링컨은 당장의 인기를 위해 침묵하지 않았다. 법과 정치가 인간의 존엄을 지키지 못한다면, 그것은 잘못된 제도라고 믿었다.

● 분열의 시대, 불굴의 의지를 드러내다

1850년대 미국은 노예 제도 확장을 둘러싸고 남북 간 갈등이 심화되었다. 링컨은 휘그당을 거쳐 공화당에 입당했고, 1858년 일리노이 상원의원 선거에서 스티븐 더글러스와의 유명한 논쟁을 통해 전국적인 명성을 얻었다. 그는 "분열된 집은 설 수 없다"며 노예제가 있는 절반과 없는 절반으로 나뉘어 지속될 수 없음을 역설했다. 링컨의 연설은 국가의 통합과 자유의 중요성을 깨닫게 했다.

"이 정부는 절반은 노예 국가, 절반은 자유 국가로 영원히 버틸 수 없다."

그의 말은 곧 현실이 되었다.

● 전쟁의 소용돌이 속, 위대한 결단을 내리다

1860년, 링컨이 제16대 미국 대통령으로 당선되자 남부 주들이 연방을 탈퇴하며 남북 전쟁이 발발했다. 그는 미국 역사상 가장 혹독한 시험대에 오른 대통령이 되었다. 링컨의 목표는 단순한 승리가 아니었다. 국가를 하나로 지키는 것, 그리고 자유의 의미를 분명히 하는 것이었다.

전쟁 중이던 1863년 발표한 노예 해방 선언은 전쟁의 성격을 근본적으로 바꾸었다. 전쟁은 더 이상 영토를 둘러싼 싸움이 아니라, 인간의 자유와 존엄을 위한 투쟁이 되었다. 이어진 게티즈버그 연설에서 링컨은 민주주의의 본질을 가장 간결하게 선언했다.

"국민의, 국민에 의한, 국민을 위한 정부."

● 화합의 꿈을 남기고 떠나다

1865년, 남북 전쟁이 북부의 승리로 끝나고 재선에 성공한 링컨은 전쟁으로 갈라진 국민들을 화합시키고 나라를 재건하려는 노력을 시작했다. 하지만 승리의 기쁨도 잠시, 링컨은 극단주의자의 총탄에 암살당하며 국민들에게 큰 슬픔을 안겼다. 그의 죽음은 안타까웠지만, 링컨이 남긴 유산은 미국의 역사와 전 세계 민주주의에 깊은 영향을 미쳤다.

"누구에게도 악의 없이, 모두에게 자비롭게." 그의 정신은 오늘날까지 이어지는 화합의 메시지가 되었다.

● 오늘날로 이어지는 메세지

분열과 갈등이 심화될수록 지도자의 역할은 더욱 중요해진다. 링컨은 내전이라는 극단적 상황 속에서도 승리보다 통합을, 처벌보다 화해를 고민했다. 그의 리더십은 힘으로 상대를 누르는 방식이 아니라, 도덕적 설득과 인내를 통해 공동체를 다시 세우는 과정이었다. 링컨에게 지도자의 역할은 앞서 나서는 것이 아니라, 흔들리는 사회가 같은 방향을 바라보게 만드는 일이었다.

오늘날 학생에게 링컨의 메시지는 분명하다.

리더십은 이기는 능력이 아니라, 서로 다른 사람들을 함께 나아가게 만드는 힘이라는 사실이다.

▶ 나는 갈등 상황에서 어떤 선택을 하고 있는가?

▶ 설득과 공감은 어떻게 가능한가?

이는 정치·역사·리더십 중심 세특 탐구로 확장 가능하다.

● 주요 철학 사상

1) 인간 존엄성 존중

링컨은 노예 제도가 도덕적으로 잘못된 것임을 인식했다. 그는 노예 제도가 "이웃을 사랑하라는 하나님의 계명을 모독한다"고 굳게 믿었으며, 이는 그의 삶 전반에 걸쳐 확고한 신념으로 자리 잡았다. 그는 평생동안 노예 제도에 반대하며, 모든 인간의 존엄성과 평등한 가치를 옹호하는 데 앞장섰다. 이러한 깊은 신념은 그가 미국의 대통령으로 내린 중대한 결정인 노예 해방 선언으로 구체화 되었다. 이 선언은 보편적인 가치를 실현하려는 그의 확고한 의지를 보여주는 역사적인 전환점이었다.

2) 국가 통합의 중요성

미국이 남부와 북부로 극심하게 분열될 위기에 처했을 때, 링컨은 이러한 상황의 심각성을 누구보다 잘 인지했다. 그는 국가의 통합이야말로 최우선적으로 지켜야 할 가치임을 역설했다. 링컨은 노예 제도를 가진 주와 갖지 않은 주가 서로 나뉘어 하나의 국가로 영원히 존속할 수 없다는 확고한 신념을 가지고 있었다. 그의 이러한 신념은 이후 격동하는 시대 속에서 국가를 하나로 유지하려는 강력한 리더십의 원동력이 되었다.

3) 국민 중심의 민주주의

게티즈버그 연설에서 링컨은 "국민의, 국민에 의한, 국민을 위한 정부"라는 명언을 통해 민주주의의 가장 중요한 이상을 선언했다. 이 구절은 모든 정부 권력의 원천이 바로 국민에게서 비롯되며, 국민이 국가의 주체임을 명확히 천명한 것이다. 또한 정부는 통치자가 아니라 국민을 위하여 존재하며, 국민의 뜻에 따라 운영되어야 한다는 그의 확고한 신념을 담고 있었다. 링컨은 이러한 메시지를 통해 민주주의의 핵심 가치와 원칙을 가장 간결하면서도 강력하게 표현했다고 평가받는다.

4) 화합과 자비의 정신

남북 전쟁이 막바지에 이르렀을 때, 링컨은 복수나 처벌이 아닌 화합과 용서를 강조했다. 그는 적이었던 남부 연합에 대한 깊은 관용의 정신을 드러냈다. 이는 전쟁으로 깊이 분열된 국민들을 하나로 모아 새로운 국가적 통합을 이루고자 하는 강력한 의지를 보여준 것이다. 링컨의 이러한 태도는 그가 단순한 승리가 아닌, 궁극적으로는 상처받은 국가를 치유하려는 진정한 리더십을 발휘했음을 상징하며 이러한 정신은 지금까지도 중요한 리더의 덕목으로 평가받고 있다.

● 역사적 성과와 업적

 링컨의 사상은 미국의 정체성과 가치관 형성에 지대한 영향을 미쳤으며, 오늘날까지도 미국 사회의 근간을 이루고 있다. 그의 강력한 리더십과 통합의 비전은 남북 전쟁이라는 국가적 위기를 극복하고 하나의 통합된 미국을 재건하는 데 결정적인 역할을 했다. 특히 링컨의 노예 해방 선언은 "모든 인간은 자유롭고 평등하다"는 미국의 건국 이념을 실현하는 데 있어 가장 중요한 전환점이 되었다. 이 선언은 단순히 노예들을 해방하는 것을 넘어, 인종과 관계없이 모든 인간의 존엄성이 보편적으로 인정되어야 함을 전 세계에 천명하는 의미 깊은 행위였다.

 링컨의 사상은 게티즈버그 연설과 함께 미국 민주주의의 핵심 이념으로 확고히 자리 잡았다. 그의 철학은 단순히 미국의 정치 체제를 넘어 전 세계 민주주의 국가들이 지향해야 할 보편적인 가치이자 이상적인 등대 역할을 하게 되었다. 링컨은 미국 국민들에게 민주주의가 단순히 투표나 제도에만 국한되는 것이 아니라, 공동체적 책임과 시민들의 적극적인 참여를 요구하는 살아 있는 정신임을 일깨워주었다. 그의 숭고한 정신은 이후 인종 차별 반대 운동, 빈곤 퇴치 노력 등 다양한 사회 문제 해결을 위한 끊임없는 영감의 원천이 되었다.

● 철학 사상 연계 탐구 주제

인간 존엄성 존중	▶ 링컨의 인간 존엄성 존중과 현대 사회의 인종 차별 문제 해결 방안 탐구 ▶ 링컨의 포용적 리더십과 현대 사회의 갈등 해결 및 사회 통합 방법 탐구 ▶ 링컨의 이념을 토대로 현대 민주주의 사회의 시민 권리 및 참여 증진 방안 분석
국가 통합의 중요성	▶ 링컨의 통합 의지와 현대 사회의 정치적 양극화 극복 방안 탐구 ▶ 게티즈버그 연설의 정신과 현대 민주주의 국가의 공동체 의식 함양 분석 ▶ 남북 전쟁 종결 후 링컨의 정신과 현대 사회의 갈등 치유 및 화해 전략 탐구
국민 중심의 민주주의	▶ 게티즈버그 연설 정신과 현대 사회의 시민 참여 민주주의 발전 방안 탐구 ▶ 링컨의 국민 중심 민주주의가 요구하는 시민의 역할과 책임, 교육의 방향 분석 ▶ 링컨의 이념이 현대 복지 국가의 역할과 사회 정의 실현 노력에 미친 영향 탐구
화합과 자비의 정신	▶ 링컨의 용서와 포용 정신이 사회 통합에 미치는 긍정적 효과 탐구 ▶ 링컨의 분열된 국가 통합 노력과 현대 사회의 이념·지역 갈등 해소 방안 탐구 ▶ 링컨의 사례를 바탕으로 갈등 상황에서 화합을 이끄는 리더의 역할과 책임 분석

주제	링컨의 통합 의지와 현대 사회의 정치적 양극화 극복 방안 탐구
탐구 목표	링컨의 통합 의지와 리더십에서 현대 사회의 정치적 양극화를 극복할 수 있는 실천적 지혜와 방안을 모색한다. 탐구 과정에서 비판적 사고력과 문제 해결 능력을 함양한다.
선정 이유	오늘날 우리 사회는 이념, 세대, 지역 등으로 인한 정치적 양극화가 심화되고 있으며, 이는 사회 통합을 저해하고 민주주의 발전을 위협하는 심각한 문제로 인식되고 있다. 과거 최악의 분열 위기 속에서 링컨이 보여준 강력한 통합 의지와 포용적 리더십은 현대 사회의 갈등을 해결하는 데 중요한 역사적 교훈과 시사점을 제공한다. 링컨의 정신을 통해 화합과 통합의 가치를 이해하고 실천하는 역량을 함양할 수 있다.
서론	링컨의 리더십은 오늘날까지도 위기 속에서 국가적 단결과 화합을 이끌어낸 위대한 표본으로 평가받는다. 21세기 현대 사회는 정치적 양극화와 이념 대립이 심화되며, 링컨 시대와 유사한 분열의 조짐을 보이고 있다. 링컨이 분열의 위기 속에서 보여준 통합 의지와 리더십이 현대 사회의 정치적 양극화를 극복하는 데 어떤 유효한 지혜를 제공하는지 탐구하고자 한다.
본론	▶ 시대적 배경 조사: 남북 전쟁 발발의 배경과 원인, 링컨의 정치 철학 분석 ▶ 핵심 개념 정리: 노예 해방 선언과 게티즈버그 연설, 포용적 리더십 분석 ▶ 정치적 양극화 사례 분석: 우리나라 또는 특정 국가의 사례 탐구 ▶ 정치적 양극화가 발생하는 주요 원인 분석: 이념 갈등, 세대 갈등, 지역 갈등 등 ▶ 링컨의 통합 의지에서 배우는 양극화 극복 방안 모색: 시민, 정부, 언론의 역할 등
결론	정치적 양극화 현상이 다양한 원인으로 인해 심화되며, 이는 사회 통합과 민주주의 발전에 심각한 위협이 됨을 인식한다. 시민, 정치권, 언론 등 각 주체가 자신들의 역할과 책임을 다할 때, 비로소 통합된 민주 사회로 나아갈 수 있다는 점을 인식한다.
심화 탐구 주제	▶ 세계 각국의 정치적 양극화 극복 성공 또는 실패 사례 탐구 ▶ 링컨 시대와 현대 한국 사회의 정치적 양극화 양상 비교 분석 ▶ 소셜 미디어와 알고리즘이 정치적 양극화 심화에 미치는 영향 분석
토론 주제	▶ 정치적 양극화 해소를 위해 정부, 언론, 시민의 역할 중 가장 중요한 것은? ▶ 소셜 미디어가 정치적 양극화를 심화시킨다면 미디어를 비판적으로 수용해야 할까? ▶ 청소년으로서 사회의 정치적 양극화 현상에 대해 어떤 태도를 가지고 행동해야 할까?
교내 후속 활동	▶ 정치와 법: NIE 활동-정치적 양극화와 관련된 사례 분석 후, 기사에 나타난 편향성 분석 ▶ 자율·자치활동: 모의 토론 또는 모의 의회 개최, 링컨 리더십 에세이 공모전 ▶ 진로활동: 링컨의 정치 철학 관련 카드 뉴스 또는 인포그래픽 제작

● 세계사

성취기준	[12세사03-02] 미국 혁명, 프랑스 혁명을 시민 사회 형성과 관련지어 파악한다.
주요내용	남북 전쟁은 노예 제도와 경제적 차이 등 남북부의 오랜 갈등 속에서 시작되었다. 링컨은 대통령에 당선되면서 노예 제도에 대한 단호한 태도를 분명히 했다. 그는 노예 해방 선언, 게티스버그 연설 등을 통해 국가 통합을 위한 의지와 노력을 보여주었다. 남북 전쟁은 미국은 물론 세계 역사에도 지대한 영향을 미쳤고, 링컨의 리더십은 인간의 존엄성, 민주주의 수호, 국가 통합이라는 측면에서 높이 평가받고 있다.
교과연계 탐구주제	▶ 링컨의 노예 해방 선언이 세계 인권 신장 역사에 미친 영향 탐구 ▶ 남북 전쟁 직전 미국의 시대 상황과 노예 제도를 둘러싼 갈등 양상 심층 조사 ▶ 링컨의 국가 통합 비전이 20세기 이후 신생 독립국의 민주화에 미친 영향 분석

● 정치

성취기준	[12정치01-03] 민주 정치의 역사적 발전 과정을 이해하고, 현대 민주 정치의 다양한 사상적 배경을 비교·분석한다.
주요내용	민주주의는 국민 주권, 자유, 평등, 법치주의와 같은 핵심 가치와 원리를 바탕으로 한다. 하지만 미국은 건국 초부터 노예 제도 같은 문제로 인해 헌법적 쟁점과 심각한 분열이 존재했다. 링컨은 인권, 민주주의, 국가 통합에 대한 확고한 신념을 게티스버그 연설과 노예 해방 선언 등으로 명확히 드러냈다. 그는 전쟁 상황 속에서도 헌법을 수호하고 인권을 보장하려 노력하며 리더십과 법치 사이의 균형을 추구했다.
교과연계 탐구주제	▶ 링컨의 노예 해방 선언에 담긴 인간 존엄성과 법의 역할 탐구 ▶ 링컨의 통합 원칙과 현대 민주주의 국가의 통합형 리더십 비교 탐구 ▶ 게티즈버그 연설 정신과 현대 법치주의 사회의 민주적 정당성 확보 방안 분석

3. 독서 연계 탐구활동

● 추천 도서 목록

추천 도서 목록

▶ 성공에 관한 짧은 글(에이브러햄 링컨 외(신솔잎 역), 마음시선, 2023)
▶ 링컨이 쓴 365 말씀묵상(에이브러햄 링컨(최상준 역)), 생명의말씀사, 2019)
▶ 나는 민주주의를 믿습니다(에이브러햄 링컨(이명섭 역), 드레북스, 2024)
▶ 통합의 리더 대통령 링컨(리처드 카워딘(세계와 동북아 평화포럼 역, 북스타, 2007)
▶ 링컨의 연설과 편지(에이브러햄 링컨(김우영 역), 이산, 2012)
▶ 죽어도 사는 사람, 불멸의 링컨 유산(김동길, 극동대학교 출판센터, 2018)

독서 연계 탐구 활동	
도서명	나는 민주주의를 믿습니다(에이브러햄 링컨(이명섭 역), 드레북스, 2024)
	노예제도를 폐지하고 남북전쟁을 승리로 이끌었을 뿐만 아니라 정치적으로는 자유와 평등, 인류애, 민주주의에 대한 확신을 굽히지 않은 사람, 에이브러햄 링컨. 그는 소신과 진심으로 시대 앞에 나섰고, 모두의 아픔을 끌어안은 면모는 정치활동 중에 한 연설들에 고스란히 남아 있다. 이 책은 그가 시대 앞에 진심을 외친 연설문들을 통해 그의 민주주의에 대한 믿음과 정치 철학을 알 수 있게 한다.
핵심 키워드	자유와 평등, 인류애, 민주주의, 노예 해방, 국민의 정치
탐구 주제	▶ 링컨의 리더십과 현대 리더십 모델 비교 분석 ▶ 링컨의 게티스버그 연설에 나타난 민주주의 이념 탐구 ▶ **링컨의 가치관이 청소년의 진로 선택에 주는 교훈 탐구** ▶ 링컨의 자유와 평등 연설이 후대 인권 운동에 미친 영향 탐구 ▶ 링컨 사상이 현대 사회의 정치적 양극화 및 사회적 갈등 해결에 미친 영향 탐구
토론 쟁점	▶ 개인의 성공보다 공동체의 이익을 우선해야 하는가? ▶ 링컨의 노예 해방은 순수한 도덕적 신념의 발현이었을까? ▶ 국가의 통일을 위해 대규모 인명 피해를 동반하는 전쟁은 불가피한 것인가?
후속 활동	▶ 윤리와 사상: 링컨의 화합정신과 유사한 역사적 화합 사례 발표 활동 ▶ 공통국어: 링컨의 연설문 구절 분석 및 토론 활동 ▶ 자율·자치활동: 현대 사회의 특정 민주주의 이슈에 대한 자신만의 연설문 작성 발표

탐구 주제	**링컨의 가치관이 청소년의 진로 선택에 주는 교훈 탐구**	
탐구 자료	▶ 매일 경제 기사: '최고의 라이벌은 최고의 실력자이다' 제시 사례 확인 ▶ 링컨의 주요 연설문 및 서한집: 링컨의 사상과 가치관 직접 확인 ▶ 『윤리와 사상』 교과서: 인권, 정의, 민주주의, 공동체 의식 등 개념 학습 자료	
탐구 개요	서론	많은 청소년이 진로를 선택하거나 미래를 계획할 때 단순히 '좋은 대학, 높은 연봉, 안정성' 등에만 집중하기 쉬움. 역사적으로 위대한 인물들은 다른 기준 즉 '정직, 책임, 공동선, 자기성찰' 같은 가치에 기반해 길을 걸어왔다는 점을 고려할 필요가 있음. 역사적 인물을 통해 진로와 삶의 목적에 대한 가치 중심의 성찰을 해보고 자신의 진로관과 삶의 태도를 재검토해 봄.
	본론	▶ 링컨의 가치관과 삶의 궤적 조사 ▶ 현대 청소년의 진로 환경과 진로 선택의 어려움 분석 ▶ 링컨의 가치관이 주는 교훈과 적용 가능성 탐구 ▶ 링컨의 가치 중심의 진로 설계, 지속적 자기 계발과 성실 탐구 ▶ 링컨의 공동체적 시야와 책임감, 실패를 두려워하지 않는 태도 분석

에이브러햄 링컨 (Abraham Lincoln, 1809~1865)

탐구 개요	결론	링컨은 단순히 물질적 성공이 아니라 '정직, 책임, 공동선, 노력'과 같은 가치에 충실함으로써 인생을 살아갔고 국가와 사회를 변화시켰음. 오늘날 청소년이 진로를 선택하거나 미래를 설계할 때, '나는 어떤 가치에 따라 살 것인가?', '내 성공은 누구를 위한 것인가?' 같은 질문을 던져보는 것이 중요함. 링컨의 삶과 가치는 지금도 유효하며 의미있는 나침반이 될 수 있음.
후속 활동		▶ 공통영어: '나의 비전 연설문' 작성 및 발표 활동 ▶ 세계사: '역경을 넘어선 성장' 사례 연구 및 발표 활동 ▶ 자율·자치활동: 링컨의 명언과 연계된 카드뉴스, 포스터 제작 활동 ▶ 진로활동: 가치관에 맞는 진로 탐색, 직업인으로서의 바람직한 태도 형성 활동

4. NIE 연계 활동

● 신문 읽기 & 연결 사유 찾기

링컨과 오바마의 타협 정치(조선일보, 2025.06.17.)

이 기사는 최근 미국과 한국 정치에서 지도자의 도덕성보다 '민의와 실용주의'가 우선되는 경향을 지적하며 '도덕성과 유능함의 균형점'을 고민할 필요가 있다고 설명한다. 링컨과 오바마를 예로 들어 정치적 반대자나 경쟁자를 배제하기보다 포용하고 타협하면서 국민과 국가의 통합을 꾀했던 리더십이 현대 정치에도 유효하다고 주장한다. 현재 한국 정치 상황을 언급하며 링컨·오바마식 리더십이 시사점을 준다고 평가한다.

대의 위해 원수까지 감싸안은 '통큰' 링컨(매일경제, 2011.09.02.)

이 기사는, 남북전쟁 이후 패배한 남부 지역까지 포용하려 했던 링컨의 '통합과 화해' 정치-이른바 '통큰' 결정들을 강조하며, 단순한 전쟁 영웅이 아니라 넓은 시야의 리더였음을 조명하고 있다. 이 같은 링컨의 '원수까지 감싸안는' 통합 리더십은 이후 미국의 재건과 국민 통합의 초석이 되었으며 나아가 세계 여러 나라의 전후 복구와 화해 정책에 영감을 주었다는 평가를 받고 있다.

역대 美대통령 역대 '인기1위' 敵(적)도 존중하는 관용의 정치 펼쳐 (조선일보, 2021.11.02.)

이 기사는, 미국에서 가장 사랑받는 대통령 중 한 명인 링컨이 가난했지만 환경을 탓하지 않고 노력하여 독학으로 변호사가 되었고, 끊임없이 도전하며 포기하지 않는 모습을 보인 점을 강조하고 있다. 그의 삶은 실패를 두려워하지 않고 끊임없이 노력하는 모습과 약자를 위한 숭고한 정신을 보여주었다. 링컨은 이러한 리더십을 바탕으로 미국 역사상 가장 존경받는 대통령 중 한 명으로 기억되고 있다.

● 시사 이슈

▶ 극심한 정치적 양극화와 국가 통합의 위기를 어떻게 해결할 것인가?

▶ 현대 사회에서 진정한 민주주의가 작동하려면 어떤 노력이 필요할까?

▶ 현대 지도자들은 위기 앞에서 어떤 도덕적 나침반을 가지고 윤리적인 리더십을 발휘해야 할까?

링컨과 오바마의 타협 정치(조선일보, 2025.06.17.)

- 타협의 정치가 현대 사회의 정치적 양극화를 해소하는 현실적인 해결책이 될 수 있는가? -

찬성	반대
타협의 정치 사례를 통해 현대의 고질적인 정치적 양극화 속에서도 소통과 이해를 기반으로 한 타협은 여전히 유효한 전략임을 보여준다. 리더들이 선도적으로 타협의 중요성을 인지하고 실천하면 국민들도 이에 동참할 수 있다.	링컨과 오바마 시대의 정치 환경과 현재는 상당한 차이가 있어 과거의 타협 모델을 그대로 적용하기 어렵다. 또한, 타협 시도가 오히려 지지층의 반발을 사거나 정치적 입지를 위협하는 요인이 될 수 있어 현실적인 해결책이 되기 어렵다.

대의 위해 원수까지 감싸안은 '통큰' 링컨(매일경제, 2011.09.02.)

- 링컨의 포용과 화합은 미국의 재건과 통합에 기여하였는가? 한계를 남겼는가? -

≫ 기여의 입장	≫ 한계의 입장
포용과 자비의 전신은 다른 나라들과 달리, 미국이 성공적으로 재건될 수 있었던 핵심적인 요인이었다고 평가할 수 있다. 포용하며 통합의 길을 제시하는 링컨의 리더십은 현재에도 국가적 위기 극복과 통합을 위한 리더의 전형을 보여준다.	미국이 남북 전쟁 후 실질적인 통일을 이뤄냈다고 볼 수 없다는 점은, 관용이 반드시 근본적인 문제 해결로 이어지지 않을 수도 있음을 시사한다. 링컨의 포용은 사회적 정의와 인권 문제 해결이라는 더 큰 관점에서는 아쉬움을 남겼다.

● 사고의 확장

▶ 인간 존엄성 실현을 위한 시대적 과제와 법의 역할은 무엇인가?

▶ 역경 속에서의 자기 성장과 미래 설계는 어떻게 해야 할 것인가?

▶ 현대 사회에서 화합을 이루기 위한 지도자와 시민의 자세는 무엇인가?

▶ 국가적 위기 상황에서의 리더십과 공동체 통합은 어떻게 해야 할 것인가?

▶ 게티스버그 연설에 담긴 민주주의 정신은 현대 사회에 어떻게 실현될 수 있을 것인가?

5. 세특 예시

　　타협의 정치가 현대 사회의 정치적 양극화를 해소하는 현실적인 해결책이 될 수 있는가?를 주제로 한 찬반 토론에서 '나는 민주주의를 믿습니다'라는 책을 읽고 '타협의 정치 사례를 통해 현대의 고질적인 정치적 양극화 속에서도 소통과 이해를 기반으로 한 타협은 여전히 유효한 전략임을 보여준다.'라는 논거로 찬성 입장을 논리적으로 제시함. 평상시 깊이 있는 분석과 자료 정리를 통해 역사적 사고력을 잘 드러내며, 복잡한 문제 상황에서도 차분하게 전략을 세워 해결해 나가는 모습을 보임.

20 요한 볼프강 폰 괴테

(Johann Wolfgang von Goethe, 1749~1832)

● 천재의 탄생: "법보다 인간의 마음을 궁금해하다!"

독일 프랑크푸르트에서 태어난 요한 볼프강 폰 괴테는 유복한 환경 속에서 자랐다. 그의 아버지는 법률가였고, 어머니는 이야기꾼 기질이 풍부했다. 괴테는 라틴어, 그리스어, 프랑스어, 이탈리아어 등 여러 언어와 역사, 과학을 섭렵한 신동이었다. 법학자의 길을 가길 원하는 아버지의 뜻에 따라 괴테는 대학에서 법학 공부를 시작했다. 그러나 그의 관심은 언제나 예술과 삶의 본질에 있었다.

"아버지, 저는 법 조문보다 인간의 마음이 더 궁금합니다!"

"헛소리! 현실을 알아야 한다! 법은 네가 발을 디딜 땅이다!"

법학은 그의 발판이 되었지만, 그의 영혼은 곧 터져 나올 창조적 에너지로 가득 차 있었다.

● 질풍노도의 상징: "베르터, 유럽을 삼키다!"

1774년, 25세의 괴테는 유럽의 젊은이들을 열광시킨 소설 <젊은 베르터의 슬픔>을 발표했다. 이 작품은 당시 유럽 사회의 계몽주의적 이성에 반발하며, 감정과 자유를 폭발적으로 분출하는 '질풍노도' 운동의 상징이 되었다.

"나는 그저 가슴속에 있는 것을 표현했을 뿐인데, 유럽 전체가 울부짖기 시작했다!"

베르터가 입었던 파란 연미복과 노란 조끼가 유럽 전역에서 유행했으며, 심지어 모방 자살 사건이 속출할 정도로 사회적 반향이 컸다. 괴테는 이 작품 하나로 시대의 아이콘이 되었지만, 동시에 감정의 폭발이 가진 위험성도 보여 주었다.

● 공직 생활과 고전주의의 완성: "궁정 업무로 삶의 예술을 풍부하게 하다!"

질풍노도 시기를 보낸 괴테는 1775년, 바이마르의 카를 아우구스트 대공의 초청으로 궁정에 들어가 10년간 공직 생활을 했다. 그는 재무, 국방, 광산 개발 등 국정 전반을 책임지는 실세가 되었다.

"궁정의 일과 예술을 병행하는 것이 힘들지 않으십니까?"

"아닙니다. 법과 행정은 현실의 조화입니다. 이것이 '삶의 예술'을 더욱 풍부하게 만듭니다."

이후 이탈리아 여행(1786~1788)을 통해 고대 그리스와 로마 문화에 심취하며, 인생의 황금기이자 바이마르 고전주의를 완성하는 기반을 다졌다.

● 광물학과 식물학: "색채는 빛의 어둠에 대한 저항이다!"

세계를 이해하려는 지치지 않는 탐구를 이어간 괴테는 단순히 문학가에 머물지 않았다. 그는 광물학, 식물학, 색채론 등 자연과학 분야에서도 혁혁한 업적을 남겼다. 특히 그는 식물의 모든 부분이 하나의 '원형 식물'에서 변형되었다는 식물 변태론을 제시했는데, 이는 훗날 다윈의 진화론에 영감을 준 선구적인 아이디어였다.

"색채는 빛의 어둠에 대한 저항입니다. 뉴턴의 이론처럼 단순한 수학적 현상이 아니죠!"

괴태의 색채론은 뉴턴의 권위에 도전하며 큰 논란을 일으켰지만, 그는 자연을 관찰하고 이해하려는 태도가 곧 창조의 근원이라고 믿었다.

● 삶의 총체: "세계 문학의 최고봉을 완성하다!"

괴테는 60여 년에 걸쳐 작업한 대작 <파우스트>를 1832년 사망 직전에 완성했다. 파우스트는 쾌락, 사랑, 명예, 예술 등 인간이 추구할 수 있는 모든 경험을 하지만, 결국 '인류를 위한 책임 있는 봉사'에서 진정한 의미를 찾았다.

"모든 지식을 탐하고, 인간의 모든 역경과 기쁨을 경험했네. 나의 삶은 곧 파우스트였지."

지식의 오만과 실천적 노력 사이에서 인간의 구원을 모색한 이 작품은 괴테가 평생 탐구한 인간 실존의 총체이며, 세계 문학의 최고봉으로 꼽힌다.

● 오늘날로 이어지는 메시지

하나의 길을 끝까지 가야만 성공이라는 생각이 지배적인 시대이다. 괴테는 문학, 과학, 철학을 넘나들며 평생 자신을 갱신해 나간 인물이었다. 그에게 성장은 하나의 정답에 도달하는 일이 아니라, 경험과 성찰을 통해 스스로를 확장해 가는 과정이었다. 완성보다 변화 자체를 삶의 가치로 받아들였던 태도는 배움이 멈추지 않는 과정임을 보여준다.

오늘날 학생에게 괴테의 메시지는 말해준다. 성장은 멈추지 않는 탐색 속에서 이루어진다는 사실이다.

▶ 나는 나 자신을 어떤 방향으로 성장시키고 싶은가?

▶ 실패와 변화는 나에게 어떤 의미인가?

이는 진로·융합·자기 설계형 세특 활동으로 연결된다.

● 작품 속 핵심 사상

1) 질풍노도의 감성과 이성의 통일 (Integration of Emotion and Reason)

괴테의 초기작 <젊은 베르터의 슬픔>은 당시 유럽을 지배하던 계몽주의적 이성에 대한 반발이자, '질풍노도(Sturm und Drang)' 운동의 폭발적인 상징이었다. 베르터는 이성보다는 순수한 감정과 자연의 힘을 좇는 인물로, 좌절 앞에서 감정의 극단을 보여주었다. 하지만 괴테는 이후 공직 생활과 학문 연구를 통해 감정의 자유와 이성의 균형을 추구하는 고전주의적 관점으로 나아갔다. 그는 인간이 베르터의 열정과 파우스트의 지성을 모두 겪고 통합해야 비로소 완성될 수 있다고 보았다.

2) 끊임없는 노력과 실천을 통한 구원 (Salvation through Continuous Effort and Action)

<파우스트>를 관통하는 핵심 메시지는 '노력을 통한 구원'이다. 파우스트는 지식의 한계에 절망하여 악마 메피스토펠레스와 계약을 맺고 세속적인 쾌락을 탐닉한다. 그러나 결국 그는 이상적인 추상을 버리고 현실에 뛰어들어 황무지를 개척하고 인류에게 봉사하는 실천적 노력 속에서 구원의 가능성을 발견한다. 괴테는 "노력하고 정진하는 자는 구원받을 수 있다"고 선언하며, 인간의 가치가 안주나 정체가 아닌 끝없는 생성(Werden)과 자기 극복의 과정에 있음을 강조했다.

3) 원형(原形)으로서의 통찰과 변태(變態) (Insight into Archetypes and Metamorphosis)

괴테는 문학뿐 아니라 과학에서도 '원형(Urform)'과 '번데(Metamorphose)' 개념을 탐구했다. 그는 모든 식물이 하나의 '원형 식물(Urpflanze)'에서 변형되었다고 했는데, 이는 그의 문학적 관점에도 영향을 미쳤다. <파우스트> 속 주인공이 변화하고 성상하는 모습은 이런 원리를 보여준다. 괴테는 자연의 법칙을 이해하려는 노력을 통해 인간이 본질을 파악하려 했다. 개별적 현상 뒤에 있는 보편인 원형을 통찰하고, 끊임없이 변화하는 모습을 관찰하는 것이 진정한 지혜라고 보았다.

4) 인간 중심주의를 넘어선 대자연과의 합일 (Unity with Nature Beyond Anthropocentrism)

괴테는 인간의 내면만큼이나 외부의 자연 세계를 깊이 탐구했다. 자연을 정복하거나 이용해야 할 대상이 아니라, 생명의 원리를 공유하며 합일해야 할 대상으로 보았다. 괴테의 작품 속에서 자연은 단순 배경이 아니라, 인간의 감정과 운명에 깊이 관여하는 능동적인 주체이다. 특히 파우스트가 자연을 개척하는 과정 속에서 구원을 찾게 함으로써, 인간이 대자연의 질서를 이해하고 그 안에서 자신의 역할을 수행할 때 비로소 진정한 자유를 얻을 수 있음을 역설한다.

요한 볼프강 폰 괴테는 문학, 철학, 과학의 경계를 넘나들며 서양 문화사에 가장 광범위하고 심오한 영향을 끼친 인물이다. 그는 초기작 <젊은 베르터의 슬픔>을 통해 청년들의 '질풍노도(Sturm und Drang)' 운동을 촉발하여, 당대의 억압된 감정과 주관성을 해방시키는 문학적 혁명을 일으켰다. 그러나 이후 괴테는 질풍노도와 대비되는 바이마르 고전주의를 확립하며, 격정적인 감정에서 벗어나 이성과 조화의 중요성을 제시하는 등 지성의 영역을 확장하였다. 이처럼 그는 인간 존재의 양극단을 포용하며, 서양 문학의 흐름을 주도하는 사상적 전환점을 마련한 핵심 인물이다

괴테의 60년 역작 <파우스트>는 인간 지식의 한계, 궁극적인 구원의 문제, 끊임없이 생성하려는 인간 근원적인 의지 등 인류의 모든 철학적 질문을 집대성한 인간 실존의 교과서로 불린다. 또한 '세계 문학' 개념을 주창하며 국경을 넘어선 문학 교류와 상호 이해의 중요성을 강조하였다. 문학 외적으로도 그의 식물 변태론 등 과학적 탐구는 다윈의 진화론을 비롯한 후대 학자들에게 깊은 영향을 주었다. 괴테는 천재적인 재능과 실천적인 노력을 결합하여 지식인이 나아가야 할 이상적인 모델을 제시하였으며, 그의 작품과 사상은 오늘날까지도 예술과 학문의 원천으로 기능하고 있다.

● 핵심 사상 연계 탐구 주제

질풍노도의 감성과 이성의 통일	▶ '질풍노도' 시기의 감정적 갈등이 창조적 활동의 원천이 되는 과정 연구 ▶ 이성적 법학자와 감성적 문학가로서의 괴테 삶을 통해 균형의 가치 고찰 ▶ <베르터>의 감정 폭발이 현대 청소년 자아 정체성 혼란에 미치는 영향 분석
끊임없는 노력과 실천을 통한 구원	▶ 안주 대신 생성을 선택한 파우스트의 여정을 통해 인생의 가치 고찰 ▶ 파우스트의 '끊임없는 노력'이 현대 자기계발 담론에 미치는 영향 탐색 ▶ 노동과 봉사를 통한 구원이 현대 자본주의 사회에 주는 윤리적 메시지 연구
원형(原形)으로서의 통찰과 변태(變態)	▶ 원형에 대한 통찰이 급변하는 4차 산업 시대에 갖는 의미 탐색 ▶ 식물 변태론에 나타난 '생성 변화의 원리'를 괴테 문학에 적용 분석 ▶ <파우스트> 속 주인공의 다단계적 변모를 통해 인간 성장 과정 연구
대자연과의 합일	▶ 괴테의 색채론에 나타난 자연관이 현대 미학에 미치는 영향 분석 ▶ 인간의 삶을 자연의 순환 질서 속에서 이해하는 괴테의 관점 고찰 ▶ 대자연과의 합일 사상이 기후 위기 시대의 인간 책임에 주는 시사점 연구

주제	'질풍노도' 시기의 감정적 갈등이 창조적 활동의 원천이 되는 과정 연구
탐구 목표	<젊은 베르터의 슬픔>으로 대표되는 질풍노도 시기의 격렬한 감정이 창조적 원천으로 승화되는 과정을 분석하고, 현대 예술 활동의 영감으로 활용하는 방안을 모색한다.
선정 이유	괴테는 격정적인 '베르터'의 감성을 지나 균형 잡힌 '파우스트'의 지성으로 나아갔다. 이 변화는 감정적 갈등과 고뇌가 단순한 방황이 아니라, 위대한 창조를 낳는 필수적인 단계임을 시사한다. 본 탐구에서는 청소년들이 겪는 내면의 갈등과 불안을 부정적인 시각으로만 볼 것이 아니라, 창조적 에너지로 전환할 수 있는 긍정적인 잠재력을 탐색하기 위해 이 주제를 선정했다.
서론	본 탐구는 18세기 괴테의 <젊은 베르테르의 슬픔>이 유럽에 가져온 질풍노도 현상을 시작점으로 삼는다. 이 시대는 이성에 대한 반발과 감정의 자유를 격렬하게 추구했다. 서론에서는 베르터의 좌절과 감정적 갈등이 당시 사회에 미친 영향과 더불어, 괴테가 이 경험을 통해 어떻게 예술적 성숙과 고전주의로 나아가는 발판을 마련했는지 에 대한 탐구의 필요성을 제시하며 논의를 시작하고자 한다.
본론	▶ 질풍노도 문학 특징: 감정의 극단적 표출, 자연과의 교감 등의 특징 분석함 ▶ 괴테의 감정 정화 과정: 베르터를 집필하며 감정을 예술로 정화시킨 과정 연구함 ▶ 고통과 창조성: 다른 예술가의 내면적 고통과 창조적 산출의 관계 비교 분석함 ▶ 감정적 갈등의 승화 원리: 격렬한 감정이 새로운 형식을 만드는 원리를 도출함 ▶ 심리학적 접근: 감정적 불안이 미학적 가치로 변환되는 과정을 설명함
결론	괴테의 질풍노도적 감정이 파우스트의 지성을 낳는 필수적인 생성의 원리임을 확인함. 내면의 갈등은 주제 의식의 깊이와 표현의 진실성을 담보하는 원천이며, 청소년기의 불안과 고뇌 역시 창조성을 발현할 수 있는 숭요한 삼재력임을 깨날았나.
심화 탐구 주제	▶ '질풍노도'와 '낭만주의'에서 나타나는 자유의지 개념의 차이 비교 ▶ 베르터의 감정 과잉이 대중의 감성을 자극하는 사회 심리학적 원리 탐색 ▶ '색새돈'에서 빛과 어둠의 대립과 감정과 이싱의 상징적 대립과의 관계 연구
토론 주제	▶ 현대 청소년의 감정적 불안정성을 창조의 원천으로 보아야 하는가? ▶ 예술적 창조를 위한 예술가의 고독은 사회적으로 정당화될 수 있는가? ▶ 개인의 극단적 감정을 다룬 예술 작품이 사회에 미치는 영향은 긍정적인가?
교내 후속 활동	▶ 공통국어: 베르터의 편지글을 현대 청소년의 SNS 메시지 형식으로 각색하는 활동 ▶ 정보: '젊은 베르테르의 슬픔' 관련 감정 분석 AI의 윤리적 사용 보고서 작성 활동 ▶ 자율·자치활동: 교내 '감정 표출과 창작 공모전' 기획 및 진행 활동 ▶ 동아리활동: '카타르시스'를 주제로 파우스트와 베르터의 심리 토론 활동

요한 볼프강 폰 괴테 (Johann Wolfgang von Goethe, 1749~1832)

● 문학

성취기준	[12문학01-07] 작품을 공감적, 비판적, 창의적으로 감상하며, 다양한 방식으로 작품에 대해 비평한다.
주요내용	괴테의 <파우스트>를 읽고 공감적, 비판적, 창의적 감상 방법을 익힌다. 악마와의 계약이라는 내용을 현대 사회의 과도한 욕망이나 번아웃 문제에 빗대어 비판적으로 생각한다. 또한, 작품의 '노력하며 방황하는 인간'이라는 주제를 현대적인 상황에 맞춰 나만의 해결책을 제시하는 방식으로 창의적으로 비평한다. 이를 통해 작품의 메시지를 깊이 있게 이해하고 자신의 삶과 연결하여 성찰한다.
교과연계 탐구주제	▶메피스토펠레스를 AI의 유혹으로 설정하여 창의적으로 탐색 ▶파우스트의 방황을 현대 청년의 번아웃에 빗대어 공감적으로 고찰 ▶파우스트의 '계약'과 현대인의 성과주의를 연결하여 비판적으로 탐구

● 현대사회와 윤리

성취기준	[12현윤02-01] 삶과 죽음을 동·서양 윤리의 입장에서 성찰하고, 현대사회에서 발생하는 생명윤리 문제를 다양한 윤리적 관점에서 설명할 수 있다.
주요내용	<젊은 베르테르의 슬픔>을 삶과 죽음의 윤리적 문제 관점에서 다룬다. 베르테르의 자살을 개인의 자유 의지와 생명의 존엄성 사이의 윤리적 갈등을 성찰한다. 칸트의 의무론적 윤리나 밀의 공리주의 등 서양 윤리 사상과 유교/불교의 생명관을 비교하며, 베르테르의 선택을 다양한 관점에서 비판적으로 분석한다. 이를 통해 현대 사회의 자살 문제와 생명 경시 풍조에 대한 윤리적 대응 방안을 모색한다.
교과연계 탐구주제	▶베르테르의 자살을 칸트의 의무론과 공리주의 관점에서 비교 분석 ▶'베르테르 효과'의 확산 방지를 위한 미디어의 윤리적 책임과 역할 탐색 ▶베르테르의 극단적 감정을 동양의 생명 존중 윤리(불교, 유교) 관점에서 고찰

3. 독서 연계 탐구활동

● 추천 도서 목록

추천 도서 목록	
▶서동 시집(요한 볼프강 폰 괴테(전영애 역), 길, 2021)	▶살아갈 날들을 위한 괴테의 시(김종원, 퍼스트펭귄, 2025년)
▶파우스트(요한 볼프강 폰 괴테(안인희 역), 현대지성, 2024)	▶이탈리아 기행(요한 볼프강 폰 괴테(박찬기 역), 민음사, 2023)
▶괴테와의 대화(요한 페터 에커만(장희창 역), 민음사, 2008)	▶젊은 베르테르의 슬픔(요한 볼프강 폰 괴테(허승진 역), 더스토리, 2025)

독서 연계 탐구 활동

도서명	파우스트(요한 볼프강 폰 괴테(안인희 역), 현대지성, 2024)
	이 책은 지식의 한계에 절망한 파우스트가 악마 메피스토펠레스와 계약을 맺고 세속의 쾌락, 사랑, 명예, 권력 등 모든 인간적 경험을 탐닉하는 여정을 그린다. 60년에 걸쳐 완성된 이 대작은 인간의 끊임없는 노력과 방황, 지식인의 오만과 구원이라는 철학적 주제를 심도 있게 다룬다. 노동과 봉사를 통한 실천적 삶에서 구원의 가능성을 발견하는 결말은, 인간 실존의 가치와 성숙의 의미를 묻는다.
핵심 키워드	악마와의 계약, 지식의 한계, 끊임없는 노력, 실천적 구원, 생성
탐구 주제	▶파우스트의 대자연 개척 행위를 현대 환경 윤리 관점에서 비판 ▶파우스트가 추구한 욕망의 단계를 인간 발달 이론과 연결하여 분석 ▶악마 메피스토펠레스를 인간 내면의 부정성으로 해석하는 시각 고찰 ▶'끊임없이 노력하는 자는 구원받는다'는 메시지의 윤리적 의미 탐색 ▶지식의 한계에 절망한 파우스트의 모습이 현대 지성에 주는 시사점 연구
토론 쟁점	▶인간의 구원이 개인의 노력만으로 가능한지, 신의 은총이 필요한가? ▶파우스트의 마지막 대규모 간척 사업은 숭고한 봉사인가 오만한 개발인가? ▶파우스트가 악마와의 계약을 통해 얻은 지식과 쾌락은 정당화될 수 있을까?
후속 활동	▶윤리와 사상: 실천적 노력과 노동의 윤리를 칸트의 의무론적 윤리와 비교 활동 ▶사회와 문화: 파우스트의 욕망 추구 과정을 현대 사회의 욕구와 비교 활동 ▶자율·자치활동: 성공을 위해 포기하는 가치에 대한 자기 성찰 에세이 쓰기 활동 ▶동아리활동: '인간은 과연 안주할 수 없는 존재인가?'를 주제로 한 토론 활동

● 독서 연계 탐구활동 예시

탐구 주제	▶파우스트가 추구한 욕망의 단계를 인간 발달 이론과 연결하여 분석
탐구 자료	▶<파우스트> 중 메피스토 계약 후의 욕망 추구 단계별 행위 발췌. ▶에릭슨의 심리사회적 발달 이론 및 매슬로우의 욕구 5단계 관련 자료 ▶파우스트가 경험한 사랑, 정치, 예술, 실천의 네 가지 욕망 분석 자료
탐구 개요	**서론** 파우스트는 지식의 한계에 절망한 후 악마와 계약을 맺고 젊음을 되찾아 세속적인 쾌락, 사랑, 권력 등 다양한 욕망을 추구함. 본 탐구는 파우스트가 경험하는 이러한 욕망의 단계를 에릭슨 또는 매슬로우의 관점에서 분석하여, 인간의 욕구와 성숙 과정의 보편적 패턴을 탐색하고자 함. **본론** ▶파우스트의 초기 욕망을 매슬로우의 하위 욕구와 연결함. ▶그레트헨과의 사랑을 에릭슨의 친밀감 형성 단계에 비교함. ▶궁정 생활과 권력 욕망을 자존감 및 성취 욕구로 분석함. ▶헬레나와의 결합을 이상적 가치 추구 단계로 해석함. ▶마지막 실천적 봉사를 최고 단계의 자아실현으로 판단함.

요한 볼프강 폰 괴테 Johann Wolfgang von Goethe, 1749~1832

탐구 개요	결론	파우스트의 삶은 기초 욕구에서 시작해 사회적 자존감과 궁극적인 자아실현으로 가는 여정을 보여줌. 다양한 실패를 통해 경험의 총체를 이룬 후, 비로소 이기적 욕망을 넘어선 인류애적 봉사에서 구원의 가치를 찾음. 인간의 성숙이 끊임없는 욕망의 추구와 실천을 통해 완성된다는 것을 깨달음.
후속 활동		▶ 공통국어: 파우스트의 대화와 서술 방식이 인물의 심리에 미치는 영향 분석 활동 ▶ 윤리와 사상: 파우스트의 노력 윤리를 니체의 초인 사상과 비교하는 활동 ▶ 자율·자치활동: 파우스트의 다섯 가지 욕망 단계에 따라 나의 진로 계획 설계 활동 ▶ 동아리활동: '인간의 욕망'을 주제로 쇼펜하우어와 괴테의 관점 비교 토론 활동

4. NIE 연계 활동

● 신문 읽기 & 연결 사유 찾기

우리시대 사유의 지평과 미래, 괴테 <파우스트 Faust> (원대신문, 2019.06.11.)

이 기사는 <파우스트>가 개인적 감정을 넘어 사회적·역사적 행동을 하는 인물로 발전함에 주목한다. 파우스트가 무한한 지식과 향락을 추구했으나 만족하지 못하고, 결국 사회 정치적 이상을 실현하려는 과정을 강조한다. 괴테는 '노력하며 방황하는 인간'이 희망을 통해 삶의 의미를 획득한다고 보았으며, 끝없이 갈망하고 애쓰는 모습에서 인류 전체의 창조와 역사는 영원히 지속될 수 있다는 메시지를 준다.

독일의 대문호 괴테의 인간관·역사관(전북일보, 2025.07.09.)

이 기사는 괴테가 인간과 역사를 바라본 시각을 다룬다. 괴테는 역사를 단절된 사건의 나열이 아닌, '생성(Werden)'이라는 역동적인 과정으로 이해했다. 그의 인간관은 <파우스트>에 나타나듯, 끊임없이 노력하고 방황하는 존재를 긍정하며, 인간의 가치를 이상(理想)을 향한 실천적 의지에서 찾았다. 괴테는 현실에 안주하지 않고 끊임없이 자기 극복을 추구하는 인간이야말로 역사를 진보시키는 주체임을 강조한다.

열림에 대하여 - 괴테의 미완성 드라마 '마호메트'(광주일보, 2025.09.04.)

이 기사는 괴테의 미완성 드라마 '마호메트'를 통해 그의 개방적 세계관을 조명한다. 괴테는 기독교 중심의 서구 문명을 넘어 이슬람 문화에 깊은 관심을 보였으며, 이는 극단적 민족주의를 거부하고 문명 간의 보편적 이해를 추구한 그의 태도를 보여준다. 괴테가 주창한 '세계 문학' 사상이야말로 경계 없는 '열림'의 정신을 구현하며, 다문화 시대에 필요한 상호 존중과 포용의 자세를 선구적으로 제시했다고 분석한다.

● 시사 이슈

▶ 전문 지식이 오히려 현실 참여를 외면하게 만드는 현대 지식인의 한계는?

▶ 급변하는 역사 속에서 '끊임없는 생성'을 강조한 괴테의 역사관이 주는 시사점은?

▶ 문화 중심주의를 넘어선 괴테의 개방적 세계 문학 사상이 다문화 사회에 어떻게 적용될까?

독일의 대문호 괴테의 인간관·역사관(전북일보, 2025.07.09.)
- '끊임없이 노력하는 존재'라는 괴테의 인간관이 현대인의 무한 경쟁을 정당화할까? -

찬성

괴테의 '노력'은 자기 극복과 향상 의지이다. 현실에 안주하지 않고 끊임없이 '생성'하라는 메시지는, 개인의 잠재력을 최대한 실현하고 시대의 한계를 넘어서려는 주체적 삶의 태도이며, 이는 경쟁을 통한 개인의 발전과 성숙에 기여한다.

반대

괴테의 인간관은 무한 경쟁의 논리로 오용될 수 있다. <파우스트>의 노력이 타인을 희생시키며 이루어졌듯, 휴식 없는 노력 강요는 개인의 소진과 소외를 낳고, 경쟁에서 뒤처진 이들에게 책임을 전가하는 윤리적 문제를 발생시킨다.

열림에 대하여 -괴테의 미완성 드라마 '마호메트'(광주일보, 2025.09.04.)
- 괴테의 '세계 문학' 사상이 자문화 중심주의를 극복하는 진정한 대안이 될 수 있을까? -

≫ 문명 간 상호 존중과 포용

괴테의 '세계 문학'은 문명 간 보편적 이해와 포용의 정신이다. 마호메트 드라마를 시도했듯, 자국 문학을 넘어 타문화에 적극적인 관심과 개방성을 촉구했다. 이는 자문화 중심주의 해체와 문화 공존을 가능하게 하는 유효한 대안이다.

≫ 유럽 중심주의적 수용 한계

괴테의 '세계 문학'은 유럽 중심적 시선으로 타 문화를 수용했을 가능성이 있다. 당시 유럽 문명의 위계적 시선이 완전히 배제되지 않았고, 타 문화의 독립적 기치보다는 유럽 문학의 자양분으로 삼으려는 의도가 내포되었을 수 있다.

● 사고의 확장

- ▶ 괴테의 '열림' 정신이 국경 없는 혐오 표현 해결에 기여할 수 있을까?
- ▶ 괴테의 생성 원리를 파편화된 정보 융합 교육에 어떻게 적용할 수 있을까?
- ▶ 극단적 감정이 창조의 원천론이라는 괴테의 관점이 현대인의 정신 건강에 주는 의미는?
- ▶ 지식의 한계에 직면한 현대 지성은 실천적 봉사를 통한 구원의 가치를 어떻게 실현할까?
- ▶ '끊임없는 노력'을 삶의 본질로 본 괴테의 관점이 AI 시대의 노동 개념을 어떻게 변화시킬까?

5. 세특 예시

괴테의 <파우스트>를 읽고 지식의 한계와 실천적 구원이라는 핵심 사상을 탐구함. 파우스트의 욕망 추구 단계를 인간 발달 이론(매슬로우)과 연결하여 분석하고, '끊임없이 노력하는 존재'라는 괴테의 인간관이 현대인의 무한 경쟁을 정당화하는지에 대한 찬반 토론을 주도적으로 진행함. 특히 '세계 문학' 사상을 통해 자문화 중심주의를 벗어나 타문화의 '열림'을 추구하는 괴테의 정신을 고찰함. 이를 바탕으로 지식의 실천과 문화적 포용력이라는 현대 지성인의 역할을 성찰하는 태도를 보임.

21 위르겐 하버마스
(Jurgen Habermas, 1929~　　)

1. 소통과 합리의 철학자, 현대 비판 이론을 계승하다

● 전쟁의 상흔을 넘어, 사색을 시작하다

위르겐 하버마스는 1929년 독일 뒤셀도르프에서 태어나 어린 시절을 보냈다. 그는 선천적으로 구순구개열이라는 장애를 안고 태어났으나, 여러 차례의 어려운 수술을 통해 이를 극복하며 성장했다. 유년 시절에는 2차 세계대전의 극심한 혼란과 엄청난 파괴를 직접 겪어야 했다.

이러한 불안정한 경험들은 그에게 '사회가 어떻게 합리적인 방향으로 발전할 수 있는지, 그리고 인간성이 어떻게 회복될 수 있는지에 대한 깊은 고민을 안겨 주었다.' 이처럼 고난했던 어린 시절의 경험들은 훗날 그의 사상과 학문적 탐구의 중요한 토대가 되었다.

● 프랑크푸르트 학파의 새로운 길을 모색하다

위르겐 하버마스는 독일의 유명한 사상가 집단인 프랑크푸르트 학파의 일원이었다. 그는 아도르노와 호르크하이머와 같은 선배 사상가들이 발전시킨 비판 이론의 전통을 깊이 계승했다. 하지만 그는 단순히 이를 따르는 것을 넘어, 자신만의 독창적인 철학적 경로를 개척하는 데 집중했다. 특히 하버마스는 이성이 단순히 효율성만을 추구하는 도구적 합리성으로 전락해 버리는 현실을 통렬하게 비판했다.

그는 '이성이 본래 인간들 사이의 진정한 이해와 상호 소통을 가능하게 하는, 근본적인 토대가 되어야 한다고 역설했다.'

● 소통의 합리성, 사회 문제 해결의 열쇠가 되다

하버마스는 정치와 사회가 요동치는 상황 속에서 사회적 합의와 이성적인 의사 결정이 중요하다고 언제나 강조했다. 그는 개인의 합리성에만 머물지 않고, 언어가 사회적이고 본질적으로 합리적인 특성을 지니고 있다는 가정 아래 사회적 합리성이라는 개념에 초점을 맞추었다.

그의 사상은 궁극적으로 어떠한 억압이나 불평등도 존재하지 않는 '이상적인 발화 상황'을 상정한다. 바로 이 이상적인 조건에서 이루어지는 자유로운 논쟁을 통해서만 비로소 가장 합리적이고 정당한 결과를 도출할 수 있다고 하버마스는 주장했다.

● 소통 행위 이론의 탄생, 소통적 합리성을 정립하다

하버마스를 대표하는 가장 중요한 저작은 단연 '소통 행위 이론'이라고 할 수 있다. 이 이론을 통해 그는 합리성에 대한 우리의 인식이 더 이상 개개인의 영역에 머물러서는 안 되며, 사회적 차원으로 확장되어야 한다고 보았다. 특히 하버마스는 언어를 매개로 한 논쟁적인 발화 과정에서 사람들이 진실성, 정당성, 적절성 같은 다양한 '유효성 요구'를 제기하고 이를 만족스럽게 해결해 나가는 데 주목했다. 즉, '사람들이 자신의 믿음이나 표현에 대한 타당성을 주장하기 위해, 현실 세계와 맺는 복합적인 관계 자체가 바로 소통적 합리성을 이루는 핵심이다.'

이어 그는 '공론장 이론'을 통해 민주주의의 핵심을 재정의했다. 진정한 민주 사회란 투표 이전에 시민들이 서로를 설득하고 이해하는 공간이 살아 있는 사회라는 것이다. 미디어의 상업화와 여론 조작이 공론장을 위협하는 현실 속에서, 하버마스의 사상은 더욱 날카로운 경고가 되었다.

● 민주주의를 지키는 마지막 언어, 담론 윤리

하버마스의 생각은 오늘날 우리가 살아가는 민주주의가 무엇인지, 그리고 다양한 사람들이 함께 의견을 나누는 공론장이 얼마나 중요한지에 대한 인식을 더욱 깊게 만드는 데 큰 영향을 주었다. 특히 그가 제시한 '소통적 합리성'이라는 개념은 단순히 철학 이론에만 머무르지 않았다.

'그의 사상은 현대 사회에서 바람직한 대화의 기준과 도덕적 원칙인 담론 윤리를 형성하는 데 선구자적인 역할을 했다.'

이렇게 하버마스는 현대 사회를 이해하고 더 나은 방향으로 이끌어가는 데 결정적인 영향을 미쳤다.

● 오늘날로 이어지는 메시지

의견이 빠르게 소비되고 갈등이 쉽게 증폭되는 시대이다. 말은 넘쳐나지만, 서로를 이해하려는 대화는 점점 줄어들고 있다. 하버마스는 민주 사회를 지탱하는 힘이 권위나 힘이 아니라 합리적인 대화와 소통에 있다고 보았다. 그에게 토론은 이기기 위한 수단이 아니라, 더 나은 결론에 이르기 위한 과정이었다.

오늘날 학생에게 하버마스의 메시지는 분명하다.

말하는 능력보다, 듣고 설득하는 능력이 더 중요하다는 사실이다.

▶ 나는 다른 의견을 어떻게 받아들이고 있는가?

▶ 토론은 갈등을 키우는가, 해결하는가?

이는 사회·정치·의사소통 중심 세특 탐구로 확장될 수 있다.

● 주요 철학 사상

1) 소통적 합리성

하버마스는 현대 사회에서 이성이 도구적 합리성으로 전락하여 인간 해방이라는 본래의 목적을 상실하고 통제와 지배의 수단으로 변질되었다고 비판한다. 그는 아도르노와 호르크하이머의 비판을 이어받아 기술 발전이 가져온 모순을 지적하면서도, 이성의 가능성을 전적으로 부정하기보다는 '소통적 합리성'이라는 대안을 제시했다. 소통적 합리성은 단순히 목적 달성을 위한 효율성을 넘어, 언어를 통한 상호 이해와 합의 지향적인 대화를 통해 진정한 이성을 회복하려는 개념이다.

2) 소통 행위 이론

하버마스의 소통 행위 이론은 사람들이 오로지 상호 이해를 목적으로 하는 의사소통을 통해 합의에 이르고 문제를 해결할 수 있다고 설명한다. 이러한 소통은 어떤 강압이나 왜곡 없이 자유롭게 의견을 교환하며 서로의 주장을 경청할 수 있는 이상적인 상황에서 이루어져야 한다. 그는 개인이 각자의 주장을 합리적으로 정당화하고, 타인의 주장을 비판적으로 검토하면서 함께 진실과 규범적 정당성을 찾아나가는 과정을 중요하게 보면서 공동의 문제 해결과 사회 통합을 이루려고 하였다.

3) 공론장 이론

하버마스는 합리적인 소통이 이루어지는 '공론장'의 중요성을 강조했다. 공론장은 시민들이 공공의 문제에 대해 자유롭게 토론하고 합의를 형성하는 공간을 의미한다. 그는 역사적으로 부르주아 공론장의 출현과 쇠퇴를 분석하며, 현대 사회에서 공론장이 미디어의 상업화 등으로 인해 위기에 서했다고 보았다. 하지만 동시에, 진정한 민주주의와 사회 발전을 위해서는 소통의 원리를 회복한 공론장을 재활성화해야 한다고 주장하며, 시민 참여와 숙의 민주주의의 이론적 토대를 제공했다.

4) 담론 윤리

하버마스는 도덕적 규범의 정당성을 보장하기 위해 '담론 윤리'를 제안했다. 담론 윤리는 보편적인 도덕적 규범이 특정 개인이나 집단의 의지가 아닌, 자유롭고 평등한 참여자들이 충분한 논의와 토론을 통해 도달한 합의에 의해서만 정당화될 수 있다고 주장한 내용이다. 하버마스는 담론 윤리를 바탕으로 합리적인 의사소통 과정을 통해 도덕적 문제 해결이 가능하다는 윤리적 입장을 제시하며, 현대 도덕 철학에 큰 영향을 미쳤다.

하버마스는 단순한 지식 축적을 넘어, 사회적 상호작용 속에서 합의를 형성하고 문화를 재생산하는 이성의 역할에 깊이 주목했다. 그는 이성을 단순히 목적 달성을 위한 도구가 아닌, 상호 이해와 합의를 지향하는 '소통적 합리성'으로 재해석했다. 그의 이론은 합리성이 언어 구조와 깊이 연관되어 있음을 밝히며, 어떤 강압이나 왜곡으로부터 자유로운 소통 속에서 정당한 사회적, 규범적 이해가 확립될 수 있다고 제안했다. 그의 통찰은 민주적인 미디어 환경 조성, 활발한 시민사회 활동, 시민들의 적극적인 정치참여를 포함한 다양한 분야에서 개선 방안을 모색하는 데 중요한 토대가 되었다.

그의 사상은 20세기 후반 이후 현대 철학, 사회학, 정치학, 커뮤니케이션학 등 인문, 사회과학의 여러 학문 분야에 걸쳐 지대한 영향을 미쳤다. 그의 주된 공헌은 이성 개념을 재정립하고, 모든 구성원이 대화를 통해 만들어가는 합리적인 사회 건설의 가능성을 탐구한 데 있다. 현대 사회가 직면한 합리성의 위기, 민주주의의 약화, 그리고 복잡한 윤리적 혼란 등 다양한 문제들을 예리하게 분석했다. 또한, 이러한 문제들을 극복하기 위해 대화와 토론을 통한 이성적이고 소통적인 대안을 끊임없이 모색하는 데 지대한 영향을 미치고 있다. 그의 사상은 오늘날에도 우리 사회의 민주적 소통과 정당한 합의 형성을 위한 중요한 이론적 기반을 제공한다.

● 철학 사상 연계 탐구 주제

소통적 합리성	▶ 특정 사회 갈등 사례와 하버마스 이론의 적용 방안 분석 ▶ 하버마스의 소통적 합리성과 학생 자치활동의 활성화 방안 탐구 ▶ 하버마스의 소통적 합리성으로 올바른 의사 결정 능력 함양 방안 탐구
소통 행위 이론	▶ 한국 정치 담론에서의 '소통적 합리성' 가능성 탐색 ▶ 학교에서의 '합리적 의사소통 공동체' 구축 방안 탐구 ▶ 현대 한국 사회에서 비합리적 시스템이 일상에 미치는 영향 탐구
공론장 이론	▶ 학교 공론장 활성화 방안 탐구 ▶ 한국 사회의 주요 갈등과 공론장의 역할 탐구 ▶ 온라인 플랫폼이 건전한 공론 형성에 미치는 영향 탐구
담론 윤리	▶ 학교 내 의사결정 과정에서 하버마스 담론 이론의 적용 분석 ▶ **담론 윤리와 한국 사회 특정 갈등 사례 분석을 통한 적용 가능성 탐구** ▶ 하버마스의 담론 윤리에 기반한 현대 사회의 도덕적 갈등 해결 방안 탐색

● 탐구 설계 예시

주제	**담론 윤리와 한국 사회 특정 갈등 사례 분석을 통한 적용 가능성 탐구**
탐구 목표	담론 윤리의 원칙에 기반하여 한국 사회의 갈등을 합리적으로 해결하기 위한 실질적인 방안을 모색하고 제시한다. 이를 통해 합리적이고 비판적인 사고 능력을 함양한다.
선정 이유	현재 한국 사회는 젠더, 세대, 이념, 정책 등 다양한 분야에서 갈등이 심화되고 있다. 이러한 갈등을 단순한 감정적 대립이 아닌 합리적인 해결의 대상으로 인식하고 접근하는 것이 중요하다. 하버마스의 담론 윤리는 사회 문제를 깊이 있게 분석하고, 합리적인 대화를 통해 해결책을 찾아가는 비판적 사고 과정과 직결된다. 학생들이 이러한 과정을 직접 체험하며 문제 해결 능력을 기를 수 있다.
서론	현재 한국 사회는 여러 복잡한 갈등을 겪고 있으며, 이는 사회 통합을 저해하고 발전을 지연시키는 요인이 된다. 이러한 갈등은 종종 비합리적인 주장과 감정적 대립으로 흐르며 해결의 실마리를 찾기 어렵다. 이러한 상황에서 위르겐 하버마스의 '담론 윤리'는 사회적 합의와 문제 해결을 위한 중요한 이론적 토대를 제공한다. 본 탐구는 담론 윤리를 이해하고, 현대의 특정 갈등 사례에 이를 적용하여 분석하고자 한다.
본론	▶ 시대적 배경 조사: 위르겐 하버마스의 생애와 사상 개괄 ▶ 핵심 개념 정리: 소통적 합리성, 담론 윤리, 이상적인 담화 상황의 개념 분석 ▶ 한국 사회 특정 갈등 사례 선정 및 분석: 갈등의 배경 및 원인, 쟁점 분석 ▶ 담론 윤리 관점에서의 갈등 재평가: 담론 윤리 원칙 적용, 비판적 분석 ▶ 해결 방안 모색: 갈등 해결을 위한 제도적 장치나 문화적 변화 제시
결론	담론 윤리는 합리적 대화를 통해 사회적 갈등을 해결할 수 있는 이론적 틀을 제공하지만, 이상적인 담화 상황을 조성하기 어렵다는 한계를 가진다. 그럼에도 담론 윤리가 지향하는 상호 존중과 합리적 소통의 원칙은 노력해야 할 가치임을 확인한다.
심화 탐구 주제	▶ 미디어 환경 변화와 담론 윤리의 과제 탐구 ▶ 하버마스 담론 윤리와 롤스 정의론 비교 분석 ▶ 담론 윤리와 한국 전통 '소통' 방식의 비교 연구
토론 주제	▶ 하버마스의 '이상적인 담화 상황'은 현실에서 과연 가능한가? ▶ 사회적 갈등 해결 과정에서 감정적인 요소는 완전히 배제되어야 하는가? ▶ 특정 갈등 상황에서 '합의'가 불가능할 때, 우리는 어떤 결정을 내려야 하는가?
교내 후속 활동	▶ 한국지리: 지역 사회의 실제 갈등 사례의 신문 기사를 활용한 NIE 활동으로 연계 ▶ 자율·자치활동: 교내 '갈등 해결을 위한 열린 토론의 장' 개최 ▶ 동아리활동: '모의 협상 및 갈등 조정' 역할극 진행

● 현대 사회와 윤리

성취기준	[12현윤06-01] 다양한 사회적 갈등의 양상을 제시하고 동·서양의 윤리 이론을 바탕으로 사회통합을 위한 방안을 제안할 수 있으며, 바람직한 소통과 담론을 실천할 수 있다.
주요내용	하버마스의 담론 윤리와 소통적 합리성 개념에 초점을 맞춰, 도덕적 문제나 윤리적 딜레마를 합리적인 대화를 통해 해결하는 방안을 탐구한다. '이상적인 담화 상황'의 조건들을 학습하고, 이러한 조건들이 현실의 윤리적 갈등 해결에 어떻게 적용될 수 있는지 구체적으로 생각해 보는 활동을 한다. 도덕적 행위의 정당성을 보편적인 합의 과정에서 찾는 그의 철학을 이해하는 데 중점을 둔다.
교과연계 탐구주제	▶ 생명 윤리 쟁점에 대한 담론 윤리적 해결 방안 탐구 ▶ 다문화 사회에서의 보편 윤리 확립과 담론 윤리의 역할 탐구 ▶ 기술 발전과 윤리적 문제에 대한 사회적 합의 형성 과정 분석

● 사회와 문화

성취기준	[12사문04-02] 현대 사회에서 나타나는 다양한 사회 불평등 양상을 분석하고, 차별받는 사람들의 입장에 대한 공감을 바탕으로 다양한 불평등 현상에 대한 해결 방안을 모색한다.
주요내용	사회와 문화 시간에는 하버마스의 공론장 이론과 생활세계의 식민화 개념에 중점을 두어 현대 사회의 다양한 사회 현상과 문제(갈등, 사회 불평등, 미디어 영향 등)를 하버마스 이론의 관점에서 분석하고 비판적으로 성찰하는 활동을 진행한다. 특히 대중 매체나 인터넷 공간에서의 소통 방식과 그 사회적 영향력을 탐구하는 데 초점을 맞추어 분석할 수 있다.
교과연계 탐구주제	▶ 사회 갈등 조정을 위한 담론적 과정의 중요성 연구 ▶ 생활세계의 식민화 관점에서 본 한국 사회의 특정 문제 탐구 ▶ 디지털 미디어 환경에서 공론장의 변화와 민주주의에 미치는 영향 분석

3. 독서 연계 탐구활동

● 추천 도서 목록

추천 도서 목록

▶ 의사소통행위이론1, 2(위르겐 하버마스(장춘익 역), 나남, 2006)　　▶ 탈형이상학적 사고 2(위르겐 하버마스(홍윤기, 남성일 역), 나남, 2025)

▶ 공론장의 새로운 구조변동(위르겐 하버마스(한승완 역), 세창출판사, 2024)　　▶ 담론적 법이론과 민주적 법치국가 이론(위르겐 하버마스(한성진 역), 나남, 2007)

▶ 탈형이상학적 사고 1(위르겐 하버마스(홍윤기, 남성일 역), 나남, 2025)　　▶ 진리와 정당화(위르겐 하버마스(윤형식 역), 나남, 2008)

● 독서 연계 탐구 활동

독서 연계 탐구 활동

도서명	탈형이상학적 사고 1(위르겐 하버마스(홍윤기, 남성일 역), 나남, 2025)
	이 책은 급격한 변화 아래 놓인 현대의 생활세계, 즉 지금 우리가 생활하는 구체적 현실 세계에서 철학이 어떻게 작동할 수 있을지를 물어본다. 종교 갈등, 다문화주의, 사회적 규범 상실의 위기라는 오늘날의 전 지구적 상황을 헤쳐 나갈 시의성 있는 통찰을 제공해 주고 있다. 이 책은 하버마스 철학의 완결판으로서 그의 사유 여정 전체를 보여주며, 철학은 여전히 독자적 의미와 소임을 지닌다고 선언한다.
핵심 키워드	탈형이상학, 의사소통 행위, 담론 윤리, 공공성, 이성
탐구 주제	▶ **SNS가 민주적 공론장이 될 수 있는지에 대한 탐구** ▶ 현재 사회적 규범 상실의 위기 속에 철학의 역할 탐구 ▶ 하버마스의 의사소통 행위 이론과 학교 갈등 해결 적용 탐구 ▶ 초월적 특권을 상실해 버린 철학의 본질과 기능 회복 방안 탐구 ▶ SNS 시대에 위르겐 하버마스가 주장하는 '공론장' 적용 여부 분석
토론 쟁점	▶ 권위없는 사회는 가능한가? ▶ 신리는 토론을 통해 만늘어실 수 있는가? ▶ 대화만으로 모든 갈등을 해결할 수 있는가?
후속 활동	▶ 정치: SNS의 댓글과 커뮤니티 분석하여 평가하는 활동 ▶ 윤리와 사상: 사회적 규범 상실의 위기 속에 철학의 역할 발표하는 활동 ▶ 자율·자치활동: 학급에서 '공정한 담론 규칙을 적용해 토론 진행

● 독서 연계 탐구활동 예시

탐구 주제		**SNS가 민주적 공론장이 될 수 있는지에 대한 탐구**
탐구 자료		▶ 한국언론신응재난 보고서: SNS 여본 형성, 가짜 뉴스 등 분석 자료 확인 ▶ 국내 인론 뉴스·칼럼. SNS 험오 표현', '댓글조직 사건', 'SNS·민주주의' 등의 자료 ▶ <정치> 교과서: 미디어와 시민 참여 개념 학습 자료
탐구 개요	**서론**	오늘날 많은 청소년과 시민은 SNS(인스타 그램, 유튜브, 트위터 등)를 통해 사회 문제를 접히고 의견을 니늚. 누군가는 SNS가 '새로운 민주직 공간'이라고 밀힘. 그러나 또 다른 사람들은 가짜 뉴스, 험오 표현, 조회수 경쟁 등으로 오히려 민주주의를 헤친다고 비판함. 따라서 본 탐구에서는 SNS가 하버마스의 기준을 충족하는 민주적 공론장이 될 수 있는지를 살펴보고자 함.
	본론	▶ 위르겐 하버마스 공론장의 조건 정리 ▶ 미디어와 시민 참여의 기본적 개념 정리 ▶ SNS의 긍정적인 측면과 그 영향 분석 ▶ SNS의 부정적인 측면과 그 영향 분석 ▶ SNS가 공론장 기준을 충족하는지에 대한 종합 분석

탐구 개요	결론	SNS는 누구나 참여할 수 있고 의견을 표현할 수 있어 현대 사회의 중요한 정치·사회적 토론 공간이 되고 있음. 하지만 하버마스가 강조한 '합리적 대화·평등한 토론·공익 중심의 담론'이라는 기준을 충족하기에는 여러 구조적·기술적 문제점이 존재하여 '개선이 필요한 공론장'이라고 할 수 있음.
후속 활동		▶ 정치: '미디어의 긍정적, 부정적 측면이 정치에 미치는 영향' 사례 토의 활동 ▶ 법과 사회: SNS 발달에 따른 법 개선 방안 탐구활동 ▶ 자율·자치활동: 학생회 중심으로 SNS 댓글 분석 프로젝트 시행 ▶ 진로활동: 미디어 리터러시 지침을 만들어 학교 내 공유 활동

4. NIE 연계 활동

● 신문 읽기 & 연결 사유 찾기

철학자 하버마스의 조언 "韓 반목과 대립 넘어야"(조선일보, 2022.10.08.)

이 기사는 '하버마스와의 대화'라는 책을 통해 한국은 전후에 경제성장과 규범적 발전이 같이 이뤄진 유일한 나라로 민주주의 가치를 어느 것과도 거래할 수 없다는 규범의식이 널리 정착됐을 것으로 본다는 하버마스의 이야기를 전달한다. 이어 "한국은 반목과 대립의 심층 심리를 넘는 새로운 사유의 실험이 필요하며, 잠재력을 키우기 위해 자유의 영혼에 생기를 넣어 시민 의식을 풍요롭게 발전시켜야 한다."고 강조한다.

현대 사회 '체계와 생활세계'로 양분...계몽의 옹호자 자처(경향신문, 2016.08.23.)

이 기사는 현대 사회에서 체계가 지나치게 발달하면서 생활세계가 식민화되고 이로 인해 문화 참여, 민주적 의사소통이 위축되는 병리를 진단하고 있다. 대안으로 하버마스가 주장한 제도적 변화가 아니라 시민의 참여와 의사소통을 기반으로 한 '신사회 운동'을 제안하고 있다. 하머마스에게 계몽주의는 비판과 토론을 통해 지속적으로 재검토하고 완성해 나가야 할 '미완의 기획'이었는데 이는 오늘날에도 유효하다.

<허연의 책과 지성> 위르겐 하버마스(매일경제, 2019.11.08.)

이 기사는 좋은 결론은 논리적 주장이 아니라 공감과 이해를 바탕으로 한 대화에서 나온다는 것을 강조하며, 하버마스는 권력과 지배가 아닌 수평적이고 이성적인 소통의 중요성을 강조했다고 설명한다. 하버마스에게 '의사소통의 합리성'은 단순한 이론이 아니라, 인간관계와 사회 전체에서 존중, 신뢰, 공감, 이 기반이 된 소통을 통해 더 나은 공동체를 만들 수 있다는 희망의 산물이었다고 강조한다.

● 시사 이슈

▶ 디지털 공론장의 위기는 민주주의의 건강성을 어떻게 해치고 있는가?

▶ 인간관계와 사회 전체에서 의사소통의 합리성은 어떤 기능을 하는가?

▶ AI와 데이터 기반 사회에서의 '생활세계의 식민화'는 어떻게 심화되고 있는가?

● 관점의 분석과 비교

<허연의 책과 지성> 위르겐 하버마스(매일경제, 2019.11.08.)
- 정치나 사회적 갈등을 해결하는 데 의사 소통 이론이 현실적으로 가능한 방법인가? -

찬성

현대 사회에서는 이상적인 소통의 조건을 향해 노력하는 것만이 진정한 합의와 문제 해결로 나아갈 수 있는 유일한 길이라고 할 수 있다. 비록 어렵더라도 상호 존중과 신뢰를 바탕으로 한 대화만이 장기적인 사회 갈등을 해결할 수 있다.

반대

실제 논쟁에서 참여자들이 가진 권력의 불균형, 숨겨진 의도, 감정적인 대립 등이 끊임없이 개입하여 순수한 의미의 합리적인 대화를 방해한다. 현실적 한계를 무시한 채 이상적인 대화만을 강조하는 것은 갈등 해결에 도움이 되지 않는다.

현대 사회 '체계와 생활세계'로 양분...계몽의 옹호자 자처(경향신문, 2016.08.23.)
- 하버마스의 사상은 현대의 사회문제 해결에 유용한가? 유용하지 않는가? -

≫ 사회문제 해결에 유용

히비미스기 대안으로 제시한 환경, 여성, 평화 운동 같은 '신사회운동'은 현실 사회에서 불평등과 억압에 맞서는 중요한 실천적 모델이 되었다. 그의 사상은 비판적 사고와 합리적 대화를 통해 사회 문제를 해결할 수 있는 가능성을 보여준다.

≫ 사회문제 해결에 한계 존재

복잡한 현대 사회에서 사회문제를 해결하기에는 그이 해법이 다소 이상적일 수 있다. 그의 사상이 전제하는 '상호 이해를 위한 합리적인 의사소통'은 현실의 권력관계나 이해 충돌이 심한 사회에서는 실현되기 어렵다.

● 사고의 확장

- ▶ 건전한 공론장을 통해 합리적인 여론을 어떻게 형성할 수 있는가?
- ▶ 정부나 사회 시스템이 합리적인 의사소통을 거부할 때 어떻게 해야 하는가?
- ▶ AI 알고리즘의 등장은 생활세계의 자율성과 인간적인 소통을 어떻게 심해아는가?
- ▶ MZ세대의 노동 태도와 삶의 방식이 현대 자본수의 체계에 어떤 영향을 비치고 있는가?
- ▶ 하버마스의 관점에서 기후 위기 대응을 위한 전 지구적 합의는 어떻게 이루어져야 할까?

5. 세특 예시

정치나 사회적 갈등을 해결하는 데 의사 소통 이론이 현실적으로 가능한 방법인가?를 주제로 한 찬반 토론에서 '탈형이상학적 사고'라는 책을 읽고 '비록 어렵더라도 상호 존중과 신뢰를 바탕으로 한 대화만이 장기적인 사회 갈등을 해결할 수 있다.'라는 논거로 찬성 입장을 논리적으로 제시함. 평상시 학문의 경계 없이 통합적으로 폭 넓은 사고를 하고 관련 내용을 연계, 심화, 확장하는 역량이 뛰어난 학생으로 의사소통 능력과 문제해결력 및 탁월한 탐구력을 보여줌.

22 윌리엄 셰익스피어
(William Shakespeare, 1564~1616)

1. 세상이라는 무대의 가장 위대한 연출가

● 시골 청년의 모험: "인생, 연극 한 번 해보겠네!"

1564년, 영국 스트랫퍼드어폰에이번의 작은 마을에서 한 소년이 태어났다. 장갑을 만드는 아버지 밑에서 자란 윌리엄 셰익스피어는 귀족도, 학자 집안 출신도 아니었다. 대학 교육을 받지 못한 그는 어린 시절부터 책과 이야기, 사람들의 말과 표정을 유심히 관찰하며 세상을 배웠다. 스무 살 무렵, 여덟 살 연상의 아내와 결혼해 세 아이의 아버지가 되었지만, 그의 가슴은 답답했다.

"이 시골에서 장갑만 만들다 끝낼 순 없지!"

셰익스피어는 가족을 뒤로하고, 모든 기회가 넘실대는 런던으로 향했다. 그의 손에는 낡은 연필 한 자루와 이야기꾼의 재능뿐! 그러나 그는 이미 세상이라는 무대에 배우로 서기로 결심한 후였다.

● '벼락출세한 까마귀'의 등장

당시 런던 연극계는 대학에서 수사학과 고전을 배운 '엘리트 작가'들이 장악하고 있었다. 이때, 셰익스피어가 갑자기 등장해 배우와 작가 일을 동시에 섭렵하자, 질투가 폭발하였다. 유명 작가 로버트 그린은 공개적으로 셰익스피어를 저격했다. "저 배우 짓이나 하던 벼락출세한 까마귀를 보게! 감히 우리 옷(희곡)을 훔쳐 입고 작가 행세를 하다니!" 셰익스피어는 그 비난에 일일이 대응하지 않았다. 대신 그는 밤새 펜을 놀려 <로미오와 줄리엣> 같은 히트작을 쏟아냈다. 까마귀는 날아올랐고, 독설을 퍼붓던 그린은 곧 잊혀졌다.

● 극장의 주인이 되다: "예술과 사업, 둘 다 잡겠네!"

셰익스피어는 단순한 작가나 배우가 아니었다. 그는 영리한 사업가였다. 1594년, 그는 '궁내부 장관 극단'의 공동 창립자가 되었고, 심지어 극단의 지분까지 소유했다. 예술가가 자신의 작품뿐 아니라 사업까지 책임지는 혁신이었다. 1599년, 그들이 템스 강변에 새로 지은 '글로브 극장'은 런던의 명물이 되었다. 셰익스피어는 무대 뒤편에서 흐뭇하게 미소 지었을 것이다.

"나는 배우, 작가, 그리고 극장 주인! 이 무대가 내 것이다!"

● 영혼의 해부: "죽느냐, 사느냐, 그것이 문제로다!"

인생의 정점에 선 셰익스피어는 인간의 마음을 해부하는 가장 어두운 걸작들을 쏟아낸다. 바로 <햄릿>, <맥베스> 같은 4대 비극이다. 주인공 햄릿 왕자는 복수해야 할 상황 앞에서 끊임없이 주저한다. "내가 이 고통의 바다에 대항해야 할까? 아니면 그냥 참고 살아야 할까?"

"죽느냐, 사느냐, 그것이 문제로다."

이 유명한 독백은 단순한 문장이 아니라, 선택 앞에 선 인간의 보편적인 고뇌를 압축한 질문이었다. 셰익스피어는 인간을 선하거나 악한 존재로 단순화하지 않았다. 그는 늘 갈등하고 흔들리는 존재로 그렸다.

● 조용한 은퇴와 영원한 유산

화려한 런던 생활을 뒤로하고, 셰익스피어는 1613년경 고향 스트랫퍼드로 돌아와 조용히 은퇴했다. 1616년, 그는 향년 52세로 세상을 떠났다. 만약 그의 친구들이 나서지 않았다면, 그의 많은 작품은 영원히 사라졌을 것이다. 그의 동료 배우이자 친구였던 존 헤밍스와 헨리 콘델은 뿔뿔이 흩어져 있던 희곡 36편을 모아 '제1 퍼스트 폴리오(First Folio)'를 출판했다. 그들은 이렇게 말했을 것이다.

"이 위대한 친구의 이야기를 세상이 잊게 해선 안 되지!" 이 책 덕분에 셰익스피어는 영원히 살아남게 되었다.

● 오늘날로 이어지는 메시지

겉으로 드러난 모습과 실제 마음이 쉽게 분리되는 시대이다. 사람들은 역할을 연기하며 살아가고, 진짜 감정은 숨기기 쉽다. 셰익스피어는 인간의 사랑과 욕망, 질투와 권력 욕구를 무대 위에 그대로 드러냈다. 그의 작품 속 인물들은 완벽하지 않으며, 선택의 순간마다 흔들리고 갈등한다. 이를 통해 그는 인간이 얼마나 복합적이고 입체적인 존재인지를 보여주었다.

오늘날 학생에게 셰익스피어의 작품은 말해준다.

인간을 이해하는 힘은 타인의 감정과 선택을 공감하려는 태도에서 비롯된다는 사실이다.

▶ 나는 타인의 감정을 얼마나 이해하려 노력하고 있는가?

▶ 문학은 인간을 어떻게 더 깊이 보게 만드는가?

이는 문학·심리·인성 중심 세특 활동으로 연결될 수 있다.

● 작품 속 핵심 사상

1) 인간 심리의 보편성 (The Universality of Human Psychology)

셰익스피어는 인간의 내면을 해부한 심리학의 선구자였다. 그는 인간의 마음을 '선악'으로 단순화하지 않고, 질투, 야망, 우유부단, 광기 등 복잡하고 모순적인 감정들을 무대에 올려놓았다. <햄릿>의 끝없는 번뇌, <오셀로>의 파괴적인 질투, <맥베스>의 멈출 수 없는 욕망은 오늘날 우리의 내면에도 존재하는 어둠과 그림자이다. 이러한 통찰은 이후 문학과 드라마에서 '심리적 사실주의'를 확립하는 기초가 되었으며, 오늘날 우리가 타인의 고통에 공감하는 '공감 능력'의 훈련장이 되고 있다.

2) '인생은 연극이다'와 실존의 문제 (Appearance vs. Reality)

셰익스피어는 세상과 삶을 '무대(The Stage)'로 비유하며, 외양(Appearance)과 실재(Reality)의 괴리에 대해 끊임없이 질문했다. 복수심에 미친 척하는 햄릿처럼, 등장인물들은 가면을 쓰고 자신의 본심을 감추거나, 때로는 이아고처럼 간악한 의도를 감추기 위해 선량한 척 연기를 한다. 이는 현대 사회에서 우리가 마주하는 '페르소나(Persona)'의 문제와 연결된다. 셰익스피어는 우리에게 "내가 지금 쓰고 있는 가면은 무엇인가? 내 삶의 진정한 대본은 무엇인가?"라는 실존적 질문을 던진다.

3) 운명과 선택의 딜레마 (The Conflict of Fate and Free Will)

셰익스피어의 비극에서 인물들은 종종 잔혹한 '운명(Fate)'에 맞서 싸우는 것처럼 보인다. 하지만 단순히 운명만을 탓하지 않는다. <줄리어스 시저>에서 루투스는 다음과 같이 말한다. "문제는 우리의 운명이 아니라, 우리 자신에게 있다." 셰익스피어는 주인공들이 야망에 눈이 멀거나(맥베스), 잘못된 판단을 내리거나(리어왕), 우유부단함에 빠지는(햄릿) 등 '선택'에 의해 스스로 파멸을 자초하는 과정을 보여줍니다. 이 딜레마는 인간의 자유의지와 책임감에 대한 성찰을 요구한다.

4) 언어의 힘과 이성의 몰락 (The Power of Language and Rhetoric)

셰익스피어는 언어의 힘이 곧 권력이자 창조의 도구임을 보여준다. 인물들은 독백을 통해 가장 깊은 내면의 진실을 드러내면서, 수사학을 통해 대중을 선동하고 타인을 속이기도 한다. 그러나 언어가 진실을 잃고 폭력적으로 변할 때, 세상은 혼란에 빠진다. 이는 '말과 행동의 일치'가 무너질 때 사회가 겪는 재앙을 경고한다. 가짜뉴스(Fake News)와 혐오 발언이 난무하는 오늘의 디지털 시대에, 셰익스피어의 언어관은 책임감 있는 말과 '비판적 사고'의 중요성을 강조하는 메시지이다.

윌리엄 셰익스피어는 인간의 영원한 감정과 복잡한 내면을 가장 완벽하게 그려낸 작가로, 서양 문학과 극예술사에 혁명적인 성과를 남겼다. 그는 38편의 희곡과 154편의 소네트라는 방대한 작품 세계를 통해 인간 심리의 보편성을 심도 깊게 탐구하였다. 특히 4대 비극인 햄릿, 오셀로, 리어왕, 맥베스는 인간 본성의 근원적인 모순과 윤리적 딜레마를 심오하게 다루며, 후대 심리학적 사실주의의 확립에 결정적인 초석을 놓았다. 그의 무대는 단순한 오락을 넘어 인간 존재의 가장 깊은 진실을 마주하게 하는 예술적 성찰의 장인 것이다.

셰익스피어의 영향은 문학적 깊이를 넘어 영어 자체의 발전에도 지대한 영향을 끼쳤다. 그는 약 1,700개 이상의 단어와 수많은 관용구를 창조하여 오늘날 우리가 사용하는 영어의 어휘를 풍부하게 하였다. 또한 그의 작품 속에서 탄생한 햄릿, 오셀로와 같은 독창적인 캐릭터들은 이후 수많은 문학, 영화, 오페라의 영감과 원형이 되었다. 그가 제시한 '인생은 연극'이라는 유명한 비유는 인간의 실존적 상황과 허무함을 논하는 대표적 메시지로 남아있다. 그의 작품은 시대를 초월하여 인간의 공감 능력과 도덕적 성찰을 이끌어내는 교육장으로, 인류 문화사에 영원한 고전으로 인정받고 있다.

● 핵심 사상 연계 탐구 주제

인간 심리의 보편성	▶ 질투와 야망(오셀로, 맥베스)이 SNS 문화에 미치는 영향 탐색 ▶ AI 시대, 셰익스피어 비극을 통한 인간의 공감 능력 훈련 방안 탐구 ▶ 4대 비극 속 인물의 딜레마를 통해 본 현대인의 심리적 불안정성 분석
'인생은 연극이다'와 실존의 문제	▶ 리어왕의 '아첨에 대한 착각'이 현대 정치 사회에 주는 경고 탐구 ▶ **SNS 속 페르소나와 셰익스피어 작품 속 가면의 철학적 유사성 고찰** ▶ '미친 척 하는 햄릿'을 통한 갈등 상황에서 취하는 현대인의 방어 기제 분석
운명과 선택의 딜레마	▶ '로미오와 줄리엣'의 운명론이 청소년의 진로 선택에 미치는 영향 연구 ▶ 셰익스피어 비극을 통해 운명론과 자유의지 대립 속 개인의 책임 의식 고찰 ▶ AI의 예측이 인간 '선택의 자유'를 제약하는 미래 사회의 윤리적 딜레마 분석
언어의 힘과 이성의 몰락	▶ 셰익스피어가 창조한 어휘와 관용구가 오늘날 영어에 미치는 영향 연구 ▶ '가짜뉴스'와 '리어왕의 어리석은 말'이 사회 혼란을 야기하는 과정 비교 ▶ 안토니우스의 연설로 본 현대 정치 연설 및 혐오 발언의 선동적 수사학 탐구

● 탐구 설계 예시

주제	SNS 속 페르소나와 셰익스피어 작품 속 가면의 철학적 유사성 고찰
탐구 목표	현대 사회의 청소년들이 가장 밀접하게 경험하는 SNS상의 자기표현(페르소나) 현상을 고전 문학의 대표적 주제인 '외양과 실재의 괴리(가면)'와 연계하여 탐구한다.
선정 이유	현대 사회에서 개인은 SNS를 통해 이상화된 자아(페르소나)를 구축하며 외양과 실재의 괴리를 경험한다. 셰익스피어의 희곡 속 인물들 역시 복수나 생존을 위해 가면을 쓴 채 내적 갈등을 겪었다. 따라서 두 시대에 걸친 '가면 쓰기'의 기능과 철학적 의미를 고찰하는 것은 디지털 시대의 정체성과 진정성 문제를 이해하는 데 중요한 성찰의 기회가 될 것이다.
서론	셰익스피어는 "온 세상은 하나의 무대이며, 모든 인간은 단지 배우일 뿐이다"라고 하며 인간의 삶을 '역할 연기'로 정의했다. 희곡 속 인물들은 본심을 숨기고 가면을 쓴 채 행동하며, 외양과 실재사이의 괴리로 고뇌한다. 현대 청소년들의 SNS 페르소나는 이런 셰익스피어의 '가면' 놀라과 철학적 유사성을 지닌다. 본 탐구는 셰익스피어 작품 속 가면의 기능과 오늘날 디지털 시대의 진정성 문제를 고찰하고자 한다.
본론	▶ 가면의 철학적 뿌리 조사: 서양 연극사 및 융 심리학의 페르소나 개념 정리 ▶ 가면의 유형 분석: <햄릿>의 광인 연기, <오셀로> 이아고의 악의적 가면 비교 ▶ SNS 페르소나의 구축 과정 정리: 이상화, 타인의 인정 추구 등 심리 분석 ▶ 외양과 실재의 괴리 고찰: 가면과 페르소나가 개인의 심리에 미치는 영향 정리 ▶ 진정성 탐색: 가면을 벗는 용기 및 온라인과 현실 자아의 건강한 균형 찾기
결론	가면이 복수나 생존의 도구였듯이, 페르소나는 인정과 소통의 수단이 될 수 있다. 진정한 자아와 외양 사이의 간극이 커질 때 비극이 발생한다. 탐구를 통해 가면 뒤의 '진정성'이 400년 전이나 지금이나 가장 중요한 실존적 과제임을 깨닫게 되었다.
심화 탐구 주제	▶ SNS 과몰입이 '진정한 나'를 인식하는 능력에 미치는 심리학적 영향 연구 ▶ 셰익스피어 작품의 독백 분식을 동한 '가면 쓴 자아'의 내적 갈등 구소 고찰 ▶ 에르빙 고프만 '자아 연출론'과 셰익스피어 '세상은 무대' 명제의 연관성 분석
토론 주세	▶ SNS 페르소나는 자기기만인가, 자기계발을 위한 전략적 역할 연기인가? ▶ 타인의 시선에서 자유로운 삶을 위해 우리가 포기해야 하는 것은 무엇인가? ▶ 온라인상의 진정성(Authenticity)은 어느 기준까지 가능하다고 할 수 있을까?
교내 후속 활동	▶ 공통국어: 셰익스피어 독백 형식으로 '나의 페르소나' 시 창작 및 낭독 활동 ▶ 윤리와 사상: SNS 시대 진정성의 윤리적 가치와 위선에 대한 토론활동 ▶ 자율·자치활동: '디지털 진정성 회복'을 주제로 포스터 제작 및 캠페인 활동 ▶ 동아리활동: 작품 속 인물 역할 연기 실습 및 역할과 본질의 차이 토론활동

2. 교과 연계 탐구활동(문학, 윤리와 사상)

● 문학

성취기준	[12문학01-09] 다양한 매체로 구현된 작품의 창의적 표현 방법과 심미적 가치를 문학적 관점에서 수용하고 소통한다.
주요내용	셰익스피어의 희곡은 독백과 수사학적 언어를 통해 인물의 복잡한 내면과 외양-실재의 괴리를 극적으로 보여준다. 학생들은 <햄릿>의 광인 연기나 <줄리어스 시저>의 선동적 연설을 다양한 매체(영화, 연극 영상)로 접하며 창의적 표현 방법을 분석하게 된다. 이를 통해 언어의 설득력과 이면의 위험성을 이해하고, 문학 작품에 담긴 인간 심리에 대한 심미적 가치를 깊이 있게 수용하며 비판적 통찰력을 기른다.
교과연계 탐구주제	▶ 영화 및 드라마로 재해석된 셰익스피어 비극의 창의적 표현 방식 분석 ▶ <햄릿>과 <리어왕>의 광기 묘사가 현대 대중문화 콘텐츠에 미친 영향 연구 ▶ 희곡의 독백(솔릴로퀴)이 무대 연출과 영상 매체에서 구현되는 심미적 가치 탐구

● 윤리와 사상

성취기준	[12윤사03-01] 서양 윤리사상의 출발점에서 나타난 보편윤리, 영혼의 조화, 성품의 탁월성의 특징을 파악하고, 덕과 행복의 관계에 대하여 성찰할 수 있다.
주요내용	셰익스피어 비극 속 주인공들의 파멸 과정을 통해 덕(德)과 행복(幸福)의 관계를 성찰한다. <맥베스>의 과도한 야망처럼 중용을 벗어난 성품의 악덕이 영혼의 조화를 깨뜨리고 결국 비극적 불행에 이르게 함을 분석한다. 이를 통해 학생들은 성품의 탁월성을 갖춘 덕 있는 삶이 진정한 행복의 필수 조건임을 깨닫고, 아리스토텔레스 윤리의 현대적 의미를 파악한다.
교과연계 탐구주제	▶ 맥베스의 야망이 개인과 사회의 영혼의 조화를 깨뜨린 양상 분석 ▶ 리어왕을 통해 본 실천적 지혜(프로네시스)와 비극적 결말의 관계 탐구 ▶ 셰익스피어 비극을 활용하여 아리스토텔레스가 말한 덕과 행복의 관계 성찰

3. 독서 연계 탐구활동

● 추천 도서 목록

추천 도서 목록	
▶ 멕베스(윌리엄 셰익스피어(최종철 역), 민음사 2004)	▶ 로미오와 줄리엣(윌리엄 셰익스피어(한우리 역), 더스토리, 2025)
▶ 햄릿(윌리엄 셰익스피어(한우리 역), 더스토리, 2025)	▶ 셰익스피어 소네트(윌리엄 셰익스피어(피천득 역), 민음사, 2018)
▶ 오셀로(윌리엄 셰익스피어(김민애 역), 더스토리, 2025)	▶ 셰익스피어 4대 비극 5대 희극(셰익스피어(박수남 역), 북앤북, 2025)

● 독서 연계 탐구 활동

<table>
<tr><td colspan="2" align="center">독서 연계 탐구 활동</td></tr>
<tr><td>도서명</td><td>햄릿(윌리엄 셰익스피어(한우리 역), 더스토리, 2025)</td></tr>
<tr><td></td><td>이 책은 덴마크의 왕자 햄릿이 아버지의 유령으로부터 숙부 클로디어스에 의한 독살 사실을 듣고 복수를 결심하는 과정을 그린다. 햄릿은 '죽느냐 사느냐'로 대표되는 우유부단한 고뇌와 사색에 빠져 행동을 망설이고, 광기를 연기하며 외양과 실재의 괴리를 심화시킨다. 결국 왕궁의 부패와 복수의 연쇄 속에서 모든 주인공들이 파멸하는 비극적 결말을 통해 인간 실존과 정의의 문제를 심도 있게 다룬다.</td></tr>
<tr><td>핵심 키워드</td><td>복수, 우유부단, 실존적 고뇌, 가면/연극, 부패</td></tr>
<tr><td>탐구 주제</td><td>▶ '죽느냐 사느냐' 독백을 통한 인간 실존의 본질 탐구
▶ **햄릿의 우유부단함에 대한 현대 심리학적 분석**
▶ 복수와 정의 실현 사이의 윤리적 딜레마 연구
▶ 햄릿의 광인 연기와 SNS 페르소나의 철학적 유사성 고찰
▶ 엘시노어 왕궁의 부패가 개인의 삶에 미치는 사회학적 영향 분석</td></tr>
<tr><td>토론 쟁점</td><td>▶ 햄릿의 복수는 왕권의 정의를 회복하는 정당한 수단이 될 수 있는가?
▶ 햄릿의 우유부단함은 성격 탓인가, 아니면 당시 시대 상황의 한계 때문인가?
▶ 선택의 순간, 인간은 이성과 감정 중 어디에 중점을 두고 행동해야 하는가?</td></tr>
<tr><td>후속 활동</td><td>▶ 공통국어: 햄릿의 독백과 현대 소설 속 인물의 내면 갈등 비교 발표 활동
▶ 윤리와 사상: '죽느냐 사느냐' 독백을 실존주의적 관점에서 해석하는 활동
▶ 진로활동: 햄릿의 '연극' 모티프를 활용하여 미디어관련 진로 탐색 활동</td></tr>
</table>

● 독서 연계 탐구활동 예시

<table>
<tr><td>탐구 주제</td><td colspan="2" align="center">햄릿의 우유부단함에 대한 현대 심리학적 분석</td></tr>
<tr><td>탐구 자료</td><td colspan="2">▶ 지그문트 프로이트 관련 문헌: 햄릿을 분석한 정신분석학적 자료
▶ 실존주의 철학 문헌: 키르케고르 또는 사르트르 등 실존적 불안을 다룬 철학 자료
▶ 현대 심리학 관련 자료: 분석 마비(Analysis Paralysis) 또는 결정 회피 관련 논문</td></tr>
<tr><td rowspan="2">탐구 개요</td><td>서론</td><td>햄릿이 "죽느냐 사느냐" 독백으로 상징되는 우유부단함을 보여주며, 깊은 사유에도 행동을 지연시키는 행동 상애를 나타냄. 이를 난순안 성격 실함이 아닌, 프로이트 정신분식학 및 현대 심리학의 분석 마비 관점에서 분석하여, 그의 비극적 결말에 미친 심리적 원인을 규명하는 데 목적이 있음.</td></tr>
<tr><td>본론</td><td>▶ 햄릿의 우유부단함과 오이디푸스 콤플렉스의 연관성 해석함
▶ 과도한 숙고가 햄릿의 행동 지연에 미친 영향을 규명함
▶ 복수의 자유와 책임이 야기한 햄릿의 결정 회피 심리를 분석함
▶ 햄릿의 행동 장애가 주변 인물에게 미친 2차적 심리적 피해를 연구함
▶ 현대인 결정 장애와 햄릿의 딜레마가 갖는 심리학적 유사성을 도출함</td></tr>
</table>

탐구 개요	결론	햄릿의 우유부단함은 단순한 성격 문제가 아니라, 중대한 윤리적 선택 앞에서 인간이 겪는 실존적 불안과 분석 마비가 극대화된 현상임. 과도한 숙고가 행동을 마비시키고 파멸에 이르게 하는 딜레마는, 현대인들에게 행동의 용기와 적절한 시점의 중요성을 깨닫게 하는 심리적 교훈을 제공함.
후속 활동		▶ 윤리와 사상: 햄릿의 고뇌와과 사르트르 등 실존주의 철학자들의 사상 비교 분석 ▶ 인간과 심리: 현대인의 '결정 장애' 현상에 대한 심리적 대처 방안 모색 활동 ▶ 진로활동: 예술 치료사 또는 정신 건강 전문가의 역할 탐구 활동 ▶ 동아리활동: 햄릿을 가상 환자로 설정하여 '심리 상담 보고서' 작성 활동

4. NIE 연계 활동

사소한 결정도 어려운 사람... 알고 보면 '이 증후군'(헬스조선, 2020.04.27.)

이 기사는 사소한 결정조차 어려운 현상을 '햄릿 증후군'으로 규정한다. 결정에 따르는 기회비용을 과도하게 두려워하고, 자신의 선택은 완벽해야 한다는 강박적 인식에서 비롯된다고 분석한다. 특히 완벽주의적 성향이 강한 사람이 이 증후군에 취약하다는 점을 강조한다. 햄릿이이 완벽한 복수를 추구하며 행동을 지연했던 모습처럼 현대인도 선택에 대한 부담감이 커지면서 불안을 겪는다는 심리학적 통찰을 제시한다.

점심메뉴도 못 고르는 '결정장애' 원인 알고보니...이것이 문제?(서울신문, 2020.12.11.)

이 기사는 일상 속 결정 장애 현상에 대한 뇌신경학적 연구 결과를 소개한다. 우유부단함은 뇌의 특정 신경망 활성이 낮아지면서 나타나는 현상일 수 있으며, 전두엽 피질의 성상세포가 의사결정에 중요한 역할을 한다는 사실이 밝혀졌다. 햄릿의 깊은 숙고가 복수 실행을 위한 행동 시스템을 마비시키는 현상을 생물학적/신경과학적 관점에서 해석할 수 있는 근거를 제공하며, 결정 장애의 근본 원인을 파악한다.

숏폼 전성시대에...한국 무대 휩쓰는 셰익스피어의 힘(중앙일보, 2025.07.03.)

이 기사는 극단적인 자극과 빠른 소비로 대변되는 숏폼 전성시대 속에서도 셰익스피어의 고전이 한국 무대를 휩쓰는 이유를 분석한다. 그의 작품들이 담고 있는 보편적인 인간 본성과 인생의 깊은 통찰이 시대를 초월하기 때문이다. 또한, 원작의 힘이 조선 시대극, 현대극, 뮤지컬 등 다양한 장르와 형태로 자유롭게 재해석되는 것을 가능하게 한다. 그의 작품들은 끊임없이 확장되고 진화하며 한국 관객과 만나고 있다.

● 시사 이슈

▶ 선택 과부하 환경에서 AI의 결정 추천에 책임을 위임하는 것이 합리적인가?

▶ 실패 두려움으로 인한 청년 세대의 무기력을 사회적 안전망 부족 탓으로 볼 수 있는가?

▶ 디지털 시대에 셰익스피어 고전이 젊은 관객에게도 지속적인 감동과 교훈을 줄 수 있는가?

● 관점의 분석과 비교

사소한 결정도 어려운 사람... 알고 보면 '이 증후군'(헬스조선, 2020.04.27.)
- 실패가 두려워 결정을 미루는 완벽주의적 사고방식이 개인 정신 건강을 해치는가? -

찬성

완벽주의는 '실수=불쾌감'이라는 강박을 낳아 결정을 미루는 햄릿 증후군을 유발한다. 이로 인해 분석 마비 상태에 빠져 적절한 행동 시기를 놓치게 되며, 결국 불안과 자기 비난을 증폭시켜 개인의 정신 건강을 해치는 주범이 된다.

반대

결정을 신중하게 내리려는 완벽주의는 최상의 결과를 위한 책임감과 신중함의 표현이다. 중요한 선택에서 성공 가능성을 높이는 동기가 되며, 성급한 결정으로 인한 손해를 방지한다. 이는 성숙하고 윤리적인 태도로 해석해야 한다.

점심메뉴도 못 고르는 '결정장애' 원인 알고보니...이것이 문제?(서울신문, 2020.12.11.)
- 결정 장애의 원인을 개인의 심리 문제보다 뇌의 신경망 기능 저하로 해석해야 하는가? -

≫ 뇌의 신경망 기능 저하

결정 장애가 뇌 특정 신경망 활성 저하에서 비롯된다는 것은 햄릿의 우유부단함이 행동을 주관하는 뇌 시스템의 마비일 수 있음을 보여준다. 신경과학적 접근은 개인의 책임을 넘어선 객관적 진단과 치료법을 모색하는 데 중요하다.

≫ 개인의 심리 문제

결정 장애를 뇌 기능 저하만으로 설명하는 것은 환경적 요인과 심리적 압박을 간과하는 위험이 있다. 햄릿의 고뇌가 왕위 계승, 복수 등 실존적 딜레마에서 비롯되었듯이, 사회 환경과 심리 상담을 통해 문제를 해결해야 한다.

● 사고의 확장

▶ 과도한 숙고가 행동을 마비시킬 때, 미루는 행위도 윤리적 책임인가?

▶ 선택 과부하 환경에서 AI의 결정 추천에 책임을 위임하는 것이 합리적인가?

▶ 햄릿이 실존적 고뇌아 현대인이 사소한 결정 장애는 본질적으로 같은 것인가?

▶ 실패 두려움으로 인한 청년이 무기력을 사회저 안전만 부족 탓으로 볼 수 있는가?

▶ 오늘날과 같은 숏폼 전성 시대에 고전은 예술성 유지를 위해 대중성을 포기해야 하는가?

5. 세특 예시

셰익스피어 작품 속 주인공의 우유부단함에 대한 심리학적 분석 탐구를 수행함. 관련된 신문 기사를 바탕으로 '햄릿 증후군'을 분석하여 마비와 완벽주의적 불안의 관점에서 현대적으로 해석함. 실패를 두려워하여 결정을 미루는 사고가 개인의 정신 건강을 해치는가에 대해 토론을 진행하고, 실존주의 철학을 연계하여 행동의 자유와 책임 사이에서 고뇌하는 햄릿의 딜레마를 심층적으로 고찰함. 이를 통해 선택 과부하 시대에 필요한 용기 있는 행동과 주체적인 삶의 자세를 성찰하는 태도를 보임

23 윌리엄 헨리 베버리지
(William Henry Beveridge, 1879~1963)

1. 요람에서 무덤까지, 복지국가 설계자의 4대 정신

● 국민의 삶을 망치는 '5대 악마' 퇴치 작전! 베버리지의 복지 선언

베버리지 경은 사회보장 제도 확대를 구상하며, 국민의 삶을 짓누르는 다섯 가지 사회적 악(Five Giants)을 명확히 규정하고 이를 퇴치하는 것을 국가의 최우선 과제로 삼았다. 이 5대 악마는 결핍(빈곤), 질병, 무지, 불결(열악한 주거 환경), 나태(실업)이다. 그는 이러한 악마들이 인간의 존엄성을 해치고 사회 발전을 저해한다고 보았으며, 국가가 제도적으로 이들을 무너뜨려야 할 책임이 있음을 역설했다. 그의 사상은 정부가 개인의 불행을 방치해서는 안 된다는 강력한 사회 책임론을 담고 있다.

● 돈 없어도 걱정 마! 모두가 누려야 할 '최소 생계' 국가가 지킨다

베버리지 보고서의 핵심은 국민 최저선의 보장과 보편주의 원칙이다. 그는 소득 수준에 관계없이, 모든 국민이 인간다운 삶을 영위하는 데 필요한 최소한의 소득과 의료, 주거 등을 국가가 보장해야 한다고 주장했다. 이는 선별적 복지 대신, 사회 구성원이라면 누구나 혜택을 받는 보편적 사회보험 제도의 토대가 되었다. 다만, 그는 최저한도의 보장이었을 뿐 '완전한 평등'을 지향하지는 않았다는 점에서 현실적인 통찰력을 보여준다. 이는 복지를 빈민에 대한 시혜가 아닌 시민의 당연한 권리로 격상시켰으며, '요람에서 무덤까지'라는 슬로건 아래 현대 복지 국가의 청사진을 완성한 역사적 전환점으로서 인류의 위대한 유산이자 영원히 빛나는 이정표다.

"국가로부터의 자유란, 빈곤으로부터의 자유를 의미한다."

● 내가 낸 돈으로 우리 모두 돕는다! 베버리지의 '일하는 복지' 정신

베버리지의 계획은 단순히 공짜 복지를 제공하는 것이 아니었다. 그는 사회보험 방식을 채택하여 국민, 사용자, 국가가 함께 기여하고 그 대가로 혜택을 받는 자조와 상호성을 강조했다. 이는 개인의 책임과 사회 전체의 연대를 결합한 모델이었다. 또한, 보고서에서 제시된 사회보장 제도는 완전 고용을 전제로 했으며, 이는 국민이 근로를 통해 스스로 생계를 책임질 환경을 국가가 먼저 조성해야 함을 의미하는 노동 중심의 복지 정신이었다. 결국 그의 철학은 복지 수혜를 부끄러운 '시혜'가 아닌 기여에 따른 당당한 '권리'로 격상시켰다. 이에 따라 국민의 자존감을 지키고 근로 의욕을 고취하는 건강한 복지 생태계를 구축했으며, 사회 통합의 든든한 초석이 되었다.

● 복잡한 복지, 천재적으로 정리하다! 베버리지의 '미래 설계' 혁신 정신

베버리지는 기존에 산재해 있던 영국의 복지 제도를 효율적으로 통합하고 단순화할 것을 제안했다. 그의 보고서는 단순한 복지 확대에 그치지 않고, 장기적인 관점에서 국가 재건과 경제 성장을 뒷받침할 새로운 사회 시스템을 설계한 청사진과 같았다. 그는 사회보장 제도의 효율적인 운영을 위해 행정 체계의 통합을 역설하는 등 실현 가능하면서도 체계적인 정책적 접근을 시도한 이론가이자 실천가로서의 면모를 보여주었다. 보여주었다. 복잡한 복지를 천재적으로 정리한 현대 복지의 위대한 설계자다.

"나는 찾는 것이 아니라, (문제를 해결할 길을) 설계하는 것이다."

● 제도적 완결성: 복지-고용-보건을 유기적으로 묶다

베버리지의 설계는 단순히 개별 복지 제도의 합이 아니었다. 그는 복지(사회보험)가 성공하기 위해서는 고용(완전 고용)과 보건(보편적 의료)이라는 두 가지 전제 조건이 유기적으로 충족되어야 한다고 보았다. 복지 제도는 실업이 없을 때 가장 효율적이며, 국민이 건강해야 노동을 통해 자조를 실현할 수 있기 때문이다. 이처럼 그는 사회 문제를 개별적으로 보지 않고, 상호 의존적인 시스템으로 연결하여 해결하려 한 균형 잡힌 통합론자였다. 그가 제시한 이 새로운 관점은 복지와 경제가 별개로 돌아가는 것이 아니라, 서로를 튼튼하게 지탱하며 국가 발전을 견인하는 선순환의 핵심 파트너임을 간파한, 탁월한 시스템 설계이자 사회 발전의 원동력이다.

● 오늘날로 이어지는 메시지

개인의 노력만으로 모든 문제를 해결해야 한다는 인식이 강한 시대이다. 그러나 사회적 위험은 개인의 힘만으로 감당하기 어렵다. 베버리지는 질병, 실업, 빈곤과 같은 문제를 사회가 함께 책임져야 할 과제로 보았다. 그는 복지가 나약함이 아니라, 사회의 지속 가능성을 높이는 장치임을 강조했다.

오늘날 학생에게 그의 메시지는 분명하다. 사회는 경쟁만이 아니라, 연대 속에서 건강해진다는 것이다.

▶ 사회는 개인에게 무엇을 책임져야 할까?

▶ 복지는 비용인가, 투자일까?

이는 사회·정책·경제 융합형 세특 탐구 주제로 이어진다.

● 주요 철학 사상

1) 사회 개혁 정신(Social Reform Spirit)

베버리지의 사상은 이상적인 환상 대신 인간 삶의 근본적인 고통을 직시한 데서 출발했다. 그는 당시 영국 사회가 안고 있던 결핍(빈곤), 질병, 무지, 불결, 나태 라는 '5대 악마'를 명확히 규정하고, 이를 제거하는 것을 국가의 최우선 책무로 제시했다. 이는 위선적인 사회적 미화를 거부하고, 인간의 존엄성이 위협받는 현실을 정면으로 마주하여 그 진실을 해결해야 한다는 사회 책임론적 진실성을 보여주는 개혁 정신이다. 현실을 바꾸는 힘을 보여준다.

2) 보편주의 철학(Philosophy of Universalism)

베버리지 보고서의 핵심은 보편주의 원칙을 바탕으로 모든 국민에게 최소한의 생활을 보장하는 것이다. 그는 소득수준에 관계없이, 사회 구성원이라면 누구나 인간다운 삶을 영위하는 데 필요한 최소한의 소득, 의료, 주거 등을 국가가 보장해야 한다고 주장했다. 이는 선별적 복지 대신 사회 전체의 안정과 통합을 추구하는 보편주의 철학이다. 결국 이는 복지를 자선이 아닌 시민의 당연한 권리로 격상시켜, 사회적 위험을 공동체가 함께 나누는 연대 의식을 확립하는 토대가 되었다.

3) 자조와 공공책임 연계(Self-Help and Public Responsibility Linkage)

베버리지의 계획은 개인의 책임(자조)과 국가 및 사회의 책임(연대) 사이에서 조화로운 균형점을 찾는 통찰을 담고 있다. 그는 국민의 보험 기여(자조)와 국가의 완전 고용 지원(책임)을 결합하여, 능동적인 참여를 유도하는 복지 모델을 설계했다. 이는 자조와 공공 책임의 연계를 통해 균형 잡힌 책임 의식으로 사회 전체의 안정과 통합을 달성하려는 중요한 원칙이다. 복지 수혜를 기여에 대한 정당한 권리로 격상시켜, 개인의 자립 의지와 인간적 존엄을 동시에 지켜내는 윤리적 토대가 되었다.

4) 통합과 실현가능성(Integration and Feasibility)

베버리지 경은 파편화된 복지 제도를 장기적인 관점에서 하나의 포괄적인 시스템으로 통합하고 실현 가능성을 입증하기 위해 치열한 헌신을 보였다. 그는 행정 체계의 통합까지 주장하며 자신의 비전이 현실화 되도록 체계적으로 설계했다. 거대한 비전을 효율적인 설계와 인내를 통해 현실화하는 것이야말로 진정한 개혁임을 보여주는 실천정신이다. 이러한 통합적 설계는 사각지대를 없애고, 모든 국민의 삶을 빈틈없이 지탱하는 현대 사회보장 행정의 강력한 표준이 되었다.

베버리지는 5대 사회악과의 투쟁을 선포하여 복지국가의 존재 이유인 인간의 존엄성을 분명히 확립하고, '요람에서 무덤까지'라는 슬로건을 통해 보편적 국민 최저선 보장의 혁신적 개념을 도입했다. 그는 복지가 성공하기 위해서는 완전 고용과 보편적 의료 보장이라는 전제 조건이 충족되어야 한다고 보았다. 그는 사회보장 제도를 개인의 책임(기여)과 사회 전체의 연대를 결합한 자조와 상호성의 모델로 구상하였다. 그는 자조적 기여와 국가 완전 고용을 결합하며, 복지 시스템의 도덕적 해이를 철저히 방지하고 능동적 참여를 유도하는 책임 연계의 균형을 깊이 모색했다.

또한 파편화된 복지 행정을 단일 포괄 시스템으로 통합하고, 실현 가능성을 중시한 과학적 설계를 적용했다. 이를 통해 보고서를 단순 이론이 아닌 국가 재건의 청사진으로 현실화하며 그 실천적 가치를 생생하게 전하고 있다. 더불어 사회적 위험을 국가의 공적 과제로 규정해 복지를 자선에서 시민의 권리인 '사회권'으로 완전히 승화시켰다. 이러한 보편적 철학은 세계 복지국가의 표준이 되어 효율성과 정의가 조화를 이루는 시스템 구축에 기여했다. 결국 베버리지의 유산은 사회적 안전망의 중요성을 역설하며, 현대 사회에 국가 책임과 연대의 가치를 웅변하는 영원한 이정표로 남아 있다.

● 철학 사상 연계 탐구 주제

사회 개혁 정신	▶ 인간 존엄성 실현을 위한 사회 구조적 결함 제거와 국가의 역할 탐구 ▶ 현대 '5대 악마' 정의 변화와 이에 대한 국가의 새로운 대응 방안 연구 ▶ 인간 고통을 '사회악'으로 본 베버리지 관점의 현대 정책 수립 영향 분석
보편주의 철학	▶ 불평등 시대, '국민 최저선' 기준의 적절성과 정책적 함의 연구 ▶ 보편주의 원칙이 사회적 결속력 및 통합에 기여하는 방식 분석 ▶ '빈곤으로부터의 자유' 개념이 현대 기본소득 논쟁에 주는 시사점 탐구
자조와 공공책임 연계	▶ '균형 잡힌 책임 의식'이 노동 시장 활성화에 미치는 영향 탐구 ▶ '완전 고용' 개념이 AI 시대 미래 노동 환경에 적용되는 방식 분석 ▶ **개인 자조적 기여가 사회보험 지속 가능성 및 도덕적 해이에 미치는 영향 연구**
통합과 실현가능성	▶ 현대 복지 서비스의 단일 시스템 통합 필요성 및 행정적 과제 분석 ▶ '실현 가능성'을 중시하는 베버리지식 과학적 접근의 정책적 효용 연구 ▶ 행정 체계 통합이 복지 서비스 효율성 및 국민 접근성에 미치는 영향 탐구

● 탐구 설계 예시

주제	개인 자조적 기여가 사회보험 지속 가능성 및 도덕적 해이에 미치는 영향 연구
탐구 목표	사회보험 지속 가능성 확보를 위한 개인의 자발적 자조 기여 방안을 모색하고, 도덕적 해이 감소와 사회적 신뢰 증진에 미치는 영향을 경제·정책학적 관점에서 분석한다.
선정 이유	인구 고령화와 경제 둔화로 사회보험 재정 악화 및 미래 세대 부담이 가중되는 가운데, 사후 보상 중심인 현 제도가 개인의 예방적 자발적 노력을 유인하는 데 한계가 있음을 본 탐구는 제언한다. 따라서 보험 가입자 개인의 적극적인 자조적 기여를 설계에 반영하여 재정 건전성을 높이고 수혜자의 책임 의식을 강화, 도덕적 해이를 근본적으로 통제할 혁신적인 정책 대안을 제시하고자 한다.
서론	사회보험은 위험 분산과 동시에 개인 노력 부족으로 인한 재정 부담 증가와 도덕적 해이 문제를 내포한다. 본 탐구는 이 딜레마 해결을 위해 '자조적 기여' 개념을 도입, 개인이 건강 관리나 구직 활동 등에서 능동적으로 기여하는 행동을 보험 혜택과 연계하는 방안을 고찰할 것이다. 이를 통해 사회보험의 목적을 유지하면서도 지속 가능성 확보 및 도덕적 해이를 줄이는 새로운 정책적 접근법을 모색한다.
본론	▶ 자조적 기어가 사회적 책임감에 미치는 영향 분석 ▶ 개인 행동 데이터를 활용한 자조적 기여의 측정 및 평가 모델 구축 방안 연구 ▶ 자조적 기여 유형별 도덕적 해이 통제 효과 비교 연구 ▶ 건강보험 및 실업보험에서의 자조적 기여 인센티브 설계 방안 ▶ 자조적 기여 제도 도입 시 발생 가능한 형평성 및 역선택 문제점 탐색
결론	개인의 자조적 기여는 단순 재정 지원을 넘어 도덕적 해이를 줄이고 사회보험의 지속 가능성을 확보하는 결정적 억할이므로, 정부는 인센디브외 정책을 통해 제도 신뢰외 세대 부담 공평 분산을 위한 '참여형 사회보험'으로 전환해야 한다.
심회 탐구 주제	▶ 자조적 기여 노력에 관한 세대별 인식 차이 심층 분석 ▶ 빅데이터 활용 개인 건강 증진 노력의 객관적 측정 및 보상 체계 연구 ▶ 유럽 주요 국가의 자조적 기여 제도 운영 사례 분석과 한국 적용 가능성 탐구
토론 주제	▶ 자조적 기여를 의무화하는 것이 정당한가? ▶ 자조적 기여 측정 시 개인의 사생활 침해 문제는 어떻게 해결할 수 있는가? ▶ 자조적 노력 부족을 개인의 책임으로 돌릴 경우 발생할 사회적 갈등은 무엇인가?
교내 후속 활동	▶ 공통영어: 사회보험 및 자조 기여 관련 외신 기사 번역 및 용어 정리 발표 ▶ 공통수학: 보험료율 변화에 따른 사회보험 재정 건전성 변화 시뮬레이션 및 분석 ▶ 자율·자치활동: '참여형 사회보험' 도입 학생 설문 조사 및 정책 제안 캠페인 진행

2. 교과 연계 탐구활동 (통합사회2, 확률과 통계)

● 통합사회2

성취기준	[10통사2-01-02] 인간 존엄성 실현과 인권 보장을 위한 헌법의 역할을 파악하고, 시민의 권익을 보호하기 위한 다양한 시민 참여의 방안을 탐구하고 이를 실천 한다.
주요내용	윌리엄 베버리지는 1942년 '베버리지 보고서'를 통해 '5대 악'으로부터 국민을 보호하는 '요람에서 무덤까지'의 사회보장 체계를 제안하여 인간 존엄성 실현이라는 헌법적 가치를 체계적으로 구체화했다. 그의 보고서는 전후 복지국가 건설의 가장 중요한 최초 청사진이 되었으며, 학생들은 사회보장 제도가 시민의 권익을 보호하는 강력한 시민 참여의 결과물임을 깊이 있게 인식할 수 있다.
교과연계 탐구주제	▶ '5대 악'이 현대 사회의 빈곤 및 불평등 해소에 주는 시사점 탐구 ▶ 보편 복지 재정 마련 딜레마와 시민의 책임 있는 참여 방안 분석 ▶ 복지국가 형성이 사회권 보장 및 인간 존엄성 실현에 기여한 방식 연구

● 확률과 통계

성취기준	[12확통03-06] 표본평균과 모평균, 표본비율과 모비율의 관계를 이해하고 설명할 수 있다.
주요내용	베버리지의 사회보험 설계는 영국 국민 전체의 평균 질병률이나 실업률인 모평균(모비율)을 과학적 통계 기법으로 객관적으로 추정했다. 이는 표본조사를 통해 얻은 표본평균(표본비율)을 활용하여, 제도의 장기적인 재정 지속 가능성을 신중히 예측하고 모델을 설계한 것이다. 이 과정을 통해 학생들은 표본이 모집단을 대표하는 통계 원리가 현실적인 복지 문제 해결에 어떻게 적용되는지 이해하게 된다.
교과연계 탐구주제	▶ 표본 실업률 데이터를 활용한 완전 고용 목표치 달성 가능성 예측 분석 ▶ 표본 기대 수명과 모집단 기대 수명을 활용한 연금 재정 모델 분석 탐구 ▶ 확률과 통계 개념을 활용하여 사회보험 기금의 재정적 지속 가능성 모델링 고찰

3. 독서 연계 탐구활동

● 추천 도서 목록

추천 도서 목록

▶ 다시, 기본소득 (김교성 외 9인 공저, 사회평론 아카데미, 2025)
▶ 베버리지가 들려주는 재정 정책 이야기(강유덕, 자음과 모음, 2011)
▶ 베버리지 보고서 (윌리엄 베버리지,(김수정 역), 사회평론아카데미당, 2022)
▶ 사회보험과 관련 서비스 베버리지 보고서(윌리엄 베버리지,(김환준 역) 양서원, 2023)
▶ 윌리엄 베버리지의 지혜를 통해 배우는 33가지 삶의 법칙(이정호, 루미너리북스, 2025)
▶ 베버리지의 지혜로 당신의 투자를 혁신하는 26가지 마인드셋(한상후, 루미너리북스, 2025)

● 독서 연계 탐구 활동

독서 연계 탐구 활동	
도서명	다시, 기본소득(김교성 외 9인 공저), 사회평론 아카데미, 2025년 9월
	이 책은 자동화, 비정규 노동 등 새로운 사회 위험 속에서 베버리지식 '노동 기반 사회보험'의 한계를 명확히 비판하며, 흔들리는 복지국가의 현주소를 진단한다. 저자들은 약화된 '요람에서 무덤까지' 보장의 대안으로 조건 없는 기본소득을 대담하게 제시하며, 이는 복지 패러다임 전환과 재정 지속 가능성에 대한 매우 근본적 질문을 던지는 심도 있는 학습 기회를 제공한다.
핵심 키워드	기본소득, 복지국가 재편, 사회보험 한계, 비조건성, 재정 딜레마
탐구 주제	▶ 기본소득 재원 마련 방안의 윤리적 쟁점 분석 ▶ 베버리지 '5대 악'과 21세기 사회 위험 요소 고찰 ▶ 기본소득의 빈곤 퇴치 기여 방식 및 발전 단계 분석 ▶ '기여' vs '비조건성' 원칙의 복지 유형 영향 비교 연구 ▶ **기본소득이 사회보험 재정 및 도덕적 해이에 미치는 영향 탐구**
토론 쟁점	▶ 기본소득이 복지 국가의 구조적 위기를 해소하는 최선책인가? ▶ 보편 지급 방식이 선별 복지보다 형평성 측면에서 더 정당한가? ▶ 기본소득은 노동 동기 저하 없이 모든 시민의 사회권을 보장하는가?
후속 활동	▶ 공통국어: 복지 쟁점 신문 칼럼을 읽고 논리 분석 및 비판 글쓰기 ▶ 통합과학: AI, 자동화 기술 발전이 노동 시장과 기본소득에 미치는 영향 ▶ 동아리활동: '기본소득' 복지 패러다임 설계 프로젝트 발표

● 독서 연계 탐구활동 예시

탐구 주제	기본소득이 사회보험 재정 및 도덕적 해이에 미치는 영향 탐구	
탐구 자료	▶ 기본소득 파일럿 프로그램의 노동 시장 변화 실증 보고서 자료 ▶ 복지 재정 지속 가능성 및 조세 정의 관련 정책학 연구 논문 자료 ▶ 베버리지 보고서 원문 및 해설을 통한 기여 원칙, 도덕적 해이 관련 자료	
탐구 개요	서론	'기여' 기반 사회보험 모델은 21세기 한계에 직면했다. 조건 없는 기본소득이 기존 사회보험을 대체, 보완할 경우, 복지 재정 구조에 어떤 변화를 가져오며, 특히 노동 공급 및 수혜자 책임 측면에서 도덕적 해이 개념을 어떻게 재정의하고 통제할 수 있는지 경제학적, 윤리적 관점에서 고찰하고자 함
	본론	▶ 베버리지 '기여' vs 기본소득 '비조건성'의 도덕적 해이 통제 효과 분석함 ▶ 기본소득이 노동 공급 및 구직 의지에 미치는 실증 영향 탐구함 ▶ 기본소득 도입 시 사회보험 재정 구조 변화 및 통합 가능성 고찰함 ▶ 사각지대 해소에 따른 '구조적' 도덕적 해이 감소 효과 분석함 ▶ 기본소득 재원 마련이 납세자 책임감에 미치는 윤리적 영향 고찰함

탐구 개요	결론	기본소득은 도덕적 해이 통제의 초점을 '개인 행동 규제'에서 '구조적 빈곤 제거'로 이동시키고, 제도의 지속 가능성은 기본소득의 비조건성이 노동 의욕을 훼손하지 않으면서도 기존 복지 지출을 효율적으로 재편하고 국민합의를 통해 재원을 확보하는 설계에 달려 있음을 알 수 있음.
후속 활동		▶ 공통수학: 기본소득 지급액 변화에 따른 복지 재정 효과 수리 모델링 작성 ▶ 정보: 복지 제도의 '도덕적 해이' 통제를 위한 블록체인 기반 시스템 설계 ▶ 진로활동: 복지 재정 전문가 인터뷰 보고서 및 미래 직업 탐색 ▶ 자율·자치활동: 베버리지 '기여' 정신 vs. 기본소득 '비조건성' 가상 시뮬레이션 보고서

4. NIE 연계 활동

● 신문 읽기 & 연결 사유 찾기

'가지 않은 길'은 사회적 안전망의 다른 이름(주간경향, 2017.03.06.)

이 기사는 로버트 프로스트의 시 '가지 않은 길'이 베버리지의 사회보장 제도와 밀접하게 연결된다고 주장한다. 사회 안전망은 실패 두려움 없이 더 창의적이고 도전적인 선택을 가능케 한다. 복지는 생계 위협 없이 개인의 인간 존엄성을 실현하게 돕고, 자유와 자율성을 보장해 개인이 잠재력을 발휘할 든든한 기반이다. 결국, 복지는 빈곤 구제를 넘어 진정한 기회 균등을 제공하는 핵심 수단이다.

[복지인물iN] '복지국가의 아버지' 베버리지(요양뉴스, 2024.04.11.)

이 기사는 윌리엄 베버리지를 '복지국가의 아버지'로 명명하며, 그의 1942년 보고서가 제시한 '요람에서 무덤까지'의 보편적 사회보장 원칙을 조명한다. 베버리지의 사상5대 악으로부터 국민을 보호하는 사회적 권리를 확립하는 데 기여했음을 강조한다. 또한, 2024년 현재 복지 재정의 지속 가능성이 문제 되는 시점에서, 그의 초기 설계 원칙이 현대 복지 시스템 재편에 주는 통찰과 역사적 중요성을 재확인한다.

"요람에서 무덤까지 책임집니다. 당신 돈으로"(스카이데일리, 2020.08.24.)

이 기사는 베버리지 보고서의 '요람에서 무덤까지' 슬로건을 사회보험 재정 지속 가능성 문제로 비판적으로 재해석한다. 보편적 복지 모델은 성공적이었으나, 저출산·고령화 및 저성장 시대에는 국민들이 납부한 보험료만으로 제도 유지가 어렵다. 따라서 세대 간 연대 제도의 미래 세대 부담을 경고한다. 베버리지의 '기여 원칙'을 재검토하고 복지 지출 효율화와 재정 건전성 확보가 시급함을 주장한다.

● 시사 이슈

▶ 사회 안전망 확충은 개인의 자율적 선택과 창의적 도전을 보장하는가?

▶ 초고령화 시대, 기여 기반 복지 재정의 안정적 지속 가능성 확보 방안은?

▶ 복지 권리 보장과 도덕적 해이, 미래 세대 부담 해결을 위한 시스템 재편 방향은?

● 관점의 분석과 비교

'가지 않은 길'은 사회적 안전망의 다른 이름(주간경향, 2017.03.06.)
- 사회 안전망이 개인의 '가지 않은 길' 선택을 보장하는가에 대한 윤리적 딜레마 -

찬성	반대
복지 안전망은 생존 공포를 해소하여, 개인이 자아실현의 길을 자유롭게 택할 수 있는 윤리적 자율성을 보장한다. 이는 실패의 두려움 없이 창의적 도전과 모험적인 진로 선택을 가능하게 하여 사회 전반의 역동성을 증진시킨다.	개인의 자유로운 선택의 결과를 사회 전체가 부담하는 것은 도덕적 해이와 역선택을 유발한다. 이는 노력에 따른 보상의 형평성을 해치고 근로 의욕을 저하시킨다. 결과적으로 자원 배분 비효율과 제도 지속 가능성의 위협을 초래한다.

'복지국가의 아버지' 베버리지(요양뉴스, 2024.04.11.)
- 베버리지 복지 설계의 핵심 '보편 원칙과 국가 책임'의 근본 사유 -

≫ 보편 원칙	≫ 국가 책임
복지 혜택을 모든 국민에게 적용하여 시민의 권리로 확립하는 원칙이다. 모두가 사회보험에 기여하고, 생계 유지에 필요한 급여를 받도록 설계된다. 이는 계층 차별을 최소화하며, 전 국민의 인간다운 삶을 보장하는 기초를 이룬다.	사회적 위험을 국가가 나서서 해결해야 한다는 의무와 역할이다. 국가는 국민의 전 생애에 걸쳐 개입하며, 안전망 구축의 주체가 된다. 이는 개인의 진정한 자유를 보장하고 사회 안정을 도모하기 위한 정부 역할을 강조한다.

● 사고의 확장

▶ 복지망이 도전을 보장 시, 개인 책임과 사회 부담의 균형은?

▶ 고령화 심화 속, 베버리지식 재정 지속 가능성의 윤리적 딜레마는?

▶ '기여' 원칙이 기본소득 시대에 복지 시스템 재편의 핵심이 될 수 있는가?

▶ 베버리지의 '5대 악'과 21세기 위험 요소 중 우선적 복지 대상은 무엇인가?

▶ 복지 확대가 단기적 재정 압박보다 인적 자본 증진이라는 장기 이익을 창출하는가?

5. 세특 예시

"사회 안전망과 창의적 선택권 보장" 토론에서 베버리지의 '사회적 권리'와 프로스트의 '도전의 자유'를 융합 분석했으며, 복지망이 생존 불안 해소를 통한 자아실현의 윤리적 자율성을 보장한다는 논리를 제시함. 또한, 기사 분석을 통해 고령화와 도덕적 해이가 야기하는 미래 세대 부담 딜레마를 비판적으로 탐구하고, 보편주의 유지와 재정 건전성 확보를 위한 시민 참여 모델을 대안으로 제시하는 등 복지 정책에 대한 실질적 문제 해결 능력이 뛰어난 학생임.

윤동주
(尹東柱, 1917~1945)

1. 별을 노래하는 마음으로: 시대의 어둠을 밝힌 청년 시인

● 북간도의 별 아래서 태어나다: "하늘과 바람과 별과 시"

1917년, 윤동주는 중국 길림성 용정 명동촌의 독실한 기독교 집안에서 태어났다. 어린 시절부터 고향의 푸른 하늘, 맑은 바람, 빛나는 별을 보며 자랐고, 그의 감수성은 깊은 사색과 순수함으로 채워졌다. 고향은 그에게 '부끄러움 없는' 삶을 살아야 한다는 윤리적 기준을 심어준 근원이 되었다. 그의 사촌이자 문학 동반자인 송몽규는 이때부터 그의 라이벌이자 가장 가까운 친구였다.

"몽규야, 나는 왜 내가 아닌 다른 사람의 고통을 함께 느껴야 하는지 모르겠어."

"동주야, 그게 바로 시인이 짊어져야 할 시대의 부끄러움이 아닐까?"

● 사춘기의 고뇌와 자화상의 발견: "나의 모습은 언제나 이럴까"

1938년, 연희전문학교(현 연세대학교) 문과에 입학하며 서울로 유학을 온 윤동주는 본격적으로 문학에 몰두한다. 하지만 이때는 일제의 민족 말살 정책이 극에 달하던 시기였다. 일본의 강압적인 분위기 속에서 그는 나약한 지식인으로서의 무력감을 느끼며 깊이 고뇌했다. 그는 우물 속 자신을 들여다보며 번민하고, 미워하면서도 연민하는 자아 분열적 모습을 드러낸다.

"나는 무엇을 위해 이렇게 괴로워하는가? 스스로에게 부끄럽지 않은 당당한 삶을 살고 싶은데..."

이 시기에 <별 헤는 밤>, <쉽게 씌어진 시> 등 그의 주요 시들이 탄생하며, 자아 성찰을 기반으로 한 참회와 희망의 시 세계가 구축되었다.

● 미완의 출판 꿈: "한 권의 시집으로 시대에 응답하려 했네"

졸업을 앞둔 1941년, 윤동주는 자신의 시 19편을 모아 『하늘과 바람과 별과 시』라는 시집을 출간하려 했다. 그는 이 시집이 시대를 바꾸지는 못하더라도, 자신만큼은 속이지 않는 증거가 되기를 바랐다.

그러나 식민지 현실은 그마저 허락하지 않았다. 검열의 벽 앞에서 시집 출간은 좌절되었고, 그는 소수의 지인에게만 시를 나누어 주는 데 만족해야 했다. 이 침묵의 시간은 윤동주의 내면을 더욱 단단하게 만들었다.

● 또 다른 고뇌의 시작: "어둠 속에서 더욱 빛나는 별을 찾네"

1942년, 윤동주는 더 넓은 학문을 배우고자 일본으로 유학을 떠났다. 교토의 도시샤대학 영문과에 입학하기 위해 창씨개명(創氏改名)을 해야 했던 그는 큰 좌절감에 빠졌다. 일제의 폭압에 굴복해 이름을 바꾸는 행위는 자신의 양심에 가장 큰 부끄러움을 안겨주었다.

이 시기에 쓰인 <참회록>과 <쉽게 씌어진 시>에는 타지에서 느끼는 고독과, 스스로에 대한 가장 날카로운 성찰이 담겨 있다. 그는 식민지 현실에 굴복한 자신을 변명하지 않았고, 그 부끄러움을 외면하지도 않았다. 오히려 그 부끄러움을 끝까지 응시하며, 시를 통해 스스로를 심문했다. 그에게 참회는 절망이 아니라 태도였다. 그는 행동하지 못하는 자신을 미워했지만, 그 미움 속에서 양심을 포기하지 않는 길을 택했다.

● 암흑 속의 비극: "십자가에 못 박혀도 좋다"

1943년, 윤동주는 사촌 송몽규와 함께 독립운동을 모의했다는 혐의로 일본 경찰에 체포되었다. 후쿠오카 형무소에 투옥된 그는 2년간 혹독한 고문을 당했고, 고통 속에서 1945년 2월 16일, 해방을 불과 6개월 앞두고 스물아홉의 나이로 요절했다. 그의 최후를 지켜본 간수는 이런 말을 전했다.

"그는 죽기 직전까지 '시인으로 살지 못한 죄'를 고통스러워했습니다."

● 오늘날로 이어지는 메시지

성과와 결과가 중시되는 환경 속에서 자신의 마음을 돌아볼 시간은 점점 줄어든다. 침묵과 고민은 때로는 뒤처짐처럼 오해되기도 한다. 윤동주는 혼란한 시대 속에서도 부끄러움 없이 살고자 하는 마음을 시로 남겼다. 그에게 시는 세상을 바꾸기 위한 외침이기보다, 자신을 속이지 않기 위한 조용한 다짐이었다.

오늘날 학생에게 윤동주의 시는 말해준다. 자신에게 정직하려는 태도가 가장 단단한 선택이 될 수 있다는 사실이다.

▶ 나는 어떤 기준 앞에서 나 자신을 돌아보고 있는가?
▶ 양심은 나의 선택에 어떤 영향을 주는가?

이는 문학·윤리·자기 성찰 중심 세특 활동으로 확장된다.

● 작품 속 핵심 사상

1) 참회와 부끄러움의 윤리 (The Ethics of Shame and Repentance)

윤동주 시의 가장 강력한 핵심은 '부끄러움'이다. 일제의 압제 속에서 지식인으로서 행동하지 못하고 나약하게 살아가는 자신을 끊임없이 성찰했다. 그는 <자화상>에서 우물 속의 자신을 미워하면서도 연민했고, <참회록>에서는 "슬픈 역사가, 슬픈 역사가"라고 외치며 스스로를 채찍질했다. 시인의 부끄러움은 단순히 개인적인 것이 아니라, 시대의 어둠을 함께 느끼는 양심의 거울이었다. 스스로의 나약함을 인정하고 고통스러워하는 자체가 윤동주 문학이 제시하는 가장 높은 윤리였다.

2) 순수와 이상향을 향한 동경 (Longing for Purity and Idealism)

그의 시 세계는 더럽혀지지 않은 순수를 향한 강렬한 염원으로 가득 차 있다. 현실이 암울할수록 그는 '하늘'과 '별'이라는 이상향을 바라보며 도덕적 기준을 세웠다. <서시>에서 "하늘을 우러러 한 점 부끄럼이 없기를" 소망했듯이, 하늘은 그의 양심의 재판관이자, 더 나은 삶을 위한 희망의 빛이었다. 친구가 "이 어두운 세상에서 네 순수를 언제까지 지킬 수 있을까?"라고 물었을 때, 그는 "내가 가진 순결한 영혼을 지키는 일이야말로 시대의 비극에 맞서는 가장 고귀한 저항일세"라고 답했다.

3) 고독한 내면의 저항 (The Lonely Inner Resistance)

윤동주의 저항은 투쟁이나 폭발이 아닌 고독하고 내면적인 싸움이었다. 그는 행동에 나서지 못하는 나약한 지식인의 현실을 인정했지만, 절망 대신 자아 성찰을 통해 '양심이라는 요새'를 지키려 했다. <쉽게 씌어진 시>에서 그는 어둠 속에서 "등불을 밝혀 어둠을 조금 내몰고, 시대처럼 올 아침을 기다리는" 자세를 취한다. 이 고통스러운 자기 응시와 조용한 기다림이야말로 폭력적인 현실 속에서 영혼의 자유를 지키려는 가장 치열한 저항이었다.

4) 고난과 희생의 미학 (The Aesthetics of Suffering and Sacrifice)

기독교적 세계관의 영향을 받은 윤동주 시의 마지막 사상은 희생을 통한 구원이다. 그는 자신이 짊어진 시대적 고통을 숭고한 십자가로 인식했다. <십자가>에서 시적 화자는 "괴로웠던 사나이 / 행복한 예수 그리스도에게" 엎드려 고난의 길을 걷기를 소망한다. 즉, 고통을 회피하는 대신 운명처럼 받아들이고 겪어냄으로써 순결한 이상에 도달하고자 했다. 이러한 순교자적 자세는 그의 비극적인 최후와 맞물려 '고통을 감내하는 아름다움'이라는 독특한 고난의 미학을 완성했다.

윤동주는 일제강점기라는 암울한 시대에 짧은 생을 살았지만, 자기 성찰적 서정시라는 독특한 영역을 개척하며 한국 문학사에 가장 순결하고 윤리적인 시인으로 자리매김하였다. 그는 시에서 일체의 허식이나 수식어를 배제하고, 순수한 언어만을 사용하여 시대의 아픔을 자신만의 방식으로 내면화하는 데 성공하였다. 생전에는 시집을 출판하지 못했으나, 사후 출간된 유고 시집 <하늘과 바람과 별과 시>는 한국인이 가장 사랑하고 자주 읽는 국민 시집이 되었다. 그의 시는 개인의 고뇌를 통해 시대의 비극을 응축하여 보여주는 가장 깨끗한 문학적 거울인 것이다.

윤동주 시의 근간은 '참회와 부끄러움'이라는 기독교적 윤리관에 있으며, 이는 식민지 지식인으로서의 고독하고 나약한 자아를 그 누구보다 정직하게 드러내는 방식이었다. 그는 이러한 내면의 투쟁을 통해 해방 후 한국 문학이 가져야 할 윤리적 기준을 제시했을 뿐만 아니라, 이후 많은 작가들에게 내면을 깊이 성찰하는 문학의 전통을 물려주었다. 그의 시는 쉬운 단어와 간결한 표현 속에 심오한 인간의 고뇌를 담아내어, 시대를 초월하여 젊은 세대의 양심과 성찰을 이끌어내는 정신적 좌표가 되고 있다. 그의 시는 가장 절망적인 순간에도 희망을 잃지 않는 인간의 순결한 의지를 대변한다.

● 핵심 사상 연계 탐구 주제

참회와 부끄러움의 윤리	▶ **<참회록>에 나타난 자아 성찰의 과정을 심리학적 관점에서 분석** ▶ 윤동주의 참회 정신이 현대 사회의 도덕적 해이에 주는 시사점 고찰 ▶ '부끄러움'을 아는 지식인의 윤리가 익명성의 폭력 해결에 미치는 영향 탐색
순수와 이상향을 향한 동경	▶ 순수성을 갈망하는 윤동주 시와 플라톤의 이데아론 비교 고찰 ▶ <별 헤는 밤>에 투영된 이상향과 식민지 지식인의 염원 비교 분석 ▶ '하늘', '별' 등 초월적 이미지가 시대의 고난 속에서 갖는 의미 연구
고독한 내면의 저항	▶ 윤동주의 '고독한 싸움'이 SNS 시대의 연대에 주는 시사점 탐색 ▶ <쉽게 씌어진 시>를 통해 본 지식인의 내면적 고뇌와 저항 방식 분석 ▶ 윤동주와 이육사의 저항 방식(내면/행동)을 문학적 관점에서 비교 연구
고난과 희생의 미학	▶ 고난을 숭고한 아름다움으로 승화시키는 윤동주 시의 미학 분석 ▶ 순교자적 자세로 본 윤동주의 비극적 삶이 후대 독자에게 주는 감동 연구 ▶ <십자가> 등 시에 나타난 기독교적 희생 정신이 시대적 고난에 미친 영향 고찰

● 탐구 설계 예시

주제	<참회록>에 나타난 자아 성찰의 과정을 심리학적 관점에서 분석
탐구 목표	<참회록>에 드러난 부끄러움과 참회의 정서를 심리학적 방어 기제 및 성장 단계의 관점에서 분석하고, 식민지 지식인의 고뇌가 개인의 심리에 미친 영향을 고찰한다.
선정 이유	윤동주 시는 식민지 치하라는 시대적인 고난을 내면의 윤리적 문제로 치환하는 독특한 특징을 가진다. 본 탐구는 <참회록>의 자아 분열과 성찰을 심리학과 연계하여, 시인의 고뇌를 단순한 문학적 비극을 넘어 인간 보편의 정신적 갈등으로 이해하고자 선정했다. 이를 통해 현대인이 겪는 죄책감, 무력감 등의 감정을 성장으로 이끄는 과정으로 재해석할 수 있다.
서론	윤동주의 <참회록>은 일제강점기 지식인의 고독과 자아 성찰을 대표하는 작품이다. 서론에서는 시의 창작 배경인 일제 말기의 암울한 시대 상황과 시인이 느낀 내면의 무력감을 제시한다. 이후, 시인이 스스로에게 던지는 '참회'라는 윤리적 질문을 심리학적 방어 기제(예: 투사, 합리화)의 관점에서 분석하여, 나약한 자아가 강인한 양심으로 나아가는 과정을 탐구할 필요성을 제기한다.
본론	▶ '육첩방, 남의 나라": 공간적 배경과 화자의 심리적 고립과의 관계를 분석함. ▶ 자아 분열적 고뇌: 나약한 자아와 이상을 추구하는 자아의 심리적 충돌을 고찰함. ▶ 참회의 심리학적 기능: 죄책감을 성장 동력으로 삼는 심리적 방어기제를 분석함. ▶ 참회와 수양론: 기독교적 참회 전통과 동양의 수양론을 비교 연구함 ▶ 밤과 아침의 의미: 시간적 배경이 자아 성찰의 단계를 어떻게 보여주는지 분석함.
결론	<참회록>은 슬픔의 기록이 아닌, 나약한 자아를 직면하고 윤리적 성장을 이끌어내는 치열한 심리 과정이다. 시인의 참회 정신은 죄책감을 힘으로 바꾸는 심리학적 가치를 지니며, 타협 없는 순수를 지키려 한 인간의 존엄성을 보여준다.
심화 탐구 주제	▶ 윤동주 시의 자아 성찰을 프로이트의 방어 기제와 연결하여 연구 ▶ 고독한 지식인의 내면적 고뇌가 현대인의 번아웃과 겪는 공통점 탐색 ▶ '십자가'의 희생 정신이 세계 문학의 고난 서사와 갖는 공통점 고찰
토론 주제	▶ 개인의 나약함을 자화상으로 드러내는 행위는 용기인가, 무력인가? ▶ 현실 참여 없는 참회가 시대의 문제를 해결하는 윤리적 방법인가? ▶ SNS 시대, '부끄러움을 아는 윤리'가 양심을 지키는 데 효과적일까?
교내 후속 활동	▶ 공통영어: <참회록>의 영어 번역본 분석하여 동서양의 'Shame' 정서 비교 활동 ▶ 정보: 시인의 감정 변화에 대한 시각화 자료(그래프, 워드 클라우드) 제작 활동 ▶ 자율·자치활동: '나의 자화상과 참회록'이라는 주제로 미니 시집 제작 활동 ▶ 진로활동: '부끄러움 없는 삶'의 직업 윤리를 담은 진로 포트폴리오 제작 활동

● 문학

성취기준	[12문학01-05] 한국 작품과 외국 작품을 비교하며 읽고 한국 문학의 보편성과 특수성을 파악한다.
주요내용	윤동주의 <참회록> 등 자아 성찰적 시와 제1차 세계 대전 이후 서구에서 나타난 '잃어버린 세대(Lost Generation)' 문학 작품을 비교 탐구한다. 식민지 지식인의 고뇌가 '부끄러움'이라는 한국적 특수성으로 드러나는 지점을 분석다. 또한, 암울한 시대 상황 속에서 순수와 이상을 갈망하며 인간의 존엄성을 지키려 했다는 점에서 인간 실존에 대한 보편적 통찰을 파악하는 데 중점을 둔다.
교과연계 탐구주제	▶ 윤동주 시의 '참회'를 러시아 문학의 '죄의식'과 비교 연구 ▶ 일제강점기의 '부끄러움'을 홀로코스트 문학의 '정신적 고통'과 비교 분석 ▶ 윤동주 시의 순수성을 서구 낭만주의 시와 비교하여 한국 문학의 특수성 고찰

● 공통영어2

성취기준	[10공영2-01-05] 말이나 글에 포함된 표현의 함축적 의미를 추론한다.
주요내용	윤동주의 시 <서시>와 <참회록> 등 주요 작품의 영어 번역본을 활용하여 함축적 표현을 탐구한다. 시에 나타난 '별', '밤', '부끄러움' 등 핵심 시어의 원문과 번역문에서의 상징적 의미를 비교 분석한다. 이를 통해 문화적 배경이 다른 언어(한국어 vs. 영어)로 옮겨질 때 함축적 의미가 어떻게 보편성을 유지하거나 특수성을 띠는지 추론한다. 텍스트 이면에 숨겨진 주제 의식 파악 능력을 기르는 데 중점을 둔다.
교과연계 탐구주제	▶ <서시>의 '부끄러움'이 영어 번역문에서 갖는 함축적 의미 탐구 ▶ 윤동주 시의 핵심 시어(별, 밤)의 상직적 의미를 원문과 영문으로 비교 분석 ▶ 윤동주 시에 나오는 핵심 감정 표현(예: 슬픔, 그리움)의 영어식 표현 탐색

3. 독서 연계 탐구활동

● 추천 도서 목록

추천 도서 목록	
▶ 동주 시, 백편(이숭원, 태학사, 2025)	▶ 별이 바람에 스치운다(윤동주 외, 존경과 행복, 2025)
▶ 윤동주를 읽다(전국국어교사, 휴머니스트, 2020)	▶ 하늘과 바람과 별과 시(초판본)(윤동주, 더스토리, 2024)
▶ 동주, 영어로 만나다(윤동주 외, 브롬북스, 2025)	▶ 어쨌든, 쇼펜하우어와 윤동주(김이율, 미래문화사, 2025)

● 독서 연계 탐구 활동

독서 연계 탐구 활동	
도서명	어쨌든, 쇼펜하우어와 윤동주(김이율, 미래문화사, 2025)
	이 책은 염세주의 철학자 아르투어 쇼펜하우어의 철학과, 식민지 시대 시인 윤동주의 참회와 순수를 향한 고뇌를 비교한다. 쇼펜하우어의 '욕망이 고통의 근원'이라는 사상과 윤동주 시의 '부끄러움'이라는 갈등을 연결하여, 절망 속에서 희망을 발견하는 인간의 실존적 자세를 탐구한다. 시대와 분야를 초월한 사유를 비교하며, 현대인의 고통과 자기 성찰에 대한 깊이 있는 통찰과 위로를 제공한다.
핵심 키워드	쇼펜하우어, 염세주의, 참회 정신, 실존적 고뇌, 욕망과 의지
탐구 주제	▶ **쇼펜하우어의 고통론과 윤동주의 부끄러움 비교 분석** ▶ <쉽게 씌어진 시>를 통해 본 염세적 현실과 저항 의지 탐구 ▶ 비극적 현실 속 두 인물이 고난을 대하는 자세의 공통점 분석 ▶ <서시>의 순수를 향한 염원을 쇼펜하우어의 욕망 부정과 비교 고찰 ▶ 윤동주 시에 나타난 '삶의 의지'가 쇼펜하우어 철학과 연결되는 지점 연구
토론 쟁점	▶ 염세주의가 희망을 말하는 윤동주 시에 긍정적 영향을 주었는가? ▶ 부끄러움은 쇼펜하우어의 '의지'를 긍정하는 행위로 볼 수 있는가? ▶ 현실 세계에 대한 고통의 인식이 현실 저항의 동기가 될 수 있을까?
후속 활동	▶ 윤리와 사상: 염세주의와 기독교 윤리의 고통 극복의 철학적 자세 탐색 활동 ▶ 미술: 색채심리를 활용, 고독과 연민의 정서를 지닌 '자화상' 제작 활동 ▶ 자율·자치활동: 현대인의 무기력증과 SNS 중독을 분석하는 콘텐츠 제작 활동 ▶ 동아리활동: '고통을 마주하는 청년의 자세'를 주제로 한 토론 활동

● 독서 연계 탐구활동 예시

탐구 주제	쇼펜하우어의 고통론과 윤동주의 부끄러움 비교 분석	
탐구 자료	▶ 두 인물의 고통 인식과 성찰에 대한 비교론적 관점이 담긴 핵심 자료(도서활용) ▶ 부끄러움과 참회가 명확히 드러나는 윤동주 시의 원문 ▶ '삶의 의지'와 고통론의 철학적 개념을 담은 쇼펜하우어의 저서 또는 해설서	
탐구 개요	서론	쇼펜하우어는 욕망에서 비롯되는 삶의 의지를, 윤동주는 행동하지 못하는 나약한 자아에 대한 '부끄러움'을 고통의 원천으로 봄. 본 탐구는 시대와 분야를 초월하여 고통에 대한 인식을 비교함. 인간의 실존적 고뇌를 이해하고, 고통을 극복하는 동서양의 사유 방식에 대한 통찰을 얻고자 함.
	본론	▶ 욕망 부정(쇼펜하우어)과 양심의 나약함(윤동주)을 정의함. ▶ 윤동주 시의 체념적 정서와 쇼펜하우어의 염세주의를 비교 분석함. ▶ 삶의 의지 부정의 쇼펜하우어와 성찰로 의지를 찾는 윤동주 비교함. ▶ 욕망 포기(쇼펜하우어)와 희생/참회(윤동주)의 구원론을 비교함. ▶ 두 사상에서 절망 속에서 희망이 발견될 수 있는 지점을 탐색함.

탐구 개요	결론	두 인물은 고통을 삶의 근원적 요소로 보았으나, 극복 방식은 달랐음. 쇼펜하우어가 외적 욕망의 부정으로 고통에서 벗어나려 했다면, 윤동주는 내면의 성찰과 희생으로 고통을 숭고한 희망으로 승화시킴. 윤동주의 '부끄러움'은 현대인의 무기력을 극복하고 양심을 지키는 삶을 촉구하는 가치임.
후속 활동		▶ 공통국어: 윤동주 시를 쇼펜하우어의 철학적 관점에서 재해석하는 비평문 작성 활동 ▶ 세계사: 윤동주 시를 제1차 세계 대전 후 '잃어버린 세대'의 정서와 비교 활동 ▶ 자율·자치활동: 문학과 역사적 현실을 연결하는 시 낭송 미디어 콘텐츠 제작 활동 ▶ 동아리활동: 윤동주와 카뮈 등 실존주의 작가의 작품에 대한 토론 활동

4. NIE 연계 활동

● 신문 읽기 & 연결 사유 찾기

윤동주, 길 잃은 세계인에게 삶의 방향(연합뉴스, 2018.04.25.)

이 기사는 윤동주 시인이 민족시인을 넘어 '생명의 시인'이자 보편적 휴머니즘을 가진 세계인에게 길을 제시하는 인물임을 강조한다. 그의 시는 암울했던 시대를 '병든 사회'로 인식하고 고뇌 속에서 드라마틱하게 도약했다고 설명한다. '사람이 어떻게 살아야 하는가'라는 근본적인 윤리적 질문을 던지며, 인간의 존엄이 위협받는 현대 세계에도 깊은 위로와 성찰을 준다는 점에서 그의 시가 갖는 시대 초월적 가치를 조명한다.

윤동주의 삶 톺아보기(파이낸셜뉴스, 2025.10.08.)

이 기사는 윤동주의 비극적이었던 삶을 시와 연계하여 다룬다. 일제의 민족 말살 정책 속에서 겪었던 창씨개명의 고뇌와 <하늘과 바람과 별과 시> 출판 시도 과정에서 드러나는 그의 순결한 문학 정신을 조명한다. 그의 삶이 보여주는 고통 속에서의 자기 성찰의 자세는, 오늘날 물질적 풍요 속에서도 정신적 방황을 겪는 현대인들에게 진정한 삶의 방향과 내면의 강인함을 되돌아보게 한다.

'행복한 그리스도'처럼 자신의 길을 걸어간 윤동주(국민일보, 2025.08.30.)

이 기사는 윤동주의 시 <십자가>에 나타난 기독교적 세계관과 희생 정신을 집중적으로 분석한다. 윤동주가 십자가에 못 박힌 예수 그리스도처럼, 시대의 고난을 자신의 운명으로 받아들이고 양심을 지키고자 했던 순교자적 자세를 높이 평가한다. 이는 고통을 외면하지 않고 기꺼이 짊어짐으로써 인간의 존엄성을 지키고 숭고한 희망을 이끌어내는 '고난의 미학'을 보여준다.

● 시사 이슈

▶ 고난 속 '양심'을 강조하는 문학이 경쟁 사회의 청년에게 위로가 될 수 있는가?

▶ 종교적 희생 정신이 현대 사회의 집단 이기주의를 극복하는 대안이 될 수 있을까?

▶ 비극적 문학 속 인물의 삶이 현대 미디어를 통해 정서적으로 소비되는 것은 바람직한가?

● 관점의 분석과 비교

윤동주, 길 잃은 세계인에게 삶의 방향(연합뉴스, 2018.04.25.)
- 윤동주 시의 순결한 휴머니즘이 전쟁 후 허무주의를 극복할 수 있는가? -

찬성	반대
윤동주 시는 시대적 절망 속에서도 '하늘을 우러러 부끄럼 없기를' 바라는 순결한 양심을 통해 인간 존엄성을 지켰다. 이 자기 성찰의 윤리는 현대 사회의 허무주의를 극복하고 길 잃은 세계인에게 도덕적 좌표를 제시하는 힘이 된다.	윤동주의 휴머니즘은 식민지 시대의 특수한 민족적 고통 속에서 나온 것이다. 현대인의 허무주의는 자본주의와 기술 발전에서 비롯된 근원적 소외가 원인이므로, 개인의 순수한 참회만으로는 복잡한 사회 구조적 문제를 해결하기 어렵다.

'행복한 그리스도'처럼 자신의 길을 걸어간 윤동주(국민일보, 2025.08.30.)
- 종교적 희생 정신이 개인의 고난을 시대적 저항으로 승화시키는 근거가 될 수 있는가? -

>> 적극적인 정서적 저항으로 승화	>> 개인 신념으로, 시대적인 저항은 아님
윤동주는 기독교적 희생 정신을 바탕으로 고난을 운명적 사명으로 받아들였다. <십자가>에서 보이듯, 개인의 고통을 시대의 고통으로 확장하여 숭고한 가치를 부여했기에, 체념을 넘어선 적극적인 정신적 저항으로 승화될 수 있었다.	희생 정신은 개인의 신념이지 시대적 저항의 보편적 근거는 될 수 없다. 윤동주 시의 저항은 민족 의식과 양심에서 비롯된 것이며, 종교적 구원을 바라는 것은 현실 문제 해결을 위한 사회적 투쟁을 오히려 약화시킬 수 있다.

● 사고의 확장

▶ 염세주의적 고통 인식이 현대인의 무기력을 극복하는 동력이 될 수 있는가?

▶ 윤동주의 부끄러움이 SNS 시대 익명성 뒤에 숨는 행위를 비판하는 근거가 되는가?

▶ 개인이 양심적 참회가 집단 이기주의를 해결하는 사회적 윤리로 작용할 수 있을까?

▶ 고통과 희생을 숭고하게 여기는 미학이 현대 예술에서 어떻게 재현되어야 하는가?

▶ 식민지 지식인의 고독한 성찰이 오늘날 청년들의 진로 고민에 어떤 가르침과 통찰을 줄까?

5. 세특 예시

<어쨌든, 쇼펜하우어와 윤동주>를 읽고 <참회록>에 나타난 자아 성찰을 탐구함. 쇼펜하우어의 고통론과 윤동주의 부끄러움의 윤리를 비교하여, 시대적 절망을 내면적 성장 동력으로 전환하는 과정을 고찰함. 윤동주를 전체주의에 대한 내면적 저항자로 이해하고, 심리학 관점에서 죄책감을 건설적으로 수용하는 태도를 분석함. 또한 윤동주 관련 기사를 읽고, 이를 통해 문학 속 비극의 정서적 소비 윤리를 토론하며 양심을 지키는 삶을 사는 실천적 자세의 중요성을 성찰하는 태도를 보임.

25 이 상
(李箱, 1910~1937)

1. 문을 닫고 세상을 조롱한 천재 건축가이자 전위적인 모더니스트 시인

● 경성 최고의 엘리트: "건축가, 시인이 되다"

1910년 경성에서 태어난 이상(본명: 김해경)은 어려서부터 뛰어난 수재였다. 부유한 백부 김연근의 양자로 들어가 최고의 교육을 받았다. 1929년 경성고등공업학교(현 서울대학교 공과대학) 건축과에 입학했고, 수석 졸업 후 조선총독부 건축과 기사로 임명되었다.

"해경아, 너는 조선 최고의 건축가가 되어야 한다. 이 안정된 직장, 얼마나 좋으냐!"

"백부님, 저는 완벽한 구조물을 설계하는 일보다 내 안의 세계를 짓는 일이 더 재미있습니다."

그는 건축 설계와 함께 틈틈이 시와 그림을 발표하며, 이중적인 삶을 시작했다.

● '이상'이라는 이름의 탄생: "김해경, 벽을 넘다"

건축 기사였던 김해경에게 폐결핵이 발병했다. 당시 폐결핵은 사형선고나 다름없었다. 그는 예술에 매달리기 시작하고, 이때 '이상(李箱)'이라는 필명이 탄생했다. 여기에는 재미있는 일화가 있다.

"김 기사, 김 기사! 사무실 밖에 이상한 사람(異常)이 상자(箱) 하나를 두고 갔네?"

"하하. 나야. 이제부터 나는 '이상(李箱)'일세. 상자 안에 갇힌, 그러나 이상한 세상을 보여줄 테니!"

혹은 주변 사람들이 그를 '이상한 사람'이라고 불렀던 데서 유래했다는 설도 있다. 이 필명과 함께 그는 의도적인 난해함과 모더니즘을 표방하며 기존 문학의 틀을 부수는 작업을 시작했다.

● '오감도(烏瞰圖)'의 충격: "나에게도 불온한 시를 쓸 자유가 있다!"

이상은 일간지 <조선중앙일보>에 <오감도> 연작 시 15편을 발표하며 경성 문단을 완전히 뒤집어 놓았다. 시는 기호, 숫자, 점 등으로 가득 차 있어 독자들은 충격에 빠졌다.

"이게 시인가? 무슨 암호야? 신문 지면을 이런 불쾌하고 불온한 그림으로 더럽히지 말라!"

신문사에는 항의가 빗발쳤고, 결국 연재는 중단되었다. 하지만 이상은 동료 시인들에게 "나에게도 이런 난해하고 불온한 시를 쓸 자유가 있다!"고 말하며 시대의 비합리성을 자신의 난해함으로 맞받아쳤다. 이 시는 식민지 지식인의 불안과 절망을 가장 첨예하게 보여준 작품으로 평가받는다.

● 다방 문화의 아이콘: "예술과 현실, 그 경계에서 놀다"

건축 기사직을 그만둔 이상은 서울 종로에 '제비', '까페 프란체', '종로' 등의 다방을 직접 설계하고 운영했다. 당시 다방은 단순한 찻집이 아니라 예술가와 지식인들이 모여 사상을 교류하는 문화의 장소였다. 이상은 이 다방에서 김기림, 박태원 등 당대 최고의 모더니즘 작가들과 교류하며 경성 문화의 아이콘으로 떠오른다.

"이상, 자네는 다방 주인인가, 시인인가, 아니면 사기꾼인가?"

"나는 이 모든 것이며, 이 다방이야말로 내가 설계한 세상의 무대일세. 현실과 꿈이 뒤섞인 가장 이상한(李箱한) 공간이지." 이 시기 금홍과의 운명적인 만남과 연애는 그의 문학에 깊은 영향을 미쳤고, 소설 <날개>와 <봉별기>의 바탕이 되었다.

● 스물일곱의 비극적인 종말: "날개야 다시 돋아라!"

1936년, 이상은 도피하듯 일본으로 건너갔으나, 다음 해, 사상범으로 몰려 일본 경찰에 체포되었다. 폐결핵이 악화된 상태에서 풀려났으나, 결국 1937년 4월, 스물일곱의 젊은 나이에 도쿄에서 세상을 떠난다. 그의 최후는 고독과 절망 그 자체였다. 죽음을 앞두고, 동행했던 지인에게 마지막으로 유언처럼 남긴 말이 있다.

"레몬이 먹고 싶네. 싱싱한 레몬..."

● 오늘날로 이어지는 메시지

정상과 비정상을 쉽게 구분하려는 사회에서 다름은 종종 이해의 대상이 아니라 배제의 이유가 된다. 익숙한 기준에 맞지 않는 생각과 표현은 낯설고 불편한 것으로 여겨지기 쉽다. 이상은 기존의 틀을 해체하며 언어와 형식, 사고의 틀 자체를 해체해 새로운 가능성을 실험했다. 이상에게 문학은 설명이 아니라, 사고를 깨우는 도구였다.

오늘날 학생에게 이상의 메시지는 분명하다. 다르게 생각하는 능력은 결핍이 아니라, 새로운 가능성의 출발점이라는 사실이다.

▶ 나는 익숙한 사고방식에서 얼마나 벗어나 있는가?

▶ 창의성은 어디에서 시작되는가?

이는 문학·예술·창의 사고 중심 세특 탐구로 이어질 수 있다.

● 작품 속 핵심 사상

1) 자의식 과잉과 자아 분열 (Excessive Self-Consciousness and Split Self)

이상 문학의 주인공들은 외부 세계와 단절된 채 자신의 내면을 끊임없이 들여다본다. <날개>의 주인공 '나'와 <거울>의 화자가 대표적입니다. 그들은 현실에 적응하지 못하는 나약한 자아와 이성적 판단을 내리는 또 다른 자아 사이에서 분열을 경험한다. 이러한 자의식 과잉은 식민지 지식인이 시대의 문제에 적극적으로 참여하지 못하고 무력하게 관찰만 하는 고통을 반영한다. 자아가 파편화되는 모습은 근대 사회의 소외와 정체성 상실이라는 보편적 비극을 담고 있다.

2) 비합리성과 난해성을 통한 세계 고발 (Accusation of the World through Absurdity)

이상은 <오감도> 연작과 같은 작품에서 파격적인 난해성을 의도적으로 구사했다. 기호, 숫자, 비문학적 언어를 사용하여 전통적인 문학의 형식을 파괴했죠. 이러한 난해함은 단순히 모더니즘의 실험을 넘어, 식민지 현실이라는 비정상적이고 비합리적인 시대에 대한 강력한 고발이었다. 정상적인 언어로는 도저히 표현할 수 없는 시대의 절망과 공포를 '이상한(異常)' 형태로 표출함으로써, 합리성을 가장한 식민 통치의 폭력성을 조롱하고 부너뜨리려 했다.

3) 근대 도시 문명의 병리적 인식 (Pathological Perception of Modern Urban Civilization)

이상은 건축가라는 직업적 배경을 바탕으로 경성(京城)이라는 근대 도시 공간을 예리하게 해부했다. 그의 작품 속 다방, 거리, 육첩방 등은 화려한 겉모습 뒤에 숨겨진 퇴폐, 질병, 소외가 만연한 병든 공간으로 묘사된다. 소설 <날개>에서 매춘과 폐결핵 등 도시적 병리는 근대 자본주의와 식민 통치가 낳은 인간성 상실의 징후로 나타난다. 이상은 도시를 단순한 배경이 아니라, 인간의 영혼을 갉아먹는 비극적인 생명체로 인식했다.

4) 이성과 비이성의 충돌과 모더니즘 (Clash of Reason and Irrationality & Modernism)

수학적 이성을 훈련받은 건축가 김해경과 파격적인 비이성을 추구한 시인 이상은 그의 작품에서 끊임없이 충돌한다. 기하학적 구조와 논리는 그의 시에 차가운 배열과 기호로 나타나지만, 그 내용은 무의식, 불안, 광기와 같은 비이성적인 감정으로 가득 차 있다. 이러한 이중성은 서구 모더니즘의 분석적 태도를 수용하면서도, 동양적 정서와 식민지 현실 속에서 발생하는 정신적 해체를 가장 첨예하게 보여준 한국 모더니즘의 특수성을 형성했다.

이상(李箱)은 한국 문학사에서 가장 전위적이고 실험적인 모더니스트로 평가받는 작가이다. 그는 전통적인 문학의 관습을 거부하고, 비이성적인 난해함과 파격적인 형식을 통해 한국 근대 문학의 영역을 확장하였다. 그의 가장 큰 성과는 '경계를 허문 문체'에 있으며, 대표작 <오감도>에서 숫자, 기호, 도표 등을 사용하는가 하면, <날개>에서는 의식의 흐름 기법을 도입하여 전통적인 서사 구조를 해체하였다. 이러한 파격적 시도는 식민지 지식인의 해체된 내면과 비합리적인 시대를 반영하며, 한국 모더니즘의 특수성을 확립하는 데 결정적인 역할을 하였다.

이상의 실험적인 문학의 형태는 다다이즘이나 초현실주의 같은 서구 예술 사조를 한국적 상황에 성공적으로 접목시킨 선구적인 사례이다. 그는 이러한 실험 정신을 통해 후대 작가들에게 '불온한 상상력'과 끊임없이 내면을 성찰하는 '자기 성찰적 실험 정신'이라는 소중한 유산을 물려주었다. 그의 작품들은 오늘날까지도 인간 소외와 근대 문명에 대한 첨예한 비판을 담고 있는 텍스트로 읽히고 있다. 이상은 짧은 활동 기간에도 불구하고, 문학 형식과 내용의 관습을 깨뜨려 현대 예술가들에게 끊임없이 예술적 영감을 제공하는 거인으로 평가받고 있다.

● 핵심 사상 연계 탐구 주제

자의식 과잉과 자아 분열	▶ 이상 시에 반복되는 '거울' 이미지의 상징적 의미 고찰 ▶ 카프카의 소외된 인간과 이상의 병든 자아의 시대적 비극성 비교 분석 ▶ **<날개>에 나타난 자아 분열적 의식이 근대 지식인의 소외 반영 현상 분석**
비합리성과 난해성	▶ 비문학적인 문장 사용과 식민지 시대와의 연관성 분석 ▶ 이상의 난해성이 현실주의의 반예술적 경향과 맺는 관계 탐색. ▶ <오감도>의 숫자와 기호가 당대 사회의 비합리성을 고발하는 방식 연구
근대적 도시 문명에 대한 병리적 인식	▶ 경성 도시 공간이 이상 문학에서 병든 공간으로 묘사되는 이유 고찰 ▶ 소설 속 질병 이미지가 근대 도시의 퇴폐적 분위기를 상징하는 방식 분석 ▶ 벤야민의 파사주(Passage) 개념을 통해 이상이 인식한 도시 문명의 허상 연구
이성과 비이성의 충돌과 모더니즘	▶ 모더니즘적 서술 방식이 전통적인 서사를 해체하는 방법 분석 ▶ 수학(건축) 전공이 이상의 문학에 미친 구조와 배열의 특징 탐색 ▶ 이상 문학에 나타난 서구 모더니즘 기법이 한국 근대성 표현의 한계 연구

● 탐구 설계 예시

주제	**<날개>에 나타난 자아 분열적 의식이 근대 지식인의 소외 반영 현상 분석**
탐구 목표	<날개>의 자가 분열적 서술 구조와 주인공의 무기력을 분석한다. 이를 통해 식민지 자본주의와 근대화 과정에서 한국 지식인이 겪은 실존적 소외의 양상을 파악한다.
선정 이유	이상의 <날개>는 일제강점기라는 특수한 상황 속에서 정체성을 잃어버린 지식인의 내면을 가장 첨예하게 보여준다. 이 작품은 주인공의 무능력, 소외, 경제적 의존을 통해 근대화가 낳은 인간성 상실이라는 보편적 문제를 다룬다. 주인공의 자아 분열적 의식을 분석하여 오늘날 현대인이 느끼는 불안과 소외감의 근원을 이해하고 성찰하기 위해 이 주제를 선정했다.
서론	이상은 <날개>를 통해 근대 도시 경성(京城)의 병든 모습과 그 속에서 주체성을 상실한 지식인의 모습을 그린다. 서론에서는 일제강점기라는 비정상적인 시대 상황이 개인의 내면에 미친 영향을 제시한다. 주인공이 이름 없이 '나'로만 존재하며 방 안에 갇혀 사는 모습을 통해 그의 자아 분열이 시대적 소외를 상징함을 밝히고, 심리학적 관점에서 이를 분석할 필요성을 제기한다.
본론	▶'박제된 친재' 분석: 인물의 무능력이 식민지 지식인의 무력감을 상징함을 설명함. ▶'아내'와 '돈'의 의미: 근대 자본주의와 도시의 퇴폐성을 상징함을 설명함. ▶자아 분열 탐구: '나'와 '아내'를 하나의 해체된 자아의 두 측면으로 분석함. ▶'날개' 해석: 비상을 꿈꾸지만 현실에 묶인 주인공의 절망적 소망으로 해석함. ▶의식의 흐름: 비합리적 서술 방식이 근대 지식인의 혼란스러운 내면으로 분석함.
결론	주인공의 자아 분열은 식민지 근대 사회가 낳은 구조적 소외와 비극을 반영한다. 무기력한 삶 속에서도 '날개야 다시 돋아라'를 외치는 절규는 주체성 회복에 대한 강렬한 염원이다. 이상 문학은 진정한 자아를 찾는 성찰의 중요성을 일깨운다.
심화 탐구 주제	▶소설 <날개>를 카프카의 소설과 '도시 소외' 관점에서 비교 연구 ▶이상 문학의 기하학적 구조가 자아 분열을 표현하는 구체적 방식 탐색 ▶<날개> 속 주인공 부부의 병리적 관계를 프로이트 심리학 관점으로 분석
토론 주제	▶현대 사회에서 경제적 무능이 자아 상실의 주요 원인인가? ▶익명성이 인간 소외 심화의 원인이라면 비도시적인 삶은 대안이 되는가? ▶주인공의 나약함이 시대적 압박에 대한 비폭력적 저항으로 해석될 수 있는가?
교내 후속 활동	▶미술: 병든 도시의 이미지를 콜라주나 드로잉으로 표현하는 활동 ▶사회와 문화: 근대화 과정에서 소외된 계층의 문제를 분석하는 보고서 작성 활동 ▶자율·자치활동: <날개>장면을 현대적 관점으로 재해석한 숏폼 제작 활동 ▶동아리활동: 소외와 무력감을 겪는 청년 세대의 고민을 나누는 북토크 활동

● 미술

성취기준	[12미02-01] 다양한 발상으로 주제를 심화하여 작품을 계획할 수 있다.
주요내용	이상의 자의식 과잉과 도시 소외라는 주제를 심화하여 새로운 발상으로 작품을 계획한다. 소설 <날개>의 유폐된 육첩방이나 시 <거울>의 분열된 자아 이미지를 재료와 형식에 대한 전위적 발상과 연결한다. 다다이즘이나 초현실주의의 콜라주, 아상블라주 기법을 활용하여 내면의 불안과 시대의 비합리성을 상징하는 추상적 또는 개념적 미술 작품을 계획하고, 그 의도와 표현 전략을 문서로 작성한다.
교과연계 탐구주제	▶ <날개>의 육첩방을 '정신적 감옥'으로 설정하여 공간 미술 탐구 ▶ 이상의 난해성을 다다이즘 콜라주 기법으로 재해석하는 작품 구상 ▶ <오감도>의 기호와 숫자를 활용하여 파편화된 자아를 표현하는 작품 기획

● 정보

성취기준	[9정02-01] 실생활의 데이터가 디지털 형태로 변환되어 활용되는 긍정적 가치를 탐색하고, 다양한 데이터를 디지털 형태로 표현한다.
주요내용	이상 문학을 '실생활 데이터'로 간주하고, 그의 난해한 시와 소설에 나타난 숫자, 기호, 파편화된 문장들을 디지털 데이터로 변환하는 과정을 탐색한다. 텍스트 마이닝 기법을 사용하여 작품의 어휘 사용 빈도나 특정 기호의 패턴을 디지털 시각 자료로 표현한다. 이를 통해 난해한 예술 텍스트가 데이터 분석을 통해 어떻게 새로운 통찰을 제공하는지 그 긍정적 가치를 탐색한다.
교과연계 탐구주제	▶ 이상 문학의 주요 기호시각화를 위한 디지털 데이터 변환 탐구 ▶ <오감도>의 문장 길이와 띄어쓰기 패턴 형태에 대한 데이터 분석 ▶ 텍스트 마이닝으로 소설의 주요 어휘를 추출하여 자아 분열 정도 탐색

3. 독서 연계 탐구활동

● 추천 도서 목록

추천 도서 목록

▶ 날개(니케북스, 이상. 2025)
▶ 이상 소설 전집(권영민, 민음사, 2012)
▶ 이상 선집(초판본)(이상, 더스토리, 2025)
▶ 이상을 읽다(전국국어교사모임, 휴머니스트, 2021)
▶ 시인의 말 시인의 얼굴(윤동주 외, 지식여행, 2025)
▶ 이상 전 시집 건축무한 육면각체(이상, 스타북스, 2023)

● 독서 연계 탐구 활동

<table>
<tr><td colspan="2" align="center">독서 연계 탐구 활동</td></tr>
<tr><td>도서명</td><td>이상 선집(초판본)(이상, 더스토리, 2025)</td></tr>
<tr><td>李箱選集</td><td>이 책은 천재 작가 이상(李箱)이 생전에 발표했던 작품들을 초판본의 원형에 가깝게 엮어낸 선집이다. <오감도>의 파격적인 난해한 시부터 <날개>와 <종생기> 등 자의식 과잉과 도시 병리 현상을 다룬 소설까지, 한국 모더니즘의 정수를 담고 있다. 기호, 숫자 등 전위적 실험을 통해 식민지 지식인의 소외와 불안을 폭로한 이 작품들은 이성과 비이성의 충돌 속에서 자아를 해체하고 근대 문명을 비판한다.</td></tr>
<tr><td>핵심 키워드</td><td>모더니즘, 난해성, 자아 분열, 경성 도시, 의식의 흐름</td></tr>
<tr><td>탐구 주제</td><td>▶ <오감도>의 파격적 형식이 당대 사회에 준 충격 연구
▶ 이상 문학의 난해성이 독자의 해석에 미치는 영향 고찰
▶ 건축가 이상의 수학적 사고가 문학의 구조에 미친 영향 분석
▶ '거울' 등 반복적 이미지가 작품 전체에 미치는 상징적 효과 분석
▶ 소설 <날개>에 나타난 자아 분열이 현대인의 소외와 맺는 관계 탐색</td></tr>
<tr><td>토론 쟁점</td><td>▶ 난해한 예술은 대중의 이해 없이도 가치가 있다고 볼 수 있는가?
▶ 비정상적 도시 속 자의식 과잉이 현실 저항의 동기가 될 수 있는가?
▶ 이상 문학의 비윤리적 요소는 시대적 표현으로 인정되어야 하는가?</td></tr>
<tr><td>후속 활동</td><td>▶ 미술: 다다이즘이나 초현실주의 기법을 활용한 시각 예술 작품 제작 활동
▶ 기술·가정: 소설 속 육첩방을 모듈화 주거 공간으로 재해석한 모델링 활동
▶ 진로활동: (건축/디자인 분야)심리적 안정을 돕는 주거 공간 설계 활동
▶ 동아리활동: 기호, 숫자 등을 활용한 실험적 시나 초단편 소설 작성 활동</td></tr>
</table>

● 독서 연계 탐구활동 예시

<table>
<tr><td>탐구 주제</td><td colspan="2">건축가 이상의 수학적 사고가 문학의 구조에 미친 영향 분석</td></tr>
<tr><td>탐구 자료</td><td colspan="2">▶ <오감노>, <건축무한육면각세> 등 기하학적 구조가 드러나는 시 원문.
▶ 이상이 조선총독부에서 기사로 활동했을 당시의 건축적 사고 자료.
▶ 공학적 관점에서 이상 문학을 분석한(한국 모더니즘 문학 비평) 연구 자료</td></tr>
<tr><td rowspan="2">탐구 개요</td><td>서론</td><td>이싱은 건축과를 수식 폴입한 이싱의 소유자이나 그의 시는 닌해힘. 본 탐구는 이 상빈된 두 영역의 접점을 찾고자 함. <오감도>의 숫자 배열이나 <건축무한육면가체>외 기하학적 제목 등에서 드러나는 수학적 구조가 식민지 지식인의 해체된 내면 표현 방식에 미친 영향을 탐구하고자 함.</td></tr>
<tr><td>본론</td><td>▶ 시의 숫자 배열이 갖는 논리적 구조 분석
▶ 육면각체 등 기하학 용어가 작품에 사용된 방식 분석
▶ 건축에서 다루는 공간이 소설 속에서 심리적 감옥이 되는 현상 탐구
▶ 파편화된 시선을 논리적 구조로 재구성하려는 시도 분석
▶ 시의 배열이 건축 도면처럼 시각적 형태를 갖는 방식 고찰</td></tr>
</table>

탐구 개요	결론	이상의 문학은 이성과 비이성이 충돌하는 융합 예술임을 확인함. 그의 수학적 사고는 식민지 현실의 비합리성을 담아내기 위해 논리적, 기하학적 형식을 의도적으로 해체하는 독특한 모더니즘 구조를 창조함. 감성적 언어만으로는 담을 수 없었던 시대적 절망과 내면의 파편화를 표현함을 깨달음.
후속 활동		▶공통수학: <오감도>의 숫자 배열을 수열의 관점에서 분석, 논리적 규칙 탐색 활동 ▶미술: 기하학적 형태와 소외를 주제로 입체 작품 또는 디지털 드로잉 활동 ▶자율·자치활동: 풍자적 포스터, 기호, 난해한 형식으로 학생 건의문 작성 활동 ▶동아리활동: 1930년대 경성의 모습을 담은 사진 또는 영상 전시 활동

4. NIE 연계 활동

● 신문 읽기 & 연결 사유 찾기

천재시인 이상은 K-콘텐츠의 원류(ABC뉴스, 2025.07.31.)

이 기사는 시인 이상이 현대 한국문화의 창의성과 실험정신의 근원을 보여주는 인물임을 밝힌다. 이상이 시와 소설, 건축, 미술 등 여러 예술 분야를 넘나들며 기존의 형식을 깨고 독창적인 세계를 구축했다고 설명한다. 또한 그의 작품 속 상상력과 파격적 표현이 오늘날 K-콘텐츠가 지닌 융합적 감수성과 세계적 확장성의 뿌리가 되었다고 평가하며, 이상을 한국 예술 정신의 선구자로 재조명한다.

천재시인 이상 詩 '건축무한육면체' 수수께끼...90년만 물리학도가 풀었다(헤럴드경제, 2021.09.23.)

이 기사는 이상 시 <건축무한육면각체>에 담긴 난해한 구조를 물리학적 관점에서 해석한 연구 결과를 소개한다. 90여 년간 풀리지 않던 이 시의 기하학적 배열과 수학적 표현이 '초공간(Hyper-Space)'이나 양자역학과 같은 첨단 과학 개념과 연관될 수 있음을 제시한다. 이는 이상이 문학을 통해 이성(수학/건축)과 비이성(절망/무의식)을 결합하여, 시대를 초월한 사유를 실험했음을 증명한다.

종합예술 오페라로 천재 이상의 시 감각적으로 느껴보세요(파이낸셜 뉴스, 2024.03.03.)

이 기사는 이상 시인의 시 <오감도>와 <거울> 등을 바탕으로 창작된 종합예술 오페라 공연을 소개한다. 난해하고 파격적인 이상 문학이 음악, 무대 미술, 연기가 결합된 감각적인 오페라라는 장르를 통해 대중에게 확장되는 과정을 조명한다. 오페라가 이상 문학의 자아 분열, 도시의 병리, 전위적 형식을 시각적, 청각적 충격으로 전달하며 원작의 의미를 현대적으로 재해석하는 역할을 수행하고 있음을 강조한다.

● 시사 이슈

▶전통 예술가의 실험정신은 오늘날 K-콘텐츠에 어떻게 계승되고 있을까?

▶과학적 사고(물리/건축)가 예술 창작에 융합될 때 새로운 가치가 창출되는가?

▶예술가의 비극적 삶을 오페라 등 종합예술로 소비하는 것이 윤리적으로 문제없는가?

● 관점의 분석과 비교

천재시인 이상 詩 '건축무한육면체' 수수께끼...90년만 물리학도가 풀었다 (헤럴드경제, 2021.09.23.)
- 과학적 사고와의 융합이 난해한 예술의 새로운 가치를 창출하는가? -

찬성

물리학적 해석은 이상의 난해한 기호에 논리적 근거를 부여하여, 작품의 지적 깊이를 확장한다. 이는 예술이 시대와 분야를 초월하는 보편적 언어임을 증명하고, 융합적 사고를 통해 새로운 해석의 장을 여는 데 기여한다.

반대

예술의 가치는 감성과 미학에 있으며, 난해함은 지적 권위나 해석의 자유를 위한 것이다. 과학적 해독은 시의 주관적 감동을 훼손하고, 난해함이 던지는 혼란과 비이성이라는 예술적 의도를 단순한 퍼즐로 전락시킬 위험이 있다.

종합예술 오페라로 천재 이상의 시 감각적으로 느껴보세요 (파이넨셜 뉴스, 2024.03.03.)
- 예술가의 비극적 삶을 종합예술로 소비하는 것이 윤리적으로 문제없는가? -

》》 원작의 의미를 널리 알리는데 기여

오페라 등 종합예술은 예술가이 비극을 승하시켜 시대적 고뇌를 보편적 감동으로 확장한다. 이는 개인의 고통을 집단적인 성찰의 기회로 제공하며, 원작의 의미를 널리 알리고 예술가의 업적을 기리는 긍정적인 방식이다.

》》 철학적 성찰의 본질적 가치 훼손

예술가이 비극적 삶을 상업적 오페라로 소비하는 것은 고난을 상품화하여 착취하는 행위가 될 수 있다. 자극적인 비극에만 초점을 맞출 경우, 작품이 담고 있는 치열한 비판 의식이나 철학적 성찰의 본질적인 가치가 훼손될 위험이 있다.

● 사고의 확장

▶ 이상이 거부한 '정상적 삶'이 획일화된 현대 사회에서 어떤 의미인가?

▶ 난해한 예술을 '인증'하는 SNS 소비 방식은 전위성을 훼손하는가?

▶ 건축과 수학적 사고가 AI 시대의 싱의직 사고에 어떤 도움을 줄까?

▶ 소외된 사아들 그린 <날개>가 비대면 시대의 고립 문제를 해결할 수 있나?

▶ 천재의 비극적 삶이 대중의 감성을 자극할 때 문학의 가치는 어떻게 변하는가?

5. 세특 예시

<이상 선집>을 읽고 건축가 이상의 수학적 사고가 <오감도> 등 문학 구조에 미친 영향을 분석함. 난해성이 식민지 지식인의 파편화된 자아와 비합리적 시대에 대한 전위적 저항임을 고찰함. 과학 교과를 연계하여 <건축무한육면각체>의 기하학적 구조를 융합적 관점에서 해석함. 천재 예술가의 비극적 삶을 종합예술로 소비하는 행위의 윤리적 쟁점에 대해 토론하고, 획일화된 현대 사회에서 개인의 자유와 창의성을 지키는 이상적 자세를 성찰하는 태도를 보임.

26

임마누엘 칸트
(Immanuel Kant, 1724~1804)

1. 칸트, 이성과 도덕의 철학

● 꾸준함으로 완성한 철학자의 길

　18세기 독일의 한적한 도시 쾨니히스베르크에서 태어난 임마누엘 칸트는 신앙심 깊은 부모 밑에서 자라 성실함과 절제된 생활을 배웠다. 일찍 부모를 여읜 그는 형편이 어려워 귀족 가정의 가정교사로 일하며 학비를 마련했고, 10년 넘게 강사로 일하다가 마침내 대학 교수로 임용되었다. 그의 철학은 매일의 성실함과 끈기 있는 사색 속에서 자라났다.

　그는 오랜 기간 연구를 축적한 끝에 57세에 <순수이성비판>을 발표했으며, 이 한 권의 책으로 유럽 사상의 흐름을 바꾸었다. 칸트가 남긴 업적은 재능보다 꾸준함이 만들어낸 결과였고, 평범한 일상의 축적이 위대한 사유로 이어질 수 있음을 보여준다.

● 철학이 과학의 시대와 만나다

　칸트가 살던 시기는 뉴턴의 과학이 세상을 설명하던 계몽의 시대였다.

　사람들은 만유인력과 수학 법칙으로 우주의 질서를 이해하며, "모든 것은 계산으로 설명된다"고 믿으며 증명할 수 있는 지식에 매료되었다.

　하지만 칸트는 거기서 멈추지 않았다. "그렇다면 인간의 이성은 어떻게 세계를 이해하는가?"

그는 소크라테스의 사유, 아리스토텔레스의 논리, 데카르트의 이성 등 이전 철학의 흐름을 모아

"이성은 세상을 비추는 거울이 아니라, 세상을 구성하는 창문"이라는 새로운 관점을 제시했다.

칸트는 이를 '철학의 코페르니쿠스적 전환'이라 부르며, 인식의 중심이 대상이 아니라 인간의 이성에 있음을 밝히고자 했다.

● 도덕은 마음속의 법: 정언명령의 철학

　칸트는 "옳은 일"이란 감정이나 결과보다 이성의 명령에 따르는 것이라 말했다.

　그는 "너의 행위의 원칙이 모든 사람에게 보편적 법이 될 수 있도록 행위하라"는 도덕법칙을 세웠다. 또한 타인을 수단이 아닌 목적으로 존중해야 한다는 원리를 강조하며, 모든 인간이 이성을 지닌 존재로서 동등한 존엄을 가진다고 보았다.

　칸트는 모든 사람이 서로를 존중하며 도덕 법칙을 함께 세워가는 이상적 공동체를 '목적의 왕국'으로 제시했고, 이는 오늘날 인권과 공정한 사회의 원리가 되었다. 우리는 보편적 도덕법을 스스로 세우고 실천하는 자율적 존재임을 기억해야 한다.

● 머리 위의 별과 내 안의 도덕법칙

　칸트는 <실천이성비판>의 마지막 부분에서 이렇게 제시하였다.

　"두 가지가 내 마음을 늘 새롭고 강한 감탄과 경외로 채운다. 머리 위의 별이 빛나는 하늘과 내 안의 도덕법칙이다."

　그에게 우주의 질서와 인간 내면의 도덕은 모두 이성이 만들어내는 조화였다. 별이 펼쳐 놓은 광대한 우주는 인간을 작고 유한한 존재로 느끼게 하지만, 내면의 도덕법칙은 인간이 스스로를 이성적 존재로서 존엄하게 세우게 한다. 칸트는 이러한 자각이 인간을 자유로운 도덕적 주체로 이끈다고 보았으며, 이 문장은 훗날 그의 묘비에도 새겨져 칸트 철학을 상징하는 문장으로 자리 잡았다.

칸트는 철저히 규칙적인 생활을 하는 것으로 유명했다.

매일 정해진 시각에 산책을 나서 사람들이 그의 모습을 보고 시계를 맞출 정도였다. 그에게 산책은 몸과 마음의 균형을 지키는 철학의 실천이었다. 그가 산책을 거른 적은 두 번뿐이었는데, 한 번은 루소의 책을 읽느라, 나머지 한 번은 프랑스 혁명이 일어났다는 소식을 듣고서였다.

그만큼 그는 사상과 세상의 변화를 온몸으로 느끼는 철학자였다. 칸트에게 진정한 자유란 하고 싶은 대로 사는 것이 아니라, 이성이 세운 원칙에 스스로 따르는 삶이었다. 그의 질서정연한 하루는 결국 자유로운 정신을 위한 기초가 되었다.

정답과 규칙이 분명해 보이는 상황에서는 옳고 그름을 판단하는 일이 쉬워 보이기도 한다. 칸트는 도덕이 외부의 명령이나 결과에 따라 달라지는 것이 아니라, 스스로 세운 원칙에 따라 행동하려는 의지에서 나온다고 보았다. 그는 인간을 어떤 목적을 위한 수단이 아니라, 그 자체로 존중받아야 할 존재로 바라보았다.

오늘날 학생에게 칸트의 메시지는 분명하다.

편리함보다 옳음을 선택하려는 태도가 사고의 깊이와 삶의 방향을 결정한다는 사실이다.

▶ 나는 어떤 기준으로 옳고 그름을 판단하는가?

▶ 나의 선택은 타인을 존중하고 있는가?

이는 윤리·철학·시민 의식 중심 세특 탐구로 연결된다.

임마누엘 칸트
(Immanuel Kant, 1724~1804)

1) 선의지

칸트는 도덕적 행위의 가치를 '좋은 결과'가 아니라 '선한 의지'에서 찾았다. 선의지는 감정이나 이익이 아닌 이성의 명령에 따라 옳은 일을 하려는 마음이며, 인간이 도덕적으로 자율적 존재임을 보여준다. 그는 도덕의 출발점을 외부 조건이 아닌 인간 내부의 순수한 의지에서 찾았으며, 선의지는 모든 도덕 판단의 근본이자 인간이 스스로의 이성으로 도덕적 삶을 선택하고 실천할 수 있음을 증명하는 핵심 개념이라 보았다.

2) 도덕법칙

칸트는 모든 이성적 존재가 공통으로 인식할 수 있는 보편적 원리를 도덕법칙이라 하였다. 이는 외부의 보상이나 처벌과는 무관하게, 경험에 앞선 선험적(先驗的) 이성이 스스로 세운 내적 명령으로 인간이 마땅히 따라야 할 절대적 규범이다. 도덕법칙은 개인의 욕망이나 상황에 흔들리지 않고 누구에게나 동일하게 적용되는 명령으로, 그는 이러한 법칙을 따르는 행위를 자율적 의무이자 인간이 이성적 존재로서 존엄을 지키게 하는 근본 조건이라 보았다.

3) 정언명령

칸트는 "네 행위의 준칙이 언제나 동시에 보편적 법칙이 될 수 있도록 행위하라"고 하며 도덕의 절대 기준을 제시했다. 정언명령은 모든 상황에서 적용되는 무조건적 명령으로, 타인을 수단이 아닌 목적 그 자체로 대해야 한다는 윤리의 핵심 원리이다. 그는 도덕적 행위가 참되려면 개인의 욕망이나 결과가 아니라 이성이 세운 법칙에서 비롯되어야 한다고 보았다. 이러한 정언명령은 인간이 스스로의 이성으로 보편적 도덕법을 세우고 실천하는 존재임을 보여준다.

4) 자유

칸트는 자유를 하고 싶은 대로 사는 것이 아니라 이성이 세운 도덕법칙에 스스로 따르는 능력으로 보았다. 그는 외부의 강제에서 벗어나 스스로의 이성으로 옳음을 판단하고 실천할 때 인간이 진정한 자유를 얻는다고 보며, 이를 자율의 완성으로 이해했다. 이러한 자유는 무제한적 행동이 아니라 이성의 법칙을 따를 수 있는 내적 독립성을 의미한다. 칸트는 이성적 자율을 통해 인간이 자신을 다스릴 때 비로소 도덕적 주체로서 존엄을 실현할 수 있다고 강조했다.

칸트는 근대 철학의 흐름을 완성하고 새로운 철학의 기틀을 마련한 사상가로, '비판철학'을 통해 인간 이성과 인식의 구조를 체계적으로 분석하였다. 그는 '코페르니쿠스적 전환'을 통해 인식 주체가 세계를 구성한다는 새로운 철학적 시각을 열었으며, 경험과 이성의 조화를 이루는 인식론을 확립하였다. 또한 인간 이성의 한계를 규정하여 형이상학의 확장을 비판하고, 자율에 기반한 도덕법칙을 제시하는 의무론적 윤리학을 확립하였다. 이러한 성과는 인간 이성의 보편성과 도덕적 책임을 철학의 중심에 두는 근대 철학의 전환점을 마련한 것으로 평가된다.

칸트의 철학은 이후 피히테·셸링·헤겔로 이어지는 독일 관념론 형성에 결정적 토대를 제공하였다. 그의 인식론은 근대 과학과 철학의 방법론에 깊은 영향을 미쳐 객관적 진리 탐구의 기준을 제시하였다. 도덕철학과 자율 개념은 자유와 인권을 핵심 가치로 삼는 보편윤리 형성에 중요한 역할을 하였다. 그의 사상은 법학·정치철학·교육철학 전반에 확산되어 근대 시민사회와 민주적 질서의 이론적 기반을 강화하였다. 인간 존엄성을 강조한 정언명령은 인권선언과 국제 윤리 규범의 철학적 근거가 되었으며, 오늘날에도 윤리·법·정치 체계 속에서 중심적 사상으로 기능하고 있다.

● **철학 사상 연계 탐구 주제**

선의지	▶ 이익보다 원칙을 중시하는 선의지가 개인의 도덕적 선택에 미치는 영향 탐구 ▶ 도덕적 행위의 가치를 결과보다 의지의 선함에서 찾은 칸트의 윤리적 관점 탐구 ▶ 이성의 명령에 따라 행위하는 선의지가 현대 사회의 책임 윤리에 주는 의의 탐구
도덕법칙	▶ 감정이나 상황을 넘어 도덕법칙이 인간의 도덕 판단을 이끄는 방식 탐구 ▶ 경험에 앞선 선험적 이성이 세운 도덕법칙의 보편성과 그 적용 가능성 탐구 ▶ 도덕법칙이 공정한 사회 질서와 시민의 자율적 판단 형성에 주는 의미 탐구
정언명령	▶ 정언명령이 인권과 공동체 윤리에 미치는 철학적 의미와 현대적 의의 탐구 ▶ 정언명령의 '보편적 법칙' 원리가 도덕 판단의 기준으로 작동하는 방식 탐구 ▶ 타인을 수단이 아닌 목적으로 대해야 한다는 윤리 명제의 실천적 가치 탐구
자유	▶ 이성이 세운 도덕법칙에 스스로 따르는 자율적 자유의 철학적 의미 탐구 ▶ 자유와 자율의 관계를 통해 본 성숙한 시민의 자기 통제와 윤리적 행동 탐구 ▶ 칸트의 자유 개념이 도덕적 선택에서 개인의 책임과 판단에 미치는 영향 탐구

주제	타인을 수단이 아닌 목적으로 대해야 한다는 윤리 명제의 실천적 가치 탐구
탐구 목표	칸트의 정언명령을 바탕으로 타인을 수단이 아닌 목적 그 자체로 대해야 한다는 윤리 원리를 이해하고, 이를 통해 인간 존엄성과 도덕적 관계 형성의 가치를 탐구한다.
선정 이유	현대 사회는 효율과 경쟁을 이유로 타인을 수단화하는 경향이 강하다. 그러나 칸트는 인간을 단순한 도구가 아닌 이성적 존재로서 존중해야 한다고 강조하였다. 이러한 관점은 인간의 존엄을 지키고, 타인과의 관계에서 책임과 배려를 실천하는 윤리적 기준을 제시한다. 따라서 정언명령의 '인간 존중' 원리를 통해 도덕적 관계의 본질을 고찰하고, 이를 현실 속에서 실천 가능한 윤리 가치로 탐색하고자 한다.
서론	현대 사회는 효율성과 성과를 우선시하며, 인간을 경제적·사회적 기능의 수단으로 대하는 문화가 확산되고 있다. 칸트는 이러한 사회적 흐름 속에서 인간이 단순히 도구로 전락해서는 안 되며, 각 개인은 그 자체로 목적적 존재임을 주장하였다. 그의 윤리 사상은 모든 인간을 동등하고 존엄한 존재로 보는 도덕적 시각을 제시하며, 이성이 세운 보편적 법칙에 따라 타인을 존중하는 태도를 요구하였다.
본론	▶정언명령 제2공식 '타인을 수단이 아닌 목적으로 대하라'의 철학적 의미 정리 ▶인간 존엄성의 개념과 도덕적 자율성의 관계 분석 ▶타인 존중의 원리가 개인의 책임 윤리와 사회적 관계에 미치는 영향 탐색 ▶효율 중심 사회에서 인간이 수단화되는 사례 분석 및 윤리적 대안 모색 ▶칸트 윤리가 제시하는 인간 존중의 보편 가치와 현대적 적용 가능성 고찰
결론	칸트의 정언명령은 현대 사회의 비인간화 경향을 비판하고 인간 존엄의 의미를 일깨운다. 이는 타인과의 관계 속에서 존중과 책임을 실천하게 하는 도덕적 기반이 되며, 도덕적 판단에서 인간의 가치를 중심에 두는 기준이 된다.
심화 탐구 주제	▶칸트의 인간 본성에 대한 이해가 타인 존중의 윤리 형성에 미치는 영향 탐구 ▶타인을 목적 그 자체로 대하는 윤리의식이 공동체 관계 형성에 미치는 영향 탐구 ▶효율과 이익 중심 사회에서 정언명령의 윤리 원리가 제시하는 실천적 대안 탐구
토론 주제	▶인간 존엄을 지키는 윤리는 경쟁사회에서도 실현 가능한가? ▶타인을 수단으로 삼는 행위는 어떤 경우에도 정당화될 수 없는가? ▶공익을 위해 개인의 권리를 제한하는 것이 정언명령에 부합하는가?
교내 후속 활동	▶윤리와 사상: 정언명령과 가언명령을 비교하며 도덕적 의무의 의미 탐구활동 ▶동아리활동: 윤리적 딜레마 상황에서 도덕적 선택 사례를 분석하는 토론 활동 ▶자율·자치활동: 공동체의 도덕 규범과 책임 의식에 대한 캠페인 활동

임마누엘 칸트
(Immanuel Kant, 1724~1804)

● 통합사회2

성취기준	[10통사2-02-01] 정의의 의미와 정의가 요구되는 이유를 파악하고, 다양한 사례를 통해 정의의 실질적 기준을 탐구한다.
주요내용	칸트는 인간을 이성적 존재로 보며, 도덕법칙에 따른 의무를 중시하였다. 그는 정언명령을 통해 모든 사람이 공통으로 따를 수 있는 도덕적 정의의 보편 기준을 세웠다. 베카리아는 형벌의 목적을 사회적 안전과 예방에 두어야 한다고 보며, 합리적 법질서를 강조하였다. 두 사상은 인간의 존엄을 존중하는 정의의 원리를 공통으로 추구하며, 처벌과 권력의 정당성을 비판적으로 성찰하게 한다.
교과연계 탐구주제	▶ 칸트와 베카리아의 정의 개념이 제시하는 형벌의 정당성 기준 탐구 ▶ 법적 정의와 도덕적 정의의 조화를 통한 공정한 사회 구현 방안 탐구 ▶ 사형제도 논쟁을 통해 본 정의의 실질적 기준과 인간 존엄의 의미 탐구

● 윤리와 사상

성취기준	[12윤사03-04] 옳고 그름의 기준에 대한 의무론과 결과론을 비교·분석하고, 옳고 그름에 대한 윤리적 관점을 정당화할 수 있다.
주요내용	칸트는 행위의 옳고 그름을 결과가 아닌 의무의 이성적 근거에서 판단해야 한다고 보며, 정언명령을 통해 모든 사람이 따를 보편적 도덕법칙과 타인을 목적 그 자체로 대해야 한다는 윤리 원리를 제시하였다. 반면 벤담과 밀은 행위의 결과가 가져오는 최대 행복을 도덕의 기준으로 삼고 실질적 이익을 중시하였다. 이러한 대비는 도덕 판단의 근거와 인간 행위의 책임을 성찰하게 한다.
교과연계 탐구주제	▶ 정언명령의 보편적 법칙과 결과 중심 윤리의 한계를 비교하는 탐구 ▶ 의무와 결과의 관점이 도덕적 선택에 미치는 영향과 실천 방안 탐구 ▶ 칸트의 의무론과 공리주의의 차이를 통해 본 옳고 그름의 판단 기준 탐구

3. 독서 연계 탐구활동

● 추천 도서 목록

추천 도서 목록

▶ 칸트 수업(김선욱, 21세기북스, 2025)

▶ 칸트의 도덕형이상학 정초 읽기(박찬구, 세창출판사, 2014)

▶ 칸트의 순수이성비판(강지은, EBS BOOKS, 2023)

▶ 칸트의 판단력비판 읽기(김광명, 세창미디어, 2012)

▶ 칸트의 실천이성비판(박정하, EBS BOOKS, 2023)

▶ 영구 평화론(임마누엘 칸트(이한구 역), 서광사, 2008)

독서 연계 탐구 활동	
도서명	칸트 수업(김선욱, 21세기북스, 2025)
	이 책은 근대 철학자 임마누엘 칸트의 주요 사상을 현대 시민의 삶과 세계 윤리의 관점에서 새롭게 해석한 철학 교양서이다. 칸트의 자율적 이성과 도덕법칙, 그리고 <영구 평화론>에 담긴 세계시민법의 정신을 중심으로, 인간 존엄과 보편 윤리가 어떻게 국제사회 속에서 확장될 수 있는지를 탐구한다. 개인의 도덕적 책임에서 인류 공동체의 연대와 평화로 이어지는 사유의 흐름을 제시한다.
핵심 키워드	이성, 자율, 세계시민법, 평화, 인류공동체
탐구 주제	▶ 개인의 도덕 자율이 글로벌 공동체 형성에 기여할 수 있는 가능성 탐구 ▶ 칸트의 평화 이론이 국제 원조와 인도주의 실천의 근거가 되는 방식 탐구 ▶ 칸트의 보편윤리가 세계 불평등 해소와 지속가능발전에 주는 시사점 탐구 ▶ 칸트의 '영구 평화론'이 제시한 세계시민법의 철학적 의미와 현대적 의의 탐구 ▶ 세계시민의 도덕적 책임이 국제사회의 연대와 인권 보호에 미치는 영향 탐구
토론 쟁점	▶ 불공정한 국제 원조 구조는 세계시민 윤리에 어긋나는가? ▶ 평화는 제도적 합의보다 개인의 도덕적 실천에서 시작되는가? ▶ 국가의 이익을 이유로 한 전쟁은 도덕적으로 정당할 수 있는가?
후속 활동	▶ 통합사회: 국제 원조와 인권 문제를 세계시민의 관점에서 토론하는 활동 ▶ 국제관계의 이해: 칸트의 평화론을 바탕으로 세계시민 윤리를 고찰하는 활동 ▶ 진로활동: 지속가능발전목표(SDGs)를 중심으로 한 국제연대 프로젝트 기획 활동

임마누엘 칸트
(Immanuel Kant, 1724~1804)

● 독서 연계 탐구활동 예시

탐구 주제	개인의 도덕 자율이 글로벌 공동체 형성에 기여할 수 있는 가능성 탐구	
탐구 자료	▶ 김선욱, <칸트 수업> (21세기북스, 2025) ▶ 임마누엘 칸트, <영구 평화론> (서광사, 2008) ▶ 세계시민교육 및 국제협력 관련 신문·칼럼 자료	
탐구 개요	서론	현대 사회는 국가 간 의존이 커짐에 따라 불평등과 갈등이 심화됨. 이러한 상황에서 개인의 도덕적 판단과 자율적 행동으로 보편적 평화에 기여할 수 있는가에 대한 물음이 제기됨. 칸트는 이성이 세운 인간의 자율을 강조하며, 개인의 도덕적 실천이 세계시민 사회의 기초가 될 수 있음을 보여줌.
	본론	▶ 칸트의 도덕 자율 개념과 정언명령의 핵심 원리 정리 ▶ <영구 평화론>에서 제시한 세계시민법과 국제 윤리의 철학적 기반 분석 ▶ 개인의 도덕적 의지가 공동체 윤리로 확장되는 과정 탐구 ▶ 국가 이익 중심의 국제관계와 보편적 평화 윤리 간의 긴장 관계 고찰 ▶ 윤리적 실천이 국제 협력과 인류 공동체 형성에 미치는 영향 사례 분석

| 탐구 개요 | 결론 | 칸트의 도덕 자율 개념은 인간이 이성적 판단을 통해 보편적 윤리를 실천할 수 있는 존재임을 일깨워 줌. 개인의 자율적 선택과 도덕적 행동은 제도적 합의보다 근본적인 평화의 토대가 됨. 이를 통해 인류 공동체가 도덕과 연대의 원리를 바탕으로 조화를 이룰 수 있음을 시사함. |
| 후속 활동 | | ▶현대사회와 윤리: 롤스의 정의론을 바탕으로 국제 원조의 정당성을 탐구하는 활동
▶윤리와 사상: 칸트의 도덕 자율이 공동체 윤리에 미치는 영향 탐구 활동
▶동아리활동: 세계시민 윤리를 주제로 국제 협력 사례를 조사·토론하는 활동
▶자율·자치활동: 교내 공정한 의사결정과 협력문화를 실천하는 캠페인 활동 |

4. NIE 연계 활동

● 신문 읽기 & 연결 사유 찾기

메러디스 브루사드 "AI가 편향된 데이터 학습 않도록 경계해야"(경향신문, 2025.06.10.)

이 기사는 인공지능이 사회 전반에 확산되는 과정에서 데이터 편향이 차별과 불평등을 심화시킬 수 있음을 경고한다. 저널리즘 교수 메러디스 브루사드는 AI가 객관적일 수 없으며, 인간의 가치와 사회 구조가 반영된 결과물임을 강조한다. 기술이 인간의 판단을 대체할 수 없다는 점에서, 알고리즘의 투명성 확보와 책임 있는 개발·운영 체계를 강화해야 한다고 강조한다.

포털뉴스, 이렇게 바꾸자(민들레-마인들뉴스, 2025.03.12.)

이 기사는 포털뉴스의 알고리즘 편향과 정치적 영향력 문제를 짚으며, 공정성과 투명성 강화를 위한 제도적 개선을 제안한다. 인공지능 기사 배열의 공적 책임을 높이기 위해 '공적 뉴스 할당제' 도입과 시민 모니터링 제도의 필요성을 제시한다. 나아가 언론이 영리성보다 공익성을 우선해야 하며, 이용자 중심으로 플랫폼 구조를 개편해 신뢰받는 공론장으로 회복해야 한다고 강조한다.

유튜브 추천 알고리즘의 비극(전자신문, 2024.12.16.)

이 기사는 유튜브의 추천 알고리즘이 이용자의 클릭 패턴에 따라 편향된 콘텐츠를 강화함으로써 여론의 왜곡과 사회적 분열을 초래한다고 지적한다. 자극적 영상이 확산되는 구조적 원인을 분석하며, 이용자의 정보 선택권이 제한되는 문제를 함께 제기한다. 플랫폼이 사회적 책임을 인식하고 알고리즘의 공정성과 투명성을 높여야 한다는 필요성을 제기한다.

● 시사 이슈

▶인공지능의 판단이 인간의 도덕적 자율을 대신할 수 있는가?

▶포털 알고리즘이 여론 형성에 끼치는 영향에 대한 플랫폼 기업의 공적 책임은 무엇인가?

▶추천 알고리즘이 이용자의 선택을 제한할 때, 표현의 자유와 공익은 조화를 이룰 수 있는가?

포털뉴스, 이렇게 바꾸자(민들레-마인들뉴스, 2025.03.12.)
- 포털뉴스 시민 모니터링 제도는 실효성이 있는가? -

찬성

시민 모니터링 제도는 포털뉴스의 편향성과 불투명성을 개선할 수 있는 실질적 장치이다. 언론단체와 학계, 시민(이용자) 중심의 감시체계는 뉴스의 공정성과 투명성을 높이고 여론의 다양성을 보장하여 언론의 신뢰를 회복하는 데 기여할 것이다.

반대

시민 모니터링은 정치적 이해관계나 특정 성향의 개입 위험이 있다. 전문 기준이 부족한 상태에서 운영될 경우 객관성 확보가 어렵고, 포털의 자율성과 표현의 자유를 침해할 수 있다. 따라서 지속 가능성을 위해 제도적 규제가 필요하다.

메러디스 브루사드 "AI가 편향된 데이터 학습 않도록 경계해야"(경향신문, 2025.06.10.)
– AI 편향은 기술로 해결 가능한가, 인간의 윤리와 책임이 우선되는가? –

》》 기술적 통제의 가능성

인공지능이 사회 각 영역에 확산되는 만큼, 데이터의 품질과 설계 단계의 통제가 중요하다. 알고리즘의 구조를 공개하고 편향을 사전에 점검하는 절차가 강화된다면 기술의 객관성과 신뢰성을 일정 부분 확보할 수 있다.

》》 인간 중심 윤리의 필요성

AI는 인간의 가치 판단이 내재된 산물이므로 완전한 중립성을 기대하기 어렵다. 따라서 기술보다 인간의 도덕적 성찰과 책임의식이 우선되어야 하며, 인간 중심의 윤리 확립이 편향 문제 해결의 출발점이 될 수 있다.

임마누엘 칸트
(Immanuel Kant, 1724~1804)

● 사고의 확장

▶ AI 시대에 기업은 어떤 윤리적 책임을 져야 하는가?

▶ AI의 편향을 줄이기 위한 기술적 통제는 실제로 가능한가?

▶ 시민 모니터링 제도는 언론의 자율성과 공공성을 어떻게 조화시킬 수 있을까?

▶ AI가 인간의 도덕 판단을 대신하는 시대에 인간의 자율은 어떻게 지켜질 수 있을까?

▶ AI의 윤리 문제는 기술의 한계에서 비롯된 것일까, 인간 가치의 왜곡에서 비롯된 것일까?

5. 세특 예시

칸트 철학의 시대정신을 탐구하며 인간의 이성과 도덕법칙이 과학기술 중심 사회에서도 유효한지 성찰하고, 기술 발전이 인간의 자유의지를 약화시키는 사례를 분석하여 도덕 판단의 최종적 주체가 인간임을 강조함. 정언명령을 바탕으로 인공지능 활용에서 수단과 목적의 조화를 모색하며, 추천 알고리즘의 편향성과 정보 비대칭 문제를 중심으로 기업의 데이터 공개와 알고리즘 투명성 확보의 필요성을 강조함. 이를 바탕으로 인간의 주체성과 윤리가 조화를 이루는 방향을 정립함.

27

장 자크 루소

(Jean-Jacques Rousseau, 1712~1778)

---

1. 자유와 평등을 꿈꾼 인간사회의 철학자

● 어린 시절, 자유를 갈망한 소년

루소는 1712년 스위스 제네바에서 태어났다. 어머니는 그를 낳고 곧 세상을 떠났고, 아버지는 책을 사랑했지만 가난했다. 어린 루소는 책 속에서 세상을 배웠다. "나는 자유롭고 싶었다. 누가 나에게 삶의 방식을 정해줄 수 있단 말인가?" 그의 마음속에는 이미 '자유로운 인간'에 대한 강한 열망이 자리했다. 하지만 현실은 그렇지 않았다. 고된 견습 생활과 떠돌이 신세를 거치며 그는 인간 사회의 불평등을 온몸으로 느꼈다.

"인간은 자유롭게 태어났으나, 어디서나 쇠사슬에 묶여 있다."

● 방랑 속에서 철학을 발견하다

루소는 스무 살이 되자 세상을 직접 보고 배우겠다며 유럽 곳곳을 떠돌았다. 귀족 가정의 가정교사, 작곡가, 서기관 등 다양한 일을 하며 사람들의 삶을 가까이서 보았다. 그는 도시의 화려함 뒤에 숨은 위선과 불평등을 목격했다.

"사람들은 문명화될수록 진짜 자신을 잃어버린다." 그는 자연 속에서의 단순하고 진실한 삶이야말로 인간다운 삶이라 믿게 되었다. 이 시기의 경험은 훗날 그가 쓴 <인간불평등기원론>의 사상적 밑거름이 되었다.

● 글로 세상을 바꾸다: 〈인간불평등기원론〉

그는 인간의 불평등이 자연에서 비롯된 것이 아니라, 사유재산과 제도, 관습이 만들어 낸 인위적 산물이라고 분석했다. 이는 노력과 능력의 차이를 당연한 질서로 여겨 온 당시 사회에 대한 정면 도전이었다.루소는 묻는다. 문명이 발전할수록 인간이 더 자유롭고 행복해졌는가, 아니면 더 불안하고 고립되었는가. 이 주장은 당시의 상식과 정면으로 충돌했다. 그러나 동시에 많은 사람들의 마음을 흔들었다. 사람들은 처음으로 질문하기 시작했다.

"지금 우리가 살아가는 사회는 과연 옳은가?"

● 새로운 사회를 꿈꾸다: 〈사회계약론〉

1762년, 루소는 대표작 <사회계약론>을 발표한다. 그는 진정한 사회란 강자가 지배하는 질서가 아니라, 자유로운 개인들이 동의해 만든 공동의 약속 위에 세워져야 한다고 보았다.

"모두가 함께 만든 법에 복종하는 것은 곧 자기 자신에게 복종하는 것이다."

그가 말한 '일반의지'는 개인의 이익을 넘어 공동선을 향한 의지였다. 이는 다수의 힘으로 소수를 억압하는 논리가 아니라, 모두의 자유를 지키기 위한 집단적 책임을 뜻했다. 이 사상은 이후 프랑스 혁명과 근대 민주주의의 철학적 토대가 된다. 그의 책은 금서가 되었지만, 사상은 이미 사람들의 마음속에서 살아 움직이고 있었다.

• 자연으로 돌아간 철학자

말년의 루소는 세상의 비난과 오해 속에서 외로이 살았다. 그러나 그는 자연 속에서 평화를 찾았다. 그는 "인간은 본래 선하지만 사회가 그를 타락시킨다"고 믿었다. 그는 고독한 산책 중에도 인간의 본성과 자유, 행복을 끊임없이 사색했다.

1778년, 그는 조용히 세상을 떠났다. 하지만 그의 사상은 이후 수많은 혁명과 민주주의 운동의 불씨가 되었다. "인간은 법에 의해 얽매일지라도, 자유를 잃어서는 안 된다."

• 오늘날로 이어지는 메시지

자유를 말하면서도 타인의 시선과 사회의 기준에 쉽게 얽매이는 시대이다. 선택의 순간마다 우리는 스스로 결정하고 있다고 믿지만, 그 판단이 과연 얼마나 자유로운지 돌아볼 필요가 있다. 루소는 문명이 인간을 발전시키는 동시에 자연스러운 인간성을 억압할 수 있다고 보았다. 그는 스스로 생각하고 선택하는 힘을 잃지 않는 것이 진정한 자유의 핵심이라고 강조했다.

오늘날 학생에게 루소의 메시지는 분명하다.

자유는 하고 싶은 대로 사는 것이 아니라, 스스로 선택할 수 있는 능력이라는 사실이다.

▶ 나는 얼마나 자유롭게 선택하고 있는가?

▶ 사회는 개인의 자유를 어떻게 제한하는가?

이는 사회·정치·철학 중심 세특 주제로 확장 가능하다.

• 주요 철학 사상

1) 자연상태

루소는 인간이 태어날 때부터 자유롭고 평등하다고 보았다. 그러나 문명과 제도가 발달하면서 인간은 욕심과 경쟁에 갇혀 불행해졌다고 생각했다. 그는 '자연상태'를 인간 본래의 순수하고 선한 모습으로 보았다. 자연상태의 인간은 서로 다투지 않고, 필요한 만큼만 가지며, 타인을 해치지 않는다. 루소는 이런 본래의 선한 마음을 되찾을 때 진정한 행복을 얻을 수 있다고 주장했다. 즉, 인간의 본성은 악이 아니라 '순수한 선함'에 있다는 것이다.

2) 사회계약론

루소는 사람들이 자유롭고 평등하게 살기 위해 서로 약속을 맺는다고 보았다. 이것이 바로 '사회계약론'이다. 개인이 모든 자유를 포기하는 것이 아니라, 공동의 행복을 위해 일정 부분 양보하고 새로운 질서를 만드는 것이다. 그는 "모든 구성원이 스스로 만든 법에 복종할 때, 그 법은 자유를 억압하지 않는다"고 말했다. 사회계약은 강요된 복종이 아니라, '자유로운 동의'를 바탕으로 한 협력의 약속이라는 점에서 현대 민주주의의 기초가 되었다.

3) 자연으로의 회귀

루소는 문명과 과학이 발전할수록 인간이 본래의 선한 본성을 잃는다고 보았다. 그는 진정한 행복을 찾기 위해 인간이 다시 자연의 단순함과 순수함으로 돌아가야 한다고 강조했다. '자연으로의 회귀'란 숲이나 시골로 돌아가다는 뜻이 아니라, 인간이 가진 순수한 감성과 양심을 회복하는 것을 의미한다. 루소는 인간이 욕심과 허영심을 버리고, 자연과 조화롭게 살아갈 때 진정한 자유와 평화를 얻을 수 있으며, 그 안에서 인간 본연의 가치와 도덕성을 되찾을 수 있다고 보았다.

4) 시민적 자유

루소는 진정한 자유는 "하고 싶은 대로 사는 것"이 아니라 "스스로 만든 법에 복종하는 것"이라고 말했다. 즉, 자유는 방종이 아니라 책임 있는 선택을 의미한다. 시민적 자유는 개인이 공동체의 일원으로서 법과 제도에 참여하고, 그 속에서 자신의 의지를 실현하는 자유다. 루소는 이런 시민적 자유가 실현될 때 비로소 모두가 평등하고 정의로운 사회가 된다고 보았다. 자유는 혼자 누리는 것이 아니라 함께 지켜야 할 가치라고 강조했다.

루소는 인간의 본성을 선하고 자유로운 존재로 보았으며, 사회가 이러한 본성을 억압한다고 주장하였다. 그는 <사회계약론>에서 "일반의지" 개념을 제시하며, 정당한 정치권력은 국민 전체의 공동의 의지에서 나와야 한다고 강조하였다. 이는 절대왕정을 비판하고 민주주의의 근본 원리를 세운 사상으로 평가된다. 또한 <에밀>을 통해 자연의 흐름에 따라 아이의 발달을 존중하는 자연주의 교육이론을 제시하며 기존의 억압적 교육방식에 도전했다. 그의 사상은 개인의 자유, 평등, 자율을 중시하는 근대 시민사회 형성에 중요한 토대를 제공하였다.

루소의 사상은 프랑스 혁명과 근대 민주정치의 사상적 기반이 되었으며, 인권선언의 핵심 정신에도 깊게 스며 있다. 그의 자연상태와 사회계약 개념은 정치철학뿐 아니라 사회학, 윤리학, 교육학에도 지속적인 영향을 주었다. 개인의 자유와 공공의 이익을 조화시키려는 그의 문제의식은 오늘날 시민참여, 공동체 의식, 참여민주주의 논의에서도 중요한 참조점이 되고 있다. 또한 자연으로의 회귀 사상은 현대 환경윤리와 생태교육 논의로 이어져 인간과 자연의 관계를 재정립하는 데 기여하였다. 더불어 개인의 자율성과 내적 성장을 중시하는 현대 교육철학에도 새로운 방향을 제시하였다.

● 철학 사상 연계 탐구 주제

자연상태	▶ 현대 사회의 경쟁 구조가 인간 본성에 미치는 영향에 대한 고찰 ▶ 인간의 선함을 강조한 루소의 자연상태와 홉스의 인간관 비교 분석 ▶ 자연상태 사상이 현대 청소년의 도덕 가치관 형성에 미친 영향 탐구
사회계약론	▶ 로크와 루소의 사회계약론 비교를 통한 민주적 자유 개념 고찰 ▶ 루소의 사회계약론이 민주주의 시민 참여 의식 형성에 미친 영향 탐구 ▶ 루소의 사회계약 사상이 국민 주권 원리 확립에 미친 철학적 영향 탐구
자연으로의 회귀	▶ **루소의 자연주의 교육사상과 현대 환경교육 철학의 공통점 비교 탐구** ▶ 루소의 자연으로의 회귀 사상이 현대 생태 중심 교육에 미친 영향 탐구 ▶ 자연 속 체험학습이 청소년의 인성 및 공감 능력 향상에 미치는 영향 분석
시민적 자유	▶ 루소의 시민적 자유 사상이 민주 시민교육에 미친 영향 탐구 ▶ 루소의 시민적 자유 사상과 현대 인권교육의 공통 가치 비교 고찰 ▶ 시민적 자유 개념이 청소년의 자율성과 책임감 형성에 미친 영향 분석

주제	루소의 자연주의 교육사상과 현대 환경교육 철학의 공통점 비교 탐구
탐구 목표	루소의 자연주의 교육사상과 현대 환경교육의 철학적 공통점을 비교하여, 인간과 자연의 조화로운 관계의 의미를 이해하고 지속 가능한 삶의 가치를 탐색한다.
선정 이유	오늘날 인류는 기후위기와 환경 파괴라는 심각한 문제에 직면해 있다. 루소는 이미 18세기에 인간이 문명에 의해 자연과 멀어졌다고 경고하며, 자연 속에서 배우는 교육의 가치를 강조했다. 현대의 환경교육 또한 인간이 자연의 일부임을 인식하고 조화롭게 살아가는 태도를 기르는 데 초점을 둔다. 따라서 두 사상을 비교함으로써, 인간 중심 사고를 넘어 자연과 공존하는 교육의 의미를 되새길 필요가 있다.
서론	루소는 "자연으로 돌아가라"고 외쳤다. 이는 단순히 숲이나 시골로 돌아가자는 말이 아니라, 인간이 본래 가진 순수한 본성과 자연과의 조화를 회복하자는 철학적 외침이었다. 한편 현대 환경교육은 인간이 자연의 주인이 아니라 '공동의 생명체'라는 인식을 바탕으로 한다. 본 탐구는 루소의 자연주의 교육사상과 현대 환경교육이 '인간과 자연의 공존'이라는 가치가 오늘날 어떤 의미를 갖는지를 살펴보고자 한다.
본론	▶ 루소의 생애와 <에밀>에 나타난 자연주의 교육의 핵심 내용 정리 ▶ 현대 환경교육의 철학적 배경과 주요 원리(지속가능성, 생태중심사고 등) 조사 ▶ 두 사상의 공통점과 차이점 비교표 작성 – 자연관, 인간관, 교육목표 중심 ▶ 자연 체험 중심 수업 사례(학교 숲·생태학습 프로그램 등) 분석 ▶ 자연 친화적 교육의 가치와 학교 교육에 적용 가능한 방안 제안
결론	탐구를 통해 루소의 자연주의 교육사상은 인간의 내면 성장을, 현대 환경교육은 사회적 실천을 중시하지만, 두 사상 모두 '자연과의 조화'를 핵심 가치로 한다는 점을 확인하였다. 교육은 지식 진달이 아니라 '삶을 가꾸는 과정'임을 깨달았다.
심화 탐구 주제	▶ 루소의 자연관이 생태철학에 미친 영향에 대한 탐구 ▶ 환경문제 해결을 위한 생태교육의 실천적 방향 고찰 ▶ 자연주의 교육과 생태학적 인간관의 철학적 연계성 탐구
토론 주제	▶ 인가 중심의 문명 발전이 자연과의 공존보다 우선되어야 하는가? ▶ 환경보호를 위해 개인의 자유를 어느 정도까지 제한할 수 있는가? ▶ 학교 교육이 지식 중심에서 생태적 실천 중심으로 바뀌어야 하는가?
교내 후속 활동	▶ 통합사회: 환경문제의 원인과 지속가능 발전 목표를 연결한 사례 조사 ▶ 자율·자치활동: 교내 '녹색캠페인' 기획 및 자연 보호 실천 포스터 제작 ▶ 동아리활동: 루소의 <에밀> 발췌문 읽기 및 환경철학 토론회 진행

장 자크 루소
(Jean-Jacques Rousseau, 1712~1778)

• 윤리와 사상

성취기준	[12윤사04-01] 동·서양의 다양한 국가관을 비교·고찰하고, 오늘날 국가의 역할과 정당성에 대해 탐구할 수 있다.
주요내용	루소의 사회계약론은 국가의 정당성을 개인의 자연권 양도가 아닌 일반의지를 기반으로 한 인민 전체의 합의에서 찾으며, 주권재민의 사상적 기초를 확립한다. 이는 시민의 자유와 평등을 보장하는 민주적 국가관과 자발적 정치 참여의 필요성을 강조한다. 또한 루소는 대의민주주의의 한계를 지적하고 직접 민주주의적 요소를 옹호하여 현대 민주주의의 발전 방향에 통찰을 제공한다.
교과연계 탐구주제	▶ 루소의 사회계약론이 현대 민주주의 국가의 정당성 형성에 미친 영향 탐구 ▶ 로크와 루소의 국가관 비교를 통한 권력의 정당성과 시민의 역할 고찰 ▶ 루소의 일반의지 개념이 국가의 공공성 강화에 미친 철학적 영향 분석

• 정치

성취기준	[12정치01-03] 민주 정치의 역사적 발전 과정을 이해하고, 현대 민주 정치의 다양한 사상적 배경을 비교·분석한다.
주요내용	루소의 사회계약론과 일반의지 사상은 모든 권력이 인민에게 있다는 국민 주권 원리 확립에 결정적인 역할을 수행하며, 근대 시민 혁명의 사상적 기반을 제공하였다. 그의 사상은 대의제 민주주의의 한계를 비판하고 직접 민주주의적 요소를 옹호하는 이론적 근거가 되어, 오늘날 시민의 자율적이고 적극적인 정치 참여의 중요성을 더욱 강하게 강조하는 데 활용되고 있다.
교과연계 탐구주제	▶ 루소의 일반의지 개념과 현대 국민 주권 사상의 연관성 고찰 ▶ 루소와 로크의 민주주의 철학 비교를 통한 정치 사상적 차이 분석 ▶ 루소의 사회계약론이 근대 민주 정치의 발전에 미친 사상적 영향 탐구

3. 독서 연계 탐구활동

• 추천 도서 목록

추천 도서 목록

▶ 에밀(장 자크 루소(이환 역), 돋을새김, 2015)
▶ 장 자크 루소(구와세 소지로(전경아 역), 까치, 2024)
▶ 루소의 사회계약론(장 자크 루소, 넥센미디어, 2025)
▶ 루소, 학교에 가다(조상식, 탐, 2013)
▶ 사회계약론(장 자크 루소(김영욱 역), 후마니타스, 2022)
▶ 자연이라는 위대한 스승을 만나다(강영계, 자음과모음, 2020)

<table>
<tr><td colspan="2" align="center">독서 연계 탐구 활동</td></tr>
<tr><td>도서명</td><td align="center">사회계약론(장 자크 루소(김영욱 역), 후마니타스, 2022)</td></tr>
<tr><td></td><td>이 책은 인간이 자유롭고 평등하게 살기 위해 어떻게 사회를 만들고, 그 사회가 어떻게 정당한 권력을 가질 수 있는지를 설명한다. 루소는 사람들이 자유를 지키기 위해 서로 약속을 맺어 공동체를 이루었다고 본다. 그는 권력은 국민 전체의 의지, 즉 '일반의지'에서 나와야 한다고 강조한다. 또한 개인의 자유와 공동체의 이익이 조화를 이룰 때 진정한 민주사회가 가능하다고 말한다.</td></tr>
<tr><td>핵심 키워드</td><td align="center">자유, 평등, 일반의지, 사회계약, 민주주의</td></tr>
<tr><td>탐구 주제</td><td>▶ 루소와 로크의 자유 개념을 비교하여 민주주의 원리 고찰
▶ 루소의 사회계약론을 통해 자유와 평등이 조화를 이루는 사회를 탐구
▶ 일반의지 개념을 통해 민주주의 정치에서 시민의 역할을 분석하는 탐구
▶ 루소의 사회계약 사상이 현대 헌법 속 국민 주권 원리에 미친 영향 분석
▶ 루소의 평등 사상이 오늘날 사회적 불평등 문제 해결에 주는 시사점 고찰</td></tr>
<tr><td>토론 쟁점</td><td>▶ 시민은 자유를 위해 공동체의 의사에 따라야 하는가?
▶ 모든 국민의 뜻이 언제나 옳은 결정을 내릴 수 있을까?
▶ 평등을 위해 개인의 재산과 자유를 일정 부분 나누어야 하는가?</td></tr>
<tr><td>후속 활동</td><td>▶ 정치: 루소의 사회계약론과 현대 민주정치 원리를 비교해 발표하는 활동
▶ 윤리와 사상: 개인의 자유와 공동체의 의무의 조화 사례를 찾아 토의하는 활동
▶ 자율·자치활동: 학급 내 '우리 반 헌장'을 만들며 일반의지 개념을 적용해보는 활동
▶ 동아리활동: 민주주의의 가치와 시민참여의 의미를 탐구한 영상 제작 활동</td></tr>
</table>

● 독서 연계 탐구활동 예시

<table>
<tr><td>탐구 주제</td><td colspan="2" align="center">루소의 사회계약 사상이 현대 헌법 속 국민 주권 원리에 미친 영향 분석</td></tr>
<tr><td>탐구 자료</td><td colspan="2">▶ <사회계약론>(징 자크 무소 저): 국민 주권과 일반 의지 개념 이해에 도움
▶ 대한민국 헌법 전문과 제1조: 국민이 주권의 주체임을 명시한 근거 자료
▶ 프랑스 인권선언문(1789): 루소 사상이 반영된 근대 민주주의 선언문</td></tr>
<tr><td rowspan="2">탐구 개요</td><td>서론</td><td>루소는 인긴이 자유롭고 평등하게 대이났다고 푸징하며, 사회 구성원의 동의로 헝성된 공동외 외지가 국가 권력의 정당한 근윈이라 보았음. 이러한 사회계약 사상은 '국민이 주권을 가진다'는 현대 헌법의 기본 원리에 큰 영향을 주었음. 루소의 사상을 통해 국민 주권의 의미와 중요성을 탐구함.</td></tr>
<tr><td>본론</td><td>▶ 루소의 사회계약론 핵심 개념과 일반 의지의 의미 정리하기
▶ 근대 시민혁명과 헌법 제정에 루소 사상이 미친 영향 분석하기
▶ 대한민국 헌법 제1조와 국민 주권 원리의 역사적 배경 탐색하기
▶ 현대 민주 사회에서 국민 참여 사례를 조사하고 루소 사상과 연결하기
▶ 국민 주권 실현을 위한 시민의 역할과 책임 방안을 제시하기</td></tr>
</table>

탐구 개요	결론	탐구 결과, 루소의 사회계약 사상은 국민이 국가의 주인이며 권력의 근원이 된다는 민주주의 핵심 원리를 세우는 데 기여했음. 그의 일반 의지 개념은 공익을 중시하는 정치 질서의 토대가 되었으며, 오늘날 헌법에 담긴 국민 주권과 민주 참여의 이념으로 이어지고 있음을 확인함.
후속 활동		▶윤리와 사상: 루소와 로크의 사회계약론 차이를 비교 분석하는 활동 ▶세계사: 프랑스 혁명 속 루소 사상의 역할을 사례로 분석하는 활동 ▶자율·자치활동: 학교 헌법 만들기 프로젝트로 학생 자치 원리 실천 활동 ▶동아리활동: 국민 주권과 민주 참여를 주제로 모의 선거를 진행하는 활동

4. NIE 연계 활동

● 신문 읽기 & 연결 사유 찾기

루소 "인간은 자유롭게 태어났지만 쇠사슬에 얽매여 있다"(반디뉴스, 2024.12.26.)

이 기사는, 장-자크 루소가 "인간은 자유롭게 태어났지만 곳곳에서 쇠사슬에 얽매여 있다"고 선언하며 인간 본연의 자유와 문명사회의 제약 사이의 괴리를 지적한 내용을 다룬다. 그는 자연상태에서의 자유롭고 선한 인간이 문명과 제도로 인해 억압받고 결국 스스로를 잃어버린다고 본다. 이와 함께 그는 모든 사람이 공동체의 일반의지에 따라 평등하게 입법에 참여하는 사회가 진정한 자유를 보장한다고 주장한다.

다시 루소의 목소리를 듣다(대학뉴스, 2012.09.23.)

이 기사는 18세기 대표적 사상가인 장 자크 루소(1712-1778)의 탄생 300주년을 맞아 그의 정치철학을 다시 조명한 글이다. 그는 '자유'와 '평등'이라는 핵심 개념을 통해 근대 민주주의 국가의 형성과 발전에 결정적인 영향을 미쳤다. 특히 그는 "모든 사회 구성원 간의 사유재산은 일정한 한계 아래에서 평등해야 한다"고 주장하며, 경제적 불평등이 결국 정치적 자유를 근본적으로 위협하고 침해할 수 있다고 진단했다. 

루소, 자유로운 공동체, 시민의 탄생을 꿈꾸다(미디어피아, 2025.05.15.)

이 기사는, 장-자크 루소가 <사회계약론>을 통해 꿈꾼 자유로운 공동체와 시민의 탄생이 근대 정치사상의 핵심 임을 강조한다. 그는 개인이 자연적 상태에서 벗어나 공동체 속에서 자유롭게 살아가며, 시민으로 성장할 때 참된 정치적 주체가 된다고 보았다. 또한 공동체 구성원 간의 계약과 상호 책임이 자유와 평등이 조화된 공동체 형성의 조건이라는 점을 상기시킨다.

● 시사 이슈

▶사회 질서를 위해 인간이 자유를 일부 포기해야 한다는 생각은 정당한가?

▶루소가 주장한 '일반의지'는 다수의 폭정을 막는 수단이 될 수 있는가?

▶진정한 자유는 개인의 권리 보장인가, 공동체와의 조화로운 관계 형성인가?

다시 루소의 목소리를 듣다(대학뉴스, 2012.09.23.)
- 루소가 주장한 '일반의지'는 다수의 폭정을 막는 수단이 될 수 있는지 토론 -

찬성	반대
루소의 일반의지는 단순한 다수의 의견이 아니라 공동선을 추구하는 전체 의지이므로, 사익을 위한 다수의 폭정을 막을 수 있다. 모든 시민이 공공의 이익을 위해 사고하고 결정할 때, 일반의지는 정의롭고 합리적인 방향으로 사회를 이끈다.	일반의지는 결국 다수의 의견으로 표현되기 때문에 소수의 목소리가 억압될 위험이 있다. '공동선'이라는 명분 아래 다른 생각을 가진 사람을 배제하거나 통제할 가능성이 있으며, 이는 오히려 다수의 폭정을 강화할 수 있다.

루소, 자유로운 공동체, 시민의 탄생을 꿈꾸다(미디어피아, 2025.05.15.)
- 진정한 자유는 개인의 권리 보장인가, 공동체와의 조화로운 관계 형성인가 -

≫ 개인의 권리 보장	≫ 공동체의 조화로운 관계 형성
자유는 공동체 속에서 티인의 권리를 침해하지 않으면서 조화를 이룰 때 완성된다. 인간은 사회적 존재이므로 개인의 자유가 공공의 선과 조화를 이룰 때 진정한 자유가 실현된다. 자유는 책임과 배려를 전제로 해야 한다.	자유는 공동체 속에서 타인의 권리를 침해하지 않고 조화를 이룰 때 완성된다. 인간은 사회적 존재이므로, 개인의 자유가 공공의 선과 조화를 이룰 때 진정한 자유가 실현된다. 자유는 책임과 배려를 전제로 한다.

장 자크 루소
(Jean-Jacques Rousseau, 1712~1778)

● 사고의 확장

▶ 자유를 얻기 위해 개인은 사회 규범이나 제도에 어느 정도까지 순응해야 할까?

▶ 루소의 공동체적 자유 사상이 오늘날 시민의식 교육에 어떻게 반영되고 있을까?

▶ 공동선을 추구하는 일반의지가 개인의 다양성을 보상할 수 있는 방법은 무엇일까?

▶ 루소의 일반의지 개념은 현대 민주주의의 '다수결 원칙'과 어떻게 구별될 수 있을까?

▶ 디지털 시대의 시민은 루소가 말한 '자유로운 공동체'를 어떤 방식으로 실현할 수 있을까?

5. 세특 예시

  '사회계약론(장 자크 루소)'를 읽고 그의 사상이 현대 헌법의 국민주권 원리에 미친 영향을 탐구함. 대한민국 헌법 전문과 제1조, 프랑스 인권선언문을 분석하며 국민이 주권의 근원임을 강조한 루소의 사상을 현대 민주사회와 연결함. 시민 참여, 투표제도, 국민청원 사례를 통해 민주주의의 실현 과정을 이해함. 국민주권 실현을 위한 시민의 역할을 탐색하고, 동아리활동과 연계해 국민주권·민주참여를 주제로 모의선거를 진행하며 민주 시민으로서의 태도를 보임.

28

장 폴 사르트르
(Jean-Paul Sartre, 1905~1980)

1. 사르트르, 자유와 실존의 철학

● 자유를 향한 실존의 철학자

20세기 프랑스 파리에서 태어난 장 폴 사르트르는 아버지를 일찍 여의고 외갓집에서 성장했다. 그는 외할아버지 샤를 슈바이처(Albert Schweitzer의 사촌)에게 교육을 받으며 인문적 교양을 쌓았고, 독서 중심의 생활 속에서 사고를 단련했다. 어린 시절부터 문학과 철학에 매료된 그는 사유의 세계에 깊이 빠져들었고, 제1차 세계대전 이후 혼란과 불안이 가득한 시대 속에서 인간이 스스로의 삶을 어떻게 의미 있게 만들 수 있는지 끊임없이 질문했다.

청년 시절에는 시몬 드 보부아르와 사유를 나누며 지적 동반자로 성장했고, "인간은 자유를 선고받았다"는 명제를 통해 자유와 책임의 철학을 정립하며 현대 실존주의의 방향을 제시했다.

● 전쟁과 혼란 속에 피어난 실존의 문제

사르트르가 철학을 펼친 시기는 두 차례 세계대전과 전체주의의 광풍이 휩쓸던 시대였다.

그는 제2차 세계대전 중 독일군의 포로로 잡혀 약 9개월간 수용소에 머물렀고, 인간의 자유와 존엄이 얼마나 쉽게 억압될 수 있는지 직접 경험했다. 이 시기를 거치며 그는 인간이 환경이나 제도에 의해 규정되는 존재가 아니라 스스로 선택을 통해 자신을 만들어 가는 존재라고 확신하게 되었다.

전쟁과 억압, 비인간화된 사회 속에서 그는 "인간은 자유를 선고받은 존재"라고 선언했다.

즉, 자유는 주어진 권리가 아니라, 매 순간 선택과 책임으로 증명해야 하는 실존적 과제임을 의미했다.

● '실존은 본질에 앞선다': 인간은 스스로를 만든다

사르트르는 인간을 고정된 본질이나 목적을 지닌 존재로 보지 않았다.

인간은 태어날 때 아무 본질도 갖고 태어나지 않으며, 삶의 선택과 행동을 통해 비로소 스스로를 규정한다는 것이 그의 관점이다.

"실존은 본질에 앞선다."

이 명제는 실존주의의 핵심이 되었고, 인간이 스스로의 의미를 창조해야 한다는 철학적 선언으로 자리 잡았다. 그는 우리가 무엇이 될지는 타인도 운명도 아닌, 오직 자기 자신의 선택에 달려 있다고 강조하며, 책임을 회피하기 위한 자기 기만을 경계했다.

● '앙가주망(engagement)': 행동하는 지식인의 윤리

사르트르는 생각만 하는 철학자를 경계했다. 그는 지식인이 사회의 부조리와 폭력 앞에서 침묵하는 것은 책임을 회피하는 일이라고 보았다. 그래서 그는 철학이 반드시 행동으로 이어져야 한다고 주장했다. 이러한 태도는 '앙가주망(engagement, 참여)'이라 불리며, 예술·정치·사회운동 전반에 깊은 영향을 주었다. 그는 식민지 전쟁, 인종 차별, 노동 억압 등 다양한 사회문제에 목소리를 냈고, 실존적 자유는 결국 타인의 자유와 맞닿아 있다고 보았다.

그의 '앙가주망'은 특정 이념을 맹목적으로 따르라는 의미가 아니라, 자신의 자유가 타인의 자유와 연결되어 있음을 자각하고, 사회 문제에 참여하려는 태도였다. 사르트르는 글을 쓰고, 거리로 나서며, 지식인이 사회와 분리될 수 없음을 몸소 보여주었다.

● 삶 속의 실존: 문학으로 철학을 말하다

사르트르는 철학뿐 아니라 소설과 연극에서도 인간의 자유와 책임을 탐구했다.

<구토>에서는 존재의 무의미함 속에서 인간이 느끼는 불안을 그렸고, <닫힌 방>에서는 "타인은 지옥이다"라는 유명한 문장을 통해 관계 속의 실존을 드러냈다. 그의 문학은 추상적 개념이 아닌, 구체적 인간의 고민을 보여주는 철학적 실험장이었다. 1964년 그는 노벨문학상 수상자로 선정되었으나, 작가의 자유를 지키기 위해 수상을 거부했다. 철학자이자 소설가였던 그는 사유와 실천을 분리하지 않는 '살아 있는 철학'을 실천한 인물이었다.

● 오늘날로 이어지는 메시지

불확실한 미래 앞에서 우리는 선택을 미루거나, 누군가 대신 정해 주길 바라게 된다. 결정의 책임이 두려울수록, 선택하지 않는 것이 더 편해 보이기도 한다. 사르트르는 인간은 태어나는 순간부터 선택의 책임을 지는 존재라고 말했다. 선택하지 않는 것 역시 하나의 선택이라는 그의 말은 삶 앞에서의 책임을 피할 수 없음을 일깨운다.

오늘날 학생에게 사르트르의 메시지는 분명하다.

삶은 주어지는 것이 아니라, 매 순간의 선택을 통해 형성되는 과정이라는 사실이다.

▶ 나는 내 선택에 얼마나 책임지고 있는가?

▶ 실패를 어떻게 받아들이고 있는가?

이는 진로·자기 설계형 세특 탐구로 이어질 수 있다.

● 주요 철학 사상

1) 실존과 본질

사르트르는 인간의 존재가 본질보다 먼저 주어진다고 보았다. 그는 인간에게 태어날 때부터 정해진 본질이나 목적이 없으며, 살아가며 스스로의 선택과 행동을 통해 자신을 규정한다고 설명했다. 이러한 관점은 인간이 외부의 권위나 신에 의해 결정되지 않고, 자율적으로 자신을 형성하는 존재임을 드러낸다. 그는 인간이 무엇이 될지를 스스로 결정해야 한다고 보았으며, "실존은 본질에 앞선다"는 명제는 실존주의 철학의 출발점이 되었다.

2) 자유와 책임

인간은 자유를 피할 수 없는 존재로, 자유는 하고 싶은 대로 행동하는 것이 아니라 자신이 내린 모든 선택에 책임을 져야 하는 실존적 조건으로 이해된다. 선택을 회피할 수 없으며, 회피조차 하나의 선택이 된다고 그는 보았다. 따라서 자유는 특권이 아니라 책임을 수반하는 의무이며, 이를 자각할 때 인간은 비로소 자신의 삶을 스스로 규정하는 주체적 존재로 설 수 있다. 이러한 사고는 인간이 자유 속에서 스스로의 존재를 증명해야 한다는 사르트르 철학의 핵심을 이룬다.

3) 타인의 시선과 타자

인간은 타인의 시선을 통해 자신을 인식하며, 타인의 존재는 나를 규정짓는 동시에 나의 자유를 제약하는 요소로 작용한다. <닫힌 방>에서 제시된 "타인은 지옥이다"라는 말은 타자의 시선 속에서 인간이 느끼는 불안을 상징한다. 그러나 타자와의 관계 속에서 자신을 성찰할 때 실존이 완성된다고 그는 주장했다. 이 사유는 인간이 고립된 존재가 아니라, 타자와의 관계 속에서 자신을 규정하는 사회적 실존임을 보여준다.

4) 앙가주망(지식인의 사회참여)

철학은 현실과 분리되어서는 안 된다고 그는 보았다. 지식인은 사회적 부조리와 불의에 침묵하지 말고, 적극적으로 참여해야 한다고 강조했다. 이러한 태도는 문학과 정치, 예술 전반에 영향을 미친 '앙가주망'의 개념으로 발전했다. 그는 사유가 행동으로 이어질 때 철학이 완성된다고 보았으며, 참여를 실존의 실천으로 이해했다. 지식인의 책임 있는 참여를 통해 인간의 자유가 사회 속에서 실현된다고 믿은 그의 생각은 이후 지식인의 윤리와 사회적 역할에 큰 영향을 미쳤다.

사르트르는 20세기 실존주의 철학을 정립하고 인간 존재의 의미를 새롭게 탐구한 사상가로, 인간이 본질에 앞서 존재한다는 명제를 통해 선택과 책임으로 자신을 규정하는 주체임을 밝혔다. 그는 현상학과 실존 사상을 결합해 의식과 자유의 관계를 분석하고, 사회·역사 속에서 실존을 실천해야 한다는 사유의 전환을 제시하였다. 인간이 행동을 통해 의미를 창조한다는 그의 관점은 전통적 형이상학의 한계를 넘어 인간 중심의 철학적 패러다임을 마련하였다. 그는 철학을 삶의 실천과 결합된 사유로 확장하며, 개인의 윤리적 결단을 핵심 가치로 강조하였다.

사르트르의 사상은 20세기 인문학과 사회사상의 전개에 영향을 주어 문학·연극·예술에서 실존적 인간 이해를 확산하는 기반이 되었다. 그는 철학을 문학과 정치의 영역으로 확장하며 '참여의 철학'을 통해 지식인의 사회적 역할을 새롭게 규정하였다. 실존적 자유 개념은 선택과 책임을 강조하는 현대 윤리 논의에 중요한 기준을 제공하였다. 정치적 참여와 사회적 실천을 중시한 태도는 공공지성과 사회비평 전통 형성에 영향을 주었다. 실존주의는 20세기 중반 문화 전반의 흐름을 형성하였으며, 인간의 주체성과 자유를 탐구하는 현대 사유의 중요한 기반으로 남아 있다.

● 철학 사상 연계 탐구 주제

주제	탐구 내용
실존과 본질	▶ 본질보다 존재를 중시한 사르트르의 사상이 개인 윤리에 주는 의의 탐구 ▶ 선택과 행동이 인간을 규정한다는 실존주의 관점의 자율적 주체 형성 탐구 ▶ '실존이 본질에 앞선다'는 명제가 인간의 자기결정과 정체성에 미치는 영향 탐구
자유와 책임	▶ 자유를 특권이 아닌 책임으로 본 실존주의의 도덕적 의미 탐구 ▶ 선택과 책임의 관계 속에서 드러나는 인간의 자유 실현 방식 탐구 ▶ 인간이 자유를 피할 수 없는 존재라는 관점이 선택의 윤리에 주는 시사점 탐구
타인의 시선과 타자	▶ 타인의 시선 속에서 형성되는 자아 인식과 사회적 실존의 관계 탐구 ▶ 타자와의 관계 속에서 완성되는 실존이 공동체 윤리에 주는 의미 탐구 ▶ "타인은 지옥이다"라는 명제가 드러내는 인간관계의 긴장과 상호의존성 탐구
앙가주망	▶ 지식인의 사회 참여를 통해 자유와 책임을 실천하는 방식 탐구 ▶ 사유와 행동의 일치를 강조한 '참여의 철학'의 현대적 가치 탐구 ▶ 철학과 예술을 현실 참여의 도구로 본 사르트르의 사회적 실천 사상 탐구

주제	'실존이 본질에 앞선다'는 명제가 인간의 자기결정과 정체성에 미치는 영향 탐구
탐구 목표	사르트르의 실존주의 철학을 바탕으로 스스로의 선택과 행동을 통해 정체성과 삶의 방향을 형성하는 자기결정적 인간 존재의 가치를 탐구한다.
선정 이유	사르트르는 인간이 고정된 본질에 따라 사는 존재가 아니라, 선택과 행동을 통해 자신을 만들어가는 자유롭고 책임 있는 실존적 주체라고 보았다. 이러한 관점은 자율적으로 자신을 형성해야 한다는 철학적 메시지를 제시한다. 따라서 "실존이 본질에 앞선다"는 명제를 통해 인간의 자기결정성과 정체성 형성 과정을 고찰하고, 자유와 책임이 조화를 이루는 주체적 인간상의 방향을 탐색하고자 한다.
서론	현대 사회는 기술과 정보의 발달로 인간의 행동이 표준화되고, 개인의 삶이 사회적 규범과 타인의 시선 속에서 규정되는 경향이 강하다. 사르트르는 인간이 외부 조건에 의해 규정되는 존재가 아니라, 스스로의 선택을 통해 자신을 규정하는 실존적 존재라고 보았다. 그는 인간이 선택과 책임을 통해 자신을 형성하는 주체임을 강조하며, 자유 속에서 정체성과 삶의 방향을 확립할 때 진정한 존재 의미를 획득한다고 보았다.
본론	▶ "실존이 본질에 앞선다"는 명제의 철학적 의미와 인가과 정리 ▶ 선택과 행동이 인간의 정체성과 자기결정에 미치는 영향 분석 ▶ 자유와 책임의 관계를 통해 본 주체적 인간상의 형성 과정 탐구 ▶ 사회 규범과 타인의 시선 속에서 자율적 존재로 살아가는 실존적 태도 고찰 ▶ 실존주의가 현대 사회의 정체성 혼란과 자율성 상실 문제에 주는 시사점 탐색
결론	'실존이 본질에 앞선다'는 명제는 자유가 단순한 선택의 권리가 아니라 스스로의 삶을 책임지는 행위임을 일깨우며, 현대 사회 속 인간이 자율성과 도덕적 주체성을 회복하도록 이끄는 철학적 통찰을 제시한다.
심화 탐구 주제	▶ 지향성을 통해 본 인간 실존의 사회적 확장과 윤리적 의미 탐구 ▶ 자유와 책임의 조화가 자율적 시민의 윤리의식 형성에 미치는 영향 탐구 ▶ 실존적 선택이 개인의 도덕적 책임과 사회적 관계 형성에 미치는 영향 탐구
토론 주제	▶ 선택의 결과에 책임을 지지 않는 인간을 실존적이라 할 수 있는가? ▶ 사회 제도 안에서도 사람은 자기 선택에 책임지며 자유로울 수 있을까? ▶ 자유가 선택의 권리가 아니라 책임의 의무라면, 인간은 진정으로 자유로운가?
교내 후속 활동	▶ 현대사회와 윤리: 자유와 책임의 조화를 실천적 윤리로 확장하는 적용 탐구 활동 ▶ 동아리활동: 대자적 존재 개념을 중심으로 인간의 자유와 정체성을 토론하는 활동 ▶ 자율·자치활동: 책임 있는 선택으로 선한 영향력을 실천하는 사회공헌 봉사 활동

장 폴 사르트르
(Jean-Paul Sartre, 1905~1980)

● 현대 사회와 윤리

성취기준	[12현윤04-02] 개인선과 공동선의 조화가 필요한 이유를 설명할 수 있으며, 시민의 정치참여 필요성과 시민불복종의 조건 및 정당성을 제시할 수 있다.
주요내용	시민참여는 민주 사회의 발전과 공동선 실현을 위한 핵심 요소로, 사르트르는 이를 인간의 도덕적 책임과 자유의 표현으로 보았다. 그는 자유를 선택과 행동을 통해 증명해야 하는 책임으로 이해하였다. 또한 사회 속 부조리에 침묵하지 않고 행동으로 응답할 때 인간의 자유가 완성된다고 강조하였다. 그의 앙가주망 사상은 개인의 자유와 공동체적 책임이 조화를 이루는 참여 윤리의 기반이 된다.
교과연계 탐구주제	▶ 실존적 자유를 바탕으로 한 시민불복종의 윤리적 정당성 탐구 ▶ 앙가주망 사상이 제시하는 지식인의 사회참여와 공동체 윤리 탐구 ▶ 사르트르의 자유 개념을 통해 본 시민의 도덕적 책임과 참여의 의미 탐구

● 윤리와 사상

성취기준	[12윤사03-05] 실존주의와 실용주의, 도덕의 기원과 판단에 관한 과학적 탐구를 비판적으로 평가하고, 책임·배려 윤리에 대한 이해를 바탕으로 윤리적 삶의 의미와 지향을 설정할 수 있다.
주요내용	실존주의는 인간의 선택과 결단으로 삶의 의미를 형성하는 철학이다. 하이데거는 인간이 세계 속에 던져진 존재로서, 불안을 통해 자신의 존재 가능성을 자각한다고 보았다. 사르트르는 인간이 행동을 통해 자신의 존재를 증명해야 한다고 보았으며, 도덕적 삶의 근거를 개인의 실존적 결단에서 찾았다. 이러한 사유는 인간이 자유와 책임 속에서 내적 자율성에 따라 윤리적 삶을 모색해야 함을 일깨운다.
교과연계 탐구주제	▶ 하이데거와 사르트르의 인간 존재 이해를 통해 본 윤리적 삶의 지향 탐구 ▶ 자유와 책임의 조화를 통해 실존주의가 제시하는 배려 윤리의 가능성 탐구 ▶ 도덕 판단의 근거를 외적 규범이 아닌 인간의 실존적 결단으로 보는 관점 탐구

3. 독서 연계 탐구활동

● 추천 도서 목록

추천 도서 목록

▶ 사르트르를 만나다(백승기, 한스미디어, 2025)　　▶ 사르트르의 <구토> 읽기(장근상, 세창미디어, 2015)
▶ 사르트르의 <존재와 무> 입문 (세바스챤 가드너(강경덕 역), 서광사, 2019)　　▶ 하이데거의 존재와 시간 읽기(박찬국, 세창미디어, 2013)
▶ 실존주의란 무엇인가(장 폴 사르트르(이희영 역), 동서문화사, 2017)　　▶ 실존주의는 휴머니즘이다(장 폴 사르트르(박정태 역), 이학사, 2008)

● 독서 연계 탐구 활동

<table>
<tr><td colspan="2" align="center">독서 연계 탐구 활동</td></tr>
<tr><td>도서명</td><td>사르트르를 만나다(백숭기, 한스미디어, 2025)</td></tr>
<tr><td></td><td>이 책은 실존주의 철학자 장 폴 사르트르의 사상을 대화 형식으로 해설하며, 인간의 자유와 책임, 그리고 실존의 윤리적 의미를 조명한 인문 교양서이다. 저자는 경쟁과 혐오의 시대를 사는 현대 사회 속에서 사르트르의 철학이 개인의 자율성과 사회적 참여를 회복하는 사상적 토대가 됨을 제시한다. 또한 실존적 선택의 문제를 현실 속 사례와 함께 제시하며, 철학의 실천적 가능성을 보여준다.</td></tr>
<tr><td>핵심 키워드</td><td>실존주의, 자유, 책임, 사회참여, 인간존엄</td></tr>
<tr><td>탐구 주제</td><td>▶ 자유와 책임의 조화가 현대 시민윤리에 주는 시사점 탐구
▶ 문학과 예술을 통해 철학이 사회 문제를 성찰하는 방식 탐구
▶ 사르트르 철학이 불평등과 소외 문제 해결에 제시하는 방향 탐구
▶ '앙가주망'을 바탕으로 한 지식인의 사회 참여와 도덕적 역할의 의미 탐구
▶ 실존주의적 시각에서 인간의 선택이 공동체 가치 형성에 미치는 영향 탐구</td></tr>
<tr><td>토론 쟁점</td><td>▶ 철학자 성찰이 사회를 변화시킬 수 있는가?
▶ 자유로운 선택이 사회적 책임을 제한할 수 있는가?
▶ 현대 사회에서 예술의 지향성은 개인의 표현인가, 사회적 실천인가?</td></tr>
<tr><td>후속 활동</td><td>▶ 통합사회: 불평등과 소외 문제 해결을 위한 실존주의적 실천 방안 탐구 활동
▶ 윤리와 사상: 실존에 대한 통찰이 휴머니즘과 연계된 근거에 대한 토론 활동
▶ 자율·자치활동: 휴머니즘을 바탕으로 국제 불평등 문제에 대한 영상 제작 활동</td></tr>
</table>

● 독서 연계 탐구활동 예시

<table>
<tr><td>탐구 주제</td><td colspan="2">'앙가주망'을 바탕으로 한 지식인의 사회 참여와 도덕적 역할의 의미 탐구</td></tr>
<tr><td>탐구 자료</td><td colspan="2">▶ 백숭기, <사르트르를 만나다>(한스미디어, 2025)
▶ 장 폴 사르트르, <실존주의는 휴머니즘이다>(이학사, 2008)
▶ 현대 사회의 지식인 참여를 다룬 시사 칼럼·기사 자료</td></tr>
<tr><td rowspan="2">탐구 개요</td><td>서론</td><td>사르트르는 '앙가주망'을 통해 철학이 현실과 분리될 수 없음을 강조하며, 지식인의 사유와 행동이 일치할 때 진정한 사회적 책임이 실현됨을 제시함. 현대 사회의 불평등과 정보 편향 속에서 지식인은 개인의 신념과 사회적 책임 사이에서 어떤 선택을 해야 하는가에 대한 물음이 제기됨.</td></tr>
<tr><td>본론</td><td>▶ 사르트르의 실존주의 철학과 '자유·책임·참여'의 핵심 개념 정리
▶ '앙가주망'이 지식인의 사회 참여 윤리로 발전한 배경 분석
▶ 지식인의 실천이 도덕적 자율성과 공동체 윤리로 확장되는 과정 탐구
▶ 현대 사회의 정치·문화 영역에서 나타나는 지식인 참여 사례 분석
▶ 개인의 사유가 사회 변화를 이끄는 도덕적 행동으로 전환되는 조건 고찰</td></tr>
</table>

장 폴 사르트르
(Jean-Paul Sartre, 1905~1980)

탐구 개요	결론	사르트르의 '앙가주망'은 지식인이 단순한 관찰자가 아니라, 사회의 도덕적 책임을 함께 짊어지는 실천적 존재임을 일깨워 줌. 지식인의 자유로운 사유와 참여는 사회 정의와 공동체 윤리의 발전에 기여하며, 이성을 실천으로 옮기는 행동 속에서 휴머니즘의 가치가 완성됨을 시사함.
후속 활동		▶현대사회와 윤리: 기술 발전에 따른 윤리적 문제 속 지식인의 역할 탐구 활동 ▶윤리와 사상: 인문학적 성찰을 사회 참여 방법에 대한 토론 활동 ▶동아리활동: 사회 문제를 주제로 한 예술 작품에 대한 디지털 자료집 제작 활동 ▶진로활동: 자신의 진로 영역에서 실천 가능한 사회 참여 방안을 발표하는 활동

4. NIE 연계 활동

● 신문 읽기 & 연결 사유 찾기

"공공성, 윤리, 안전문제 소신있게 말하는 과학자 되겠다"…(산경e뉴스, 2025.05.28.)

이 기사는 후쿠시마 원전 사고를 계기로 과학자의 사회적 책임과 윤리 의식을 강조하며, '책임 과학자 네트워크'의 출범 소식을 전한다. 이 단체는 위험기술에 대한 사회적 통제와 공공성 강화를 목표로 시민과 전문가가 함께하는 연대체임을 밝혔다. 또한 정부와 과학계의 침묵을 비판하며, 과학자의 양심과 윤리적 책임이 과학기술의 방향을 결정해야 함을 촉구한다.

[이은경의 과학산책] 과학자의 사회적 책임과 사회 참여(서울신문, 2024.12.27.)

이 기사는 과학자의 사회적 책임과 참여를 다루며, 연구윤리와 사회운동의 경계에 놓인 딜레마를 제시한다. 라이너스 폴링은 핵무기 반대운동을 통해 책임과 공익 실현을 위해 노력했다. 최근 기후위기에 대응하는 '과학자 반란'의 등장은 과학기술인의 시민적 역할과 참여 방식을 다시 묻는다. 과학자는 연구윤리를 지키면서도 공익을 위한 사회적 참여를 선택할 수 있어야 한다고 강조한다.

[생활속 과학이야기] 영화 다크워터스와 독성 연구(대전일보, 2022.09.05.)

이 기사는 영화 〈다크 워터스〉를 통해 과불화화합물(PFOA)의 유해성과 환경오염 문제를 다룬다. 듀폰사의 불법 배출 사건을 중심으로 화학물질이 인체와 생태계에 미치는 심각한 영향을 경고하며, 과학자의 책임 있는 연구와 독성 관리의 중요성을 강조한다. '영원히 분해되지 않는 화학물질'의 대체 기술 개발과 안전한 소재 확보가 시급함을 제시하며, 화학물질의 위험성과 과학자의 윤리적 역할을 성찰하게 한다.

● 시사 이슈

▶연구의 객관성과 사회적 책임이 충돌할 때, 과학자는 어떤 선택 기준을 따라야 할까?

▶기술의 활용과 환경오염 문제 해결에서 과학자의 윤리적 판단은 어디까지 개입해야 하는가?

▶기술 발전 속도보다 과학자의 양심과 책임 의식이 뒤처질 때, 사회는 어떤 위험을 감수해야 할까?

과학자의 사회적 책임과 사회 참여 (서울신문, 2024.12.27.)
– 과학자의 사회운동, 중립성의 위배인가 책임의 실천인가? –

찬성

과학자는 공익 실현에 기여해야 한다. 라이너스 폴링처럼, 전문성을 바탕으로 사회문제 해결에 적극 참여하는 것은 과학의 윤리적 책임을 확장하는 길이다. 연구가 실천으로 이행될 때, 과학은 인류의 복지와 지속 가능한 발전에 기여할 수 있다.

반대

과학자의 사회운동 참여는 객관성을 약화시킬 수 있다. 사회적 논란으로 정치적 이해가 개입되면, 과학의 신뢰성이 흔들릴 것이다. 과학자는 객관적 지식 제공에 집중하고, 사회적 판단은 시민사회와 정치가 담당하는 것이 현실적 대안이다.

영화 〈다크 워터스〉와 과학자의 윤리(대전일보, 2022.09.05.)
– 과학자의 사회적 책임은 기술로 해결할 문제인가, 공공성으로 접근해야 하는 과제인가? –

》》 과학의 침묵과 윤리의 위기

과학자의 침묵이 사회적 재난을 초래한다. 영화는 기업과 과학자들이 독성물질의 위험성을 은폐하며 과학이 권력과 자본의 도구로 전락하는 현상을 비판한다. 기술 발전 속에서 연구윤리가 사회적 책임의 기준으로 작동해야 함을 시사한다.

》》 윤리적 기술과 공공성의 회복

과불화화합물 사태는 편리함을 추구한 기술이 인간의 건강과 환경에 돌이킬 수 없는 피해를 줄 수 있음을 보여준다. 독성물질 관리와 정보 공개의 투명성을 요구하며, 생분해성 대체 기술 개발과 같은 윤리적 과학 실천의 필요성을 제기한다.

장폴 사르트르
(Jean-Paul Sartre, 1905~1980)

● 사고의 확장

▶ 과학자의 사회적 책임 실행을 위해 인문학은 어떤 역할을 해야 할까?

▶ 과학자는 기술 발전 속에서 양심적 선택을 실천하기 위해 어떤 기준을 세워야 할까?

▶ '앙가주망'이 정당한 지식인의 사회적 행동으로 연결되기 위해 어떤 조건이 필요한가?

▶ 정부는 과학자의 사회 참여를 보장하면서 중립성과 책임을 어떻게 조화시킬 수 있을까?

▶ 기업의 이해관계에 종속된 과학자가 도덕적 선택을 유지하기 위한 시민 과학의 역할은 무엇일까?

5. 세특 예시

사르트르의 실존주의 철학을 중심으로 인간 존재와 자유의 의미를 탐구함. '실존주의란 무엇인가(사르트르)'를 탐독하며 인간이 스스로의 선택을 통해 본질을 형성한다는 사상을 분석하고, 자유가 타인과의 관계 속에서 책임과 연대로 확장되는 과정을 고찰함. 개인의 선택이 인간다운 삶을 규정한다는 점을 중심으로 실존적 윤리의 본질을 통찰력 있게 발표함. 철학적 사유를 바탕으로 과학기술 시대의 인간다움과 책임 윤리의 방향을 제시함.

29 정약용
(丁若鏞, 1762~1836)

1. 실학사상의 꽃을 피운 선구자, 백성을 위한 삶을 꿈꾸다

● 유학자의 아들, 이론과 현실을 꿰뚫다

정약용은 1762년, 당대 명문가에서 태어나 어린 시절부터 깊은 학문의 분위기 속에서 자랐다. 당시 조선은 성리학적 질서가 흔들리며 새로운 사상적 모색이 필요했던 시기였다. 그는 어려서부터 <맹자>를 읽으며 "왜 백성은 고통받고 있는가?"라는 질문을 품었고, 정통 성리학뿐 아니라 이익의 실학사상을 접하며 현실 문제를 해결하려는 의지를 키웠다.

"지식은 책 속에만 있지 않다."

일찍이 이러한 깨달음을 얻으며, 이론과 현실을 꿰뚫는 학자의 씨앗을 품고 있었다.

● 정조의 시대, 개혁을 진행하다

정약용은 22세에 진사시에 합격하고, 28세에 문과에 급제하며 관직에 진출했다. 특히 개혁 군주 정조 임금의 깊은 신임을 받으며 규장각에 발탁되어 활발하게 활동했다. 이 시기 그는 단순히 학문에 머무르지 않고, 수원 화성 축조에 참여하여 거중기를 설계하는 등 과학 기술을 국정에 적용하며 실용적 개혁을 몸소 실험했다.

"오직 백성에게 이로움이 무엇인가를 따져야 한다."

이러한 그의 생각은 그의 모든 정치 활동의 바탕이었다.

● 시대의 격랑, 유배의 길에 서다

정조가 세상을 떠난 뒤 조정은 급격히 보수화되었고, 개혁을 추진하던 인물들은 순식간에 정치적 위험 요소로 전락했다. 1801년 신유박해와 황사영 백서 사건이라는 격랑 속에서 정약용 역시 그 소용돌이를 피하지 못했다. 그는 하루아침에 관직에서 물러나 장기와 신지도를 거쳐 강진으로 유배되었고, 그곳에서 약 18년에 이르는 긴 세월을 보내야 했다.

관직도, 영향력도, 개혁의 무대도 모두 사라진 자리였다. 한때 국정을 논하던 개혁 관료는, 이제 외딴 유배지에서 백성의 삶을 지켜보는 존재가 되었다. 이 시기 그는 부조리한 사회 현실과 백성들의 고통을 직접 목격하며, 절망 속에서도 "현실의 아픔 속에서 진정한 학문이 시작된다"는 깨달음을 얻었다.

● 다산초당, 실천적 지혜를 집대성하다

정약용에게 유배지 강진의 다산초당은 그의 학문적 삶이 가장 꽃피웠던 공간이었다. 그는 이곳에서 척박한 환경 속에서도 제자들과 함께 학문에 깊이 몰두하며 지식의 폭을 넓혔다. 그 결과 <목민심서>, <경세유표>, <흠흠신서> 등 500여 권에 이르는 방대한 저술을 쏟아냈다.

이 저서들을 통해 당시 사회의 모순을 예리하게 비판하고, 실질적인 개혁 방안을 제시하며 실학 사상을 집대성했다.

"백성을 잘 다스리는 일은 사랑으로 하는 것이고, 죄를 다스리는 일은 공정함으로 하는 것"이라는 그의 가르침은 이런 사상을 잘 보여준다.

그의 경세 철학은 백성을 위한 따뜻한 마음과 공정한 법 집행의 중요성을 동시에 강조한다.

• 백성을 위한 지혜를 남기고 떠나다

1818년 유배에서 풀려나 고향으로 돌아온 후에도, 남은 저술을 마무리하며 학문에 대한 열정을 이어갔다. <아방강역고>, <매씨전> 등 다양한 분야의 저서를 통해 역사, 지리, 문학 등 다방면에서 빛나는 업적을 남겼다.

그는 일생 동안 "학문은 백성의 삶에 도움이 되어야 한다"는 신념을 잃지 않았으며, 그의 사상은 훗날 한국 근대 개혁 사상에 지대한 영향을 미쳤다.

• 오늘날로 이어지는 메세지

사회 문제를 비판하는 목소리는 많지만, 그 문제를 실제로 어떻게 해결할 것인가에 대한 고민은 부족한 시대이다. 정약용은 백성의 삶을 바꾸기 위해 학문을 현실 속으로 끌어들인 실천적 사상가였다. 그는 제도와 법, 기술과 행정을 함께 고민하며 지식이 삶에 닿을 때 비로소 의미를 갖는다는 점을 보여주었다. 그에게 학문은 명예를 위한 도구가 아니라, 현실을 개선하기 위한 책임 있는 선택이었다.

오늘날 학생에게 정약용의 메시지는 분명하다.

배움은 쌓는 데서 끝나지 않고, 사회에 어떻게 쓰일 것인지를 고민할 때 완성된다는 사실이다.

▶ 내가 배우는 지식은 어디에 쓰일 수 있을까?

▶ 사회 문제 해결에 학문은 어떤 역할을 할 수 있을까?

이는 사회·과학·융합형 세특 탐구로 확장된다.

• 주요 철학 사상

1) 실사구시

정약용은 명분보다는 실제적 효용성을 중시하며, 학문이 현실 문제 해결에 기여해야 한다고 보았다. 단순한 이론 연구를 넘어 국가 운영과 백성들의 생활 개선에 필요한 제도와 방법을 연구하는 경세치용의 학문을 추구했다. 그는 성리학의 추상적인 논의를 비판하고, 실질적인 개혁을 통해 왕조의 질서를 강화하고 국가와 백성의 안녕을 이루고자 했다. 특히 실질적으로 백성들에게 도움이 되는 토지 제도의 개혁을 가장 중요하게 여겨 백성들의 삶을 안정시키고자 했다.

2) 탈성리학

당시 지배 이념이었던 성리학(주자학)의 형식주의적이고 교조적인 태도를 비판하며, 공자와 맹자의 원시 유교 정신으로 돌아갈 것을 강조했다. 이를 통해 유교 경전을 당시의 현실에 맞게 새롭게 해석하려 노력했으며, <오경정의> 등 경학 연구에 몰두하여 실학적 입장에서 방대한 유교 경전을 고증하고 합리적으로 해석했다. 이는 기존 학문이 권위를 재해석하고 유교 경전을 실제 현실에 맞게 비판적으로 수용하려는 새로운 학문적 흐름을 촉진했다

3) 애민정신

그의 모든 사상은 백성들의 삶을 최우선으로 두었다. 토지 제도 개혁(여전론), 신분 제도 개선, 상공업 발달 장려, 의료 및 행정 개혁 등 다양한 분야에서 백성들의 고통을 덜고 생활을 윤택하게 할 수 있는 구체적인 방안들을 제시했다. <목민심서>에서 보듯이, 지방관이 백성을 다스리는 도리를 강조하며 당시 부패했던 관리들의 행태를 비판하고 백성을 위한 정치를 강조했다. 전통적 권력 구조에 대한 재해석을 시도하며, 통치자들에게 백성의 삶을 최우선으로 삼으라는 메시지를 전달했다.

4) 과학 기술 강조

학문이 단순히 탁상공론에 그치지 않고 실제 삶에 유용해야 한다고 보았다. 이에 천문학, 지리학, 의학, 농학, 건축학 등 자연과학 및 기술 연구에 깊은 관심을 가지고 실용적인 활용을 강조했다. 수원 화성 축조에 거중기를 고안하여 공사 기간과 비용을 절감한 것이 대표적인 예이다. 이는 지식이 단순한 관념에 머물지 않고 실제 삶에 이바지해야 한다는 그의 사상과 맞닿아 있다. 이러한 학풍은 당대 지식인들에게 과학적이고 합리적인 사고방식을 고취하는 데 영향을 미쳤다.

  정약용 사상의 핵심은 '애민', 즉 백성을 사랑하는 마음에 있었다. 그는 백성을 정치의 수단이 아닌 주체로 바라보았고, 모든 통치의 궁극적인 목표가 백성의 행복임을 역설했다. 저서 <목민심서>에서 보듯이, 그는 지방관이 백성을 다스리는 올바른 도리를 강조하며 당시 만연했던 부패한 관리들의 행태를 날카롭게 비판했다. 정약용은 오직 백성을 위한 정치가 실현되어야 한다고 목소리를 높였다. 이는 전통적 권력 구조에 대한 혁신적인 재해석을 시도한 것이었다. 그는 통치자들에게 백성의 삶을 최우선으로 삼아 고통을 덜어주고 번영을 이끌어야 한다는 명확한 메시지를 전달했다.

  그는 당시 조선 후기 지배 이념이었던 성리학의 형식주의적이고 교조적인 태도가 현실 문제 해결에 무능하다고 보며 강하게 비판했다. 대신 공자와 맹자의 원시 유교 정신으로 돌아가 실천적이고 인간 중심적인 학문을 추구할 것을 매우 강조했다. 이는 기존 학문의 권위를 무비판적으로 따르기보다 현실에 맞게 비판적으로 수용하려는 새로운 학문적 흐름을 촉진했다. 결국 그의 이러한 사상은 당대 사회의 모순을 해결하고 새로운 미래를 제시하는 지식인의 등불과 같았다. 정약용의 이러한 정신은 오늘날까지도 우리 사회에 큰 울림을 주고 있다.

● 철학 사상 연계 탐구 주제

실사구시	▶ 실사구시와 경세치용 학문이 현대 사회에 미치는 영향 분석 ▶ 조선 후기 성리학적 사고방식의 문제점과 실학의 등장 배경 고찰 ▶ 사회적, 경제적 변화에 따른 실사구시와 경제치용 기반 학문의 발달 배경 분석
탈성리학	▶ 성리학과 실학의 이론적 차이 비교 ▶ 공자, 맹자의 유교 사상과 주자학의 사상적 차이 비교 분석 ▶ 조선 후기 실학의 발달이 정치, 경제, 사회, 문화에 미친 영향 분석
애민정신	▶ 세종대왕의 '애민정신'과 정약용의 '애민정신' 비교 탐구 ▶ **정약용의 토지 제도 개혁 사상과 현대 사회의 토지 문제 비교 탐구** ▶ 백성 중심의 실학사상이 발달했지만 조선 후기 사회가 발전하지 못한 이유 탐구
과학 기술 강조	▶ 수원 화성 건축 과정에서 볼 수 있는 과학 기술의 특징 분석 ▶ 서양 근대 과학 혁명과 조선 후기 과학 기술 발달의 차이 비교 분석 ▶ 조선 전기와 조선 후기 과학 기술의 발달 비교 분석 및 시대적 배경 비교 탐구

주제	정약용의 토지 제도 개혁 사상과 현대 사회의 토지 문제 비교 탐구
탐구 목표	정약용의 토지 제도 개혁 사상과 현대 사회의 토지 문제를 비교하여 토지 공공성과 사유 재산권이라는 가치의 충돌 속에서 합리적인 대안을 모색하는 능력을 키운다.
선정 이유	정약용의 토지 개혁 사상은 200여 년 전의 주장임에도 불구하고, 현대 한국 사회의 심각한 문제인 토지 불평등 및 부동산 투기 문제와 놀랍도록 유사한 맥락을 가지고 있다. 과거의 지혜를 통해 현재의 난제를 바라보는 통찰력을 기를 수 있는 의미 있는 탐구라 할 수 있다. 또한 이 탐구를 통해 학생들이 역사적 지식을 단순히 암기하는 것을 넘어, 현실 사회 문제 해결에 기여하는 '살아있는 지식'을 경험하게 하고자 한다.
서론	21세기 현대 한국 사회의 토지 문제는 여전히 우리 사회의 핵심 현안이다. 급등하는 부동산 가격, 심화되는 자산 불평등, 그리고 그로 인한 사회적 갈등은 현재 진행형이다. 이에 본 탐구에서는 정약용의 토지 제도 개혁 사상을 심층적으로 이해하고, 이를 현대 사회의 토지 문제에 비추어봄으로써 과거의 지혜가 현재의 문제 해결에 어떠한 시사점을 제공할 수 있을지 탐색하고자 한다.
본론	▶시대적 배경 조사: 조선 후기 토지 문제와 현대 한국사회의 토지 문제 분석 ▶핵심 개념 정리: 지주전호제, 여전론, 정전제, 토지 공개념, 사유 재산권의 개념 분석 ▶정약용의 토지제도 개혁 사상 분석: 토지의 공공성 강조와 노동 가치에 따른 분배 ▶현대 한국 사회의 토지 문제 분석: 토지의 공공성 훼손과 사유 재산권의 충돌 ▶현대 적용 한계점 탐색: 시대적, 사회적 환경 차이로 인한 직접적 적용의 어려움 고찰
결론	정약용의 사상을 현대 사회에 그대로 적용하는 것은 현실적 어려움이 따른다. 그러나 그의 애민 정신과 현실 개혁 의지, 그리고 불평등 해소를 위한 근본적인 고민은 오늘날에도 유효한 나침반이 된다.
심화 탐구 주제	▶정약용 토지 사상의 계승과 변형 탐구 ▶국외 토지 개혁 사례와 정약용 사상의 비교 분석 탐구 ▶<목민심서>에 나타난 '목민관'의 역할과 현대 토지 행정 전문가의 윤리 탐구
토론 주제	▶토지의 공공성과 사유 재산권, 어느 가치를 더 우선해야 하는가? ▶현대 사회에서 정약용의 토지 사상이 줄 수 있는 현실적인 제언은 무엇인가? ▶정약용의 여전론은 현대 자본주의 사회에서 실현 불가능한 이상론에 불과한가?
교내 후속 활동	▶한국사: '정약용에게 길을 묻다' 독서 토론 활동 진행 ▶자율·자치활동: 모의 국회 또는 정책 토론회 개최, 가상 토지 정책 아이디어 공모전 ▶진로활동: 정약용 토지 사상 관련 카드 뉴스 또는 인포그래픽 제작

정약용(丁若鏞, 1762~1836)

2. 교과 연계 탐구활동 (한국사1, 경제)

● 한국사1

성취기준	[10한사1-01-04] 조선 후기에 등장한 새로운 변화 양상을 이해한다.
주요내용	정약용의 방대한 저술과 깊이 있는 사상은 그 후대의 학자들에게 지대한 영향을 미쳤다. 그의 저서는 오랫동안 간행되지 못했지만, 실학자들 사이에서는 그의 사상이 꾸준히 연구되고 계승되었다. 이는 나아가 개항 이후 개화파 사상가들에게도 영향을 미쳐, 조선 사회의 근대화를 모색하는 사상적 토대가 되기도 했다. 정약용 사상이 당시 조선 사회에 미친 영향과 한계점을 분석하며 역사적 의미를 탐색할 수 있다.
교과연계 탐구주제	▶ 조선 후기 과학 기술 발전의 관계 및 현대 기술 활용 방안 탐구 ▶ 정약용의 이상적인 '목민관'과 현대 공직자의 청렴 및 봉사 윤리 비교 탐구 ▶ 정약용의 토지 개혁 사상이 현대 부동산 문제 해결에 주는 역사적 시사점 탐구

● 경제

성취기준	[12경제01-02] 시장 경제의 원리와 특징을 설명할 수 있다.
주요내용	정약용의 토지 제도 개혁 사상은 경제학적 관점에서 분배의 정의, 시장 실패, 정부의 역할 등을 고민하게 하는 풍부한 시사점을 제공한다. 탐구를 통해 시장 경제의 특징을 이해하고, 자원의 효율적 배분과 경제 정의를 위한 정부의 역할에 대해 탐구한다. 또한 불평등 문제의 발생 원인을 분석하고, 이를 해결하기 위한 다양한 방안을 모색하며 토지의 경제적 특성을 이해하고, 토지 관련 경제 문제 및 정책을 분석한다.
교과연계 탐구주제	▶ 토지가 현대 자산 불평등에 미치는 영향과 정약용 사상의 정책 비교 탐구 ▶ 정약용의 여전론과 정전제가 추구한 경제 정의와 현대 토지 공개념 정책 비교 ▶ 정약용의 시장 실패 해결 노력과 현재 정부 정책의 경제적 효과 비교 분석 탐구

3. 독서 연계 탐구활동

● 추천 도서 목록

추천 도서 목록
▶ 정약용의 철학(백민정, 이학사, 2016)   ▶ 정선 목민심서(정약용 저, 다산연구회 편역, 창비, 2025) ▶ 다산 정약용 평전(박석무, 민음사, 2014)   ▶ 유배지에서 보낸 편지(정약용 저, 다산연구회 편역, 창비, 2025) ▶ 정조가 묻고 다산이 답하다(신창호 저, 판미동, 2025)   ▶ 큰 뜻을 품은 자여, 왜 그 자리에 머물러 있는가(정약용 저, 이근오 역, 모티브, 2025)

독서 연계 탐구 활동

도서명	정조가 묻고 다산이 답하다(신창호 저, 판미동, 2025)
	정조와 다산의 관계는 군주와 신하를 넘어, 문답을 통해 국가의 비전을 함께 설계해 나가는 정치적·지적 동반자였다. 두 사람이 주고받은 문답은 평면적인 지식 교환이 아니라, '부패와 혼란에 빠진 국가를 어떻게 다시 세울 것인가?'에 관한 현실적이고 치열한 모색이었다. 이 책은 '정치란 질문을 통해 만들어지는 것'임을 다시금 일깨워 준다.
핵심 키워드	인재 선발, 함께 잘사는 나라, 농병일치, 수로 운송, 화폐 개혁
탐구 주제	▶ 실학적 개혁 사상의 구체적 적용 방안 탐색 ▶ 당대 조선의 핵심 문제와 현대 사회의 유사성 탐구 ▶ 다산의 대책이 실제 정책으로 이어진 과정과 그 한계 분석 탐구 ▶ 정조와 다산의 대화가 갖는 의미와 현대 정책 결정 과정 비교 탐구 ▶ 정조와 다산의 관계에서 배우는 이상적인 리더십과 지식인의 역할 탐구
토론 쟁점	▶ 정약용의 경제 대책은 현대 한국 사회의 경제 문제 해결에 여전히 유효한가? ▶ 강력한 리더와 비판적인 지식인 중 어느 쪽의 역할이 더 중요하다고 보는가? ▶ 정조와 다산의 교육 사상을 통해 현재 입시 위주 교육이 나아가야 할 방향은?
후속 활동	▶ 한국사: '2025년 정조가 묻고 ○○○가 답하다' 가상 대책서 작성 활동 ▶ 정치: '모의 정조 신하 회의' 또는 정책 토론 활동 ▶ 진로활동: 다산의 일화 웹툰이나 숏폼 영상 제작 및 전시 활동

● 독서 연계 탐구활동 예시

탐구 주제		다산의 대책이 실제 정책으로 이어진 과정과 그 한계 분석 탐구
탐구 자료		▶ 역사 다큐멘터리: EBS 역사 채널 등에서 '정약용' 관련 다큐멘터리 분석 자료 ▶ 정약용 원전: 정약용의 주요 저술에서 구체적인 정책 제안 내용을 직접 확인 ▶ <한국사> 교과서: '조선 후기 실학의 발달과 사회 개혁 운동' 단원 자료
탐구 개요	서론	조선 후기는 임진왜란과 병자호란 이후 사회·경제적으로 많은 변화를 겪었지만, 지배층의 특권 의식과 낡은 제도로 인해 민생은 피폐해지고 사회 모순은 심화되는 상황이었음. 이 과정에서 정약용은 정조의 두터운 신임을 바탕으로 다양한 정책 대안을 제시하며 정조의 개혁을 적극적으로 지지함.
	본론	▶ 정약용의 지방 통치 제도 개혁, 국방 및 사회 안정 대책 ▶ 정약용의 인사 제도 개혁, 토지 제도 개혁, 행정 제도 개혁 ▶ 정약용의 인재 등용을 바탕으로 한 정조의 탕평정치 실현 과정 ▶ 정약용의 정책 실현 사례: 수원 화성 축조와 규장각의 역할 강화 ▶ 정약용 대책의 실현 한계 및 좌절 원인 분석

탐구 개요	결론	탐구 결과, 정약용의 대책들은 당시 조선 사회의 문제점을 정확하게 진단하고 백성들의 삶을 개선하려는 애민 정신이 담긴 선구적인 지혜였음. 그의 사상이 비록 당대에 완전히 꽃피우지는 못했으나, 오늘날 우리가 당면한 사회 문제에 대한 해법을 모색하는 데에도 여전히 중요한 영감을 제공함.
후속 활동		▶ 한국사: '다산의 정책에 반대하는 가상의 상소문/반론문' 작성 활동 ▶ 물리학: 정약용의 수원 화성 축조에 사용한 거중기의 과학적 원리 탐구 활동 ▶ 자율·자치활동: '정책 실현 가상 시뮬레이션': 정약용 대책, 21세기에 적용한다면? ▶ 동아리활동: '정조-다산 정책 결정 과정' 웹툰/팟캐스트 제작 활동

4. NIE 연계 활동

● 신문 읽기 & 연결 사유 찾기

경제의 실용주의와 교조주의(매일경제, 2025.06.22.)

이 기사는 경제 정책 수립에서 실용주의의 중요성을 강조한다. 성장과 분배를 동시에 달성하는 것이 목표이지만, 현 정책들이 이 목표에 부합하는지 재검토가 필요하다고 지적한다. 정치권이 주4.5일제 도입이나 상법 개정안 강화 등을 추진하면서 성장과 분배에 대한 명확한 설명 없이 교조적인 정책을 강화하는 경향이 있는데, 실용주의적 관점에서 경제 정책들을 신속히 재검토해야 한다는 것이 이 기사의 핵심 내용이다.

"쌀값 오르면 곡식 풀어라" 다산의 가르침(쿠키뉴스, 2019.02.22.)

이 기사는, 우리 역사에 등장하는 경제 분야에서 두각을 나타낸 실학자들의 개혁 방안들을 소개해 주고 있다. 특히 정약용의 경우 최초의 근대적 거시경제정책 입안자로 불린다. 그는 재정·통화정책과 유사한 논리를 전개하였고, 정부 기구 축소, 관리 감축, 능력 위주 관리 등용, 세제 정비, 전매사업(소금) 민영화 등을 제안했는데, 이는 현대의 공공기관 구조조정, 조직 내 경쟁 강화, 자유방임주의 경제이론 등과 유사하다. 

이념 과잉의 위험(중앙일보, 2025.03.07.)

이 기사는, 미국과 중국을 세계 부국으로 만든 것은 실용주의 사상이며, 한국에서는 다산 정약용이 실용주의의 대표적인 인물로 언급된다고 설명한다. 그는 실용주의를 채택해야 경제학 원리가 만민을 살릴 수 있다고 강조했다. 오늘날 한국 사회가 가지고 있는 극심한 갈등을 해결하기 위해서는 실용주의적 관점에서 동맹국과의 원활한 소통과 협상, 사회 내 다양한 목소리를 경청하고 정책에 반영해야 한다고 주장한다.

● 시사 이슈

▶ 국가의 이익을 위해 실용주의 정책을 적극적으로 활용해야 하는가?

▶ 구조조정, 조직 내 경쟁 강화가 실질적으로 미치는 영향력은 무엇인가?

▶ 성장과 분배 중 경제 정책을 수립할 때 어느 가치가 더 우선되어야 하는가?

이념 과잉의 위험(중앙일보, 2025.03.07.)
- 국가의 이익을 위해 실용주의 정책을 고수해야 하는가? -

찬성	반대
실용주의 정책은 당면한 문제에 대한 효율적이고 현실적인 해결책을 찾는 데 큰 도움이 된다. 실용주의 정책은 이념이나 명분에 얽매이지 않고 유연하게 대응함으로써 변화하는 국제 정세나 국내 상황에 효과적으로 대처할 수 있다.	실용주의 정책이 지나치게 국가 이익만을 강조하면, 장기적인 관점에서 국가의 도덕적 정당성이나 보편적 가치를 훼손할 수 있다. 이는 인권, 민주주의, 환경 보호 등 인류가 추구해야 할 중요한 가치를 등한시하는 결과를 초래한다.

경제의 실용주의와 교조주의(매일경제, 2025.06.22.)
- 경제 정책 수립 시 고려해야 할 점은 성장이 우선인가? 분배가 우선인가?-

≫ 성장이 우선	≫ 분배가 우선
경제 성장은 국가 전체의 경제 규모를 키우는 것을 최우선 목표로 한다. 경제 규모가 커져야 모두에게 돌아갈 몫이 많아지고, 더 많은 일자리가 창출된다. 이에 기업의 투자와 혁신이 활발해져서 국가의 경쟁력이 강화될 수 있다.	분배는 경제 성장의 혜택이 사회 구성원 모두에게 공정하게 돌아가도록 하는 것을 강조한다. 성장만 강조하고 분배가 되지 않으면 소득 불균형과 양극화가 심화될 수 있다. 모두가 기본적인 삶을 보장받을 때 지속 가능한 성장이 가능하다.

정약용(丁若鏞, 1762~1835)

● 사고의 확장

▶ 국가 이익의 정의와 우선순위는 어떻게 설정해야 하는가?

▶ 실용주의 외교와 보편적 가치 외교는 어떻게 조화를 이룰 수 있는가?

▶ 성장과 분배는 정말 상충하는 가치일까?, 아니면 상호 보완적인 관계가 될 수 있을까?

▶ 실용주의 정책이 놓칠 수 있는 '비실용적인 가치'는 무엇이며, 이를 어떻게 보완해야 하는가?

▶ 정약용 선생님의 토지 제도 개혁 사상이 현대 한국 사회의 '성장과 분배' 문제에 주는 시사점은?

5. 세특 예시

국가의 이익을 위해 실용주의 정책을 고수해야 하는가?를 주제로 한 찬반 토론에서 '정조가 묻고 다산이 답하다'라는 책을 읽고 '이념이나 명분에 얽매이지 않고 유연하게 대응함으로써 변화하는 국제 정세나 국내 상황에 효과적으로 대처할 수 있다'라는 논거로 찬성 입장을 논리적으로 제시함. 평상시 사회적 사고력과 분석력을 바탕으로 단순히 개념을 이해하는 것에서 나아가 실제 현실 문제에 적용시키고 이를 분석하여 심화 탐구하는 모습이 나타남.

30 존 로크
(John Locke, 1632~1704)

1. 자유와 이성의 철학자, 근대 시민사회의 설계자

● 신학자의 아들, 사색을 품은 소년

로크는 1632년 영국의 작은 시골 링턴에서 태어났다. 아버지는 청교도 출신의 변호사였고, 어린 로크는 자유와 신앙 속에서 자랐다. 어려서부터 그는 "사람은 어떻게 생각을 배우는 걸까?"라는 질문을 품었다. 그는 웨스트민스터 학교에서 라틴어와 철학을 배우며 "지식은 하늘에서 떨어지지 않는다"는 사실을 깨닫는다. 어린 로크의 마음속에는 이미 '경험에서 시작되는 지식'의 씨앗이 자라고 있었다.

"사람은 태어날 때부터 빈 종이다. 경험과 교육으로 그 위의 모든 내용을 써내려 간다."

이 생각이 훗날 철학사의 한 페이지를 바꿔 놓게 된다.

● 옥스퍼드에서 철학을 실험하다

로크는 옥스퍼드 대학에 진학했지만, 당시의 교육은 그에게 답답했다. "왜 우리는 여전히 아리스토텔레스의 말만 외우는 걸까?" 그는 교과서 대신 실험실로 향했다. 자연철학, 의학, 정치학을 두루 공부하며 스승 '보일'과 '시든햄'을 만나 과학적 사고를 배웠다. 이 시기 그는 '이성이 신앙과 조화될 수 있는가?'를 탐구했고, 인간의 마음이 감각과 경험으로 채워지는 과정을 분석하기 시작하면서 깨닫게 된다.

모든 지식은 위에서 내려오는 권위가 아니라, 감각과 경험, 그리고 그 경험을 되돌아보는 이성적 성찰에서 시작된다는 것을. 이 깨달음은 훗날 '빈 종이(tabula rasa)'라는 사유로 이어지며, 근대 경험론의 출발점이 되었다.

● 정치의 격랑 속으로

영국은 당시 왕권과 의회가 충돌하던 시대였다. 로크는 '정치 철학자 샤프츠버리 경'의 비서로 일하며 현실 정치 한가운데에 섰다. 그는 사람들의 자유와 권리가 국가보다 먼저 존재한다고 믿었다.

"모든 사람은 생명, 자유, 재산을 지킬 권리를 타고난다."

그의 이 사상은 훗날 <통치론>에 담겨 '자유주의 정치철학'의 뼈대가 된다. 로크는 독재를 피하고자 네덜란드로 망명하기도 했지만, 그의 생각은 오히려 더 단단해졌다. 그는 권력이 아니라 '이성'이 세상을 움직여야 한다고 확신했다.

● <인간지성론>의 완성, 인간을 이해하려는 철학자

1689년, 오랜 사색 끝에 그는 대표작 <인간지성론>을 발표했다. "인간의 마음은 백지(Tabula Rasa)에서 출발한다." 이 문장은 당시 유럽 사회에 큰 충격을 주었다. 인간의 지식이 신의 계시가 아니라 '경험과 반성'에서 비롯된다는 그의 주장은 당시 유럽 사회에 큰 충격을 주었다. 인간은 수동적인 존재가 아니라, 스스로 배우고 성장할 수 있는 존재라는 새로운 인간상이 제시되었기 때문이다. 로크의 경험론은 계몽주의의 불씨가 되었고, 과학적 사고와 교육의 토대를 마련했다.

"교육은 사람을 만든다. 인간의 차이는 본성이 아니라 교육의 차이이다."

그는 철학자이자 교육사상가로서, 오늘날의 민주교육의 기초를 닦았다.

● 자유의 철학을 남기고 떠나다

로크는 1704년 세상을 떠날 때까지 글을 쓰고 토론하며 "이성의 등불이 어둠을 밝히게 하라"고 말했다. 그의 사상은 미국 독립 선언서와 프랑스 인권선언의 정신 속에 스며들었다. 그가 꿈꾼 세상은 '이성이 신앙을 조화시키고, 자유가 권력을 견제하는 사회'였다.

"모든 사람은 스스로의 주인이다. 그 누구도 타인의 지배를 타고난 자는 없다."

그의 철학은 오늘날에도 민주주의의 숨결 속에 살아 있다. 나아가 개인의 사유와 판단이 존중받아야 한다는 원칙은 현대 시민 사회가 지향하는 기준으로 남아 있으며, 그의 말은 권리 의식을 일깨우는 촛불처럼 우리 곁을 비추고 있다.

● 오늘날로 이어지는 메시지

권리와 자유가 당연한 것처럼 여겨지는 시대이다. 하지만 이 권리가 어떻게 생겨났는지에 대해서는 깊이 생각하지 않는 경우가 많다. 존 로크는 인간은 태어날 때부터 생명·자유·재산이라는 자연권을 지닌 존재라고 보았다. 국가와 권력은 이 권리를 주는 존재가 아니라, 지키기 위해 시민이 맡긴 역할에 불과하다고 주장했다.

오늘날 학생에게 존 로크의 메시지는 분명하다. 권리는 요구의 대상이 아니라, 책임과 함께 지켜야 할 가치라는 사실이다.

▶ 나에게 중요한 권리는 무엇인가?

▶ 자유를 누리는 만큼, 어떤 책임을 져야 할까?

이는 정치·사회·민주주의 원리 중심의 세특 탐구 주제로 자연스럽게 확장된다.

● 주요 철학 사상

1) 경험론(Experience Theory)

로크는 인간의 마음을 '빈 종이(tabula rasa)'에 비유했다. 사람은 태어날 때부터 아무것도 모르는 존재이지만, 세상을 보고 듣고 느끼며 하나씩 배워 간다고 보았다. 즉, 모든 지식은 경험에서 비롯된다는 것이다. 그는 지식이 신이나 권위자가 주는 것이 아니라, 스스로의 경험을 통해 쌓이는 것임을 강조했다. 이러한 생각은 과학적 사고와 실험정신의 기초가 되었고, '생각하는 인간'이 스스로 성장할 수 있다는 믿음을 낳았다.

2) 사회계약론(Social Contract Theory)

로크는 국가와 국민의 관계를 '계약'으로 보았다. 사람들은 자연 상태에서 자유롭고 평등했지만, 서로의 권리를 지키기 위해 스스로 계약을 맺어 정부를 만든다고 보았다. 정부는 국민의 동의로 권력을 얻으며, 국민의 자유와 생명을 보호해야 한다. 만약 정부가 그 계약을 어기면 국민은 저항할 권리가 있다고 주장했다. 이 사상은 이후 민주주의의 헌법의 핵심 원리가 되었고, '국민이 나라의 주인이다'라는 현대 정치의 기본 원칙으로 이어졌다.

3) 자연권(Natural Rights)

로크는 모든 인간이 태어날 때부터 '생명, 자유, 재산'을 지킬 권리를 가진다고 했다. 이 권리는 누구도 빼앗을 수 없는 '자연의 권리'이며, 국가는 이 권리를 보호하기 위해 존재한다고 주장했다. 만약 정부가 국민의 자연권을 침해하면 국민은 정부를 바꿀 수 있다. 그의 생각은 이후 미국 독립선언서의 '모든 인간은 평등하다'는 문장으로 이어졌다. 로크의 자연권 사상은 인간 존엄성과 인권의 출발점이 되었으며, 오늘날 민주주의의 근간이 되었다.

4) 교육론(Education Theory)

로크는 인간이 타고난 성품보다 '교육'을 통해 달라진다고 믿었다. 그는 아이의 마음을 빈 종이에 비유하며, 어떤 글을 쓰느냐에 따라 전혀 다른 사람이 된다고 했다. 따라서 좋은 습관과 올바른 판단력을 길러주는 교육이 무엇보다 중요하다고 강조했다. 지식보다 인격과 실천을 중시한 그의 교육론은 오늘날 '전인교육'의 토대가 되었으며, 배움이 곧 인간을 완성시킨다는 신념을 남겼다. 이러한 사상은 오늘날에도 교육의 본질이 무엇인가를 다시 성찰하게 만든다

　존 로크는 경험론의 기초를 세운 사상가로, 인간의 마음은 태어날 때 빈 종이(tabula rasa)와 같으며 모든 지식은 감각 경험에서 비롯된다고 주장했다. 그는 타고난 관념을 부정하며 관찰과 경험을 통해 진리에 접근할 수 있다고 보았다. 또한 <통치론>에서 자연권, 저항권, 사회계약의 원리를 제시하며 정치철학의 새로운 패러다임을 열었다. 모든 인간은 생명·자유·재산을 보호받을 권리가 있으며, 정부는 이를 보장하기 위해 존재한다고 설명했다. 만약 권력이 이를 침해하면 시민은 저항할 정당한 권리를 가진다고 주장함으로써 근대 민주주의의 철학적 토대를 마련했다.

　로크의 사상은 영국 명예혁명, 미국 독립혁명, 프랑스 인권선언 등 세계 정치질서의 변화를 촉발한 핵심 이념이 되었다. 그의 자연권 개념은 오늘날 인권 선언과 헌법의 기본권 조항에 깊은 영향을 주었으며, 사회계약론은 국민 주권과 입헌주의의 사상적 근거가 되었다. 또한 교육론에서는 인격 형성과 도덕적 생활 습관의 중요성을 강조하여 현대 교육철학에도 큰 발자취를 남겼다. 로크의 철학은 인간의 자유와 권리를 중심에 두며, 민주사회가 지향해야 할 근본 원리를 제시한 사상으로 지금도 강한 영향력을 지니고 있으며, 그 가치는 계속 확장되고 있다.

● 철학 사상 연계 탐구 주제

경험론	▶ 로크의 경험론과 현대 과학적 사고방식의 공통점 비교 ▶ 경험을 통한 학습과 암기식 교육의 효과 차이에 대한 고찰 ▶ 디지털 시대의 정보 경험이 청소년의 사고방식에 미치는 영향 분석
사회계약론	▶ 로크의 사회계약론과 홉스의 절대권력론의 철학적 차이 비교 ▶ 민주주의 원리가 교내 자치활동 운영 방식에 미치는 영향 분석 ▶ 시민의 참여 의식이 사회 정의 실현에 미치는 영향에 대한 고찰
자연권	▶ SNS 시대 청소년의 자유권과 책임의 균형 문제에 대한 탐구 ▶ 로크의 자연권 사상이 현대 인권 개념 형성에 미친 영향 탐구 ▶ 청소년의 표현의 자유와 개인정보 보호의 균형 문제에 대한 고찰
교육론	▶ 로크의 교육관과 듀이의 경험중심 교육관의 공통점 비교 ▶ 로크의 교육론이 현대 학생 중심 수업 철학에 미친 영향 탐구 ▶ 습관 형성이 청소년의 자기주도적 학습 능력에 미치는 영향 고찰

주제	로크의 사회계약론과 홉스의 절대권력론의 철학적 차이 비교
탐구 목표	로크의 사회계약론과 홉스의 절대권력론을 비교하여 권력의 근원과 국민의 역할에 대한 철학적 차이를 이해하고, 민주주의 사회의 기본 원리를 탐색한다.
선정 이유	오늘날 민주주의 사회에서 권력과 시민의 관계는 중요한 문제이다. 로크는 국민의 자유를 지키는 정부를, 홉스는 질서를 유지하는 강력한 권력을 강조했다. 이 두 사상은 현재의 정치제도와 시민의 권리의식에 깊이 연결되어 있다. 따라서 두 철학자의 사회계약론을 비교해보는 것은 인간의 본성과 정치 권력의 역할을 이해에 의미가 있다.
서론	역사는 늘 자유와 질서 사이의 균형을 찾아왔다. 로크와 홉스는 같은 사회계약론자이지만, 인간과 국가를 바라보는 시선은 완전히 달랐다. 홉스는 인간이 본성적으로 이기적이라 보았고, 이를 통제할 절대 권력이 필요하다고 주장했다. 반면 로크는 인간의 이성과 선의를 믿으며, 국민이 권력을 위임한 한정된 정부를 강조했다.
본론	▶ 사상가 배경 조사: 홉스와 로크의 생애 및 시대적 배경 비교 ▶ 핵심 개념 정리: 자연상태, 사회계약, 주권, 자유의 개념 분석 ▶ 대표 저서 분석: 홉스 <리바이어던>과 로크 <통치론>의 주요 주장 정리 ▶ 철학적 관점 비교: 인간 본성·권력의 필요성·국가의 목적을 중심으로 차이 정리 ▶ 현대 적용 사례 탐색: 민주주의 사회의 헌법, 시민참여 제도와의 연계 고찰
결론	로크와 홉스의 사상은 모두 사회의 안정과 질서를 추구했지만, 방향은 크게 달랐다. 홉스는 절대적 권력을 통해 혼란을 막고 평화를 유지하려 했으며, 로크는 국민의 자유와 권리를 보장하는 것이 올바른 통치의 핵심이라 보았다. 이번 탐구를 통해 민주주의의 중심이 결국 국민의 동의와 적극적 참여에 있다는 사실을 깨닫게 되었다.
심화 탐구 주제	▶ 근대 사회계약 사상이 현대 헌법 체계에 미친 영향 탐구 ▶ 로크의 자연권 사상이 인권선언에 반영된 과정 분석 ▶ 홉스의 절대권력론이 현대 국가안보정책에 미친 영향 비교
토론 주제	▶ 국가의 질서를 위해 개인의 자유를 어느 정도까지 제한할 수 있는가? ▶ 시민의 저항권은 국가 안정을 해치는 위험한 권리인가? ▶ 오늘날 민주주의 사회에서 강한 정부는 필요한 존재인가?
교내 후속 활동	▶ 윤리와 사상: 로크와 홉스의 원문 발췌 읽기 및 찬반 입장 비교 토론 진행 ▶ 자율·자치활동: 학생자치회 헌법 만들기 프로젝트, 모의 국회·시민헌장 제작 활동 ▶ 진로활동: <통치론> 발췌 독서 후 철학신문 기사 형식으로 사상 비교 작성

존 로크(John Locke, 1632~1704)

2. 교과 연계 탐구활동(정치, 윤리와 사상)

● 정치

성취기준	[12정치01-04] 민주주의를 실현하기 위한 원리를 탐색하고, 이러한 원리를 일상생활에 적용한다.
주요내용	로크의 사회계약론과 자연권 사상은 현대 민주주의의 핵심 원리인 '국민 주권'과 '권력의 분립'을 철학적으로 뒷받침하는 사상이다. 그는 모든 권력이 국민의 동의에서 비롯되며, 정부는 국민의 생명·자유·재산을 보호해야 할 의무가 있다고 보았다. 이러한 관점을 통해 학생들은 권력의 정당성과 시민 참여의 중요성을 깊이 이해하고, 민주적 의사결정 과정을 존중하며 공동체의 발전에 기여하는 삶의 태도를 기른다.
교과연계 탐구주제	▶ 로크의 사회계약론이 국민 주권 원리 형성에 미친 영향 탐구 ▶ 자연권 사상이 민주주의의 기본 원리로 작용한 배경 고찰 ▶ 로크의 권력 분립 사상이 현대 민주주의 제도에 미친 영향 분석

● 윤리와 사상

성취기준	[12윤사04-02] 시민의 자유와 권리, 공적 삶과 정치참여에 대한 자유주의와 공화주의의 관점을 비교·고찰하고, 시민과 공동체의 바람직한 관계를 모색할 수 있다.
주요내용	로크의 사회계약론과 자연권 사상은 자유주의 정치철학의 핵심을 이룬다. 그는 생명·자유·재산의 권리를 보장받기 위해 정부를 구성한다고 보았고, 권리가 침해될 경우 저항할 권리도 강조했다. 이는 개인의 자유를 존중하면서 공동체에 책임 있게 참여해야 한다는 통찰을 제시한다. 따라서 학생들은 로크의 자유주의 사상을 통해 개인의 권리와 공동체의 조화를 탐구한다.
교과연계 탐구주제	▶ 시민의 자유와 공동체의 책임 조화를 위한 로크 사상 고찰 ▶ 로크의 사회계약론과 공화주의의 시민관 비교를 통한 가치 탐구 ▶ 로크의 자연권 사상이 자유주의 시민의 기본 가치 형성에 미친 영향 탐구

3. 독서 연계 탐구활동

● 추천 도서 목록

추천 도서 목록	
▶ 통치론(존 로크(강정인 역), 까치, 2022)	▶ 통치에 관한 두 번째 논고(존 로크(문지영 역), 후마니타스, 2023)
▶ 로크의 정부론(김성우, EBS BOOKS, 2021)	▶ 자녀교육론(존 로크(정유진 역), 그랜핸드북, 2025)
▶ 관용에 관한 편지(존 로크(공진성 역), 책세상, 2021)	▶ 로크는 왜 왕 앞에서 개인의 권리를 외쳤을까(에릭 맥(권혁철 역), 지식발전소, 2024)

● 독서 연계 탐구 활동

	독서 연계 탐구 활동
도서명	통치에 관한 두 번째 논고(존 로크(문지영 역), 후마니타스, 2023)
	이 책은 인간이 태어날 때부터 자유와 평등의 권리를 가지고 있으며, 그 권리를 보호하기 위해 사람들이 '정부'를 만들었다고 설명한다. 로크는 권력이 국민의 동의로부터 나온다고 강조하고, 정부가 국민의 자유를 침해하면 국민은 저항할 권리가 있다고 말한다. 이 사상은 오늘날 민주주의의 기본 원리가 되었으며, 개인의 권리와 자유를 중시하는 현대 사회의 정치 철학에 큰 영향을 주었다.
핵심 키워드	자연권, 사회계약, 자유, 평등, 저항권
탐구 주제	▶ 국가 권력의 한계를 설정한 로크의 사회계약 사상 분석 ▶ 시민의 저항권이 현대 민주주의 형성에 끼친 역할 고찰 ▶ 로크의 자유 사상이 헌법과 인권 선언에 미친 영향 탐구 ▶ 로크와 홉스의 인간관과 통치 사상을 중심으로 한 비교 연구 ▶ 로크의 자연권 사상이 오늘날 민주 시민 의식에 미치는 영향 탐구
토론 쟁점	▶ 자유와 평등 중 어느 가치가 더 중요한 정치 원리일까? ▶ 국민이 정부에 저항할 권리는 어디까지 인정되어야 할까? ▶ 정부가 국민의 자유를 제한할 수 있는 정당한 이유가 있을까?
후속 활동	▶ 정치: 로크와 홉스의 통치 철학을 비교 발표하는 활동 ▶ 윤리와 사상: 시민의 권리 침해 사례를 조사하고 해결 방안을 제시하는 활동 ▶ 자율·자치활동: 자유와 평등의 균형을 주제로 모둠 토론 후 포스터 제작 활동

● 독서 연계 탐구활동 예시

탐구 주제	로크의 자연권 사상이 오늘날 민주 시민 의식에 미치는 영향 탐구	
탐구 자료	▶ 뉴스 기사 '시민의 권리와 의무' – 실제 사회 속 민주 시민 사례 분석 자료 ▶ 헌법 전문 및 제10조~제37조– 인간의 기본권과 자유 보장의 근거 확인 ▶ <현대사회와 윤리> 교과서 – 시민의 권리와 자유 개념 학습 자료	
탐구 개요	서론	로크는 인간이 태어날 때부터 생명, 자유, 재산의 권리를 지닌다고 주장함. 이러한 자연권 사상은 시민이 스스로 권리를 지키고 부당한 권력에 저항할 수 있다는 근거를 마련함. 오늘날 민주 시민의식은 로크의 자연권을 바탕으로 자유와 책임을 함께 실천하려는 태도로 발전하고 있음.
	본론	▶ 로크의 자연권과 사회계약 사상의 핵심 개념 정리 및 주요 문장 분석 ▶ 자연권이 강조된 역사적 사건(명예혁명, 독립선언문 등) 사례 조사 ▶ 현대 헌법 속에 반영된 기본권 조항과 로크 사상의 연관성 탐색 ▶ 청소년 시민의 권리와 의무 사례를 통해 로크 사상 적용 방식 분석 ▶ 자유와 공동체 책임의 조화를 이루는 민주 시민의 자세 정리

탐구 개요	결론	탐구 결과, 로크의 자연권 사상은 오늘날 민주 시민 의식의 핵심 가치로 이어짐. 자유와 권리를 스스로 지키고 타인의 권리를 존중하는 태도는 사회계약의 정신을 실천하는 기반이 됨. 따라서 민주 시민은 개인의 자유를 누리되 공동체의 법과 질서를 함께 지키며 책임 있는 시민으로 행동해야 함.
후속 활동		▶윤리와 사상: '자유와 책임의 관계' 사례 토의 활동 ▶정치: 헌법의 기본권 조항과 로크 사상 비교 분석 활동 ▶자율·자치활동: 학생회 중심으로 학교 내 학생 인권헌장 제정 및 발표 활동 ▶동아리활동: '자유와 공공선의 조화' 주제 토론 활동

4. NIE 연계 활동

● 신문 읽기 & 연결 사유 찾기

존 로크와 은의 위기(이코노미 조선, 2023.09.04.)

이 기사는 17세기 말 영국에서 화폐 훼손과 은 함량 논쟁으로 촉발된 은의 위기와 이에 맞선 존 로크의 주장을 조명한다. 로크는 화폐의 가치는 국왕의 인장이 아닌 귀금속의 무게에 달려있다며 은화의 함량 유지를 관철했지만, 이로 인해 그레셤의 법칙이 실현되어 양화가 퇴장하고 심각한 디플레이션과 경기 침체를 겪었음을 보여주며, 화폐의 명목 가치와 국가의 역할에 대한 중요한 통찰을 제시한다.

국민 동의 없이 시민 자유 제한 안된다'는 근대 자유주의(중앙일보, 2020.09.04.)

이 기사는, 근대 자유주의 사상가 존 로크의 '시민 자유와 정부 권력의 관계'에 대한 관점을 다룬다. 로크는 모든 인간이 평등하고 독립적이므로 생명·건강·자유·재산을 침해받아서는 안 된다고 보았다. 정부는 국민과의 계약을 통해 권한을 위임받으며 그 권한은 시민의 동의와 기본권 보호를 전제로 해야 한다.따라서 국민의 동의 없이 시민의 자유를 제한하는 것은 정당성이 결여된 권위주의적 폭력이라고 본다.

존 로크의 사유재산권, 빈곤탈출·인류의 진보 원동력(한국경제, 2021.03.01.)

이 기사는 영국 사상가 존 로크의 사유재산권 개념이 인류의 빈곤 극복과 진보의 핵심 동력이었다고 설명한다. 로크는 "내 몸과 마음은 내 것, 노동이 결합하면 그것이 사유물이 된다"고 주장했다. 그는 재산권이 없으면 약육강식 사회가 되며, 재산권 확립 후 경작과 발명으로 빈곤이 줄었다고 보았다. 또한 공유제는 인센티브 부족으로 비극을 낳지만, 사유재산권이 보장된 사회는 문명의 질이 높아진다고 강조한다.

● 시사 이슈

▶오늘날 정부의 통화정책은 물가보다 국민 신뢰를 더 우선시해야 하는가?

▶국가가 위기 상황에서 국민의 자유를 제한할 때 어디까지 정당화될 수 있는가?

▶개인의 재산권 보장과 사회적 약자 보호 중 어느 가치가 더 우선되어야 하는가?

'국민 동의 없이 시민 자유 제한 안된다'는 근대 자유주의(중앙일보, 2020.09.04.)

- 국가가 위기 상황에서 국민의 자유를 제한하는게 정당한가? -

찬성	반대
국가가 위기 상황에서 국민의 자유를 일정 부분 제한하는 것은 사회 전체의 안전과 질서를 지키기 위한 불가피한 조치이다. 전염병 확산이나 전쟁 등 긴급한 상황에서는 개인의 자유보다 공동체의 생명과 안정을 우선해야 한다.	국가가 위기 상황을 이유로 국민의 자유를 제한하는 것은 권력 남용으로 이어질 위험이 크다. 일시적 조치가 상시적 통제로 변질될 수 있으며, 시민의 기본권은 어떤 상황에서도 존중되어야 한다. 강압적인 안전은 결국 진정한 안전이 아니다.

존 로크의 사유재산권, 빈곤탈출·인류의 진보 원동력(한국경제, 2021.03.01.)

- 사유재산권 강화가 개인의 노력과 혁신을 촉진하는가, 사회적 불평등을 심화시키는가?-

≫ 노력과 혁신 촉진	≫ 사회적 불평등 심화
사유재산권 강화는 개인의 성취욕과 책임감을 높여 노력과 혁신을 촉진한다. 자신이 얻은 결과가 보장될 때 사람들은 더 창의적으로 일하고, 새로운 기술과 산업 발전에 투자하려는 동기가 생긴다. 경제 성장과 생산성 향상의 기반이 된다.	사유재산권 강화는 부의 집중을 가속화해 사회적 불평등을 심화시킬 수 있다. 자산을 가진 사람은 더 많은 기회를 얻지만, 그렇지 못한 사람은 경쟁에서 배제된다. 재산이 세습될 경우 노력보다 출발선의 차이가 사회 정의를 훼손하게 된다.

존 로크(John Locke, 1632~1704)

● 사고의 확장

▶ 사유재산권의 개념은 시대와 사회 변화에 따라 어떻게 새롭게 해석될 수 있는가?

▶ 기술 발전과 인공지능 시대에 '노동의 가치'와 재산권의 관계는 어떻게 변할까?

▶ 부의 세습을 막으면서도 개인의 재산권을 보호할 수 있는 공정한 제도는 무엇일까?

▶ 공동체의 복지를 위해 개인의 재산을 제한하는 것이 정당화될 수 있는 기준은 무엇인가?

▶ 사유재산권이 없는 사회에서도 인간의 창의성과 발전 의지를 유지할 수 있을까?

5. 세특 예시

국가가 위기 상황에서 국민의 자유를 제한할 수 있는가를 주제로 한 찬반 토론에서 '사회 전체의 안전과 질서 유지를 위한 불가피한 조치'라는 논거로 찬성 입장을 논리적으로 제시함. 긴급한 상황에서는 개인의 자유보다 공동체의 생명과 안정을 우선해야 한다는 입장을 근거 자료와 사례를 들어 설득력 있게 주장함. 학생자치회 인권부장으로서 학교 내 학생 인권헌장 제정을 주도함. 구성원 의견을 수렴하고 참여를 유도하는 과정에서 기획력과 실천력, 리더십을 두루 발휘한 학생임.

31 존 롤스

(John Rawls, 1921~2002)

1. 평등과 정의를 새롭게 설계한 철학자

● 평범한 소년, 사색의 씨앗을 품다

롤스는 1921년 미국 메릴랜드에서 태어났다. 부유한 가정에서 자랐지만, 어린 시절 형제들을 병으로 잃는 비극을 겪었다. 그는 "운명은 왜 이렇게 불공평할까?"라는 질문을 품었다. 이 경험은 그가 평생 '정의란 무엇인가'를 탐구하는 철학자가 되는 출발점이었다. 젊은 시절의 롤스는 신학에 관심이 많았지만, 점차 신이 아닌 인간 사회의 제도와 정의에 답을 찾기 시작했다.

"정의는 단지 보상이나 처벌이 아니라, 우리가 함께 살아가기 위한 약속이다."

● 전쟁 속의 깨달음, 인간의 불평등을 마주하다

제2차 세계대전은 롤스의 사상을 결정적으로 흔들었다. 그는 미군으로 참전해 필리핀 전선에서 전쟁을 경험했다. 전쟁터에서 그는 분명한 사실을 목격했다.

"어떤 이는 명령하고, 어떤 이는 희생된다."

전쟁의 경험은 그로 하여금 '정의로운 사회란 어떤 모습이어야 하는가?'라는 물음을 남겼다. 귀국 후 그는 프린스턴대 철학과로 복귀해 인간의 도덕과 사회 제도에 대한 연구를 본격화했다. 전쟁의 상처는 그에게 인간 존엄성과 공정한 사회 제도를 고민하게 하는 계기가 되었다.

● 새로운 정의의 언어를 만들다: 〈정의론〉의 탄생

1971년, 그는 대표작 〈정의론(A Theory of Justice)〉을 출간하며 철학계를 뒤흔들었다. 그는 기존의 효용 중심 공리주의를 비판하며, "정의란 공정함(fairness)"이라고 정의했다. '원초적 입장(original position)'과 '무지의 베일(veil of ignorance)' 개념을 제시해, 사람들이 자신의 사회적 위치를 모른 채 제도를 만든다면 더 평등한 사회가 될 것이라 주장했다.

"누구도 불평하지 않을 사회, 그것이 정의로운 사회다."

이 이론은 사회 정의와 복지 정책의 철학적 기반이 되었다.

● 불평등을 다시 설계하다: 차등의 원칙

롤스는 완전한 평등이 아닌, 공정한 불평등을 주장했다. 그는 사회적·경제적 불평등이 있더라도, 그것이 가장 불리한 사람에게 이익이 된다면 정당하다고 보았다. 이른바 '차등의 원칙(difference principle)'이다. 그의 철학은 단순히 '모두 똑같이 나누자'가 아니라, 사회적 약자를 배려하는 정의로운 제도 설계를 강조했다.

"정의는 평등이 아니라, 공정한 기회의 균형이다."

이 생각은 정의를 결과의 동일함이 아니라, 출발선과 기회의 공정성으로 바라보게 만들었다. 그의 철학은 복지국가, 교육 기회 평등, 사회 안전망 정책의 중요한 이론적 기반이 되었다.

● 정의를 넘어, 공존의 철학으로

  말년의 롤스는 <정치적 자유주의(Political Liberalism)>와 <만민법(The Law of Peoples)>을 집필하며 정의를 세계로 확장했다. 그는 종교, 이념, 문화가 달라도 함께 공존할 수 있는 사회를 꿈꾸었다.
  "우리는 서로 다르지만, 공정함이라는 공통의 약속 속에서 평화를 찾을 수 있다."
  2002년, 그는 조용히 생을 마감했지만, 그의 사상은 여전히 정치철학의 중심에 남아 있다. 그의 철학은 오늘날에도 묻는다.
  "당신이 속한 사회는 정말 공정한가?"

● 오늘날로 이어지는 메시지

  경쟁이 일상화된 사회에서는 공정함이 결과의 차이로만 판단되기 쉽다. 하지만 출발선이 다를 때, 결과의 차이를 그대로 받아들이는 것이 과연 정의로운지 묻게 된다. 존 롤스는 진정한 정의란 출발선이 공정한 사회에서 가능하다고 보았다. 그는 사회 제도가 가장 약한 사람의 입장을 함께 고려할 때, 비로소 공정하다고 말할 수 있다고 주장했다.
  오늘날 학생에게 롤스의 메시지는 말해준다. 공정함은 모두에게 같은 기회를 주는 것에서 시작된다는 것이다.
▶ 사회는 누구에게 가장 불리하게 작동하고 있는가?
▶ 정의로운 사회를 위해 무엇이 필요할까?
이는 정치·사회·윤리 중심 세특 탐구 주제로 이어진다.

● 주요 철학 사상

1) 정의론 (A Theory of Justice)

  롤스는 <정의론>에서 정의를 "공정함(fairness)"이라고 설명했다. 그는 사회 제도는 모두가 공정하다고 느낄 수 있는 방식으로 만들어져야 한다고 주장했다. 이를 위해 사람들은 자신이 어떤 계층이나 직업에 속할지 모르는 상황에서 사회의 규칙을 정해야 한다고 보았다. 이런 상태에서라면 누구도 불리하지 않은 제도를 선택하게 된다. 롤스의 정의론은 자유와 평등을 동시에 보장하는 사회, 즉 모두에게 공정한 사회를 만드는 철학적 기반이 되었다.

2) 무지의 베일 (Veil of Ignorance)

  '무지의 베일'은 롤스가 정의로운 사회를 설명하기 위해 제시한 사고실험이다. 그는 사람들이 사회의 제도를 만들 때, 자신이 부자일지 가난할지, 남자일지 여자일지 모르는 상태라면 어떤 선택을 할지를 생각해 보라고 했다. 이렇게 '자신의 위치를 모르는 상태'에서 결정하면 누구에게도 불리하지 않은 공정한 규칙이 만들어진다고 보았다. 이 개념은 편견과 이익을 떠난 합리적 판단의 중요성을 일깨우며, 정의의 본질에 대한 깊은 성찰을 유도한다.

3) 차등의 원칙 (Difference Principle)

  롤스는 완전한 평등보다는 '공정한 불평등'을 주장했다. 그는 사회적 불평등이 존재하더라도, 그것이 가장 불리한 사람에게 이익이 된다면 정당하다고 보았다. 이를 '차등의 원칙'이라 한다. 예를 들어, 능력이 뛰어난 사람이 더 많은 보상을 받더라도, 그 결과가 사회 전체의 발전과 약자의 복지 향상에 도움이 된다면 그것은 정의로운 불평등이라 할 수 있다. 이 원칙은 복지국가의 토대이자 사회적 분배 정의의 중요한 철학적 근거가 되었다.

4) 정치적 자유주의 (Political Liberalism)

  롤스는 현대 사회가 다양한 가치와 신념을 가진 사람들로 구성되어 있다는 점에 주목했다. 그는 이러한 사회에서 모두가 동의할 수 있는 공정한 원칙이 필요하다고 보았다. 정치적 자유주의는 특정 종교나 이념이 아니라, 공정한 절차와 합의를 통해 정의를 실현하려는 철학이다. 서로 다른 사람들이 함께 살아가기 위해서는 상대의 생각을 존중하고, 공통된 규칙과 정의로운 제도를 통해 사회를 운영해야 한다는 것이 핵심이다.

존 롤스(John Rawls, 1921~2002)

존 롤스는 <정의론>을 통해 현대 정치철학의 방향을 근본적으로 바꾼 사상가이다. 그는 "정의란 공정성"이라는 핵심 명제를 제시하며, 정의로운 사회를 설계하기 위한 사고실험으로 '원초적 입장'과 '무지의 베일'을 도입했다. 개인의 능력, 출신, 지위 정보를 모두 가린 상태에서 사회 원칙을 선택해야 한다고 주장함으로써, 특정 집단이 아닌 모든 구성원의 공정한 이익을 고려하는 정의 기준을 제시했다. 또한 그는 불평등을 완전히 없애는 것이 아니라, 가장 불리한 사람에게 최대의 이익이 돌아가는 '차등의 원칙'을 통해 자유와 평등을 조화시키는 새로운 정의 모델을 구축했다.

롤스의 사상은 복지국가, 민주주의, 인권정책 등 현대 사회 제도의 정당성을 평가하는 데 중요한 기준이 되었다. 그는 공리주의가 다수의 이익을 위해 소수의 권리가 침해될 수 있다는 문제를 비판하고, 개인의 기본적 자유를 최우선으로 보호해야 한다고 강조했다. 이러한 철학은 교육·법·정치 영역에서 폭넓게 적용되며, 시민적 자유를 보장하는 정치적 자유주의의 기반이 되었다. 오늘날에도 사회적 약자를 고려한 정책 설계, 공정한 분배 시스템, 민주적 의사 결정 과정 등 다양한 영역에서 롤스의 정의론은 실질적인 판단 기준과 방향성을 제공하고 있다.

● 철학 사상 연계 탐구 주제

정의론	▶ **정의론과 공리주의의 차이를 통한 사회 정의 개념 비교 분석** ▶ 롤스의 정의론이 현대 사회의 공정한 제도 설계에 미친 영향 ▶ 공정함으로서의 정의 개념이 민주주의 가치 실현에 미친 영향 탐구
무지의 베일	▶ 롤스의 무지의 베일 개념과 칸트의 도덕법칙 사상 비교 분석 ▶ 무지의 베일 사고가 청소년 의사결정 과정에 주는 시사점 고찰 ▶ 공정한 사회 제도를 설계하기 위한 무지의 베일의 철학적 의미 탐구
차등의 원칙	▶ 롤스의 차등의 원칙이 현대 복지 정책 설계에 미친 영향 ▶ 공정한 불평등 개념이 사회적 약자 보호 제도에 미친 영향 탐구 ▶ 롤스의 차등의 원칙과 아리스토텔레스의 분배 정의 사상 비교 분석
정치적 자유주의	▶ 다양한 가치가 공존하는 사회에서의 공정한 합의 가능성 고찰 ▶ 롤스의 자유주의와 밀의 자유론을 비교한 현대 민주주의 가치 탐구 ▶ 정치적 자유주의 사상이 현대 사회의 공존과 포용에 미친 영향 분석

주제	정의론과 공리주의의 차이를 통한 사회 정의 개념 비교 분석
탐구 목표	롤스의 정의론과 밀의 공리주의를 비교하여 사회 정의의 본질을 이해하고, 개인의 행복과 공동체의 공정성이 조화를 이루는 사회의 윤리적 기준을 탐색한다.
선정 이유	오늘날 사회는 '개인의 행복'과 '공동의 정의' 사이에서 균형을 찾으려 한다. 밀의 공리주의는 다수의 행복을 중시하지만, 소수의 권리가 무시될 수 있는 한계를 지닌다. 반면 롤스의 정의론은 모두가 불리하지 않도록 제도를 설계해야 한다는 공정성을 강조한다. 두 사상을 비교하면 사회 정의의 본질을 깊이 이해할 수 있다. 이 탐구를 통해 학생들은 정의로운 사회와 공정함의 의미를 성찰하게 된다.
서론	고대부터 인간 사회는 "무엇이 정의로운가?"라는 질문을 던져왔다. 밀은 공리주의를 통해 최대 다수의 최대 행복을 주장했지만, 롤스는 공정한 절차와 약자를 배려하는 정의를 강조했다. 두 철학자는 모두 인간의 행복을 추구했지만, 접근 방식은 달랐다. 본 탐구는 정의론과 공리주의의 차이를 비교함으로써, 행복과 공정성의 조화를 이룰 수 있는 사회의 방향을 모색하고자 한다.
본론	▶밀의 공리주의 개념 정리: '최대 다수의 최대 행복' 원리의 윤리적 한계 분석 ▶롤스의 정의론 핵심 이해: '공정으로서의 정의'와 '무지의 베일' 개념 정리 ▶두 사상의 공통점과 차이점 비교표 작성: 행복의 기준과 정의의 기준 중심 ▶현대 사회 사례 조사: 복지정책·환경문제·분배정의 사례에 두 이론 적용 ▶결과 발표 및 토의: '행복한 사회 vs 공정한 사회' 주제로 발표·토론 진행
결론	롤스의 정의론은 약자를 보호하는 공정한 제도를, 밀의 공리주의는 다수의 행복을 강조한다. 두 사상은 서로 다르지만 모두 인간의 존엄과 사회의 조화를 지향한다. 탐구를 통해 정의로운 사회는 행복과 공정이 함께할 때 완성된다는 점을 깨달았다.
심화 탐구 주제	▶공리주의와 정의론을 통해 본 사회복지 정책의 윤리적 정당성 탐구 ▶정의론의 '차등의 원칙'이 현대 복지국가 설계에 미친 철학적 영향 고찰 ▶공정한 불평등 개념이 사회적 약자 보호 제도에 미친 영향 분석
토론 주제	▶행복한 사회가 공정한 사회보다 더 정의로운가? ▶다수의 행복을 위해 소수의 희생은 정당화될 수 있는가? ▶사회 정의는 결과의 평등보다 기회의 공정이 우선되어야 하는가?
교내 후속 활동	▶윤리와 사상: 롤스와 밀의 원문 발췌문 비교 읽기 및 철학 토의 진행 ▶법과 사회: 정의론과 공리주의 관점에서 사회복지 제도 분석 ▶자율·자치활동:' 정의로운 학교 만들기' 캠페인 기획 및 공정 규칙 제안 프로젝트

존 롤스(John Rawls, 1921~2002)

● 윤리문제 탐구

성취기준	[12윤탐02-03] 사회적 차별 표현 사례를 조사하고, 이를 바라보는 다양한 관점을 이해하여 윤리적 해결 방안을 제시할 수 있다.
주요내용	이 성취기준은 사회에 만연한 차별과 혐오 표현의 문제를 인격권 존중과 표현의 자유 보장이라는 관점에서 탐구하고, 그 해결 방안을 구체적으로 모색하는 데 집중한다. 존 롤스의 정의론은 모든 사람에게 동등한 기본권을 부여하고, 사회적 불평등을 완화함으로써 사회 구성원 모두의 존엄성이 보장되는 정의로운 공동체 형성에 기여하는 핵심적인 이론적 토대를 제공한다.
교과연계 탐구주제	▶ 존 롤스의 정의로운 공동체 원리에 따른 규제 정당성 탐색 ▶ 존 롤스 정의론에 입각한 혐오 표현 규제와 표현의 자유 조화 방안 연구 ▶ 사회적 차별 해소를 위한 롤스 차등의 원칙 적용: 현실 문제 분석 및 해결 모색

● 역사로 탐구하는 현대세계

성취기준	[12사탐02-01] 일상생활에서 나타나는 성 불평등 문제의 실태를 조사하고, 원인과 해결 방안을 제시한다.
주요내용	학생들이 사회문제의 본질을 이해하고, 다양한 시각에서 문제를 분석하며 합리적인 해결 방안을 모색하는 데 초점을 맞춘다. 존 롤스의 사회계약론은 사회 구성원 모두에게 공정한 기회와 분배를 보장하는 '정의로운 사회'의 기본 원칙을 제시하며, 특히 '무지의 베일' 뒤에서 합의된 정의의 원칙들이 사회문제 해결 과정에서 '사회적 약자'를 고려하는 윤리적 틀을 제공한다.
교과연계 탐구주제	▶ 롤스 '기회균등 원칙'으로 한국 성 불평등 실태 분석 및 해결 모색 ▶ 롤스 정의론 기반, 공정한 사회계약으로 젠더 갈등 해소 방안 제안 ▶ 일상 성차별을 롤스 '정의로운 분배'로 비판, 합리적 해결책 모색

3. 독서 연계 탐구활동

● 추천 도서 목록

추천 도서 목록

▶ 존 롤스 정의론(황경식, 쌤엔파커스, 2025)

▶ 존 롤스의 지혜를 통해 배우는 25가지 삶의 법칙(손영호, 루미너리북스, 2025)

▶ 하나를 위한 정의, 모두를 위한 정의(오재환, 자음과모음, 2020)

▶ 공정으로의 정의(존 롤스, 김주휘 역), 이학사, 2016)

▶ 정치적 자유주의(존 롤스(장동진 역), 동명사, 2016)

▶ 만민법(존 롤스(황경식 역), 쌤엔파커스, 2018)

독서 연계 탐구 활동

도서명	존 롤스 정의론(황경식, 쌤엔파커스, 2025)
	이 책은 사회에서 '정의로운 제도'란 무엇인지 설명한다. 존 롤스는 모두가 공정하다고 느낄 수 있는 사회를 만들기 위해 '무지의 베일'이라는 가정을 제시했다. 사람들이 자신의 위치나 능력을 모른 채 사회의 규칙을 만든다면, 누구에게도 불리하지 않은 공정한 원칙을 세울 것이라고 보았다. 그는 사회의 불평등은 약자를 돕는 방향에서만 정당화될 수 있다고 주장했다.
핵심 키워드	정의, 공정성, 무지의 베일, 평등, 차등의 원칙
탐구 주제	▶**롤스의 정의론이 현대 복지정책에 미친 영향을 분석** ▶롤스의 차등의 원칙과 공리주의의 행복 원리를 비교 ▶무지의 베일 개념을 통해 공정한 사회 규칙의 의미 탐구 ▶공정성과 평등의 관계를 통해 정의로운 분배의 기준 고찰 ▶롤스의 정의론을 바탕으로 청소년이 바라는 정의로운 사회 탐구
토론 쟁점	▶모두에게 완전한 평등을 보장하는 것이 진정한 정의인가? ▶능력에 따른 보상이 공정한가, 약자를 배려하는 것이 공정한가? ▶복지를 확대하기 위해 부유층의 세금을 더 걷는 것은 정의로운가?
후속 활동	▶정치: 정의로운 사회의 조건을 다양한 제도로 비교 분석하는 활동 ▶윤리와 사상: 공정성과 평등의 기준을 철학적 관점에서 토론하는 활동 ▶자율·자치활동: 학교 내 '공정한 규칙 만들기' 모의헌장 작성 및 발표 활동 ▶동아리활동: 정의론을 바탕으로 청소년 사회참여 캠페인을 기획하는 활동

● 독서 연계 탐구활동 예시

탐구 주제	롤스의 정의론이 현대 복지정책에 미친 영향을 분석	
탐구 자료	▶존 롤스 정의론: 공정한 사회를 위한 '정의의 두 원칙'을 설명한 대표 서서 ▶헌법 제34조 사회보장 조항: 복지국가의 이념과 국민의 기본권 근거 이해 자료 ▶OECD 복지정책 보고서: 각국의 사회적 약자 보호정책 비교에 활용 가능함	
탐구 개요	서론	롤스는 모두가 공정한 사회를 만들기 위해 '정의로운 원칙'이 필요하다고 주장함. 그는 자유를 보장하되 사회적 불평등은 최소한의 약자에게 이익이 될 때만 정당하다고 보았음. 이러한 정의론은 현대 복지정책의 철학적 기반이 되었음. 본 탐구에서는 롤스의 사상이 복지국가 제도에 미친 영향을 분석함.
	본론	▶롤스의 '정의의 두 원칙'과 '무지의 베일' 개념을 이해하고 정리하기 ▶정의론이 추구하는 공정성과 평등의 철학적 의미를 분석하기 ▶현대 복지정책의 주요 목적과 사회적 약자 보호 원리를 조사하기 ▶복지제도 속에서 롤스의 정의론이 반영된 구체적 사례를 비교하기 ▶공정한 복지를 실현하기 위한 사회 구성원의 역할과 책임 제시하기

존 롤스(John Rawls, 1921~2002)

탐구 개요	결론	탐구 결과, 롤스의 정의론은 복지정책이 단순한 지원이 아닌 '공정한 기회 보장'을 목표로 해야 함을 강조함. 사회적 약자를 배려하는 정책이 사회 전체의 조화를 이끌어낸다는 사실을 이해함. 복지는 나눔이 아니라 정의의 실천이라는 관점이 현대 사회정책의 핵심 가치임을 깨달음.
후속 활동		▶ 정치와 법: 사회권 보장과 복지국가의 헌법적 근거를 토의하는 활동 ▶ 경제: 복지정책이 시장경제에 미치는 영향을 사례로 분석하는 활동 ▶ 자율·자치활동: 학교 내 모의 복지 예산 배분 프로젝트를 기획·운영하는 활동 ▶ 동아리활동: 청소년 복지와 공정사회 실현 방안을 토론하고 제안하는 활동

4. NIE 연계 활동

● 신문 읽기 & 연결 사유 찾기

존 롤스에게 묻다 "약자들의 이익을 우선하는 일은 왜 '정의'로운가"(라이프인, 2024.02.08.)

이 기사는 존 롤스의 <정의론>을 바탕으로 "왜 약자들의 이익을 우선하는 일이 정의로운가"를 설명한다. 롤스는 정의를 단순히 모든 이에게 동등한 기회를 주는 것으로 보지 않고, 특히 사회 구조상 불리한 처지에 있는 이들에게 실제로 더 유리한 조건이 마련될 때야 비로소 정의롭다고 본다. 따라서 이 기사는 사회적 약자를 위한 제도적 배려가 정의 실현의 핵심임을 밝히고 있다.

불평등 양극화의 해법 '차등의 원칙'(아시아경제, 2022.09.02.)

이 기사는 한국이 빠른 경제 성장을 이뤘지만, 그 과정에서 불평등과 양극화가 심화됐다고 지적한다. 그리고 이를 해결하기 위한 방안으로 존 롤스의 '차등의 원칙'을 제시하며, 사회적으로 가장 불리한 위치에 있는 구성원에게 더 많은 기회를 제공해야 한다고 강조한다. 기사는 기존의 '동일한 기회' 모형으로는 이미 누적된 격차를 해소하기 어렵기 때문에, 약자 중심의 기회 확대가 정의로운 사회실현의 핵심이라고 본다.

기회균등만 남은 세계의 비극(한겨레, 2021.08.01.)

이 기사는 '기회균등'이 겉보기에 공정하고 정의로운 원칙처럼 보이지만, 실제로는 심화된 사회적 불평등을 근본적으로 해소하지 못해 결과적 격차를 고착화하고 있음을 지적한다. 즉, 모두에게 동일한 출발선을 보장하는 것만으로는 충분하지 않으며, 누적된 불이익과 구조적 장벽, 사회적 약자의 제약까지 고려한 실질적이고 지속적인 정책과 제도적 보완이 필요함을 강조한다.

● 시사 이슈

▶ 약자 우선의 원칙이 과연 경쟁과 혁신을 촉진하는 사회에서도 지속가능한가?
▶ 사회 구조적 불이익을 극복하기 위해 '기회균등'을 넘는 어떤 개념이 도입되어야 할까?
▶ 차등의 원칙이 결과적 평등을 추구할 때 개인의 책임과 노력은 어떤 위치를 가져야 할까?

불평등 양극화의 해법 '차등의 원칙'(아시아경제, 2022.09.02.)
- 사회적 약자를 위한 차등의 원칙 적용이 능력주의 사회의 공정성을 훼손하는가? -

찬성	반대
차등의 원칙은 약자를 배려한다는 명분 아래 노력과 성취의 가치를 약화시킬 수 있다. 개인의 능력보다 출발점이나 처지를 기준으로 한 보상은 경쟁의 공정성을 훼손하고, 결과적으로 사회 전체의 효율성과 발전을 저해할 수 있다.	차등의 원칙은 불평등한 출발선을 바로잡아 진정한 공정경쟁을 가능하게 한다. 능력주의가 유지되려면 최소한의 기회균형이 전제되어야 하며, 사회적 약자를 위한 지원은 공정의 기초를 마련하는 정의로운 조치다.

기회균등만 남은 세계의 비극(한겨레, 2021.08.01.)
- 사회 정의는 '동일한 출발선 보장'인가, 아니면 '결과의 격차 완화'에 더 초점이 맞춰져야 하는가? -

≫ 동일한 출발선 보장	≫ 결과의 격차 완화
사회 정의는 누구나 같은 조건에서 경쟁할 수 있도록 공정한 출발선을 보장하는 데 있다. 기회의 평등이 확보되어야 개인의 노력과 능력이 정당하게 평가될 수 있다. 결과의 차이는 노력의 차이에서 비롯된 자연스러운 현상이다.	출발선만 같다고 해서 정의가 실현되는 것은 아니다. 사회 구조의 불평등은 시간이 지날수록 결과의 격차를 확대시킨다. 따라서 사회 정의는 경쟁의 결과를 조정하고 약자의 삶을 개선하는 방향으로 작동해야 한다.

● 사고의 확장

▶ 기회균등이 보장되어도 구조적 불평등이 지속되는 이유는 무엇일까?

▶ 공정한 경쟁 사회를 위해 기회와 결과 중 어느 쪽을 더 중시해야 할까?

▶ 차등의 원칙이 실제 정책으로 실현되기 위해 어떤 사회적 합의가 필요할까?

▶ 약자 우선의 분배가 개인의 성취욕을 해치지 않게 조화시키는 방법은 무엇일까?

▶ 정의로운 사회를 위해 개인의 자유와 평등 중 어느 가치가 더 우선되어야 할까?

5. 세특 예시

　'존 롤스 정의론(황경식)'을 읽고 그의 정의 사상이 현대 복지정책에 미친 영향을 탐구함. 헌법 제34조의 사회보장 조항과 경제협력개발기구 복지정책 보고서를 참고하여 공정성과 평등의 철학적 의미를 분석함. 롤스가 강조한 차등의 원리가 사회적 약자 보호와 복지제도의 정당성을 뒷받침함을 이해함. 현대 복지정책의 목적과 사회 구성원의 역할·책임을 조사하며, 공정한 복지 실현이 정의의 실천이라는 점을 깨달음. 청소년 복지와 공정사회 실현 방안을 주제로 토론활동을 기획하고 참여함.

존 롤스(John Rawls, 1921~2002)

32 존 메이너드 케인스
(John Maynard Keynes, 1883~1946)

1. 위기의 시대를 바꾼 경제혁명가

● 지적인 가정에서 자란 천재 소년

케인스는 1883년 영국 케임브리지에서 태어났다. 그의 아버지는 경제학자, 어머니는 사회운동가였다. 어릴 적부터 수학과 철학에 뛰어났던 그는 "세상을 이해하려면 숫자 뒤의 인간을 봐야 한다."고 말했다. 그는 케임브리지 대학에서 철학자 러셀과 경제학자 피구의 영향을 받으며 인간의 행동이 경제를 어떻게 움직이는지를 고민했다.

"경제학은 단순한 수식이 아니라, 인간의 심리를 다루는 학문이다."

● 학자에서 금융가로, 현실을 배우다

졸업 후 그는 영국 재무부와 금융 기관에서 근무하며 실제 경제의 복잡함을 체험했다. 그는 수요와 공급만으로는 설명되지 않는 시장의 불안정을 직접 목격했다.

"시장은 이성보다 감정에 더 쉽게 흔들린다."

1차 세계대전이 발발하자 그는 전쟁 비용과 재정 문제를 분석하며 정부 정책의 중요성을 깨달았다. 이 시기의 경험은 그가 훗날 시장의 불완전성을 비판하는 사상의 씨앗이 되었다.

● 세계를 향한 경고: 평화의 경제적 결과

1919년, 그는 <평화의 경제적 결과(The Economic Consequences of the Peace)>를 출간했다.이 책에서 그는 베르사유 조약이 독일 경제를 붕괴시키고, 유럽 전체를 위기로 몰아넣을 것이라 경고했다.

"징벌의 평화는 또 다른 전쟁을 부른다."

그의 예언은 실제로 20년 후 제2차 세계대전으로 이어졌다. 이때부터 케인스는 단순한 경제학자가 아니라, '정책을 설계하는 철학자'로 불리기 시작했다.

● 대공황의 시대, 경제학의 혁명

1930년대, 전 세계를 덮친 대공황은 기존 경제학의 한계를 적나라하게 드러냈다. 공장은 멈췄고, 실업자는 거리로 쏟아져 나왔지만 자유시장 이론은 "시간이 지나면 시장이 스스로 회복될 것"이라고 말할 뿐이었다. 그러나 현실은 달랐다. 기다림은 회복이 아니라 더 깊은 침체로 이어졌다. 케인스는 이 장면을 보며 기존 경제학이 위기의 현실 앞에서 아무런 답을 주지 못하고 있다고 판단했다. 이때 케인스는 "시장이 스스로 회복되길 기다리는 것은, 죽은 자가 스스로 일어나길 기다리는 것과 같다." 라고 말했다. 그는 <고용, 이자, 화폐의 일반이론>을 통해 정부의 적극적인 재정 개입을 제안했다. 국가가 일시적으로 소비를 늘리고, 일자리를 만들어야 경제가 살아난다는 그의 주장은 근대 '혼합경제체제'의 이론적 기초가 되었다.

"국가의 손이 필요할 때, 그것은 시장을 구하기 위한 손이다."

● 전쟁 후 세계를 설계하다

제2차 세계대전이 끝날 무렵, 케인스는 국제 경제 질서를 새로 세우기 위해 노력했다. 그는 미국과 협력해 국제통화기금(IMF)과 세계은행(World Bank) 설립에 참여했다. 이는 전쟁 후 무너진 경제를 안정시키기 위한 국제 협력 체제의 출발점이었다.

그는 마지막까지 '경제는 사람을 위한 것'임을 강조했다. 1946년, 심장마비로 세상을 떠났지만 그의 사상은 세계 경제의 기본 방향이 되었고, 이후 정책 논의의 기준이 되었다.

"우리는 오늘의 선택으로 내일의 세상을 만든다."

● 오늘날로 이어지는 메시지

위기 상황에서 개인의 노력만을 강조하는 사회는 종종 더 큰 불평등을 만들어 낸다. 케인스는 경제가 위기에 빠졌을 때 국가의 역할이 중요하다고 보았다. 그는 시장에만 맡기지 않고, 공동체가 함께 책임지는 선택을 강조했다.

오늘날 학생에게 케인스의 메시지는 말해준다.

문제 해결에는 개인의 노력과 사회의 개입이 함께 필요하다는 것이다.

▶ 경제 위기 속에서 국가는 어떤 역할을 해야 할까?

▶ 공공의 책임은 어디까지일까?

이는 경제·사회 정책 중심 세특 탐구로 이어질 수 있다.

● 주요 철학 사상

1) 유효수요(Effective Demand)

케인스는 경제가 성장하려면 단순히 물건을 생산하는 것보다, 사람들이 실제로 소비하고 기업이 투자하는 '총수요'가 중요하다고 보았다. 이를 유효수요라 한다. 수요가 부족하면 물건이 팔리지 않고, 기업은 생산을 줄이며 실업이 늘어난다. 그래서 그는 정부가 지출을 늘려 수요를 보충해야 한다고 주장했다. 즉, 경제를 움직이는 힘은 공급이 아니라 사람들의 소비와 투자 의지라는 것이다. 이 개념은 현대 경기 부양정책의 기초가 되었다.

2) 정부의 적극적 개입(Government Intervention)

케인스는 시장이 항상 스스로 균형을 이루지 못한다고 보았다. 그는 불황기에 정부가 적극적으로 재정 지출을 늘려야 한다고 주장했다. 예를 들어, 도로나 공공시설을 건설해 일자리를 만들면 사람들이 돈을 쓰고 경제가 살아난다. 반대로 호황기에는 지출을 줄여 물가 상승을 막아야 한다. 이런 방식으로 정부는 경제의 과열과 침체를 조정한다. 케인스는 이를 통해 국가가 시장을 '통제'가 아닌 '안정화'하는 역할을 해야 한다고 보았다.

3) 완전고용(Full Employment)

케인스는 경제의 목표가 단순한 성장보다 모든 사람이 일할 수 있는 상태, 즉 '완전고용'이어야 한다고 주장했다. 그는 자유시장에 맡기면 실업이 자연스럽게 줄어든다는 기존 이론을 비판했다. 대신 정부가 공공사업과 투자를 통해 일자리를 만들어야 한다고 보았다. 일할 기회를 얻은 사람들은 다시 소비를 늘려 경제를 회복시킨다. 완전고용은 단순한 통계 목표기 아니라, 모든 시민이 경제활동을 통해 인간다운 삶을 누리게 하는 사회적 가치라고 강조했다.

4) 혼합경제체제(Mixed Economy)

케인스는 자본주의의 자유시장 원리를 유지하면서도 정부가 일정 부분 개입해야 한다고 주장했다. 그는 시장의 효율성과 정부의 안정화 기능을 함께 살리는 혼합경제체제를 제시했다. 이 체제에서는 시장이 생산과 거래를 주도하지만, 정부가 복지, 고용, 물가를 조절하며 균형을 맞춘다. 즉, 시장의 자유와 사회적 책임이 조화를 이루는 구조로, 경제 위기 상황에서도 안정적 성장을 가능하게 한다. 케인스의 이 사상은 오늘날 대부분의 선진국 경제정책의 근간이 되었다.

존 메이너드 케인스는 <고용, 이자, 화폐의 일반이론>을 통해 고전경제학의 틀을 바꾸며 경제학의 새로운 전환점을 만든 인물이다. 그는 경제가 항상 스스로 균형을 이룬다는 기존 믿음을 비판하고, 경기 침체의 핵심 원인을 '유효수요 부족'으로 보았다. 케인스는 정부가 재정지출을 확대하고 공공사업을 시행해 소비와 투자를 회복시켜야 경제가 성장한다고 주장했다. 또한 완전고용을 중요한 목표로 설정하며, 시장만으로 해결할 수 없는 실업 문제를 정부 개입으로 보완해야 한다고 강조했다. 그의 사상은 경제정책을 기술적 영역을 넘어 인간의 삶을 지키는 철학적 과제로 확장시켰다.

케인스의 사상은 20세기 세계 경제정책의 방향을 근본적으로 바꾸었다. 대공황 이후 미국의 뉴딜정책을 비롯해 여러 국가가 경기 부양을 위해 재정정책을 활용했으며, 이는 복지국가와 혼합경제 체제의 이론적 토대가 되었다. 그의 이론은 사회적 안전망 강화, 소득 분배 개선, 정부의 책임 있는 경제 운영 같은 가치에 힘을 실어 민주주의 국가의 핵심 정책 원리로 자리 잡았다. 또한 금융위기와 같은 급격한 경제 불안 상황에서 케인스의 이론은 여전히 주요 대응 전략으로 활용되고 있다. 그의 철학은 오늘날에도 정부와 시장의 조화가 필요하다는 기준을 제시하고 있다.

● 철학 사상 연계 탐구 주제

유효수요	▶ 국가 재정정책이 유효수요 확대에 미치는 효과에 대한 탐구 ▶ 케인스의 유효수요 이론과 고전파의 공급 중심 이론 비교 분석 ▶ 소비와 투자의 변화가 경제 성장률에 미치는 영향 분석 및 고찰
정부의 적극적 개입	▶ 정부의 재정정책이 경기 안정과 국민 복지에 미치는 영향 탐구 ▶ 공공사업 확대가 청년 고용 및 지역 경제 활성화에 미친 영향 탐구 ▶ **케인스의 정부 개입 사상과 애덤 스미스의 자유시장 이론 비교 분석**
완전고용	▶ 공공일자리 정책이 청년 실업률 개선에 미친 영향 고찰 ▶ 완전고용 달성을 위한 복지제도의 역할과 필요성에 대한 탐구 ▶ 케인스의 완전고용 이론과 현대 실업 문제 해결 방안 비교 분석
혼합경제체제	▶ 혼합경제체제의 장점과 한계를 다른 경제체제와 비교한 탐구 ▶ 케인스의 혼합경제 사상과 현대 복지국가 모델의 연관성 분석 ▶ 시장 자율성과 정부 규제의 균형이 경제 안정성에 미치는 영향 고찰

주제	케인스의 정부 개입 사상과 애덤 스미스의 자유시장 이론 비교 분석
탐구 목표	케인스의 정부 개입 사상과 애덤 스미스의 자유시장 이론을 비교하여, 시장과 정부의 역할이 조화를 이루는 경제 운영의 방향을 이해한다.
선정 이유	경제는 사회의 근간이며, 정부와 시장의 역할을 둘러싼 논쟁은 오늘날에도 계속되고 있다. 애덤 스미스는 개인의 이익 추구가 사회 전체의 이익으로 이어진다고 보며 '보이지 않는 손'을 강조했다. 반면 케인스는 경제 위기와 실업 문제 해결을 위해 정부의 적극적 개입이 필요하다고 주장했다. 따라서 두 경제철학을 비교함으로써 효율과 공정의 균형을 모색하고자 한다.
서론	18세기 산업혁명 이후 자본주의 사회가 성장하면서 경제학자들은 "시장은 스스로 조정될 수 있는가?"라는 질문을 던졌다. 스미스는 시장의 자율성과 경쟁을 강조하며, 정부의 간섭이 최소화되어야 한다고 주장했다. 그러나 20세기 대공황을 겪은 케인스는 시장의 자율조정이 한계에 부딪힌다고 보았다. 그는 정부의 지출과 정책이 경제 회복의 열쇠라고 강조했다.
본론	▶ 애덤 스미스의 자유시장 이론 조사: <국부론>의 핵심 개념 정리 ▶ 케인스의 정부 개입 이론 분석: 유효수요, 재정정책, 완전고용) 이해 ▶ 두 사상의 공통점과 차이점 비교표 작성: 시장자율 vs 정부개입 중심 비교 ▶ 현대 경제 사례 적용: 경기침체·물가상승 시 두 이론의 적용 사례 분석 ▶ 탐구 결과 발표: 각 조별로 '효율적인 경제 운영을 위한 정부와 시장의 역할' 제안
결론	스미스는 시장의 자율성과 경쟁의 효율성을 강조했지만, 케인스는 시장의 불안정성을 보완하기 위한 정부의 역할을 중시했다. 탐구를 통해 효율적 성장과 사회적 안정은 대립이 아닌 조화의 문제임을 깨달았다.
심화 탐구 주제	▶ 스미스와 케인스의 경제철학이 현대 복지국가 형성에 미친 영향 ▶ 정부 개입의 한계와 시장 자율성의 조화 방안에 대한 경제윤리 고찰 ▶ 케인스주의와 신자유주의의 경제정책 비교를 통한 현대 경제 분석
토론 주제	▶ 정부의 적극적 개입은 시장의 자유를 침해하는가? ▶ 자유시장만으로 경제적 불평등 문제를 해결할 수 있는가? ▶ 효율적인 경제 운영을 위해 정부와 시장 중 어느 쪽이 더 중요한가?
교내 후속 활동	▶ 경제: 자유시장과 정부개입 사례(예: 뉴딜정책, 한국 재정정책) 비교 발표 ▶ 정치: 경제정책 결정 과정에서 정부의 역할을 주제로 모의 정책 회의 진행 ▶ 진로활동: '경제철학 토론회' 개최: 케인스 vs 스미스 찬반 토론

존 메이너드 케인스
(John Maynard Keynes, 1883~1946)

● 통합사회

성취기준	[10통사2-03-01] 자본주의의 역사적 전개 과정과 그 특징을 조사하고, 시장과 정부의 관계를 중심으로 다양한 삶의 방식을 비교 평가한다.
주요내용	존 메이너드 케인스는 자본주의 경제가 스스로 균형을 이루지 못할 때, 정부의 적극적인 개입이 필요하다고 주장했다. 그는 대공황 시기의 시장 실패를 보며 '유효수요 부족'이 경기 침체의 원인이라고 보았고, 공공지출과 재정정책을 통해 경제를 회복해야 한다고 강조했다. 이러한 사상은 자본주의의 변화 속에서 시장과 정부의 관계를 새롭게 정의하며, 복지국가와 혼합경제 체제 형성의 이론적 기초가 되었다.
교과연계 탐구주제	▶ 자유시장 자본주의와 케인스의 혼합경제 사상의 차이점 탐구 ▶ 케인스 경제이론이 복지국가 형성에 미친 영향과 한계 비교 분석 ▶ 케인스 사상이 현대 사회의 시장과 정부 관계 변화에 미친 영향 분석

● 경제

성취기준	[12경제03-03] 경기 변동의 의미와 요인을 이해하고, 경기 안정화 방안으로 재정 정책과 통화 정책을 분석한다.
주요내용	존 메이너드 케인스는 경기 침체의 원인을 '유효수요 부족'으로 보고, 정부의 적극적인 재정정책을 통해 경제를 안정시켜야 한다고 주장했다. 그는 시장이 스스로 균형을 이루지 못한다고 보았으며, 공공지출과 통화정책을 통해 고용과 생산을 회복할 수 있다고 강조했다. 이러한 사상은 경기 변동의 원인 분석과 재정·통화 정책의 필요성을 이해하는 데 핵심적인 이론적 토대를 제공한다.
교과연계 탐구주제	▶ 케인스의 정부 개입 이론과 통화주의 경제사상의 차이점 비교 ▶ 케인스의 완전고용 이론이 현재 한국 경제정책에 주는 시사점 ▶ 케인스의 유효수요 이론이 현대 경기 안정화 정책에 미친 영향

3. 독서 연계 탐구활동

● 추천 도서 목록

추천 도서 목록

▶ 케인스 하이에크(니컬러스 웝숏(김홍식 역), 부키, 2014) ▶ 설득의 에세이(존 메이너드 케인스(정명진 역), 부글북스, 2017)
▶ 다시, 케인스(존 메이너드 케인스 외, 포레스트북스, 2023) ▶ 경제학 천재들의 자본주의 워크숍(올리케 헤르만(박종대 역), 갈라파고스, 2024)
▶ 평화의 경제적 결과(존 메이너드 케인스(박만섭 역), 휴머니스트, 2024) ▶ 케인스 경제학을 찾아서(마크 G. 헤이스(한동균 역), 한울아카데미, 2021)

독서 연계 탐구 활동	
도서명	다시, 케인스(존 메이너드 케인스 외, 포레스트북스, 2023)
	이 책은 경제가 불황일 때 정부가 왜 돈을 써야 하는지를 설명한다. 케인스는 시장이 스스로 균형을 이루지 못하며, 불황이 오면 소비 감소로 경제가 더 나빠진다고 보았다. 그래서 정부가 세금을 줄이거나 공공사업을 늘려 돈이 돌게 해야 한다고 주장했다. 그는 '정부의 적극적 역할'이 일자리와 경제 회복에 꼭 필요하다고 강조했다. 이 사상은 현대 복지경제와 거시경제정책의 기초가 되었다.
핵심 키워드	유효수요, 정부개입, 경기부양, 일자리, 경제안정
탐구 주제	▶소비와 투자가 경제 순환에 미치는 영향과 한계 고찰 ▶정부의 역할을 중심으로 케인스의 경기 회복 이론을 탐구 ▶공공투자가 경제성장과 일자리 창출에 미치는 영향을 분석 **▶케인스의 정부개입론과 애덤 스미스의 자유시장 이론 비교** ▶케인스 이론을 바탕으로 현대 경기침체 대응 정책 방향 탐구
토론 쟁점	▶정부는 경기 침체기에 적극적으로 돈을 써야 하는가? ▶시장보다 정부가 경제를 조절하는 것이 더 효율적인가? ▶복지 지출 확대가 경제 성장에 도움이 된다고 볼 수 있는가?
후속 활동	▶경제: 경기변동과 정부정책의 관계를 실제 사례로 분석해 발표하는 활동 ▶통합사회: 정부의 재정정책이 국민 생활에 미치는 영향을 토의하는 활동 ▶자율·자치활동: 뉴스 속 경기부양 정책을 조사해 찬반 의견을 나누는 활동 ▶동아리활동: 케인스와 스미스의 경제이론을 비교하는 카드 토론 활동

● 독서 연계 탐구활동 예시

탐구 주제	케인스의 정부개입론과 애덤 스미스의 자유시장 이론 비교	
탐구 자료	▶<국부론>(애덤 스미스 저): 자유경쟁과 보이지 않는 손의 개념을 설명한 경제 고전 ▶<고용, 이자 및 화폐의 일반이론>(존 M. 케인스 저): 정부의 경기 조절 필요성 ▶최근 신문 경제기사: 경기 침체 시 정부 개입과 시장 조정의 실제 사례 조사 자료	
탐구 개요	서론	스미스는 시장의 자율 조정 기능을 신뢰하며, 개인의 이익 추구가 사회 전체의 부를 키운다고 주장함. 반면 케인스는 시장이 항상 균형을 이루지 못하므로 정부가 적극적으로 개입해 고용과 생산을 유지해야 한다고 봄. 본 탐구에서는 두 이론의 차이와 현대 경제에 주는 시사점을 분석함.
	본론	▶스미스의 자유시장 이론과 '보이지 않는 손' 개념의 의미를 이해하기 ▶케인스의 정부개입론이 등장한 역사적 배경과 핵심 내용을 정리하기 ▶시장 자율과 정부 개입의 장단점을 경제 사례 중심으로 비교 분석하기 ▶세계 경제위기와 코로나19 이후의 경기 부양정책 사례를 조사하기 ▶두 이론을 종합해 현대 사회에서의 적절한 경제 운영 방안 제시하기

존 메이너드 케인스
(John Maynard Keynes, 1883~1946)

탐구 개요	결론	탐구 결과, 스미스는 자유경쟁을 통한 효율을, 케인스는 정부의 조정으로 안정성을 추구함을 알게 됨. 완전한 시장 자율이나 과도한 개입 모두 한계를 지님. 경제는 자유와 조화 속에서 성장하며, 정부는 시장의 균형을 유지하는 조력자 역할을 해야 함을 깨달음.
후속 활동		▶경제: 시장경제와 정부정책의 역할을 비교하며 균형의 중요성을 토의하는 활동 ▶정치와 법: 정부의 재정정책이 국민 생활에 미치는 영향을 사례로 분석하는 활동 ▶자율·자치활동: '시장과 정부 중 누가 더 효율적인가?' 주제로 모의 토론 활동 ▶동아리활동: 스미스와 케인스의 이론을 적용한 가상 경제 시뮬레이션을 설계 활동

4. NIE 연계 활동

● 신문 읽기 & 연결 사유 찾기

소비쿠폰 승수효과(연합뉴스, 2025.07.21.)

이 기사는 정부가 약 13조 2천억원 규모의 소비쿠폰을 도입해 침체된 내수 경기를 자극하려는 시도를 다룬다. 쿠폰은 연매출 30억원 이하 소상공인 점포에서만 사용 가능하도록 설계되어 지역·자영업자 지원 효과를 노렸다. 하지만 쿠폰 지급 이후 실제로 소비가 얼마나 늘었는지, 그리고 단기적 소비 증가가 장기적 경기 회복으로 이어질지는 불확실하다는 분석도 제시했다.

민생쿠폰은 정말 민생을 살리는가(경향신문, 2025.09.16.)

이 기사는 정부가 경기 부진과 민생 위기를 타개하기 위해 지급한 '민생회복 소비쿠폰'의 실효성을 분석한다. 정부는 전 국민에게 1인당 15만원, 소득 하위 90%에게 추가 10만원을 지급해 소비 진작을 노렸다. 그러나 이 일회성 조치가 기존 지출을 대체하는 수준에 머문다면 소비창출 효과는 제한적이라는 시각이 있다. 또한 농촌·낙후지역처럼 사용 가능한 점포가 부족한 경우 정책 실효성이 떨어진다는 지적도 있다.

시장의 자유냐 정부 개입이냐...끝없는 경제 논쟁(한국경제, 2025.07.08.)

이 기사는 "시장에 맡길 것인가, 정부가 개입할 것인가"라는 오래된 경제학의 근본 질문을 다룬다. 애덤 스미스의 <국부론>에서 시작해 대공황 이후 케인스의 정부 개입론, 오일쇼크 이후 통화주의와 새고전학파까지의 흐름을 소개한다. 정부는 소비·투자가 위축될 때 재정정책으로 성장을 도모해야 한다고 보지만, 시장 자율을 중시하는 시각도 여전하다. 결국 어떤 정책이 국민의 삶을 더 풍요롭게 할 것인가가 핵심이다.

● 시사 이슈

▶소비쿠폰이 재정적자 확대와 물가상승으로 이어질 위험을 어떻게 최소화할 수 있을까?

▶현금성 소비지원이 미래세대의 부담과 재정 건전성에 미치는 영향은 어떻게 평가되어야 할까?

▶시장 기능을 최대화하는 것이 국가 경제 발전에 더 효과적인가, 아니면 정부 개입이 더 필요한가?

소비쿠폰 승수효과(연합뉴스, 2025.07.21.)
- 소비쿠폰 지급이 단기적 경기부양을 넘어 장기적 경제성장에 도움이 되는가? -

찬성

소비쿠폰은 침체된 내수를 회복시키고, 기업과 소상공인의 매출을 높여 경제 전반에 활력을 불어넣는다. 단기적 소비 진작이 생산과 고용 확대로 이어지면 성장 기반이 강화된다. 적절하게 뒷받침되면 지속 효과도 가능하다.

반대

소비쿠폰은 일시적 소비 증가에 그치기 쉽고, 재정 부담만 늘릴 위험이 있다. 구조적 경쟁력이나 생산성 향상으로 이어지지 않기 때문에 장기적 성장에는 한계가 있다. 단기 부양책보다 산업 혁신 같은 근본 대책이 우선되어야 한다.

시장의 자유냐 정부 개입이냐...끝없는 경제 논쟁(한국경제, 2025.07.08.)
- 경제 성장의 핵심은 시장의 자율인가, 정부의 적극적 개입인가? -

≫≫ 시장의 자율

경제 성장은 시장의 자유로운 경쟁과 자율적 조정 과정에서 이루어진다. 정부의 개입은 비효율을 초래하고 혁신을 저해할 수 있다. 수요와 공급의 원리가 스스로 균형을 이루게 해야 기업의 창의성과 생산성이 극대화된다.

≫≫ 정부 개입

시장만으로는 불평등과 경기 불안이 심화되기 때문에 정부의 조정이 필요하다. 공공투자와 복지정책을 통해 수요를 촉진하고 사회적 안전망을 강화해야 한다. 정부 개입은 시장의 실패를 보완하는 필수적 역할을 한다.

● 사고의 확장

▶ 금리 정책보다 통화량 조절이 물가 안정에 효과적인 근거는 무엇일까?

▶ 경제적 자유를 보장하는 사회가 반드시 사회적 평등을 실현할 수 있을까?

▶ 자유시장정책이 성공하기 위해 필요한 사회적 안전망의 조건은 무엇일까?

▶ 통화주의의 부활은 현대 경제에서 여전히 유효한 해석 틀로 작용할 수 있을까?

▶ 국가마다 다른 시장 개방의 결과를 통해 프리드먼 이론은 어떻게 재해석될 수 있을까?

존 메이너드 케인스
(John Maynard Keynes, 1E83~1946)

5. 세특 예시

케인스의 정부 개입 사상과 애덤 스미스의 자유시장 이론을 비교해 효율과 공정의 균형을 모색함. 스미스의 '보이지 않는 손'을 통해 자율적 경쟁의 효율성을 이해하고, 케인스의 이론을 통해 시장 불안정성을 보완하는 국가의 역할을 탐색함. 두 사상의 공통점과 차이점을 비교표로 정리하고, 현대 사례를 통해 이론의 실제 의미를 분석함. 탐구 결과, 효율적 성장과 사회적 안정은 대립이 아닌 조화의 문제임을 깨닫고, 경제 균형 발전을 위한 정부와 시장의 협력 필요성을 강조함.

33 존 스튜어트 밀
(John Stuart Mill, 1806~1873)

1. 자유와 평등의 조화를 꿈꾼 사상가

● 어린 천재, 아버지의 실험이 된 소년

밀은 1806년 영국 런던에서 철학자이자 경제학자 제임스 밀의 아들로 태어났다. 그의 아버지는 아들을 '이성의 실험작'처럼 키웠다. 세 살에 그리스어, 여섯 살에 라틴어, 열두 살에는 논리학과 정치경제학을 공부했다. 그러나 지나친 교육은 어린 밀에게 고통이었다.

"나는 지식을 배웠지만, 행복을 배우진 못했다."

지적 천재였던 그는 스스로의 감정을 잃은 인간이 되어버렸다고 고백했다. 이 경험은 훗날 '이성과 감정의 조화'라는 그의 철학으로 이어진다.

● 내면의 위기, 그리고 깨달음

청년 밀은 스무 살 무렵 깊은 우울증에 빠졌다. '이렇게 공부한들 무슨 의미가 있을까?' 그는 삶의 목적을 잃었다. 그러던 중 시인 워즈워스의 시를 읽으며 처음으로 눈물을 흘렸다. 그는 이성뿐 아니라 감정이 인간의 행복에 필수적임을 깨달았다.

"이성 없는 감정은 맹목이고, 감정 없는 이성은 공허하다."

그의 사고는 변하기 시작했다. 철학은 머리로만 하는 학문이 아니라, 마음으로 느끼고 행동으로 실천해야 하는 삶의 예술이라는 확신이 생겼다.

● 사상가로 성장하다: 공리주의의 완성

밀은 철학자 벤담의 공리주의를 이어받았지만, 더 인간적인 방향으로 발전시켰다. 그는 "최대 다수의 최대 행복"이라는 원칙을 단순한 쾌락이 아닌, 정신적·도덕적 행복으로 확장했다.

"만족한 돼지 보다는 불만족한 인간 되는 것이 낫다."

그는 질적인 행복, 즉 '인간다운 행복'을 추구했다. 또 여성의 권리와 교육의 평등을 주장하며, 사회의 약자를 위한 정의로운 제도를 강조했다. 이 시기의 밀은 철학자이자 사회개혁가로서의 모습을 갖추었다.

● '행동하는 지식인': 자유를 말하다

1859년, 밀은 대표작 <자유론(On Liberty)>을 발표했다. 그는 "다른 사람에게 해를 끼치지 않는 한, 각자는 자기 삶의 주인이다."라고 선언했다. 자유를 단순한 권리가 아니라, 사회 전체를 발전시키는 능동적인 힘으로 보았다. 서로 다른 생각이 충돌하고 토론될 때, 진리는 더욱 분명해지고 사회는 정체되지 않는다고 믿었다. 이는 개인의 자유를 억압하는 국가나 사회의 권위에 대한 강력한 도전이었다. 그는 사상의 자유, 언론의 자유, 여성의 평등권을 주장하며 민주주의의 철학적 토대를 마련했다.

"침묵은 진리의 무덤이다. 의견의 자유는 사회의 생명이다."

밀의 사상은 영국 사회를 넘어 전 세계 자유주의의 지침이 되었다.

● 사회를 향한 따뜻한 시선

밀은 노년에도 사회 개혁을 멈추지 않았다. 그는 국회의원으로 활동하며 노동자의 권리, 여성 참정권, 교육의 공공성 확대를 위해 힘썼다.

"진정한 자유는 혼자가 아니라, 함께 성장할 때 완성된다."

그는 지성과 감성, 개인과 사회의 조화가 이루어질 때 인류의 행복이 가능하다고 믿었다. 1873년, 밀은 평생의 동반자 해리엇 테일러를 떠올리며 조용히 세상을 떠났다. 그의 철학은 '지적 자유와 인간적 따뜻함의 공존'을 가르친다.

● 오늘날로 이어지는 메시지

다수의 의견이 곧 정답처럼 여겨지는 환경에서 소수의 목소리는 쉽게 묻힌다. 밀은 개인의 자유가 사회 발전의 핵심이라고 보았다. 그는 다른 의견과 실험이 허용될 때, 사회 전체가 더 나은 방향으로 나아갈 수 있다고 믿었다.

오늘날 학생에게 밀의 메시지는 분명하다.

다름을 허용하는 사회가 더 강한 사회라는 것이다.

▶ 나는 다른 의견을 얼마나 존중하고 있는가?

▶ 자유와 책임은 어떻게 균형을 이루어야 할까?

이는 정치·윤리·토론 중심 세특 주제로 확장 가능하다.

● 주요 철학 사상

1) 공리주의(Utilitarianism)

밀은 '최대 다수의 최대 행복'을 인간 사회의 가장 중요한 도덕 원리로 보았다. 그는 모든 행동은 행복을 늘리고 고통을 줄이는 방향으로 판단되어야 한다고 했다. 그러나 그는 단순히 쾌락이나 이익만을 추구하는 공리주의를 넘어서, 인간다운 정신적·도덕적 행복을 강조했다. "돼지가 되는 행복보다, 불만족한 인간의 행복이 낫다"는 그의 말처럼, 진정한 행복은 지성과 감정이 조화를 이룬 상태라고 보았다. 그는 이 사상을 통해 '행복의 질'을 중요하게 여긴 윤리 철학을 완성했다.

2) 자유론(On Liberty)

밀은 모든 개인이 자신만의 생각과 삶을 선택할 자유를 가져야 한다고 주장했다. 그는 "타인에게 해를 끼치지 않는 한, 각자는 자기 삶의 주인이다."라고 말했다. 이는 개인의 자유를 침해하지 않으면서 사회의 질서를 지키는 균형 있는 자유관을 보여준다. 그는 자유가 단순히 방종이 아니라, 스스로 선택한 삶에 책임지는 자세라고 보았다. 밀의 자유론은 오늘날 인권, 표현의 자유, 시민의 자율성을 지탱하는 중요한 철학적 토대가 되었다.

3) 평등권(Equal Rights)

밀은 성별, 계급, 인종에 상관없이 모든 인간은 동등한 존엄과 권리를 가진다고 주장했다. 그는 특히 여성의 교육과 참정권을 옹호하며, 사회가 진정으로 발전하기 위해서는 남성과 여성이 함께 참여해야 한다고 보았다. "여성의 자유는 인류의 자유의 절반이다."라는 그의 생각은 당시로서는 매우 혁신적이었다. 밀의 평등 사상은 개인의 능력을 차별 없이 인정하고, 공정한 사회 제도를 통해 모두가 성장할 수 있는 환경을 만드는 데 큰 영향을 주었다.

4) 사상의 자유(Freedom of Thought and Expression)

밀은 다양한 생각과 의견이 자유롭게 표현될 수 있어야 사회가 진정으로 발전한다고 믿었다. 그는 "진리는 논쟁 속에서 더욱 강해진다."라고 강조하며, 비판과 대화가 사라진 사회는 결국 정체된다고 경고했다. 사람들은 서로 다른 생각을 존중하고, 틀린 의견에서도 배움을 얻을 수 있는 열린 태도를 지녀야 한다고 보았다. 밀의 사상의 자유는 오늘날 민주사회에서 언론의 자유, 학문적 탐구, 표현의 다양성을 보장하는 핵심 가치로 자리 잡고 있다.

　존 스튜어트 밀은 자유주의 철학을 현대적으로 완성한 사상가로, 개인의 자유와 사회의 권력이 충돌할 때 적용할 수 있는 명확한 원칙을 제시했다. 그는 <자유론>에서 "타인에게 해를 끼치지 않는 한, 개인의 자유는 최대한 보장되어야 한다"는 '해악 금지 원칙'을 확립하였다. 또한 그는 양적 행복만을 중시한 벤담의 공리주의를 비판하고, 인간의 지적·도덕적 성장을 중시하는 질적 공리주의를 제안했다. 이러한 철학은 인간을 단순한 욕구 충족의 존재가 아니라, 성장하는 존재로 이해하게 만들며 자유의 가치를 더욱 깊고 폭넓게 해석하도록 이끌었다.

　밀의 사상은 현대 민주주의와 인권 개념의 정립에 큰 영향을 미쳤으며, 특히 사회적 약자를 위한 제도적 장치 필요성을 강조하는 데 중요한 역할을 하였다. 그는 여성 참정권을 강하게 옹호하며 평등권의 확장을 주장한 초기 사회개혁 사상가였다. 더불어 그는 사상의 자유가 사회의 발전을 가능하게 한다고 보며, 다양한 의견이 충돌해야 진리에 가까워질 수 있다고 강조했다. 그의 철학은 표현의 자유, 소수자 권리 보호, 열린 사회의 필요성을 정당화하는 핵심 기반이 되었으며, 오늘날 민주사회가 지향하는 자율·평등·관용의 가치를 뿌리 깊게 지탱하고 있다.

● 철학 사상 연계 탐구 주제

공리주의	▶ **벤담의 공리주의와 밀의 질적 공리주의의 차이점 비교 분석** ▶ 공리주의 관점에서 개인의 이익과 공동체 행복의 조화 방안 탐구 ▶ 최대 다수의 행복 원리가 학교 공동체 윤리 형성에 미친 영향 고찰
자유론	▶ 자유와 질서의 균형이 청소년 공동체 문화에 미치는 영향 분석 ▶ 밀의 자유론이 청소년의 자율성과 책임 의식 형성에 미친 영향 탐구 ▶ 밀의 자유 개념과 로크의 자유 사상 비교를 통한 민주주의 가치 탐구
평등권	▶ 남녀 평등권 실현을 위한 밀의 사상과 현대 인권운동의 연계성 고찰 ▶ 밀의 여성 평등 사상과 루소의 사회계약론에 나타난 평등 개념 비교 ▶ 평등한 교육환경이 청소년의 정의감과 협동심 형성에 미치는 영향 탐구
사상의 자유	▶ 밀의 사상의 자유와 현대 언론 자유의 철학적 공통점 비교 ▶ 자유로운 토론 문화가 청소년의 소통 능력과 공감력에 미친 영향 고찰 ▶ 밀의 사상의 자유가 민주 시민의 비판적 사고력 형성에 미친 영향 탐구

주제	벤담의 공리주의와 밀의 질적 공리주의의 차이점 비교 분석
탐구 목표	벤담의 양적 공리주의와 밀의 질적 공리주의를 비교하여, 행복에 대한 철학적 관점의 차이를 이해하고 현대 사회의 윤리 판단에 적용할 사고력을 기른다.
선정 이유	오늘날 우리는 '무엇이 진짜 행복인가?'라는 질문에 자주 직면한다. 벤담은 쾌락의 양을 기준으로 행복을 판단했지만, 밀은 쾌락의 질을 강조하며 인간의 도덕적 성숙을 중요하게 여겼다. 단순한 즐거움보다 가치 있는 행복을 추구해야 한다는 그의 생각은 오늘날 윤리 교육과 사회적 책임의 문제와도 깊이 관련된다. 두 철학자의 공리주의를 비교함으로써 행복의 본질과 인간다운 삶의 의미를 비판적으로 탐구하고자 한다.
서론	행복은 모든 인간이 추구하는 보편적 가치이지만, 그 기준은 시대와 사람마다 다르다. 18세기 벤담은 '최대 다수의 최대 행복'을 주장하며 쾌락의 양을 수치로 계산할 수 있다고 믿었다. 반면 19세기 밀은 단순한 쾌락보다 지적·도덕적 만족이 더 높은 행복이라 보았다. 본 탐구에서는 두 사상가의 공리주의를 비교 분석해 행복의 질적 차이를 이해하고 오늘날 사회의 윤리적 의사결정에 적용 가능성을 살펴보고자 한다.
본론	▶ 벤담과 밀의 생애 및 사상 형성 배경 조사: 시대적 철학 환경 이해 ▶ 공리주의의 핵심 개념 정리: '최대 다수의 최대 행복' 원리 분석 ▶ 벤담의 양적 공리주의와 밀의 질적 공리주의 주요 특징 비교표 작성 ▶ 현대 사회 사례 분석: 개인의 이익과 공동선의 관계를 공리주의 관점으로 고찰 ▶ 탐구 결과를 바탕으로 인간의 행복과 도덕적 책임의 균형에 대한 정리 및 발표
결론	벤담은 행복을 수량화할 수 있다고 보았지만, 밀은 인간의 품격과 도덕적 성숙이 행복의 기준이 되어야 한다고 주장했다. 탐구를 통해 인간의 행복은 단순한 쾌락이 아닌, 질적 성장과 사회적 조화를 포함해야 한다는 사실을 깨달았다.
심화 탐구 주제	▶ 공리주의 윤리가 현대 사회의 인공지능 윤리 기준에 미치는 영향 탐구 ▶ 밀의 질적 공리주의와 칸트의 의무론적 윤리관의 철학적 차이 비교 ▶ 개인의 행복과 공동체의 이익이 충돌할 때의 윤리적 선택 기준 고찰
토론 주제	▶ 행복은 양으로 측정할 수 있는가, 아니면 질적 가치로 판단해야 하는가? ▶ 개인의 쾌락보다 사회 전체의 행복이 우선되어야 하는가? ▶ 공리주의는 진정한 도덕 판단 기준이 될 수 있는가?
교내 후속 활동	▶ 윤리와 사상: 공리주의 관련 원문 발췌 읽기 및 행복 개념 비교 토론 ▶ 정치: 사회복지·정책 사례를 공리주의 관점에서 평가하는 조별 프로젝트 ▶ 동아리활동: 영화 〈어바웃 타임〉·〈인사이드 아웃〉을 보고 공리주의적 행복관 분석

존 스튜어트 밀
(John Stuart Mill, 1806~1873)

● 정치

성취기준	[12정치01-04] 민주주의를 실현하기 위한 원리를 탐색하고, 이러한 원리를 일상생활에 적용한다.
주요내용	밀의 <자유론>은 민주주의의 핵심 가치인 개인의 자유와 권리 보장을 강조한다. 그는 "타인에게 해를 주지 않는 한, 각자는 자기 삶의 주인이다."라고 하며 시민의 자율성과 표현의 자유를 강하게 옹호했다. 특히 자유는 방종이 아니라 책임과 도덕적 판단을 전제로 해야 함을 강조하였다. 학생들은 밀의 철학을 통해 자유와 책임의 균형, 민주 시민이 갖추어야 할 자질, 민주 정치의 원리를 탐구한다.
교과연계 탐구주제	▶ 밀의 자유 개념이 청소년 민주 시민교육에 미친 영향 탐구 ▶ 밀의 자유주의 사상이 현대 정치 제도에 반영된 사례 비교 분석 ▶ 밀의 자유론이 현대 민주사회에서 표현의 자유 보장에 미친 영향 탐구

● 윤리와 사상

성취기준	[12윤사04-02] 시민의 자유와 권리, 공적 삶과 정치참여에 대한 자유주의와 공화주의의 관점을 비교·고찰하고, 시민과 공동체의 바람직한 관계를 모색할 수 있다.
주요내용	밀의 <자유론>은 개인의 자율성과 자유를 중시하면서도, 그 자유가 타인의 권리를 침해하지 않아야 한다는 도덕적 한계를 명확히 제시한다. 그는 "타인에게 해를 끼치지 않는 한, 누구나 자유롭게 사고하고 행동할 권리가 있다"고 주장하며, 개인의 자유와 사회적 책임의 균형을 강조했다. 학생들은 밀의 자유주의 철학을 통해 민주 시민으로서 자유와 책임의 조화를 이해하고, 비판적 사고 능력을 기르게 된다.
교과연계 탐구주제	▶ 자유와 책임의 조화를 위한 밀의 자유주의 사상 고찰 ▶ 밀의 자유 사상과 로크의 자유 개념 비교를 통한 철학적 차이 분석 ▶ 개인의 자유와 사회적 규범의 조화 문제를 밀의 사상으로 탐구

3. 독서 연계 탐구활동

● 추천 도서 목록

추천 도서 목록	
▶ 자유론(존 스튜어트 밀(김만권 역), 책세상, 2025)	▶ 훔치고 싶은 민주 시민의 교양수업(존 스튜어트 밀, 이현숙 역), 탐나는책, 2024)
▶ 공리주의(존 스튜어트 밀(이종인 역), 현대지성, 2020)	▶ 벤담과 밀의 공리주의(존 스튜어트 밀 외(정홍섭 역), 좁쌀한말, 2018)
▶ 자유에 관하여(존 스튜어트 밀(김은미 역), 후마니타스, 2024)	▶ 존 스튜어트 밀의 자유론(존 스튜어트 밀(정영훈 역), 메이트북스, 2025)

독서 연계 탐구 활동

도서명	자유론(존 스튜어트 밀(김만권 역), 책세상, 2025)
	이 책은 개인의 자유가 왜 중요한지, 그리고 그 자유가 어디까지 허용되어야 하는지를 설명한다. 밀은 자유가 단순히 하고 싶은 대로 하는 것이 아니라, 다른 사람에게 해를 끼치지 않는 범위에서 자신의 생각과 행동을 선택할 수 있는 권리라고 보았다. 또한 사회가 다수의 의견만 따를 경우, 소수의 자유가 억압될 수 있다고 경고했다. 그는 자유로운 토론과 다양한 의견이 사회 발전의 힘이라고 강조했다.
핵심 키워드	자유, 해악 원칙, 다수의 폭정, 개인의 권리, 표현의 자유
탐구 주제	▶ 표현의 자유가 민주주의 사회의 발전에 미치는 영향 분석 ▶ **밀의 자유론과 루소의 일반의지 개념을 비교하여 차이 분석** ▶ 개인의 자유와 공공선의 조화를 위한 현대 사회의 방향 탐구 ▶ 다수의 폭정 개념을 중심으로 민주주의의 한계와 해결방안 고찰 ▶ 밀의 해악 원칙을 통해 개인의 자유와 사회적 책임의 관계 탐구
토론 쟁점	▶ 표현의 자유는 어떤 경우에도 제한되어서는 안 되는가? ▶ 다수의 의견이 소수의 자유를 제한하는 것은 정당한가? ▶ 비판적인 발언도 사회 발전을 위한 자유로 인정해야 하는가?
후속 활동	▶ 정치: 자유주의의 핵심 가치와 민주주의 원리를 비교 분석하는 활동 ▶ 윤리와 사상: 해악 원칙을 중심으로 개인의 자유 한계를 토론하는 활동 ▶ 동아리활동: 밀의 자유론을 바탕으로 청소년 인권 포스터를 제작하는 활동 ▶ 진로활동: 다양한 철학자의 자유 개념을 비교하여 발표하는 심화 탐구 활동

● 독서 연계 탐구활동 예시

탐구 주제	**밀의 자유론과 루소의 일반의지 개념을 비교하여 차이 분석**
탐구 자료	▶ <자유론>(존 스튜어트 밀 저): 개인의 사유와 사회의 간섭 한계를 다룸 ▶ <사회계약론>(장 자크 루소 저): 공동체의 의지와 국민 주권의 원리 제시 ▶ 시민사회 관련 기사 자료: 개인 사유와 공동체 이익의 충돌 사례 조사 자료

탐구 개요	**서론**	밀은 개인의 사유가 사회 발전의 원동력이라 보았고, 루소는 공동체의 이익을 대표하는 일반의지가 국가 권력의 정당한 근원이라 주장함. 두 사상가의 생각은 민주주의를 지향하지만 자유와 공동체의 관계를 다르게 이해함. 본 탐구에서는 밀과 루소의 사상을 비교해 자유와 공공선의 균형을 분석함.
	본론	▶ 밀의 자유론 핵심 개념인 개인의 자유와 사회 간섭의 한계 정리하기 ▶ 루소의 일반의지 개념과 공동체 중심의 민주주의 원리 이해하기 ▶ 자유 중심의 밀과 공익 중심의 루소 사상의 철학적 차이 비교하기 ▶ 현대 사회 속 개인 자유와 공동체 이익의 충돌 사례 조사 및 분석하기 ▶ 두 사상을 종합하여 조화로운 민주 시민의 자세 방향 제시하기

탐구 개요	결론	탐구 결과, 밀은 개인의 자유를 사회 발전의 핵심으로, 루소는 공동체의 의지를 민주주의의 근본으로 보았음. 밀의 자유론은 다양성과 표현의 자유를, 루소의 일반의지는 단결과 공익을 강조함. 결국 건강한 민주 사회는 자유와 공익의 균형 속에서 이루어짐을 확인함.
후속 활동		▶윤리와 사상: 밀과 루소의 인간관 비교를 통해 자유와 평등의 가치 탐구 활동 ▶정치와 법: 헌법의 기본권과 공공복리 조항을 사례로 토의하는 활동 ▶통합사회: 개인의 자유와 공동체 규범의 충돌 사례를 분석하고 대안 제시 활동 ▶동아리활동: 밀과 루소 사상을 바탕으로 모의시민회의를 구성해 정책 제안 활동

4. NIE 연계 활동

● 신문 읽기 & 연결 사유 찾기

존 스튜어트 밀 '자유론'에 기대어(중앙뉴스, 2024.01.02.)

이 기사는, 존 스튜어트 밀의 <자유론>을 중심으로 개인의 자유가 왜 현대 사회에서 가장 중요한 가치가 되었는지를 조명한다. 그는 사상·표현·행동의 자유가 사회 발전의 밑거름이 되며, 정부는 이러한 자유를 보호하되 타인의 권리 침해에는 개입해야 한다고 주장했다. 현대사회에서는 특히 디지털 공간에서 개인 자율성이 위협받고 있어, 자유와 책임의 균형을 재정립해야 한다는 점이 강조된다.

J. S. 밀 〈자유론〉의 현대적 의미(대학지성, 2021.04.04.)

이 기사는 존 스튜어트 밀의 <자유론>이 현대 사회의 표현·사상의 자유, 개인 자율성 논의에 중요한 시사점을 준다고 본다. 자유는 단순한 억압의 부재가 아니라 '타인에게 해를 끼치지 않는 범위' 안에서 자기를 실현하는 능력이라는 밀의 정의가 디지털 시대에도 유의미하다고 강조한다. 또한 정보 기술과 글로벌 소통 확산으로 복잡해진 자유의 경계 속에서 책임과 조화된 '공론장의 자유' 재정립이 필요함을 지적한다.

AI에 윤리를 요구할 수 있을까(신동아, 2019.01.08.)

이 기사는, 인공지능(AI)이 윤리적 책임을 갖출 수 있는지에 대한 근본적 질문을 제기한다. AI는 스스로 의사를 결정하거나 책임을 지기 어렵기 때문에, 결국 윤리적 판단의 주체는 인간 설계자나 운영자여야 한다고 본다. 따라서 AI에 윤리를 요구하기보다는, AI 시스템이 사회와 인간에 미치는 영향에 대해 윤리적 제도와 통제가 마련되어야 한다는 점이 강조된다.

● 시사 이슈

▶표현의 자유가 타인의 명예나 안전을 침해할 때, 그 제한은 정당화될 수 있는가?
▶다수의 여론이 개인의 자유를 억압할 때, 그것은 민주주의의 한계라 할 수 있는가?
▶AI의 판단이 인간의 윤리 기준과 다를 때, 최종 결정권은 누구에게 있어야 하는가?

존 스튜어트 밀 '자유론'에 기대어(중앙뉴스, 2024.01.02.)
- 표현의 자유가 타인의 명예나 안전을 침해할 때, 그 제한은 정당화될 수 있는가? -

찬성	반대
표현의 자유는 중요하지만, 타인의 명예나 안전을 침해할 때는 제한될 수 있다. 자유는 책임을 전제로 하며, 허위 정보나 혐오 발언이 사회적 피해를 낳는다면 공공의 안전을 위해 일정한 규제가 필요하다.	표현의 자유는 민주사회에서 가장 근본적인 권리이므로 쉽게 제한되어서는 안 된다. 불쾌하거나 논란이 되는 발언도 토론과 비판을 통해 교정되어야 하며, 표현의 자유는 최대한 보장되어야 하는 것이 민주주의이다.

AI에 윤리를 요구할 수 있을까(신동아, 2019.01.08.)
- AI의 행동 책임은 개발자에게 있는가, 아니면 AI 스스로에게 귀속되는가? -

▶▶▶ 개발자	▶▶▶ AI
AI의 행동은 인간이 설계한 알고리즘과 데이터에 기반하므로, 그 결과에 대한 책임은 개발자에게 있다. AI는 자율적으로 판단하는 것처럼 보이지만 결국 인간이 정한 규칙에 따라 작동한다. 오류나 피해가 발생하면 그 책임은 인간에게 있다.	AI가 스스로 학습하고 판단하여 행동한다면, 일정 부분의 책임은 AI 자신에게 귀속될 수 있다. 인간의 통제를 벗어난 자율적 의사결정이 가능하다면 단순한 도구로 볼 수 없으며, AI의 판단 결과에 대해 독립적인 책임 논의가 필요하다.

● 사고의 확장

▶AI가 인간의 윤리를 이해하고 내면화할 수 있는 수준에 도달할 가능성은 있을까?

▶자유로운 발언이 타인의 권리를 침해하지 않도록 하기 위한 시민의식은 무엇일까?

▶다양한 의견이 넘치는 디지털 사회에서 '자유로운 토론'은 어떤 방식으로 가능할까?

▶표현의 자유가 사회적 책임과 조화를 이루기 위해 필요한 세노석 상치는 무엇일까?

▶밀이 말한 개인의 자유는 오늘날 온라인상의 표현의 자유와 어떻게 연결될 수 있을까?

존 스튜어트 밀
(John Stuart Mill, 1806~1873)

5. 세특 예시

벤담의 공리주의와 밀의 질적 공리주의를 비교·분석하며 행복의 본질과 인간다운 삶의 의미를 탐구함. 벤담이 쾌락의 양적 극대화를 중시한 반면, 밀은 지적·도덕적 쾌락의 질적 우월성을 강조했음을 이해함. 두 사상가의 생애와 사상 형성 배경, 산업혁명기의 사회 변화를 조사함. 공리주의의 특징을 비교표로 정리해 논리적 차이를 제시함. 탐구를 통해 행복은 단순한 감각적 쾌락이 아닌 도덕적 성숙과 사회적 조화를 포함한 질적 성장이며, 개인의 이익과 공동체 행복의 조화가 중요함을 인식함.

카를 하인리히 마르크스
(Karl Heinrich Marx, 1818~1883)

1. 마르크스, 자본의 논리를 해부한 사상가

● 불평등한 세상에 던진 질문

19세기 유럽, 산업혁명의 물결이 몰아치던 시기.

기계가 인간의 노동을 대체하고, 공장 굴뚝이 도시의 하늘을 뒤덮을 때, 한 청년은 그 속에서 인간이 잃어버린 '존엄'을 고민했다.

그의 이름은 칼 마르크스. 변호사인 아버지 밑에서 자라 법학을 공부했지만, 그는 철학을 통해 현실을 이해하고, 변화를 꿈꾸는 사유의 길로 나아갔다.

"철학은 세계를 해석하는 것이 아니라, 변화시키는 것이다."

● 철학에서 현실로: 변증법적 유물론

청년 마르크스는 철학자였지만, 철학에 머물지 않았다. 그는 인간의 의식이 아니라 '물질적 삶의 조건'이 역사를 결정한다고 보았다. 이러한 관점은 후대에 '변증법적 유물론'이라 불리며 마르크스 사상의 핵심을 이루게 되었다.

사회는 끊임없는 모순과 갈등 속에서 발전하며, 생산수단을 소유한 자본가 계급과 노동자 계급의 대립이 그 중심에 있다고 분석했다. 특히 역사 발전은 계급 간 긴장과 충돌을 통해 이루어지는 과정이라는 점을 강조했다. 그의 사상은 철학·경제학·사회학을 아우르며, 현실을 구조적으로 바라보는 비판적 시각을 제시했다.

● 노동과 소외: 인간이 자신을 잃는 순간

마르크스는 인간이 노동을 통해 자신을 실현한다고 보았다. 그러나 자본주의 사회에서는 노동이 인간의 자유로운 활동이 아니라, 생존을 위한 강제된 행위로 전락한다고 지적했다.

노동자는 자신이 만든 생산물로부터, 노동 행위로부터, 동료 인간으로부터, 그리고 자신의 본질로부터 소외(alienation) 된다. 그에게 '소외'는 심리적 감정이 아니라 인간다움의 붕괴를 의미했다. 이 통찰은 오늘날 일과 삶의 균형, 플랫폼 노동, 감정노동 문제에 대한 비판적 논의를 가능하게 한다.

● 역사유물론: 사회 변화의 법칙

마르크스는 인간의 역사를 '어떻게 생산하고 나누는가'라는 경제 구조의 변화 중심으로 이해했다. 원시공동체, 노예제, 봉건제, 자본주의로 이어지는 발전 과정 속에서 그는 각 시대의 경제적 토대(하부구조)가 정치·법·문화(상부구조)를 결정한다고 설명했다. 그러나 이러한 구조 속에는 언제나 지배계급과 피지배계급의 모순과 갈등이 존재하며, 그 갈등이 커질 때 사회는 새로운 체제로 변화한다고 보았다.

<자본론(Das Kapital)>은 자본이 이윤을 만들어내는 원리와 노동 착취 구조를 분석하여 불평등의 근원을 밝힌 연구의 정점이다.

● 혁명과 인간 해방

마르크스에게 혁명은 단순한 정치적 사건이 아니었다. 혁명은 인간이 스스로의 굴레를 벗고, 참된 자유를 되찾는 과정이었다. 그는 억압받는 노동자가 자신의 현실을 인식하고 연대를 통해 역사의 주체가 되는 순간을 '해방'의 출발점으로 보았다. 프롤레타리아 계급의 연대를 통해 새로운 사회를 세우고, 모든 인간이 자유롭고 평등하게 생산과 삶을 공유하는 세상을 꿈꾸었다.

그의 동지 엥겔스와 함께 쓴 <공산당 선언(The Communist Manifesto)>의 구절은 오늘날에도 여전히 상징처럼 남아있다. "만국의 노동자여, 단결하라!"

● 오늘날로 이어지는 메시지

노력하면 누구나 성공할 수 있다는 말이 현실을 충분히 설명해 주지 못하는 시대이다. 마르크스는 개인의 삶을 이해하기 위해 그를 둘러싼 경제 구조와 사회적 관계를 함께 보아야 한다고 주장했다. 그는 불평등이 개인의 실패가 아니라, 사회 구조 속에서 반복적으로 만들어질 수 있음을 지적했다. 마르크스에게 비판은 파괴가 아니라, 사회를 더 깊이 이해하기 위한 분석의 출발점이었다.

오늘날 학생에게 그의 사상은 이렇게 말해준다.
문제를 개인의 탓으로만 돌리기 전에, 그 배경과 구조를 함께 살펴볼 필요가 있다는 사실이다.
▶ 사회 구조는 개인의 삶에 어떤 영향을 미치는가?
▶ 불평등은 어떻게 만들어지는가?
이는 사회·경제·비판적 사고 중심 세특 탐구로 이어진다.

● 주요 철학 사상

1) 변증법적 유물론

마르크스 철학의 핵심은 '변증법적 유물론'이다. 그는 물질적 생활 조건이 역사를 움직이는 힘이라고 보았다. 사회는 서로 다른 계급의 이해관계가 부딪히며 발전하고, 생산수단을 가진 자본가와 노동자의 대립이 그 중심에 있다고 설명했다. 그는 세상을 고정된 것이 아니라 끊임없이 변화하고 모순을 통해 발전하는 과정으로 이해했다. 이러한 관점은 철학과 경제학, 사회학을 아우르며 현실을 비판적으로 바라보고 사회 변화를 분석하는 사유의 틀을 마련하였다.

2) 노동의 소외

마르크스는 자본주의 사회에서 노동이 인간의 자유로운 활동이 아닌 생존을 위한 강제된 행위로 변했다고 보았다. 노동자는 자신이 만든 생산물과 노동 과정, 동료 인간, 그리고 자기 자신의 본질로부터 소외된다. 이러한 소외는 인간의 본질적 상실을 의미하며, 인간이 인간답게 살아가기 위해 극복해야 할 핵심 문제로 제시되있다. 그는 노동이 생계 수단만이 아니라 인간의 창조성과 자아를 실현하는 과정이라고 보았으며, 이를 되찾는 것이 인간 해방의 출발점이라 주장했다.

3) 역사유물론

마르크스는 인간의 역사를 생산양식의 변화로 설명하며, 원시공동체에서 노예제·봉건제·자본주의로 이어지는 발전 과정을 하나의 흐름으로 보았다. 그는 각 시대의 경제적 토대(하부구조)가 정치 법 문화(상부구조)를 형성한다고 분석하고, 사회의 모순이 심화되며 새로운 체제로 이행한다고 보았다. <자본론>을 통해 자본의 축적과 잉여가치를 분석하며 인간 사회의 발전을 경제적 관계의 변화가 이끄는 역사적 과정으로 체계화하였다.

4) 인간 해방

마르크스에게 혁명은 단순한 정치적 사건이 아니라 인간이 스스로를 해방하는 과정이었다. 그는 프롤레타리아 계급의 연대를 통해 자유롭고 평등한 사회를 건설할 수 있다고 믿었다. 이러한 사상은 인간의 존엄 회복과 사회 정의 실현을 위한 사상적 기반이 되었으며, 오늘날에도 불평등한 현실을 비판적으로 바라보는 시각을 제공한다. 그의 철학은 인간이 주체로서 세상을 변화시킬 수 있다는 믿음을 심어 주었다.

● 철학적 성과와 업적

마르크스는 변증법적 유물론을 토대로 사회와 역사를 분석한 사상가로, 자본주의 체제를 비판하고 인간 해방의 철학을 제시하였다. 그는 물질적 생산 방식이 사회 구조와 역사를 결정한다고 보며, 생산수단을 둘러싼 계급 대립을 사회 발전의 원동력으로 설명하였다. <경제학·철학 초고>에서 노동 소외를 제기하고, <자본론>에서 잉여가치와 축적 구조로 불평등의 메커니즘을 규명하여 인간을 역사적 존재로 파악하는 분석 체계를 제시하였다. 이러한 연구는 사회 구조와 변동을 과학적으로 분석하는 비판적 사회이론의 토대를 마련한 성과로 평가된다.

마르크스의 사상은 사회 변동의 원리를 분석하는 이론적 틀을 제공하여 사회학과 정치경제학 발전에 결정적 영향을 주었다. 그의 이론은 엥겔스와 레닌을 비롯한 사회주의 사상가들에게 계승되어 다양한 사회운동의 사상적 기반이 되었다. 계급·노동·착취 개념은 불평등과 사회 구조를 분석하는 현대 사회과학의 핵심 틀로 자리잡았으며, 비판적 관점은 복지국가·노동권·자본 통제 논의의 철학적 기준으로 작용하였다. 노동 소외와 인간 해방 문제는 오늘날에도 인문사회 담론에서 재조명되며, 인간의 존엄과 평등을 중시하는 사회를 모색하는 지적 기반으로 남아 있다.

● 철학 사상 연계 탐구 주제

변증법적 유물론	▶마르크스 변증법적 유물론의 물질-사상 관계 탐구 **▶변증법적 관점을 통한 현대 사회의 갈등과 발전 저해 요인 탐구** ▶헤겔의 관념론적 변증법과 마르크스의 유물론적 변증법 비교 탐구
노동의 소외	▶마르크스 사상의 노동 소외 개념과 발생 원인 탐구 ▶디지털 노동 시대의 노동 형태 변화와 소외 현상 탐구 ▶현대 사회에서 나타나는 노동 소외의 구조적 배경과 사례 분석
역사유물론	▶역사유물론에 근거한 사회 발전 단계와 변화 과정 탐구 ▶생산양식의 변화와 사회 제도 및 문화의 상관관계 분석 ▶하부구조와 상부구조의 관계를 중심으로 한 사회 변동 원리 탐구
인간 해방	▶마르크스 사상에서 인간 해방의 의미와 철학적 근거 탐구 ▶ 경제적 평등과 사회적 정의의 조화를 통한 인간 해방의 가능성 분석 ▶프롤레타리아 혁명과 인간 해방의 관계를 중심으로 사회 변혁의 의미 탐구

주제	변증법적 관점을 통한 현대 사회의 갈등과 발전 저해 요인 탐구
탐구 목표	마르크스의 변증법적 유물론을 바탕으로 현대 사회의 갈등 구조를 분석하고, 발전을 가로막는 요인과 사회 변화의 방향을 비판적으로 성찰한다.
선정 이유	오늘날 사회는 기술 발전과 세대·계층 갈등으로 복잡한 모순 구조를 보인다. 겉으로는 발전을 추구하지만 불평등과 대립은 오히려 확대되고 있다. 마르크스의 변증법적 관점은 이러한 갈등을 발전의 동력으로 바라보게 하며, 사회 변화의 본질을 이해할 수 있는 철학적 틀을 제공한다. 이를 통해 사회 발전을 가로막는 요인을 인식하고 균형 있는 발전의 조건을 탐구할 수 있다.
서론	현대 사회는 성장과 발전을 추구하지만, 그 과정에서 다양한 갈등과 불평등이 끊임없이 발생한다. 경제적 양극화, 세대 간 가치 충돌, 환경 문제 등은 모두 사회 구조의 근본적 모순에서 비롯된다. 마르크스는 사회가 끊임없는 대립과 모순 속에서 발전한다고 보았다. 이러한 변증법적 시각은 갈등이 발생하는 근본 원인을 분석하고, 사회 변화의 방향을 비판적으로 성찰하게 한다.
본론	▶ <자본론>에 나타난 변증법적 유물론의 핵심 개념 정리 ▶ 사회 발전 과정에서 발생하는 갈등과 모순의 구조적 원인 분석 ▶ 현대 사회의 발전 저해 요인(경제 불평등, 세대 갈등, 노동 불안정 문제 등) 사례 제시 ▶ 갈등이 사회 변화를 촉진하는 긍정적 측면과 부정적 측면 비교 ▶ 변증법적 관점에서 본 사회 발전의 지속 가능성 탐구
결론	마르크스의 변증법적 관점을 통해 사회 발전은 성장과 모순의 인식 및 해소 과정임을 알 수 있다. 지속 가능한 사회 발전을 위해서는 갈등을 조정하고 구조적 불평등을 완화하는 제도적 노력이 필요함을 시사한다.
심화 탐구 주제	▶ 플랫폼 경제에서 계층별 소득 불평등과 갈등 분석 ▶ 기술 발전이 노동시장 양극화와 계층 이동성에 미치는 영향 분석 ▶ 세대 갈등과 가치 충돌을 조정하기 위한 사회적 합의 메커니즘 탐구
토론 주제	▶ 사회 발전이 갈등의 조정과 타협을 통해 가능할까? ▶ 기술 발전은 사회적 격차를 완화하는가, 심화시키는가? ▶ 불평등 구조를 해소하지 않은 발전은 진정한 진보라 할 수 있는가?
교내 후속 활동	▶ 통합사회: 온라인 공간에서의 갈등 사례를 변증법적 관점으로 분석하는 탐구 활동 ▶ 동아리활동: 학교 내 갈등에 대한 사례 분석과 공감 캠페인에 참여하는 활동 ▶ 진로활동: 사회과학 분야의 직업 간 갈등 및 조정 사례를 분석하는 탐구 활동

카를 하인리히 마르크스
(Karl Heinrich Marx, 1813~1883)

● 통합사회2

성취기준	[10통사2-03-01] 자본주의의 역사적 전개 과정과 그 특징을 조사하고, 시장과 정부의 관계를 중심으로 다양한 삶의 방식을 비교 평가한다.
주요내용	산업혁명 이후 자본주의는 생산력의 성장과 함께 사회 구조의 변화를 이끌었다. 시장경제의 확대는 자유와 경쟁을 촉진했지만 동시에 빈부격차와 노동 불평등을 심화시켰다. 스미스는 시장의 자율적 기능을 강조했으나 마르크스는 자본가와 노동자의 대립 속 모순을 비판했다. 케인스는 정부의 역할을 통해 자본주의의 불안정을 완화하려 했으며, 이들의 사상은 시장과 정부의 관계를 균형 있게 이해하도록 한다.
교과연계 탐구주제	▶ 애덤 스미스와 마르크스의 자본주의 이해 비교 탐구 ▶ 시장 실패 사례를 통해 정부 개입의 필요성과 한계 분석 ▶ 자본주의 발전이 인간의 삶과 사회 구조에 미친 영향 분석

● 경제

성취기준	[12경제01-02] 경제 문제를 해결하는 다양한 방식의 장단점을 비교하고, 시장경제의 기본 원리와 이를 뒷받침하는 제도를 파악한다.
주요내용	시장경제는 자유와 경쟁을 기반으로 효율성을 높이지만 불평등과 경기 불안정의 한계를 지닌다. 하이에크는 가격 기구와 정보의 분산을 통한 효율성과 시장의 자생적 질서를 강조했으나, 마르크스는 자본 축적 구조에서 비롯된 불평등을 비판했다. 두 관점의 대립은 시장 자율성과 정부 개입의 균형을 모색하게 하였으며, 이는 현대 경제 제도의 핵심 과제로 남아 있다.
교과연계 탐구주제	▶ 가격 기구와 정보의 역할을 중심으로 한 시장 자율성의 한계 분석 ▶ 시장경제의 불평등 문제 완화를 위한 정부 제도와 정책의 기능 고찰 ▶ 하이에크와 마르크스의 시장경제 관점 비교를 통한 효율성과 형평의 조화 탐구

3. 독서 연계 탐구활동

● 추천 도서 목록

추천 도서 목록

▶ 카를 마르크스(시라이 사토시(노경아 역), 까치(까치글방), 2024)
▶ 노예의 길(프리드리히 A. 하이에크(김이석 역), 자유기업원, 2024)
▶ 초역 마르크스의 말:자본론(허성준(김지낭 역), 삼호미디어, 2023)
▶ 죽은 경제학자의 살아있는 아이디어(토드 부크홀츠(류현 역), 김영사, 2023)
▶ 마르크스의 자본론(이재유, EBS BOOKS, 2022)
▶ 공산당선언(프리드리히 엥겔스, 마르크스(이진우), 책세상, 2018)

독서 연계 탐구 활동	
도서명	카를 마르크스(시라이 사토시(노경아 역), 까치(까치글방), 2024)
	이 책은 마르크스의 사상과 생애를 현대 자본주의의 구조적 변화 속에서 재해석한 입문서이다. 저자는 <자본론>의 핵심 개념인 잉여가치·노동 소외·자본 축적을 현대 경제·사회 문제와 연결하고, '포섭' 개념을 통해 기술 발전 속 자본주의의 작동 방식을 분석한다. 이를 바탕으로 오늘날 불평등과 노동의 위기를 성찰하는 데 유용한 분석 틀을 제시한다.
핵심 키워드	유물론, 잉여가치, 노동 소외, 자본 축적, 포섭
탐구 주제	▶ 기술·자동화 시대에 재구성되는 노동 소외 경험 탐구 ▶ 자본 축적 관점에서 본 21세기 불평등 심화의 구조적 원인 분석 ▶ **'포섭' 개념을 활용한 현대 자본주의의 노동 통제 방식 비교 연구** ▶ 마르크스의 잉여가치 이론을 활용한 플랫폼 노동의 착취 구조 분석 ▶ 글로벌 경제위기와 자본주의 순환 구조를 마르크스 경제이론과 연결한 탐구
토론 쟁점	▶ 기술 발전은 노동 소외를 심화시키는가, 아니면 해소시키는가? ▶ 오늘날 중산층의 약화는 마르크스의 계급 분석으로 설명 가능한가? ▶ 현대 플랫폼 기업의 성장 구조는 새로운 형태의 '착취'로 볼 수 있는가?
후속 활동	▶ 한국사: 한국 근·현대사에서 사회주의 사상이 미친 영향을 분석하는 탐구 활동 ▶ 경제: 경기 변동과 위기 구조를 마르크스의 경제 순환 모형과 비교한 탐구 활동 ▶ 자율·자치활동: 경제적 불평등과 정부 역할을 주제로 한 학생 주도 세미나 활동

● 독서 연계 탐구활동 예시

탐구 주제	'포섭' 개념을 활용한 현대 자본주의의 노동 통제 방식 비교 연구	
탐구 자료	▶ 시라이 사도시, <카를 마르크스>: 포섭 개념과 노동 재편의 구조 분석 ▶ 닉 스르니첵, <플랫폼 자본주의>: 플랫폼 기업의 독점·데이터 축적 구조 해설 ▶ 생성형 AI 확산, 슈퍼앱 구조, 데이터 기반 노동 관리 등 최신 기사 및 보고서	
탐구 개요	서론	현대 자본주의는 기술 발전과 플랫폼 구조를 바탕으로 노동을 재편하며, 새로운 통제 방식을 강화하고 있음. 마르크스의 '포섭' 개념은 이러한 노동 재구조화와 통제 심화를 설명하는 틀로, 플랫폼 노동의 확산 속에서 자본이 노동 과정을 조직하는 방식을 이해하는 데 중요한 의미를 지님.
	본론	▶ <카를 마르크스>를 중심으로 형식적·실질적 포섭의 개념 정리 ▶ 생성형 AI·데이터 기반 관리·슈퍼앱 구조 등 노동 통제 방식 분석 ▶ 플랫폼 독점 심화가 프리카리아트 확대에 미치는 영향 탐구 ▶ 플랫폼 자본주의의 통제 방식을 분석해 포섭 개념의 현대적 변형 고찰 ▶ 플랫폼 구조 변화가 노동의 구조적 지위에 미치는 영향 검토

카를 하인리히 마르크스
(Karl Heinrich Marx, 1818~1883)

탐구 개요	결론	플랫폼 자본주의의 노동 통제는 데이터 기반의 구조적 규율을 통해 노동자의 자율성을 약화시키는 방식으로 작동함. 이는 포섭 개념이 기술·플랫폼 환경 속에서 재구성된 모습으로 나타나며, 프리카리아트 확대로 이어지는 현대 자본주의의 핵심 문제임을 시사함.
후속 활동		▶ 사회와 문화: 청년 플랫폼 노동자의 소외와 세대 갈등 사례를 분석하는 탐구 활동 ▶ 경제: 플랫폼 산업 성장과 청년 노동 변화의 경제적 효과를 분석하는 활동 ▶ 자율·자치활동: 노동의 가치와 공정한 상생 문화에 대한 캠페인 기획 활동 ▶ 동아리활동: 배달 플랫폼 기업의 운영·노동 구조 통제 방식의 특징을 탐구하는 활동

4. NIE 연계 활동

● 신문 읽기 & 연결 사유 찾기

"민노총이 손실 책임도 질텐가"…새벽배송 금지땐 소상공인 매출만 18조↓ (매일경제, 2025.11.06.)

이 기사는 새벽배송 금지 논란의 사회·경제적 파장을 다루며 소상공인 매출 감소 등 산업 전반의 손실 가능성을 수치로 제시한다. 노동자의 건강권과 새벽배송의 필요성이 충돌하는 현실을 보여주며 배송 서비스 이용자와 업계의 입장 차이가 뚜렷하게 드러난다. 이를 바탕으로 책임 논쟁을 넘어 노동과 산업 운영 방식이 사회 전체에 미치는 영향을 복합적으로 제시한다.

플랫폼 노동, 첫 출발이자 경력의 회전문(지디넷 코리아, 2025.06.16.)

이 기사는 플랫폼 노동이 청년층의 노동시장 진입 통로가 되면서도 불안정한 소득과 경력 인정의 어려움을 동시에 드러낸다고 설명한다. 배달·심부름·디지털 기반 업무 등 다양한 형태의 플랫폼 노동이 '경력의 회전문'처럼 반복되며 안정적 일자리로 이어지기 어렵다는 점이 강조된다. 변화하는 노동시장 속에서 플랫폼 노동의 구조적 특징이 청년층의 삶과 경제적 지위에 어떤 영향을 주는지를 보여준다.

"노동 경계 허물어져 기존 제도로 노동자 보호 못해"(경향신문, 2024.11.18.)

이 기사는 플랫폼 노동의 확대로 노동의 경계가 모호해지면서 기존 노동법과 제도가 다양한 형태의 노동자를 보호하지 못하고 있다는 문제를 다룬다. 배달·대리·프리랜서형 업무가 증가하며 고용 형태가 다양해졌지만, 법적 지위가 명확하지 않아 보호의 사각지대가 발생하고 있음을 지적한다. 이러한 변화는 새로운 노동 현실에 맞춘 제도 정비 요구가 커지고 있음을 보여준다.

● 시사 이슈

▶ 경제활동의 자유가 중시되는 사회에서, 노동 환경에 대한 규제는 어디까지 허용될 수 있을까?

▶ 플랫폼 노동이 확대되는 현실 속에서, 청년층의 경력과 생계가 불안정해지는 이유는 무엇일까?

▶ 새로운 형태의 노동과 사회 제도가 노동 보호 기능을 충분히 이행하지 못하는 이유는 무엇일까?

"민노총이 손실 책임도 질텐가"...새벽배송 금지땐 소상공인 매출만 18조↓ (매일경제, 2025.11.06.)
- 노동 규제인가, 경제 자유의 침해인가 -

찬성	반대
새벽배송 제한은 과로·야간노동으로 인한 건강 악화를 줄이고, 노동자의 생명권을 우선시하기 위한 조치로 볼 수 있다. 노동의 지속성을 확보하기 위해 일정한 규제는 필요하며, 무제한 경쟁이 초래하는 위험을 조정하는 역할을 할 수 있다.	새벽배송 산업이 급성장한 현실에서, 제한 조치는 산업의 매출 감소를 야기한다. 시장의 자율적 조정 기능을 약화시키며 서비스 혁신을 저해할 위험도 크다. 과도한 규제는 경제활동의 자유를 침해하고 효율성을 떨어뜨릴 수 있다.

플랫폼 노동, 첫 출발이자 경력의 회전문(지디넷 코리아, 2025.06.16.)
- 플랫폼 노동은 청년에게 기회인가, 불안정의 구조인가? -

≫ 진입 기회로서의 플랫폼 노동	≫ 지속 가능성을 위협하는 구조적 불안정
플랫폼 노동은 청년들의 노동시장 진입 장벽을 낮추며 새로운 일자리 접근성을 제공한다. 근무의 자율성이 높아 다양한 업무를 시도하며 적성과 역량을 탐색할 기회를 마련하여 경력 형성의 방향을 확인할 수 있게 한다.	플랫폼 노동은 단기·파편화된 업무가 반복되는 구조로 인해 안정적 소득과 경력 형성이 어렵다. 평가 시스템과 알고리즘 종속은 지위를 취약하게 만들며, 경력 인정 부재는 장기적 성장 기반을 확보하기 어렵게 한다.

▶ 플랫폼 노동이 늘어도 청년의 경력이 안정되지 않는 이유는 무엇일까?

▶ 프리카리아트 확산은 마르크스가 말한 자본 구조로 설명될 수 있을까?

▶ 플랫폼 규제 강화는 하이에크가 우려한 시장 혼란을 불러올 수 있을까?

▶ 노동 환경이 빠르게 변하는 시대에, 노동조합은 어떤 방향으로 나아가야 할까?

▶ 노동권과 경제 자유가 충돌할 때, 공정한 질서를 확립하기 위한 정부의 조정 역할은 무엇인가?

카를 하인리히 마르크스
(Karl Heinrich Marx, 1818~1883)

5. 세특 예시

　산업자본의 축적 과정과 노동 소외의 원리를 고찰하며 마르크스의 이론이 사회 변동과 혁명적 운동에 미친 영향을 분석함. 공산주의가 소련과 중국에서 혼란 속에 수용된 배경을 검토하고, 마르크스와 하이에크 관점으로 정부 역할을 토론하며 탐구 역량 발휘함. 또한 플랫폼 노동과 불평등의 구조적 원인을 분석하고 노동 조건 개선의 방향을 제시하며 관점을 심화함. 이를 바탕으로 현대 사회 노동 구조와 경제적 불평등 개선 방안을 고찰함.

35 토머스 홉스
(Thomas Hobbes, 1588~1679)

1. 절대 질서를 향한 계약, '공포와 이성으로 세운 국가'의 철학

• '나 혼자 살 수 없어!' 현실적인 인간 마음 읽기

홉스는 국가가 생기기 이전의 자연 상태를 '만인의 만인에 대한 투쟁' 상태로 규정했다. 이 상태에서 인간은 본질적으로 이기적이며, 끊임없이 권력과 안전을 추구하기 때문에, 생명과 재산이 보장되지 않는 극도의 불안과 공포에 시달린다고 보았다. 그의 사상은 사회 안정이 개인의 자유나 행복보다 앞선 최우선 가치이며, 이 혼란을 종식시키기 위해 강력한 통제 기구가 필요하다는 현실주의적 인간 본성론을 담고 있다. 이처럼 인간의 적나라한 욕망을 직시한 그의 시선은, 낭만적인 이상주의를 배격하고 생존을 위한 가장 확실하고 튼튼한 정치 시스템을 설계하는 기초가 되었다.

• 안전을 위한 '필요악', 리바이어던

홉스는 자연 상태의 혼돈을 끝내고 생명을 보존하기 위해, 모든 개인의 권리를 단 하나의 주권자(리바이어던)에게 양도해야 한다고 주장했다. 이 주권자는 국민의 생명과 안전을 보장하는 대가로 절대적이고 분할될 수 없는 권력을 갖는다. 이는 오늘날 민주주의 관점에서 비판받을 수 있으나, 국가 권력의 정당성이 '국민의 동의와 계약'에서 나온다는 근대적 국가관의 초석을 다졌다는 점에서 중요하다. 즉, 리바이어던이라는 거대한 힘은 우리를 억압하기 위해서가 아니라, 서로를 해치려는 우리의 야수성을 잠재우고 평화를 지키기 위해 우리가 스스로 불러낸 '필요악'이었다.

"계약이 없다면, 정의도 불의도 없다."

• '살고 싶어서 맺은 약속' 우리의 시작, 사회 계약론

홉스의 사회 계약은 공포(자연 상태에서의 죽음의 공포)와 이성(질서의 필요성 인식)의 산물이다. 개인들은 더 이상 투쟁하지 않고 안전하게 살기 위해 자발적으로 계약을 맺고 국가를 창조한다. 이 계약은 절대적 권력을 가진 주권자에게 복종함으로써 비로소 이행되며, 주권자에 대한 불복종은 다시 위험한 자연 상태로 회귀하는 것을 의미했다.

이는 국가의 존재 이유를 '개인의 합의'에서 찾는 혁신적인 논리였다. 이는 국가가 신의 뜻이 아니라 인간의 이성적 계산과 절박한 합의에 의해 만들어진 '인공적 산물'임을 천명함으로써, 왕권신수설을 깨뜨리고 근대 정치의 새로운 지평을 열었다.

• '모두가 따라야 할 규칙' 질서 있는 삶의 기초

홉스에게 법은 주권자(리바이어던)의 명령, 즉 강제력을 통해 실현되는 규칙이다. 법은 도덕이나 정의에 앞서, 질서를 유지하고 갈등을 해소하기 위한 명확한 '규칙' 으로서의 역할을 수행한다. 그의 이러한 법 사상은 법의 강제성과 실효성을 중시함으로써, 인간의 이기적인 의지들이 충돌하는 것을 국가 권력으로 제어하여 사회적 안정을 확보하려는 실천적 의지를 보여주었다. 따라서 그에게 법은 추상적인 정의의 실현 도구이기 이전에, 혼란스러운 욕망의 충돌을 막고 예측 가능한 사회를 만들기 위해 반드시 지켜야 할 '생존의 울타리' 이자 평화의 보루다.

"공통의 권력이 없는 곳에는 법도 없고, 법이 없는 곳에는 불의(不義)도 없다."

• '질서를 위한 절대권!' 주권자의 역할과 개인 생명 보호

홉스는 질서와 안전을 확보하기 위해 개인의 권리를 주권자에게 전부 양도해야 한다고 보았다. 주권자는 절대적 권력을 가지고 사회를 통제하며, 이를 통해 만인의 안전과 생명을 보장한다. 이로써 개인은 자연 상태의 혼란과 투쟁에서 벗어나 생명을 유지할 수 있으며, 국가의 절대권과 개인의 생존은 불가분의 관계임을 이해할 수 있다. 결국 그가 주창한 리바이어던(절대 권력)은 억압을 위한 폭군이 아니라, '만인에 대한 만인의 투쟁' 이라는 공포를 끝내고 평화를 지키기 위해 고안된 유일한 해법이었다.

따라서 홉스에게 있어 강력한 국가는 개인의 자유를 뺏는 적이 아니라, 비참한 죽음으로부터 인간을 구원해 주는 가장 이성적인 보호막이었다.

• 오늘날로 이어지는 메시지

불안과 갈등이 커질수록 사람들은 자유보다 안전을 먼저 떠올리게 된다. 홉스는 아무런 규칙이 없는 상태에서는 인간이 서로를 위협하는 존재가 될 수 있다고 보았다. 그는 안전을 위해 질서와 규칙의 필요성을 강조했다. 질서는 자유를 억압하는 장치가 아니라, 자유가 지속되기 위한 최소한의 조건이라는 인식이었다.

오늘날 학생에게 홉스의 메시지는 분명하다.

자유는 혼자만의 권리가 아니라, 함께 지켜야 할 약속 위에서 유지된다는 사실이다.

▶ 규칙은 나의 자유를 제한하고 있는가, 보호하고 있는가?

▶ 안전과 자유는 어떻게 균형을 이뤄야 할까?

이는 정치·사회 질서 중심의 세특 탐구 주제로 자연스럽게 확장될 수 있다.

• 주요 철학 사상

1) 현실주의적 인간 본성론 (Realistic Human Nature Theory)

홉스의 사상은 이상적인 인간상 대신 이기심과 공포에 사로잡힌 인간의 본성을 정면으로 직시한다. 그는 국가 이전의 자연 상태를 '만인의 만인에 대한 투쟁' 으로 규정하며, 생명 보존이 불가능한 불안과 혼돈 속에서 인간이 살아간다고 보았다. 그의 철학은 개인의 안전과 생명이 확보될 때만 다른 모든 자유가 의미를 갖는다는 냉철한 현실주의적 통찰을 보여주며, 강력한 질서 확보가 정치 권력의 최우선 책무임을 역설한다. 이것이 곧 절대 권력이다.

2) 절대 주권론 (Theory of Absolute Sovereignty)

홉스 철학의 목표는 자연 상태의 혼돈을 끝내고 평화와 질서를 확립하는 것이다. 이를 위해 그는 국민 개개인의 권리를 분할될 수 없는 단일한 주권자(리바이어던)에게 양도해야 한다고 주장했다. 주권자는 국민의 안전을 보장하는 대가로 절대적인 권력을 갖는다. 이는 오늘날 민수수의 관점에서 비판받을 수 있지만, 국가 권력의 정당성이 신이 아닌 '국민의 합의와 계약'에서 비롯된다는 근대적 국가관의 기민을 다졌다는 짐에서 중요하다.

3) 근대적 사회 계약론 (Modern Social Contract Theory)

홉스의 계약은 죽음에 대한 공포와 평화를 추구하는 이성이라는 두 가지 강력한 동기에 의해 개인들이 자발적으로 맺은 합의이다. 개인들은 안전하게 살기 위해 사신의 권리를 포기하고 국가를 창조하는 계약에 동의한다. 이 계약은 절대적 권력을 가진 주권자에게 복종힘으로써민 유지되며, 그 유지는 질대적이다. 불복종은 곧 혼돈으로의 회귀를 의미한다. 이는 국가의 존재 이유를 개인들의 자발적인 합의에서 찾은 근대 정치 철학의 혁명적인 논리이다.

4) 합리적 통제 정신 (Spirit of Rational Control)

홉스에게 법은 주권자의 명령, 즉 강제력을 통해 실현되는 규칙이다. 법은 도덕적 선악 판단에 앞서 질서 유지와 인간의 갈등을 해소하기 위한 도구로 기능한다. 그의 법 사상은 인간 의지의 충돌을 감정이 아닌 국가 권력의 엄격하고 효율적인 통제로 제어하여 사회적 안정을 확보하려는 실천적 의지를 드러낸다. 이는 궁극적으로 주권자가 개인의 생명과 안전을 보장하는 대가로 시민들이 복종을 약속하는 사회계약론적 정당성을 법적 질서에 부여하는 결과로 이어진다.

토머스홉스 (Thomas Hobbes, 1588~1679)

토머스 홉스는 '만인의 만인에 대한 투쟁'이라는 자연 상태를 냉철하게 직시하며 인간 안전의 확보가 모든 자유의 절대적 전제임을 역설했다. 그는 공포와 이성에 기반한 사회 계약을 통해 주권자에게 권리를 양도하고, '리바이어던'이라는 절대적이고 분할 불가능한 주권을 확립하여 평화와 질서를 확보하는 근대 국가 철학의 단단한 초석을 다졌다. 법을 주권자의 명령이자 강제력으로 규정하며 인간 의지의 충돌을 합리적이고 효율적인 통제력으로 제어하여 사회 안정을 확보하고, 국가 권력의 근원이 국민 합의에 있다는 혁명적 가치를 후대에 생생히 전하고 있다.

홉스는 주권자의 절대권이 시민의 생명과 안전을 보장하는 한 정당함을 강조하며, 그의 사상은 현대 정치철학과 법학에서 국가 권력 정당성과 시민 권리 논의의 기초로 활용된다. 더불어 신의 뜻이 아닌 인간의 이성적 합의를 권력의 기원으로 삼아 정치적 정당성을 세속화했고, 국가를 인간 스스로 창조한 인위적 산물로 재정의했다. 비록 절대 복종을 요구했으나 권력의 원천을 국민에게 둠으로써 역설적으로 근대 민주주의의 이론적 단초를 제공했다. 결국 냉철한 현실 인식을 바탕으로 평화를 설계한 그의 통찰은 오늘날 국가의 본질과 역할에 대한 질문을 던지며 여전히 살아 숨 쉬고 있다.

● 철학 사상 연계 탐구 주제

현실주의적 인간 본성론	▶ 현대 '만인의 투쟁' 양상(예: 사이버 공간) 탐구 ▶ 안전, 질서 확보가 자유 우선 시 윤리적 정당성 논쟁 연구 ▶ 인간 이기심과 공포가 정치 불신 및 포퓰리즘에 미치는 영향 분석
절대 주권론	▶ 리바이어던 절대 권력의 생명안전 의무 위반 문제점 탐구 ▶ 국가 권력 정당성이 국민 동의(계약)에서 비롯된 주권론 성과 연구 ▶ 홉스의 분할 불가능한 주권 개념이 현대 삼권분립 민주주의에 주는 통찰 분석
근대적 사회 계약론	▶ 공포와 이성이 결합한 계약이 현대 사회 복종 의무 정당화 방식 연구 ▶ 불복종이 혼돈 회귀라는 홉스 논리가 시민 불복종에 주는 시사점 탐구 ▶ 홉스 권리 포기 개념이 개인 정보와 국가 감시 논쟁에 미치는 영향 분석
합리적 통제 정신	▶ 이기적 의지 통제가 공공 정책 설계에 미치는 영향 탐구 ▶ 홉스의 '명령으로서의 법'이 현대 사법 정의 실현에 대한 기여 분석 ▶ **강제력 질서 유지가 사회 안정과 개인 자유 사이의 균형점 찾는 방식 연구**

주제	강제력 질서 유지가 사회 안정과 개인 자유 사이의 균형점 찾는 방식 연구
탐구 목표	홉스의 논리대로 확보된 질서가 현대 사회에서 개인의 자유 및 자율성과 어떻게 윤리적, 정치적으로 균형을 이루어야 하는지 그 경계와 해법을 탐구한다.
선정 이유	현대 사회는 예측 불가능한 혼란에 직면하면서 강력한 국가 감시와 통제의 필요성이 증대되고 있으나, 이는 동시에 시민의 자유와 프라이버시 침해라는 딜레마를 낳는다. 근대 정치 철학의 시발점인 홉스가 제시한 '질서 없는 자유는 무의미하다'는 통찰을 재검토함으로써, 국가 권력의 강제력이 사회 안정을 유지함과 동시에 개인의 권리를 침해하지 않는 최적의 균형점을 찾는 현대적 통찰을 얻고자 한다.
서론	토머스 홉스는 자연 상태를 '만인의 투쟁'으로 보고, 이를 종식시키기 위해 주권자에게 절대 권력을 부여하는 사회 계약을 역설했다. 본 탐구는 홉스가 강조한 강제력(법의 명령)이 사회 질서를 유지하는 방식을 분석하고, 국가 통제가 사회 안정을 위한 필수 조건이면서도 시민의 권리를 부당하게 침해하지 않도록 합리적으로 통제되는 균형 잡힌 철학적 관점을 모색한다.
본론	▶ 현대 '만인의 투쟁' 양상 (예: 사이버 공간) 딤구 ▶ 홉스 '명령으로서의 법'이 현대 사법 정의 실현에 대한 기여 분석 ▶ 이기적 의지 통제가 공공 정책 설계에 미치는 영향 탐구 ▶ 강제력 질서 유지가 안정과 자유 사이의 균형점 찾는 방식 연구 ▶ 홉스의 권리 포기 개념이 개인 정보 및 국가 감시 논쟁에 미치는 영향 분석
결론	홉스의 '리바이어던'은 안전과 질서가 자유의 선행 조건임을 보여준다. 현대 민주주의는 삼권분립과 법치주의로 권력을 통제하며 강제력과 자유의 균형을 수구한다. 국가 권력에 대한 합리적 감시는 안전 확보와 개인의 자율성 유지를 위해 필수적이다.
심화 탐구 주제	▶ 홉스의 '자연 상태'가 현대 국제 관계(무정부)에 주는 시사점 탐구 ▶ 홉스의 인간 본성론이 AI 윤리 및 통제 권한에 미치는 영향 분석 ▶ 주권자 '명령으로서의 법'이 현대 형벌 정당성과 실효성에 미친 영향 연구
토론 주제	▶ 절대 권력 주권자를 가정하는 것이 현대 민주주의 국가에서 가능한가? ▶ 개인의 안전 확보를 위해 자유권을 일정 부분 포기하는 것이 정당한가? ▶ 국가 강제력에 대한 불복종이 사회적 혼란을 야기할 때의 책임 소재는 무엇인가?
교내 후속 활동	▶ 공통영어: 홉스 '리바이어던' 주요 구절 번역 및 정치 사상 에세이 작성 ▶ 통합과학: AI 감시 시스템의 질서 유지 효율 및 통제 윤리 분석 보고서 작성 ▶ 동아리활동: 미래의 이상적인 질서 유지 모델을 주제로 학술 발표회 개최

토머스 홉스 (Thomas Hobbes, 1588~1679)

2. 교과 연계 탐구활동 (통합사회2, 법과 사회)

● 통합사회2

성취기준	[10통사2-02-02] 개인과 공동체의 관계를 기준으로 다양한 정의관을 비교하고, 이를 구체적인 사례에 적용하여 설명한다.
주요내용	홉스는 리바이어던에서 개인의 생명과 안전을 보장받기 위해 사회계약을 통해 절대적 주권자에게 모든 권리를 양도하고 공동체(국가)를 형성해야 한다고 주장했다. 자연 상태는 '만인의 만인에 대한 투쟁' 상태로 이 혼란을 피하기 위해 개인들은 질서를 대가로 주권자에게 절대 복종한다. 홉스에게 정의는 주권자가 제정한 법률을 준수하는 것을 의미하며, 법이 곧 정의의 기준이 된다.
교과연계 탐구주제	▶ 홉스, 로크, 루소의 사회계약론 비교를 통한 민주주의 사상의 기원 탐구 ▶ 비상사태 시 홉스의 절대 주권론이 통치 권한 정당화에 미치는 시사점 분석 ▶ 개인의 자유와 공동체의 안전 중 우선 가치에 대한 홉스 관점의 인권 한계 연구

● 법과 사회

성취기준	[12법사02-02] 우리나라 헌법의 기본 원리와 기본권 내용을 이해하고, 기본권 제한의 요건과 한계를 탐구한다.
주요내용	홉스는 개인의 생명과 안전 확보를 위해 사회계약을 통해 절대적 주권자에게 모든 권리를 양도하고 국가를 형성한다고 주장했다. 홉스에게 국가의 최고 목적은 무질서(만인의 투쟁)를 종식하고 평화와 질서를 유지하는 것이다. 따라서 기본권은 주권자가 허용하는 자유의 잔여 영역이며, 기본권 제한의 유일한 요건은 국가의 존립과 공공의 안전을 위협하는 상황을 막는 것이다.
교과연계 탐구주제	▶ 주권자의 안전 보장 실패 시 시민 불복종의 정당성 탐구 ▶ 주권 국가 관계를 홉스 자연 상태로 보고, 국제 기구의 사회계약 역할 연구 ▶ 데이터 감시를 홉스적 절대 주권으로 보고, 정보권과 국가 안보의 균형 분석

3. 독서 연계 탐구활동

● 추천 도서 목록

추천 도서 목록
▶ 홉스(리처드 턱(조무원 역), 교유서가, 2021)   ▶ 근대 사회정치철학의 테제들 (연구모임 사회비판과 대안, 사월의책, 2021) ▶ 사회계약론 연구(조긍호 외 1인 공저, 서강대학교 출판부, 2012)   ▶ 국가 권력에 관한 담대한 질문 (데이비드 런시먼(강은지 역), 아날로그(글담), 2025) ▶ 리바이어던 (토머스 홉스(최공웅, 최진원 역), 동서문화사, 2016)   ▶ 홉스의 리바이어던 국가의 힘은 개인들에게서 나온다 (선우현 지음, EBS Books, 2023)

독서 연계 탐구 활동	
도서명	홉스의 리바이어던 국가의 힘은 개인들에게서 나온다(선우현), EBS Books, 2023년 8월
	이 책은 토머스 홉스의 <리바이어던>을 청소년 및 일반 독자가 쉽게 이해하도록 해설한다. 핵심적으로, '만인의 투쟁'인 자연 상태를 극복하고 국민의 안전 보장을 위해 개인들이 자발적 계약을 맺어 절대 주권 국가(리바이어던)를 탄생시키는 과정을 다룬다. 독자들은 이를 통해 홉스의 정의관과 현대 사회에서 안보와 질서 명분의 국가 권력 범위 및 기본권 제한의 정당성 문제를 탐구하게 될 것이다.
핵심 키워드	리바이어던, 사회계약론, 절대 주권, 자연 상태, 질서와 안전, 권리 양도
탐구 주제	▶리바이어던 통치 권한과 법치주의 관계 탐구 ▶**홉스 주권론이 기본권 제한 한계에 주는 시사점 분석** ▶권리 양도를 통한 권력 형성이 국민 주권에 대한 기여 분석 ▶안전을 위한 자유 포기를 팬데믹 상황에 적용하여 비판 탐구 ▶자연 상태 극복을 위한 계약 논리가 국가 권력 정당화에 미친 영향 연구
토론 쟁점	▶국가 안보를 위한 강력한 통제가 항상 정당한가? ▶주권자의 절대 권력이 개인의 안전을 영구히 보장하는가? ▶홉스의 정의관이 불의한 법에 대한 저항을 설명할 수 있는가?
후속 활동	▶공통국어: 홉스 비판 글 읽고 논평 작성 활동 ▶통합사회: 국가 비상사태 제한 논리를 현대 헌법에 비추어 토론 ▶자율·자치활동: 디지털 공동체 질서를 위한 시민의 윤리적 책임을 담은 캠페인 기획

● 독서 연계 탐구활동 예시

탐구 주제		홉스 주권론이 기본권 제한 한계에 주는 시사점 분석
탐구 자료		▶리바이어던(토머스 홉스) 원문 및 정치철학 해설서 자료 ▶로크, 루소 등 다른 사회계약론자의 저항권 및 권력 제한 관련 자료 ▶대한민국 헌법 제37조 제2항 (기본권 제한의 요건과 한계) 및 관련 판례 자료
탐구 개요	서론	홉스의 절대 주권론은 질서와 안전 확보를 위해 주권자의 권력에 사실상 제한이 없음을 역설한다. 홉스의 논리를 현대 헌법의 기본권 제한 규정에 비추어, 국가 비상사태 시 공공 안전을 위한 강력한 통제의 시사점과 그 민주적 한계를 법철학적 관점에서 고찰하고자 함
	본론	▶홉스 정의관과 현대 법치주의 차이점 분석함 ▶비상사태 시 자유 제한의 홉스적 정당화 방식 탐구함 ▶코로나19 등 재난 상황 자유 제한 사례에 홉스 논리를 적용하여 고찰함 ▶헌법 제37조 2항이 절대 권력을 제한하는 요건과 한계 분석함 ▶홉스의 저항권 부인과 현대 통제 비교를 통해 민주적 통제 탐구함

탐구 개요	결론	홉스의 주권론이 국가 존립을 위해 기본권 제한의 필요성을 시사하지만, 현대 헌법은 과잉금지원칙으로 절대 권력 가능성을 방지하고 최소 제한을 엄격히 하여, 질서 확보의 중요성을 인정하되 기본권 제한의 최종 한계는 민주적 정당성과 입헌주의 원리 내에서 결정되어야 함을 제공함.
후속 활동		▶ 통합과학: AI, 빅데이터 감시가 홉스 주권 실현에 미치는 영향을 탐구 ▶ 공통수학: 투쟁 상태와 질서 확보에 따른 사회 편익 변화를 수리 모델로 작성 ▶ 진로활동: 디지털 인권 변호사 또는 기술 윤리 활동가 진로 로드맵 작성 ▶ 자율·자치활동: 시민 불복종 또는 저항권을 주제로 한 토론 보고서 작성 및 발표

4. NIE 연계 활동

● 신문 읽기 & 연결 사유 찾기

토머스 홉스의 '리바이어던'…'종교에 대한 국가 우위론' 주창 (매경이코노미, 2014.04.15.)

이 기사는 홉스가 국가 주권 확립을 위해 종교의 권위를 국가 권력 아래에 두어야 한다고 주장했음을 조명한다. 홉스는 내전의 원인이었던 교회와 국가의 권력 충돌을 막고 평화와 질서 유지를 위해, 주권자가 종교적 권위까지 통합해야 한다고 역설했다. 즉, 국가의 안정을 최우선으로, 교회의 명령은 주권자의 법에 복종하며, 주권이 국내 분열 방지를 위해 신앙생활을 통제해야 한다는 논리이다.

홉스 '리바이어던' (서울신문, 2010.09.13.)

이 기사는 홉스의 <리바이어던>을 통해 국가 주권의 기원과 탄생을 해석한다. '만인의 만인에 대한 투쟁' 이라는 자연 상태의 공포에서 벗어나기 위해 개인들은 자발적인 사회계약으로 자신들의 권리를 절대 주권자에게 양도했다. 국가의 통제 권력은 국민의 생명과 안전 보장이라는 최우선 목표를 위한 수단이며, 현대에도 질서와 무질서 사이에서 국가 권력의 필요성에 대한 질문을 던지고 있다.

권력 상실·정치 공백…국가는 무능력해졌다 (한국경제, 2014.10.16.)

이 기사는 국가 권력의 약화와 정치적 공백이 발생하는 현상을 토머스 홉스의 공포스러운 자연 상태 개념에 빗대어 날카롭게 비판적으로 분석한다. 국가가 제 기능을 상실하고 극도로 무능력해지면, 국민의 생명과 안전을 결코 보장하지 못하며 사회는 쉽게 혼란에 빠지게 된다. 이는 홉스가 주장했던, 강력한 절대적인 주권이 질서를 유지하고 만인의 만인에 대한 투쟁을 막는다는 논리의 역설적 증명이다.

● 시사 이슈

▶ 공공 안전을 위해 국가 권력이 개인의 자유를 어디까지 제한할 수 있는가?

▶ 국제 사회의 무정부 상태를 극복하고 국가 간의 평화를 유지할 수 있는가?

▶ 다원화된 사회에서 종교적 권위와 국가 법률이 충돌할 때 질서 유지는 가능한가?

토머스 홉스의 '리바이어던'..'종교에 대한 국가 우위론' 주창 (매경이코노미, 2014.04.15.)
- 종교적 권위 통합의 정당성 토론 -

찬성	반대
강력한 주권자가 모든 종교적 교리와 의례를 최종적으로 결정하고 통제함으로써, 시민들이 두 개의 상반된 명령 사이에서 불필요한 혼란을 겪는 치명적인 이중 권위의 충돌을 근절하고 절대적이며 영구적인 사회 평화를 확립해야 한다.	철저한 정교 분리의 원칙은 현대 국가가 특정 종교를 억압하거나 부당하게 지원하는 것을 방지하여 정치적 권력의 남용을 근본적으로 막고, 모든 시민의 사상 및 양심의 자유와 개인의 보편적 인간 존엄성을 보장하는 민주사회의 근간이 된다.

홉스 '리바이어던' (서울신문, 2010.09.13.)
- 홉스 정치 철학의 핵심: '자연과 국가'의 계약적 대비 -

≫ 자연	≫ 국가
홉스가 상정한 국가 탄생 이전의 자연 상태를 의미한다. 인간은 이기적이며 삶은 "고독하고, 잔인하고, "만인의 만인에 대한 투쟁" 상태이다. 이는 개인의 자기 보존을 위해 반드시 벗어나야 할 비이성적 혼란 그 자체이다.	자연 상태의 공포를 종식시키려 계약을 통해 탄생한 강력한 주권체이다. 국민은 안전과 질서를 위해 자기 보존 권리 외 모든 권력을 주권자에게 양도한다. 국가는 강제된 평화를 유지하는 절대적 권위의 인공적 질서 체계이다.

● 사고의 확장

▶ 국가 안보를 위한 디지털 감시가 개인의 권리를 무한정 희생시켜도 정당한가?

▶ 주권자가 안전 보장 계약을 위반 시, 시민 불복종은 홉스의 논리로 용인될 수 있는가?

▶ 다원화된 사회에서 종교적 권위를 국가 법률 아래 두어 살등을 해소하는 것이 합당한가?

▶ 국제 사회의 무정부 상태를 벗어나기 위해 세계 정부(리바이어던)가 필요하며 가능한가?

▶ 비상사태 시 권력의 일시적 절대화가 독재로 이어지는 것을 막는 입헌적 장치는 충분한가?

5. 세특 예시

    토머스 홉스의 <리바이어던>을 중심으로 '질서'와 '권력의 절대성' 문제를 탐구하며, 종교의 국가 통제 필요성 등 홉스 논리를 정확히 이해하고 현대 입헌주의의 기본권 보호 원칙에 비추어 절대 권력의 기본권 침해 위험성을 비판적으로 분석함. 특히 공공 안전을 위한 디지털 감시와 종교적 자유의 딜레마를 홉스적 정당성과 헌법적 한계라는 두 관점에서 균형 있게 제시하는 등, 법철학적 지식 연계 및 논증 능력이 우수함. 복잡한 사회 문제에 대한 구조적인 해결 능력을 갖춘 학생임.

파블로 피카소
(Pablo Picasso, 1881~1973)

1. 끊임없는 변신과 파괴, '현대 미술의 왕'이 남긴 다원적 혁신과 융합의 정신

● 피카소가 열어준 '다각도 시야'

피카소는 20세기 미술의 '코페르니쿠스적 혁명'을 일으킨 주인공이다. 그는 단일 시점 회화 전통을 파괴하고, 사물을 여러 각도에서 동시에 보고 해체·재조립하는 입체주의를 창시했다. 이는 단순한 기법 변화를 넘어 다양한 진실을 인정하는 다원주의적 정신의 선언이었으며, 파편화된 정보를 융합해 새 시각을 창조한 그의 통찰은 오늘날 융합 시대를 예고하는 지적 모델이 되었다. 결국 그는 눈에 보이는 대상을 그대로 베끼는 재현의 예술을 끝내고, 대상을 머리로 이해하고 재구성하는 개념의 예술로 미술의 패러다임을 완전히 뒤바꾼 혁명가이자 선구자였다.

● 끊임없이 변신한 '융합의 귀재' 피카소

피카소는 청색 시대에서 장밋빛 시대, 입체주의, 신고전주의 등으로 끊임없이 스타일을 바꿔가며, 마치 새로운 자아를 창조하듯 평생 동안 수십 개의 스타일을 오갔다. 한 가지 방식에 안주하는 자기 복제를 거부한 그의 태도는, 진정한 혁신이 경계를 허물고 다양한 요소를 결합하는 데서 온다는 것을 보여주었다. 그의 예술은 다원적 정신이 무한한 창조 에너지로 이어질 수 있다는 살아있는 증거이다. "유능한 예술가는 모방하고, 위대한 예술가는 훔친다"는 말처럼, 그는 과거의 거장과 이질적인 아프리카 미술 등을 거침없이 흡수하여 자기만의 것으로 소화해 낸 창조적 융합의 대가였다.

● 피카소가 보여준 '행동하는 지성'

피카소는 현실과 동떨어진 예술을 하지 않았다. 1937년 스페인 내전 중 나치의 무차별 폭격을 당한 게르니카의 비극을 목격하고, 거대한 벽화 게르니카를 단숨에 완성했다. 이 작품은 전쟁의 잔혹함과 고통을 상징적으로 표현하며, 예술이 사회적 메시지를 전달하는 가장 강력한 도구가 될 수 있음을 전 세계에 보여주었다. 예술가는 자신의 재능을 시대의 아픔에 공감하고 기록하며 저항하는 데 사용할 수 있다는 지식인의 책임감을 실천한 인물이다. "회화는 아파트를 장식하기 위해 있는 것이 아니다" 라는 그의 일갈(一喝)은, 예술이 단순한 미적 유희를 넘어 불의에 맞서 싸우는 공격적이고 방어적인 무기가 되어야 함을 선언한 행동하는 양심의 표상이다.

● '작업=존재' 피카소의 열정적인 장인 정신

피카소는 장르를 가리지 않고 90년이 넘는 평생 동안 쉬지 않고 작품 활동을 했다. 그는 하루도 빠짐없이 작업실에 나가 창작을 지속했다. 그의 왕성한 작품 활동량은 예술에 대한 집요한 몰입과 열정을 보여준다. 피카소에게 예술은 직업이 아니라 삶의 방식 그 자체였다. 어떤 경지에 오르기 위해서는 재능뿐 아니라, 이를 완성시키는 지속적인 노동과 장인 정신이 필수적임을 알려준다. "영감은 존재한다. 그러나 영감은 당신이 일하고 있을 때 찾아온다" 는 그의 명언은, 천재성조차도 압도적인 성실함 위에서만 비로소 꽃피울 수 있다는 평범하지만 위대한 진리를 증명한다.

"나는 그림을 그리는 것이 아니다. 나는 존재한다."

피카소는 전통적 캔버스와 물감뿐만 아니라 신문지, 금속, 나무 조각 등 일상의 재료를 작품에 적극 활용했다. 그는 재료의 고정된 용도를 해체하고 새로운 조형 언어로 재탄생시키며, 예술이 특별한 것이 아닌 일상에서 확장될 수 있음을 보여주었다. 이러한 과감한 실험정신은 오늘날 현대 미술의 설치·혼합매체 작품으로 이어진 원형이 되었다. 이는 고귀한 예술 재료와 하찮은 일상 사물의 위계를 파괴한 '콜라주(Collage)' 기법의 시작이었으며, 무엇이든 예술이 될 수 있다는 발상의 전환으로 현대 미술의 자유를 무한대로 확장시킨 창조적 혁신의 이정표다.

● 오늘날로 이어지는 메시지

정해진 답과 익숙한 방식이 안전하게 여겨지는 환경 속에서 새로운 시도는 종종 불필요한 모험처럼 보인다. 피카소는 기존의 틀을 과감히 부수며 새로운 시각으로 세상을 바라보았다. 그에게 예술은 완성된 결과가 아니라, 세상을 바라보는 방식을 끊임없이 의심하고 전환하는 과정이었다. 이러한 태도는 창조가 재능이 아니라, 익숙함을 벗어나려는 용기에서 시작된다는 사실을 보여준다.

오늘날 학생에게 피카소의 메시지는 말해준다. 창의성은 기존의 틀을 다르게 바라보는 시선에서 비롯된다는 것이다.

▶ 나는 사물을 어떤 시선으로 바라보고 있는가?

▶ 다른 방식으로 생각해 볼 수 있는 문제는 무엇일까?

이는 예술·융합·창의 사고형 세특 탐구로 이어질 수 있다.

● 주요 예술 사상

1) 혁신과 융합의 정신(Innovation & Konvergenz)

피카소의 예술 활동은 '자기 복제를 철저히 거부한 변신' 그 자체였다. 그는 청색 시대처럼 성공적 스타일이 인기를 얻을 때마다 과감히 이를 떠나 새로운 형식으로 뛰어들었다. 이는 한 방식에 안주하는 것을 예술적 정체로 여겼기 때문이다. 특히 입체주의로 다층적 진실을 통합해 새로운 통찰을 창조했는데, 이는 기법을 넘어 정보와 형식을 섞고 해체하는 오늘날 융합 시대에 필요한 창의적 태도를 실천한 것이다. 피카소는 끊임없이 스타일을 변신시킨 불굴의 혁신가 정신을 남겼다.

2) 다원주의적 정신(Pluralismus)

피카소는 수백 년간 서양 회화의 근간이었던 단일 시점(원근법)의 규칙을 파괴하고, 사물을 여러 각도에서 동시에 화면에 담는 입체주의를 창시했다. 이는 미술 역사에서 코페르니쿠스적 혁명으로 불린다. 그는 하나의 획일적인 진실 대신, 다양한 관점과 시각이 공존하는 다원주의적 정신을 예술에 도입했다. 세상을 파편화된 정보로 해체하고 재조합하여 본질을 포착하려 했던 그의 통찰은, 단편적인 시각을 넘어 전체론적 통찰을 확보해야 함을 가르쳐준다.

3) 현실 참여와 책임감(Engagement & Verantwortung)

피카소는 개인적인 감정의 표현에 머무르지 않고, 시대의 고통을 예술로 기록하는 지식인의 책임감을 실천했다. 1937년 스페인 내전 중 비극을 상징하는 게르니카를 단숨에 완성하여 전쟁의 잔혹함을 진 세계에 고발했다. 이 거대한 벽화는 예술이 사회적 메시지를 전달하는 가장 강력한 무기가 될 수 있음을 증명했다. 예술가는 자신의 재능을 시대의 아픔에 공감하고 저항하는 데 사용할 수 있다는 현실 참여형 지성인의 모범을 보여주었다.

4) 장인 정신(Handwerk)

피카소는 그림, 조각, 도자기, 판화 등 장르를 가리지 않고 90년이 넘는 평생 동안 쉬지 않고 창작 활동을 지속했다. 그는 하루도 빠짐없이 작업실에 꾸준히 나가는 집요함과 몰입을 보여주었으며, 예술을 직업이 아닌 삶의 방식 그 자체로 여겼다. 그의 왕성한 작품 활동량은 '나는 그림을 그리는 것이 아니다. 나는 존재한다' 라는 그의 말처럼, 장인 정신과 지속적인 노동이 재능을 위대한 경지로 완성시키는 필수 요소임을 후대에 알려주었다.

피카소는 자기 복제를 거부하고 끊임없이 변신한 불굴의 혁신가였으며, 다층적 진실을 통합하고 형식을 섞어 시대를 앞선 창의적 융합의 탁월한 모범을 제시했다. 그의 다각적 통찰인 다원주의적 정신은 수백 년간 지속된 단일 시점의 독재를 과감히 깨고 입체주의를 창시함으로써 '진실은 하나가 아닐 수 있다' 는 철학적 사유를 미술에 도입하며 전체론적 통찰의 중요성을 세상에 널리 강조했다. 또한, 개인의 감정 대신 게르니카를 통해 시대의 고통을 기록하며 예술이 강력한 사회적 메시지를 전달할 수 있음을 분명하게 입증한 깨어있는 현실 참여형 지식인이었다.

마지막으로, 그는 90년 넘게 하루도 빠짐없이 창작에 몰두하는 장인 정신을 보였으며, 예술을 삶 그 자체로 여겼던 그의 태도는, 지속적인 노동과 몰입이 곧 위대한 성취를 이루는 필수 요소임을 후대에 전한다. 그리고 보이는 현상을 넘어 본질을 해체하고 재구성하는 그의 대담한 시도는 현대 미술의 문법을 새롭게 정의했으며, '파괴가 곧 창조'라는 역설적 진리를 증명했다. 이는 고정관념에 갇히지 않고 끊임없이 질문을 던지는 주체적 태도가 혁신의 원동력임을 시사한다. 결국 피카소의 삶은 예술가를 넘어, 세상을 새롭게 해석하고 비전을 제시하는 창조적 리더로 우리 곁에 큰 울림을 준다.

● 예술 사상 연계 탐구 주제

혁신과 융합의 정신	▶ 청색·장밋빛 시기 이동이 보여주는 창조적 자기 파괴의 의미 탐구 ▶ **안주를 거부하는 불굴의 정신이 현대 기업 생존 전략에 미치는 영향 연구** ▶ 이질적 요소 융합 기법이 현대 융합 예술 및 기술 혁신에 주는 시사점 분석
다원주의적 정신	▶ 입체주의의 '다층적 진실'이 포스트모던 시대 인식론에 미친 영향 고찰 ▶ 단일 시점 파괴 전략이 현대 정보화 시대의 통찰력 확보에 주는 교훈 탐구 ▶ 파편화된 정보 재조합을 통한 '전체론적 시각'이 문제 해결에 미치는 영향 연구
현실 참여와 책임감	▶ 예술가의 책임감이 억압과 고통의 시대에 던지는 메시지 고찰 ▶ 지식인의 예술적 참여가 공공 담론 및 사회 변화에 기여하는 방식 연구 ▶ <게르니카> 상징 언어가 현대 미디어의 사회 고발에 미치는 영향 분석
장인 정신	▶ 90년 장르 초월 활동이 보여주는 장인 정신과 전문성의 확장성 연구 ▶ '나는 존재한다' 는 신념이 극한의 몰입과 지속적 창작에 미치는 영향 탐구 ▶ 예술을 삶과 동일시한 태도가 현대 크리에이터의 소명 의식에 주는 영향 분석

주제	안주를 거부하는 불굴의 정신이 현대 기업 생존 전략에 미치는 영향 연구
탐구 목표	피카소의 스타일 변신을 자기 복제 거부의 혁신으로 보고, 이런 변화 정신이 오늘날 급변하는 시장에서 기업과 개인의 지속 가능한 생존 전략에 주는 시사점을 탐구한다.
선정 이유	오늘날은 초경쟁 시대에 직면해 있으며, 과거의 성공 방식이 미래의 실패 원인이 될 수 있다. 피카소는 청색 시대, 입체주의 등 성공적인 스타일을 과감히 버리고 끊임없이 자기 파괴적 변신을 감행했다. 정체는 곧 퇴보라는 냉철한 인식에서 비롯된 것이다. 피카소의 혁신가 정신은 기존 성공에 안주하려는 경향을 극복하고 미래를 개척하는 데 필요한 지적 통찰을 제공하므로 탐구 가치가 높다.
서론	현대 사회에서 혁신은 생존의 필수 조건이다. 본 탐구는 피카소의 예술 활동, 특히 하나의 스타일에 머무르지 않고 스스로를 해체하며 새로운 형식으로 이동했던 파격적인 변신에 주목한다. 피카소가 보여준 불굴의 변신 의지가 오늘날 급변하는 시장에서 성공에 안주하는 기업이 직면하는 위험을 경고하고, 지속가능한 성장을 위한 전략적 혁신에 어떤 의미 있는 원리를 제시할 수 있는지 고찰한다.
본론	▶성공작(청색 시대) 이후 의도적인 급변을 통한 성공 공식 거부 전략 분석 ▶피카소의 변신 태도와 과거 성과에 갇혀 몰락한 기업의 공통점 및 차이점 비교 ▶기존 핵심 사업 포기와 새 영역 개척을 통한 혁신 기업의 창조적 파괴 전략 탐색 ▶피카소의 자기 파괴가 조직 문화 해체 및 R&D 방향 설정에 미치는 영향 연구 ▶불굴의 혁신가 정신이 1인 기업가 커리어 설계에 주는 시사점 고찰
결론	피카소는 성공에 안주하지 않고 스스로를 파괴하며 새 스타일을 창조한 혁신가였으며, 현대의 기업과 개인 두 과거의 성공에 머물지 않기 위해 변화에 대한 대담성과 지속적 지기 갱신 능력을 핵심 생존 전략으로 삼아 미래를 개척해야 한다.
심화 탐구 주제	▶성공 스타일 포기가 경영자의 창의적 부담감에 미치는 심층 영향 고찰 ▶이실석 요소의 창조적 융합이 창출하는 시너지 효과의 경제적 가치 탐구 ▶혁신가 피카소의 예술적 변신 주기와 현대 기술 혁신 주기의 관계 심층 분석
토론 주제	▶성공 공식을 완진히 버리고 새로운 노선을 하는 것이 항상 옳은가? ▶개인의 커리어에서 피카소처럼 끊임없는 변신이 가능한가, 현실적 한계는? ▶기업의 핵심 역량 유지와 급진적 변신 사이의 균형점을 어떻게 찾아야 하는가?
교내 후속 활동	▶공통수학: 큐브 분해 조합을 활용한 '입체주의 도형 비례' 분석 보고서 작성 ▶공통영어: 혁신 기업 CEO의 변화 전략 연설문을 듣고 비즈니스 용어 정리 및 발표 ▶진로활동: 나의 5년 진로 계획 재설계를 위한 커리어 변신 보고서 작성

파블로 피카소 (Pablo Picasso, 1881~1973)

2. 교과 연계 탐구활동(미술, 윤리와 사상)

● 미술

성취기준	[12미03-02] 비평 방법을 활용하여 미술과 시대, 사회, 환경과의 상호 관련성을 분석하고 가치를 판단할 수 있다.
주요내용	파블로 피카소는 20세기 초 단일 시점 전통(원근법)을 파괴하고 입체주의를 창시했다. 이는 상대성 이론 등 과학적, 시대적 맥락을 반영한 결과였다. 특히 게르니카는 전쟁의 사회적 고통을 예술로 번역하여 윤리적 책임을 실천한 강력한 수단이다. 학생들은 피카소 작품을 통해 미술이 단순한 미적 대상이 아닌, 시대 정신을 담고 사회 변화에 가치를 창출하는 과정을 비평적으로 탐구할 수 있다.
교과연계 탐구주제	▶ 입체주의가 20세기 초 과학 혁신(상대성 이론)에 미친 영향 연구 ▶ '파편화된 정보 재조합' 전략이 디지털 융합 가치 창출에 주는 시사점 탐구 ▶ <게르니카>의 상징성이 현대 매체의 사회적 윤리적 역할에 미친 영향 분석

● 윤리와 사상

성취기준	[12윤사03-05] 실존주의와 실용주의, 도덕의 기원과 판단에 관한 과학적 탐구를 비판적으로 평가하고, 책임·배려 윤리에 대한 이해를 바탕으로 윤리적 삶의 의미와 지향을 설정할 수 있다.
주요내용	피카소의 삶과 작품은 그의 복잡한 사적인 논란을 넘어서 예술가의 사회적 책임 논쟁에 중요한 사례가 된다. 특히<게르니카>는 파시즘의 무자비한 폭력에 저항하며 무고한 희생자에 대한 배려와 연대의 책임을 강렬하게 표현한 대표적 사례이다. 이 작품의 반전 메시지는 고립된 특정 지역 고통에 대한 윤리적 책임을 영구히 인류 보편의 숭고한 가치로 확장하는 중요한 사례임을 이해하게 된다.
교과연계 탐구주제	▶ <게르니카>가 인류 고통에 대한 공동체적 책임 의식을 확장한 방식 분석 ▶ 예술적 천재성과 개인의 도덕적 책임 분리 가능성에 대한 비판적 평가 고찰 ▶ <게르니카>의 피해자에 대한 윤리가 현대 사회 갈등에 주는 시사점 분석

3. 독서 연계 탐구활동

● 추천 도서 목록

추천 도서 목록

▶ New 스티브잡스가 반한 피카소 (이현민, 새빛, 2020)	▶ 파블로 피카소 (베네딕트 르 로아어(이세진 역), 비룡소, 2022)
▶ 피카소의 전쟁(휴 에이킨(주은정 역), 아트북스, 2025)	▶ 피카소와 샤워를(레네 탕고르드 외 1인 공저(조윤경 역), 생각과 사람들, 2015)
▶ Who? 아티스트: 파블로 피카소 (이숙자, 다산어린이, 2020)	▶ 피카소가 모나리자를 그린다면? (표트르 바르소니(김경온 역), 내인생의 책, 2023)

독서 연계 탐구 활동

도서명	파블로 피카소(베네딕트 르 로아어 (이세진 역)), 비룡소, 2022년 8월
	이 책은 피카소의 복잡하고 혁명적인 예술 세계를 간결하고 시각적으로 소개하는 평전이다. 그의 파격적 삶과 예술 여정을 따라가며, 입체주의 창시로 20세기 미술의 근본을 뒤흔든 과정을 쉽게 설명한다. 피카소가 보여준 끊임없는 변신, 자기 복제 거부, 그리고 예술을 삶과 동일시한 장인 정신이 오늘날 창의적 사고와 혁신에 주는 통찰을 탐색하는 데 적합한 입문서이다.
핵심 키워드	파격적 변신, 입체주의, 자기 복제 거부, 예술과 삶의 융합, 시대 참여
탐구 주제	▶ **피카소의 다각적 해체 기법을 활용한 현대 사회 문제 해결 방안 탐구** ▶ 장르를 넘나든 활동이 현대 융합 예술 교육 및 창작에 주는 시사점 탐구 ▶ <게르니카>의 예술가 윤리가 현대 크리에이터 윤리에 미치는 영향 고찰 ▶ 피카소의 스타일 변화가 1인 크리에이터 콘텐츠 지속성에 미치는 영향 연구 ▶ 피카소의 스타일 변화 주기가 현대 기업의 혁신 사이클에 주는 시사점 분석
토론 쟁점	▶ 피카소의 잦은 변신은 예술적 자유인가, 아니면 상업적 전략인가? ▶ 입체주의의 다원적 시각은 현실의 정확한 반영인가, 아니면 파괴적 해석인가? ▶ 예술가는 개인의 예술성을 우선해야 하는가, 사회적 참여를 우선해야 하는가?
후속 활동	▶ 공통영어: 혁신 기업 CEO의 변화 전략 연설문을 듣고 비즈니스 용어 정리 및 발표 ▶ 통합과학: 큐비즘 해체 원리를 활용한 미래 신소재 융합 방안 기획 및 보고서 작성 ▶ 자율·자치활동: 자기 파괴적 혁신을 통한 새로운 목표 설계 프로젝트 실행

● 독서 연계 탐구활동 예시

탐구 주제		피카소의 다각적 해체 기법을 활용한 현대 사회 문제 해결 방안 탐구
탐구 자료		▶ 디자인 싱킹 및 문제 해결 방법론 관련 자료 ▶ 복잡계 이론과 사회 문제 구조화 관련 과학 및 사회학 자료 ▶ 피카소 입체주의 (큐비즘)의 다원적 시각 및 해체 원리 관련 미술사 자료
탐구 개요	서론	피카소의 입체주의가 사물을 여러 각도에서 해체·재조합한 기법에 주목하며, 그의 시각이 현실을 복합적으로 이해하게 하는 만큼, 즉 입체적 사고를 가능케 하는 이러한 예술적 원리가 현대 사회의 난제를 구조화하고 해결하는 새로운 접근이 될 수 있는지 그 가능성을 고찰하고자 함.
	본론	▶ 다원적 시각이 사회 갈등 해소에 기여하는 방식 탐구함 ▶ 입체주의 시각을 사회 문제 핵심 요인 분석에 적용하는 방안 고찰함 ▶ <게르니카>의 상징이 복잡 재난 고통을 시각화하는 과정 탐구함 ▶ 예술적 해체를 통한 문제 본질 변화가 창의적 해결에 미치는 영향 고찰함 ▶ 피카소 해체 기법과 디자인 싱킹 융합 과정 유사성 비교 분석함

탐구 개요	결론	피카소의 다각적 해체 기법은 문제를 단순화하지 않고 그 복합적 구조를 인식하게 하는 지적 무기이다. 그의 입체주의는 '정답은 하나가 아니다'라는 다원적 통찰을 통해, 학생들이 현실의 복잡성을 수용하고 다양한 관점을 융합해 창의적 사회문제 해결책을 모색하는 데 영감을 줄 수 있음.
후속 활동		▶ 한국사 : 피카소 다원주의로 한국 근대화를 다각도로 분석하는 보고서 작성 ▶ 공통영어 : 혁신 기업 CEO 변화 전략 연설문 청취 후 비즈니스 용어 정리 및 발표 ▶ 진로활동: 피카소 '스타일 이동' 분석을 통해 유망 직업 탐색 및 로드맵 작성 ▶ 자율·자치활동: 복잡한 문제를 다각도로 분석 및 재구성하는 관점 이동 보고서 작성

4. NIE 연계 활동

● 신문 읽기 & 연결 사유 찾기

게르니카 작품이 전쟁의 폭격을 맞은 우크라이나에 다시 새겨졌다 (허프포스트코리아, 2022.12.12.)

이 기사는 반전과 평화의 상징인 피카소의 <게르니카>가 러시아군 폭격을 받은 우크라이나의 다리에 다시 그려졌다. 원작이 스페인 내전의 비극을 기록했다면, 우크라이나의 <게르니카>는 색채를 활용해 희망과 저항의 메시지를 담았다. 이는 피카소의 작품이 80년이 지난 지금도 시대와 장소를 넘어 예술가의 사회적 책임과 반전의 목소리를 전하는 강력한 시각 언어임을 보여준다.

피카소의 '게르니카' 유엔에 다시 전시된다 (조선일보, 2022.02.06.)

이 기사는 파블로 피카소의 걸작 <게르니카> 태피스트리가 1년 만에 유엔 안전보장이사회 회의실 바깥벽에 다시 걸린 사실을 보도한다. 이 작품은 소유주의 보존 작업 요청으로 잠시 철거된 바 있다. 태피스트리가 유엔이라는 국제적 평화 기구의 상징적 공간에 복원됨으로써, 피카소의 반전정신이 시대와 정치 상황을 넘어 전 세계 평화에 여전히 강력한 영향을 미치고 있음을 강조한다.

[명화속 숨겨진 이야기] 신문 보도의 중요성, 피카소의 '게르니카' (우리뉴스, 2025.03.17.)

이 기사는 피카소의 <게르니카>가 신문 보도 이미지를 바탕으로 탄생했음을 깊이 다룬다. 폭격을 직접 보지 않았던 피카소는 흑백·갈색의 극도로 매우 제한된 색과 말의 몸통에 그린 신문 이미지를 통해 전쟁의 비극을 고발했다. 기사는 이 작품이 작가의 주관적 해석을 담은 표현임을 강조하며, 가짜 뉴스가 범람하는 오늘날 언론과 예술의 사회적 책임을 성찰할 필요성을 제기한다.

● 시사 이슈

▶ 예술가의 창조적 천재성과 도덕성은 과연 분리 가능한가?

▶ 예술의 적극적인 사회 참여 의무는 디지털 시대에도 유효한가?

▶ 혁신 전략으로서의 자기 파괴는 오늘날 융합 시대에 필수적인가?

게르니카 작품이 전쟁의 폭격을 맞은 우크라이나에 다시 새겨졌다(허프포스트코리아, 2022.12.12.)
- 예술의 사회적 책임과 메시지 전달은 시대와 국경을 초월하여 유효한가에 대한 입장 토론 -

찬성

예술은 시대 고통을 외면 않는 윤리적 의무다. 반전·평화 등 인류 보편 가치 호소는 공동체 의식을 강화하고 사회적 영향력을 극대화한다. 또한 예술은 감정에 직접 호소해 다른 어떤 매체보다 강력한 사회적 변화를 촉발할 수 있다.

반대

특수 상황의 일시적 반응일 뿐, 예술에 정치적 메시지 강요는 불가하다. 심미성에 집중해야 하며, 자율성 훼손은 대중에게 부담을 준다. 더불어 예술의 정치화는 작품 해석의 다양성을 억압해 표현 자유를 침해할 위험이 있다.

피카소의 '게르니카' 유엔에 다시 전시된다(조선일보, 2022.02.06.)
- 게르니카 분석 관점: '고발과 보편'의 메시지 -

≫ 고발

1937년 게르니카 폭격이라는 특정 사건에 대한 피카소의 분노이자 예술적 대응이다. 화면 속 고통받는 이미지들은 파시즘 폭력을 적나라하게 폭로하며, 예술이 정치적 저항과 비판 도구가 될 수 있음을 입증하는 기록이다.

≫ 보편

게르니카는 스페인 내전이라는 특정 맥락을 넘어 세계적으로 인정받는 인류애적 메시지이다. 피카소는 흑백과 입체주의 해체를 통해 작품을 고통이라는 보편 주제로 승화시켜, 반전과 평화의 공동 가치를 상징하는 상징물이 되었다.

● 사고의 확장

▶예술적 가치는 작가의 개인적 윤리 문제와 과연 분리될 수 있는가?

▶장르 해체와 창조적 융합은 미래 유망 직업을 창조하는 방법론인가?

▶입체주의 '다원적 시기'은 복잡한 현대 사회 갈등 해소에 기여하는가?

▶AI 시대, 끊임없는 스타일 변신은 창작자의 자기 복제를 막는 해법인가?

▶<게르니카> 반전 메시지는 디지털 시대에 크리에이터의 윤리적 모델인가?

5. 세특 예시

피카소의 장르 해체와 융합이 미래 유망 직업 창출의 방법론이 될 수 있는가 라는 주제의 토론에서 찬성 논지를 설득력 있게 펼침. 그는 피카소가 회화·조각·도자기 등 다양한 분야를 넘나들며 기존 경계를 허문 사례를 바탕으로, AI 시대에 인간의 창의성을 지키는 핵심 역량은 분야 간 융합 능력임을 강조함. 더 나아가 예술적 전문성이 단순한 기술 습득을 넘어 서로 다른 지식과 기술을 재편해 새로운 직업적 가치를 만들어내는 원천임을 피카소의 다면적 활동과 연계해 설명함.

37 표도르 도스토옙스키

(Fyodor Dostoevsky, 1821~1881)

1. 인간 심리의 격전지를 해부하고, 자유와 책임에 대한 질문을 던진 작가

● 낭만적 이상주의자, "나는 인간의 마음을 해부하고 싶소!"

도스토옙스키는 군사 공학 학교에 입학했지만, 그의 관심은 기술이나 명예가 아니었다. 그의 머릿속은 온통 인간의 고통과 심리로 가득 차 있었다. 졸업 후 안정된 군인의 길을 포기했을 때, 사람들은 그에게 물었다.

"아니, 안정된 직장을 왜 때려치우나?"

그의 대답은 단호했다. "나는 군인이 아니라, 인간의 마음을 해부하는 작가가 되고 싶네!"

그가 쓴 첫 소설 <가난한 사람들>은 당시 최고의 비평가에게 극찬을 받으며 하룻밤 사이에 러시아 문단의 스타로 떠올랐다.

● 5분 남은 사형 집행: "죽음 앞에서 얻은 깨달음"

28세의 도스토옙스키는 사회 비판 모임인 페트라솁스키 서클에 참여했다는 이유로 체포되어 사형 선고를 받는다. 1849년 겨울, 눈 덮인 형장에서 총살 집행까지 남은 시간은 단 5분. 그 순간, 황제의 사면 명령이 도착하며 그는 극적으로 목숨을 건진다. 이 '모의 사형' 경험은 그의 삶을 송두리째 바꿔 놓았다. 그는 훗날 이렇게 회상했다.

"그 짧은 순간, 나는 삶의 모든 것을 다시 보았다."

죽음 앞에서 마주한 이 체험은 그의 평생 주제가 된 실존, 자유, 책임의 출발점이 되었다.

● 시베리아 유형지: "인간 영혼의 가장 깊은 곳을 보았다"

사형을 면한 대신 그는 시베리아 옴스크 유형지에서 4년간 강제노동을 해야 했다. 극한의 추위 속에서, 그는 가장 잔혹한 죄수들과 함께 생활했다. 그는 이곳을 '죽음의 집'이라 불렀다. 그에게 허락된 유일한 책은 성경 한 권뿐이었다. 그는 훗날 "나는 이곳에서 인간 영혼의 가장 깊은 밑바닥, 선과 악이 싸우는 격전지를 보았다"고 고백했다. 이 고통의 경험은 그의 후기 작품에 죄와 구원이라는 묵직한 주제를 새겨 넣었다.

● 도박 중독과 빈곤: "24시간 안에 소설을 완성해야 하오!"

석방 이후 도스토옙스키의 삶은 간질과 가난, 도박 중독으로 더욱 고통스러워졌다. 유럽을 떠돌며 빠져든 룰렛 도박은 빚과 도피를 반복하게 했고, 이는 의지의 문제가 아니라 인간 욕망의 심연을 체험하는 과정이었다.

1866년 그는 편집자와의 계약으로 정해진 기한 안에 원고를 넘기지 못하면 향후 9년간 저작권을 잃을 위기에 처한다. 빚쟁이와 감옥의 공포 속에서 그는 비서 안나에게 "24시간 안에 소설을 완성해야 한다"고 호소하며 절박한 상황에 몰렸다. 결국 그는 단 26일 만에 <도박꾼>을 완성했고, 이 작품에서 이성으로 통제할 수 없는 욕망과 자기 파괴의 심리를 날카롭게 파헤쳤다. 이러한 극한의 경험은 훗날 <죄와 벌>로 이어지는 그의 치밀한 심리 문학을 가능하게 한 결정적 토대가 되었다.

안정된 결혼 생활을 바탕으로, 도스토옙스키는 세계 문학사의 거대한 이정표가 된 대작들을 연이어 발표했다.

<죄와 벌>, <백치>, <악령>, <카라마조프가의 형제들> 등이 이 시기에 탄생했다. 그의 소설 속 인물들은 끊임없이 신, 도덕, 살인의 문제로 격렬하게 논쟁하고 싸운다. 그는 소설을 통해 선과 악이 외부에 있는 것이 아니라, 인간의 심장 속에서 벌어지는 치열한 격전임을 보여주었고, 후대의 철학자 니체와 심리학자 프로이트에게 지대한 영향을 미쳤다.

● 오늘날로 이어지는 메시지: '자유'의 무게를 견뎌라

겉으로는 평온해 보이는 삶 속에서도 인간의 내면에는 쉽게 드러나지 않는 갈등과 불안이 존재한다. 도스토옙스키는 인간의 죄책감, 고통, 선택의 순간을 피하지 않고 정면으로 마주했다. 그의 작품 속 인물들은 흔들리고 실수하며, 그 과정에서 인간이 얼마나 모순적인 존재인지를 보여준다. 그에게 문학은 인간을 미화하는 도구가 아니라, 인간의 진실을 끝까지 들여다보는 탐구였다.

오늘날 학생에게 그의 작품은 말해준다. 자신의 약함과 불안을 직면할 용기가 진짜 성숙으로 나아가는 출발점이라는 사실이다.

▶ 나는 나 자신의 약함을 어떻게 바라보고 있는가?

▶ 선택 앞에서 무엇을 기준으로 판단하는가?

이는 문학·윤리·자기 성찰형 세특 활동으로 확장된다.

● 주요 철학 사상

1) 자유와 책임의 실존적 딜레마 (The Burden of Freedom)

'신(神)이 없다면 모든 것이 허용되는가?' 도스토옙스키는 이 질문을 통해 인간에게 주어진 자유가 축복이 아닌 공포스러운 책임임을 보여준다. <죄와 벌>의 라스콜니코프가 초인적인 자유를 증명하려 살인을 저지르지만, 그 대가는 불안과 고독, 그리고 양심의 가책이라는 심리적 지옥이었다. 진정한 실존은 그 누구도 대신 져 줄 수 없는 자율과 책임의 무게를 직시하고 감당하는 데 있음을 통찰한다. 작가는 이 실존적 딜레마야말로 인간을 인간답게 만드는 근원임을 역설한다.

2) 선(善)과 악(惡)의 격렬한 내면 투쟁 (The Internal Battle of Good and Evil)

도스토옙스키에게 선과 악의 투쟁은 사회나 외부 환경이 아닌 인간 영혼의 내면에서 벌어지는 치열한 격전이다. 그의 인물들은 모순적이며, 지고의 순수함(<백치>의 미쉬킨)과 파괴적인 충동(<악령>의 스타브로긴)을 동시에 갖는다. 작가는 이 내적 혼란을 통해 인간이 얼마나 비합리적이고 다층적인 존재인지를 보여주며, 단순한 도덕률로는 설명할 수 없는 심층 심리의 복잡성을 탐구한다. 이는 인간의 본질에 대한 영원한 질문을 던진다.

3) 고통과 구원에 대한 기독교적 이해 (Redemption through Suffering)

도스토옙스키는 시베리아 유형의 경험을 통해 고통을 단순한 벌이 아닌 영혼을 구원하는 절대적인 동로로 해석한다. 그는 인간이 죄를 짓고 고통을 감수하고 십자가를 짊어지는 과정을 통해, 비로소 인간은 겸손과 참회에 이르고 진정한 사랑과 신앙을 회복할 수 있다고 믿었다. 이는 고난을 통해 역적으로 '다시 태어나는' 기독교적인 구원관으로, 절망 속에서도 잃지 않는 인간 존재의 궁극적인 가치와 희망을 역설하는 근거가 된다.

4) 합리주의 비판과 심층 심리의 해부 (Critique of Rationalism and Deep Psychology)

도스토옙스키는 인간을 이성(理性)으로만 설명하려는 서구 합리주의와 과학 만능주의를 격렬하게 비판한다. 그는 인간 행위의 근저에는 비합리적인 충동, 모순적인 욕망, 그리고 오만이 깔려 있음을 폭로한다. <지하생활자의 수기>처럼 인물들은 '1 더하기 1은 2다'라는 논리에 적극적으로 반항하며, 인간의 영혼이 어떠한 논리적 공식이나 유토피아적 시스템에도 갇히지 않는다는 심층 심리의 역동성을 문학적으로 해부했다. 이는 훗날 프로이트의 정신분석학에 큰 영향을 미쳤다.

도스토옙스키는 인간 존재의 깊은 내면을 탐구한 문학적·철학적 사상가로 평가된다. 그는 인간이 이성적 계산만으로 움직이는 존재가 아니라, 고통·죄의식·신앙·자유의지처럼 설명하기 어려운 심리적 갈등 속에서 살아가는 존재임을 드러냈다. <죄와 벌>은 죄와 구원의 문제를, <악령>은 이념에 집착한 인간의 파괴성을, <카라마조프가의 형제들>은 신의 존재와 도덕의 근원을 다뤘다. 도스토옙스키는 인간의 자유가 비합리적 선택을 낳아도 그것이 인간성의 핵심이라 보았다. 그의 작품은 인간 영혼의 어둠과 빛을 함께 담아낸 실존철학적 깊이를 보여준다.

도스토옙스키의 사상은 20세기 실존주의와 심리학, 신학, 그리고 정치사상에 이르기까지 폭넓은 영향을 미쳤다. 사르트르와 카뮈 같은 실존주의자들은 그의 작품 속에서 자유와 책임의 문제를 발견했고, 프로이트는 그의 인물 분석에서 인간 무의식의 구조를 읽어냈다. 또한 도스토옙스키는 전체주의적 이념의 위험성과 인간 존엄의 가치를 문학적으로 경고해 현대 정치철학에도 중요한 기여를 했다. 그의 작품은 오늘날에도 인간이 왜 고통 속에서도 의미를 찾으려 하는지, 도덕은 무엇에서 비롯되는지에 대한 근본적 질문을 던지며 깊은 사유를 지속적으로 자극하고 있다.

● 철학 사상 연계 탐구 주제

자유와 책임의 실존적 딜레마	▶ **<죄와 벌> 속 라스콜니코프의 자유와 도덕적 책임의 한계 분석** ▶ 현대인의 결정 장애를 도스토옙스키의 자유의 무게와 연관 지어 고찰 ▶ 죄를 통한 인간 양심의 작용과 회복 과정을 실존주의 관점에서 탐색
선악의 격렬한 내면 투쟁	▶ <악령>의 혁명가들을 통해 본 인간 본성의 선악 투쟁과 파국 분석 ▶ 허무주의를 주장하는 이성과 신앙을 갈망하는 영혼의 대립 양상 비교 ▶ 도스토옙스키 소설 속 인물들의 악행 이면에 숨겨진 심리적 발현 과정 연구
고통과 구원에 대한 기독교적 이해	▶ 시베리아 유형이 작가의 고통관과 구원 사상에 미친 영향 탐색 ▶ 고통을 통한 영혼의 정화가 현대인의 심리 치료에 주는 시사점 고찰 ▶ 소냐의 희생과 속죄를 중심으로 한 도스토옙스키의 기독교적 구원관 연구
합리주의 비판과 심층 심리의 해부	▶ 인간 행동의 비합리적 동기와 현대 소비 사회의 관계 탐색 ▶ 도스토옙스키의 심층 심리가 프로이트의 정신분석학에 미친 영향 연구 ▶ <지하생활자의 수기>를 활용하여 합리주의의 한계와 비합리적 충동 분석

주제	<죄와 벌> 속 라스콜니코프의 자유와 도덕적 책임의 한계 분석
탐구 목표	<죄와 벌>의 주인공 라스콜니코프의 '초인 사상'이 추구한 절대적 자유의 개념을 이해하고, 그의 행위가 초래한 도덕적 책임의 한계와 실존적 고통을 심층적으로 분석한다.
선정 이유	현대 사회는 무한한 정보와 선택의 자유를 제공하지만, 그에 따른 결정 장애와 책임 회피 문제를 겪고 있다. <죄와 벌>의 라스콜니코프는 자신에게 모든 것이 허용된다는 극단적 자유 의지를 시험하며 살인을 저지른다. 그의 비극적 파멸을 탐구하는 것은 자율과 책임의 관계를 고찰하고, 도스토옙스키가 말한 '자유의 무게'가 오늘날 우리 사회의 윤리적 딜레마에 어떤 통찰을 제공하는지 이해하는 데 필수적이다.
서론	도스토옙스키는 "신이 없다면, 모든 것이 허용되는가?"라며 인간 실존적 문제를 탐구했다. 라스콜니코프는 인간에게는 허용되지 않는 살인 행위를 통해 절대적 자유를 획득하려 하지만, 이 초인적 자유 의지는 엄청난 심리적 고통과 죄책감으로 돌아온다. 본 탐구는 라스콜니코프의 초인 사상의 내용과 한계를 철학적·윤리적으로 분석하여, 인간의 자유가 진정한 책임 앞에서 어떻게 좌절하는지를 규명하고자 한다.
본론	▶ 사상적 배경 분석: '초인 사상'의 핵심 내용과 사상적 뿌리 정리 ▶ 살인의 심리적 파장 분석: 주인공의 심리적 고립과 죄책감의 구체적양상 연구 ▶ 도덕적 구원의 비교: 소냐의 기독교적 희생과 라스콜니코프의 실존적 구원 비교 ▶ 자유개념의 해석: 라스콜니코프의 행위를 해석한 실존주의 철학가들의 관점 분석 ▶ 최종 메시지 고찰: 허무주의 비판과 자유의 무게에 대한 작가의 결론 탐구
결론	도스토옙스키는 그의 파멸을 통해 도덕적 선을 무시한 채 획득하려는 자유는 결국 자신을 파괴하는 허무주의에 불과함을 경고한다. 인간의 진정한 구원은 고통을 감수하고 타인과의 공간 속에서만 가능함을 깨닫게 되었다.
심화 탐구 주제	▶ 니체의 초인 사상과 라스콜니코프의 초인 개념의 철학적 차이 고찰 ▶ <카라마소프가의 형제들>의 이반이 보여주는 자유의 딜레마 분석 ▶ '모든 것이 허용되는가?'라는 질문이 AI 윤리에 미치는 영향 연구
토론 주제	▶ 정당한 목적을 위해 도덕적 일탈이 용인될 수 있는가? ▶ 개인의 극단적 자유는 사회적 공공성보다 우선시 되어야 되는가? ▶ 인간의 범죄는 범죄자가 고통을 겪는 행위를 통해 용서받을 수 있는가?
교내 후속 활동	▶ 공통국어: <죄와 벌>의 독백과 대화 분석을 통한 인물의 심리에 대한 토론 활동 ▶ 정치: 범죄의 사회적 책임과 개인의 자유 의지의 경계에 대한 보고서 작성 활동 ▶ 자율·자치활동: '나의 윤리적 책임'을 주제로 한 캠페인 슬로건을 제작 활동 ▶ 동아리활동: <죄와 벌>의 주요 장면 재구성 및 인간 심리 변화 탐색 활동

표도르 도스토옙스키
(Fyodor Dostoevsky, 1821~1881)

2. 교과 연계 탐구활동(문학, 정치)

● 문학

성취기준	[12문학01-11] 문학을 통해 공동체가 처한 여러 문제들을 이해하고 문제 해결에 참여하는 태도를 지닌다.
주요내용	<가난한 사람들>을 중심으로 19세기 러시아의 빈곤 문제와 사회적 불평등을 이해한다. 주인공 데부쉬킨과 바르바라의 인간 존엄성 상실 과정을 분석하여, 경제적 문제가 개인의 심리와 공동체 관계에 미치는 영향을 고찰한다. 현대 사회의 양극화 및 사회적 소외 문제를 작품과 연계하여 비판적으로 성찰하고, 공감과 연대의 가치를 통해 공동체 문제 해결을기 위한 주체적 참여 태도와 윤리적 실천 방안을 모색한다.
교과연계 탐구주제	▶ <가난한 사람들>에 드러난 빈곤의 구조적 문제와 해결 방안 탐색 ▶ 데부쉬킨의 연민을 통해 본 현대 공동체의 윤리적 연대 방안 연구 ▶ 서간체를 활용하여 사회적 약자의 목소리를 대변하는 편지쓰기 활동

● 정치

성취기준	[12정치01-04] 민주주의를 실현하기 위한 원리를 탐색하고, 이러한 원리를 일상생활에 적용한다
주요내용	도스토옙스키의 <악령>에 나타난 극단적 이념과 허무주의가 공동체에 미치는 파괴적인 영향을 분석한다. 이는 민주주의의 핵심 원리인 관용, 다원주의, 책임 있는 자유의 중요성을 역설한다. 라스콜니코프의 초인 사상이 소수의 엘리트 지배를 정당화하려는 위험한 논리로 해석될 수 있음을 고찰하며, 이는 주권재민과 평등이라는 민주주의 원리에 어떻게 위배되는지 탐구한다.
교과연계 탐구주제	▶ <악령>에 나타난 극단주의가 민주주의에 미치는 위협 탐색 ▶ 공동체 문제 해결을 위한 토론과 합의의 민주적 원리 적용 방안 연구 ▶ 라스콜니코프의 사상이 민주주의의 평등 원리에 어떻게 위배되는지 분석

3. 독서 연계 탐구활동

● 추천 도서 목록

추천 도서 목록	
▶ 매핑 도스토옙스키(석영중, 열린책들, 2019)	▶ 가난한 사람들(표도르 도스토옙스키(이항재 역), 민음사, 2024)
▶ 악령(표도르 도스토옙스키(김연경 역), 민음사, 2021)	▶ 죄와 벌 1,2(표도르 도스토옙스키(김정아 역), 지식을만드는지식, 2025)
▶ 백야(표도르 도스토옙스키(박은정 역), 문학동네 2021)	▶ 카라마조프가의 형제들(표도르 도스토예프스키(이동현 역), 문예출판사, 2014)

독서 연계 탐구 활동

도서명	가난한 사람들(표도르 도스토옙스키(이항재 역), 민음사, 2024)
	이 책은 가난한 필경사 데부쉬킨과 고아 처녀 바르바라가 편지를 주고받는 서간체 형식의 소설이다. 데부쉬킨은 자신의 곤궁함에도 불구하고 바르바라를 도우려 애쓰지만, 결국 계급적 한계와 빈곤의 굴레 속에서 좌절한다. 작가는 러시아 하층민의 비참한 현실과 인간 존엄성 사이의 갈등을 섬세하게 묘사하며, 가난 속에서도 타인과의 공감과 연민을 갈망하는 인간의 선한 본성을 탐구한다.
핵심 키워드	서간체 소설, 빈곤의 굴레, 인간 존엄성, 사회적 연민, 계급적 한계
탐구 주제	▶ 서간체 형식이 인물의 심리 묘사에 미치는 영향 연구 ▶ 19세기 러시아 하층민의 삶과 사회적 비판 의식 고찰 ▶ **공감과 연민의 가치가 현대 사회에 주는 윤리적 의미 탐색** ▶ 빈곤이 인간의 존엄성을 어떻게 파괴하는지에 대한 심층 분석 ▶ 데부쉬킨의 연민이 진정한 사랑인지 아니면 자기 위로인지에 대한 탐색
토론 쟁점	▶ 물질적 빈곤이 인간의 도덕성을 필연적으로 저해하는가? ▶ 개인의 선의만으로도 구조적인 빈곤을 극복할 수 있는가? ▶ 타인에 대한 연민은 진정한 이타심인가? 아니면 자기 만족인가?
후속 활동	▶ 공통국어: 소설 속 편지글을 분석하고, 현대 소설의 서술 방식과의 비교 활동 ▶ 사회문제 탐구: 당시와 현대 사회의 빈곤층 문제 비교 및 해결 방안 모색 활동 ▶ 동아리활동: 도스토옙스키의 다양한 작품에 대한 분석 활동 ▶ 진로활동: 사회복지사나 도시 정책 전문가의 역할 탐색 활동

• 독서 연계 탐구활동 예시

탐구 주제	공감과 연민의 가치가 현대 사회에 주는 윤리적 의미 탐색	
탐구 자료	▶ 원문 읽기: 데부쉬킨과 바르바라의 편지에 드러난 연민과 인간애 분석 ▶ 현대 윤리철학: 싱어의 확대된 공감, 롤스의 정의론 중 연민 관련 부분 발췌 ▶ 통계 자료: 빈부격차와 사회적 고립이 공감 능력에 미치는 영향 조사	
탐구 개요	서론	<가난한 사람들>은 타인에 대한 연민과 공감을 갈망하는 하층민의 모습을 보여줌. 현대 사회는 양극화와 개인주의 심화로 인해 타인의 고통에 무감각해지고 있음. 본 탐구는 소설 속 인간애의 가치를 분석하고, 이것이 현대 사회의 정의 실현에 어떤 의미를 갖는지 규명하는 데 목적이 있음.
	본론	▶ 데부쉬킨의 연민이 단순한 동정심인지 존엄성 인정인지 분석함 ▶ 19세기 빈곤과 현대 양극화를 공감 부족 관점에서 비교함 ▶ 공감과 연민이 타인 관계 및 심리적 위로에 미치는 효과 연구 ▶ 윤리철학에서 공감이 사회적 의무로 확장되는 과정을 고찰함 ▶ 공감 능력이 차별을 극복하고 포용적 공동체에 기여하는 바를 도출함

탐구 개요	결론	공감과 연민의 가치는, 현대 사회의 윤리적 무감각을 치유하는 핵심 열쇠임. 데부쉬킨의 순수한 인간애는 물질적 빈곤이 도덕적 빈곤으로 이어지지 않도록 하는 역할을 함. 탐구를 통해 공감이 단순한 감정이 아니라, 사회적 연대를 강화하고 정의로운 사회 시스템을 구축하는 실천적 윤리임을 깨달음.
후속 활동		▶공통국어: '공감 회복'을 주제로 편지 형식의 현대 수필 창작 및 발표 활동 ▶윤리와 사상: '타인에 대한 연민이 도덕적 의무인가?'를 주제로 한 토론 활동 ▶자율·자치활동: 익명으로 타인을 돕기 위한 '랜덤 선행' 관련 캠페인 활동 ▶동아리활동: 빈곤층의 윤리 문제에 대한 문학적 관점에 대한 심층 토론 활동

4. NIE 연계 활동

도스토예프스키 '죄와 벌'에서 저널리즘을 성찰한다(지디넷코리아, 2022.06.14)

이 기사는 <죄와 벌>의 주인공 라스콜니코프가 '사회에 해악을 끼치는 노파는 제거해도 된다'는 초인 사상을 합리화했으나, 결국 살인 후 심리적 단절감을 극복하지 못했음을 분석한다. 목적과 이성적 논리가 앞설 때 인간의 도덕적 감정을 무시한 비합리적 오류에 빠지게 됨을 보여준다. 확신에 가득 찬 이념이 오히려 진실을 왜곡할 수 있음을 경고하며, 저널리즘이 가져야 할 신중함과 윤리 의식을 촉구한다.

장마와 도스토예프스키(뉴스클레임, 2025.07.21.)

이 기사는 길고 음울한 장마를 도스토옙스키의 작품 세계와 연결한다. 장마가 모든 것을 적시듯, 그의 소설 속 인물들은 고난과 고통 속에 잠겨 있지만, 결국 그 비극적 상황을 통해 영혼의 정화와 구원을 갈망하게 된다는 것이다. <죄와 벌>에서 라스콜니코프가 참회에 이르기까지 겪는 고통은 인간에게 고난이 단순한 벌이 아니라 새로운 존재로 나아가는 필수적인 과정임을 보여준다.

인간 심리의 날카로운 해석 '표도르 도스토예프스키'(더쎈뉴스, 2020.09.23.)

이 기사는 도스토옙스키를 '인간 심리의 해부학자'로 소개하며, 그의 작품들이 선과 악의 투쟁이 인간 영혼 속에서 벌어지는 격전임을 보여준다고 분석한다. 인물들은 끊임없이 죄와 구원 사이에서 고뇌하며, 특히 합리적 이성으로는 설명할 수 없는 모순적이고 비합리적인 충동을 극단적으로 드러낸다. 훗날 프로이트 등 심리학자와 철학자들에게 영감을 주었으며, 시대를 초월하여 인간 본성을 성찰하게 한다

● 시사 이슈

▶AI 기술 시대, 인간의 자유와 책임의 무게를 누가 감당해야 하는가?

▶빈곤과 고통이 심화되는 양극화 시대에 도덕적 연대는 어떻게 가능한가?

▶극단적 이념을 합리화하는 확증 편향은 디지털 저널리즘에서 어떻게 나타나는가?

도스토예프스키 '죄와 벌'에서 저널리즘을 성찰한다 (지디넷코리아, 2022.06.14.)
- '고통을 통한 영혼의 정화'라는 관점이 현대 사회의 구조적 빈곤과 고난을 정당화하는가? -

찬성	반대
도스토옙스키는 고통을 불행이 아닌 영적 성숙의 필수 과정으로 본다. <죄와 벌>에서 라스콜니코프가 시베리아 유형을 통해 구원에 이르듯, 인간은 극한의 고난을 통해 자신의 죄와 오만을 직시하고 진정한 겸손과 인간애를 회복할 수 있다.	문학적 고통관을 사회적 빈곤에 적용하면, 고난받는 이들에게 '참으라'는 무책임한 윤리적 강요가 된다. 이는 구조적 문제를 개인 책임으로 돌리고, 빈곤 해결의 제도적 의무를 회피하게 만드는 위험한 논리가 될 수 있다.

장마와 도스토예프스키(뉴스클레임, 2025.07.21.)
- 장마처럼 반복되는 현대인의 고통이 영혼의 성숙과 구원으로 이어질 수 있는가? -

≫ 고통의 정화기능	≫ 사회구조 외면 및 고통의 무의미성
반복되는 고통은 영적 성장이 필수 과정이다. 현대인이 겪는 불안과 고립도 도스토옙스키의 인물들처럼 내면의 죄와 나약함을 직시하는 계기가 될 수 있다. 고난을 통해 겸손과 타인에 대한 깊은 공감을 얻어 진정한 구원에 이를 수 있다.	현대인의 고통은 주로 구조적 불평등과 경쟁 사회에서 비롯된다. 이를 영혼의 성숙으로만 해석하는 것은 개인의 책임으로 전가하고 사회 변화의 노력을 약화시킨다. 의미 없는 고통의 강요는 비극적이며, 구원은 제도적 개혁으로 가능하다.

● 사고의 확장

▶ 경제적 빈곤이 도덕적 타락을 유발한다는 주장은 정당한가?

▶ 고통을 통한 영적 성숙이 사회 문제 해결의 대안이 될 수 있는가?

▶ AI 시대, 인간의 비합리적 감정이 여전히 중요한 가치들 지니는가?

▶ 선한 목표를 위해 악행을 선택하는 것이 현대 사회에서 용인될 수 있는가?

▶ 개인의 자유 의지와 사회 구조 중 인간의 불행에 더 큰 영향을 주는 것은 무엇인가?

5. 세특 예시

도스토옙스키의 작품을 읽고 '자유와 책임의 실존적 딜레마'를 주제로 탐구를 진행함. 라스콜니코프의 초인 사상과 그에 따른 죄책감을 심층 분석하고, '고통을 통한 영혼의 정화'라는 문학적 관점과 현대 사회의 구조적 빈곤 문제를 비판적으로 비교함. 관련 신문 기사를 읽고, 반복되는 고통이 성숙으로 이어지는지 토론하고, 윤리철학을 연계하여 공감과 연민의 가치가 현대 사회의 윤리적 연대에 주는 실천적 의미를 탐색함. 책임 있는 자유인으로서 주체적인 삶의 자세를 성찰함.

38 프랑수아 오귀스트 르네 로댕

(François Auguste René Rodin, 1840~1917)

1. 고뇌와 생명력을 새긴 휴머니즘 조각, '인간 내면 탐구와 노동의 정신'

● 로댕의 시선, 겉모습 말고 '진짜 우리 마음속 이야기'

로댕은 아카데미즘 이상화된 아름다움을 거부하고, 시선을 인간의 가장 깊은 내면으로 돌렸다. 그는 완벽한 형태 대신 고뇌, 절망, 격정 등 복잡하고 진실된 심리를 조각 작품 표면에 새겨 넣었다. <생각하는 사람>을 통해 사색과 숙명을, <칼레의 시민>을 통해 죽음 앞의 진실된 두려움과 고통을 표현하며, 로댕은 인간 본연의 나약함과 진실된 감정을 예술의 핵심 주제로 삼았다. 그의 예술은 인간의 고통을 외면하지 않고 진실을 탐구해야 한다는 휴머니즘적 정신을 보여준다. 결국 그의 조각은 차가운 청동이나 대리석이 아니라, 보는 이로 하여금 자신의 감춰진 상처와 내면을 비추어 보게 만드는 뜨거운 영혼의 거울이자 숭고한 인간 찬가였다.

● 감동과 생각 사이, 딱 맞는 균형을 찾아서

로댕의 작품은 감정과 이성이 팽팽하게 긴장하고 조화를 이루려는 인간 심리의 복잡성을 나타낸다. 뜨거운 정념의 순간을 담은 <키스>와 욕망이 초래하는 고통을 형상화한 <지옥의 문>처럼, 그의 작품들은 인간의 삶이 감정적 충동과 이성적 원칙 사이에서 끊임없이 갈등하며 균형을 찾아가는 과정임을 보여준다. 이것이 곧 우리 삶의 진리이다. 이는 우리가 감정 관리와 인간관계에서 이성과 감정의 조화를 추구할 것을 촉구하는 균형 감각과 통찰력의 중요성을 역설한다. 인간 내면의 모순을 부정하지 않고 있는 그대로 껴안으려 했던 그의 시선은, 불안한 시대를 사는 우리에게 불완전한 존재 그 자체를 긍정하는 따뜻한 위로를 건넨다.

● 번뜩이는 영감 대신 '땀 흘리는 노력'을 믿은 로댕

로댕은 "영감 같은 것은 없다. 오직 작업하고 또 작업하는 것뿐이다"라고 강조하며, 예술적 성취의 근원이 천부적 재능이 아닌 지속적이고 헌신적인 노동에 있음을 보여주었다. 그는 <지옥의 문>처럼 거대한 프로젝트에 수십 년 매달리며, 끊임없는 수정과 재료와의 씨름을 통해 작품을 완성했다. 그의 태도는 어떤 분야에서든 탁월한 경지에 이르기 위해서는 지속적인 몰입, 불굴의 의지, 삶을 작업에 바치는 헌신적인 태도가 필수적임을 증명한다. 진흙 투성이 손으로 빚어낸 그의 예술은 천재의 번뜩이는 영감이 아니라, 흙과 처절하게 씨름하며 흘린 정직한 땀방울만이 진실한 걸작을 창조한다는 것을 웅변한다.

● 완벽한 모양 대신 '살아있는 듯한 움직임'을 담아내다

로댕은 팩처 기법으로 인체 표면을 거칠고 불완전하게 처리하여, 고전 조각과 달리 생명력과 운동감을 부여했다. 그는 조각이 진동하는 공기를 느끼게 하고자 했으며, 걷는 사람처럼 팔과 머리 없이 동작과 근육의 긴장감만으로 생명력을 표현하는 혁신을 시도했다. 특히 그의 작품 <청동 시대>는 너무나 사실적이어서 실제 사람을 본떴다는 오해를 살 정도였는데, 이는 그가 얼마나 완벽한 해부학적 정확성과 생동감을 갖추고 있었는지 증명한다. 과감한 생략과 비움을 통해 오히려 본질적인 에너지를 강조한 그의 파격은, 멈춰 있는 조각에 영원히 멈추지 않는 숨결과 시간을 불어넣은 마법과도 같은 성취였다.

"나는 내가 만진 것을 표현한다."

● **조각에 심장을 불어넣다. 해부학 지식과 거친 붓터치(팩처)의 만남!**

로댕의 조각은 깊은 내면의 심리를 담기 위해 해부학적 지식을 기반으로 인체를 극도로 생동감 있게 표현했다. 그의 작업 방식은 전통적인 매끈한 완성을 거부하고, 조각의 표면을 거칠게 남기는 팩처를 통해 빛의 유동적인 변화를 포착했다. 이는 인체의 긴장감과 역동적인 감정의 순간을 시각적으로 극대화하여, 작품이 마치 살아있는 듯한 '운동감'을 관람자에게 전달하는 혁신적인 시도였다. 매끈한 가식 대신 울퉁불퉁한 질감을 선택한 그의 결단은, 빛과 그림자가 표면 위에서 춤추게 함으로써 조각을 단순한 관람의 대상에서 강렬한 체험의 영역으로 격상시켰다.

● **오늘날로 이어지는 메시지**

완성된 결과만 주목받는 사회에서 과정의 가치는 쉽게 잊힌다. 로댕은 조각을 단번에 완성된 형태로 보지 않았다. 그는 수없이 고치고 다시 생각하는 과정을 통해 형태 안에 사유와 감정의 깊이를 남기고자 했다. 로댕의 작품에는 매끈함보다 끝까지 붙잡고 고민한 흔적이 고스란히 담겨 있다. 그에게 예술은 결과가 아니라, 몰입과 사유가 축적된 과정 그 자체였다.

오늘날 학생에게 로댕의 메시지는 분명하다. 완성보다 중요한 것은, 끝까지 고민하며 몰입하는 태도라는 사실이다.

▶ 나는 결과보다 과정을 얼마나 소중히 여기고 있는가?

▶ 실패와 수정은 나에게 어떤 의미인가?

이는 예술·탐구 과정 중심 세특 주제로 연결된다.

● **주요 예술 사상**

1) 진실성(Wahrhaftigkeit)

로댕의 예술 활동은 이상적인 환상 대신 인간의 고통과 감정의 복잡성을 직시한 데서 출발했다. 그는 수백 년간 서양 조각이 추구했던 신화적 영웅의 아름다운 미화 대신, 인간 본연의 나약함과 진실된 감정을 핵심 주제로 삼았다. <생각하는 사람>의 고뇌하는 육체와 <칼레의 시민>의 솔직한 두려움처럼, 로댕은 위선적 감정의 진실성이라는 새로운 기준을 조각에 도입했다. 이는 예술이 현실과 인간의 내면을 외면하지 않고 진실을 탐구해야 한다는 진실된 정신을 보여준다.

2) 조화와 통찰의 정신(Harmonie & Einsicht)

로댕의 작품은 감정과 이성의 균형을 모색하며 인생의 지혜를 구하는 인간 심리의 복잡성을 나타낸다. 뜨거운 정념의 순간을 담은 <키스>와 욕망이 초래하는 고통을 형상화한 <지옥의 문>처럼, 그의 작품들은 인간의 삶이 감정적 충동과 이성적 원칙 사이에서 끊임없이 갈등하며 이상적인 균형을 찾아가는 과정임을 보여준다. 이는 우리가 감정 관리와 업무 수행의 원칙 사이에서 조화로운 통찰을 가져야 하는 지혜의 중요성을 역설한다.

3) 헌신과 집념의 정신(Hingabe & Beharrlichkeit)

로댕은 "영감 같은 것은 없다. 오직 작업하고 또 작업하는 것뿐이다"라고 강조하며, 예술적 성취의 근원이 천부적 재능이 아닌 끊임없는 노동과 인내에 있음을 보여주었다. 그는 <지옥의 문>과 같은 거대한 프로젝트에 수십 년간 매달리는 치열한 헌신을 보여주었다. 로댕의 이러한 집요함과 몰입은, 끊임없는 노동과 인내를 통해 자신의 비전을 최고의 경지로 현실화하는 것이야말로 진정한 창조 에너지임을 후대에 알려주었다. 바로 이것이 예술가의 자세다.

4) 혁신과 역동성의 정신(Innovation & Dynamik)

로댕은 익숙한 형식에 갇히지 않고 불완전함을 통해 생명력을 부여하는 혁신을 감행했다. 그는 인체의 표면을 일부러 거칠고 불완전하게 처리하는 팩처 기법을 사용하여, 정적인 고전 조각과 달리 살아 숨 쉬는 듯한 생명력과 운동감을 부여했다. <걷는 사람>처럼 팔과 머리 없이 동작만으로 에너지를 표현한 것은 형식의 완벽함보다 핵심 본질을 통한 혁신을 추구했기 때문이다. 그의 예술은 끊임없이 변화와 생명력을 불어넣는 창의적 태도를 보여주었다.

로댕은 이상적인 환상 대신 인간의 고통과 복잡한 내면을 직시함으로써 진실성을 확립하고, <생각하는 사람>을 통해 인간 실존의 문제를 조각에 도입했다. 그의 작품들은 해부학적 정확성과 내면 심리를 결합하여 인간 본연의 모습을 드러냈다. 그는 감정과 이성의 균형을 모색하는 조화와 통찰의 정신을 담아 <키스>와 <지옥의 문>처럼 상반된 감정을 탐구했다. 이는 로댕이 인간의 삶을 감정적 충동과 이성적 원칙 사이의 균형을 찾아가는 복잡한 과정으로 본 것이다. 또한, 익숙한 형식에 갇히지 않고 '팩처' 기법으로 불완전함을 통해 생명력과 역동성을 부여하는 혁신을 감행했다.

마지막으로, "영감 같은 것은 없다, 오직 작업 뿐이다" 처럼 끊임없는 노동과 인내를 통해 비전을 현실화한 헌신과 집념의 가치를 후대에 전하고 있다. 결국 로댕은 매끄러운 대리석에 갇혀 있던 조각을 해방시켜 현대 조각의 문을 연 선구자였으며, 육체의 형상을 빌려 영혼의 떨림을 포착해 낸 철학자였다. 불완전함 속에서 생명의 정수를 찾아낸 그의 통찰은, 겉치레보다 내면 진실을 마주할 때 비로소 삶이 완성된다는 깊은 깨달음을 전하고 있다. 이처럼 흙과 돌에 생명을 불어넣은 그의 예술혼은, 우리에게 자신의 삶을 깎고 다듬어 진정한 자아를 완성하라는 무언의 가르침이 되고 있다.

● 예술 사상 연계 탐구 주제

진실성	▶ 위선 거부, '진실된 감정 표현' 이 현대 미디어 및 예술에 미친 영향 고찰 ▶ <칼레의 시민>의 '본연의 감정'이 리더십 및 조직 문화에 미치는 영향 분석 ▶ 인간 고통 직시, 로댕 예술의 '비화된 진실'이 현대 미학에 주는 시사점 연구
조화와 통찰의 정신	▶ 욕망과 고통의 양면성이 심리적 통찰력 확보에 미치는 영향 연구 ▶ 예술 속 '삶의 지혜'가 업무 원칙과 조화로운 통찰을 가져오는 방식 분석 ▶ 감정과 이성의 균형 모색이 현대인의 감정 조절 및 웰빙에 주는 교훈 탐구
헌신과 집념의 정신	▶ 로댕의 집념이 창조 에너지, 소명 의식에 미치는 영향 연구 ▶ '지속적 노동과 인내'가 현대 창의 산업 성과에 미치는 영향 탐구 ▶ **몰입과 헌신이 보여주는 '비전의 현실화'가 장기 목표 달성에 주는 시사점 분석**
혁신과 역동성의 정신	▶ 변화와 생명력 부여의 창의적 태도가 지속 가능한 성장에 주는 교훈 탐구 ▶ 형식의 완벽함 대신 본질 추구가 디자인 및 기술 혁신에 미치는 영향 분석 ▶ '불완전한 팩처' 기법이 정적인 형식에 생명력을 부여하는 예술적 혁신 연구

주제	몰입과 헌신이 보여주는 '비전의 현실화'가 장기 목표 달성에 주는 시사점 분석
탐구 목표	로댕이 <지옥의 문>에 수십 년간 쏟은 헌신과 집념을 분석하고, 그의 몰입 정신이 오늘날 개인과 조직의 장기 비전 현실화에 주는 통찰과 성공 원리를 탐구한다.
선정 이유	현대 사회는 단기 성과를 중시하지만, 진정한 혁신과 위대한 성취는 <지옥의 문>처럼 수십 년을 아우르는 장기적 헌신을 요구한다. 로댕은 "영감은 없다, 오직 작업"이라 강조하며, 그의 집요한 몰입이 천재성을 넘어선 창조 에너지임을 증명했다. 우리는 그의 헌신과 인내를 탐구함으로써, 오늘날 개인과 기업이 지속적인 추진력을 확보하고 압도적인 장기 목표를 달성하는 데 필요한 태도와 전략을 제시할 수 있다.
서론	대부분 단기 성과에 집중하여 장기 비전을 쉽게 포기하거나 축소한다. 본 탐구는 예술가 로댕이 <지옥의 문>과 <칼레의 시민> 같은 대작에 수십 년간 쏟아부은 '헌신과 집념의 정신'에 주목한다. 로댕의 비전이 단순히 머릿속 아이디어가 아니라, 끊임없는 노동과 인내를 통해 최고의 경지로 현실화 된 과정을 고찰하며, 장기 목표 설정 및 현실 구현 과정에 요구되는 리더십과 실행력을 분석한다.
본론	▶<지옥의 문>에 담긴 지속 가능한 작업 동력 및 동기 부여 원천 분석 ▶로댕의 집념과 현대 기업의 인내 자본 전략 간의 유사성 및 경제적 가치 탐색 ▶로댕 철학이 장기 목표 수행 중 겪는 침체기 극복에 주는 시사점 연구 ▶반복적인 수정과 보완 작업이 조직의 학습 능력 및 완성도에 미치는 영향 분석 ▶예술가적 몰입이 고난도 R&D 프로젝트 성공에 기여하는 방식 연구
결론	로댕의 예술은 헌신이 비전을 현실화하는 힘임을 보여주며, 현대 조직과 개인은 단기 성과에 흔들리지 않고 궁극의 비전을 설정한 뒤, 노동과 인내로 완성하는 집념의 리더십과 실행력으로 장기적 성공을 이끌어야 한다.
심화 탐구 주제	▶미완성 장기 프로젝트가 후대에 미치는 예술적·경제적 파급 효과 분석 ▶로댕의 작업 철학이 현대 그릿 이론 및 회복 탄력성에 미치는 영향 연구 ▶장인 정신이 기술 집약적 산업의 R&D 인력 양성 및 성과에 주는 시사점 연구
토론 주제	▶단기 목표 없이 장기 비전에만 몰두하는 것이 현대 경영 환경에서 가능한가? ▶몰입의 루틴이 장기 헌신을 유지하는 데 미치는 영향과 그 한계는 무엇인가? ▶로댕처럼 특정 비전에 헌신하는 핵심 인재를 어떻게 발굴하고 지원해야 하는가?
교내 후속 활동	▶공통국어: 로댕의 철학을 담은 칼럼 작성 및 헌신 관련 고전 문학 속 표현 분석 ▶통합사회: 창업자 집념이 기업의 지속 가능한 성장 및 기업 문화에 미친 영향 조사 ▶동아리활동: 로댕의 집념과 몰입을 적용한 '장기 비전 현실화 프로젝트' 운영

프랑수아 오귀스트 르네 로댕
(François Auguste René Rodin, 1840~1917)

● 미술

성취기준	[12미03-02] 비평 방법을 활용하여 미술과 시대, 사회, 환경과의 상호 관련성을 분석하고 가치를 판단할 수 있다.
주요내용	오귀스트 로댕은 19세기 말, 이상적 미화 대신 인간 실존의 고통과 감정의 진실성을 주제로 삼아 근대 사회의 정신을 강력히 반영하였다. 특히 <칼레의 시민>을 통해 영웅화되지 않은 인간의 나약한 두려움과 사회적 책임을 매우 생생하게 구현했으며, 학생들은 로댕 작품을 통해 미술이 시대적 위선을 극복하고 진실성을 추구하는 과정을 보다 비평적으로 매우 깊이 있게 탐구할 수 있게 된다.
교과연계 탐구주제	▶ <칼레의 시민>의 반영웅주의가 시민 윤리, 공공 예술에 주는 시사점 분석 ▶ 로댕의 '감정 진실성'이 19세기 말 낭만주의, 근대 심리학에 미친 영향 연구 ▶ 불완전 형태(팩처)의 역동성이 20세기 초 미술, 기술 혁신에 미친 영향 탐구

● 윤리와 사상

성취기준	[12윤사03-05] 실존주의와 실용주의, 도덕의 기원과 판단에 관한 과학적 탐구를 비판적으로 평가하고, 책임·배려 윤리에 대한 이해를 바탕으로 윤리적 삶의 의미와 지향을 설정할 수 있다.
주요내용	로댕은 조각으로 인간 내면의 고독과 고뇌를 드러내 강렬한 실존주의적 관점을 제시하며 개인의 책임과 주체적 삶의 의미를 명확히 요구하고 있다. 또한, 작품 속 고통받는 존재 묘사는 깊은 배려 윤리에 기반한 윤리적 책임을 성찰하게 한다. 로댕의 예술은 과학적 효용성을 초월하여, 책임·배려 윤리 이해를 바탕으로 윤리적 삶의 방향과 지향점을 탐색하는 중요한 성찰 기회를 제공하고 있다.
교과연계 탐구주제	▶ 로댕 작품 속 고독과 자유를 통한 실존주의적 주체적 삶의 의미 탐구 ▶ '지옥의 문' 속 군상 묘사를 배려 윤리와 연계하여 윤리적 책임 범위 고찰 ▶ 로댕 작품의 '창조적 고독'이 윤리적 삶의 지향 설정에 미치는 핵심 영향 분석

3. 독서 연계 탐구활동

● 추천 도서 목록

추천 도서 목록	
▶ 로댕의 생각 (오귀스트 로댕, (김문수 역), 돋을새김, 2016)	▶ 로댕, 예술을 말하다 (오귀스트 로댕 외 1인 공저, 아르드, 2023)
▶ Who? 아티스트: 오귀스트 로댕 (최재훈, 다산어린이, 2020)	▶ AI 몸피로봇, 로댕. 얼굴이 없어야 하는 이유 (구연상, 아트레이크, 2020)
▶ 릴케의 로댕 (라이너 마리아 릴케, (안상원 역), 미술문화, 2025)	▶ 도슨트 이창용의 미술 대모험5 로댕 (이창용 외 1인 공저, 단꿈아이, 2025)

	독서 연계 탐구 활동
도서명	릴케의 로댕(라이너 마리아 릴케, (안상원 역)), 미술문화, 2025년 8월
	이 책은 라이너 마리아 릴케가 거장 로댕의 비서로 지내며 기록한 예술가론으로, 로댕의 "영감 같은 것은 없다. 오직 작업 뿐이다" 라는 철학을 중심으로 천재성보다는 집요한 헌신, 인내, 노동에서 예술적 성취가 비롯됨을 강력히 강조한다. 이는 <지옥의 문>과 같은 대작 탄생 과정을 통해 위대한 예술가의 고독한 몰입과 자기 갱신의 가치를 깊이 있게 탐색하는 고전적인 명저이다.
핵심 키워드	노동으로서의 예술, 집요한 헌신, 영감의 거부, 고독한 몰입, 형태의 본질
탐구 주제	▶예술가적 몰입이 고난도 R&D 프로젝트 성공에 기여하는 방식 연구 ▶'로댕론' 노동 윤리가 현대 크리에이터의 소명 의식에 미치는 영향 고찰 ▶**릴케 시선의 창조적 고독이 개인의 심리 안정 및 성장에 미치는 영향 탐구** ▶로댕의 '영감 없음' 철학이 장기 프로젝트 침체기 극복에 주는 시사점 연구 ▶로댕 조각의 형태 생명력이 현대 미디어 본질 메시지 전달에 주는 통찰 분석
토론 쟁점	▶예술의 원천은 타고난 영감인가, 아니면 부단한 노동인가? ▶로댕처럼 단일 목표 헌신이 현대 다중 역량 시대에도 유효한가? ▶예술가는 고독 몰입으로 창작해야 하는가, 사회 교류로 영감을 얻어야 하는가?
후속 활동	▶통합과학: 로댕의 주조, 복제 기법 분석을 통한 재료, 화학 원리 탐구 ▶공통수학: 인체 조각 비례 분석, 황금비 등 수학 원리와 미적 완성도 탐구 ▶자율·자치활동: 장기목표 설정 및 로댕의 노동 윤리 기반의 월별 실천 계획 수립

● 독서 연계 탐구활동 예시

탐구 주제	릴케 시선의 창조적 고독이 개인의 심리 안정 및 성장에 미치는 영향 탐구
탐구 자료	▶릴케 저서 <로댕론> (작입 태도, 고독 기록 부분) 자료 ▶몰입, 자아 성찰, 회복 탄력성 관련 심리학 및 자기계발 자료 ▶로댕 <생각하는 사람> 에서 고독, 내면 형상화 작품 관련 미술사 자료

탐구 개요	서론	현대 청소년들의 고독 획보 및 성찰 어려움 속에서 본 탐구는 시인 릴케가 관찰한 로댕의 창조적 고독에 깊이 주목하여 시작된다. 이러한 고독의 가치가 청소년들에게 안정적인 심리적 안정감을 주고, 건강한 내면 성장을 위한 필수 요소로서 어떤 긍정적 통찰을 줄 수 있는지 고찰하고자 함
	본론	▶로댕의 창조적 고독과 심리학의 긍정적 고립의 유사성 비교 분석함 ▶릴케가 본 로댕의 고독한 노동이 몰입을 높이는 방식 분석함 ▶고독 속 집중 자기 대화가 문제 해결에 기여하는 과정 고찰함 ▶내면 고뇌 형상화가 청소년의 성찰과 심리 안정에 미치는 영향 탐구함 ▶디지털 환경에서 창조적 고독 확보를 위한 개인 루틴, 공간 설정 연구함

탐구 개요	결론	로댕의 '창조적 고독'은 단순한 외로움이 아니라, 내면의 힘을 응축하고 자아를 갱신하는 능동적 시간이다. 청소년들은 로댕의 자세를 통해 고독을 회피 대상이 아닌, 심리적 안정을 찾고 자기 주도적 성장을 위한 필수 자양분으로 인식하여 건강한 청년기로 나아가는 데 도움을 얻을 수 있음
후속 활동		▶ 공통영어: 로댕의 '창조적 고독과 노동 윤리' 릴케 명언 활용 에세이 작성 ▶ 윤리와 사상: 고독의 윤리(성장을 위한 고립과 공동체 책임 균형) 에세이 작성 ▶ 자율·자치활동: '고독과 자아 성찰의 시간' 확보 프로젝트 수행 ▶ 진로활동: 창조적 몰입 직업군 탐색, 고독 활용 전략 커리어 로드맵 작성

4. NIE 연계 활동

● 신문 읽기 & 연결 사유 찾기

'벨 에포크' 대표 조각가 로댕 작품의 현대성을 소개한다 (한국경제, 2024.10.08.)

이 기사는 현대 조각의 아버지 로댕 작품의 현대적 가치를 탐구하며, 대표작 <발자크상>의 국내 전시 사실을 언급한다. 로댕이 전통을 깨고 새로운 조각 시대를 연 혁신성이 오늘날 관객에게 어떤 의미로 다가서는지 살펴본다. 이는 로댕 예술이 시대를 넘어 현대성 획득의 기준이 되었음을 강조하며, 그의 창의적 태도가 변화하는 현재에도 유효함을 시사한다. 새로운 가치 창출의 근원이 된다.

로댕, 형체 너머 진실의 깊이를 사유하다 (기호일보, 2025.08.25.)

이 기사는 로댕 작품의 미완성 지점은 진정한 사실을 담는 로댕의 방식으로 해석된다. 로댕에게 사실이란 피상적 형태 묘사가 아닌 형체 속 감정의 흐름까지 드러내는 것이었다. <생각하는 사람>이나 <칼레의 시민>의 불완전한 처리는 내면의 진실된 감정을 핵심으로 삼았다는 그의 진실성 정신을 뒷받침한다. 로댕의 조각은 인생처럼 불완전함을 통해 형체 너머의 진실을 사유하게 함을 강조한다.

AI 몸피로봇, 로댕 (로봇신문, 2024.03.03.)

이 기사는 철학자 구연상 교수의 SF 철학 소설 <AI 몸피로봇, 로댕, 얼굴이 없어야 하는 이유> 출간 소식이다. 소설은 전신불수 철학 박사가 자의식을 가진 AI 로봇 '로댕'의 사용자가 되어 '둘이자 한 몸'이라는 관계를 그린다. AI 얼굴 부여, 자가 수리, 로봇 학대 등 AI 시대의 윤리적 질문을 던지며, 로봇 '로댕'을 통해 인간과 기계의 관계, 종을 넘어선 이해와 존중의 가능성을 시사한다.

● 시사 이슈

▶ '오직 노동' 헌신이 성과주의 사회에서 장기 목표 달성의 동력으로 유효한가?

▶ AI 시대, 예술이 추구해야 할 인간 감정의 진실성과 위선 거부의 기준은 무엇인가?

▶ 로댕의 '본질 역동 혁신'이 첨단 기술 개발에서 인간적 가치, 본질 유지에 기여하는 역할은?

'벨 에포크' 대표 조각가 로댕 작품의 현대성을 소개한다 (한국경제, 2024.10.08.)
- 예술 작품의 '혁신적 현대성'이 후대에도 지속 가치를 갖는가에 대한 입장 토론 -

찬성

로댕의 불완전함을 기반으로 한 혁신은 영구적인 현대적 가치를 갖는다. 안주하지 않는 혁신 정신은 시대 변화에 관계없이 보편적인 창의적 가치를 지님을 명확히 증명하며, 인간 본연의 감정을 깊이 있게 다루기 때문이다.

반대

작품의 현대성은 당대 맥락에서 강하게 발현된다. 로댕의 혁신은 특정 시대 배경의 반발이며, 그의 기법을 현재의 첨단 기술 환경과 대중의 미적 기준에 그대로 적용하는 것은 그 가치를 상실하기 쉽다. 따라서, 시대 문맥 분리가 어렵다.

로댕, 형체 너머 진실의 깊이를 사유하다 (기호일보, 2025.08.25.)
- 로댕 예술의 핵심은 형태 대신 '진실과 사유'의 깊은 탐구 -

》》 형태

내면 진실 강조를 위해 로댕은 완성을 거부하고 독특한 방식을 택했다. 그는 표면에 거친 질감과 흔적을 남겨 미완성을 추구했다. 이는 시선을 외형이 아닌, 형체 너머 감정으로 이끌어 진실에 몰입하게 하는 전략이었다.

》》 진실과 사유

루댕은 완벽함 대신 내면 진실과 사유를 탐구했다. 이상화된 형태를 거부하고, 고독, 고통 등 본질 감정을 포착했다. <생각하는 사람>처럼, 그의 작품은 형상을 넘어 성찰 과정을 시각화하여 사유를 유도한다.

● 사고의 확장

▶ 로댕의 내면적 진실성이 급변하는 AI 시대 창작 예술 윤리의 기준인가?

▶ 로댕 작품의 균형이 갈등 관리와 조화 리더십에 가장 중요한 필수인가?

▶ 로댕 '오직 노동'이 성과주의 사회 속 생생적인 상기 비신에 여신히 뉴효힌기?

▶ 로댕의 '창조직 고독'이 디지털 사회의 자아 성찰 및 독창성 확보를 위한 핵심 전략인가?

▶ 예술은 인간 고통, 나약함 직시를 통해 개인의 정신적 심리 안정에 긍정적으로 기여하는가?

5. 세특 예시

　예술 작품의 진실된 이해에 관조적 자세가 필수적임을 주장하는 토론에서, 학생은 로댕의 내면 고뇌와 심리적 안정 논리를 연결하여 설득력 있게 전개함. 특히 <지옥의 문>에 37년간 매달린 '치열한 헌신과 집요한 몰입'을 단순 재능이 아닌 '거대 비전 현실화의 창조 에너지'로 정의하고, 성과주의 사회에서 장기 목표 달성을 위한 노동 윤리의 중요성을 논리적으로 설명함. 그리고 예술적 통찰력을 현대인의 생활 역량으로 발현되는 깊이 있는 사고력을 보여주었음.

39

프레데리크 프랑수아 쇼팽
(Frédéric François Chopin, 1810~1849)

1. 고독한 내면의 깊은 울림, 개인적 감성 속에서 꽃피운 민족혼의 거장

● 웅장한 무대 대신 '귀족 살롱'에서 성공한 내향인 아티스트

쇼팽은 1831년에 파리로 거처를 옮긴 뒤부터, 당대 최고의 스타로 떠올랐다. 그는 헨델처럼 큰 공연장에서 웅장하게 연주하는 타입은 아니었다. 대신, 파리 귀족들의 은밀하고 고급스러운 살롱을 주 무대로 삼았다. 이곳에서 그는 지극히 개인적이고 섬세한 피아노 연주를 선보였는데, 이게 바로 낭만주의 시대 엘리트들의 감성을 제대로 저격했다. 화려한 국왕의 재정 지원 대신에, 고급 사교계 문화를 자기 성공의 발판으로 삼은 내면 집중형 실속파였다.

● 밤의 감성을 아는 작곡가! 쇼팽이 피아노로 만든 '마음 연주법'

쇼팽은 인간의 고독, 멜랑콜리, 격렬한 감정 등 내면의 니즈를 읽어내는 통찰력이 있었다. 당시 유행하던 오페라 대신 피아노 하나로 승부하여 녹턴, 발라드, 즉흥곡 등으로 개인의 서정성을 극대화했다. 특히 녹턴은 깊은 서정성으로 큰 인기를 얻었다. 그는 대중을 따르기보다 개인의 감성을 읽고 예술을 발전시킨 혁신적인 감성 경영인이었으며, 피아노 음악의 새로운 지평을 연 거장으로 평가받는다. 이러한 예술적 선택과 집중은 낭만주의 시대 피아노 독주 음악의 황금기를 이끌었다. 그가 건반 위에 풀어놓은 섬세한 선율은 말로 다할 수 없는 인간의 내밀한 슬픔을 어루만지며, 듣는 이들에게 영혼의 깊은 위로와 카타르시스를 선물한 치유의 시였다.

● 피아노 속에 고향을 담다! 쇼팽의 눈물겨운 '마주르카 정신'

그는 민족성이라는 더 고귀한 가치를 품고 살았다. 평생 고국 폴란드를 그리워하며, 그의 최고의 걸작들을 폴로네즈와 마주르카 같은 폴란드 민속 춤곡에 헌정했다. 화려한 선율 속에는 조국의 흙내음과 민중의 애환이 짙게 배어 있어, 듣는 이들의 가슴에 사무치는 향수를 불러 일으켰다.

그는 피아노를 총칼 없는 무기로 삼아 억압받는 조국의 현실에 문화로 저항했으며, 그 비장미는 단순한 음악을 넘어선 숭고한 투쟁이었다. 비록 몸은 타국에서 스러졌지만, 그의 심장만은 유언대로 그토록 그리던 바르샤바의 품으로 돌아와 영원히 조국과 함께 숨 쉬고 있다. 그의 음악은 유럽 전역을 떠돌던 폴란드 망명자들에게 "우리의 정체성과 독립의 꿈을 잊지 마!" 라고 속삭이는 정신적인 위로가 되었다. 쇼팽은 음악을 통해 나라와 민족을 사랑하는 고귀한 애국 정신을 실현한 거장이었다.

"내 고향의 흙 한 줌을 묻어달라고 요청했다."

● 병마와 싸우며 예술을 완성한 쇼팽의 뜨거운 사명

쇼팽은 정말 몸이 약했다. 결핵으로 늘 고통받았고 39세라는 젊은 나이에 세상을 떠났다. 하지만 병약한 몸에도 불구하고 그는 엄청난 예술 정신으로 버텨냈다. 병이 깊어질수록 오히려 더 깊고 섬세한 음악을 남겼다. 그는 피아노 독주라는 자신의 소명을 완수하기 위해 마지막 순간까지 고통을 예술로 승화시키며 "사명이 완성되기 전엔 떠날 수 없다"는 불굴의 의지를 보여주었다. 육체적인 한계를 예술혼과 민족혼으로 뛰어넘은 진정한 승리자였다.

"결국 나의 음악이 나를 대신해 이야기할 것이다."

쇼팽은 낭만주의 시대가 요구했던 개인의 감정과 서정성을 극대화하면서도, 오직 피아노라는 악기 하나에만 집중하여 그 잠재력을 극한까지 끌어올렸다. 그는 피아노 연주 기법과 형식에 혁신을 가져왔으며, 특히 루바토(Rubato)기법을 사용하여 템포를 자유롭게 조절함으로써 인간의 감정이 살아 숨 쉬는 듯한 독자적인 음악 언어를 구축했다. 그의 음악적 스타일은 당대 최고의 음악가들에게 깊은 영향을 주었고, 그에게 '피아노의 시인'이라는 영원한 별명을 안겨주었다. 피아노라는 악기가 가진 딱딱한 기계적 한계를 뛰어넘어 인간의 목소리처럼 노래하게 만든 그의 마법은, 피아노 음악사를 쇼팽 이전과 이후로 완벽하게 갈라놓은 위대한 혁명이자 기적이다.

조용한 성취는 종종 과소평가되기 쉽다. 그러나 영향력은 반드시 크고 요란할 필요는 없다. 쇼팽은 화려한 무대보다 자신만의 섬세한 음악 세계를 선택했다. 그의 음악에는 기술보다 감정, 과시보다 진정성이 담겨 있다. 쇼팽은 말보다 음악으로 자신의 내면을 표현하며 개인의 정체성과 감정이 예술의 힘이 될 수 있음을 보여주었다.

오늘날 학생에게 쇼팽의 메시지는 말해준다.

모두와 같은 속도가 아니라, 자기만의 리듬으로 성장하는 길도 충분히 가치 있다는 사실이다.

▶ 나는 나의 강점을 어떻게 표현하고 있는가?

▶ 나만의 속도는 무엇인가?

이는 예술·자기 이해형 세특 활동으로 확장될 수 있다.

• 주요 예술 사상

1) 정체성과 소명의식 (Identität & Auftrag)

쇼팽은 안정적인 고국(폴란드)을 떠나 평생을 파리라는 망명지에서 보냈으나, 그의 모든 예술 활동은 조국에 대한 숭고한 소명과 연결되어 있었다. 그는 러시아의 압제 속에 있던 고국을 위해 싸우지 못하는 대신, 자신의 음악을 통해 폴란드 민족의 정체성과 독립 정신을 굳건히 지키는 것을 사명으로 삼았다. 그의 음악은 물리적인 국경을 초월하여 전 유럽의 폴란드 망명자들에게 정신적인 위로와 단결의 상징이 되었다. 이는 예술가로서의 성공을 민족애와 연결시킨 고귀한 헌신을 보여준다.

2) 불굴의 예술혼 (Unbeugsamer Kunstgeist)

쇼팽은 평생을 병약한 몸과 결핵이라는 치명적인 조건 속에서 살았고, 이로 인해 고독과 우울감에 시달렸다. 그러나 그는 이러한 운명을 좌절의 이유가 아닌 예술의 동력으로 삼았다. 그는 "결국 나의 음악이 나를 대신해 이야기할 것이다"라고 믿으며, 육체의 고통이 심해질수록 오히려 더욱 깊고 섬세한 명작들을 쏟아냈다. 그는 짧은 생애 동안 피아노의 영역을 무한히 확장시키며, 신체적 한계를 강력한 정신력으로 극복하고 예술혼으로 영원히 승리하는 모습을 증명했다.

3) 내면 경영 (Innere Führung)

쇼팽은 당대의 유행(오페라, 교향곡)을 따르지 않고, 오직 독주 피아노라는 단 하나의 영역에 집중하는 전략을 취했다. 그는 피아노의 기교와 음색적 표현을 혁명적으로 발전시켜 그 자체로 완결된 예술 세계를 창조했다. 특히, 불안정한 개인의 감정(우울, 슬픔, 고독)을 녹턴, 발라드, 즉흥곡 등의 장르를 통해 가장 아름다운 음악 언어로 승화시켰다. 이는 시대를 읽는 안목과 함께, 내부의 고통마저도 가치 있는 산출물로 바꾸어내는 혁신적인 내면 경영의 성공 비결이었다.

4) 진정성 (Authentizität)

쇼팽은 대중을 향한 화려한 콘서트홀 공연을 거의 지양하고, 주로 파리 사교계의 소규모 살롱에서 연주하고 교류했다. 이는 그의 내향적인 성격과 섬세한 연주 스타일에도 기인하지만, 진정으로 자신의 음악을 이해하는 소수와 깊이 있는 교감을 나누고자 했던 그의 예술관을 반영한다. 그는 대규모 흥행 대신, 순수한 예술적 교감을 통해 타협 없이 작품의 정수(精髓)를 지켰다. 이는 타인의 시선보다 자기 예술의 진정성을 우선했던 고귀한 태도를 보여준다.

쇼팽은 고독한 망명지에서 폴란드 민족 정체성을 지키고 예술혼으로 소명을 완수한 숭고한 예술가이다. 그는 유행을 따르지 않고 오직 '피아노' 단 하나의 영역에 집중하여, 기교와 음색을 혁명적으로 확장하는 초월적 전문성을 확립했다. 특히 불안정한 개인 감정을 녹턴으로 승화시킨 그의 음악은 혁신적인 내면 경영의 성공 비결이었다. 대중 흥행보다 소규모 교류로 진정성을 지킨 그는 순수 예술의 가치를 보여주었다. 병약한 몸과 고독이라는 운명적 최악의 조건 속에서도 "음악이 나를 대신해 이야기할 것"이라 믿었던 불굴의 예술혼은 위대한 정신적 승리를 증명한다.

결국 그의 지극히 개인적인 감성 탐구는 낭만주의 음악의 정수가 되었으며, 정체성, 진정성, 전문성이라는 불멸의 유산을 현대에 전하고 있다. 더불어 조국을 잃은 슬픔을 시적인 선율로 승화시켜 피아노를 단순한 악기에서 영혼의 대변자로 격상시켰으며, 물리적 무력 대신 문화의 힘으로 민족의 얼을 지켜낸 문화 애국주의의 표상이 되었다. 육체의 치명적 한계와 내면의 깊은 고독마저 가장 아름다운 예술로 치환해 낸 그의 치열한 삶은, 결핍이 오히려 위대한 창조의 원천이 될 수 있음을 보여주는 역설적 희망의 증거이자 영원한 위로로 오늘날까지 깊은 울림을 주고 있다.

● 예술사상 연계 탐구 주제

정체성과 소명의식	▶ **망명지 예술 활동이 예술가 소명을 넘어선 사회적 책임 영향 연구** ▶ 폴로네즈, 마주르카 창작이 현대 문화 콘텐츠 국가 브랜딩 효과 분석 ▶ 쇼팽 음악의 민족 정체성 승화가 다문화 시대 아이덴티티 확립 영향 고찰
불굴의 예술혼	▶ 병약한 몸과 고독이라는 치명적 조건이 창의적 산출물에 긍정 영향 연구 ▶ 쇼팽의 예술 의지가 현대인의 번아웃과 무력감 극복에 주는 시사점 분석 ▶ "음악이 대신 이야기할 것"이라는 믿음이 회복 탄력성에 미치는 영향 탐구
내면 경영	▶ 불안정한 감정(멜랑콜리) 예술 승화 기법이 현대인 감정 자원화 시사점 연구 ▶ 피아노 한계를 넘어선 음색 및 기교 확장이 현대 예술과 기술 융합 영향 분석 ▶ '피아노' 단 하나의 영역 집중 전략이 현대 경쟁 시장 초개인화 전문성 의미 고찰
진정성	▶ 쇼팽의 소규모 교류 전략이 현대 팬덤 문화 커뮤니티 마케팅 시사점 탐구 ▶ 타인 시선보다 자기 예술 정수 우선 자세가 현대 크리에이터 윤리 영향 고찰 ▶ 대규모 흥행 대신 살롱 교류를 택한 태도가 예술적 진정성과 상업성 균형 분석

주제	망명지 예술 활동이 예술가 소명을 넘어선 사회적 책임 영향 연구
탐구 목표	쇼팽의 민족 음악 수호 사례를 심층적으로 분석하여, 현대 예술가가 사회적 책임을 주도적으로 실천할 새로운 방법론을 탐구한다.
선정 이유	오늘날 글로벌 시대의 예술가와 유명인은 단순한 창작자를 넘어 강력한 사회적 영향력을 갖는다. 쇼팽은 20세에 고국을 떠난 후 귀국하지 못했지만, 그의 음악(폴로네즈, 마주르카)은 폴란드 독립 정신의 상징이 되었다. 이러한 쇼팽의 행동하는 예술혼은 국경을 초월한 시대에 예술적 재능을 공동체의 가치와 연결하고, 사회적 책임을 다하는 리더십을 발휘하는 방법에 대한 귀중한 통찰을 제공한다고 판단했다.
서론	현대 사회에서 예술과 유명인의 영향력은 정치, 경제적 경계를 넘어 확장되고 있다. 본 탐구는 19세기 망명지 파리에서 자신의 재능을 조국과 민족의 정체성을 지키는 데 바친 쇼팽의 예술 활동에 주목한다. 쇼팽이 보여준 '예술가 소명을 넘어선 사회적 책임'의 실천적 가치가 현대 예술가 및 크리에이터들이 직면한 책임과 역할에 어떤 의미 있는 대안을 제시할 수 있는지 그 원리를 고찰한다.
본론	▶쇼팽의 망명 배경과 폴란드 민족주의 음악(마주르카, 폴로네즈)의 상징성 분석 ▶쇼팽이 '음악을 통한 위로와 단결'을 제공하여 공동체에 미친 사회적 영향 분석 ▶쇼팽의 '정체성 수호' 정신과 현대 다문화 사회의 아이덴티티 확립 전략 비교 ▶예술가 개인의 성공과 공동체 가치 연결을 통한 현대 예술가 리더십 사례 탐색 ▶쇼팽의 헌신적 소명의식을 통한 예술가의 사회적 책임과 지속가능성 연구
결론	쇼팽은 뛰어난 재능을 고국의 역사적 고난과 연결하여 개인 성취를 넘어선 사회적 책임을 완수한 위대한 예술가이다. 현대 예술가들은 정체성과 재능을 활용해 조국가적 공동체에 희망을 주고 사회적 가치를 실현할 새로운 역할 모델을 모색해야 한다.
심화 탐구 주제	▶쇼팽의 예술 활동과 현대 문화 외교의 역할 및 역량 비교 분석 ▶망명 예술가 쇼팽의 정체성 예술이 현대 디아스포라 예술가들에게 영향 연구 ▶쇼팽의 음악의 언어화 사상이 사회적 메시지 전달 수단으로서 가지는 의미 탐구
토론 주제	▶현대 예술가가 쇼팽처럼 정치적, 사회적 이슈에 적극적으로 참여해야 하는가? ▶예술적 재능을 사회적 책임에 연결하는 것이 예술의 순수성을 훼손하는가? ▶다문화 시대에 쇼팽의 민족 정체성 수호 정신을 어떻게 재해석해야 하는가?
교내 후속 활동	▶정보: '다문화 시대의 정체성'을 주제로 한 소설 임팩트 콘텐츠 기획 ▶통합사회: 쇼팽의 정체성 예술 사례를 바탕으로 한 문화적 애국심의 현대 발현 토론 ▶진로활동: 다문화 시대의 정체성을 주제로 한 소설 임팩트 콘텐츠 기획 및 제작

프레데리크 프랑수아 쇼팽 (Frédéric François Chopin, 1810~1849)

2. 교과 연계 탐구활동(음악, 문학)

● 음악

성취기준	[12음02-03] 다양한 시대·사회·문화권의 음악을 듣고 맥락, 기능, 기여의 관점에서 비평한다.
주요내용	쇼팽은 낭만주의 시대의 개인성과 민족성을 피아노 독주에 담아냈다. 그의 음악은 고독한 망명지에서 공동체적 책무를 묵묵히 이행하는 역할을 했으며, 폴란드 민족 정체성을 음악에 심어 공동체의 위로와 단결에 기여했다. 학생들은 쇼팽의 음악을 통해 그의 소명의식이 현대의 문화적 애국심과 사회적 책임에 지속적으로 어떤 의미를 남겼는지 비평적으로 탐구할 수 있다.
교과연계 탐구주제	▶ 망명 예술가 쇼팽이 다문화 사회 문화적 책임과 기여에 제시하는 대안 연구 ▶ 쇼팽의 마주르카와 폴로네즈가 폴란드 민족 정체성 유지에 기여한 기능 탐구 ▶ 쇼팽 음악의 개인적 감정 표현 맥락이 현대인의 정서적 공감에 미치는 영향 분석

● 문학

성취기준	[12문학01-01] 문학이 인간과 세계에 대한 이해를 돕고, 삶의 의미를 깨닫게 하며, 정서적·미적으로 삶을 고양함을 이해한다.
주요내용	쇼팽은 음악을 통해 개인의 주관적 감정(멜랑콜리)을 피아노 독주로 승화시켜 인간의 고독과 내면 이해를 돕는다. 또한, 그의 음악에 스며든 폴란드 민족의 비애(Żal)는 조국을 잃은 세계에 대한 이해를 확장하며, 고난을 예술로 승화시킨 행위는 듣는 이에게 삶의 의미를 깨닫게 한다. 결국 쇼팽 음악이 청자에게 섬세한 정서적 위로를 제공하여 삶을 미적으로 고양하는 기능을 하는 사례임을 이해하게 된다.
교과연계 탐구주제	▶ 쇼팽의 민족 비애 표현이 국경 초월 보편적 슬픔 이해를 넓히는 과정 고찰 ▶ 쇼팽의 음악 멜랑콜리가 현대인의 고독·우울 해소에 미치는 위로 기능 분석 ▶ 쇼팽의 낭만적 피아노 언어를 통해 현대 사회에서 개인 내면의 성찰 방안 탐구

3. 독서 연계 탐구활동

● 추천 도서 목록

추천 도서 목록

▶ 쇼팽(김주영, 아르테, 2021)

▶ 내 친구 쇼팽: 시인의 영혼 (프란츠 리스트, 포노, 2021)

▶ 루브르에서 쇼팽을 듣다 (안인모, 지식서재, 2024)

▶ Who? 아티스트: 프레데리크 쇼팽(권용찬, 다산어린이, 2020)

▶ 쇼팽노트(앙드레 지드(임희근 역), 포노(PHONO), 2015)

▶ 쇼팽을 찾아서: 비르투오소의 면모들 (알프레드 코르토, 포노, 2022)

독서 연계 탐구 활동	
도서명	루브르에서 쇼팽을 듣다(안인모), 지식서재, 2024년 1월
	이 책은 쇼팽 음악이 낭만주의 감수성과 연결되며, 개인의 고독과 우울감이 위로와 공감의 예술로 승화되었는지 탐구하는 에세이다. 쇼팽 음악을 루브르 명화들과 엮어 해석하며, 타협 없는 진정성과 깊은 내면 경영을 통해 국경을 초월한 보편적 정서를 획득하는 과정에 집중한다. 쇼팽의 음악이 번아웃과 고독에 시달리는 현대인에게 던지는 위로와 내면 성찰의 메시지를 깊이 있게 탐색한다.
핵심 키워드	내면의 언어, 멜랑콜리의 승화, 살롱 문화, 보편적 정서, 예술적 진정성
탐구 주제	▶ 쇼팽의 내면의 언어가 국경을 초월하여 인류 보편의 정서에 미친 영향 탐구 ▶ **쇼팽의 음악적 서정성이 현대 예술 치유 프로그램 개발에 미치는 영향 분석** ▶ 쇼팽의 음악이 루브르 명화와 결합하여 감정적 위로를 증폭시키는 효과 탐색 ▶ 쇼팽의 고독 서사가 현대인의 우울감과 고독에 미치는 심리적 치유 기능 분석 ▶ 쇼팽의 소규모 살롱 교류가 대중화 시대 예술의 진정성에 제시하는 가치 고찰
토론 쟁점	▶ 쇼팽의 멜랑콜리(우울)는 예술의 필수 요소인가, 개인의 고뇌의 결과인가? ▶ 쇼팽처럼 대중성 포기하고 살롱 순수성을 지키는게 현대 예술가에게 가능한가? ▶ 음악의 감정적 기능이 단순한 위로인가, 사회 변화를 이끄는 능동적 힘인가?
후속 활동	▶ 공통영어: 쇼팽 음악의 민족 정체성 표현 방식에 대한 영문 비평 보고서 작성 ▶ 공통국어: 쇼팽의 삶과 예술에 나타난 숭고한 소명의식을 주제로 한 논설문 작성 ▶ 동아리활동: 다문화 시대 공감 및 연대를 위한 문화 외교 프로젝트 기획

● 독서 연계 탐구활동 예시

탐구 주제	**쇼팽의 음악적 서정성이 현대 예술 치유 프로그램 개발에 미치는 영향 분석**	
탐구 자료	▶ 쇼팽의 녹턴, 발라드 등 서정적 작품의 감정 표현 기법 분석 사료 ▶ 낭만주의 시대 멜랑콜리(우울) 개념과 쇼팽의 내면 경영 관련 문헌 자료 ▶ 음악 치료(Music Therapy)의 원리 및 현대 심리 치유 프로그램 사례 자료	
탐구 개요	서론	19세기 낭만주의 시대, 병약힘과 고독 속에서 탄생한 쇼팽의 음악적 서정성에 수복안나. 섬세하고 내밀한 음악이 어떻게 고독의 언어기 되어 인류 보편의 위로로 기능하게 되었는지 분석하고, 현대 예술 치료 프로그램 개발에 효과적인 대안을 제시할 수 있는지 그 가능성을 고찰하고자 함
	본론	▶ 루바토와 다이내믹 변화가 청취자의 심리에 미치는 영향 탐구 ▶ 쇼팽 멜랑콜리(우울)와 현대 심리학 고독 개념 비교 분석함 ▶ 쇼팽 살롱 연주 문화와 개인화된 치료 환경 구조 유사성 분석함 ▶ 쇼팽 음악 활용 해외 정서 안정 이완 프로그램 사례 탐구함 ▶ 쇼팽 '개인의 고통 승화'가 현대인의 감정 자원화 시사점 고찰함

탐구 개요	결론	쇼팽은 고독이라는 극한 상황을 예술로 승화시켜 시대를 초월하는 위로의 가치를 창조하였다. 그의 서정성은 감정의 언어로서 현대 예술 치유 분야에 깊은 통찰을 제공한다. 학생들은 이 탐구를 통해 예술이 인간의 정서적 건강에 미치는 기능적 역할과 치유적 잠재력을 깨달을 수 있음.
후속 활동		▶공통수학: 쇼팽 루바토 리듬을 수학적 비율 시계열 변화 관점 분석 보고서 작성 ▶한국사: 쇼팽의 민족 정체성 수호와 한국 근현대 예술가의 민족 의식 비교 탐구 ▶자율·자치활동: 개인 맞춤형 플레이리스트 기획 및 내면 성찰 보고서 작성 ▶진로활동: 예술 경영인 역할 탐색 및 관련 분야 포트폴리오 기획

4. NIE 연계 활동

90년 전에도 "피아노 학도들이 허다한 노력을 바치는 高峯" 쇼팽(조선일보, 2025.10.17.)

이 기사는 피아노의 시인' 쇼팽의 서거일을 맞아, 식민지 조선 시대에도 그의 위상이 '피아노 학도들의 고봉'으로 높았음을 조명한다. 동갑내기 슈만의 극찬 속에 천재성을 인정받은 쇼팽은, 조국 폴란드를 떠난 뒤에도 항쟁 실패에 절규하며 평생 애국심을 간직했다. 유언에 따라 심장을 폴란드에 묻은 그의 삶은 오늘날까지도 쇼팽이 폴란드 국민의 '국민 음악가'이자 자부심의 상징으로 남아있는 이유임을 강조한다.

한국인의 恨과 폴란드인의 Żal, 그리고 쇼팽(중앙일보, 2019.09.12.)

이 기사는 폴란드인의 깊은 우울과 향수를 뜻하는 단어 잘(Żal)'을 통해, 식민 지배를 경험한 한국인의 '한(恨)'과 쇼팽 음악이 공유하는 민족적 고통의 정서를 탐구한다. 나치 독일이 쇼팽 기념비를 파괴한 행위가 폴란드인의 민족 의식을 꺾기 위함이었음을 언급하며, 쇼팽의 음악이 폴란드인에게 저항과 정체성의 상징이었음을 강조한다. 예술이 정치적 탄압 속에서도 민족의 정신을 지키는 무기가 될 수 있음을 시사한다.

쇼팽콩쿠르의 인문학과 국제정치...2025 중국의 약진(스카이데일리, 2025.10.20.)

쇼팽 콩쿠르를 단순한 경연이 아닌, 자긍심과 국제 정치 역학이 교차하는 인문학적 공간으로 조명한다. 과거 당타이선(베트남)과 리윈디(중국)의 우승이 각국의 문화 영웅 탄생과 자긍심을 어떻게 고취했는지 분석하며, 쇼팽 음악이 콩쿠르라는 무대를 통해 시대와 국가를 초월한 폴란드 민족 정체성을 강화하는 기능을 탐구한다. 이는 쇼팽의 음악이 현대에도 국가 간 소프트 파워와 민족 의식에 미치는 영향을 보여준다.

▶예술가 전문성의 깊이가 AI 시대에 인간 고유 영역을 지키는 핵심 요소인가?

▶주관적 감정 표현 행위가 현대 사회의 심각한 정서적 단절을 극복하는 대안인가?

▶순수 예술은 디지털 시대에 광범위한 대중성 확보 가치를 창출할 전략이 필요한가?

90년 전에도 "피아노 학도들이 허다한 노력을 바치는 高峯"쇼팽(조선일보, 2025.10.17.)
- 쇼팽의 민족주의적 상징성이 현대 예술가의 사회 참여 모델이 될 수 있는가에 대한 입장 토론 -

찬성	반대
쇼팽처럼 예술가는 사회적 불의와 민족 문제(정체성)를 작품으로 대변하여 예술의 공공적 기능을 더욱 분명히 회복해야 한다. 이는 대중의 정서적 유대감과 자긍심 고취에 매우 강력한 상징적 수단이 되어 준다고 본다.	쇼팽의 민족주의는 특수 상황의 결과일 뿐, 현대 다문화 사회에서는 배타적 위험이 매우 크다. 예술은 보편적 심미성에 집중해야 하며, 정치·사회적 메시지를 과도하게 강요하는 것은 결국 예술의 순수성을 깊이 해친다.

한국인의 恨과 폴란드인의 Żal, 그리고 쇼팽(중앙일보, 2019.09.12.)
- 예술을 통해 승화된 '한(恨)과 잘(Żal)'의 정서 비교 -

≫ 한(恨)	≫ 잘(Żal)
한은 한국인의 집단 정서로, 풀 수 없는 억울함, 비탄, 분노가 응축된 심층적인 감정이다. 오랜 역사적 억압과 불행으로 형성되었으며, 예술 등을 통해 해소(풀어냄)되기를 갈망하는 역동적인 부정적 에너지를 특징으로 한다.	잘은 폴란드인의 정서로, 상실감, 슬픔, 그리움, 회한이 혼합된 감정이다. 조국 분할 통치 시기에 형성되었으며, 잃어버린 고향의 비탄과 향수가 주를 이룬다. 쇼팽 음악에 서정적으로 녹아, 체념적인 멜랑콜리를 특징으로 한다.

● 사고의 확장

▶ 쇼팽의 단일 영역 집중 전략이 AI 시대 인간 고유의 전문성 해법인가?

▶ 쇼팽의 'Żal'에 담긴 민족 고통이 글로벌 시대 보편적 위로로 기능하는가?

▶ 예술은 성지석 탄압 속에서 약소 민속의 성체성을 지키는 숭고한 수단인가?

▶ 쇼팽의 살봉 전략은 디지털 시대 예술의 순수성과 대중 소통의 균형 해법인가?

▶ 쇼팽의 멜랑콜리 승화는 개인의 고통을 공공의 사회적 가치로 전환하는 모델인가?

5. 세특 예시

쇼팽의 멜랑콜리가 현대인의 정서적 위로가 될 수 있다는 주제로 토론에서 찬성 논지를 명확히 전개함. 그는 병약함과 고독을 음악적 언어로 승화시킨 사례를 통해 예술이 정서적 불균형을 치유하는 핵심 수단임을 보다 정밀하고 설득력 있게 제시함. 또한 쇼팽의 예술적 전문성은 단순히 개인의 고통에 머무르지 않고, 시대를 초월한 사회적 위로로 변환한다는 근거를 논리적으로 주장함. 논리적 사고와 인간 심리의 위기 극복에 대한 깊은 통찰을 보여준 학생임.

40

플라톤
(Platon, B.C. 427~347)

1. 플라톤, 이상을 향한 철학의 여정

● 젊은 귀족, 현실에 의문을 품다

기원전 5세기, 아테네의 명문 가문에서 한 소년이 태어났다. 그의 이름은 플라톤이었다. 젊은 시절 그는 철학자가 아니라 정치가의 길을 꿈꾸었다. 하지만 펠로폰네소스 전쟁으로 도시가 혼란에 빠지고, 스승 소크라테스가 부당하게 사형을 당하는 모습을 지켜보며 그는 결심했다. 그는 정치 권력의 정당성은 정의에 근거해야 한다고 보았고, 이를 밝히기 위해 철학적 탐구로 방향을 전환했다.

"정의로운 나라를 세우지 못하는 정치라면, 나는 철학으로 정의를 세우겠다."

● 진리를 찾아 떠난 여행

스승을 잃은 뒤 플라톤은 아테네를 떠나 긴 여행을 하며 지혜를 탐구했다. 특히 남이탈리아에서 피타고라스학파를 만나 수·조화·질서가 세계를 설명하는 원리라는 통찰을 얻는다. 세상은 혼돈이 아니라, 이성(logos)에 의해 설명될 수 있는 질서라는 생각은 그의 사유를 크게 전환시켰다.

그는 지혜를 얻는 과정을 '참된 실재를 향해 영혼이 나아가는 여정'이라고 보고, "세상은 혼돈이 아니라, 질서 있는 이성(logos)의 산물이다"라고 생각했다. 이 시기 플라톤은 현실 너머에 존재하는 보편적 원리를 사유하며, '이데아' 개념을 구체화하기 시작했다.

● 아카데미아를 세운 철학자

아테네로 돌아온 플라톤은 '아카데미아(Academia)'라는 학교를 세웠다. 오늘날 대학의 원형인 이곳에서 소크라테스의 대화와 성찰의 방식으로 그는 젊은이들과 토론하며 철학과 수학, 정치, 윤리, 예술 등을 가르쳤다.

플라톤은 아카데미아 입구에 "기하학을 모르는 자, 이 문을 들어서지 말라"고 새겼다고 전해진다. 이는 논리적 사고와 이성의 훈련이 진리를 탐구하는 첫걸음임을 뜻한다. 그는 이곳에서 철학자가 통치하는 정의로운 국가, <국가(Politeia)>의 이상을 구상했다. 아카데미아는 진리를 향해 질문하고 토론하는 삶의 방식이 실천되는 공동체였다.

● 이데아: 눈에 보이지 않는 진짜 세계

플라톤은 우리가 사는 세상을 '그림자'에 비유했다. 감각으로 인식되는 세계는 끊임없이 변하고 불완전하지만, 그 이면에는 변하지 않는 참된 실재가 있다고 보았다. 그것이 바로 '이데아(Idea)'이다. 아름다움, 선, 정의 같은 가치의 본질은 이데아의 세계에 존재하며, 인간의 영혼은 그곳을 기억하고 그리워한다고 했다. 이데아는 눈에 보이지 않지만, 오히려 그렇기 때문에 기준이 되는 진짜 현실이었다. 철학의 목적은 이 변하지 않는 기준을 향해 사유를 끊임없이 정제하는 데 있었다.

플라톤은 <국가>에서 '동굴의 비유'를 통해 이를 설명한다. 그에게 진리를 향한 철학의 길은, 익숙함의 어둠을 벗어나 스스로 사유하고 성장하려는 용기였다.

"우리는 동굴 속 그림자를 현실로 착각하지만, 철학자는 그 어둠을 벗어나 진리의 빛을 본 사람이다."

플라톤은 인간의 영혼을 세 부분으로 나누어 설명했다. 첫째는 진리를 추구하고 판단하는 힘인 이성이고, 둘째는 용기와 명예를 추구하는 힘인 기개이며, 셋째는 물질적 만족을 추구하는 힘인 욕망이다.

플라톤은 이 세 가지 요소가 조화를 이룰 때 인간은 비로소 덕을 실현할 수 있고, 나아가 사회 전체가 정의로워질 수 있다고 보았다. 그는 "이성이 지배하고, 기개가 이를 보좌하며, 욕망이 절제될 때 영혼은 조화를 이룬다"라고 강조하며, 이러한 영혼의 조화로운 구조가 개인의 행복과 사회 정의의 근간이 된다고 주장했다.

오늘날로 이어지는 메시지

눈에 보이는 성과와 결과가 곧 진실처럼 받아들여지는 시대이다. 플라톤은 우리가 보고 믿는 것이 항상 진실은 아닐 수 있다고 보았다. 그는 진정한 앎이란 정보를 많이 아는 것이 아니라, 이성과 성찰을 통해 왜 그런지 끊임없이 묻는 과정에서 형성된다고 강조했다. 플라톤에게 배움은 정답을 얻는 일이 아니라, 생각의 깊이를 키우는 훈련이었다.

오늘날 학생에게 플라톤의 메시지는 분명하다. 정답에 도달하는 것보다, 질문을 멈추지 않는 태도가 사고력을 만든다는 사실이다.
▶ 나는 무엇을 진실이라고 믿고 있는가?
▶ 나의 생각은 어디에서 비롯되었는가?
이는 철학·비판적 사고 중심 세특 탐구의 완성 지점이 된다.

주요 철학 사상

1) 이데아론

플라톤 철학의 핵심은 '이데아(Idea)'의 실재를 인정하는 데 있다. 그는 우리가 보고 느끼는 감각 세계는 끊임없이 변하고 불완전하다고 보았다. 반면, 참된 실재는 변하지 않고 완전한 본질, 즉 이데아의 세계에 존재한다고 하였다. 예를 들어 '아름다움'의 이데아는 사람마다 다르게 느껴지는 외형적 아름다움이 아니라, 모든 아름다운 사물에 공통으로 존재하는 본질적인 아름다움이다. 이러한 관점에서 철학의 목적은 감각을 넘어 불변의 진리를 깨닫는 데 있다고 보았다.

2) 동굴의 비유

플라톤은 <국가>에서 인간이 진리를 깨닫는 과정을 '동굴의 비유'로 설명하였다. 그는 어두운 동굴 속 그림자만 보고 살아가는 사람들을 현실의 인간에 비유했다. 한 사람이 동굴 밖으로 나가 태양빛 아래에서 참된 실재를 보게 된다. 플라톤은 진리, 즉 '선의 이데아'를 본 사람은 다시 동굴 속으로 돌아가 다른 사람들을 깨우쳐야 한다고 강조하였다. 이는 무지에서 앎으로, 감각의 한계를 넘어 진리를 깨닫는 인간의 이성적 성장 과정을 상징한다.

3) 영혼 삼분설

플라톤은 인간의 영혼을 세 부분으로 나누어 설명하였다. 이성은 진리를 탐구하고 판단하며, 기개는 용기와 명예를 추구하고, 욕망은 물질적 쾌락을 추구한다. 그는 이 세 부분이 조화를 이룰 때 개인의 내적 정의가 실현된다고 보았다. 예를 들어 이성이 지배하고 기개가 이를 보좌하며 욕망이 절제될 때 인간은 덕을 실현할 수 있다. 이러한 사상은 개인의 정의를 사회 전체의 조화로 확장시켜, 각 계층이 자신의 역할을 다할 때 국가의 정의가 완성된다고 설명하였다.

4) 철인왕

플라톤은 <국가>에서 철학자가 통치하는 이상국가를 구상하였다. 그는 인간의 영혼이 세 부분으로 이루어져 있듯, 국가도 이성·기개·욕망에 대응하는 세 계층으로 구성된다고 보았다. 통치자는 철학자, 수호자는 군인, 생산자는 농민과 상인이다. 각 계층이 자신의 역할을 다할 때 정의로운 사회가 실현된다고 하였다. 철학자는 '선의 이데아'를 인식한 지혜로운 사람으로, 공공의 선을 위해 통치해야 하며 진리를 아는 자가 권력을 행사할 때 국가가 정의로워진다고 하였다.

플라톤은 아리스토텔레스와 함께 서양 철학의 토대를 세운 사상가로, 이후 철학과 사상의 전개에 깊은 영향을 미쳤다. 그는 소크라테스의 대화적 탐구 방식을 계승하여 철학을 진리로 나아가는 사유의 과정으로 이해했고, 이를 통해 합리적 논증의 전통을 확립하였다. 또한 아카데메이아를 설립하여 서양 최초의 고등교육 기관을 세움으로써 체계적 학문 연구의 장을 마련하였다. 그는 대화편 형식의 저작을 통해 철학적 논증과 사유의 과정을 남겼으며, 그 가운데 <국가>에서는 정의로운 사회의 조건과 '철인왕'의 이상을 제시하여 공동체 운영의 원리를 탐구하였다.

<향연>에서는 사랑의 본질을, <파이돈>에서는 영혼의 불멸과 이데아 세계를, <티마이오스>에서는 우주의 질서와 조화를 탐구하며 형이상학적 세계관을 펼쳤다. 플라톤의 이데아론은 서양 형이상학의 기원이 되었고, 아우구스티누스에게 계승되어 중세 기독교 신학 형성에 중요한 역할을 하였다. 근대 이후에는 칸트의 인식론과 헤겔의 관념론으로 이어지며 인간 이성과 진리 탐구의 지적 전통을 확립하였다. 화이트헤드의 "서양 철학은 플라톤의 각주에 불과하다"는 평가는 그의 사상이 시대와 학문 분야를 넘어 지속적인 영향력을 지니고 있음을 보여준다.

● 철학 사상 연계 탐구 주제

이데아론	▶ **플라톤의 이데아 관점에서 본 현대 사회의 외모지상주의 비판** ▶ 감각적 현실과 이데아 세계의 관계를 통한 '진리 인식의 단계' 탐구 ▶ 현대 사회의 가상현실·이미지 소비가 진리 인식에 미치는 영향 분석
동굴의 비유	▶ 정보 과잉 시대의 '그림자 진실'과 진정한 앎의 기준 탐구 ▶ 철학자의 사회적 역할을 '동굴로의 귀환' 개념을 중심으로 탐구 ▶ '동굴의 비유'를 통해 인간의 인식이 무지에서 진리로 나아가는 과정 분석
영혼 삼분설	▶ 개인의 내적 정의가 사회 정의 실현에 미치는 상호작용 분석 ▶ 이성·기개·욕망의 조화가 개인의 도덕적 판단에 미치는 영향 탐구 ▶ 영혼 삼분설을 바탕으로 한 청소년의 감정 조절과 자기 통제의 의미 탐구
철인왕	▶ 공공선 개념을 중심으로 한 철학적 리더십의 조건 ▶ 플라톤의 철인왕 이론에 나타난 이성과 정의의 관계 탐구 ▶ 플라톤의 철인왕 개념이 현대 정치 지도자상에 주는 철학적 함의 탐구

주제	플라톤의 이데아 관점에서 본 현대 사회의 외모지상주의 비판
탐구 목표	플라톤의 이데아론을 바탕으로 외모 중심의 사회적 가치관을 비판적으로 분석하고, 감각적 아름다움을 넘어선 참된 아름다움의 의미를 탐구한다.
선정 이유	현대 사회에서는 아름다움의 기준이 외모와 이미지 중심으로 고정되고 있다. 대중매체와 SNS는 외적 아름다움이 곧 개인의 가치라는 인식을 강화하며, 내면적 성찰과 본질적 아름다움에 대한 인식을 약화시킨다. 플라톤의 이데아론은 이러한 외모지상주의를 비판적으로 바라볼 수 있는 철학적 시각을 제공하며, 이를 통해 감각적 아름다움을 넘어선 진정한 가치와 인간 존재의 본질을 탐구하고자 한다.
서론	오늘날 외모와 이미지가 개인의 평가 기준이 되는 사회에서 많은 사람들이 외적 아름다움에 집착한다. 그러나 이러한 현상은 인간의 내면적 성장과 도덕적 성숙을 저해한다. 플라톤은 감각 세계를 불완전한 모방으로, 참된 아름다움을 '이데아의 세계'에 존재하는 본질적 실재로 보았다. 이러한 관점은 외모 중심 사회를 비판적으로 성찰하게 하며, 아름다움의 기준을 되묻게 하는 철학적 시각을 제공한다.
본론	▶ <국가>와 <향연>을 중심으로 한 플라톤의 이데아론과 아름다움의 개념 정리 ▶ 아름다움의 이데아와 인간 인식의 관계 분석 ▶ 현대 사회의 외모지상주의 사례 제시(SNS·광고 이미지, 청소년의 외모 인식 등) ▶ 감각적 아름다움과 본질적 아름다움의 차이 비교 분석 ▶ 플라톤의 이데아론을 적용한 외모 중심 가치관의 비판적 대안 제시
결론	플라톤의 이데아론을 통해 진정한 아름다움은 외적 형상이 아니라 선과 진리를 향한 영혼의 조화 속에 있음을 알 수 있다. 감각적 가치에 치중된 외모지상주의에 대한 비판과 함께 내면의 아름나움과 가치를 추구하는 성찰이 필요함을 시사한다.
심화 탐구 주제	▶ 진정한 아름다움의 기준에 대한 철학적·윤리적 고찰 ▶ 미디어 속 외모지상주의가 청소년의 자존감 인식에 미치는 영향 분석 ▶ 외적 아름다움에 대한 사회적 허상이 개인의 개성 표현에 미치는 영향 탐구
토론 주제	▶ 아름다움은 감각의 영역인가, 이성의 인식인가? ▶ 외모지상주의 사회에서 신체 자기 결정권은 개인의 의지로 작용하는가? ▶ 외모가 개인의 사회적 경쟁력의 중요한 요소로 평가되는 것이 정당한가?
교내 후속 활동	▶ 현대사회와 윤리: 플라톤의 '아름다움의 이데아'에 대한 미학 탐구 활동 ▶ 동아리활동: SNS를 활용한 '진정한 아름다움'에 대한 온라인 콘텐츠 제작 활동 ▶ 자율·자치활동: 외모지상주의에 대한 인식을 스티커 설문으로 시각화하는 활동

플라톤(Ploton, B.C. 427~347)

2. 교과 연계 탐구활동(현대 사회와 윤리, 과학의 역사와 문화)

● 현대 사회와 윤리

성취기준	[12현윤05-01] 미적 가치와 윤리적 가치를 예술과 도덕의 관계 차원에서 설명할 수 있으며 현대의 대중 문화의 순기능과 역기능을 윤리적 관점에서 이해하고 성찰할 수 있다.
주요내용	예술은 인간의 가치관과 세계관을 표현하는 정신적 창조 행위이며, 미적 감수성과 윤리적 판단이 함께 작용한다. 예술은 사회가 지향하는 윤리적 이상과 긴밀히 연결되어 있으며, 현대 대중문화 속 이미지지와 콘텐츠는 미적 가치의 추구와 더불어 윤리적 문제를 동반한다. 플라톤의 이데아론은 참된 미의 본질을 성찰하게 하며, 예술의 가치와 도덕의 관계를 탐구할 수 있는 철학적 기반을 제공한다.
교과연계 탐구주제	▶ 예술 작품에서 미적 가치와 윤리적 가치의 조화 가능성 탐구 ▶ 도덕주의적 예술관을 바탕으로 본 대중문화의 순기능과 역기능 분석 ▶ 플라톤의 '모방예술론'을 바탕으로 한 예술의 자율성과 도덕적 책임의 관계 고찰

● 과학의 역사와 문화

성취기준	[12과사01-02] 고대 그리스 철학자의 과학적 사고나 주장 등을 조사하고, 그리스 문명이 고대에서 현대에 이르기까지 인간의 삶에 미친 영향을 설명할 수 있다.
주요내용	플라톤의 자연관은 감각적 세계를 넘어 수학적 질서 속에서 우주의 본질을 찾으려는 사유였다. 그는 정다면체와 사원소의 조화를 통해 자연을 수학적 구조로 설명하려 했으며, 이러한 관점은 고대의 기하학적 세계관을 계승해 자연 질서를 탐구하는 기반이 되었다. 플라톤의 사유는 이후 이후 근대 과학자들에게도 영향을 주어, 뉴턴 등이 자연 법칙을 수학적으로 기술하는 세계관을 형성하는 데 기초가 되었다.
교과연계 탐구주제	▶ 플라톤의 정다면체 우주론이 지닌 구조적 의미 조사 ▶ 플라톤의 사원소 조화 개념에 대한 자연철학적 전개 분석 ▶ 플라톤의 수학적 세계관이 뉴턴 역학 형성에 미친 영향 고찰

3. 독서 연계 탐구활동

● 추천 도서 목록

추천 도서 목록	
▶ 감각 자본(김지수, 포르체, 2025)	▶ 플라톤 국가(플라톤(박문재 역), 현대지성, 2023)
▶ 플라톤의 인생 수업(장재형, 다산초당, 2024)	▶ 이것은 아름답고 저것은 추한 이유는 무엇인가(이연식, 날, 2025)
▶ 플라톤, 현실국가를 캐묻다(강유원, 라티오, 2023)	▶ 소크라테스의 변명·크리톤·파이돈·향연(플라톤(박문재 역), 현대지성, 2019)

독서 연계 탐구 활동	
도서명	플라톤, 현실국가를 캐묻다(강유원, 라티오, 2023)
	이 책은 고대 철학자 플라톤의 <국가>를 현대적 시각에서 재해석한 철학 교양서이다. 저자는 '정의란 무엇인가'라는 근본 물음을 출발점으로 하여, 공동체의 질서와 개인의 도덕성을 논의한다. 플라톤의 대화편 구조를 바탕으로, 올바름·이데아·철인정치 등의 사상을 오늘날의 정치와 윤리 문제에 적용한다. 특히 권력과 진리, 교육과 정의의 관계를 분석하며, 철학의 실천적 역할을 강조한다.
핵심 키워드	정의, 공동체, 철인정치, 이데아, 도덕적 통치
탐구 주제	▶ 이데아론을 통해 본 권력과 진리의 관계에 대한 철학적 고찰 ▶ 철학적 통치관이 현대 민주주의의 한계 극복에 주는 시사점 탐구 ▶ 철인정치 사상이 제시하는 이상적 리더십과 현실 정치의 괴리 탐구 ▶ 플라톤의 공동체론을 중심으로 한 개인의 역할과 도덕적 책임 의식 분석 ▶ **플라톤의 정의 개념을 바탕으로 한 현대 사회의 공정성과 불평등 문제 분석**
토론 쟁점	▶ 지식과 권력이 결합된 통치는 도덕적일 수 있는가? ▶ 철학자가 통치하는 국가는 현실적으로 가능한 이상인가? ▶ 정의로운 사회는 개인의 자유를 희생하지 않고 실현될 수 있는가?
후속 활동	▶ 통합사회: 민주주의 제도의 구조적 한계와 공동체의 역할에 대한 토론 활동 ▶ 현대사회와 윤리: 철인정치의 시대 배경과 현대 사회적 의의에 대한 탐구 활동 ▶ 진로활동: 정치가의 윤리적 리더십과 공공선의 실현 방안을 탐색·발표하는 활동

● 독서 연계 탐구활동 예시

탐구 주제		**플라톤의 정의 개념을 바탕으로 한 현대 사회의 공정성과 불평등 문제 분석**
탐구 자료		▶ 강유원, <플라톤, 현실국가를 캐묻다>: 정의 개념의 철학적 해설 ▶ 마이클 샌델, <정의란 무엇인가>: 공정성과 공동체 가치, 도덕적 선택의 맥락 ▶ 현대 사회의 공정성 관련 기사 및 통계자료(소득, 교육, 기회 불평등 등)
탐구 개요	서론	플라톤은 정의를 사회 구성원 각자가 자신의 역할을 다하며 개인의 내적 질서와 공동체의 질서가 조화를 이루는 상태로 보았음. 플라톤의 정의 개념을 바탕으로 현대 사회의 공정성과 불평등 문제를 비판적으로 분석하고, 정의로운 사회의 조건을 철학적으로 고찰하고자 함.
	본론	▶ 문헌을 통해 플라톤의 정의 개념(이성·기개·욕망의 조화) 정리 ▶ 인간의 영혼 구조와 국가의 계층 구조의 대응 관계 분석 ▶ 현대 사회의 경제·교육 불평등 사례를, 플라톤의 정의 개념으로 적용 ▶ 플라톤의 '조화로서의 정의'와 샌델의 '공동체적 정의'의 차이 분석 ▶ 정의의 철학적 기준과 현대 사회에 주는 시사점 도출

탐구 개요	결론	플라톤의 정의론은 사회의 안정과 개인의 행복이 조화 속에서 실현된다고 봄. 오늘날의 정의는 재화의 공정한 분배보다 공동체적 가치 속에서 내적 조화를 이루는 상태를 의미하며, 이는 현대 사회의 공정성 논의를 공동체적 책임의 관점에서 재조명하게 함.
후속 활동		▶ 현대사회와 윤리: 정의 이론을 구체적 불평등 사례에 적용하는 탐구 활동 ▶ 공통국어: '공동체 정의'의 관점에서 사회문제 대안을 제안하는 논설문 작성 활동 ▶ 동아리활동: 조화와 공동체적 정의를 분석해 정의의 기준을 제시하는 탐구 활동 ▶ 진로활동: 사회 불평등 문제와 정의의 철학적 의미를 연결한 캠페인 활동

4. NIE 연계 활동

● 신문 읽기 & 연결 사유 찾기

가까워도 피곤하면 거리 둬요"…인간관계도 '가성비' 시대(굿뉴스원, 2025.10.22.)

이 기사는 효율을 중시하는 현대 사회에서 인간관계마저 '가성비'로 재단되는 현상을 다룬다. 감정 소모를 줄이고 실질적 도움이 되는 사람에게만 시간을 쓰려는 경향이 확산되며 공동체적 연대가 약화된다. 전문가들은 관계의 효율화가 단기적으로는 편리하지만 장기적으로는 고립과 고독을 심화시킬 수 있다고 경고하며, 서로 돕는 시민정신과 돌봄의 가치가 중요하다고 강조한다.

고문 없지만 감시로 완성된 감옥… '디지털 판옵티콘'에 갇힌 현대인(동아일보, 2025.07.07.)

이 기사는 철학자 미셸 푸코의 '감시와 처벌'을 인용해 현대 사회의 감시체계가 어떻게 일상 속에 스며들었는지를 다룬다. CCTV, 금융 거래, 교통카드, SNS 등 디지털 기술은 개인의 일상을 기록하며 감시를 일상화하고 있다. 사람들은 타인의 시선을 내면화하며 스스로 감시자가 되는 '디지털 판옵티콘' 속에서 살아간다. 효율과 편리함이 우선되는 사회에서 인간의 자유와 자율성은 이미 제한되고 있다.

인공지능 시대에 더욱 고독해진 현대인, 해법은 없을까?(서울신문, 2024.06.19.)

이 기사는 인공지능 시대의 편리함 속에서 심화되는 인간의 고독과 외로움을 다루고 있다. 전문가들은 개인주의와 경쟁이 외로움을 사회적 문제로 확산시키고 있다고 분석한다. 또한 반려로봇 등 과학 기술이 외로움을 완화할 수 있지만, 윤리적 가이드라인의 필요성을 강조한다. 결국 인간이 스스로 고독을 성찰하고 관계의 본질을 되찾는 노력이 필요하다는 점을 시사한다.

● 시사 이슈

▶ 편리함을 추구하는 과학기술이 인간의 외로움을 완화하기보다 심화시키는 이유는 무엇일까?

▶ 효율과 편리함이 지배하는 사회에서, 인간관계의 깊이와 연대는 어떻게 회복될 수 있을까?

▶ 편리함의 욕망이 커지는 시대에, 플라톤의 '선의 이데아'는 인간다움을 어떻게 지켜낼 수 있을까?

고문 없지만 감시로 완성된 감옥... '디지털 판옵티콘'에 갇힌 현대인(동아일보, 2025.07.07.)
- 디지털 감시 사회, 질서의 유지인가 자유의 침해인가? -

찬성	반대
현대 사회의 자기 감시는 범죄 예방과 사회 질서 유지에 기여하는 효율적 관리 체계로 볼 수 있다. 디지털 기술을 통한 정보의 축적은 안전망 역할을 하며, 사회적 책임 의식으로 기능하여 사회 전체의 안정성을 높일 수 있다.	자기 감시의 강화는 개인의 자유와 내적 자율성을 침해한다. 타인의 시선과 사회적 규범을 내면화한 개인은 스스로를 검열하며 자유로운 사고와 표현을 잃어, 플라톤의 '영혼의 감옥' 속에 갇힌 존재로 전락할 수 있다.

인공지능 시대에 더욱 고독해진 현대인, 해법은 없을까?(서울신문, 2024.06.19.)
– 기술의 확장은 고독을 해소하는가, 인간만이 채울 수 있는 영역이 있는가? -

≫ 비대면 관계와 고독의 심화	≫ 정서적 관계와 인간 교감의 필요성
인공지능 시대의 편리함은 더 많은 연결 속에서도 깊은 고립을 경험한다. 개인주의와 경쟁이 관계를 효율과 선택의 문제로 만들며, 감정적 유대와 돌봄의 가치를 약화시킨다. 이러한 현상은 인간 존재의 정서적 기반을 흔들고 있다.	반려로봇 등 감정 교류형 인공지능은 외로움을 완화하는 도구로 주목받지만, 인간의 깊은 교감과 공감 영역의 대안이 될 수 없다. 과학기술이 발달할수록 관계는 편리해졌지만, 인간은 큰 정서적 결핍과 고립을 경험하고 있다.

● 사고의 확장

▶ 감시와 효율이 일상화된 사회에서, 인간은 스스로를 통제하는 존재로 남을 수 있을까?

▶ 편리함을 추구하는 과학기술이 인간의 외로움을 완화하기보다 심화시키는 이유는 무엇일까?

▶ AI와 데이터 감시 체계가 강화되는 시대에, 인간의 사율성과 책임은 어떻게 조화될 수 있을까?

▶ 기술문명이 관계의 본질을 바꾸는 시대에, 공동체적 연대와 돌봄은 어떻게 재구성되어야 할까?

▶ 감정 교류형 인공지능이 인간의 정서적 관계를 대신할 수 있을까, 아니면 새로운 고립을 낳을까?

5. 세특 예시

　　푸코의 감시와 처벌 사회에 대해 고찰하며 현대 사회의 통제 구조와 인간의 자율성 문제를 탐구함. 플라톤의 관점을 바탕으로 감각적 한계가 영혼의 진리 인식을 제한할 수 있다는 개념을 해석하고, 푸코의 규율권력 개념과 연결하여 현대 사회의 자기 감시 구조를 분석함. 편리함과 안전을 중시하는 사회에서 인간의 이성적 자유가 억압되는 양상을 통찰하며, 자기 감시의 효율성 뒤에 숨은 통제의 함정을 파악하여 도덕적 성찰과 자율성을 지키기 위한 비판적 사고의 중요성을 도출함.